Política e classes sociais no Brasil dos anos 2000

Armando Boito Jr. e Andréia Galvão (orgs.)

Copyright © 2012 Armando Boito Jr. e Andréia Galvão

Grafia atualizada segundo o Acordo Ortográfico da Língua Portuguesa de 1990, que entrou em vigor no Brasil em 2009.

Publishers: Joana Monteleone/Haroldo Ceravolo Sereza/Roberto Cosso
Edição: Joana Monteleone
Editor assistente: Vitor Rodrigo Donofrio Arruda
Projeto gráfico, capa e diagramação: Juliana Pellegrini
Revisão: Íris Friedman
Assistente de produção: Rogério Cantelli e Gabriela Cavallari
Imagem de capa: Agência Brasil

Este livro foi publicado com o apoio da Fapesp

CIP-BRASIL. CATALOGAÇÃO-NA-FONTE
SINDICATO NACIONAL DOS EDITORES DE LIVROS, RJ

P829

POLÍTICA E CLASSES SOCIAIS NO BRASIL DOS ANOS 2000
Andréia Galvão/Armando Boito Jr. (orgs.)
São Paulo: Alameda, 2012.
430p.

Inclui bibliografia
ISBN 978-85-7939-150-7

1. Ciência política. 2. Ciências sociais. 3. Sociologia política. I. Boito Junior, Armando. II. Galvão, Andréia.

12-4963.   CDD: 320
                 CDU: 32
                              037334

ALAMEDA CASA EDITORIAL
Rua Conselheiro Ramalho, 694 – Bela Vista
CEP: 01325-000 – São Paulo, SP
Tel.: (11) 3012-2400
www.alamedaeditorial.com.br

Sumário

Apresentação 7

A transição para o neoliberalismo e a crise do Governo Collor 19
Danilo Enrico Martuscelli

Governos Lula: a nova burguesia nacional no poder 69
Armando Boito Jr.

Estado, capital estrangeiro e burguesia interna 105
no setor de telecomunicações nos governos FHC e Lula
Sávio Cavalcante

Classe média e altermundialismo: 155
uma análise do Fórum Social Mundial e da ATTAC
Ana Elisa Corrêa e Santiane Arias

A reconfiguração do movimento sindical nos governos Lula 187
Andréia Galvão

Base fragmentada, ação combativa: a experiência sindical 223
dos trabalhadores terceirizados da Refinaria de Paulínia
Paula Marcelino

O sindicalismo e a luta dos desempregados na década de 2000 279
Carolina B. G. Figueiredo Filho e Davisson C. C. de Souza

Particularidades dos movimentos de desempregados 321
no Brasil, na França e na Argentina
Elaine R. A. Amorim

Os movimentos dos sem-teto de São Paulo no contexto neoliberal 367
Francini Hirata e Nathalia C. Oliveira

Bibliografia 401

Apresentação

Os artigos reunidos neste livro analisam a política brasileira na década de 2000, marcada, no plano do poder governamental, pela passagem dos governos FHC para os governos Lula.

Os textos deste livro não tratam a atividade e as instituições políticas como uma dimensão à parte da vida social; concebem-nas vinculadas aos interesses de classe presentes na economia e na sociedade brasileira. Convém esclarecer os termos dessa formulação.

As políticas econômica e social dos governos FHC e Lula, a ação dos partidos políticos (como o PT e o PSDB), os movimentos sociais e populares, enfim, o conjunto do processo político nacional é remetido, na nossa análise, ao conflito de classes presente na sociedade brasileira, sem o que não se poderia, segundo nosso enfoque teórico, detectar suas causas e características mais profundas. Os agentes da cena política que representam a classe dominante, a grande imprensa e a equipe governamental desincumbem-se da tarefa de organizar determinados interesses daquela classe e, como parte dessa tarefa, agem, mesmo que não o saibam, de modo a iludir o observador e os trabalhadores sobre a natureza de classe da sua ação. O analista necessita devassar a cena política para detectar a realidade profunda e oculta do conflito de classes. É certo que ele deve fazer isso com critérios, baseado em provas, fatos e argumentos, não por intermédio de um procedimento ligeiro que consistiria em partir de um ou outro indício genérico ou localizado para fazer imputações sobre a natureza de classe desta ou daquela atividade ou instituição política.

As classes sociais não são pensadas, aqui, como blocos homogêneos e opostos, como seria o caso se utilizássemos, de modo genérico, os conceitos de burguesia e classe trabalhadora. Em vez disso, os textos consideram as diferentes frações da burguesia – dotadas de interesses específicos e intervindo de maneiras diversas no processo político nacional – e a diversidade das classes trabalhadoras – o operariado e seus diferentes setores, a classe média e suas frações e, também, a massa marginalizada, que tanto se expandiu nos anos de capitalismo neoliberal. Essas classes, frações de classe e camadas sociais têm travado um conflito, ora aberto, ora dissimulado, pela apropriação da renda e da riqueza produzida no país. Não se trata, digamos desde já, de uma disputa em torno de um modelo civilizatório. Os trabalhadores não estão lutando pela tomada do poder para a implantação do socialismo. Porém, o conflito em torno da distribuição da renda e da riqueza, que também podemos denominar um conflito de classe, tem sido o terreno sobre o qual vem se assentando, de maneira complexa ainda que imperceptível ao primeiro olhar, as disputas que têm marcado o processo político nacional. O episódio mais recente desse conflito de classes foi a rudeza da disputa eleitoral de 2010.

É preciso esclarecer também que afirmar que a política está vinculada à economia e à sociedade não significa incorrer em uma obviedade. O leitor, se informado sobre as tendências dominantes na Ciência Política brasileira e internacional, sabe que tal enfoque teórico é, hoje, um enfoque minoritário nessa área de conhecimento. A política, nas orientações teóricas dominantes, tem sido concebida como uma atividade destacada do restante da sociedade; sua análise dispensando, por isso mesmo, a consideração sistemática da economia e da estrutura social que formam o entorno da atividade e das instituições políticas. Vale a pena, porém, ressaltar que o enfoque que adotamos, marcado pela tradição marxista, não é algo inusitado ou exótico no pensamento político e social brasileiro. Longe disso. Os pioneiros das ciências sociais no Brasil, marxistas ou não, primaram, em grande medida, por essa abordagem totalizante do processo político e leram, assim, os grandes acontecimentos políticos de nossa história. Para não irmos muito longe, basta recordarmos as análises e debates suscitados por dois grandes marcos da nossa história política. A Revolução de 1930 ensejou a polêmica em torno da revolução burguesa, isto é, tal ruptura política foi dimensionada dentro do enfoque da luta de classes. Algo do mesmo teor se passou com o debate sobre o golpe militar de 1964: uma vitória da burguesia associada sobre a burguesia nacional? Uma resposta do conjunto da burguesia ao avanço da luta dos trabalhadores da cidade e do campo? Nesse tipo de análise e debate, que aqui simplificamos quase à caricatura, estiveram envolvidos alguns dos maiores intelectuais brasileiros: Octavio Brandão, Astrojildo Pereira, Caio Prado Jr., Nelson Werneck Sodré, Celso Furtado, Florestan Fernandes, Helio Jaguaribe, Boris Fausto, Fernando Henrique Cardoso, Octávio Ianni e muitos outros. Evocamos essa tradição não por pretender que a nossa pesquisa esteja no nível do trabalho desses intelectuais, mas porque, na luta de ideias, é pertinente informar ao leitor as tradições e novidades das correntes em disputa.

Por último, convém explicitar que as análises contidas neste livro suscitam problemas políticos que interessam ao pensamento socialista e progressista brasileiro. A prática e o pensamento político dos socialistas brasileiros estiveram concentrados, em cada época histórica, em certas tarefas e discussões. As décadas de 1950 e 1960 colocaram para os socialistas a questão da revolução; nas décadas de 1970 e 1980, o que absorveu as energias do movimento operário e popular no Brasil foi a luta contra a ditadura militar; hoje, a luta e o debate que dominam a cena giram em torno da questão do capitalismo neoliberal, ou, simplesmente, neoliberalismo. Ora, este livro nos fala da política e das lutas sociais na era neoliberal e as trata como um conflito de classes. É claro, portanto, que tem muito a ver com a luta e o debate que concentram as energias dos socialistas hoje.

Nas décadas neoliberais, tivemos algo mais que privatizações, abertura e desregulamentação. Uma vaga de ideias e valores burgueses, imperialistas e reacionários envolveu o país e acabou por contaminar ou acuar parte do pensamento crítico nacional. Questões antigas, mas ainda candentes para a luta popular no Brasil, foram postas de lado. Não seria exagero afirmar que se formou um hiato na história do pensamento socialista e progressista brasileiro, separando a década de 1970 da década de 2000. Fato é que algumas das antigas questões políticas (re)emergem das pesquisas que publicamos nesta coletânea. As análises que este livro faz da relação da classe dominante com o Estado brasileiro e com o capital estrangeiro nos obriga a recolocar uma questão que, para muitos, poderia parecer superada. A questão é: existe uma burguesia nacional brasileira? Também a questão daí decorrente: interessa aos trabalhadores efetuar uma aliança com alguma fração da burguesia? As pesquisas que publicamos suscitam ou retomam, também, algumas questões políticas debatidas no período mais recente. Como podem os movimentos sindical e popular desfrutarem dos espaços institucionais conquistados na luta contra a ditadura militar sem se deixar enredar no jogo enganoso das instituições do Estado capitalista? Como podem as classes populares efetuar alianças com setores progressistas das classes médias, que também procuram se defender dos efeitos do capitalismo neoliberal, sem se deixar iludir pelo discurso aparentemente universalista e pós-materialista dos "novos movimentos sociais"? Para qual tipo de transformação política as lutas populares estão apontando: para o pós-neoliberalismo ou para o pós-capitalismo?

Esta é uma coletânea que se baseia em pesquisa realizada na instituição universitária e dentro dos padrões exigidos pelo meio acadêmico. Em nenhum dos textos publicados aqui se coloca o objetivo de responder diretamente àquelas questões. Contudo, as análises aqui apresentadas, graças às perguntas que levantam e graças aos elementos empíricos e conceituais que oferecem, estimulam o debate dessas e de outras questões políticas importantes para o pensamento socialista brasileiro.

A publicação desta coletânea não é um ato isolado. Os artigos aqui reunidos são fruto de anos de trabalho que temos desenvolvido no Centro de Estudos Marxistas (CEMARX) da Universidade de Campinas (Unicamp). Esses textos, que são escritos por especialistas que realizaram suas teses e dissertações sobre os temas que analisam, baseiam-se em pesquisa original, apresentam ideias novas e polêmicas e se escoram em levantamento empírico próprio e abrangente. Embora de responsabilidade exclusiva de cada autor, os textos foram beneficiados pelo trabalho coletivo do Grupo de Pesquisa Neoliberalismo e relações de classe no Brasil sediado no CEMARX. Esses textos são uma espécie de continuidade do livro que publicamos em 2002, sobre a era FHC.[1] Naquela época, com uma composição parcialmente distinta, nosso grupo de pesquisa já estava formado e pudemos, então, fazer um balanço da política e das lutas sociais na década de 1990, sob os dois governos Fernando Henrique Cardoso. Na presente publicação, fazemos algo semelhante para a década de 2000, a década dos governos Lula da Silva, estabelecendo, sempre que possível, paralelos com a política brasileira da década passada.

◆◆◆◆◆

É sempre útil oferecer ao leitor uma ideia geral do material constante do livro. Os seus primeiros capítulos tratam, principalmente, da presença da burguesia e de suas frações na política nacional, ficando o exame da ação das classes trabalhadoras para os capítulos seguintes.

O primeiro texto – *A transição para o neoliberalismo e a crise do Governo Collor* –, de autoria de Danilo Enrico Martuscelli, analisa a crise do governo Collor como sendo provocada pelo início do processo de implantação do modelo capitalista neoliberal. O autor adverte, porém, que essa crise não pode ser caracterizada como uma pertubação daquele modelo, visto que o movimento pelo impedimento do presidente não definiu como alvo da luta o fim das reformas neoliberais, restringindo-se, em vez disso, ao objetivo de substituir o presidente. As primeiras reformas neoliberais feriram interesses de diversas classes e setores sociais. Numa situação em que o presidente da República encontrava-se isolado do Congresso Nacional e do sistema partidário, os elementos para a crise estavam postos. O artigo considera os diferentes setores e classes sociais envolvidos na campanha

---

1   Armando Boito Jr. (org.), *Neoliberalismo e lutas sociais no Brasil*, número especial da revista Ideias, ano 9, n. 1, Edição do Instituto de Filosofia e Ciências Humanas (IFCH), Campinas, Unicamp.

"Fora Collor", suas organizações políticas e sociais, e analisa com pente fino a evolução da conjuntura e as mudanças de posicionamentos dos partidos e organizações envolvidos na luta. O texto nos oferece uma visão muito diferente daquela que apresenta as chamadas "reformas orientadas para o mercado", como se fossem o caminho natural que o Brasil teria de seguir devido ao suposto "esgotamento do processo de substituição de importações". Por que razão a reação contra as primeiras reformas neoliberais restringiu-se, após alguns conflitos e indefinições, a almejar apenas a substituição do presidente da República é um dos enigmas da crise que o artigo procura decifrar.

O texto de Armando Boito Jr. – *Governos Lula: a nova burguesia nacional no poder* – mostra que a eleição de Lula em 2002 promoveu uma alteração no interior do bloco no poder. O capital financeiro internacional e a fração da grande burguesia brasileira a ele subordinada perderam espaço no interior desse bloco para a grande burguesia interna, que pretende conservar e expandir suas posições na economia brasileira. Não se trata, é verdade, de uma burguesia nacional propensa a práticas anti-imperialistas. O que o artigo evidencia, porém, é que a assim chamada "globalização" não absorveu, ao contrário do que supuseram ou afirmam muitos autores, o conjunto da burguesia brasileira. Há um setor do grande capital, predominantemente nacional, interessado em moderar e direcionar – depois de toda uma década de "abertura ampla, geral e irrestrita" – a penetração do capital estrangeiro na economia nacional. Essa mudança no bloco no poder dá-se no campo do grande capital. É, portanto, uma mudança de alcance econômico e social muito restrito. Ela só tem sido possível, no entanto, segundo Boito, graças à aliança ampla e instável que o Executivo federal, sob os governos Lula, logrou construir entre a grande burguesia interna e os trabalhadores organizados e desorganizados. O artigo recusa, com essa tese, tanto os autores que afirmam que nada de importante mudou na política econômica na transição da era FHC para a era Lula, quanto aqueles que apresentam o Governo Lula como uma espécie de poder popular.

Sávio Cavalcante, no texto *Estado, capital estrangeiro e burguesia interna no setor de telecomunicações nos governos* FHC *e Lula*, analisa as posições dos diferentes setores da burguesia ligados à exploração das telecomunicações frente ao processo de privatização e internacionalização dos serviços de telefonia e comunicação. Localiza desde setores interessados na privatização e internacionalização das comunicações, como setores burgueses recalcitrantes ou mesmo contrários a uma ou outra dessas políticas. No geral, evidencia que, sob FHC, prevaleceu, no seio da classe capitalista, uma posição favorável à privatização e à internacionalização pura e simples, enquanto sob o governo Lula pode-se notar o interesse de alguns setores em restringir aqueles processos. Nos dois períodos, o movimento sindical dos trabalhadores do setor procurou efetuar aliança com setores burgueses mais próximos de uma política nacional para as telecomunicações. Essa proposta de aliança não encontrou aceitação na década de 1990, mas, reformulada, tem encontrado receptividade em setores da burguesia e do governo na década de 2000. A maneira cuidadosa e conceitualmente sofisticada com que Sávio trata a burguesia interna num setor específico tornam o seu artigo um campo de prova privilegiado para a discussão das relações da burguesia brasileira com o capital estrangeiro e com as empresas estatais.

A partir do quarto capítulo do livro, examinamos a organização e a luta das classes trabalhadoras no período neoliberal. Começamos por um movimento típico da década de 2000, um movimento que pretende, nas suas próprias palavras, substituir a "esquerda tradicional": o movimento altermundialista. O texto escrito por Santiane Arias e Ana Elisa Corrêa, intitulado *Classe média e altermundialismo: uma análise do Fórum Social Mundial e da* ATTAC, oferece-nos uma reflexão polêmica e original: o movimento altermundialista seria, segundo análise das autoras, um movimento de classe média. Original, porque os pesquisadores e observadores que escrevem sobre esse movimento sequer se colocam a pergunta sobre a sua natureza de classe; polêmica, porque a auto-imagem de tal movimento é, justamente, a de um movimento universalista e, portanto, não classista. O texto de Arias e Corrêa parece, assim, revelar um segredo que o próprio movimento pretende esconder. Esse tipo de abordagem está longe da sociologia da obviedade, como muitas vezes praticam os analistas dos movimentos sociais. As autoras baseiam seus argumentos na análise da base social de tal movimento, no conteúdo das suas reivindicações e, também, nos seus modos de organização e de luta. O artigo utiliza levantamentos estatísticos sobre os participantes das sucessivas edições do Fórum Social Mundial, o levantamento das entidades que participam do movimento e trabalha também com dados oriundos de observação participante empreendida pelas autoras e com entrevistas que realizaram com dirigentes do altermundialismo no Brasil e no exterior.

Parte do livro é dedicada ao estudo do movimento sindical na década de 2000. Trazemos, em primeiro lugar, uma análise da disputa política entre as centrais sindicais brasileiras, disputa que está envolta em ideias nem sempre claras e que não correspondem, necessariamente, à prática efetiva e à autoimagem das organizações concorrentes. Andréia Galvão, em *A reconfiguração do movimento sindical nos governos Lula*, mostra que a ascensão de um candidato do PT à presidência da República abalou, como era de se esperar, o campo sindical brasileiro e acirrou a disputa na cúpula do movimento. A CUT sofreu defecções, novas centrais se organizaram e o governo interveio ativamente nesse processo com a sua proposta de reforma sindical e com a criação do Fórum Nacional do Trabalho. O campo sindical, em poucos anos, alterou-se profundamente. Hoje, as grandes centrais sindicais fazem parte do arranjo político de sustentação do governo, enquanto os agrupamentos de oposição sindical ao governo, como a Conlutas e a Intersindical, não logram sair do isolamento. Galvão se pergunta se estamos diante de uma mera cooptação das grandes centrais ou se, diferentemente, presenciaríamos uma aliança política que tem propiciado ganhos reais, mesmo que pequenos, aos trabalhadores. Com uma análise cuidadosa e esclarecedora, a autora mostra que a resposta a essa questão não é simples e o artigo pondera as diferentes facetas desse problema.

Paula Marcelino, no texto *Base fragmentada, ação combativa: a experiência sindical dos trabalhadores terceirizados da Refinaria de Paulínia*, mostra que, ao contrário do que acreditavam ou ainda imaginam muitos, os trabalhadores terceirizados também possuem organização e luta sindical. É sabido que o modelo de capitalismo neoliberal e a reestruturação capitalista das empresas que acompanharam esse modelo tiveram na terceirização da força de trabalho um de seus componentes fundamentais. O trabalho precarizado, que cresceu exponencialmente nas últimas décadas, chegou a ser apresentado como um "território" impenetrável para o sindicalismo. Num rico estudo da experiência dos milhares de trabalhadores terceirizados da Replan, a maior refinaria do país, Marcelino evidencia que a luta sindical encontrou o seu caminho entre tais trabalhadores, apesar das dificuldades reais criadas pela terceirização e pela precarização do trabalho que a acompanha. A autora evidencia tal precarização comparando as cláusulas dos acordos coletivos realizados pelos trabalhadores terceirizados com aquelas dos acordos realizados pelos trabalhadores concursados da Replan. Os trabalhadores terceirizados estão sindicalmente representados, fazem regularmente greves gerais do segmento e têm obtido ganhos reais de salário ao longo da década de 2000. A pesquisa mostra também que não é apenas a precarização do trabalho que pode dificultar a organização dos terceirizados. A estrutura sindical corporativa de Estado, instituição muito antiga e cujos limites são conhecidos de parte dos ativistas e estudiosos do movimento sindical, tem limitado a organização e a luta desses trabalhadores. O sindicato mantém-se, e pode se manter, distante da própria base, e os trabalhadores, embora estejam sindicalmente representados, não chegam a estar sindicalmente organizados.

 O artigo *O sindicalismo e a luta dos desempregados na década de 2000*, de Carolina Figueiredo e Davisson de Souza, completa a série de artigos sobre o sindicalismo brasileiro no período. As altas taxas de desemprego são uma chaga do capitalismo deste século. As relações do trabalhador inativo com o trabalhador ativo, as possibilidades de organização dos inativos e o papel dos sindicatos nessa organização são as questões principais tratadas nesse texto. Figueiredo e Souza fazem um esclarecimento teórico inicial, baseado numa leitura rigorosa e inteligente de *O Capital*, para elucidar as relações complexas e contraditórias entre a parte ativa e a parte inativa da classe operária. Passam, então, ao exame de como essa relação se coloca no capitalismo brasileiro na década de 2000. O trajeto do texto é teoricamente muito esclarecedor e a pesquisa empírica na qual se baseia é rica e informativa. O sindicalismo brasileiro tem lutado contra o desemprego, tem requalificado a mão de obra dos trabalhadores desempregados, tem feito a denúncia da legislação que facilita a demissão. Ocorrem, também, lutas e negociações nos momentos críticos de demissão em massa. Mas a luta contra o desemprego não é o mesmo que organizar a luta do desempregado. Na verdade, podemos constatar, ao final da análise, que o sindicalismo brasileiro se recusa a organizar os desempregados para a luta. O texto de Figueiredo e Souza, utilizando-se de entrevistas, documentos e observação direta, tenta encontrar as razões dessa recusa.

Os dois capítulos finais deste livro analisam os setores das classes trabalhadoras mais fortemente atingidos pelo capitalismo neoliberal: os desempregados, os subempregados e as pessoas expulsas do imóvel que alugavam ou que dividiam com conhecidos ou parentes. Entramos, então, no território dos "movimentos de urgência", aqueles movimentos que têm urgência de certos bens, serviços ou renda sem os quais seus integrantes têm sua sobrevivência imediata ameaçada.

O texto de Elaine Amorim, intitulado *Particularidades dos movimentos de desempregados no Brasil, na França e na Argentina*, cumpre aquilo que promete no título. Numa coletânea sobre o capitalismo neoliberal, modelo capitalista que tem provocado desemprego massivo na maioria dos países, não poderia faltar um texto específico sobre a luta dos trabalhadores desempregados. Pois bem, Amorim mostra que embora nesses três países tenha sido implantando o modelo capitalista neoliberal, as diferentes inserções desses países no sistema imperialista, a história particular da classe e do movimento operário em cada um deles, bem como outras particularidades, repercutem sobre o movimento de desempregados de cada um. Na França, o neoliberalismo encontrou e encontra resistência muito forte e tivemos lá um movimento de desempregados no sentido estrito do termo; na Argentina, o neoliberalismo, após a cooptação do Partido Justicialista, avançou rápido, sem encontrar resistência muito forte e também se deparou com a luta dos desempregados que ele próprio criara. No país vizinho, a tradição do mercado de trabalho era apresentar taxas de desemprego baixas. A implantação do modelo neoliberal na Argentina, gerando uma das mais altas taxas de desemprego da América Latina, foi um choque repentino e inusitado, tornando trabalhadores até então real e formalmente integrados no mercado de trabalho em trabalhadores desempregados de fresca data. Eles formaram a base do movimento de desempregados na Argentina. No Brasil, a situação é outra. Nosso neoliberalismo foi tardio e nossas classes trabalhadoras sempre enfrentaram um desemprego estrutural muito grande – desemprego aberto, desemprego oculto pelo desalento, desemprego oculto pelo trabalho precário. Aqui, salvo tentativas recentes e ainda localizadas, não surgiu um movimento de trabalhadores desempregados no sentido estrito do termo. Esse dado, que alguns poderiam interpretar como indicador da "passividade do povo brasileiro", é analisado de modo diferente por Amorim. O seu texto mostra que os desempregados lutam, mas inseridos nos movimentos populares – sem-terra, sem-teto e outros. O Brasil tem uma longa tradição de movimentos populares – por terra, por moradia, por saúde, contra a carestia etc. – e é neles que os desempregados têm se inserido, reivindicando bens, serviços e renda que possam lhes assegurar a sobrevivência.

O texto de Francini Hirata e Nathalia Oliveira – *Os movimentos dos sem-teto de São Paulo no contexto neoliberal* – trata de um dos movimentos populares que mais cresceram como decorrência desse novo modelo de capitalismo. Como mostram as autoras, o déficit habitacional brasileiro aumentou muito nos últimos anos, tanto o quantitativo quanto o qualitativo. Sobre essa base objetiva, os trabalhadores empobrecidos souberam se valer de circunstâncias políticas favoráveis para colocar em pé um movimento cuja amplitude e frequência das ações impressionam. Ocupações de prédios abandonados, ocupações de grandes terrenos baldios criados pela especulação imobiliária e manifestações de rua são alguns dos métodos de luta dos quais lançam mão esses trabalhadores pauperizados pelo neoliberalismo que lutam por um local de moradia digno. A variedade de orientações política e ideológica desses movimentos, sua dinâmica de fluxo e refluxo ao longo dos anos, sua participação nas instituições do

Estado – nas quais procuram implementar uma ação legal em busca de suas reivindicações – são cuidadosamente analisadas pelas autoras com base em pesquisa de campo abrangente e sistemática. Para quem soube olhar essa luta massiva dos de baixo não terá sido surpresa a implantação do programa habitacional "Minha casa, minha vida", no segundo governo Lula. Também esse programa governamental, tratado como resposta a essa luta, é objeto de análise crítica e sofisticada por parte das autoras.

◆◆◆◆◆

Faltam, é claro, alguns temas que este livro poderia ter contemplado. Seria importante uma análise do caráter de classe dos grandes partidos políticos nacionais, mais estudos sobre a burguesia brasileira e análises dos movimentos dos trabalhadores rurais. Como nosso grupo de pesquisa continua ativo, ousamos prometer, para o futuro, um dossiê mais completo sobre as relações da política com o conflito de classes no Brasil.

São Paulo, outubro de 2011

Armando Boito Jr.
Andréia Galvão

A transição para o neoliberalismo e a crise do Governo Collor

Danilo Enrico Martuscelli

Introdução

A tradição de estudos sobre crises políticas que havia se consolidado em décadas passadas no Brasil, não teve sequência na produção histórico-sociológica recente. As análises acerca das crises políticas ocorridas a partir dos anos 1990, como, por exemplo, a crise do governo Collor (1992) e a crise do "mensalão" (2005), estão muito distantes de ocupar o mesmo espaço que tiveram os grandes debates acerca da natureza das crises políticas de 1930, 1954 e 1964.

Duas razões fundamentais parecem explicar essa ruptura na produção histórico-sociológica voltada para o estudo das crises políticas. A primeira delas diz respeito à intensidade do impacto político e social engendrado pelas crises políticas acima indicadas. A deposição de Collor do governo federal, em 1992, não resultou no fim da política neoliberal, nem colocou em xeque o regime democrático constituído a partir de meados dos anos 1980. A crise do partido do governo, em 2005, não logrou afastar o PT do poder federal, nem pôr em questão as estruturas do modelo neoliberal. O mesmo não se pode dizer do alcance das crises de 1930, 1954 e 1964, que criaram, respectivamente, as bases para o desenvolvimento do processo de industrialização no país; para a crise da política populista; e para o estabelecimento de um regime político ditatorial no Brasil. Enfim, quando comparados ao impacto das crises de 1930, 1954 e 1964, é possível dizer que os efeitos políticos e sociais produzidos pelas crises de 1992 e 2005 foram bastantes reduzidos e isso talvez explique o pouco interesse da produção histórico-sociológica atual pela análise dessas crises mais recentes.

A segunda razão explicativa dessa ruptura tem relação com o caráter da produção histórico-sociológica estabelecida no país em décadas passadas. Esta produção estava muito mais voltada para a análise dos grandes problemas estruturais do desenvolvimento capitalista brasileiro, o que não ocorre com os estudos existentes na atualidade que tendem a subestimar a discussão acerca do caráter do desenvolvimento capitalista brasileiro e a ignorar, com isso, os debates acerca da ação e estrutura de classes, da natureza de classe do Estado, do processo de acumulação de capital etc.

Os estudos existentes acerca das crises políticas mais recentes, além de escassos, são, na maioria das vezes, pouco analíticos e tendem a descurar da discussão sobre a natureza das crises políticas em questão, apegando-se fundamentalmente à mera descrição dos fatos, à apuração dos traços puramente psicológicos dos agentes envolvidos e à crônica jornalística do cotidiano. No caso da crise de 1992, por exemplo, algumas análises deram excessivo destaque à crítica das características pessoais do presidente Collor, taxando-o de "arrogante", "provinciano", "figura messiânica", "aventureiro", "consumidor de drogas", "falsificador", "*bon vivant*".[1]

Com o objetivo de superar esses limites e contribuir para o debate sobre as crises políticas mais recentes ocorridas no Brasil, propomo-nos, neste artigo, a analisar a crise do governo Collor (1992). Nesse sentido, faz-se necessário destacar, desde já, que não é possível compreender as causas fundamentais dessa crise política sem levar em consideração o processo de implementação da política neoliberal no Brasil. Isso quer dizer que a natureza da crise do governo Collor deve ser examinada e analisada à luz das contradições sociais engendradas por esse processo político.

Em primeiro lugar, caba destacar que ao mesmo tempo que fez avançar o neoliberalismo no âmbito da política estatal com as políticas de redução ou supressão de direitos sociais, privatização e abertura econômica, o

---

[1] Ver, por exemplo, os seguintes textos: Oliveira, 1992; Neves; Fagundes, 1993; Skidmore, 2000

governo Collor não conseguiu se desvencilhar completamente de certos instrumentos macroeconômicos legados do modelo desenvolvimentista em crise, vindo a implementar sem sucesso a política de congelamento de preços e salários para tentar conter os surtos hiperinflacionários e a recessão econômica que acometiam a sociedade e a economia brasileiras nos idos dos anos 1990. Isso significa que havia contradições no conteúdo da própria política econômica e social implementada pelo governo Collor, o que explica, em parte, as dificuldades de se consolidar um bloco no poder neoliberal neste governo.

Outro aspecto a ser destacado é a forma difusa como se processou a adesão das classes dominantes ao neoliberalismo no Brasil. De um modo geral, a retórica neoliberal era bem aceita no seio das classes dominantes. A apologia do mercado, a satanização do Estado, a defesa da livre iniciativa individual, a crítica dos "encargos" sociais (isto é, dos direitos sociais) eram ideias bastante veiculadas pelos aparatos de informação das frações burguesas. No entanto, quando analisamos a implementação da política neoliberal, é possível observar que a adesão das classes dominantes a essa política foi permeada por resistências. Isso significa que o neoliberalismo não foi – e não é – implementado no Brasil num espaço vazio, sem contradições. Na verdade, o neoliberalismo sofreu resistências por parte dos setores burgueses, mas resistências que procuramos caracterizar como **seletivas**, uma vez que em nenhum momento a burguesia brasileira se manifestou contra o conjunto da política neoliberal.

A existência de um quadro hiperinflacionário e de recessão econômica somada às resistências seletivas das classes dominantes à política neoliberal produziram efeitos significativos sobre a política nacional, engendrando uma situação de instabilidade hegemônica. Em tal situação, a hegemonia política passa a ser exercida sob a forma de condomínio entre diferentes frações burguesas e a constituição de um bloco no poder neoliberal torna-se algo improvável de se concretizar. Nesse sentido, é possível afirmar que o processo de implementação da política neoliberal ocorreu numa conjuntura de instabilidade hegemônica, o que resultou, de maneira mais imediata, na crise do governo Collor. Para aprofundar essa discussão, julgamos necessário: tratar das circunstâncias históricas em que o neoliberalismo foi implementado no Brasil; realizar um balanço do conteúdo e da forma como foi implementada a política econômica e social do governo Collor; analisar as reações das classes e frações de classe a essa política estatal; e, por fim, debater as características principais da crise de 1992 e o caráter de classe do movimento "Fora Collor". É o que procuramos fazer a seguir.

As circunstâncias históricas de implementação do neoliberalismo no Brasil

No Brasil, o neoliberalismo concretizou-se tardiamente em relação às outras experiências internacionais que implementaram políticas neoliberais ao longo das décadas de 1970 e 1980. A primeira experiência brasileira de implementação das contra-reformas neoliberais,[2] no âmbito do poder federal, ocorreu somente a partir da eleição de Collor em 1989. Isso não quer dizer que as propostas neoliberais não faziam parte da plataforma política de alguns setores da sociedade brasileira antes desse período. Setores do grande capital bancário e financeiro, associados à Federação Nacional dos Bancos (FENABAN) e à Federação Brasileira dos Bancos (FEBRABAN), desde o final dos anos 70, anunciavam a defesa da privatização, da abertura comercial e da desregulamentação do mercado de trabalho.

Se o grande capital bancário e financeiro sofreu derrotas importantes ao longo dos anos 70 e 80, na tentativa de aprovar as contra-reformas neoliberais no país, esse fato se deve a algumas dificuldades ou obstáculos com que se defrontou o programa neoliberal, inviabilizando-se a sua implementação como política no âmbito federal nesse período, bem como

2   Utilizamos a expressão "contrarreforma" para designar um tipo de política estatal que visa reduzir ou suprimir as conquistas sociais dos movimentos operários e popular obtidas no período do chamado Estado de bem-estar social, no caso europeu ou estadunidense, ou do nacional-desenvolvimentismo, no caso dos países latino-americanos. Em síntese, o neoliberalismo não logra reformar o capitalismo para atender os interesses das classes subalternas, o que nos leva a caracterizá-lo como uma contrarreforma.

a sua difusão enquanto programa hegemônico no seio da sociedade brasileira. Entre tais obstáculos, destacamos: a) a convocação da Assembleia Constituinte para elaboração e aprovação da Constituição de 1988, configurando-se como um pólo de oposição às políticas neoliberais e reservando importantes conquistas de direitos sociais aos trabalhadores (lima, 2002); b) o forte movimento grevista dos trabalhadores que se iniciou no final dos anos 70 e prolongou-se nos anos 80; c) a criação de organizações que se tornaram instrumentos da luta dos trabalhadores, tanto da cidade como do campo, como, por exemplo, o Partido dos Trabalhadores (PT), a Central Única dos Trabalhadores (CUT) e o Movimento dos Trabalhadores Rurais Sem Terra (MST), criados, respectivamente, em 1980, 1983 e 1984, e reivindicando, em linhas gerais, a constituição de um Estado de bem-estar no país.

Entretanto, a partir da segunda metade da década de 1980, a resistência à plataforma política neoliberal começou a perder fôlego. De acordo com Boito Jr. (1999), quatro fatores teriam permitido o avanço da política neoliberal: 1) os acordos para a eleição indireta de Tancredo Neves e José Sarney, repondo na ofensiva as classes dominantes, após o movimento pelas Diretas-Já; 2) o insucesso do Plano Cruzado no combate à inflação, enfraquecendo-se a perspectiva desenvolvimentista que, até então, era arrolada nos planos de estabilização monetária no Brasil; 3) a pressão do Governo Reagan pela abertura comercial, causando grande impacto no seio da burguesia brasileira; 4) a polarização das eleições presidenciais de 1989 entre Luís Inácio Lula da Silva e Fernando Collor de Mello, resultando em vitória "apertada" deste e permitindo o avanço da política neoliberal no poder federal.

A eleição presidencial de 1989 foi uma circunstância conjuntural que repercutiu em mudanças importantes no cenário político nacional. Representou, por um lado, o avanço da luta democrática, ao constituir-se como a primeira eleição direta para a escolha do presidente da República, depois de um período atravessado pelo cerceamento das liberdades democráticas no país; e, por outro lado, significou o retrocesso das conquistas dos trabalhadores no campo dos direitos sociais, dada a vitória nessas eleições da candidatura neoliberal de Fernando Collor de Mello (Partido da Reconstrução Nacional – PRN). Salientamos que, através do Projeto de Reconstrução Nacional e dos diagnósticos e instrumentos voltados para a política social, o Governo Collor impôs uma visão assistencialista ao sistema de proteção social do país, contrariando, dessa maneira, a tendência de ampliação dos direitos universais expressa no período anterior, principalmente, com a Constituição de 1988 (Médici; Marques; Silva, 1995).

Ainda quanto à repercussão das eleições de 1989, cumpre notar que tanto os partidos políticos representantes das diversas frações burguesas quanto os partidos políticos mais abertamente vinculados às classes trabalhadoras estavam divididos no primeiro turno. Nomes de peso político figuraram entre os pretendentes ao posto de presidente, entre eles: Aureliano Chaves (Partido da Frente Liberal – PFL), Guilherme Afif (Partido Liberal – PL), Paulo Maluf (Partido Democrático Social – PDS), Ronaldo Caiado (Partido Democrata Cristão – PDC), Ulysses Guimarães (Partido do Movimento Democrático Brasileiro – PMDB), Mário Covas (Partido da Social Democracia Brasileira – PSDB), Luiz Inácio Lula da Silva (Partido dos Trabalhadores – PT), Leonel Brizola (Partido Democrático Trabalhista – PDT) e Roberto Freire (Partido Comunista Brasileiro – PCB). No entanto, a vitória coube a um candidato pouco conhecido nos meios políticos nacionais, oriundo de um partido político de baixa representatividade política nacional. A votação dos candidatos cujos partidos estavam – ou estiveram – atrelados, de alguma maneira, ao Governo Sarney e ao legado da política desenvolvimentista foi bastante reduzida. Aureliano Chaves, por exemplo, ficou somente com 0,8% dos votos; Ulysses Guimarães angariou apenas 4,4%. Ao passo que os candidatos que fizeram oposição ao Governo Sarney obtiveram uma porcentagem consideravelmente maior na soma de votos: Fernando Collor ficou em primeiro com 28,5%; Lula da Silva conquistou 16,1%; seguido de Leonel Brizola com 15,5%; e, um pouco mais atrás, Mário Covas com 10,8%. Enfim, essa votação expressou uma rejeição do eleitorado aos efeitos da política desenvolvimentista em processo de crise.

A candidatura Collor encontrava-se na oposição à política de Sarney, uma vez que visava romper com o modelo desenvolvimentista ainda executado por aquele e tencionava colocar em seu lugar a política neoliberal.

No segundo turno, a polarização político-ideológica da disputa eleitoral atingiu graus mais expressivos entre os dois candidatos concorrentes. Collor e Lula procuravam responder a crise que o país atravessava a partir de perspectivas e de interesses de classe distintos. Do lado conservador, Collor apresentou um programa de caráter nitidamente neoliberal, estruturando-se na tese do Estado mínimo como solução para a crise brasileira. Em sua campanha, atacou os "privilégios" do alto funcionalismo público, o "Estado cartorial",[3] além dos monopólios, e sustentou um discurso populista, apoiando-se em motes que tinham fácil penetração e aceitação no seio das classes trabalhadoras, tais como: "caça aos marajás" e apelo aos "descamisados". A proposta neoliberal apresentada por Collor foi bem-sucedida nessa conjuntura eleitoral, conquistando apoio tanto dos grandes empresários e das grandes empresas de comunicação, quanto angariando a simpatia da população de baixa renda e de baixa escolaridade, como atestavam as pesquisas de intenções de voto (Singer, 2000). Ademais, durante o processo eleitoral, os representantes de duas importantes entidades da burguesia brasileira, a FEBRABAN e a FIESP, não hesitaram em declarar apoio às assim chamadas "reformas orientadas para o mercado" presentes no programa de governo de Collor, rechaçando a candidatura Lula, considerada um risco à estabilidade política do país. Nessa conjuntura, o presidente da Federação das Indústrias do Estado de São Paulo (FIESP), Mario Amato, chegou a declarar que haveria fuga de 800 mil empresários do país, caso Lula vencesse as eleições presidenciais. Já o presidente da FEBRABAN, Léo Wallace Cochrane Jr., afirmou que era inegável que o programa Collor estava mais identificado com os interesses dos banqueiros, mas, ao contrário de Amato, ponderou que "(...) Lula não deve meter medo em ninguém" e concluiu que "(...) a punição aos

---

[3] A denominação "Estado cartorial" designa um conjunto de práticas dos governos capitalistas, que fazem uso de cargos, promoções e salários para a formação de clientelas políticas.

bancos não é uma coisa boa para o país. Tenho certeza de que o PT chegou ou chegará a esta mesma conclusão" (Wallace Cochrane Jr., 1989, p. 5-6).

No campo progressista, Lula apresentou um programa de oposição às contra-reformas neoliberais. As diretrizes principais do programa de governo de Lula, em linhas gerais, consolidavam as propostas elaboradas pelo PT e pela CUT nas mobilizações políticas dos anos 80. Essas diretrizes orientavam-se pela defesa de um Estado de bem-estar no Brasil, reservando, pois, ao Estado um papel importante no desenvolvimento econômico-social do país. Essa proposta articulou-se sob três eixos principais: distribuição de terra e de renda, ampliação da democracia e defesa da autonomia nacional, demonstrando, portanto, um posicionamento de resistência às teses neoliberais. A derrota de Lula nessas eleições foi, portanto, uma resposta negativa à intenção de editar um Estado de bem-estar social no país.

Tratou-se, portanto, de uma circunstância conjuntural decisiva para a ofensiva das contra-reformas neoliberais no Brasil. No entanto, faz-se necessário discutir se, de fato, a política econômica e social implementada pelo governo Collor logrou gerar uma unidade política, mesmo que contraditória, dos diferentes interesses das frações burguesas.

Breve balanço do Governo Collor

A elaboração de um balanço crítico do Governo Collor requer uma análise do conteúdo e da forma como a política econômica e social foi implementada por este governo. A discussão desses aspectos, mesmo que de maneira breve, nos colocará em melhores condições de avaliar as distintas reações das classes e frações de classe nesse processo político.

a) O conteúdo da política econômica e social do Governo Collor

Como já dissemos, a implementação da política neoliberal no Governo Collor não se deu num espaço vazio, sem contradições. Em alguns aspectos, as contra-reformas neoliberais chocavam-se contra os interesses das frações de classe dominantes, fomentando, assim, a criação de uma situação de instabilidade hegemônica no país, na qual a hegemonia política passa a ser exercida sob a forma de condomínio entre as várias frações da classe dominante, o que é bem diferente de uma situação de incapacidade hegemônica, típica dos momentos agudos de crise de hegemonia, na qual nenhuma fração burguesa consegue impor a sua hegemonia política às outras classes e frações que compõem o bloco no poder.[4] Uma análise da política empreendida pelo Governo Collor revela a persistência de medidas que não condizem necessariamente com o padrão regulatório neoliberal do Estado sobre a economia, o que contribui para a instauração de um "equilíbrio instável" entre as frações dominantes. O conteúdo e o processo de implementação dos dois planos de estabilização monetária possibilitam visualizar melhor essa questão.

Entre as principais diretrizes políticas do Plano Collor I, posto em prática em março de 1990, constavam: a abertura da economia brasileira com a redução das alíquotas de importações; a redução do quadro de funcionários públicos com a imediata colocação de cerca de 40.000 funcionários em disponibilidade; a privatização de empresas estatais, instituindo mais tarde, através da lei n. 8.031 de 12 de abril de 1990, o Programa Nacional de Desestatização; a desindexação da economia; o congelamento de preços e salários; e o confisco de ativos financeiros superiores a cinquenta mil cruzeiros, depositados nos bancos em conta corrente ou em cadernetas de poupança, e acima de vinte e cinco mil cruzeiros, no caso dos ativos aplicados em *overnight*[5] – o que significou um bloqueio de um total de US$ 115 bilhões, por 18 meses, no Banco Central do Brasil.

---

4   É possível dizer que a situação de instabilidade hegemônica *pode* vir a se transformar numa situação de incapacidade hegemônica, mas, para tanto, outros fatores devem intervir no processo político, como, por exemplo, a ascensão de um forte movimento de massas portando reivindicações que questionem a natureza de classe da política estatal. Cabe ressaltar, contudo, que tal transformação não ocorreu na conjuntura aqui analisada.

5   As aplicações em *overnight* eram operações financeiras realizadas no mercado aberto num determinado dia, para resgate no dia útil seguinte. Duravam não mais que 24 horas, isto é, eram operações de curtíssimo prazo.

A abertura comercial foi anunciada como uma política de competitividade, que mobilizaria e modernizaria a produção industrial no país a partir da competição com os produtos estrangeiros inseridos no mercado interno; a demissão do funcionalismo público e as privatizações foram concebidas como instrumentos de contenção dos gastos públicos; a desindexação econômica foi tomada como um "progresso" no campo das negociações salariais, deixando "livres" das barreiras impostas pelo Estado brasileiro, trabalhadores e patrões.

Na prática, a aplicação dessas políticas produziu os seguintes efeitos: ataque aos interesses do funcionalismo público, que representava o principal setor nas estatísticas de greves e no qual está concentrado o sindicalismo de classe média,[6] empurrando esse setor para uma postura defensiva; ampliação do investimento do capital estrangeiro no país; desvalorização das estatais nos leilões, permitindo a transferência do controle de empresas altamente rentáveis para o setor privado; maior concessão de poderes ao patronato nos processos de negociação salarial, dificultando, dessa forma, a articulação dos sindicatos na luta por direitos trabalhistas.

Se essas medidas correspondiam aos pilares da política neoliberal, as políticas de congelamento de preços e salários e de confisco dos ativos financeiros expressavam uma reedição da política intervencionista típica do desenvolvimentismo em crise.[7] A política de congelamento de preços

---

6   Durante os anos 80, o número de greves foi maior no setor privado que no setor público. No entanto, o volume de jornadas não trabalhadas mostra que as paralisações dos servidores públicos foram mais "longas e abrangentes" nesse período. De acordo com Noronha (1992, p. 53), entre 1978 e 1987, o setor privado "foi responsável pela maioria das paralisações (67,9%), mas por apenas 22,3% das jornadas perdidas. Para o [setor público] o quadro é invertido: suas 'poucas' greves foram responsáveis por mais de 70% das jornadas não trabalhadas". Essa tendência não se alterou nos dois últimos anos da década de 1980 (Almeida, 1996, p. 42-3).

7   Em relação ao caráter intervencionista do Plano Collor I, Andrei e Sampaio (1995, p. 13-4) sustentam que esse Plano "... foi, em seu início, uma intervenção radical que pretendia estabilizar a economia em curto espaço de tempo através de um rápido saneamento financeiro do Estado e de uma recessão violenta".

e salários havia sido articulada em outros planos de estabilização durante os anos 80 e seus efeitos foram de pequena amplitude por não conseguirem conter o crescimento inflacionário a médio e longo prazo (Filgueiras, 2001). O mesmo ocorreu com o Plano Collor I: se houve uma queda abrupta da inflação – de 81,3% registrados, em março de 1990, para 11,3%, no mês de abril do mesmo ano –, os índices inflacionários continuaram a subir no período seguinte (IGP-DI *apud* Filgueiras, 2001, p. 84).

Ademais, a política de congelamento de preços combinada com a abertura comercial brusca – tal qual implementada pelo Governo Collor desde o primeiro ano de mandato – impôs sérias dificuldades para o crescimento da indústria no país, a qual não só foi posta em situação desigual de competição com os produtos de alta tecnologia advindos do estrangeiro, como ficou impedida de ampliar seus rendimentos, repassando o ônus para os preços das mercadorias. Por seu turno, o congelamento dos salários diante de um período de alta inflacionária produziu efeitos perversos sobre o poder aquisitivo das classes trabalhadoras assalariadas, ao criar obstáculos para o aumento do salário real duramente reprimido pelo processo hiperinflacionário em vigência no Brasil nesta conjuntura.

No que se refere ao confisco "surpresa" dos ativos financeiros anunciado no primeiro dia de governo, essa medida consolidou-se como uma importante intervenção do governo, representando um duro golpe nos interesses das classes médias brasileiras, que possuíam investimentos de peso em poupança, conta concorrente e também em *overnight*. Essas aplicações financeiras foram uma estratégia importante desses setores, nos anos 80, para escapar dos altos índices inflacionários que assolavam os seus rendimentos.

Em 31 de janeiro de 1991, o governo federal anunciou as diretrizes do Plano Collor II, dando continuidade à desindexação da economia, à política de abertura comercial, ao congelamento de preços e salários e à política de privatizações. Essa última diretriz ganhou grande impulso no segundo ano de mandato, lançando-se, sobretudo, para os setores siderúrgico e petroquímico. Durante o Governo Collor, foram privatizadas 18 empresas estatais, perfazendo-se um total de US$ 4 bilhões nas vendas.

No entanto, com a permissão do uso de "moedas podres" na compra das estatais, os processos de privatização – admitidos pelo governo como alguns dos instrumentos de superação da dívida pública – representaram uma arrecadação quase nula para os cofres da União. As "moedas podres" eram títulos da dívida pública negociados com desconto de até 50% do seu valor. Assim, se uma empresa fosse vendida, por exemplo, por US$ 1,05 bilhão, e o comprador desse US$ 1 bilhão em "moedas podres", apenas US$ 50 mil seriam pagos em dinheiro, sendo o restante recebido pelo governo como uma parcela de sua dívida em títulos que foram comprados pelo setor privado pela metade do preço. Na prática, isso significou a aquisição das estatais pela metade do preço anunciado. Entre as "moedas podres", foram empregados como forma de pagamento, Cruzados Novos retidos no Banco Central, Certificados de Privatização, Títulos da Dívida Externa Pública já vencidos, debêntures[8] da SIDERBRÁS, Títulos da Dívida Agrária e Obrigações do Fundo Nacional de Desenvolvimento (Biondi, 1999).

As privatizações realizadas pelo Governo Collor deram-se, principalmente, no setor siderúrgico e, de maneira menos expressiva, no setor petroquímico. Em ambos os casos, a presença do grande capital bancário e financeiro foi marcante na compra das principais empresas estatais – o que expressa uma tendência que se ampliou ao longo dos anos 90, a da ampliação dos investimentos dos bancos no setor não-financeiro, iniciada com o controle das empresas estatais privatizadas, vindo a se materializar, posteriormente, no próprio controle das empresas privadas e, portanto, fortalecendo o processo de financeirização da economia brasileira.

O Plano Collor II editou medidas que visavam conter a especulação financeira, atingindo principalmente os interesses do setor bancário e do capital financeiro internacional. Entre essas medidas constavam as seguintes: a extinção das operações financeiras em *overnight*; a criação do Fundo de Aplicações Financeiras (FAF), que passou a centralizar as aplicações financeiras de curto prazo, dissolvendo, assim, o Bônus do Tesouro Nacional

---

8   A debênture é um título de crédito de longo prazo que uma companhia faz junto a terceiros e que assegura a seus detentores direito contra a emissora do empréstimo, nas condições previstas pela escritura de emissão.

fiscal (BTNf), instrumento utilizado para indexação de preços; a utilização da Taxa Referencial Diária (TRD) com juros prefixados; e, por fim, o aumento do Imposto sobre Operações Financeiras (IOF) (Ruiz, 2004).

Dois outros aspectos são relevantes para um balanço da política econômica e social do Governo Collor: a política agrícola e as políticas sociais do governo. No que se refere ao primeiro aspecto, o governo federal imprimiu uma operação de desmonte do aparelho estatal voltado para a agricultura: reduziu os subsídios à produção agrícola, retirou a linha de crédito dos agricultores endividados, extinguiu o Ministério da Reforma Agrária e do Desenvolvimento Agrário, redirecionou a política de assentamento de famílias, transferindo essa atribuição do Instituto Nacional de Colonização e Reforma Agrária (INCRA) para o Ministério da Agricultura, reprimiu duramente o movimento de luta pela reforma agrária e reduziu bruscamente o número de famílias assentadas. Se no governo Sarney (1985-1989) haviam sido assentadas 115.070 famílias, esse número cairia para 494 entre 1990 e 1992: o menor número registrado em toda a década de 1990 (Coletti, 2002).

Na análise que fez do Plano Collor I, Graziano da Silva (1993, p. 204) salientou que houve um agravamento da comercialização da safra agrícola no primeiro ano de governo, ou melhor:

> De um lado, o sequestro dos recursos financeiros deixou a maioria dos agricultores com dificuldades para dar continuidade até mesmo às atividades da colheita. De outro, a correção dos financiamentos rurais (...) muito acima dos preços mínimos (...) impediu que os produtores pudessem saldar suas dívidas com os cruzados bloqueados.

Na metade do segundo ano de governo, depois de ter passado um período realizando concessões aos grandes latifundiários, devido às pressões que fizeram por subsídios agrícolas e por apoio estatal para os setores endividados, Collor avançou na política agrícola neoliberal, incentivando o mercado, as bolsas de mercadorias e a ampliação das empresas agroindustriais. Lançou as bases iniciais para a criação de uma atividade muito rentável para as classes dominantes no campo: o agronegócio, que viria se expandir posteriormente.

No âmbito das políticas sociais, o governo federal também imprimiu fortemente a lógica neoliberal, eliminando gastos em setores estratégicos. As áreas mais atingidas pelo corte de gastos sociais foram as de educação e cultura e de saúde, que sofreram a redução de 49% e 30% de suas receitas ao longo de dois anos (1990 e 1991), respectivamente. Ademais, o Governo Collor realizou uma relevante centralização dos recursos e dos programas sociais que teriam sido utilizados como moeda de troca política do governo. Com isso, o par sucateamento dos serviços públicos e centralização dos recursos de programas sociais foi a tônica dada por Collor no âmbito das políticas sociais (Henrique, 1993).

Henrique (1993) observa ainda que, desde a década de 1970, as camadas médias e os trabalhadores das grandes empresas privadas passaram a usufruir, de maneira mais intensa, dos serviços privados, tais como assistência médica supletiva, aposentadorias complementares e educação privada. Nesse sentido, podemos dizer que a política social engendrada a partir do Governo Collor radicalizou esse processo de ampliação dos serviços privados em detrimento dos serviços públicos. Esses passaram por uma contínua precarização, seja nos aspectos relacionados à infra--estrutura, seja quanto à capacidade de atendimento à população.

Como já se mencionou, as principais políticas aplicadas pelo governo resultaram em efeitos diferenciados sobre os rendimentos e as condições de vida dos diversos setores sociais no país. Boito Jr. (1999, p. 120-1), com base nos indicadores do Departamento de Estudos Sócio-Econômicos e Políticos da CUT (DESEP), apresenta sinteticamente a situação do país deixada pelo Governo Collor:

> Em 1989, a economia crescera +3,3%. Collor assumiu o governo, em 1990, e empurrou a produção para baixo: -4,4%, em 1990, +1,1% em 1991 e −0,9% em 1992. (...) No triênio 1990, 1991 e 1992, o desemprego cresceu bruscamente. A taxa de desemprego

(médias anuais em porcentagem da PEA) na Grande São Paulo, no ano de 1989, estava em 8,7%; no ano de 1990, subiu para 10,3%; no de 1991, para 11,7%; e no de 1992, para 15,2%. (...) Os salários também foram para baixo no governo Collor. Em dólares de dezembro de 1993, o salário mínimo era de US$ 88,55 em 1988 e de US$ 90,93 em 1989. Em 1990, começou a queda, e ela foi brusca: US$ 64,22 em 1990, US$ 62,41 em 1991 e US$ 65,70 em 1992.

Em linhas gerais, então, a política adotada pelo Governo Collor, entre 1990-1992, conduziu o país à recessão, à queda da atividade econômica, ao crescimento do desemprego e à desvalorização dos salários; e imobilizou a poupança e os ativos financeiros aplicados pela classe média e por parte das frações burguesas. Além disso, a queda da alíquota das importações, adotada também por Collor, tornou a economia brasileira mais vulnerável à entrada de capitais estrangeiros e dificultou ainda mais a produção nacional, que despencou diante da concorrência com os produtos estrangeiros, de alto padrão tecnológico.

b) A forma de implementação da política econômica e social do Governo Collor

A política econômica e social implantada por Collor e sua equipe política conduziram a uma redução bastante expressiva da participação política de setores sociais nas instâncias de formulação e implementação da política neoliberal. As resistências a essas práticas políticas surgiram desde o primeiro ano de mandato do presidente, gerando grande insatisfação em frações da burguesia que deram apoio à candidatura Collor e à sua plataforma política neoliberal. Na prática, as tensões que surgiram entre o governo e as frações burguesas estavam localizadas no campo da ação corporativa, pois eram justificadas quase sempre por interesses específicos de cada setor da burguesia, o que não ocorria em relação ao conjunto da política neoliberal. Tratavam-se de ***resistências seletivas***. Assim, as pressões principais exercidas pelas frações burguesas em relação ao governo deram-se em torno de questões tais como a ampliação ou redução do ritmo de aplicação das medidas neoliberais e os ajustes de alguns "excessos" de intervencionismo estatal, legados do desenvolvimentismo em crise. Tais fatores colaboraram para conduzir progressivamente o governo Collor ao isolamento político.

A experiência das câmaras setoriais do ramo automotivo da indústria brasileira parece ser a contraprova do isolamento político do Governo Collor, por ter sido a única câmara tripartite que, durante o seu governo, logrou fazer acordos. No entanto, como se tratou de um caso isolado, que atendeu apenas os interesses das montadoras de veículos e que ocorreu às vésperas do momento de exarcebação da crise do governo, ela não deve expressar a linha dominante de conduta do governo durante a maior parte de sua gestão.

Para melhor compreendermos a forma de implementação da política econômica e social do Governo Collor, devemos abordar a relação entre as instâncias executivas e legislativas durante esse governo. Neste caso, dois pontos principais chamam-nos a atenção: 1) a aplicação de medidas provisórias, conferindo uma centralização acentuada do poder na esfera do executivo; e 2) a composição ministerial do governo, indicando as alianças que o executivo procurou realizar com o legislativo, em especial os partidos políticos representantes das frações burguesas.

De acordo com o artigo 62 da Constituição brasileira de 1988, em condições de urgência e de temas relevantes, o presidente da República pode adotar o dispositivo das medidas provisórias, que entram em vigor no momento de sua edição. Essas medidas devem ser enviadas ao Congresso Nacional, que tem o prazo de 30 dias para aprová-las, sem o que elas prescrevem. É importante ressaltar que a Constituição não impunha, no período aqui analisado, nenhuma espécie de constrangimento aos casos de reedição de determinada medida provisória, mesmo que esta tenha sido rejeitada pelo Congresso Nacional.[9]

9   Observamos que a Emenda Constitucional no. 32, de 11 de setembro de 2001, alterou alguns aspectos importantes referentes à edição de medidas provisórias, entre os quais destacamos: a vedação à reedição de medida provisória que tenha sido rejeitada ou que tenha perdido sua eficácia no decurso do prazo

No caso do Governo Collor, a edição e reedição de medidas provisórias (MPs) concentraram-se no primeiro ano de seu mandato, tendo o presidente editado 75 MPs e reeditado outras 68, descontadas aqui as MPs rejeitadas pelo Congresso Nacional. Nos dois anos seguintes, esse número caiu bastante.[10] Sob pressões do Supremo Tribunal Federal e do Congresso Nacional, o Governo Collor praticamente abandonou esse artifício político (Skidmore, 2000). O número de MPs desse governo pode, no entanto, ser considerado muito baixo, se comparado ao dos governos seguintes, como se pode notar no quadro a seguir:

de 60 dias, sendo possível prorrogar esse prazo uma única vez por período equivalente ao da vigência da medida provisória, isto é, 60 dias. Notamos, com isso, a impossibilidade de reeditar medidas provisórias e a extensão do prazo de validade da medida provisória de 30 para 120 dias.

10   Em 1991, o governo federal editou apenas nove MPs e reeditou duas; e, em 1992, até o mês de setembro, esse número baixou para quatro e duas, respectivamente (Legin *apud* Tavares Filho, 2008, p. 11).

MEDIDAS PROVISÓRIAS POR ANO:				
Ano	Presidente	MPs originárias	MPs reeditadas	Total
1988	Sarney	15	9	24
1989		97	6	103
1990 *		20	0	20
1990	Collor	75	68	143
1991		9	2	11
1992		4	2	6
1992 **	Itamar	4	0	4
1993		48	48	96
1994		86	319	405
1995	FHC (1º Mandato)	29	408	437
1996		34	615	649
1997		40	680	720
1998		53	750	803
1999	FHC (2º mandato)	47	1040	1087
2000		23	1088	1111
2001		33	478	511
2002		82	-	82
2003	Lula (1º mandato)	58	-	58
2004		73	-	73
2005		42	-	42
2006		67	-	67
2007	Lula (2º mandato)	63	-	63
2008		36	-	36
2009		27***	-	27
Total		1075	5503	6578

Fonte: Legin – Legislação Informatizada da Câmara dos Deputados/Portal do Senado Federal/Portal da Presidência da República (apud Tavares Filho, 2008, p. 3)
* até março de 1990
** até setembro de 1992[11]
*** foram incluídas no cômputo duas MPs que foram revogadas parcialmente

11 Observamos que, nesse quadro, não estão computadas as medidas provisórias rejeitadas pelo Congresso Nacional. Foram acrescentados aos dados colhidos por Tavares Filho, os números de 2008 e 2009.

Collor, no final do seu primeiro ano de governo, perdeu, portanto, uma arma poderosa: a edição e reedição de medidas provisórias.[12] Com a revolta gerada no interior do Congresso Nacional em relação à aplicação ininterrupta de medidas provisórias, além do quadro de crise da situação social que atingiu o país no final de 1990, o governo federal recuou e deixou de fazer uso intensivo de tal instrumento político. Nesse sentido, a adoção de medidas provisórias não pode ser considerada nem o aspecto dominante da política do Governo Collor nem muito menos o principal fator explicativo do isolamento político do governo, visto que esse expediente foi limitado tanto em termos numéricos quanto em termos de duração temporal. O mesmo se pode dizer sobre os vetos presidenciais em termos comparativos. Antunes (2004, p. 8) chama atenção para o fato de que após a aprovação da medida provisória n. 168, de 15 de março de 1990, que instituiu o Cruzeiro como moeda nacional e confiscou a aplicação de ativos financeiros em poupança, "Collor vetou praticamente todos os acordos feitos pelos seus representantes parlamentares", o que explicaria, entre outros fatores, o caráter bonapartista desse governo. Ocorre, no entanto, que, em termos quantitativos e comparativos, o Governo Collor esteve muito aquém de seus sucessores. Enquanto em seu governo cerca de 74,2% dos Projetos de Lei de iniciativa do Legislativo foram vetados em sua integridade pelo presidente, no Governo Itamar esse número subiu para 92,7%, atingindo 91,5% no primeiro mandato de FHC e, finalmente, 100% no segundo mandato deste presidente (Grohmann, 2003). Tal prática governamental parece comprovar a tendência ao autoritarismo civil sob a égide do neoliberalismo (Saes, 2001), mas não explica o caráter excepcional do Governo Collor em termos de um governo autocrático e ditatorial.

A composição ministerial desse governo, por sua vez, engendrou maior impacto no plano político, resultando num fortalecimento do executivo e

12 Reconhecemos que a referência ao número de MPs pode ajudar na compreensão do processo de legitimação política centrado na burocracia estatal, mas ainda é precária, pois não dá conta do essencial, a saber, do conteúdo político desses instrumentos legislativos. Infelizmente, não poderemos avançar na análise deste problema neste artigo.

também no isolamento político do governo. Tanto no que diz respeito ao número e à disposição dos ministérios por área de competência governamental, quanto à participação dos partidos políticos que representavam as frações burguesas na composição dos ministérios, os conflitos entre o legislativo e o executivo manifestaram-se de maneira mais clara e constante durante o Governo Collor.

Quando Sarney deixou a presidência da República em 1990, o número de cadeiras ministeriais era quinze. Collor, ao assumir o poder, promoveu uma redução considerável desse número para nove postos ministeriais (Meneguello, 1998). Desse modo, é possível indicar que houve uma centralização interna das competências do executivo, a qual ocorreu pela via da redução das pastas ministeriais. No entanto, a mudança mais importante encontra-se na disposição dos ministérios por área governamental. Esse governo realizou um afunilamento drástico do número de ministérios, principalmente na área econômica, referentemente à qual se assistiu à queda de sete para três ministérios. Na área social, essa queda foi de seis para quatro, e o número de ministérios da área política manteve-se igual (Meneguello, 1998). Na prática, essas mudanças resultaram numa maior centralização de decisões na esfera da economia e uma diminuição considerável da zona de influência política dos partidos políticos sobre essa área. Assim, Collor procurou esvaziar as instâncias políticas de elaboração e formulação da política econômica.

A título de ilustração, Tosi Rodrigues (2000) observa que o Plano Collor II, implementado em janeiro de 1991, possibilitou uma maior concentração de poderes na tecnocracia do Ministério da Economia. Na verdade, durante o Governo Collor, ocorreu um duplo processo, a saber, de centralização do poder na esfera do executivo e de concentração de poderes na área econômica. Essa parece ser, aliás, uma tendência dos governos neoliberais. Não foi por acaso que o Banco Central do Brasil passou a adquirir uma maior relevância no campo da implementação e da elaboração da política econômica. Como observa Novelli (2001), a partir do Governo Collor, o Banco Central do Brasil passou a ter um papel mais ativo na implementação da política econômica brasileira, vindo a se consolidar, no Governo FHC, como a principal instituição nessa área. O autor constata ainda uma tendência geral dos governos neoliberais em relação a esse aspecto:

> As atribuições dos bancos centrais foram se alterando ao longo da crise econômica dos anos 1970 e 1980 e da ascensão das ideias econômicas neoliberais. (...) Em decorrência desse processo, os bancos centrais converteram-se no principal instrumento garantidor da estabilização de preços, revertendo sua posição subordinada em relação aos Ministérios das Finanças e tornando-se uma instituição-chave na elaboração e na implementação das políticas estatais. (Novelli, 2001, p. 191)

Se houve uma concentração de poderes na área econômica dos ministérios, resta saber qual foi a participação dos partidos ligados às classes dominantes nessa composição ministerial. E, nesse caso em particular, encontra-se a maior evidência do isolamento político do Governo Collor. Diferentemente dos outros governos brasileiros da fase da Nova República os quais contemplaram, através da distribuição de pastas ministeriais, os partidos políticos das classes dominantes, o Governo Collor apresentou uma baixa representatividade desses partidos.[13] Entre 1990 e 1991, esse governo representava, a partir da distribuição das pastas ministeriais, aproximadamente 28% das cadeiras do Congresso Nacional. Dos nove ministérios, apenas três eram preenchidos por partidos políticos, sendo dois pelo PFL (Educação e Cultura, e Saúde) e um pelo PDS (Justiça) (Meneguello, 1998). A área econômica do governo, que correspondia aos Ministérios da Agricultura, da Economia, Fazenda e Planejamento

---

13 A partir desta constatação não podemos concluir que existe, de fato, partidos fortes e que há, portanto, governos partidários no Brasil, como quer sugerir a pesquisa feita por Meneguello (1998). Uma análise mais acurada da política brasileira nos leva a verificar que o processo de legitimação política tem ficado muito mais centrado e concentrado na esfera da burocracia de Estado do que na instância propriamente parlamentar, inibindo, desse modo, o exercício da função governativa dos partidos.

e da Infra-estrutura, foi totalmente preenchida por técnicos especialistas sem vínculos partidários. Tal fato gerou descontentamento do legislativo em relação ao executivo. O Governo Collor não só conferiu maior poder à instância do poder executivo, como procurou excluir o Congresso Nacional das principais áreas de implementação das medidas neoliberais.

Com a reforma ministerial de fevereiro de 1992, o governo aumentou sua base no Congresso para 47% das cadeiras. A nova composição ministerial ampliou a base de partidos – mantendo o PFL, que passou a ocupar quatro ministérios (Educação e Cultura, Saúde, Previdência Social e Ação Social), e o PDS com um ministério (Minas e Energia) –, incorporando o PRN (Agricultura), o PL (Trabalho e Administração), o PTB (Transportes e Comunicação) e anexando o PDC. Contudo, como observa Meneguello (1998), o novo perfil identificava-se mais como uma política de busca de alianças do que uma consequência de pressões partidárias sobre o controle político das políticas governamentais – o que se poderia, portanto, interpretar como uma tentativa do governo para sair do isolamento no qual se encontrava, em vez de uma aproximação dos partidos das frações burguesas em relação a esse governo. Ademais, é preciso insistir que, a despeito de ter havido uma maior participação dos partidos políticos no comando dos ministérios após essa reforma ministerial, as instâncias principais do processo decisório da política governamental pertencentes à área econômica, de modo geral, continuaram fora do alcance da intervenção dos partidos políticos em geral e dos partidos das classes dominantes em particular.

O que se intentou salientar é que, além de Collor ter promovido uma centralização do poder na esfera do executivo, em especial na tecnocracia econômica, esse governo isolou-se politicamente ao fechar os circuitos ministeriais à participação dos partidos das classes dominantes. Enfim, o Governo Collor parece ter levado às últimas consequências o "autoritarismo civil" (Saes, 2001), neutralizando as forças conservadoras reticentes tanto no plano da ação corporativa quanto da parlamentar. Como resultado desse processo, o governo caiu no isolamento político. Vejamos a seguir as reações das classes e frações de classe em relação à política adotada pelo Governo Collor.

O campo político conservador no início da década neoliberal

A análise do comportamento político dos setores do campo conservador é relevante por evidenciar o nível de aceitação do Governo Collor no seio da sua própria base de apoio eleitoral, ou melhor, por permitir entrever tanto as convergências quanto as tensões entre um e outro.

No Brasil, as frações do grande capital bancário e financeiro nacional haviam aderido ao programa neoliberal ao longo dos anos 80, apresentando-se como a vanguarda política do neoliberalismo no país e umas das bases principais de apoio à política imperialista. As pressões que a burguesia financeira realizou, entre o final dos anos 80 e os anos 90, pela extinção dos dispositivos constitucionais que distinguiam a origem do capital das instituições financeiras, permitem não só indicar a adesão desse setor às teses neoliberais, mas também salientar a aliança deste com o capital imperialista – uma vez que a luta política do grande capital bancário e financeiro é a luta pela desregulamentação do sistema financeiro, o que prevê, de um lado, a não participação e a não regulação estatal desse sistema (Minella, 2004) e, de outro, a abertura para a entrada de capital estrangeiro no país, significando, assim, que o processo de valorização dos capitais locais é dependente do processo de valorização do capital externo (Machado, 2002).

Na análise do sistema financeiro brasileiro entre o final dos anos 80 e início dos 90, Minella (2004, p. 3) identifica treze características e tendências gerais que evidenciam, de modo direto e indireto, a preponderância econômica desse setor na formação social brasileira:

> 1. Elevada rentabilidade das instituições financeiras em termos comparativos aos demais setores empresariais; 2. Vinculação com o padrão de financiamento adotado pelo Estado; 3. Diversificação dos investimentos para outros setores da economia; 4. Incremento

do processo de automação bancária; 5. Processo simultâneo de massificação e elitização dos serviços bancários prestados pelo sistema; 6. Incremento no processo de internacionalização do mercado; 7. Redefinição das relações trabalhistas e das negociações com os trabalhadores bancários; 8. Crescimento do número de instituições financeiras atuando no sistema a partir de 1988; 9. Deteriorização da imagem do setor frente à sociedade; 10. Elevado grau de concentração; 11. Participação marcante no processo de privatização; 12. Participação de empresários financeiros nos órgãos de decisão do Estado, nas instituições financeiras estatais e nas atividades políticas; 13. Ampliação e diversificação da estrutura de representação do setor, através da criação de novos órgãos associativos e de importantes alterações nos já existentes.[14]

O conjunto dessas características e tendências informa o desenrolar do comportamento político do setor financeiro diante do Governo Collor. Ou seja, interessava ao setor pressionar pela desregulamentação do setor financeiro, pela abertura comercial, pela privatização das empresas estatais do setor siderúrgico e petroquímico, pela regulamentação do mercado de trabalho, entre outros aspectos. Essas pressões deram-se antes mesmo de Collor tomar posse, quando o presidente do complexo CNF-FEBRABAN-FENABAN – organização que representa o grande capital bancário e financeiro no país –, Wallace Cochrane Junior, apresentou um conjunto de propostas que visava influenciar a política econômica do novo governo. Entre tais propostas constava a

[14] Em face dessas características, cumpre fazer dois breves comentários. Por um lado, não é a mera preponderância econômica do setor financeiro em relação aos outros setores das classes dominantes que atesta a sua hegemonia política no bloco no poder. O que designa a hegemonia política de uma fração burguesa sobre as demais é o fato de ela lograr ter seus interesses econômicos prioritariamente contemplados pela política estatal em detrimento das outras frações da classe dominante. (Saes, 2001) Por outro lado, a imagem negativa dos bancos na sociedade é compensada pela crença na virtude do modelo de desregulamentação que, em tese, favorece a todos, mas que beneficia em específico a rentabilidade dos bancos.

defesa de um plano ortodoxo de estabilização monetária, baseado no programa neoliberal: Collor deveria minimizar o máximo possível o papel regulador do Estado na economia (Minella, 1993).

No entanto, o Governo Collor, no anúncio do Plano Collor I, em março de 1990, não contemplava plenamente as reivindicações da burguesia bancária e financeira.[15] Como se mencionou, o governo aplicou um plano de estabilização, utilizando-se de instrumentos como o congelamento de preços para conter a inflação, o confisco de ativos financeiros aplicados em poupança, em conta corrente e em *overnight*. Em referência ao *overnight*, Wallace Cochrane Junior havia sido taxativo ao defender a sua manutenção. Mas o governo, através da política de confisco, dificultou bastante a ativação de novas aplicações, acabando por extingui-la no Plano Collor II, o que, pois, contrariava os interesses do grande capital bancário e financeiro (Minella, 1993).

Diante dos altíssimos índices inflacionários, a burguesia bancária e financeira reivindicou um controle monetário "razoável" – já que esse cenário econômico havia levado o Governo Collor a adotar medidas consideradas "excessivas e erráticas" no âmbito da economia, gerando rentabilidade diferenciada entre os grupos financeiros –, assim como uma contenção da carga tributária, visando garantir maior liberdade de empreendimento e rentabilidade para o setor. No entanto, Collor procurou aumentar, no segundo ano de governo, o IOF.

Enfim, essas questões giravam em torno da defesa de um plano ortodoxo de estabilização monetária e foi justamente esse aspecto que levou a burguesia bancária e financeira a pressionar por uma maior participação no processo de decisão de aplicação das medidas neoliberais – ou melhor, tratava-se de uma correção de rota, que, de acordo com nosso argumento, poderia ser viabilizada por meio da superação da situação de instabilidade

---

15 Quando nos referimos à burguesia bancária e financeira, fazemos alusão, respectivamente, à fração burguesa que cumpre, nesta conjuntura, a mera função de intermediadora dos interesses imperialistas na formação social brasileira (no caso, os bancos nacionais) e ao capital financeiro internacional propriamente dito que realiza de maneira induzida a reprodução ampliada do capital.

hegemônica que acometeu a política brasileira nos primeiros anos da década de 1990. Por um lado, o grande capital bancário e financeiro foi amplamente contemplado pela política neoliberal de Collor, com a abertura comercial brusca, o enxugamento do quadro de funcionários públicos, os avanços na política de "livre negociação salarial"[16] (veja-se o caso das câmaras setoriais), a eliminação da política salarial que repunha automaticamente a perda salarial decorrente da inflação[17] e os incentivos à participação do capital bancário e financeiro nos processos de privatização. Por outro lado, o governo editou uma série de intervenções na economia que feriu os interesses econômico-corporativos do referido setor.

A solução para o caso deu-se através das pressões pela substituição de Zélia Cardoso de Mello e pela nomeação, para o cargo de ministro da Economia, de Marcílio Marques Moreira, que era mais afinado às teses liberalizantes e aos interesses da burguesia bancária e financeira. Essa mudança resultou numa importante correção de rota da política econômica do Governo Collor, traduzindo-se, na prática, num significativo avanço da

> liberalização das normas relativas ao capital estrangeiro e à articulação com o mercado financeiro internacional. O acesso de aplicadores estrangeiros nas bolsas de valores brasileiras foi ampliado, assim como foram relaxadas as condições para a

---

16 A proposta de livre negociação salarial tem nos anos 90 um conteúdo distinto do apresentado nos anos 80. Se nos anos 80 essa proposta representava uma resistência à intervenção estatal e associava-se à defesa da liberdade e autonomia sindical, nos anos 90 essa reivindicação sustenta-se sob a égide da ideologia neoliberal. Como afirma Galvão (2003, p. 182-3): "(...) nos anos 90 (...) enquanto os sindicatos combativos, ligados à CUT, continuam a encará-la como uma maneira de ampliar a participação sindical no processo de negociação coletiva, fortalecendo as organizações dos trabalhadores, a burguesia e parte do movimento sindical busca reduzir algumas formas de intervenção estatal nas relações entre capital e trabalho, restringindo os constrangimentos legais à compra e à venda da força de trabalho. Assim, enquanto a primeira perspectiva está associada à tentativa de democratizar as relações de trabalho, a segunda vincula-se à limitação de direitos".

17 A lei 8.030/90 alterou a política salarial.

remessa de lucros; e as condições de acesso ao crédito externo foram bastante facilitadas (Andrei; Sampaio, 1995, p. 30).

O panorama acima indica que as relações entre o governo e a fração do capital bancário e financeiro foram marcadas por pontos de convergência e por tensões. Para implementar as medidas neoliberais, o Governo Collor isolou-se politicamente, não atendendo às reivindicações por participação política em sua política econômica. Com a edição de medidas intervencionistas, esse governo criou certos empecilhos para a ampliação dos rendimentos do grande capital bancário e financeiro. Certamente, a entrada de Moreira no Ministério da Economia, amenizou as tensões, mas a continuidade da inflação, das medidas regulatórias e a impossibilidade de uma participação política mais ampla deste setor burguês acarretaram o prosseguimento do estado de tensão. Por parte da burguesia bancária e financeira, houve concordância em relação ao programa neoliberal, mas havia também resistências seletivas a certos aspectos da política econômica e social implementada pelo Governo Collor.

Assim como os banqueiros, a grande burguesia industrial também aderiu às propostas neoliberais, entendidas como forma de superar a crise fiscal do Estado. No entanto, a implementação dos ajustes neoliberais não se deu sem incitar conflitos com os industriais que lutavam para preservar seus interesses corporativos.

A maneira brusca como o Governo Collor realizou a abertura comercial impôs sérias dificuldades à indústria brasileira, constituindo-se no alvo das principais críticas do setor. Uma das principais organizações políticas da grande burguesia industrial, a FIESP, procurou pressionar o governo pela redução do ritmo da política de abertura comercial. Isto é, apesar de apoiar a política de abertura econômica do país – entendida como meio de dinamizar a economia e torná-la mais competitiva –, os industriais consideravam que, para tanto, era necessário construir uma política de abertura gradual para que a indústria brasileira pudesse se adequar às novas exigências do mercado. No contexto de recessão econômica que achatava a produtividade das indústrias, uma política de abertura comercial ampla caracterizava-se como um grave óbice para a indústria brasileira. A propósito, Bianchi Mendez (2004, p. 229) assevera:

> A combinação dessa política recessiva com a abertura comercial teve um impacto extremamente negativo sobre a indústria. A crescente exposição ao ambiente competitivo e o favorecimento do setor exportador reforçaram uma tendência, presente na década anterior, à queda da produção industrial. O impacto negativo da abertura comercial sobre a indústria era, entretanto, agravado pela recessão existente.

Diante desse quadro, desenvolveu-se um forte processo de desindustrialização no país, repercutindo de maneira diferenciada nos diversos ramos de atividade industrial. Como atesta Bianchi Mendez (2004), enquanto os setores da indústria mecânica, de plásticos e de vestuário foram duramente afetados pela abertura às importações, o mesmo não ocorreu com os setores de produtos alimentares, bebidas, fumo, perfumaria e de extração mineral, os quais obtiveram, no período, índices consideráveis de rendimento.

Em relação à abertura comercial, embora os grandes industriais criticassem o ritmo de implementação desta política, parece-nos que duas ordens de questões devem ser observadas, a fim de que logremos um entendimento mais adequado acerca desse posicionamento dos industriais. A primeira questão é de ordem estrutural e diz respeito ao próprio processo de constituição da burguesia industrial no Brasil. O processo de industrialização engendrado no país ocorreu em meio a um processo de dependência do capital nacional em relação ao capital imperialista. Isso levou a burguesia industrial a se constituir não como uma burguesia nacional típica, mas como uma "burguesia brasileira" que mantém uma relação contraditória de dependência e de autonomia em relação aos interesses do capital imperialista, como demonstra Gorender (1981). Trata-se, portanto, de uma classe que possui uma fragilidade política-ideológica diante do capital imperialista, o que a impede de agir contrária e efetivamente aos interesses desse capital. A segunda questão é de ordem conjuntural. Neste caso, vale lembrar que a burguesia brasileira estava, no início dos anos 1990, acossada pela ofensiva política das potências imperialistas, que exigiam a implementação das contra-reformas neoliberais, e pelo forte movimento grevista, que tomou conta do país no final dos anos 1970 e na década de 1980. Nesse sentido, tornou-se imperativo para a burguesia brasileira resolver os impasses produzidos pela contradição capital/trabalho, mas, para tanto, essa fração de classe procurou respaldar-se numa aliança políca com os interesses imperialistas. Isso pode ser vislumbrado através da aceitação do pacote neoliberal pelos industriais, mesmo com a política de abertura comercial, implementada por Collor, afetando negativamente seus rendimentos. Sendo assim, a pressão pela redução do ritmo da abertura comercial não é mais do que o sintoma da fragilidade político-ideológica da burguesia industrial perante o capital imperialista, o que a colocou na defensiva política nesta conjuntura política.

O confisco de 70% dos ativos financeiros do setor privado e o congelamento dos preços foram outras medidas do governo que geraram insatisfações no seio da burguesia industrial (Bianchi Mendez, 2004). O confisco, por prejudicar os rendimentos financeiros dos grandes industriais, e o congelamento, por não permitir o repasse dos custos da recessão para os preços.

Assim como ocorria em relação ao setor financeiro, as reivindicações da grande burguesia industrial circunscreviam-se ao âmbito corporativo, não apresentando uma alternativa global ao neoliberalismo. No caso dos industriais, o que se observava era uma oscilação entre um discurso liberalizante e outro que não descartava a intervenção estatal como forma de assegurar seus interesses corporativos.

Da mesma forma que os banqueiros, a grande burguesia industrial pressionou o governo, visando maior participação no processo de implementação da política neoliberal. Essa pressão deu-se, num primeiro momento, pouco tempo depois da vitória de Collor, quando os industriais indicaram o nome de José Serra para ministro da Economia, mas a operação foi malsucedida.

No decorrer do mandato, essas pressões retornaram, tanto que Collor isolou instâncias de formulação e implementação de políticas econômicas para se livrar das pressões do empresariado. Segundo Diniz e Boschi (2000), durante esse governo, foram extintos vários conselhos e comissões de caráter consultivo e mesmo deliberativo os quais garantiam a participação dos interesses empresariais. Logo, conjuntamente com o setor financeiro, os industriais pressionaram o governo, principalmente a partir do final de 1990, quando os efeitos da política do governo exprimiam-se de maneira mais nítida. Defenderam o nome de Marcílio Marques Moreira para o Ministério da Economia. Com a posse de Moreira, a relação com o governo tornou-se mais harmoniosa, mas o desempenho fraco da economia durante o ano de 1991 e, principalmente, a antecipação em seis meses do cronograma de redução das tarifas alfandegárias, em fevereiro de 1992, fez as tensões entre a burguesia industrial e o governo aflorarem e ganharem uma certa centralidade no cenário político-econômico (Bianchi Mendez, 2004).

No conjunto das políticas aplicadas pelo Governo Collor, setores da grande burguesia industrial saíram ganhando. O governo promoveu a política de "livre negociação" articulada em torno das câmaras setoriais e do chamado "entendimento nacional". Abriu o processo de privatização, que teve a participação de setores da grande burguesia industrial nos leilões das empresas estatais. Entretanto, o isolamento político do Governo Collor levou-o a conflitos com representantes da burguesia no país.

No tocante ao comportamento político dos segmentos da classe média e do operariado na conjuntura inicial dos anos 90, é possível dizer que a adesão à plataforma neoliberal, ao contrário dos setores apresentados acima, foi difusa. A ideologia neoliberal oferecia uma resposta à revolta popular contra as características antipopulares do modelo econômico e social herdado da política desenvolvimentista e populista. Nesse sentido, podemos afirmar que a ideologia neoliberal soube explorar as contradições, debilidades e insatisfações populares relacionadas ao modelo econômico e social do período anterior, conseguindo apresentar o seu modelo como solução progressista para aquela herança.

A criação da Força Sindical com o apoio do governo federal e da FIESP, em 1991, foi um importante acontecimento no cenário sindical brasileiro. Essa central sindical tornou-se um instrumento político determinante para a difusão do neoliberalismo no seio das classes trabalhadoras e para a descaracterização do sindicalismo combativo, liderado pela CUT (Trópia, 2002). Sendo composta majoritariamente por sindicatos do setor privado, a Força Sindical fomentou a difusão da ideologia antiestatista no seio do sindicalismo através da crítica ao funcionalismo público, aos incentivos do Estado às empresas estatais em detrimento das empresas do setor privado e à precariedade dos serviços públicos (Trópia, 2002).

No que se refere à ação prática da Força Sindical durante o Governo Collor, observamos a articulação de duas frentes principais: participação ativa nos processos de privatizações das empresas estatais e de desregulamentação do mercado de trabalho, assim como em boicotes de greves gerais organizadas pela CUT e CGT.

Em 1991, ano que começou a ofensiva do Governo Collor contra as empresas estatais, a Força Sindical controlava os sindicatos de trabalhadores das maiores empresas siderúrgicas do país, entre os quais, o Sindicato dos Metalúrgicos de Ipatinga (SINDIPA), que representava os trabalhadores da primeira estatal privatizada por esse governo: a USIMINAS.[18] Essa presença da Força Sindical era uma condição extremamente favorável à consecução dos leilões de privatização. A Força Sindical contou ainda com o apoio do governo federal para engajar os funcionários das empresas estatais na proposta privatista. Em relação a esse fato, Boito Jr. (1999, p. 187) ressalta que:

> As direções das empresas estatais e do BNDES reservaram (...) vários lotes de ações aos funcionários das empresas a serem

18 O discurso da ineficiência das empresas estatais pregado pelo Governo Collor, nesse caso, mostrou-se pouco "realista". Como observa Trópia (2002, p. 171): "Em 1991, a Usiminas tinha índices de desempenho comparáveis aos dos países desenvolvidos. Era a sétima maior empresa do país, segundo a classificação da revista *Exame*. Produzia 7,46 toneladas de aço líquido por homem ao ano, quase o dobro da média nacional. Segundo a *World Steel Dynamics*, a Usiminas ocupava o segundo lugar em eficiência entre as 153 principais siderúrgicas do mundo".

privatizadas – eles poderiam adquiri-los a preço menor e com financiamento subsidiado, através de clubes de investimento ou de fundações que viessem a constituir. Esse recurso não só permitiu cooptar (...) a burguesia de Estado, como também neutralizou a virtual oposição dos trabalhadores à privatização das empresas nas quais trabalhavam.

No tocante à sua atuação no processo de desregulamentação do mercado de trabalho, a Força Sindical apostou na política de livre negociação entre capital e trabalho, defendendo a estratégia de participação nos lucros e resultados das empresas. Trópia (2002, p. 178) afirma que

... desde 1991, sindicatos da base da Força Sindical (comerciários de São Paulo, metalúrgicos de Osasco, Guarulhos e de São Paulo) vinham realizando acordos coletivos que instituíam na prática a PLR [Participação nos Lucros e Resultados] em algumas empresas. Defendida como uma forma de melhoria das condições salariais do trabalhador, esta forma de remuneração do trabalho pulveriza as negociações e favorece o avanço da remuneração variável, isto é, dependente do desempenho da empresa.

Na verdade, essa central sindical já praticava, durante o Governo Collor, formas de flexibilização dos rendimentos, muito antes de tais procedimentos terem sido regulamentados pelo Estado, como ocorreu, em 1994, através da Medida Provisória 794, que regulamentou a PLR. Além desse aspecto, o principal sindicato vinculado à Força Sindical, o Sindicato dos Metalúrgicos de São Paulo (SMSP), no começo de 1992, adotou a flexibilização da jornada e do contrato de trabalho durante um processo intenso de demissões no setor metalúrgico, propondo a "jornada flexível" como meio para se obter estabilidade no emprego. Assim, as empresas passariam a estabelecer a jornada de trabalho de acordo com sua produtividade (Trópia, 2002).

Em face desses aspectos, podemos concluir que, a despeito das tensões políticas que marcaram a relação entre o governo e os setores dominantes, esses se colocaram na ofensiva durante o Governo Collor, procurando imprimir a todo custo a política neoliberal. Quanto a segmentos da classe média e do operariado é possível observar que sofreram o impacto da ideologia neoliberal, pelo fato de terem apoiado ativamente alguns dos pilares da política neoliberal no Brasil. A Força Sindical teve um papel importante nesse processo, tornando-se durante o Governo Collor um instrumento político de difusão das ideias neoliberais no seio do operariado brasileiro.

As características da crise política de 1992

O descontentamento social gerado pela implementação da política neoliberal nesse período apresentou-se fundamentalmente sob a forma de pressões sobre os efeitos dessa política e sobre a não efetivação das contra-reformas neoliberais no Brasil. Enquanto que setores vinculados ao grande capital industrial reclamavam dos efeitos do acelerado processo de abertura comercial, o grande capital bancário e financeiro mostrava-se insatisfeito com a morosidade do governo federal para aprovar as medidas de desregulamentação da economia. No plano do movimento popular e sindical, as reivindicações relacionavam-se, sobretudo, à desvalorização salarial e à queda do número de empregos. Isso significa que essas insatisfações criadas pelo início da implantação do modelo neoliberal no Brasil manifestaram-se, com mais intensidade, como lutas econômico-corporativas, ocultando-se ou subdimensionando-se a denúncia da política neoliberal e o caráter de classe desta.

As insatisfações provocadas pela aplicação da política neoliberal repercutiram não só no plano da ação econômico-corporativa, mas também no terreno dos partidos políticos, resultando no surgimento de conflitos localizados entre o executivo e o legislativo durante o Governo Collor. A centralização do poder na esfera do executivo e a concentração de poderes na área econômica foram aspectos importantes que contribuíram para elevar o grau de descontentamento dos partidos das classes dominantes em relação ao governo federal. Esse descontentamento pode ser evidenciado nas insistentes pressões desses partidos políticos por maior participação na elaboração e na implementação da política econômica e social. Ao longo dessa conjuntura, tais pressões foram acumulando-se e intensificando-se, todavia o governo dificultava a abertura de espaços de participação política para esses partidos, o que o conduziu progressivamente ao isolamento político.

Essas condições são propícias para o aparecimento de uma crise de governo num sistema presidencialista, como é o caso do sistema de governo brasileiro. De acordo com Saes (1998), quando se projeta a ausência de apoio parlamentar à presidência, tornam-se mais favoráveis as condições para o surgimento de crises de governo "positivas". Isso significa que

> ... o processo de resolução da crise de governo tende a ser longo e difícil, pois depende da utilização de um instrumento excepcional: o *impeachment*. Esse tipo de crise, pelo seu caráter diluído e desconcentrado, tende a produzir efeitos modestos no plano da mobilização popular e abre um reduzido espaço institucional para a crítica popular à orientação de classe da política estatal. (Saes, 1998, p. 141)

A despeito de os elementos supracitados corresponderem a muitos dos aspectos presentes na crise deflagrada durante o Governo Collor, é necessário analisar ainda o papel das denúncias de corrupção contra esse governo nessa conjuntura, a fim lograr obter uma caracterização mais rigorosa das condições objetivas dessa crise.

As denúncias de corrupção envolvendo membros da equipe governamental difundiram-se com muita rapidez durante os dois primeiros anos do Governo Collor (1990-1991). Entre as formas mais conhecidas de corrupção constavam: *superfaturamento* de bens e serviços vendidos ao governo; *agilização de pagamentos* aos empreiteiros em troca de propina; *facilitação de contratos* com o governo através de "taxas de intermediação"; *fraudação de licitações públicas*; *manipulação das regras* para fornecimento de subsídios e incentivos fiscais para pessoas físicas ou jurídicas; *venda de informação* privilegiada das decisões governamentais; *arrecadação ilegal de fundos de campanha eleitoral* junto aos empresários (Geddes; Netto, 2000).

A primeira denúncia grave de corrupção no governo apareceu já em outubro de 1990, quando o presidente da Petrobras, Luís Otávio da Mota Veiga, acusou o empresário e tesoureiro da campanha eleitoral de Collor, Paulo César Farias (daqui em diante, PC Farias), de tráfico de influências. Tal episódio resultou na demissão de Veiga do cargo de presidente da Petrobras. Em abril de 1991, o Ministro do Trabalho, Antonio Rogério Magri, foi acusado de receber propinas de empreiteiros. Quatro meses depois, Rosane Collor, esposa do presidente Collor, deixava o cargo de presidente da Legião Brasileira de Assistência (LBA) sob graves suspeitas de corrupção. Em janeiro de 1992, era a vez do ministro da Saúde, Alceni Guerra, renunciar ao cargo sob a acusação de ter aprovado contratos públicos escusos (Souza, 2000; Tosi Rodrigues, 2000, p. 165-173 *passim.*). Diante dessa onda de casos de corrupção envolvendo a cúpula governamental, em 15 de março de 1992, o jornal *Folha de S. Paulo* publicou uma matéria que contabilizou 30 denúncias graves de corrupção, desde o início do governo, e a instalação de 200 inquéritos na Procuradoria Geral da República (*Folha de S. Paulo apud* Bocchi, 1996).

No mesmo mês de março daquele ano, as investigações do patrimônio do empresário PC Farias foram iniciadas na Polícia Federal e na Receita Federal. PC Farias havia sido tesoureiro na campanha eleitoral de Collor, em 1989, e era suspeito, entre outras atitudes, de tráfico de influência e fraude eleitoral. No Congresso Nacional, o deputado federal José Dirceu e o senador Eduardo Suplicy, ambos do PT, estiveram à frente dessas investigações.

Em 5 de maio de 1992, numa entrevista concedida à revista *Veja*, Pedro Collor, irmão de Fernando Collor, fez sérias denúncias contra o presidente, acusando-o de participar de negócios escusos com PC Farias. Tais denúncias, somadas às investigações que vinham sendo realizadas, deram origem, em 1º de junho de 1992, à abertura da CPI do caso PC Farias.[19]

[19] A presidência da CPI do caso PC Farias ficou com o deputado federal Benito Gama (PFL) – ligado a Antonio Carlos Magalhães – e a relatoria com o senador

Esse acontecimento político foi o elemento detonador da crise do governo. Na verdade, as denúncias envolvendo a participação do presidente da República em casos de corrupção tiveram a função de radicalizar um processo de crise política em curso, isto é, essas denúncias surgem num momento político em que a tolerância em relação ao Governo Collor já estava bastante reduzida.[20]

O que parece ser central para discutir o lugar ocupado pelas denúncias de corrupção na crise política de 1992 é o isolamento político do Governo Collor. Esse isolamento possibilitou a abertura do processo de *impeachment* contra o presidente da República. Uma comparação pode ser estabelecida com um episódio parecido ocorrido com o Governo Sarney.

Durante esse governo, foi instalada uma CPI para investigar os atos do Ministério do Planejamento, acusado de liberar recursos para estados e municípios que apoiavam o presidente Sarney. Contudo, o governo logrou apoio parlamentar para barrar o processo de *impeachment*. Isto é, o Governo Sarney, diferentemente do Governo Collor, contava com uma sólida base de apoio político, principalmente, no Congresso Nacional. Esse fato foi de fundamental importância para a sustentação de Sarney no poder (Avritzer, 2000).

> Amir Lando (PMDB) – que era aliado do governo nas votações do Senado Federal. Essa era uma composição favorável ao governo federal, no entanto, cabe observar que das 22 vagas da CPI mista do Congresso, 12 delas foram delegadas aos parlamentares de oposição ao Governo Collor (Tosi Rodrigues, 2000). O conjunto de relatórios, produzidos pela CPI de PC Farias, pode ser encontrado em Carvalhosa, 1995.

20 Para comprovar esse dado, tomamos como referência não só a baixa representatividade do governo federal no Congresso Nacional, mas também as pesquisas de opinião pública que atestavam uma queda progressiva da popularidade do Governo Collor desde o início de sua gestão. De acordo com essas pesquisas realizadas no município de São Paulo, se em março de 1990, apenas 6% dos entrevistados consideravam esse governo ruim ou muito ruim, em março de 1991, esse número atingia a casa dos 40%, e, finalmente, em maio de 1992, quando são divulgadas as denúncias de Pedro Collor, o grau de rejeição ao governo alcançava aproximadamente 60% dos entrevistados (Datafolha *apud* Souza, 2000).

O apoio parlamentar é um importante trunfo do qual deve dispor um governo capitalista para impedir a abertura de uma CPI, o prolongamento desta ou mesmo a abertura de um processo de *impeachment* contra o presidente. A ausência de apoio parlamentar somada às insatisfações sociais em relação à política do Governo Collor tornaram bastante frágil a possibilidade de que este impedisse a abertura do processo de *impeachment*.

Sobre o apoio parlamentar, resta comentar ainda que a adoção de determinadas políticas econômicas que favoreçam certos segmentos sociais e/ou a distribuição de cargos públicos não são os únicos trunfos à disposição de um governo capitalista para ampliar e fortalecer o seu poder na esfera do legislativo. O uso ilegal de verba pública, visando a conquista de apoio político é outro elemento a ser considerado. Como assegura Giannotti (1993), em 1992, o Governo Collor tentou comprar votos de deputados para impedir a votação do *impeachment*. Segundo o autor, em meio às investigações do caso PC Farias, o ministro da Economia, Marcílio Marques Moreira, chegou a liberar 3,4 trilhões de cruzeiros do orçamento da Previdência Social do FGTS para financiar a compra de votos. Tal manobra, no entanto, não foi suficiente para conter as manifestações contra o governo, no segundo semestre de 1992, as quais conferiram uma diluição ainda maior da base de apoio político de Collor.

Com o esgarçamento da frente de apoio do Governo Collor, as denúncias de corrupção contra o Governo Collor tiveram a função de potencializar os conflitos que haviam se aglutinado naquela conjuntura, ou melhor, as denúncias de corrupção envolvendo o presidente surgem numa conjuntura em que a sua base de apoio já estava bastante fragilizada e as insatisfações sociais em relação aos efeitos da política neoliberal atingiam níveis crescentes.

Entendemos aqui que, numa situação de crescimento econômico, a tolerância em relação à corrupção no governo poderia ser mais ampla. Ocorre que num momento em que a própria base de apoio do Governo Collor estava desgastada e a recessão econômica produzia efeitos deletérios sobre os rendimentos de diversos segmentos sociais, o aparecimento de denúncias de corrupção contra o governo tende a ter um impacto negativo para a continuidade deste no poder, passando a luta contra a corrupção ser utilizada pelos grupos de oposição ao governo como uma estratégia de resistência política.

Diante dos argumentos apresentados e das ponderações feitas até aqui, podemos sustentar que a crise política desencadeada durante o Governo Collor *não se configurou como uma crise da política neoliberal*, pois a despeito das tensões existentes entre esse governo e certas frações das classes dominantes, produzidas por alguns dos efeitos gerados pela aplicação da política econômica neoliberal e pela ausência de participação dessas frações no processo de implantação dessa política, não se questionaram as causas desses efeitos, isto é, não se desnudou a crítica do modelo econômico que começava a ser gestado pelo Estado brasileiro. As críticas das frações burguesas à política econômica do Governo Collor foram *pontuais e seletivas* – e não globais – e visavam contemplar determinados interesses econômico-corporativos afetados por essa política, ou mesmo, exigir que as contra-reformas neoliberais fossem levadas a cabo efetivamente. Esse é um dos argumentos que nos conduz a considerar que não havia, de fato, nesta conjuntura um bloco no poder neoliberal, mas sim uma situação de instabilidade hegemônica na qual a política neoliberal, que começa a ser implementada, não logra dar organicidade aos interesses das diferentes frações dominantes em disputa e, ao mesmo tempo, dissolver os requícios do antigo modelo econômico no processo de aplicação da política estatal.

Essa *crise também não se definiu como uma crise do regime político em vigor*, visto que "ela deu ensejo à reafirmação do ordenamento jurídico estabelecido pela Constituição de 1988, cujos dispositivos criados para resolver o tipo de problema em questão – a comissão parlamentar de inquérito, a figura do *impeachment* – revelaram-se eficazes (...)" (Cruz, 1997, p. 403). Afirmamos, assim, que o conflito executivo/legislativo exprimia uma *crise de governo* provocada pela concentração e centralização das principais decisões políticas na esfera executiva, o que acarretou, durante o Governo Collor, no esvaziamento progressivo das funções políticas do Congresso Nacional.

Resta ainda tratar das condições subjetivas dessa crise, mais precisamente do caráter de classe do movimento "Fora Collor". Chamamos aqui de condições subjetivas aquelas associadas mais propriamente à capacidade de determinadas classes e frações de classe de conduzir ações suficientes para afastar do poder, no caso da crise do governo brasileiro, o presidente da República.

O caráter de classe do movimento "Fora Collor"

A despeito do curto período em que as manifestações "Fora Collor" lograram obter um caráter de massas, cabe aqui tecer alguns comentários sobre a participação massiva dos estudantes nessas manifestações. Em linhas gerais, é possível afirmar que os estudantes ocuparam a função de "agente substituto" das classes burguesa e proletária, incapazes de defender, no plano institucional, seus interesses de classe na conjuntura em análise.[21] Isso não nos leva a concluir que o posicionamento dessa "categoria social" (os estudantes) esteja acima das classes.

Segundo Foracchi (1965), na análise da prática estudantil, os determinantes escolares não podem ser dissociados dos determinantes sociais (produção, manutenção). Por um lado, o movimento estudantil assume uma "forma específica" devido à especificidade do aparelho escolar e das condições de ação reivindicativa ou política, o que equivale a dizer, respectivamente, que a mobilização dos recursos educacionais é marcada pela estrutura de classes (Foracchi, 1965) e que o movimento estudantil não traduz integralmente o movimento da classe ou fração que ele representa (Saes, 1978). Por outro lado, é a família que fornece as condições necessárias para o jovem tornar-se estudante, isto é, os vínculos de dependência entre o estudante e a família constituem-se como caução de uma relação que não é só econômica, mas também ideológica (Foracchi, 1965; Saes, 1978).

Com isso, a família não pode ser caracterizada como uma entidade abstrata, pois ela "realiza, em sua vivência social, uma situação concreta

---

21   Extraímos a ideia de "agente substituto" da análise de Saes (1979, p. 19).

de classes (...)" (Foracchi, 1965, p. 82). É, portanto, a relação de dependência ou manutenção entre o estudante e a família que define a situação de classe particular do movimento estudantil (Saes, 1978).

Nesse sentido, compreendemos que o caráter das manifestações "Fora Collor" deve ser analisado à luz da situação de classe dos estudantes. Se as classes médias são a principal camada social no sistema escolar/universitário brasileiro, para um melhor entendimento da disposição dos estudantes para a luta contra o presidente da República, deve-se reportar aos elementos que ativaram as insatisfações das classes médias em relação ao governo. Em linhas gerais, podemos elencar uma série de fatores que se chocam com o processo de diferenciação social das classes médias em relação ao conjunto dos trabalhadores. A recessão econômica, os efeitos negativos da inflação, o arrocho salarial, o aumento do desemprego (especialmente, o desemprego associado à demissão de funcionários públicos, uma das principais categorias representativas do sindicalismo de classe média) e a precarização do sistema escolar estão entre os aspectos da política do governo que contrariavam os interesses desse setor social.

O processo inflacionário crônico, que atingiu a sociedade brasileira nos anos de 1980, teve impacto negativo sobre os rendimentos das classes médias. A saída para esse setor foi realizar investimentos em cadernetas de poupança, entre outros meios, como forma de amenizar os efeitos provocados pela inflação. Collor foi eleito com a promessa de "modernizar" o Estado brasileiro, e de acabar com a inflação. No entanto, o primeiro lance dado por esse governo selou a sorte das classes médias: Collor confiscou, com a edição da medida provisória 168, um importante instrumento de defesa das classes médias – a poupança. Isso ativou insatisfações desse setor social em relação ao governo federal.

Caracterizando o movimento estudantil surgido na conjuntura de crise do Governo Collor, o presidente da UNE, Lindbergh Farias (1992, p. 37), evidencia alguns aspectos que corroboram a argumentação deste artigo:

> O movimento que envolve a juventude hoje é muito amplo. Uns vão para as ruas porque o Collor é ladrão. Outros porque ele

aumentou as mensalidades. Mas mesmo o cara que tem uma banda de rock e está sem espaço para se apresentar porque o mercado de trabalho diminui a cada dia está protestando. Os que se formam e não conseguem trabalho também.

Dentro dessa perspectiva, notamos que um dispositivo político e ideológico típico das classes médias manifestou-se com intensidade na conjuntura aqui analisada, a saber, o medo da proletarização, ou ainda, o medo da igualização sócio-econômica com os segmentos provindos do proletariado. Esse medo da proletarização logrou se transformar numa manifestação massiva nessa conjuntura, porque a impletamentação da política estatal havia deteriorado as condições de vida das classes médias, ou melhor, havia afetado as bases de diferenciação social das classes médias em relação ao proletariado. Não se tratava, portanto, de um medo da proletarização, vindo de baixo, resultante de uma melhoria das condições de vida dos operários em detrimento das condições de vida das classes médias, pois como já se salientou o neoliberalismo se caracteriza como uma contrarreforma.

Ao contrário da análise convencional que encontra no poder da mídia os elementos ativadores das manifestações estudantis contra o presidente corrupto, entendemos que a raiz desse processo está nos efeitos produzidos pela política econômica do governo Collor. No discurso das entidades estudantis, tais como a UNE e a UBES, as críticas ao programa de privatizações das empresas estatais do Governo Collor, ao quadro recessivo da economia, à dependência ao FMI foram temas que, no mais das vezes, não encontraram ressonância entre a grande massa de manifestantes que participaram das mobilizações a favor do *impeachment* do presidente. A crítica à política econômica foi, nesse caso, difusa, ora aparecendo como indignação com o aumento das mensalidades escolares, ora como descontentamento com a corrupção na cúpula governamental.

Desse modo, para discutir os motivos que levaram os estudantes às ruas, retomamos a ideia segundo a qual não é possível dissociar os estudantes de sua situação de classe. As multidões de estudantes que estiveram nas ruas, principalmente os secundaristas (Martins Filho, 1994), expressavam as insatisfações das classes médias em relação ao governo.

Salientemos que a proposta de discutir o caráter de classe do movimento "Fora Collor" e, em especial, das imensas manifestações estudantis surgidas – é bem verdade, num curto período de tempo (agosto e setembro de 1992) – coloca esta análise numa problemática bastante distinta daquela que deposita no poder da mídia a explicação para o aparecimento dessas manifestações. Essa visão tem enraizamento numa concepção elitista de sociedade, que considera a massa como sendo sempre irracional, isto é, não tendo condições de tomar posições racionalmente fundadas em matéria política – o que caberia apenas à grande mídia, que supostamente manipularia a massa amorfa.

De modo similar, a presente análise distingue-se do argumento fundado nos pressupostos da teoria liberal para explicar os motivos que levaram os estudantes às ruas contra o presidente corrupto. Esse tipo de análise tende a abstrair as condições conjunturais que deram sustentação ao comportamento político dos agentes sociais, ou melhor, tende a enfocar, por exemplo, a adesão dos estudantes à luta pela ética na política como uma escolha racional que se alinha aos valores e objetivos mais "substantivos" da vida em sociedade. Daí advindo, com certo exagero, a afirmação do "consenso possível", da "única alternativa", do "caminho natural", o que levou alguns autores a tomar a bandeira da ética na política como a motivação de fundo dos manifestantes contra o governo e dar diminuta importância às insatisfações em relação aos efeitos da política neoliberal.

O que se pode afirmar a partir dessas indagações é que o movimento "Fora Collor" e, em especial, os estudantes orientavam-se por uma perspectiva mais próxima da política burguesa. Abordando as convergências existentes entre o movimento estudantil francês de 1986 e o brasileiro de 1992, Martins Filho (1994, p. 14) apresenta algumas indicações entre a proximidade das orientações políticas dos estudantes e a política das classes dominantes:

> Ambos [os movimentos estudantis] se deram numa conjunção de
> avanço neo-liberal, inexistência em cena de um discurso visível
> de esquerda, extensa influência dos meios de comunicação (...)
> e ausência de repressão. Tanto um como outro levantaram obje-
> tivos bastante gerais; centraram-se num único alvo, de conteúdo
> ético geral e limitado estritamente às regras do jogo político.[22]

Afirmamos aqui, portanto, a relação existente entre a situação de classe do estudante secundarista/universitário brasileiro e a situação de classe média. É a partir da análise dos prejuízos causados pelo neoliberalismo de Collor à grande parte da classe média que podemos entender o significado das mobilizações estudantis nesse período.

Tratamos de destacar ao longo deste artigo alguns fatores que potencializaram as insatisfações das classes médias, e em especial dos estudantes contra o governo: o confisco da poupança, que suprimiu um importante instrumento de defesa das classes médias, as altas taxas de desemprego e o congelamento dos salários, que degradaram as condições de vida dessa camada social, o processo inflacionário que atingiu os preços das mensalidades escolares, dificultando o acesso dos filhos das famílias de classes médias aos colégios e universidades privados. Com isso, apresentamos uma leitura diferenciada das mobilizações "Fora Collor", ou seja, ao contrário de muitas análises que se restringem a destacar as relações existentes entre essas mobilizações e o discurso da ética na política, procuramos dar relevo ao caráter de classe dessas mobilizações e a apontar os fatores econômicos que levaram os estudantes às ruas contra o governo Collor. Assim, se o discurso da ética na política constitui-se como um ataque moralista ao governo, entendemos que esse discurso remete também a descontentamentos específicos e diversos causados, em diferentes setores sociais, pelo início da implantação do programa neoliberal.

---

22 O movimento estudantil francês de 1986 manifestou-se contrariamente ao projeto do governo (Lei Devaquet) que previa atacar os pilares do sistema universitário francês: a centralização das medidas relativas à escola superior e o livre acesso às faculdades para os portadores do *baccalaurèat* (Martins Filho, 1994).

Referências bibliográficas:

ALMEIDA, Maria Hermínia Tavares de. *Crise econômica e interesses organizados*: o sindicalismo no Brasil nos anos 80. São Paulo: Edusp, 1996.

ANDREI, Cristian e SAMPAIO, Fernando Azevedo de Arruda Sampaio. "Política econômica" In: Fundação do Desenvolvimento Administrativo (FUNDAP)/Instituto de Economia do Setor Público (IESP). *Gestão estatal no Brasil*: limites do liberalismo 1990-1992. São Paulo: FUNDAP, 1995.

ANTUNES, Ricardo. *A desertificação neoliberal no Brasil (Collor, FHC e Lula)*. Campinas: Autores associados, 2004.

AVRITZER, Leonardo. "O conflito entre a sociedade civil e a sociedade política no Brasil pós-autoritário: uma análise do *impeachment* de Fernando Collor de Mello" In: ROSENN, Keith S. e DOWNES, Richard (orgs.). *Corrupção e reforma política no Brasil:* o impacto político do *impeachment* de Collor. Rio de Janeiro: Ed. FGV, 2000.

BIANCHI MENDEZ, Alvaro Gabriel. *O ministério dos industriais: a Federação das Indústrias do Estado de São Paulo na crise das décadas de 1980 e 1990*. Campinas, tese de doutorado em Ciências Sociais, Unicamp, 2004.

BIONDI, Aloysio. *O Brasil privatizado: um balanço do desmonte do Estado* (6ª reimp.). São Paulo: Editora Fundação Perseu Abramo, 1999.

BOCCHI, Carmen Priscila. *Movimento pela ética na política e as mobilizações pró-impeachment: elementos para a análise da atuação da sociedade civil no Brasil contemporâneo*. São Paulo, dissertação de mestrado em Ciência Política, USP, 1996.

BOITO JR., Armando. *Política neoliberal e sindicalismo no Brasil*. São Paulo: Xamã, 1999.

CARVALHOSA, Modesto (coord.). *O livro negro da corrupção*. Rio de Janeiro: Paz e Terra, 1995.

COLETTI, Claudinei. "Ascensão e refluxo do MST e da luta pela terra na década neoliberal" In: BOITO JR., Armando (org.). Dossiê: Neoliberalismo e lutas sociais no Brasil, *Revista Ideias*, n. 9(1), Campinas, IFCH-Unicamp, 2002.

CRUZ, Sebastião Velasco e. "O impeachment: uma crise singular" In: *O presente como história: economia e política no Brasil pós-64*. Campinas: Coleção Trajetória, n. 3, Unicamp/IFCH, 1997.

DINIZ, Eli e BOSCHI, Renato. "Globalização, herança corporativa e a representação dos interesses empresariais: novas configurações no cenário pós-reformas" In: BOSCHI, Renato Boschi; DINIZ, Eli; e SANTOS, Fabiano (orgs.). *Elites políticas e econômicas no Brasil contemporâneo: a desconstrução da ordem corporativa e o papel do Legislativo no cenário pós-reformas*. São Paulo: Fundação Konrad Adenauer, 2000.

FARIAS, Lindbergh Farias. Entrevista: "Voltamos para ficar" In: *Revista Istoé*, n. 1126, 2 de setembro de 1992.

FILGUEIRAS, Luiz. *História do Plano Real* (1ª reimpressão). São Paulo: Boitempo Editorial, 2001.

FORACCHI, Marialice Mencarini. *O estudante e a transformação da sociedade brasileira*. São Paulo: Companhia Editora Nacional, 1965.

GALVÃO, Andréia. *Neoliberalismo e reforma trabalhista no Brasil*. Campinas, tese de doutorado em Ciências Sociais, Unicamp, 2003.

GEDDES, Bárbara Geddes e NETTO, Artur Ribeiro. "Fontes institucionais da corrupção no Brasil" In: ROSENN, Keith S. e DOWNES, Richard (orgs.) *Corrupção e reforma política no Brasil: o impacto político do impeachment de Collor*. Rio de Janeiro: Ed. FGV, 2000.

GIANNOTTI, Vito. *Collor, a CUT e a pizza* (2ª ed.). São Paulo: Ed. Página Aberta, 1993.

GORENDER, Jacob. *A burguesia brasileira* (8ª ed.). São Paulo: Brasiliense, 1981.

GRAZIANO DA SILVA, José. "Condicionantes para um modelo agrário e agrícola" In: Programa de Pesquisa e Formação Sindical Ires – CGIL/DESEP – CUT. *A crise brasileira: anos oitenta e o governo Collor*. São Paulo: Instituto Cajamar, 1993.

GROHMANN, Luís Gustavo Mello. *O veto presidencial no Brasil: 1946-1964 e 1990-2000*. Rio de Janeiro, tese de doutorado em Ciência Política, Iuperj, 2003.

HENRIQUE, Wilnês. "As políticas sociais na crise" In: Programa de Pesquisa e Formação Sindical Ires – CGIL/DESEP – CUT. *A crise brasileira: anos oitenta e o governo Collor*. São Paulo: Instituto Cajamar, 1993.

LIMA, Luziano Pereira Mendes de. *A atuação da esquerda no processo constituinte: (1986-1988)*. Campinas, dissertação de mestrado em Ciência Política, Unicamp, 2002.

MACHADO, Gustavo Viana. *A burguesia brasileira e a incorporação da agenda liberal nos anos 90*. Campinas, dissertação de mestrado em Economia, Unicamp, 2002.

MARTINS FILHO, João Roberto. "Os estudantes e a política no Brasil (1962-1992)" In: *Teoria & pesquisa*, São Carlos, UFSCar, n. 10, 1994.

MÉDICI, André Cezar; MARQUES, Rosa Maria e SILVA, Sérgio Luiz Cerqueira da. "Política social" In: Fundação do Desenvolvimento Administrativo (FUNDAP)/Instituto de Economia do Setor Público (IESP). *Gestão estatal no Brasil: limites do liberalismo 1990-1992*. São Paulo: FUNDAP, 1995.

MENEGUELLO, Rachel. *Partidos e governos no Brasil contemporâneo (1985-1997)*. Rio de Janeiro: Paz e Terra, 1998.

MINELLA, Ary César. "O discurso empresarial no Brasil: com a palavra os senhores banqueiros" In: http://www.cfh.ufsc.br/~minella. Acessado em: 4 de maio de 2004>.

_____. "Empresariado financeiro: organização e posicionamento no início da década de 90" In: DINIZ, Eli (org.). *Empresários e modernização econômica: Brasil anos 90*. Florianópolis: Ed. da UFSC, IDACON, 1993.

NEVES, Newton J. de O. e FAGUNDES, Milton. *Collor, o artífice do caos*. São Paulo: Ícone, 1993.

NOVELLI, José Marcos Nayme. *Instituições, política e idéias econômicas: o caso do Banco Central do Brasil (1965-1998)*. São Paulo: Annablume/Fapesp, 2001.

NORONHA, Eduardo Garuti. *Greves na transição brasileira*. Campinas, dissertação de mestrado em Ciência Política, Unicamp, 1992.

OLIVEIRA, Francisco de. *Collor*: a falsificação da ira. Rio de Janeiro: Imago Editora, 1992.

POULANTZAS, Nicos. *Poder político e classes sociais*. Porto: Portucalense Editora, 1971.

RUIZ, Manoel. "A história do Plano Collor" In: *http://www.sociedadedigital.com.br/artigo.php?artigo=114&item=4*. Acessado em: 2 de julho de 2004>.

SAES, Décio. *República do capital*. São Paulo: Boitempo Editorial, 2001.

_____. "A esquerda e a questão dos sistemas de governo no Estado democrático-burguês" In: *Estado e democracia: ensaios teóricos* (2ª ed.). Campinas, IFCH-Unicamp, 1998.

_____. *Classe média e sistema político no Brasil*. São Paulo: T. A. Queiroz, 1979.

_____. "Raízes sociais e o caráter do movimento estudantil" In: *Cara a Cara* (*Revista semestral do Centro de Estudos Everardo Dias*), Campinas, n. 2, 1978.

SINGER, André. *Esquerda e direita no eleitorado brasileiro*. São Paulo: Edusp, 2000.

SKIDMORE, Thomas. "A queda de Collor: uma perspectiva histórica" In: ROSENN, Keith S. e DOWNES, Richard (orgs.). *Corrupção e reforma política no Brasil: o impacto político do impeachment de Collor*. Rio de Janeiro: Ed. FGV, 2000.

SOUZA, Amaury de. "O *impeachment* de Collor e a reforma institucional no Brasil" In: ROSENN, Keith S. e DOWNES, Richard (orgs.). *Corrupção e reforma política no Brasil: o impacto político do impeachment de Collor*. Rio de Janeiro: Ed. FGV, 2000.

TAVARES FILHO, Newton. "Excesso na edição de medidas provisórias" In: *Consultoria Legislativa*, Câmara dos Deputados, janeiro, 2008.

TOSI RODRIGUES, Alberto. *O Brasil de Fernando a Fernando: neoliberalismo, corrupção e protesto na política brasileira de 1989 a 1994*. Ijuí: Ed. Unijuí, 2000.

TRÓPIA, Patrícia Vieira. "A adesão da Força Sindical ao neoliberalismo" In: BOITO JR., Armando (org.). Dossiê "Neoliberalismo e lutas sociais no Brasil", *Revista Ideias*, n. 9(1), Campinas, IFCH-Unicamp, 2002.

WALLACE COCHRANE JR., Léo. "PT não me mete medo" In: *Revista Veja*, 6 de dezembro, 1989.

Governos Lula:
a nova burguesia nacional no poder

Armando Boito Jr.

A nova onda de internacionalização da economia capitalista, característica do último quartel do século XX, induziu alguns autores a afirmar ou sugerir o desaparecimento das burguesias nacionais (Miglioli, 1998; PIJL, 1998). Contrariando essa expectativa, assistimos, no Brasil da década de 2000, à ascensão política de uma nova burguesia nacional no interior do bloco no poder vigente no Estado brasileiro.

Não se trata da velha burguesia nacional, aquela que, na análise de autores marxistas e de partidos comunistas do século XX, poderia formar uma frente anti-imperialista com a classe operária. Trata-se, na verdade, de uma nova burguesia nacional, uma fração da classe burguesa à qual se aplica, sob medida, o conceito de burguesia interna elaborado por Nicos Poulantzas (Poulantzas, 1978). Escrevendo no segundo lustro da década de 1970, esse autor nos alertava, no momento mesmo em que a noção de globalização nascia da pena dos autores anglo-saxões, para a ideia de que subsistia, no plano nacional, uma burguesia interna, que não se encontrava em vias de desaparecimento com a nova onda de internacionalização da economia capitalista. Nos países dependentes, essa burguesia ocuparia, na análise de Poulantzas, uma posição intermediária entre a antiga burguesia nacional, passível de adotar práticas anti-imperialistas, e a velha burguesia compradora, mera extensão do imperialismo no interior desses países. A burguesia interna ocuparia, então, uma posição intermediária entre dois extremos – entre a burguesia nacional e a burguesia compradora – teria base de acumulação própria e poderia buscar, ao mesmo tempo, associar-se ao capital imperialista e limitar a sua expansão no interior do país.

Pois bem, no Brasil de hoje, foi o Governo Lula que promoveu a ascensão política dessa fração da burguesia brasileira (Boito Jr, 2005). Façamos, de passagem, uma advertência. Não desejamos que a expressão sintética do título deste artigo – a nova burguesia nacional no poder – induza o leitor ao erro. A grande burguesia interna brasileira nunca esteve fora do poder. Como fração da classe burguesa, ela tem compartilhado o poder de Estado com as demais frações de sua classe social, isto é, ela tem integrado o bloco no poder (Poulantzas, 1968). O que ocorreu é que ela melhorou sua posição no interior desse bloco. Teria se convertido na fração hegemônica no interior desse condomínio político? Ou seja, os seus interesses específicos de fração teriam se convertido, sob o Governo Lula, no objetivo prioritário da política econômica? Nessa etapa da nossa pesquisa, preferimos deixar essa questão em aberto. Queremos apenas afirmar que a trajetória recente da política econômica do Estado brasileiro é tal que os interesses da grande burguesia interna têm um peso cada vez maior nas iniciativas e medidas do Estado brasileiro. O marco inaugural desse processo foi a passagem, em 2002, da "era FHC" para a "era Lula". Mais tarde, em 2006, na passagem do primeiro para o segundo Governo Lula, a ascensão política da grande burguesia interna no interior do bloco no poder tornou-se mais evidente. O projeto econômico que expressa essa relação de representação política entre os governos Lula e a grande burguesia interna é o projeto que poderíamos denominar neodesenvolvimentista.

Antes de apresentar uma rápida caracterização do neodesenvolvimentismo como uma proposta de política econômica que representa os interesses de classe da grande burguesia interna, façamos uma observação metodológica. A caracterização de projetos e de modelos de desenvolvimento capitalista é uma tarefa complexa. A primeira dificuldade é de ordem teórica e se apresenta no momento de se definir os critérios pertinentes para se dividir as etapas do desenvolvimento capitalista e para caracterizar os respectivos modelos; a segunda é de ordem empírica e se apresenta no momento de detectar, na realidade histórica que é sempre arredia à pureza dos modelos, o que cabe e o que não cabe num modelo capitalista previamente definido. Esse é um problema geral do trabalho científico. Tal problema se torna mais difícil ainda – e esse é um terceiro tipo de dificuldade – em situações em que os modelos já caracterizados e conhecidos começam a se modificar, como é o caso de que agora nos ocupamos – o neoliberalismo da década de 1990 não é o mesmo que o da década de 2000. Tais situações ensejam a questão de saber se estamos diante de uma mudança de modelo ou, simplesmente, de uma mudança no modelo. Apesar dessas três ordens de dificuldades, acreditamos ser possível definir, ainda que provisoriamente, o neodesenvolvimentismo: trata-se do desenvolvimentismo possível dentro do modelo capitalista neoliberal periférico.

O capitalismo brasileiro, na década de 2000, cresceu, em média, o dobro que na década de 1990. Porém, se insistimos no prefixo "neo" é para indicar a existência de diferenças importantes em relação ao desenvolvimentismo do período 1930-1980. Três diferenças merecem particular destaque. Todas elas são adequadas aos interesses da grande burguesia interna brasileira e representam, também, o compromisso dessa burguesia com o capital financeiro internacional. A primeira característica é que o novo desenvolvimentismo produz índices mais modestos de crescimento econômico porque está limitado pela acumulação financeira ainda em vigor, aspecto fundamental do modelo capitalista neoliberal. O peso da rolagem da dívida pública e do juro elevado sobre a receita do Estado e sobre o lucro das empresas do setor produtivo inibe o investimento e o crescimento econômico.

Uma segunda característica diferencial do novo desenvolvimentismo é que ele aceita a especialização regressiva, recuo que o modelo capitalista neoliberal impôs aos países dependentes que tinham logrado desenvolver um parque industrial mais complexo, como foi o caso do Brasil. Assim, o novo desenvolvimentismo concentra-se nos setores de processamento de produtos agrícolas, pecuários ou de recursos naturais e, no caso da indústria de transformação, está focado nos segmentos de baixa densidade tecnológica. O velho desenvolvimentismo, diferentemente, forçava a abertura de brechas na divisão internacional capitalista do trabalho – em primeiro lugar, a própria política de industrialização e, em seguida, as sucessivas tentativas, mais ou menos bem-sucedidas, de internalizar setores produtivos mais sofisticados como indústria de base, bens de consumo durável, bens de capital, indústria aeronáutica, informática, indústria bélica e outros. No modelo neodesenvolvimentista, as grandes empresas nacionais, classificadas entre as empresas mais fortes dos seus respectivos segmentos em escala mundial, são – feita a exceção de praxe representada pela Embraer – a Friboi, a Brazil Foods, a Vale, a Gerdau, a Votorantim Celulose e outras que processam produtos de baixo valor agregado.

Finalmente, estamos, na década de 2000, diante de um desenvolvimentismo voltado, muito mais que o seu antecessor, para o mercado externo, isto é, para a exportação. Também essa característica resulta da manutenção do modelo capitalista neoliberal. O processo de reconcentração da renda ocorrido nas décadas neoliberais e a abertura da economia brasileira estimulam o foco nas exportações. Ademais, tendo os demais países dependentes também passado por processos de abertura, uma economia capitalista dependente, porém mais forte, como é a do Brasil, pode se valer dessa superioridade para ocupar mercados até então inacessíveis devido ao protecionismo mais ou menos generalizado. Nesse particular, o comportamento político da grande burguesia interna foi exemplar. Na década de 1990, a postura dominante da indústria voltada para o mercado interno foi uma posição defensiva, e também tímida, diante da abertura comercial: os industriais reclamavam do ritmo acelerado da abertura e da falta de uma política de Estado que preparasse a indústria brasileira para a concorrência aberta. Na década de 2000, a burguesia interna abandonou aquela posição defensiva e, acomodando-se ao modelo neoliberal, abriu mão do protecionismo herdado do velho desenvolvimentismo e partiu para a conquista dos mercados vizinhos que também tinham sido abertos. O Estado brasileiro no período Lula adotou, em consonância com essa postura da grande burguesia interna, uma política externa focada nos países do Hemisfério Sul e uma agressiva política de financiamento, através do BNDES, ambas voltadas para promover as empresas e os investimentos brasileiros no exterior. (Não abriremos aqui a questão de saber se o capitalismo e o Estado brasileiros estabeleceram, ou não, uma relação imperialista com os demais países da América Latina. Apontaremos a complexidade da situação. As grandes empresas brasileiras que têm investido fortemente na Venezuela dão apoio ao Governo Chavez. Marcelo Odebrecht, presidente geral da construtora que leva o seu sobrenome e que assumiu construções pesadas naquele país, tem defendido o Governo Chavez e criticado a grande imprensa brasileira por ela divulgar, segundo seu entendimento, uma imagem negativa e deformada do presidente venezuelano.)

Pois bem, se os governos Lula representam a grande burguesia interna, devemos considerar um erro afirmar, como faz grande parte dos analistas e dos críticos desse governo, que a burguesia brasileira o apoia, fundamentalmente, porque ele seria o governo mais bem situado para manter o movimento operário e popular dentro dos limites da moderação. Um dos problemas dessa tese é que grande parte da burguesia não apoia o governo. Vemos isso na ação política e parlamentar do PSDB, do DEM e de outros partidos menores e também na agitação política de cunho oposicionista conservador promovida por órgãos da grande imprensa. A questão se coloca: por que é que temos uma burguesia oposicionista? Para entendermos isso é preciso considerar que, além da grande burguesia interna, temos também, no Brasil, uma grande burguesia perfeitamente integrada e subordinada ao capital estrangeiro. Ora, essa fração burguesa, que pleiteia uma política econômica neoliberal extremada, teve os seus interesses, em diversas medidas, preteridos pelo Governo Lula. É por isso que essa burguesia compradora, aliada subalterna do grande capital financeiro internacional, pleiteia, hoje, o retorno do PSDB ao poder governamental. A parte da burguesia que apoia o Governo Lula o faz, fundamentalmente, devido a essa disputa no interior do bloco no poder, e não devido a uma avaliação de que Lula seria o melhor governo para segurar o movimento operário e popular.

Para levar de vencida a grande burguesia compradora e o capital financeiro internacional, que são as forças burguesas mais poderosas economicamente e mais influentes nas agências privadas de hegemonia (Gramsci), a grande burguesia interna teve de aceitar integrar uma frente com o movimento sindical e popular.[1] Essa frente, contudo, padece de um pecado original: ela não resultou, no fundamental, da iniciativa da sua força hegemônica, que é a grande burguesia interna. Ela foi, antes de tudo, o resultado indireto e, até certo ponto inesperado, da luta do movimento sindical e popular. Por que podemos afirmar isso? Porque a luta sindical e popular foi o principal fator, ao longo das décadas de 1980 e 1990, para a construção e afirmação do Partido dos Trabalhadores e de um campo reformista eleitoralmente viável dirigido pelo PT. A grande burguesia não pôde creditar fundamentalmente para si a vitória da candidatura Lula na eleição presidencial de 2002. A capacidade de pressão e, ao mesmo tempo, as limitações políticas do movimento operário e popular empurraram, então, a grande burguesia interna para uma frente política que o próprio movimento operário e popular não tinha condições de dirigir. A frente está unificada, ainda que de maneira precária, em torno do neodesenvolvimentismo da grande burguesia interna, mas depende, para o seu sucesso, e em grande medida, do movimento operário e popular – que, no entanto, demonstra insatisfação com os limites desse projeto de desenvolvimento. Vale dizer, o movimento operário e popular não é a força hegemônica da frente, isto é, aquela que define os objetivos da luta, mas é a sua força principal, isto é, aquela de quem mais depende o sucesso da luta. Esse desajuste entre a força hegemônica (burguesa) e a força principal (operária e popular) gera conflitos e instabilidades no interior da frente política neodesenvolvimentista.

[1] Frente e aliança não são a mesma coisa. A aliança reúne classes ou frações de classe que agem, cada qual, organizada de modo independente, com base em um programa político próprio, e que estabelecem um programa mínimo comum. A frente reúne, de maneira mais informal, classes e frações de classe, não necessariamente organizadas de modo independente, em torno de objetivos convergentes, mas cuja convergência nem sempre está clara para as forças sociais envolvidas na frente. A força social que está envolvida na frente sem o saber não pode dirigi-la. Mesmo que radicalize a sua ação, poderá, ao fazê-lo, funcionar como instrumento da força dirigente.

É essa frente que o Governo Lula, manobrando em meio a dificuldades, procura manter e consolidar. O presidente tem um trunfo político próprio: pode se apoiar, graças aos programas de transferência de renda, nos trabalhadores pauperizados e desorganizados, com os quais logrou estabelecer uma relação política de tipo populista. A política econômica do governo propiciou também algum ganho ao sindicalismo – aumento do emprego no setor público e privado, melhoria salarial do funcionalismo público, pequena recuperação do salário mínimo – além de oferecer uma isca ao movimento sindical: a oficialização das centrais sindicais. Como resultado, ganhou o apoio da maior parte do movimento sindical.[2] O governo implementou, também, políticas públicas dirigidas a reivindicações populares organizadas. O maior exemplo é o programa de construção e financiamento da casa própria denominado "Minha casa, minha vida", programa que atende, ainda que de maneira limitada, reivindicações dos atuantes movimentos de sem-teto espalhados por todo o Brasil.[3] Essas concessões a algumas reivindicações populares são motivo de insatisfação da burguesia, inclusive da grande burguesia interna que o governo representa. As publicações da FIESP, por exemplo, criticam o que os industriais consideram ser o excesso de gasto do Estado com pessoal. O governo, no entanto, preserva os interesses estratégicos da burguesia interna: não desencadeou nenhum processo amplo de regulamentação do mercado de trabalho ou de recuperação dos serviços públicos e dos direitos sociais. O que ele faz é impor sacrifícios menores à grande burguesia interna de modo a lhe propiciar, através da formação de uma frente política, uma posição no interior do bloco no poder que, por si só, essa fração burguesa não teria força para obter. Ainda, o fato de parte significativa da equipe governamental ser oriunda do movimento sindical desinibe a necessária ação disciplinadora do governo frente à classe que ele próprio representa.

Estamos em presença, portanto, de algo semelhante àquilo que os comunistas da década de 1950 imaginaram como solução para os problemas

---

2 Cf. artigo de Andréia Galvão, nesta coletânea.
3 Cf. artigo de Francini Hirata e Nathalia Oliveira, nesta coletânea.

políticos e sociais do Brasil: uma frente ou aliança que unisse parte da burguesia brasileira ao movimento operário organizado. Mas, além das semelhanças indicadas, as diferenças existentes entre aquilo que ambicionavam os comunistas e a situação política atual são igualmente importantes.

Nos próximos itens deste artigo tentarei apresentar alguns elementos analíticos e empíricos para sustentar essas ideias.

FHC, Lula e as disputas no interior da burguesia

Uma análise rigorosa do bloco no poder vigente no capitalismo neoliberal brasileiro exigiria, de um lado, estabelecer com precisão quais são os segmentos econômicos organizados como frações da classe burguesa e, de outro lado, comparar as demandas, estratégicas e secundárias, das diferentes frações burguesas com as medidas de governo que compõem a política econômica do Estado. Tal procedimento poderia nos dar um perfil claro do bloco no poder e de sua fração hegemônica. Para fazer isso, precisaríamos dispor de um trabalho de pesquisa maior do que aquele que desenvolvemos até aqui. Podemos, contudo, apresentar alguns elementos.

Tanto a grande burguesia compradora quanto a grande burguesia interna integram o mundo do grande capital. Trata-se das grandes empresas dotadas de poder econômico e que, na maioria dos casos, atuam como empresas monopolistas – ou oligopolistas – nos seus ramos de atividade. O deslocamento da hegemonia política no interior do bloco no poder monopolista de uma dessas duas frações para outra não é, portanto, uma mudança política de alcance maior (Saes, 2001). A grande burguesia compradora e a grande burguesia interna podem se revezar na posição central nesse bloco no poder sem promoverem alterações de fundo na política econômica e social e sem provocarem rupturas institucionais no Estado ou no regime político – diferentemente daquilo que ocorreu em conjunturas de mudanças políticas mais importantes, como em 1930, quando o grande capital cafeeiro foi apeado da hegemonia no Estado, ou em 1964, quando a velha burguesia nacional e a frente populista foram derrotadas. Seja a grande burguesia compradora, seja a grande burguesia interna, a fração hegemônica no interior do bloco no poder, a política de desenvolvimento estará priorizando o grande capital monopolista em detrimento das pequenas e médias empresas e em detrimento também dos interesses dos trabalhadores. O que é que distingue, então, essas duas frações da grande burguesia? Entendemos que é a posição de cada uma delas diante do imperialismo. A grande burguesia compradora tem interesse na expansão quase sem limites do imperialismo, enquanto a grande burguesia interna, embora esteja ligada ao imperialismo e conte com a sua ação para dinamizar o capitalismo brasileiro, procura impor limites àquela expansão.

Na origem do modelo capitalista neoliberal na América Latina, encontra-se uma pressão do capital financeiro internacional – conglomerados que unificam indústrias, bancos e serviços sob o comando das finanças – pela abertura dos mercados internos latino-americanos e pela privatização das empresas estatais bem-sucedidas da região, isto é, uma pressão pelo desmonte do modelo capitalista desenvolvimentista herdado, no caso do Brasil, do período Vargas. Dizemos abertura em sentido amplo: abertura comercial para facilitar a importação de produtos industriais das economias centrais e abertura para investimentos estrangeiros nas áreas até então controladas por empresas estatais ou por empresas privadas nacionais. Essa pressão se dirige para os mais variados segmentos econômicos: industrial, bancário, agrícola, de seguros, de saúde, de educação e outros. Havia a pressão, também, para o ingresso das economias latino-americanas no circuito internacional de valorização financeira, com a criação de uma nova legislação que facilitasse o investimento volátil nos títulos da dívida pública desses países ou nas suas bolsas de valores e que garantisse o repatriamento seguro e rápido desses investimentos financeiros em condições cambiais favoráveis. Um segmento amplo, heterogêneo e poderoso da burguesia brasileira ganhou muito quando Collor e, depois dele, FHC, assumiram essa política. Grupos financeiros nacionais beneficiaram-se com a política de juros elevados e de liberdade para entrada e saída de capitais, empresas nacionais que se associaram a grupos estrangeiros para participar dos leilões de empresas estatais, empresas comerciais ligadas à importação, os grupos empresariais das áreas de saúde e de educação, uma parte dos setores internacionalizados da indústria local e outros que viram, e de fato tiveram, na política de privatização e de abertura novas oportunidades de negócios e de associação com o capital estrangeiro. Ainda está para ser feita uma pesquisa que nos dê um retrato fiel desses grupos. Com o que sabemos, podemos afirmar que se trata de um setor poderoso da burguesia brasileira que, de dentro do país, também pressionava os governos para que dessem início à temporada de abertura ao comércio e ao investimento externo.

Havia, contudo, outro setor da burguesia brasileira que relutava em aceitar a abertura neoliberal. Esse setor, que veio a formar a fração que estamos denominando grande burguesia interna, aderiu tardiamente à candidatura Collor e o fez mais para evitar a vitória de Lula do que por aderir ao programa do ex-governador de Alagoas. Isso explica porque, logo na primeira crise política do Governo Collor, a grande burguesia interna abandonou-o – não é supérfluo lembrar que a Federação das Indústrias do Estado de São Paulo (FIESP) e outras associações de industriais brasileiros aderiram à campanha nacional pelo *impeachment* do Presidente Collor, tendo, inclusive, enviado diretores seus para arengar as massas nos grandes comícios do movimento "Fora Collor".[4] Os grandes industriais, setor que, juntamente com o agronegócio, formam o segmento mais importante da grande burguesia interna, mantinham uma relação contraditória com o programa neoliberal. Apoiavam, como toda a burguesia, a política social do neoliberalismo: desindexação dos salários, desregulamentação das relações de trabalho, redução e cortes nos direitos sociais – nas áreas de saúde pública, de previdência pública e de educação. Porém, relutavam em aceitar ou mesmo se opunham a aspectos importantes da política econômica neoliberal: rejeitavam a política de abertura comercial, que ameaçava o mercado cativo que o desenvolvimentismo criara para a indústria local, e procuravam manter posições de força que tinham conquistado no capitalismo brasileiro e que eram ameaçadas pelas reformas neoliberais.

4   Cf. artigo de Danilo Martuscelli, nesta coletânea.

A grande burguesia interna reúne setores variados – grupos industriais, bancos, agronegócio, construção civil e outros. O que unifica setores tão heterogêneos da classe capitalista brasileira numa mesma fração burguesa é a sua disputa com o capital financeiro internacional, tanto no interior do país quanto – e cada vez mais – na arena internacional, principalmente em países do Hemisfério Sul. As contradições entre os setores produtivo e bancário, entre empresas exportadoras e empresas voltadas principalmente para o mercado interno, enfim, as contradições no interior da grande burguesia interna, são tratadas, por essa fração de classe, como contradições secundárias frente àquela representada pela sua disputa com o grande capital internacional. A grande burguesia interna teme ser engolida ou destruída pelos grandes grupos econômicos estrangeiros. Exemplifiquemos. Os industriais reivindicam preferência para os seus produtos no mercado nacional, isto é, querem protecionismo alfandegário; os banqueiros solicitam a intervenção do Estado para limitar o ingresso de capital estrangeiro no seu setor; os usineiros do interior do Estado de São Paulo reivindicam a associação da Petrobrás com as usinas para a produção de etanol – os usineiros temem, no dizer de um de seus representantes, que o equilíbrio entre o capital nacional e o estrangeiro seja rompido em favor desse último, caso a Petrobrás não coloque o seu poder econômico a favor dos usineiros nacionais; a indústria naval reivindica que as compras do Estado dêem preferência para os estaleiros nacionais; as grandes empresas ligadas à exportação e as empresas interessadas em realizar investimentos e obras de construção pesada no exterior exigem a ação política e comercial do governo para a conquista de mercados externos e para favorecer e proteger os seus investimentos no exterior. Enfim, diante do grande capital financeiro internacional, a grande burguesia interna, mesmo tendo interesse em atrair investimentos estrangeiros para o Brasil, procura preservar e ampliar as posições que detém no sistema econômico nacional e no exterior. Para isso, conta com a ação protetora e ativa do Estado brasileiro – de passagem, convém observar que, em contradição com o conteúdo manifesto da ideologia neoliberal, a burguesia não pleiteia um "Estado mínimo" para a classe burguesa…

Tratemos de indicar quais foram as posições dessas duas grandes frações burguesas nos governos das décadas de 1990 e de 2000.

Os dois governos de Fernando Henrique Cardoso não são homogêneos. Ambos podem, apesar disso, ser caracterizados como governos que priorizaram o interesse da grande burguesia compradora e do capital financeiro internacional.

O primeiro mandato foi caracterizado por uma ação política ofensiva. FHC logrou impor as reformas neoliberais e mostrou-se exitoso onde Collor de Melo fracassara. Em seu primeiro governo, FHC promoveu uma forte redução das tarifas aduaneiras, o que, combinado com a sobrevalorização do câmbio introduzida pelo Plano Real, fez crescer muito as importações e, inclusive, a importação de bens manufaturados intermediários e finais. Em 1990, a alíquota média das tarifas de importação era 40% e a alíquota mais frequente, de 32,2%. Em 1992, graças às medidas de Collor de Melo, ambas caíram para a casa dos 20%. Uma vez empossado, FHC tratou, ainda em 1995, de impor uma nova e drástica redução de tarifas. A alíquota média caiu para 12,6% e a mais frequente para o valor quase simbólico de 2%.[5] Como é sabido, o resultado dessa política foi que a balança comercial brasileira passou a apresentar déficits crescentes a partir de 1995, quando o déficit foi de 3,1 bilhões de dólares; em 1997, já se encontrava na casa dos 10 bilhões.[6] Ainda no primeiro mandato, FHC avançou celeremente na política de privatizações. Depois das siderúrgicas, da indústria de fertilizantes, química e outras, chegou a hora da privatização dos bancos estatais, das ferrovias, das estradas de rodagem, da distribuição de energia elétrica, da telefonia, do serviço de esgoto e de outros setores produtivos e de serviços.

Já o segundo mandato, foi marcado por uma ação política defensiva, na qual o governo procurava safar-se da situação criada pela crise cambial de 1999 e pelo aumento da insatisfação em setores do movimento popular e da própria burguesia. As reformas neoliberais, na medida em que

5   DIEESE: *Anuário dos Trabalhadores – 1996:1997*. São Paulo: DIEESE, 1996. Ver Gráfico 17, p. 175.
6   *Op. cit.*, Tabelas 117, 118, 119, às p. 172, 173, 174.

foram sendo implantadas, acumularam contradições. A Federação das Indústrias do Estado de São Paulo (FIESP) elevou o tom contra a política de desindustrialização do governo e a Força Sindical, central que tinha apoiado as reformas neoliberais e o governo FHC, iniciou um processo de revisão de sua posição. Essa central organizou greves com ocupação do local de trabalho na sua principal base operária, os metalúrgicos de São Paulo, para protestar contra a abertura comercial e o fechamento de empresas. A FIESP, juntamente com a Confederação Nacional da Indústria (CNI), organizou um protesto nacional em Brasília, com industriais vindos de todas as regiões do país, em maio de 1996. Segundo o noticiário da época, os empresários que estiveram em Brasília pertenciam, principalmente, aos setores mais afetados pela abertura comercial – bens de capital, componentes eletrônicos, têxteis, calçados e brinquedos. Os industriais protestavam contra a "política de sucateamento da indústria" e a abertura comercial, e pediam desvalorização do câmbio e diminuição da taxa de juros (Boito Jr., 1999, p. 62-63). Essa faceta do movimento permitiu que a FIESP buscasse uma aproximação com o movimento operário paulista e ganhasse a simpatia das centrais sindicais para o protesto de Brasília. O presidente da FIESP tomou a iniciativa de visitar o presidente da CUT na sede dessa central, posou para fotos com Vicentinho e com Luiz Antonio de Medeiros, da Força Sindical, e publicou artigo na grande imprensa declarando que a FIESP apoiaria a greve geral que estava sendo preparada pelas duas centrais. A atitude geral dos industriais era, naquele momento, de radicalização da oposição à abertura comercial e à política de juros.[7]

7   Em reunião da Diretoria da FIESP, realizada no início de maio de 1996, nada menos que 24 diretores presentes fizeram questão de tomar a palavra para apoiar, sem restrições, os protestos organizados pelo presidente da entidade contra a política de abertura comercial. Alguns explicitaram sua posição sobre a proposta de greve geral, como Gerson Edson Toledo Piza, diretor do Ciesp de São Carlos: "Foi uma atitude corajosa de V. Sa. ao se manifestar no sentido de que, se for necessário, haverá uma paralisação simbólica de empresários e trabalhadores."; Marcelo Kuañes, diretor superintendente da Kone Indústria de Máquinas declarou, dirigindo-se ao presidente da FIESP: "Já discordei de sua filosofia de trabalho, porém, hoje, não tenho como deixar de parabenizá-lo e, desde já, aderir ao

Diante das dificuldades econômicas no setor externo – a crise cambial – e da pressão política interna, FHC demitiu Gustavo Franco da Presidência do Banco Central e desvalorizou o Real. Tal desenlace representou um movimento de moderação da abertura neoliberal, mas não significou um rompimento com o modelo. Nos dois mandatos de FHC, a política econômica de abertura comercial – ainda que abrandada pela desvalorização do Real em 1999 –, a política de privatização, de desregulamentação financeira e de construção da ALCA, essa política econômica representava a hegemonia da grande burguesia compradora e do capital financeiro internacional no interior do bloco no poder. Ela provocava insatisfação e protesto não apenas no movimento operário e popular, mas também, e ao contrário do que supõe ou afirma a maioria dos analistas, provocava insatisfação e protesto em setores da burguesia brasileira, como era o caso da grande burguesia industrial acossada pela suspensão do protecionismo ao mercado interno.

Passemos, agora, às considerações sobre os dois governos Lula. Esses dois governos tampouco são homogêneos. Contudo, em ambos, verificamos um elemento de continuidade política. A política econômica da era Lula configura, como já indicamos, uma trajetória de melhoria da posição ocupada pelos interesses da grande burguesia interna em detrimento dos interesses da burguesia compradora e do capital financeiro internacional. Se a tática política de FHC foi adotar a ação ofensiva no primeiro mandato para, diante das dificuldades, recuar para a política defensiva do segundo, a de Lula fez o inverso. Começou cauteloso, com um primeiro governo marcado pela tática defensiva, cujo principal objetivo era não hostilizar o capital financeiro internacional, e passou, no segundo governo, para uma tática ofensiva na implantação da política neodesenvolvimentista da grande burguesia interna. Ironicamente, foi a chamada "Crise do Mensalão", que o capital financeiro internacional e a burguesia compradora imaginavam representar o toque de reunir para reconquistar o poder governamental, foi essa crise que induziu o Governo Lula a passar para a ação

---

movimento de greve geral caso venha a acontecer.". *Revista da Indústria*, FIESP, São Paulo, 6 de maio de 1996. (*Apud* Boito, 1999, p. 63)

ofensiva na implantação da política neodesenvolvimentista. A desativação a frio da Alca, a diplomacia e a política de comércio exterior visando à conquista de novos mercados no hemisfério sul, o fortalecimento das relações da economia brasileira com as economias sul-americanas, o congelamento do programa de privatização, o fortalecimento econômico e político das empresas estatais remanescentes e o novo papel do BNDES na formação de poderosas empresas brasileiras nos mais diferentes segmentos da economia, configura um conjunto de medidas dessa política econômica que tende a priorizar os interesses da grande burguesia interna em detrimento, muitas vezes, dos interesses da grande burguesia compradora e do capital financeiro internacional.

O segundo Governo Lula investiu muito na criação e no fortalecimento dos grandes grupos econômicos nacionais, com programas especiais de crédito e de participação acionária visando, inclusive, promover o investimento desses grupos no exterior. Tal política acarretou uma redefinição do papel do BNDES: de banco que financiava as privatizações nos governos FHC, foi convertido num banco estatal de fomento ao grande capital predominantemente nacional.[8] No ano de 2008, quase todas as vinte maiores empresas brasileiras que atuavam no exterior contavam com participação acionária do BNDES, através da BNDESPAR, ou de fundos de pensão das empresas estatais ou, ainda, com grande aporte de crédito a juros facilitados por aquele banco.

Vejamos a tabela da página seguinte.

---

8   Para uma comparação da atuação do BNDES no setor de telecomunicações nos governos FHC e Lula, cf. artigo de Sávio Cavalcante, nesta coletânea.

Investimento do BNDES e dos Fundos de Pensão das estatais nas 20 maiores empresas brasileiras, segundo a receita líquida, que atuavam no exterior – Ano de 2008

1	Petrobrás	Participação direta do BNDESPAR em 7,62% do capital
2	Petrobrás Distribuidora	Controlada pela Petrobrás
3	Companhia Vale	Participação direta do BNDESPAR em 4,8% do capital e dos fundos de pensão Previ, Petros, Funcesp e Funcef no bloco controlador
4	Ambev	–
5	Companhia Brasileira de Petróleo Ypiranga	Vendida em 2007 para Petrobrás, Braskem e Grupo Ultra
6	Braskem S.A.	Participação direta do BNDESPAR em 5,22% do capital
7	Companhia Siderúrgica Nacional	Participação direta do BNDESPAR em 3,64% do capital
8	Gerdau Aços Longos S.A.	Participação direta do BNDESPAR em 3,5% do capital
9	Usiminas	Previ detém 10,4% do capital; Grupo Votorantim 13% e Grupo Camargo Correa, 13%
10	Sadia S.A.	Previ detém 7,3% do capital e BNDES participou da fusão da empresa com a Perdigão em 2009
11	Centrais Elétricas Brasileiras	Participação direta do BNDESPAR em 11,81% e da União em 53,99% do capital
12	TAM Linhas Aéreas S.A.	–
13	Embraer	Participação direta do BNDESPAR em 5,05%, da Previ em 14% e da União em 0,3% do capital
14	Cemig Distribuição S.A.	Participação do Estado de Minas Gerais em 50,96% do capital
15	Perdigão Agro-Industrial S.A.	Previ detém 14,16% do capital; Petros, 12,04%; Sistel, 3,98%; BNDESPAR participou da fusão da empresa com a Sadia em 2009
16	Gerdau Açominas S.A.	Participação indireta da BNDESPAR por meio da Gerdau Aços Longos
17	Bertin S.A.	Participação direta do BNDESPAR em 26,98% do capital

18	Globo Comunicação e Participações S.A	–
19	J.B.S S.A. (Friboi)	Participação direta do BNDESPAR em 13% do capital
20	Aracruz Celulosa S.A./ Votorantim Celulose e Papel S.A.	Participação direta do BNDESPAR em 34,9% do capital na nova empresa (Fibria)

Fonte: Mansueto Almeida, "Desafios da real política industrial brasileira no século XXI". *Apud*, revista Retrato do Brasil, edição no 30, janeiro de 2010, p. 11.

Lembremos que a tabela não apresenta os empréstimos vultuosos – e a juros favorecidos – concedidos pelo BNDES para permitir a formação e o fortalecimento desses grupos. Diante desses dados, pode-se observar, em primeiro lugar, a importância das empresas e fundos de pensão vinculados ao Estado para a grande burguesia interna brasileira. Podemos fazer a seguinte conjectura: um programa extremado de privatização deixaria a grande burguesia privada brasileira vulnerável e indefesa diante do grande capital financeiro internacional. Não é toda a burguesia que almeja a privatização indiscriminada. Observamos, também, que a grande burguesia interna compreende fundamentalmente o capital privado, mas, também, empresas estatais, e abarca diferentes setores da economia – mineração, siderurgia, agronegócios, indústria de transformação, empresas de transporte e outras. O BNDES tem sido o agente estatal de defesa e de fortalecimento desses grandes grupos. Note-se que a tabela não inclui o setor bancário. Diga-se, de passagem, que os dirigentes do PSDB, com o ex-presidente Fernando Henrique Cardoso e o ex-governador José Serra à frente, veem se manifestando sistematicamente na grande imprensa contra a nova política do BNDES. Tal política estaria aumentando a dívida pública, posto que os fundos mobilizados pelo BNDES são obtidos através do lançamento de títulos do governo, e subsidiando as grandes empresas, já que a taxa de juro de longo prazo, utilizada pelo BNDES para emprestar às empresas, é inferior à taxa básica de juro, que é a que o governo paga para levantar os fundos que destina àquele banco estatal. Estaríamos diante de um caso em que o dinheiro público é oferecido a um punhado de empresas de amigos do governo. Ora, o governo FHC fez o mesmo, apenas com outro objetivo: privatizar as empresas estatais. Além do novo papel do BNDES, a cúpula tucana critica, sintomaticamente, outras iniciativas do governo na área de política econômica, como os grandes empreendimentos capitaneados pelo Estado ou por empresas estatais criadas ou reativadas pelo Governo Lula e que associam grandes empresas predominantemente nacionais. Esses são os casos da construção da Usina de Belo Monte, do projeto de construção do trem de alta velocidade entre São Paulo e Rio de Janeiro, da nacionalização e democratização da internet em banda larga e outros. Depois de priorizar os estaleiros nacionais e a indústria bélica interna nas compras do Estado, o Governo Lula baixou medida provisória, em julho de 2010, oficializando tal prioridade.

Há sinais na imprensa da insatisfação do grande capital financeiro internacional com tais medidas e da aspiração dos grandes bancos internacionais pela volta do PSDB ao comando do governo. Em junho de 2010, o Instituto Internacional de Finanças (IIF), associação que reúne mais de 500 grandes bancos das principais economias capitalistas, deixou entrever, em congresso realizado na cidade de Viena, a sua preferência pela candidatura presidencial de José Serra na eleição presidencial daquele ano e sua desconfiança frente à então candidata Dilma Rousseff. Frederick Jaspersen, conferencista do encontro de Viena, afirmou, às centenas de banqueiros presentes, que uma vitória de Dilma Rousseff na eleição presidencial traria maior risco para a economia brasileira na comparação com José Serra. O jornal *Valor Econômico* obteve cópia dessa palestra. Jaspersen exibiu para a plateia um quadro sobre "diferenças centrais" entre os dois candidatos. Ele identificou um eventual governo de Dilma com aumento dos gastos públicos, relaxamento do controle da inflação e ênfase em política industrial, com as estatais tendo um papel mais forte na economia. Destacou também a falta de experiência de Dilma e asseverou que, com ela, teríamos: "Maior papel do Estado, marco regulatório mais influenciado por pressões políticas, maior risco de derrapagem macroeconômica, pouco progresso nas reformas estruturais e alcance limitado para aumentar o crescimento potencial da economia".[9] O economista do Instituto Internacional de Finanças apresentou Serra como o candidato que iria respeitar e até endurecer o controle fiscal, que reduziria os juros e desvalorizaria o Real. Seu eventual governo daria menos ênfase às estatais, mais apoio ao setor privado e usaria a política tributária para encorajar os investimentos privados.

Como se vê, a luta no interior do grande capital monopolista, luta que opõe a grande burguesia compradora à burguesia interna, reflete-se no sistema partidário brasileiro. A ala majoritária do PSDB, vanguarda eleitoral do neoliberalismo no Brasil, tem representado, a despeito da fase inicial da história desse partido, o grande capital financeiro internacional e os interesses dos empresários e banqueiros brasileiros estreitamente ligados a esse capital. O PT, nascido como um partido de tipo socialdemocrata e fortemente vinculado ao movimento sindical, vem, desde meados da década de 1990, quando o então chamado Campo Majoritário iniciou o processo de reformulação programática e organizacional do partido, realizando um movimento em direção aos interesses da grande burguesia interna. Sub-representada na imprensa e no sistema partidário, essa fração burguesa acabou se fazendo representar no plano partidário e, devido a circunstâncias particulares, por um partido político que nasceu do movimento operário e popular.

As relações políticas da grande burguesia interna com o Governo Lula

O tratamento sistemático desse tema exigiria informações e análise da atuação política do conjunto da grande burguesia interna, das instituições de representação da burguesia e do processo de tomada de decisões no Governo Lula. Não temos condições de realizar, por ora, essa empreitada. Iremos, como passo inicial, confrontar as demandas da grande burguesia industrial paulista com alguns aspectos da política desse governo.

---

9   O *Valor Econômico*, 11/06/2010, matéria assinada pelo jornalista Assis Moreira que cobria o encontro de banqueiros em Viena.

Pretendemos indicar que a relação que se estabelece entre tal governo e essa burguesia é uma relação de representação política reconhecida de parte a parte.

O ano de 2004 foi marcado, na FIESP, pela posse da nova diretoria da entidade, presidida por Paulo Skaf. Sabe-se que o candidato Skaf contou com o apoio do Palácio do Planalto. Uma das primeiras iniciativas da nova diretoria foi relançar a publicação *Revista da Indústria*, periódico que ficara seis anos sem aparecer, pois fora retirado de circulação pela diretoria anterior da entidade. Paulo Skaf fez do relançamento da revista e de sua posse na presidência da FIESP um grande acontecimento político, com a participação ativa do Presidente Lula.[10]

A nova diretoria propôs, nas páginas da revista, aquilo que chamou de uma nova atitude, pró-ativa, junto ao governo (Lula) e a revista trouxe matérias assinadas pelo seu presidente e pelo primeiro e segundo vice-presidentes, todas elas criticando o monetarismo, a abertura comercial, os juros elevados e a carga tributária que seriam herança da década de 1990. A função da *Revista da Indústria*, segundo afirma uma de suas reportagens, seria colaborar nessa "nova era na FIESP" – uma era pró-ativa, de atuação junto às autoridades governamentais para que as decisões passassem a atender os interesses da indústria. "A nova diretoria da FIESP irá recuperar tempo e espaço perdidos no seu posicionamento como protagonista das grandes decisões nacionais." (Ricardo Viveiros, *FIESP resgata compromisso com o desenvolvimento*, p. 19)

Esse número da revista trouxe três matérias políticas assinadas por Paulo Skaf, por Benjamin Steinbruch e por João Guilherme Sabino Neto, respectivamente, presidente, primeiro e segundo vice-presidentes da entidade; matérias nas quais aparecem críticas e propostas. Há também uma matéria assinada pelo jornalista Ricardo Viveiros que relata as posições da nova diretoria, apresentando-as como verdadeira ruptura em relação à posição que vinha sendo mantida até então pela associação dos industriais paulistas.

---

10 Ver as diversas reportagens e depoimentos no número 101, de novembro de 2004, da *Revista da Indústria*, publicação mensal da FIESP.

As matérias criticam o predomínio do "monetarismo sobre o chão de fábrica", a "rentabilidade superlativa para a ciranda financeira" (Skaf, p. 7); o "atual terrorismo monetário que mantém as taxas de juros em níveis exorbitantes e dá ao setor financeiro injustificável preponderância sobre o produtivo"; "os custos do financiamento de longo prazo" (Steinbruch, p. 8); o excesso de carga tributária sobre o setor produtivo e apresenta considerações críticas, ainda que cuidadosas, à proposta da Alca que poderia "suprimir empregos no Brasil". As mesmas matérias propõem que a FIESP e a indústria deveriam "levantar novamente a bandeira do desenvolvimento e da indústria nacional". De passagem, e de modo sutil, surge uma crítica à posição das diretorias da entidade na "era FHC". Depois de enaltecer a luta dos pioneiros da indústria, a matéria de Ricardo Viveiros afirma: "Hiatos de omissão não fazem justiça à gênese combativa e realizadora da FIESP e à capacidade de numerosos dos seus dirigentes de conduzir a indústria paulista à vitória nas mais diversas conjunturas. É esse compromisso histórico com a Pátria e o desenvolvimento que está sendo resgatado pela nova diretoria da entidade." (Ricardo Viveiros, *FIESP resgata compromisso com o desenvolvimento*, p. 20).

Também de passagem, a matéria de Ricardo Viveiros lança um aceno de aliança com os trabalhadores e demais segmentos do setor produtivo: "Além disso, é preciso ampliar o entendimento com entidades dos trabalhadores, agropecuária, comércio e serviços, articulando ações e propostas, coesas e viáveis, para remover os empecilhos à produção e a criação de empregos e renda." (*idem*, p. 19) Tal aliança teria como objetivo, no corpo da matéria, combater o monetarismo. Porém, um alerta: "A postura não é de contraposição à área financeira, já presente no poder público, mas sim fazer com que o parque empresarial, representado por nossa entidade, também seja atuante no Legislativo e no Executivo." (Ricardo Viveiros, *FIESP resgata compromisso com o desenvolvimento*, p. 19). O primeiro vice-presidente da FIESP pleiteava uma política para a "indispensável formação de grandes grupos nacionais internacionalizados" (Steinbruch, p. 8), no que, como já vimos, foi atendido pela nova função atribuída ao BNDES pelo governo Lula. Pleiteava-se, ainda, a valorização do setor sucroalcooleiro, que "foi levado à crise na década de 1990" e "o aprofundamento das reformas previdenciária, tributária, fiscal, política, trabalhista, sindical e do judiciário" (Ricardo Viveiros, p. 19).

O número seguinte da *Revista da Indústria* cobre a solenidade de posse da nova diretoria da federação.[11] Tal solenidade foi uma demonstração de força e de unidade da FIESP com o governo federal. A posse foi realizada no grandioso edifício do Museu do Ipiranga, na zona sul da cidade de São Paulo, contando com a presença de quatro mil convidados, dentre os quais Lula, Alckimin, Marta Suplicy, governadores de outros Estados e presidentes de dezoito federações estaduais da indústria. A foto da reportagem é monumental e traz Lula ao centro. O tom da matéria é ufanista. Termina em tom grandiloquente e até ridículo: "Nas escadarias do Museu, defronte para o famoso (riacho do) Ipiranga, diretores e conselheiros da nova FIESP perfilaram com dezenas de embaixadores, deputados, senadores, desembargadores e secretários numa foto histórica para a indústria paulista. Num discurso inflamado, o novo presidente da FIESP bradou em defesa da Indústria, como legítima autoridade produtiva. E o grito ecoou!" (matéria "O Grito da Indústria", p. 6).

Passadas as comemorações, no início de 2005, a nova diretoria da FIESP já se encontrava em ação. Foi a FIESP quem tomou a iniciativa de propor e elaborar o projeto de lei que autorizou os exportadores a reterem parte das divisas obtidas e abrirem conta nominada em moeda estrangeira, como compensação pela valorização cambial. O Governo Lula encampou e aprovou a proposta dos industriais. O número 103 da revista relata esse processo no qual podemos detectar a participação pró-ativa da grande burguesia interna, como fora prometido pela diretoria de Paulo Skaf.[12] A posse de Paulo Skaf foi um importante indicador da consolidação do novo arranjo no interior do bloco no poder em que a grande burguesia industrial interna firmou-se como base de classe do Governo Lula. Nessa hipótese, a diretoria anterior foi um "hiato de omissão" no qual a FIESP teria

---

11 *Revista da Indústria*, n. 102, dezembro de 2004.
12 *Revista da Indústria*, n. 103, janeiro de 2005.

se omitido ou protestado muito timidamente contra política de abertura e monetarista dos governos de FHC.

A FIESP, como lembramos, participou da campanha do "Fora Collor" em 1992. Porém, em 2005, a associação dos industriais não abandonou o Governo Lula na Crise do Mensalão. A *Revista da Indústria* permaneceu longo tempo calada, no que diz respeito às denúncias de corrupção apresentadas durante aquela crise. Esse silêncio, é claro, já era favorável ao governo. Contudo, na edição de agosto de 2005, a publicação dos industriais rompeu o silêncio e o fez para criticar a oposição. Publicou uma reportagem falando da crise política, na qual sequer aparece a palavra "mensalão", e uma entrevista com o presidente da entidade, Paulo Skaf, sobre o mesmo assunto. A ideia central da reportagem e da entrevista era a mesma. Poderíamos resumi-la assim: "Chega de falar em crise, vamos trabalhar!"[13] Realmente, a ação oposicionista do PSDB não foi bem vista pelos industriais.

Paulo Skaf, na sua entrevista, repetiu, com as mesmas palavras e de maneira exata, aquele que era o discurso de todos integrantes da equipe governamental, das lideranças do PT e dos partidos aliados do governo: "vamos voltar à agenda positiva". Dentre outras coisas, Skaf afirmou o seguinte.

> Não é possível... Existem projetos que não podem parar no Congresso, no Executivo. Então, o nosso esforço tem sido para elencar, entre os inúmeros projetos em tramitação, os prioritários, e fazer com que o país caminhe paralelamente aos trabalhos das CPIs, que são importantes, mas há 150 milhões de brasileiros que precisam e anseiam pelo andamento de outras questões. (p. 18)

Na reportagem "Nada segura a indústria", assinada por Jane Soares, vamos encontrar o mesmo bordão: "chega de falar em crise, vamos

---

[13] *Revista da Indústria*, n. 110, agosto de 2005. Ver matérias "O tempo não espera", entrevista com Paulo Skaf às p. 17-19, e a reportagem intitulada "Nada segura a indústria", p. 41-47.

trabalhar". Somos também informados de que um grupo de grandes empresários, dirigentes das mais variadas associações empresariais, foram em comitiva à Brasília para hipotecar, de modo velado, mas firme, apoio ao Presidente Lula. Na época, no auge da Crise do Mensalão, os jornais estamparam na primeira página uma foto de Lula defronte ao Palácio do Planalto e ladeado pela nata do grande empresariado e por inúmeros dirigentes de associações empresariais do Brasil.

Mas, voltemos ao número de agosto de 2005 da *Revista da Indústria*.

> O empresariado defende que Executivo e Legislativo saiam do atual imobilismo e adotem as medidas necessárias para estimular a produção. (…) Atualmente, o que preocupa os empresários é a crise política sem precedentes (…). Nesse contexto delicado, mais uma vez os empresários se organizam. (p. 43)
>
> No início do mês, atendendo a pedido do presidente da República (…) foram em comitiva ao Planalto. O grupo de 24 empresários apresentou uma pauta de reivindicações singelas (…). Os empresários querem, agora, uma agenda mínima que garanta a governabilidade. (…) (p. 42)
>
> No mesmo dia em Brasília, o presidente da FIESP e diretores também se encontraram com a ministra Dilma Roussefff, para tratar de projetos que aguardam o encaminhamento da Casa Civil ao Congresso Nacional. (…) (p. 43)
>
> 'O momento é importante para o despertar. O Brasil não pode ficar somente por conta de apuração de denúncias de desvios ou privilégios.' reforçou Skaf. (p. 44)

O número seguinte da *Revista da Indústria*, de setembro de 2005, trata, novamente, da crise política.[14] Agora, a mensagem mudou um pouco. A mensagem enfatizada é: "vamos resolver a crise com uma reforma política".[15] Ou seja, o PSDB não poderia contar com o apoio do grande

---

14 *Revista da Indústria*, n. 111, setembro de 2005.
15 Ver a matéria, assinada pela jornalista Érica Junot, intitulada "Ninguém pode ser contra". *Revista da Indústria*, n. 111, p. 42-49.

empresariado brasileiro para promover um processo de *impeachment* contra Lula. O problema residiria no sistema político, não neste ou naquele governo. A revista, em momento algum, manifesta animosidade contra o Governo Lula. Pelo contrário, embora reconheça, ao falar em reforma política, a legitimidade do debate em torno da corrupção, a matéria retorna, ainda que com ênfase menor, ao "chega de falar em crise, vamos trabalhar", ideia que desautoriza e desqualifica as críticas à corrupção.

> Paralelamente a esse debate (sobre a reforma política, ABJ) que, juntamente com as várias CPIs em andamento, parece estar sugando toda energia dos parlamentares e do governo, a sociedade tenta manter um outro, que antes da crise estava mais bem colocado na lista de prioridades. Esta inclui, por exemplo, a reforma jurídica, a cambial e outras medidas para assegurar a continuidade da expansão econômica, uma agenda mínima, enfim, como defende a FIESP e seu presidente Paulo Skaf. (p. 48-49)

Não só retoma, a tese do "chega de falar em crise, vamos trabalhar", como dá, de passagem, um puxão de orelhas nos partidos burgueses de oposição ao Governo Lula. Afinal, quem é o responsável pelo fato de esse "debate menor" estar sugando as energias do Congresso e do governo?

A FIESP tinha fortes motivos para apoiar Lula. Seu canal de comunicação com o governo estava azeitado. No mesmo número de setembro de 2005 da *Revista da Indústria*, a matéria intitulada "Rumo à modernidade", assinada pela jornalista Fernanda Cunha, revela como foi o processo pelo qual FIESP tomou a iniciativa de elaborar o projeto de lei que conferia aos exportadores o direito de reter parte das divisas que obtêm com as exportações.[16] Essa medida foi muito importante para compensar as perdas do setor exportador devido à valorização cambial, sem a necessidade de mexer na política de câmbio, que é uma peça importante e delicada do projeto mais global de desenvolvimento. O projeto de lei foi desenvolvido pela FIESP e pela Fundação Centro de Estudos de Comércio Exterior (Funcex)

---

16 "Rumo à modernidade", *Revista da Indústria*, n. 111, p. 38-39.

e submetido, para uma avaliação inicial, ao Ministro da Fazenda, Antonio Palocci, e ao Presidente do Banco Central, Henrique Meirelles. O projeto foi encaminhado em setembro ao Congresso Nacional, onde foi aprovado e, posteriormente, sancionado pelo Presidente Lula. A reportagem da revista da FIESP descrevia o projeto nos seguintes termos:

> (...) a proposta endossa o regime de câmbio flutuante (...) e prevê a possibilidade de qualquer empresa brasileira registrada no Sistema Integrado de Comércio Exterior (Siscomex) ou no Sistema de Informações do Banco Central (Sisbacen) abrir conta denominada em moeda estrangeira no sistema financeiro nacional. (...) Pagamentos no exterior de importações, fretes, seguros, financiamentos externos e royalties, por exemplo, poderão ser feitos diretamente das contas em moeda estrangeira. (p. 38) (...) isso eliminaria despesas de spread entre taxa de compra e venda, a dupla incidência de CPMF na entrada e saída de divisas, a dupla cobranças de corretagem de câmbio, além de custos bancários e burocráticos. (p. 39)
> (...) acabaria também com a obrigatoriedade de conversão de receitas de exportação para Reais no prazo máximo de 210 dias, liberando as empresas para trocarem a moeda somente em função do custo-oportunidade de aplicação dos ativos financeiros e de sua necessidade de fluxo de caixa. Assim, nas palavras de Roberto Giannetti da Fonseca, Diretor do Departamento de Relações Internacionais e Comércio Exterior da FIESP (Derex), o operador não ficaria refém da cotação diária da moeda e faria conversão quando a taxa lhe fosse conveniente. (p. 39)

Voltemos ao apoio dispensado pela FIESP ao Governo Lula no importante episódio da Crise do Mensalão. É preciso destacar que esse apoio foi de fundamental importância para definir o desenlace daquela crise. Lula estava muito desgastado com os trabalhadores organizados. O esquema de compra de votos dos partidos e deputados fisiológicos, que trazido à tona serviu de detonador da crie política, tinha sido utilizado para aprovar, dentre outros projetos do governo, a reforma da previdência que retirara direitos do funcionalismo público. O movimento sindical e o MST vinham numa trajetória de afastamento em relação ao governo. No auge da crise, a manifestação de trabalhadores em defesa do governo, convocada pelo que havia de mais representativo no movimento sindical, reuniu um número irrisório de manifestantes, menor que o número de manifestantes presentes no ato público, também realizado em Brasília poucos dias antes, para protestar contra o governo e apoiar a apuração consequente das denúncias de corrupção. Esse último ato tinha sido convocado por pequenas organizações de esquerda, como o PSTU. Lula, quando percebeu que tinha de "apelar para as massas", não recorreu à base social tradicional do PT. Evadiu-se para a Região Nordeste, onde foi, por ocasião de alguns atos oficiais, fazer comícios para os trabalhadores desorganizados, dos quais o lulismo vinha se aproximando graças ao programa Bolsa Família. Nessas circunstâncias, o apoio da FIESP e – pelo que se pode constatar lendo a imprensa da época – de toda a grande burguesia interna foi um trunfo decisivo para o governo. Nessas circunstâncias, o desenlace da crise foi o oposto do que esperavam a grande burguesia compradora, a alta classe média, o capital financeiro internacional e o PSDB: a Crise do Mensalão fortaleceu a relação do governo com a grande burguesia interna. A substituição de Antonio Palocci por Guido Mantega no Ministério da Fazenda prova o que estamos afirmando.

Essa mudança ministerial deu-se em abril de 2006, menos de um ano após o início da crise. A *Revista da Indústria* publicou, então, uma grande matéria sobre o tema. Foi a reportagem de capa da revista e trazia como chamada, a frase "Um desenvolvimentista na Fazenda". No interior da revista, o título da reportagem era "Novo comando, novas mudanças possíveis", matéria assinada pelas jornalistas Célia Demarchi e Maria Cândida Vieira.[17] Fica muito claro na matéria que a FIESP reconhece duas tendências no governo. Uma, que ela denomina monetarista, representada por Palocci, e outra, com a qual a FIESP identifica-se, que ela denomina

---

17 "Novo comando, novas mudanças possíveis", *Revista da Indústria*, n. 117, abril-maio de 2006. p. 20-25.

desenvolvimentista, representada por Guido Mantega. Isso tem importância: significa que a burguesia interna se reconhece politicamente na linha neodesenvolvimentista do Governo Lula. Vale a pena notar alguns pontos que aparecem na reportagem.

A reportagem mostra que o empresariado paulista recebeu muito bem a troca de ministros. Aplaude o desenvolvimentismo de Mantega. Traz depoimentos de mais de dez dirigentes de associações de setores específicos da indústria e de alguns diretores da FIESP e todos batem na mesma tecla: Mantega valoriza o desenvolvimento e deve reduzir a taxa de juro. As ideias que esses diretores de associações destacam são: desenvolvimentista, redução do juro, homem da produção, merece apoio, merece confiança, aberto ao diálogo. Ademais a reportagem, aplaude o fato de Mantega, ao tomar posse, ter declarado que não faria nova rodada de redução das tarifas de importação. Tal proposta de redução, qualificada de "insana" por Paulo Francini, diretor da FIESP, vinha sendo planejada por Palocci e Paulo Bernardes, o ministro do Planejamento.

A reportagem trata Palocci, pejorativamente, como ortodoxo e monetarista. Reconhece que ele "livrou o Brasil de uma inflação de 12,5% ao ano", aumentou as reservas cambiais de 16 para 59 bilhões de dólares e o saldo comercial de 13,3 para 44,8 bilhões de dólares. Contudo, o que a reportagem enfatiza é que ele sacrificou o desenvolvimento. Dá dados: 0,5% de crescimento do PIB em 2003, 4,3% em 2004 e 2,3% em 2005. A reportagem reserva certa ironia para Palocci – o "ex-trotskysta" que "virou monetarista". Suas ideias "não coincidiam com o setor produtivo", nos dizeres de Paulo Francini.

Os industriais dividiam-se entre o grupo otimista e o grupo pessimista. O primeiro apostava que Mantega faria uma verdadeira "inversão de caminho", expressão otimista utilizada por Boris Tabacof, presidente do Conselho Deliberativo da Associação Brasileira de Celulose e Papel (Bracelpa). O grupo dos pessimistas, majoritário, achava que não seria possível mudar muita coisa, até porque Lula tinha apenas oito meses de mandato para cumprir. O empresário Mário Cesar Martins de Camargo, por exemplo, presidente da Associação Brasileira de Indústrias Gráficas

(Abigraf) era cético. Afirmava: "Qualquer um que sentar na cadeira da Fazenda irá sofrer da síndrome de Pedro Malan" (p. 22). Ou seja, escreve a reportagem, "Adotará uma política de contenção de inflação por meio dos juros," (*idem*). Pelas citações de nomes de autoridades e ex-autoridades governamentais, pode-se ver quais são as figuras positivas e as figuras negativas para os industriais.

Embora não tenhamos feito uma pesquisa sistemática em outras associações que representam setores da grande burguesia interna, consideramos pertinente citar uma demonstração ostensiva de preferência pelo Governo Lula e de hostilidade velada ao PSDB vinda de um representante histórico do setor sucroalcooleiro do Estado de São Paulo. Trata-se do empresário Luiz Guilherme Zancaner, que é proprietário do grupo Unialco, com três usinas de álcool e açúcar, e também diretor da Unidade dos Produtores de Bioenergia (Udop), entidade de usineiros da região Oeste de São Paulo, onde está concentrado o rico e produtivo agronegócio da cana no país. Em entrevista ao jornal *Valor Econômico*, Zancaner declarou apoio ao Governo Lula, o seu reconhecimento de que a política desse governo favoreceu o seu setor econômico mais que os governos que o antecederam e, ainda, apresentou uma avaliação negativa de José Serra, então Governador do Estado de São Paulo.[18] Um aspecto da entrevista de Zancaner é especialmente interessante para a nossa análise: esse usineiro e representante corporativo dos seus pares insiste na reivindicação de que a Petrobrás se associe aos usineiros brasileiros na produção de etanol, para evitar que eles sejam engolidos pelo capital estrangeiro que tem crescido no setor. De maneira similar à indústria, os usineiros querem proteção do Estado – no caso, de uma poderosa empresa estatal – para se defenderem da concorrência, que consideram desigual, que lhes move o capital estrangeiro. Transcrevo abaixo dois trechos da entrevista.

18 *Valor Econômico*, 5 de abril de 2010.

1. Apoio ao Governo Lula, crítica ao Governo Serra

Valor: Como o senhor avalia a atuação do governo Lula no setor?

Zancaner: Na crise, o governo fez a parte dele. Deu crédito, apesar de toda a burocracia para liberar. O governo Lula foi excepcional para o nosso negócio, fico até emocionado. O setor fez muito pelo Brasil, mas o governo está fazendo muito pelo setor. Nunca houve antes política tão boa para nós. O presidente Lula não perde nenhuma oportunidade de ser gentil. Outras pessoas não perdem a oportunidade de serem desagradáveis, arrogantes.

Valor: É sobre o pré-candidato do PSDB à Presidência, José Serra, que o senhor está falando? Ele tem sido restritivo à plantação da cana?

Zancaner: Só posso afirmar que o Serra é um excelente administrador, mas considero que o Serra não vê o setor como o Lula vê. (…) Noto que o Lula fez um governo melhor. O Fernando Henrique Cardoso fez as bases, mas Lula e Dilma construíram os canais conosco.

Valor: E o senhor acha que a Dilma vai dar continuidade?

Zancaner: A Dilma foi muito clara quando esteve aqui, em Araçatuba. A linha é de continuar a política de Lula.

Valor: O senhor esteve com ela?

Zancaner: Sim, conversei com ela. Sinto que a maioria do setor, mesmo com os problemas com o MST, tem afinidade com a ministra e um diálogo muito bom. O governador Serra é mais fechado, não temos diálogo com ele. (…)

2. Reivindicação de proteção frente ao capital estrangeiro

Zancaner: O governo, por exemplo, se preocupa com a desnacionalização do setor, o que é importante para nós. Nessa questão é importante ter equilíbrio, é interessante o capital estrangeiro vir porque melhora o preço dos nossos ativos. E nós precisamos desse capital. Mas precisa ter equilíbrio. O custo de capital deles é muito menor por causa dos juros que eles encontram lá fora.

> Valor: A ministra Dilma defende o fortalecimento dos grupos nacionais do setor de etanol. Qual seria a maneira de fazer isso, além de aumentar a oferta de financiamento?
> Zancaner: Por que a Petrobras não pode participar dos grupos nacionais? O governo deverá fortalecer e tem condição de dar sustentação dos grupos nacionais para dar equilíbrio ao capital nacional. Hoje, o capital estrangeiro já tem 25% de toda a produção de cana do Brasil.
> Valor: Como poderia ser essa participação da Petrobras?
> Zancaner: A Petrobras tem mais chance de entrar na produção de etanol, na usina. A empresa já faz contratos de exportação com o Japão, já tem estrutura de distribuição.

Essa entrevista é significativa porque é clara, toca em diversos pontos importantes, traz uma avaliação geral (e positiva) do Governo Lula e por explicitar que esse setor da grande burguesia interna mantém distância do PSDB. Mas não se trata de declaração excepcional. Os usineiros do açúcar e do álcool do interior do Estado de São Paulo, que são responsáveis pela maior parte da produção do país, e o Governo Lula foram pródigos em demonstrações de reconhecimento político recíproco que apareceram inúmeras vezes na imprensa diária.

Entre a grande burguesia interna e o Governo Lula há reconhecimento político recíproco e canais de comunicação eficientes. O governo atendeu interesses importantes da grande indústria, do agronegócio e de toda a burguesia interna. Justamente por isso, pôde contar com ela quando se viu em dificuldades.

As contradições no seio da burguesia interna e na frente neodesenvolvimentista

A ideia segundo a qual o agronegócio apoia o Governo Lula pode não ter convencido o leitor. Os proprietários de terra temem a ação do MST e o Governo Lula é, no entendimento deles, complacente com esse movimento social; os grandes proprietários desejam rever o Código Florestal, de modo a aumentar a área agricultável do país, mas o Governo Lula, no entendimento deles, cria dificuldades também nessa área; os grandes proprietários também hostilizam o Governo Lula pela sua política de concessão de terras aos povos indígenas e às populações remanescentes de quilombos; Kátia Abreu, senadora do Democratas e presidente da Confederação Nacional da Agricultura (CNA), faz oposição cerrada ao governo no Congresso Nacional. O que ocorre é que nem todos os setores que compõem o agronegócio apoiam o Governo Lula. Se, apesar disso, afirmamos, genericamente, que o agronegócio apoia o governo é porque o segmento superior e mais poderoso do setor tem os seus interesses contemplados pela política governamental.

O agronegócio é um setor amplo, heterogêneo e composto por segmentos que possuem poder econômico e lucratividade muito desigual. As funções ativas no agronegócio são a propriedade da terra, a produção agrícola ou pecuária, a comercialização do produto, a intermediação financeira e a própria indústria de processamento – um dos departamentos importantes da FIESP cuida do agronegócio. Os representantes das inúmeras associações vinculadas aos diversos segmentos e culturas do agronegócio costumam dizer que esse último está segmentado a montante e a jusante da fazenda, situa-se "antes da porteira", "da porteira pra dentro" e "depois da porteira". (Bruno, 2009). Nessa corrente, a propriedade da terra, que tanto peso tem na estrutura econômica e social brasileira, é, no plano político, o elo mais fraco. Há os grandes grupos econômicos multifuncionais, que investem em todas as etapas desse ciclo de valorização do capital, e há, também, empresas ou grupos familiares que se especializam em cada uma dessas funções. A grande maioria de proprietários de terra são fornecedores de cana, de laranja, de soja, de carne bovina, de pescado, de café ou de algodão para a agroindústria e para os frigoríficos. Esses últimos têm condições de impor preços, exigências para financiamento e para o plantio. O apoio econômico do Governo Lula para que a brasileira Friboi se tornasse, em poucos anos, a maior empresa mundial na produção e comercialização de carne bovina não foi um negócio muito vantajoso para os criadores de gado da

Região Centro-Oeste do país. A grande imprensa tem publicado reportagens nas quais as associações de criadores lamentam a condição de monopsônio que a Friboi passou a usufruir no mercado de boi gordo na região. Periodicamente, os proprietários de terra mobilizam-se para obter a rolagem das dívidas que têm com o sistema bancário. Os poucos e grandes frigoríficos, as processadoras de suco, as usinas e os bancos estão nas mãos de grupos economicamente muito mais poderosos que os proprietários de terra, e os seus interesses não coincidem, exatamente, com os interesses desses últimos.[19] São os segmentos mais poderosos do agronegócio que apoiam o governo e que estamos incluindo na grande burguesia interna.

A grande burguesia interna e, mais ainda, a frente neodesenvolvimentista, apresenta inúmeras contradições. Trata-se de forças e de segmentos que se uniram, mas não se fundiram. A dificuldade que o analista enfrenta aqui é a de distinguir, de um lado, os conflitos entre as partes integrantes da frente e as críticas que uma ou outra dessas partes pode dirigir ao governo, mas que são conflitos e críticas que se mantêm, apesar de tudo, nos limites da frente neodesenvolvimentista, e, de outro, os conflitos e as críticas que extrapolam os limites dessa frente e que podem levar a uma mudança de posicionamento deste ou daquele segmento ou força no processo político nacional. Vamos apresentar alguns elementos para refletir sobre essa matéria.

Comecemos pelas contradições existentes no próprio interior da grande burguesia interna. A primeira que salta aos olhos é aquela que opõe a grande indústria ao sistema bancário nacional. Trata-se de dois setores que exigem proteção do Estado frente ao capital estrangeiro – os bancos querem o controle administrativo do Estado sobre a entrada de capital estrangeiro no setor e a grande indústria quer proteção para os seus

---

19 Ver o interessante trabalho de Denise Elias sobre o agronegócio na região de Ribeirão Preto (Elias, 2003). Essa divisão do capital fundiário, industrial, comercial e bancário na produção agropecuária não é novidade no Brasil. Ela atravessa toda a história da República. Ver a esse respeito o trabalho de Sérgio Silva sobre a economia cafeeira (Silva, 1976).

produtos no mercado interno, preferência nas compras públicas para as empresas nacionais, crédito barato do BNDES e política externa a serviço das suas exportações. São dois setores unidos em torno do objetivo de preservar a participação dos grupos brasileiros na economia do país. Porém, se há um tema que mobiliza com frequência as críticas da *Revista da Indústria* ao Governo Lula, é a política de juros do Banco Central. A grande indústria critica a taxa básica de juro elevada, que aumenta o gasto público, dificultando a expansão e melhoria dos serviços de infraestrutura. Critica também a liberdade dos bancos para fixarem o *spread* bancário, aumentando os custos do tomador de empréstimo.[20] A solução encontrada pelo Governo Lula para tratar essa contradição foi a expansão do orçamento do BNDES, que quase quadruplicou sob a sua gestão, e a multiplicação dos programas de crédito subsidiado para a grande indústria e para o agronegócio.

Outra contradição opõe a grande indústria e o agronegócio. Ela aparece na política de comércio exterior. Na chamada Rodada Doha, o agronegócio privilegiava seu objetivo maior: ter seu acesso aos mercados dos EUA e da Europa facilitado. Para tanto, e ao contrário do que pretendia a grande indústria, apoiaria concessões pesadas do governo brasileiro no que diz respeito à uma nova rodada de abertura do mercado interno para os manufaturados estrangeiros.

Por último, temos a contradição entre o capital estatal e o capital privado. Essa contradição não exclui uma relação, simultânea, de unidade. As grandes empresas privadas nacionais têm as empresas estatais como sócias, compradoras, fornecedoras e financiadoras de seus empreendimentos. Porém, a

---

20 Uma das muitas reportagens da *Revista da Indústria* especialmente dedicadas a essa matéria observa que o gasto do governo com pagamento do juro da dívida pública atingira no ano de 2006 a casa dos 160 bilhões de reais, ou seja, 7,6% do PIB daquele ano, enquanto que o gasto com investimento teria alcançado apenas 0,6% do PIB. Muitos estudiosos observam que a grande indústria também investe em títulos da dívida pública. Porém, a julgar pelos balanços financeiros que os bancos publicam na grande imprensa, são eles, e não os industriais, os principais detentores desses títulos.

delimitação da parte da produção e do mercado que cabe a cada segmento, o privado e o estatal, é motivo de disputa no interior da burguesia interna. Dentro do Governo Lula, refletindo essa contradição, temos uma ala mais estatizante que disputa espaço político com outra mais privatista. A demissão de Carlos Lessa da presidência do BNDES no primeiro governo Lula foi uma vitória da ala privatista sobre a ala estatizante desse governo. Mais recentemente, foi a ala privatista que formulou a política de consolidação e de criação de grandes empresas privadas brasileiras – os "campeões nacionais" – nos mais diferentes segmentos da economia, para disputar posição no mercado mundial. Ilustrativo foi o processo de formulação da política de universalização da banda larga. O resultado, nesse caso, parece ter sido um compromisso, representado por uma divisão de trabalho entre a Eletrobrás, que está sendo recuperada e reativada pelo governo, e a empresa privada Oi.

Contradições opõem, também, o conjunto da grande burguesia interna e o movimento operário e popular. Dois elementos importantes aqui são o gasto público com a população trabalhadora e a questão agrária.

A edição da *Revista da Indústria* que comemorou a queda de Antonio Palocci e a ascensão de Guido Mantega chegou a apresentar uma crítica ao novo Ministro. A reportagem da revista referiu-se a certo mal-estar que Mantega provocara "(...) no dia de sua posse, em 29 de março, ao descartar a adoção de um plano fiscal de longo prazo, como defendiam Palocci e Paulo Bernardes, ministro do Planejamento." (p. 23). Paulo Skaf, presidente da FIESP, afirmava que Mantega "não relaxará a política fiscal de forma irresponsável" (p. 24), o que era uma maneira de, ao mesmo tempo, apoiar o Ministro e fazer pressão sobre ele. Transcrevo os dois últimos parágrafos da reportagem.

> Empresários e economistas temem a deterioração das contas públicas, uma vez que o superávit já caiu de 5,15% em outubro de 2005 para 4,38% em fevereiro [de 2006]. E medidas como o aumento real de 1,5% para os aposentados a partir de abril ajuda

a reforçar a percepção de que os gastos públicos podem estar fugindo do controle.[21]

No que diz respeito aos gastos públicos, estamos diante de um problema complexo na análise da frente neodesenvolvimentista. A grande burguesia interna reluta em aceitar as pequenas concessões que o Governo Lula exige dela, para que seja possível manter a própria frente. Os grandes empresários querem: juros mais baixo, investimento estatal em infraestrutura, proteção alfandegária, BNDES a seu serviço e diplomacia empresarial e outras benesses, mas rejeitam a contratação de novos funcionários, reajustes para o funcionalismo, reajuste do salário mínimo, o gasto da previdência etc. É o que já sabemos: querem um Estado enxuto para os trabalhadores e dadivoso para os empresários. O Governo Lula procura manter alguns ganhos marginais para os trabalhadores, mas não é fácil encontrar o ponto de equilíbrio que evita defecções na frente política que ele representa.

Instrutiva a esse respeito é a anteriormente citada matéria "O governo na contramão", assinada pela jornalista Lúcia Kassai.[22] É a matéria de capa da revista. Ela traz como ilustração uma foto que fala por si só. A foto mostra quatro pilhas de notas de cem reais dispostas uma ao lado da outra. Três dessas pilhas são muito grandes. A primeira traz a inscrição "funcionalismo", a segunda, "previdência" e a terceira, "juros". A quarta pilha é baixinha e mirrada. Nela se vê a inscrição "investimento". Ou seja, o governo Lula gastaria muito com salário de funcionários, com a previdência e com pagamento de juros e pouco com investimento, que é o que interessaria para a indústria e para a produção. Segundo a reportagem, em 2006, a folha de salários do funcionalismo federal teria "levado" R$ 16,3 bilhões de reais. Um trabalhador do setor público receberia salário quatro vezes maior que o salário do trabalhador que desempenha função equivalente no setor privado. A reportagem critica, inclusive, a aposentadoria rural e a aposentadoria

---

21 "Novo comando, novas mudanças possíveis", *Revista da Indústria*, n. 117, abril--maio de 2006, p. 25.
22 "O governo na contramão", *Revista da Indústria*, n. 130, julho de 2007. p. 18-23.

para idosos carentes, estabelecidas pela Constituição de 1988. É verdade que denuncia, também, a expansão dos cargos de confiança, preenchidos sem concurso, os salários de deputados e senadores e a criação de novos municípios com o fito de prover cargos públicos para as chefias políticas locais. Mas a ênfase é posta no funcionalismo. Para a FIESP, até o problema do juro elevado seria resolvido caso o governo cortasse o gasto público (voltado para a população trabalhadora). O raciocínio é simples.

> Se o governo cortasse despesas e reduzisse a carga tributária, as taxas de juros cairiam naturalmente e o dólar se valorizaria. Na China, a carga tributária é bem menor que a brasileira, e os investimentos do Estado, maiores. [Newton de Mello, Presidente da Associação Brasileira da Indústria de Máquinas e Equipamentos (Abimaq)].[23]

Em resumo, a FIESP insiste muito na necessidade de se implantar um arrocho no salário do funcionalismo público e de se fazer uma nova e mais radical reforma da previdência.

Outra fonte de instabilidade da frente neodesenvolvimentista são as contradições entre a grande burguesia, particularmente o agronegócio, e o movimento camponês. Na entrevista citada do usineiro Luis Guilherme Zancaner, podemos ler a seguinte passagem.

> Valor: O senhor tem diferenças ideológicas com o atual governo e com a ministra Dilma?
> Zancaner: Fui fundador da UDR de Araçatuba, em 1988. Sou muito amigo do Ronaldo Caiado. Tenho divergências ideológicas tanto com Lula quanto com a ministra. Tenho divergência em relação ao MST, nessa questão dos direitos humanos, do ministro Vannuchi, a quem sou muito crítico. Acho que nessa questão da anistia, o que passou, passou. Mas se quer revisar a anistia, quem sequestrou, assaltou banco, quem matou também tem que ser julgado. Tem que ter equidade.

23 *Idem.*

Valor: Quer dizer que esse apoio ao governo Lula e à Dilma é uma questão pragmática?
Zancaner: É uma questão pragmática, do nosso negócio.

O Governo Lula não pode, ao mesmo tempo, preservar sua relação política com o agronegócio e fazer uma reforma agrária. O governo concebeu uma estratégia para contornar essa contradição. Aumentou muito o crédito agrícola para a agricultura familiar, contemplando os interesses dos camponeses com terra e, portanto, os interesses de uma das bases sociais do MST e demais movimentos camponeses que é o camponês assentado. Porém, a outra base social desses movimentos, que é o camponês pobre, sem-terra, o Governo Lula abandonou e, tendo em conta a classe social que ele representa, só poderia mesmo abandonar. A pergunta que surge aqui, então, é a seguinte: até quando o campesinato pobre permanecerá na frente neodesenvolvimentista?

A grande burguesia interna quer, sim, a intervenção do Estado na economia. Quer que o Estado intervenha, tanto como investidor, quanto como facilitador dos investimentos privados (melhoria da infraestrutura, ciência e tecnologia, crédito subsidiado etc.). O que a grande burguesia tem dificuldade em aceitar são as concessões que se fazem necessárias para manter a frente com os assalariados e com o campesinato, frente sem a qual o Estado não pode vencer ou contornar as resistências políticas que se antepõem ao neodesenvolvimentismo.

Examinando a situação, vemos que a possibilidade de uma das partes abandonarem a frente neodesenvolvimentista é real. O PSDB procura atrair a grande burguesia interna sugerindo – há coisas que não se deve dizer abertamente... – que fará uma redução drástica dos gastos sociais do Estado e que cortará as asas do movimento camponês; as organizações de extrema esquerda procuram fazer com que os sindicatos e o campesinato retirem o apoio que dispensam ao Governo Lula. Até o momento, a unidade da frente prevaleceu. Porém, não faltam motivos e argumentos para aqueles que tentam solapá-la.

Estado, capital estrangeiro e burguesia interna no setor de telecomunicações nos governos FHC e Lula

Sávio Cavalcante

Introdução

O setor de telecomunicações brasileiro modificou-se profundamente a partir da década de 1990, devido a um amplo programa de reestruturação promovido pelo governo de Fernando Henrique Cardoso (FHC), que culminou com a privatização das companhias que integravam o Sistema Telebrás, em 1998. O resultado deste processo favoreceu de forma expressiva a interesses econômicos de frações distintas da classe dominante brasileira bem como a interesses dos capitais externos que por aqui pretendiam aportar. Embora tenham sido mantidos, após a privatização, grupos nacionais no setor, os anos seguintes presenciaram um domínio significativo de empresas estrangeiras, tanto na prestação de serviços (como telefonia e internet) quanto no segmento industrial de produção de telequipamentos. Nos dois mandatos posteriores de Luiz Inácio Lula da Silva, esse cenário não foi modificado em sua essência, mas é possível perceber uma mudança importante na atuação do Estado, que passou, no período recente, a investir na formação de grandes grupos nacionais e articular a volta da Telebrás estatal. O propósito deste trabalho, então, é analisar a dinâmica desses processos e a atuação das frações da classe dominante nestas duas décadas.

Essa análise mostra-se particularmente importante em dois sentidos. Em primeiro lugar, para o entendimento de como certas frações da classe dominante brasileira aderiram ao projeto neoliberal de FHC, o que concedeu à privatização uma celeridade ímpar e inviabilizou as alternativas esboçadas pela oposição. Ao longo da década de 1990, forças sociais contrárias à quebra do monopólio e, posteriormente, à privatização das empresas estatais se articularam em defesa do caráter público do setor e, no caso de participação de empresas privadas, do controle de capitais brasileiros sobre tais empreendimentos. Boa parte dessa proposta foi organizada pelos sindicatos do setor filiados à FITTEL (Federação Interestadual de Trabalhadores em Telecomunicações), por sua vez filiada à CUT, que lutava pela criação de um sistema nacional, dominado por uma ou mais empresas brasileiras com o Estado participando do controle acionário, que pudesse criar um desenvolvimento industrial e tecnológico autônomo, além de propiciar melhores condições para o provimento dos serviços.[1]

Não houve, na era FHC, adesão significativa de frações dominantes a este projeto nacionalista. A este fato podem ser acrescentados outros dois elementos, quais sejam, um consentimento popular passivo e as próprias orientações políticas e táticas do movimento sindical opositor.[2] Em conjunto, esses fatores debilitaram o movimento opositor, que pouco conseguiu modificar ou conquistar em face do predomínio da base governista na instância legislativa. Contudo, esse aspecto nacional-desenvolvimentista (certamente reconfigurado) ressurge gradualmente no governo Lula e, no fim do seu mandato, se torna mais contundente.[3]

Essa é, então, a segunda dimensão da análise aqui proposta, qual seja, apontar em que medida as iniciativas trazidas durante o governo Lula alteram o quadro legado pelo modelo de privatização. Dois são os fatos mais representativos dessa mudança de rumo. O primeiro é a atuação direta do Estado, via BNDES, no financiamento de fusões e planos de investimento

1 Era este o escopo do projeto sindical chamado "Brasil Telecom", que será comentado posteriormente. Não se trata, evidentemente, da empresa privada homônima, que indicaremos, para evitar confusões, por BrT.
2 Procuramos apontar algumas questões sobre a participação do movimento sindical nesse processo em Cavalcante (2009).
3 Sobre o governo Lula, cf. artigo de Armando Boito Jr., nesta coletânea.

que foram responsáveis pela compra da Brasil Telecom (BRT) pela Oi (antiga Telemar). A Oi é formada por um consórcio de capitais nacionais (principalmente, Andrade Gutierrez e La Fonte) e o Estado (BNDESPAR e fundos de pensão) que, ao adquirir a BRT (propriedade também de capitais nacionais e fundos de pensão, mas anteriormente ligada à TIM italiana) está presente em todo o território nacional. Na telefonia fixa, a Oi só não detém o monopólio privado em São Paulo, dominado pela Telefônica espanhola. O segundo fator foram os movimentos para reativação da Telebrás, no intuito de gerenciar o PNBL (Plano Nacional de Banda Larga). Para o governo, as teles privatizadas, por si só, não foram capazes de construir um sistema de banda larga acessível, igualitário e eficiente, de modo que a proposta de reativação da Telebrás, embora ainda esteja indefinida, visava a superação deste quadro.

A ideia deste estudo é de que o projeto nacionalista traçado pela oposição no governo FHC está encontrando certo apoio em grupos anteriormente indiferentes ou partícipes das reformas de abertura e privatização. Este encontro é complexo e conflituoso e não se trata aqui, evidentemente, da expressão política de uma "burguesia nacional" independente, mas de uma burguesia interna[4] que articula bases de acumulação próprias, mas com dependência a capital e tecnologias externos. Em um processo de certa forma semelhante a outros momentos da história brasileira, é o Estado que tem convocado essa fração a assumir uma postura mais ativa.[5] Nossa intenção, portanto, é assinalar esse movimento e suas implicações para a estrutura de funcionamento do setor de telecomunicações.

---

4   Tanto para burguesia nacional quanto para burguesia interna, seguimos aqui as definições de Poulantzas (1976 e 1978).
5   Pensamos aqui nas análises de Saes (1984).

A internacionalização das telecomunicações e a atuação das frações da classe dominante para a mudança do modelo estatal

A despeito de particularidades regionais, um modelo geral de funcionamento do setor de telecomunicações predominou no período posterior à II Guerra Mundial, tanto em países centrais quanto periféricos. Fundamentalmente, as telecomunicações eram vistas, e assim tratadas, como um serviço de utilidade pública, vinculado à segurança nacional e de caráter essencialmente monopólico. Por essas razões, deveria o Estado ser o responsável pela regulamentação e execução dos serviços nos territórios nacionais, sendo uma exceção digna de nota o caso estadunidense, onde se encontrava a presença de um monopólio privado (AT&T), ainda que fortemente regulado pelo Estado.

Este modelo começou a ruir em fins dos anos de 1970 e início da década de 1980, num contexto de crise econômica que afetou o crescimento de países centrais, atingindo a lucratividade de empresas de vários setores produtivos,[6] e que também presenciou a ascensão de grupos políticos comprometidos com as reformas neoliberais. Aos poucos, o modelo estatal foi sendo substituído pelo formato orientado para o mercado: voltado ao consumidor, dirigido aos objetivos das mais variadas formas de negócios e ancorado na internacionalização das indústrias de serviços (Hills, 1998, p. 99-101).

O fator técnico tem aqui uma elevada importância, o que o leva a ser, de acordo com a dimensão da análise, tanto causa quanto consequência das mudanças. Na medida em que a digitalização da estrutura e o surgimento de novas tecnologias criaram outros usos e serviços, iniciou-se uma forte pressão por parte de grandes capitais em prol da quebra dos monopólios estatais. As possibilidades atuais que se abrem nas telecomunicações derivam de um intenso processo de convergência tecnológica que tem unido de modo estreito esse setor às áreas da informática e do

---

6 Para uma visão que articula este momento como parte de uma crise estrutural do capital, ver Mészáros (2001) e Antunes (2002).

audiovisual. Comunicação de voz é, hoje em dia, apenas um de tantos outros recursos que são oferecidos a partir das novas tecnologias digitais.

Assim, crescem velozmente os serviços ligados à internet e ao tráfego de dados, para os quais são criadas redes, majoritariamente privadas, de comunicação global. O monopólio estatal torna-se, desta maneira, uma barreira logística para a internacionalização das redes corporativas privadas. Outro aspecto que contribui às pressões liberalizantes, ainda em decorrência desse quadro, é que uma nova fonte de acumulação se abre para capitais com problemas em seus setores de origem ou que simplesmente pretendem aumentar suas áreas de valorização. Para alguns autores, como Dantas (2002), este processo integra uma movimento geral de privatização da informação, sendo esta concebida como a mercadoria primordial do capitalismo contemporâneo.

Esses fatores incidiram no cenário brasileiro e se uniram a uma especificidade que o país compartilhou com as demais nações latino-americanas, qual seja, a irrupção de crises cambiais e fiscais em decorrência dos choques externos causados, entre outros fatores, pelo aumento das taxas de juro dos EUA (que deu fim a um tipo de padrão de financiamento) e pela ampliação dos valores do barril de petróleo. Endividados e com baixa capacidade de investimento, esses países passam a fazer reformas estruturais – abertura dos mercados, desregulamentação e privatizações – por conta de acordos com instituições, como FMI, que exigem o ajuste fiscal e reformas institucionais como contrapartida à liberação de recursos.

Essa onda de mudanças atinge o Brasil em meio a um delicado processo de reconstituição das instituições políticas com o fim da ditadura militar e a volta dos mandatos civis. Na Constituinte, de 1987 a 1988, já é possível identificar os grupos que iriam, ao longo de toda a década de 1990, lutar pela quebra ou manutenção do sistema tradicional de telecomunicações. Nossa intenção é apontar, desde esse momento inicial, como se comportaram as frações da classe dominante. Para tanto, é preciso traçar aqui um breve retrato do sistema legado pelos militares.

O sistema estatal começou a ser gestado no início da década de 1960, mas foi com os governos militares que as principais empresas, os fundos de investimento e a estrutura produtiva foram criados. Guiados pelos ideais de integração e segurança nacionais, idealizou-se um plano de desenvolvimento cuja intenção era a de integrar operadores públicos, órgão de planejamento de Estado e indústrias de materiais para o setor, além de centros de pesquisa. O ideal nacionalista era, aqui, marcante, principalmente por certos planos e leis que, até 1978, estipulavam reserva de mercado a tecnologias produzidas por empresas nacionais e pelo incentivo à pesquisa interna.

Contudo, num processo complexo estudado por alguns autores,[7] a estruturação do setor, na prática, necessitou e conviveu com capitais externos representados por empresas de telequipamentos que produziam localmente tecnologia desenvolvida no exterior, ainda que pela legislação conturbada do período elas fossem obrigadas a se associar com empresas brasileiras. Deste ponto de vista, ao contrário do que esperavam as tentativas, durante a década de 1970, de fazer com que o país dominasse a produção de base de materiais de telecomunicações, a dependência em relação às multinacionais não se alterou. Grupos genuinamente nacionais foram construídos, principalmente devido à parceria com o CPQD (Centro de Pesquisa e Desenvolvimento da Telebrás[8]), mas não lograram o domínio do setor.

A década de 1980 foi marcada por uma legislação errática em relação à proteção da produção nacional, explicada em parte pela existência de posturas diferentes em relação às políticas industriais por parte de órgãos estatais distintos. Na prática, o capital nacional já devidamente associado ao capital externo impedia projetos maiores de desenvolvimento interno autônomo. Segundo Dalmazo (1999), a partir de 1978 há uma tendência progressiva de apoio, pela burocracia do Estado, às filias de empresas estrangeiras. Esse período também foi o início da crise do próprio sistema estatal, já que os abalos econômicos comprometeram sua estrutura: nesta época, em meados dos anos de 1980, há um refluxo

---

[7] Um histórico detalhado pode ser retirado dos trabalhos de Crossetti (1995), Costa (1991), Wohlers (1994) e Dalmazo (1999).

[8] Após a privatização, o CPQD transformou-se em uma fundação de direito privado.

dos investimentos estatais com o confisco e extinção do fundo nacional criado para o setor (FNT) e o uso artificial das tarifas como forma de conter as altas inflacionárias.

Quando se iniciou o processo Constituinte no final da década, essas dificuldades de manutenção e crescimento do sistema estatal já eram visíveis, o que fazia aumentar a força, entre várias camadas sociais, da tese que advogava a "ineficiência natural" do Estado como executor de serviços. Após intensos debates na Comissão Especial relativa ao setor, não houve acordo que servisse de base à redação da Carta final. Embora houvesse uma tendência para a quebra do monopólio por parte de maioria dos deputados do "Centrão", o modelo estatal monopólico foi mantido por conta de rearranjos políticos e pela pressão da mobilização social, que obteve grande peso na redação final (Dalmazo, 1999). Contudo, aqui já se delineavam os grupos e interesses vinculados a distintas frações da classe dominante brasileira. Vejamos quais são esses grupos ou camadas e como se articulavam em frações da classe dominante.

Um papel de destaque deve ser dado aos integrantes dos altos quadros da burocracia de Estado, que podem ser separados em dois grupos, tal como feito também por Dalmazo (1999). O primeiro seria o dos dirigentes técnicos responsáveis pela construção do Sistema Telebrás, parte importante deles composta por militares. Foi um grupo de técnicos e engenheiros incentivador do nacionalismo que buscou, motivado pela ideia de integração e segurança nacionais, contribuir aos planos desenvolvimentistas. A reputação técnica que exerceu nos debates sobre o setor foi aos poucos sendo reduzida em face das mudanças políticas da década de 1990, o que fez vários membros desse grupo se aproximarem das ideias liberais. Um segundo grupo foi o de dirigentes do Sistema Telebrás no período dos governos civis. A indicação de técnicos para os cargos superiores foi sendo substituída pela nomeação de políticos, de acordo com os arranjos e coligações feitos no parlamento. Por deterem o poder de implementação dos investimentos das empresas estatais, despertavam grande cobiça por parte de lideranças regionais.

Ainda que mais correto para o primeiro do que para o segundo, esses grupos compõem a burguesia nacional de Estado, fração que se constituiu ao longo do período desenvolvimentista. Da Constituinte até o primeiro governo FHC, os dois grupos dessa fração foram igualmente fragmentados por diferentes posições favoráveis e contrárias à mudança do modelo. Contudo, a tendência, para o conjunto desta fração, foi paulatinamente apoiar a quebra do monopólio e possível privatização para capitais nacionais. Antigos dirigentes passavam a ter trânsito nos ambientes liberais e integravam-se ao mercado privado (Dalmazo, 1999). Aos poucos, tal como discutiremos posteriormente, os ganhos a que passaram a ter acesso na esfera privada limitaram seriamente o poder de contestação desta fração, fazendo com que mesmo o argumento sobre a "segurança nacional" fosse minorado nos debates.

A outra fração, cuja atuação é fundamental para o entendimento deste processo, é aquela que pode ser definida pelo conceito de burguesia interna, de Nicos Poulantzas (1978). Em seu estudo, a intenção está dirigida à posição dos capitais nacionais europeus em relação ao capital estadunidense, mas seria possível aplicar o conceito à formação brasileira na medida em que encontramos as características a seguir, por exemplo, em parte da burguesia industrial brasileira posterior à década de 1930, como indicado por Farias (2008, p. 9).

Para Poulantzas (1978, p. 77), a burguesia interna apresenta certa ambiguidade em relação ao capital externo, postura referente às diversas formas de dependência tecnológica e financeira existentes. Embora coexista com setores propriamente compradores e esteja imbricada por diversos elos de dependência aos processos de divisão internacional do trabalho, não se trata, para o autor, de uma simples burguesia compradora,[9] pois

---

9 Burguesia compradora é definida, tradicionalmente, como a fração que "não tem base própria de acumulação do capital, que age de algum modo como simples 'intermediária' do capital imperialista estrangeiro" e, assim, estaria "enfeudada" ao capital estrangeiro tanto do ponto de vista econômico, quanto político e ideológico (Cf. Poulantzas, 1978, p. 76). Segundo Martuscelli (2009, p. 20), a ordem do capitalismo monopolista, em que a exportação de capitais substitui o

simultaneamente apresenta certa base de acumulação e fundamento econômico próprios no interior de sua formação social.

No âmbito deste estudo e da configuração desta burguesia interna no setor de telecomunicações, é necessário separarmos dois capitais distintos: o grande capital nacional cuja base de atuação (frequentemente monopólica) se dava fora dos serviços tradicionais de telecomunicações e o capital nacional (de grande ou médio porte) existente na indústria de telequipamentos. Na Constituinte, esses dois "capitais" uniram-se na luta pela quebra do monopólio estatal, porém apresentaram nuanças e comprometimentos distintos em relação a um projeto privatista. Havia divergências sobre "se" ou "quando" e "como" a privatização deveria ser feita. Contudo, as diferenças não causaram uma fissura significativa no principal interesse compartilhado, isto é, na luta pelo fim do modelo tradicional,[10] o que nos permite, então, tomá-los como uma mesma fração da classe dominante. Essas feições particulares explicam-se pela forma de relação que tinham com o capital estrangeiro e sua inserção no setor de telecomunicações.

É isto, então, que nos indica Farias (2008, p. 11), ao assinalar que, no intuito de caracterizar as reações que podem existir na burguesia interna, é necessário analisar a forma da relação com o capital externo dentro da formação social. Assim,

> comércio de mercadorias, faz com que seja mais adequado designar tal fração como "burguesia associada" ou "integrada", e não simplesmente "compradora". Em um pólo oposto, a fração burguesa nacional seria aquela em que o capital autóctone "a partir de certo tipo e grau de contradições com o capital imperialista estrangeiro, ocupa, na estrutura ideológica e política, um lugar relativamente autônomo, apresentando assim uma unidade própria" (Poulantzas, 1978, p. 76). É esta fração que, em conjunturas bem determinadas e pela base própria de acumulação, é suscetível a lutas anti-imperialistas ou de libertação nacional, o que torna possível certo tipo de aliança com as classes populares.

10 O interesse comum era o de que, naquele momento, seria importante abrir espaços para atuação de capitais privados no setor, ainda que fossem mantidas as empresas estatais. Segundo Dalmazo (199, p. 77), a ideia era a de "modernizar a rede para grandes usuários e para negócios, rebalancear as tarifas, eliminar os subsídios cruzados e abrir espaço à entrada do capital privado".

> (...) seriam três situações diferentes: o capital estrangeiro totalmente externo, mas com interesses internos (ação externa/interna); o capital estrangeiro internalizado (atuando como capital local, embora enviando dinheiro para a matriz); e, por fim, o capital associado (nativo e estrangeiro, por exemplo, no modelo joint venture). A burguesia interna pode ser mais resistente com um e menos resistente com outro desse tipo de capital estrangeiro.

Como se apresentou, então, a participação do capital estrangeiro e a atuação desta burguesia interna no início da década de 1990? Dada a derrota na Constituinte, a burguesia interna lançou-se na busca por angariar forças e legitimidade em vários setores como forma de reverter a situação na Revisão Constitucional que se esperava para 1993.

No caso do grande capital nacional de atuação externa ao setor, houve uma profunda parceria com os interesses do capital estrangeiro, este, por sua vez, composto por diversas operadoras e indústrias estadunidenses e europeias interessadas em abrir negócios no país. Com esse apoio, o grande capital nacional reivindicava a quebra do monopólio, compelido por razões logísticas e econômicas. Por um lado, a necessidade de obter um sistema mais eficiente para os usos cada vez mais diversificados das grandes empresas não era satisfeita pelo modelo estatal carente de recursos, por outro, a quebra do monopólio era também uma forma de destruir as bases de sustentação das empresas estatais, o que favorecia os projetos de privatização e, assim, eram abertas novas fontes de acumulação.

O primeiro momento em que esta união entre capital nacional e estrangeiro foi concretizada se deu na formação de consórcios para a compra de concessão de faixas para telefonia celular em 1992, durante o governo Collor. Pelo fato de a Constituição impedir qualquer outra liberação de serviços, o governo tentou fundamentar juridicamente, por meio de portarias e interpretações do Código Brasileiro de Telecomunicações (de 1962), a tese de que telefonia celular não representava quebra do monopólio, por se tratar de serviço diferenciado. A abertura desta licitação movimentou o mercado e antecipou o que seria visto no governo FHC: foram montados cinco consórcios que uniam empresas nacionais e estrangeiras de várias áreas: comunicação/audiovisual, bancos, construtoras, operadoras europeias e estadunidenses e indústrias de telequipamentos. Contudo, após lutas judiciais, a licitação foi cancelada na presidência de Itamar Franco.

A disputa deslocou-se para a Revisão Constitucional prevista para 1993. Para tanto, foi criada a organização *lobbysta* IBDT (Instituto Brasileiro para o Desenvolvimento das Telecomunicações), que congregava empresas nacionais abertamente favoráveis à desregulamentação do mercado e à participação da iniciativa privada nos serviços antes restritos ao poder público. As principais empresas que compunham o IBDT eram: Globo, Unibanco, Bradesco, N. Odebrecht, Andrade Gutierrez, Constram, Banco Safra, grupo Estado (*O Estado de S. Paulo*), RBS, Splice do Brasil, Grupo Machline (Leal, 2000). O grupo tinha ligações, segundo Dalmazo (1999, p. 121), com operadoras estrangeiras, como AT&T e Bell South (EUA), STET (Itália), entre outras.[11]

Neste momento, uma observação precisa ser feita. A burguesia interna não pode ser vista como um bloco homogêneo de interesses e características, o que explica a diversidade de capitais presentes no IBDT. Vê-se que há uma participação expressiva de instituições financeiras e redes de comunicações nacionais, empresas essas que não são atingidas da mesma forma pelas políticas neoliberais se comparadas ao ramo produtivo, por exemplo. Se há um consenso das frações da classe dominantes sobre a implementação da "política social" do neoliberalismo – redução dos custos da força de trabalho por meio de flexibilização de direitos –, não há um

---

11 Contudo, na época, o presidente do instituto, Oscar Dias Corrêa Jr. (*apud* Sinttel/RJ, 1993, p. 175), afirmava que os sócios registrados só eram empresas brasileiras de capital nacional e "se essas empresas têm associações específicas para explorar alguns serviços de telecomunicações, é problema delas". Pelo contexto, as empresas ainda se colocavam na defensiva em relação à privatização, que poderia dar uma ideia de desnacionalização um tanto quanto perigosa no momento. Corrêa Jr. afirmou em debate: "desafio alguém aqui a provar se em algum momento foi falado que o IBDT defende, sustenta ou quer a privatização de qualquer empresa ligada à área de telecomunicações no Brasil" (p. 168).

compromisso unificado em torno da política de abertura comercial e financeira atrelada a políticas de juros altos, pois esta promove ganhos para o capital financeiro, mas cria obstáculos à reprodução do capital investido na indústria (Boito Jr., 2002). É preciso, pois, tal como assinalado por Poulantzas (1976), analisar a atuação da burguesia interna de forma sempre conjuntural, porque sua existência está atrelada a processos gerais de internacionalização do capital. A relação de cada setor, grupo econômico e empresa com o capital externo está constantemente em transformação, o que obriga a análise a levar em conta um processo de "reclassificação constante". É possível que uma ou outra dessas empresas possa ser mais bem definida como parte da fração "compradora" ou "associada", mas é importante notar, nesse momento, os interesses que eram compartilhados.

Torna-se fundamental, assim, compreender a ação de uma organização, tal como o IBDT, de forma sempre articulada à conjuntura específica dos períodos mencionados. As instituições financeiras tinham, evidentemente, muito mais a ganhar com a privatização do que certos setores industriais. Era a forma encontrada por capitais monopolistas para preservar sua estatura no mercado interno. Ou seja, havia um objetivo compartilhado por estes capitais que era o de conquistar proteção frente à ameaça de incorporação completa pelos capitais estrangeiros, mesmo que para isso fosse necessária, do ponto de vista tático ou estratégico, uma associação a esses capitais externos. Em suma, o IBDT representava um grupo dos integrantes da burguesia interna, qual seja, o capital monopolista nacional, principalmente aquele de atuação distinta dos serviços de telefonia.

Mesmo que evitassem falar abertamente em privatização e se afirmassem como apenas compromissadas com a introdução da competição dos serviços de telecomunicações, foram essas mesmas corporações do IBDT que, devidamente associadas ao capital internacional, sustentaram e participaram ativamente da venda das companhias do Sistema Telebrás durante o governo de FHC. Como exemplo, o Grupo Machline, proprietário da Sid-Telecom, antiga empresa "genuinamente nacional" do ramo de telequipamentos, associa-se ao Instituto, após montar consórcio com a AT&T no início dos anos de 1990.[12]

Este fato nos leva, então, a tocar no outro conjunto da burguesia interna, qual seja, os capitais localizados na indústria de telequipamentos. Como indicamos anteriormente, o capital nacional, neste segmento, já vinha se associando à indústria estrangeira desde a década de 1980, devido às indefinições das políticas setoriais, que não foram capazes de sustentar uma produção nacional autônoma. Nessa década, a relação entre capital nacional e capital estrangeiro pautava-se pela formação de *joint-ventures*, uma das formas de relação da burguesia interna exposta por Farias (1998). A legislação que vinha se modificando desde a década de 1970, ainda que tenha logrado incentivar experiências exitosas de produção de tecnologia nacional, não impediu a presença estrangeira, que, pelas inúmeras definições criadas acerca do que seria uma empresa nacional, sempre soube permanecer no mercado.

Os anos de 1990, com a abertura comercial encetada por Collor, presenciaram a intensificação da tendência de desnacionalização da produção interna, pela incorporação de empresas brasileiras por multinacionais.[13] Algumas leis tiveram por objetivo, no governo de Itamar Franco, retomar as reservas de mercado e o incentivo à produção nacional, mas, na prática, acabaram por proteger a produção instalada no país, o que não implicava, necessariamente, em tecnologia nacional, que havia sido desenvolvida, principalmente, pelo CPQD. Para Dalmazo (1999, p. 107), nos primeiros anos da década de 1990,

> a política industrial setorial, que, até então, garantia mercado para os produtos de tecnologia nacional, teve orientação mais liberal, acarretando um processo de descontinuidade e

---

12 Em 1993, o então presidente da SID, Antônio Carlos Rego Gil, chegava mesmo a criticar a reserva de mercado, pois "o investimento estrangeiro precisa de potencial de mercado e infraestrutura" (citado em Revista Exame, 05/1993 *apud* Oliveira, 2004, p. 236).

13 No item 5, a questão é retomada e é exposto um quadro que traça essa tendência.

esvaziamento. Basicamente, a orientação foi pautada pelos interesses da grande indústria estrangeira de telequipamentos.

Essa disputa pela definição da nacionalidade da tecnologia reverberou na organização representativa das indústrias em questão, a ABINEE (Associação Brasileira da Indústria Elétrica e Eletrônica). Seus afiliados, por usarem tecnologias distintas, apresentavam visões variadas sobre as mudanças. Havia um temor por parte das empresas, brasileiras ou não, que usavam tecnologia nacional, de que um futuro monopólio privado seria uma incógnita do ponto de vista do poder de compra no mercado. Mas as multinacionais, por conta da abertura dos anos 90, remodelaram o quadro ao forçar empresas brasileiras a realizarem as citadas "alianças": a Elebra foi incorporada à francesa Alcatel, a Promon associou-se com a canadense Northern Telecom e a já mencionada SID-Telecom com a AT&T.

Para Dalmazo (1999, p. 123), a proposta da ABINEE, neste período, era mais cuidadosa do que a do IBDT, por defender a liberação somente de novos serviços (distintos da telefonia fixa) e manter o monopólio estatal nos serviços básicos. Essa adesão comedida aos projetos de abertura tinha uma razão: a indústria de telequipamentos via na entrada de capitais privados uma oportunidade de lucros, mas receava a perda de reserva de mercado pelo fim do monopólio.

Mas essa postura temerosa não pode nos fazer perder de vista que o setor já vinha sendo desnacionalizado de forma estrutural. Esse tópico ficou exposto num importante debate, de 1993, patrocinado pelo sindicato dos telefônicos do Rio de Janeiro (Sinttel-RJ) e com a presença de vários grupos, pesquisadores, empresas e antigos e atuais dirigentes do Sistema Telebrás.

Um dos mais ardorosos opositores dos projetos privatistas era o advogado Gaspar Vianna, que defendia a tese de que a privatização era um eufemismo para "desnacionalização". Na sua leitura, a privatização não interessaria a nenhum setor do país, os usuários só se preocupariam com a qualidade dos serviços. O governo não gostaria de perder um setor essencial, "auto-suficiente", que lhe rende impostos e contribuições. À indústria genuinamente nacional interessaria proteção contra produtos estrangeiros e, assim, o fortalecimento do sistema existente. Quanto ao grande empresariado, mesmo que houvesse vozes favoráveis à privatização e contra a participação do Estado na economia, não haveria capital suficiente para a compra das grandes estatais. Resultado: a privatização, na verdade, interessaria, exclusivamente, ao capital internacional disposto a angariar lucros com a absorção do mercado brasileiro (Vianna, 1993).

A análise que aqui propomos é mostrar, diferentemente de Vianna, justamente como o projeto privatista abriu enormes oportunidades à burguesia interna, que já se acomodava nas associações com o capital estrangeiro, ainda que uma pequena parte dela pudesse estar ameaçada em certos segmentos. Mesmo assim, aos poucos, a ameaça passou a ter um peso diminuto em relação às expectativas de ganho. A debilidade do capital nacional impedia, naquela conjuntura, a alternativa "nacionalista", que, por sinal, foi a defendida pelos sindicatos opositores. Um interessante diálogo, nesse sentido, foi travado entre Vianna e Delson Silffert, diretor de uma empresa de radiotelefonia, ex-funcionário das estatais e favorável à quebra do monopólio. Segundo Silffert, havia importantes indústrias nacionais no setor, como a Elebra, mas "por falhas na coordenação da política do Sistema Telebrás, tornou-se inviável [a continuação dos negócios], ao permitir a concorrência de uma série de empresas sem habilitação". Afirmação contestada por Vianna:

> Vianna: Você me perdoe, foi difícil para a Elebra porque as multinacionais instaladas dentro do Sistema Telebrás, com seus agentes atuando dentro do Ministério das Comunicações, em pleno governo Collor, inviabilizaram as indústrias nacionais. Silffert: Não, foi muito antes (...). Durante o governo Collor estourou tudo (...) (*apud* Sintel-RJ, 1993, p. 185).

Segundo pesquisas realizadas sobre o setor de telequipamentos, havia problemas estruturais no funcionamento das empresas nacionais. Os investimentos em pesquisa não eram realizados de maneira satisfatória pelas companhias, cuja "cultura empresarial", para Crossetti (1995, p. 124), "limitava-se, muitas vezes, à compra de investimentos em tecnologias em vias de obsolescência, seja para evitar os riscos inerentes aos investimentos em tecnologias mais avançadas, seja pelas dificuldades impostas pelos detentores de tecnologias de primeira linha, para sua transferência". O Estado assumiu, em parte, essa função, principalmente através do CPqD e de convênios com universidades públicas. Albuquerque (2000, p. 17) também aponta que a indústria nacional "caracterizava-se por um baixíssimo nível de investimento em pesquisa", dentre outras razões, afirma o autor, porque a política traçada pelo Estado, de "cadeia linear de inovação", favoreceu essa dependência em relação ao CPqD. Outro impeditivo era a restrição oficial ao funcionamento da Telebrás no mercado internacional, fato que, se possível, aumentaria o poder de compra da empresa e, assim, estimularia o mercado interno. Nesse quadro de limitações e potencialidades, o ponto essencial era que, como salienta Wohlers (1994, p. 257):

> As empresas brasileiras que se beneficiaram da reserva de mercado da Telebrás não conseguiram atingir uma dimensão crítica em termos de economia de escala e de escopo viabilizada pela nova base técnica da microeletrônica e também se mostraram extremamente frágeis do ponto de vista financeiro, comercial e tecnológico (dependência acentuada do CPqD), não obstante tenha florescido um grande contingente de pequenas e médias empresas fornecedoras de telequipamentos, onde se destaca empresas de porte médio significativas (em termos internacionais).

Um caso ilustrativo da situação é a reportagem realizada pela revista *Anuário Telecom*, em 1992, comentando declaração do diretor da Promon, que afirmara não caber à empresa traçar política tecnológica, mas somente ser competitiva. Para a revista, o significado era claro: "Se o governo desistir de investir na central Trópico [tecnologia nacional] para garantir sua evolução, esse não será um problema para a Promon que, como os demais fabricantes dessa central, conta com um parceiro estrangeiro com tecnologia alternativa" (*apud* Crossetti, 1995, p. 124).

Em suma, embora uma parte da indústria existente no país temesse o fim do monopólio, a clara tendência de internacionalização no setor fazia com que, gradualmente, as expectativas de ganho superassem os receios, já que as multinacionais tinham contratos de parceria com diversas operadoras estrangeiras que entrariam no mercado em caso de privatização.

O ano eleitoral e as atribulações políticas causadas pelos escândalos que originaram a CPI da Corrupção, no início de 1994, findaram o processo de Revisão Constitucional ainda na fase dos debates. As propostas de alteração do modelo estatal foram, ao fim, adiadas para o governo seguinte. O projeto privatista encontraria, desse modo, melhores condições e quem o executasse.

O governo FHC: a adesão declarada do conjunto da classe dominante ao projeto privatista

De forma resumida, pode-se dizer que, durante o governo FHC, as transformações no setor foram efetivadas em três etapas principais (Leal, 2000). A primeira é a decisão de quebra do monopólio e desestatização do setor tomada desde início de 1995, com a aprovação de Emenda Constitucional e a elaboração do PASTE (Programa de Recuperação e Ampliação do Sistema de Telecomunicações e do Sistema Postal), que buscou a valorização das companhias para a futura venda. A segunda etapa é inaugurada com a Lei Mínima de 1996, que possibilitou e regulamentou a exploração privada de serviços considerados não essenciais, como a telefonia celular, para os quais foi aberta licitação em 1997. A terceira e derradeira fase vem com a aprovação da LGT (Lei Geral das Telecomunicações), em julho de 1997, que substitui o Código de 1962, exceto em relação à radiodifusão, e a concretização da venda do Sistema Telebrás em julho de 1998, após ser fatiado em operadoras regionais menores.

O período de 1995 a 1998 foi então marcado pela adesão das frações da classe dominante ao projeto do governo FHC de retirar as barreiras constitucionais para mudança do modelo de telecomunicações.[14] Neste intervalo de tempo, mostrou-se sempre nebulosa e indefinida, pelo menos no plano dos discursos, a forma pela qual o grande capital nacional participaria do novo modelo. A oposição partidária e sindical, como acima indicamos, tentou construir uma alternativa puramente nacionalista, que mantivesse uma empresa única nacional com participação do Estado. Contudo, o processo tomou um caminho bastante distinto.

Embora o executivo tivesse boa base governista no legislativo, havia um sentimento de que a quebra do monopólio poderia significar um "cheque em branco" para o governo fazer o que bem entendesse com a Telebrás. Não que essa impressão impedisse as reformas, como não impediu, já no primeiro ano, a aprovação da Emenda Constitucional responsável pela mudança, mas sempre eram colocados em questão os planos e as pretensões do Ministério das Comunicações e do governo como um todo.

Ainda que o discurso em prol da "modernização do setor" apresentasse grande empatia, eram também visíveis os discursos "pragmáticos", isto é, a ideia de que, bem ou mal, era possível fazer muito dinheiro com as privatizações, o que auxiliaria nas contas públicas.[15] Foi o Ministro Sergio Motta quem cumpriu a tarefa de contornar politicamente a situação. Suas posições públicas iniciais eram de defesa da participação do capital nacional, com possibilidade de limitação de capital estrangeiro no setor. Projetava, ainda, uma Embratel ao estilo europeu, isto é, parcialmente

---

14 O livro apresentado na candidatura de FHC, *Mãos à Obra*, já indicava a necessidade de "flexibilização do monopólio das telecomunicações no país" (Cf. Prata, *et al.*, 1999).

15 José Serra, então ministro do Planejamento, deixava claro, em várias exposições, que a privatização era a forma encontrada pelo governo "para manutenção a qualquer custo da estabilidade monetária, fazendo frente aos problemas fiscais" (Dalmazo, 1999, p. 148). Perguntado numa Audiência Pública o que o fizera mudar de opinião, já que em 1988 tinha votado a favor do monopólio estatal, respondeu: "[Como dito por] John Keynes: 'Diante de fatos novos, eu mudo de opinião'" (*apud* Dalmazo, 199, p. 147).

privatizada com o Estado detendo *golden share*,[16] mas sempre deslocou a responsabilidade final de decisão para a presidência. Em uma Audiência na Câmara dos Deputados, assertou que todos os países do mundo limitam a participação estrangeira e que "temos que defender o interesse deste país. O maior programa da história deste país, que é a indústria nacional, tem que participar ativamente, sim, em *joint ventures*" (Motta *apud* Dalmazo, 1999, p. 195).

De fato, o grande capital nacional foi parcialmente favorecido pela Lei Mínima de 1996, que tinha como objetivo agilizar o processo de desregulamentação do setor, pois, pela Emenda aprovada, qualquer mudança só poderia acontecer após a aprovação da Lei Geral (LGT). A Lei Mínima discorreu, assim, somente sobre serviços limitados, de valor adicionado, de transmissão por satélite e telefonia celular, provocando a imediata abertura de leilão para a concessão de serviços móveis, o que ficou conhecido como banda B da telefonia celular, para o qual dividiu o território nacional em dez áreas de concessão. Possibilitou a entrega do – como era chamado na área especializada – "filet-mingon" das telecomunicações, ou seja, os serviços que possibilitam a obtenção de maiores lucros com investimentos menores, se comparados à telefonia fixa. A possível abertura deste promissor mercado inflamou os interesses de vários representantes do grande capital nacional e estrangeiro, mas a lei exigiu que o capital estrangeiro não ultrapassasse 49% do capital votante das empresas, embora tenha permitido, após três anos da venda, a liberalização e diminuição deste limite.[17] Ocorreu, assim, um exacerbado movimento de formação de consórcios, que uniu capitais estrangeiros e nacionais. Vejamos alguns consórcios formados e quais regiões conquistaram:

---

16   Ações especiais que concedem ao proprietário, no caso, o Estado, poderes especiais de veto e decisão.

17   Tão pequena era a restrição que o PFL (hoje DEM), contrário a qualquer "discriminação a capital externo", pouco se importou com o limite e, sobre o prazo de três anos, um de seus integrantes teria afirmado ser uma "exigência cosmética, uma perfumaria" (*apud* Dalmazo, 1999, p. 183).

Consórcios da licitação de telefonia celular "Banda B" (1997)

Consórcios	Empresas	Região conquistada
Americel	Fundos de Pensão Citibank, Banco Opportunity, Banco do Brasil investimentos, La Fonte, Bell Canadá e Telesystem (operadoras canadenses)	Área 7 (DF, GO, TO, MS, MT, RO, AC)
Avantel	Stelar Telecom (Grupo Odebrecht), Unibanco, Camargo Corrêa, *Folha da Manhã* (Jornal *Folha de S. Paulo*) e Air Touch (operadora dos EUA)	Sem conquista
BCP	*O Estado de S. Paulo*, Banco Safra, Splice do Brasil e Bell South Internacional (operadora dos EUA)	Área 1 (Grande SP)
BSE	Bell South, *O Estado de S. Paulo*, Banco Safra, Splice do Brasil	Área 10 (PI, CE, RN, PB, PE e AL)
Brascom	AG Telecom (Andrade Gutierrez), South Western Bell (EUA), Grupo Monteiro Aranha e Mannesmann (Alemanha)	Sem conquista
Algar Lightel	Grupo ABC Algar, Construtora Queiroz Galvão, Korea Mobile Telecom	Área 3 (RJ e ES)
Global Telecom	Cia. Suzano de Papéis, Inepar, Motorola, Nisho Iwait, DDI (operadora japonesa)	Área 5 (PR e SC)
GFTT	Banco Garantia, Teldin Telecomunicações (grupo Evadin), France Telecom Mobiles	Sem conquista
Telet	Bell Canadá e Telesystem, Fundos de Pensão (Previ, Petros, Aeros, Sistel, Telos, Fachesf e Funcef), Citibank, Opportunity, Banco do Brasil, La Fonte	Área 6 (RS)
Hutchison-Cowan	Cowan (construtora) e Hutchinson (operadora de Hong Kong)	Sem conquista
Tess	Telia (operadora sueca), Eriline Celular, Primave, construtora CR Almeida	Área 2 (SP interior)
Vicunha Telecomunicações	UGB (União Globo e Bradesco), Grupo Vicunha e Telecom Itália	Área 4 (MG) e Área 9 (BA e SE)

Fonte: Leal (2000).

Na tabela, é possível verificar que, do ponto de vista do capital nacional, predomina aquele conjunto de grandes empresas dos meios de comunicação aliadas a instituições financeiras e empresas de construção civil, isto é, praticamente aquelas organizadas em torno do IBDT. A mesma lei que "favoreceu" este grande capital nacional, por ter limitado a participação estrangeira nos primeiros anos, obrigou a fusão a capitais externos por determinar que cada consórcio deveria contar com empresa já atuante na área. À exceção do grupo Algar (proprietário da CTBC do triângulo mineiro, única empresa privada de telefonia que operava junto ao sistema estatal), a experiência na área só viria, evidentemente, de fora do Brasil. Assim, cada consórcio contou com uma das grandes operadoras estrangeiras, que vinham, por sua vez, aumentando seus processos de internacionalização. Importante também atentar para a presença dos fundos de pensão de empresas públicas, integrados ao processo de privatização desde seus primeiros passos.

A Lei Mínima de 1996 e o leilão da Banda B de 1997, ao permitirem a entrada do capital privado no mercado de serviços "não-essenciais", representaram a execução exitosa do primeiro estágio do plano geral de reestruturação do setor. Faltava, neste momento, preparar o cenário relativo à telefonia fixa. O debate passou a ser, então, o modelo de privatização das estatais. Para tanto, é preciso voltar àquela fração da classe dominante anteriormente citada: a burguesia nacional de Estado, neste caso, os responsáveis pelo gerenciamento do Sistema Telebrás. Desde que assumiu a pasta das comunicações, Sergio Motta deixou claro que só ficariam nos cargos de primeiro escalão aqueles comprometidos com a reforma. O poder do ministro era, então, representado em todos os conselhos das operadoras estatais. Como lembra Dalmazo (1999, p. 162), eram os seus "homens de ouro". No item anterior, levantamos o argumento de que, embora as reformas implicassem, a princípio, o desaparecimento dos altos cargos da burocracia estatal – ocupados por técnicos e engenheiros que construíram o sistema – verificou-se um comprometimento com os planos privatizantes. Na maior parte dos casos, como indicado por Boito Jr. (2002, p. 20), a inexistência do conflito deveu-se aos elevados ganhos que esses agentes têm obtido no novo contexto, integrando o quadro de acionistas e diretores das empresas privatizadas, ou seja, integrando a burguesia privada. Para Albuquerque (2000, p. 33), isso mostra que:

> o Sistema [Telebrás] era, no seu conjunto, um apêndice do grande capital multinacional e da sua ideologia. Tanto que era comum [o fato de] executivos e bons técnicos das operadoras transferirem-se para altos cargos nas empresas fornecedoras multinacionais e vice-versa. Era comum [o fato de] importantes e respeitados técnicos fazerem, dentro das operadoras, lobby em favor de fornecedores multinacionais.

No governo FHC, Motta deixava claro que essa burocracia deveria reestruturar internamente as empresas o quanto antes, para que as tornassem atrativas ao mercado e, assim, para que fosse elevado o preço de venda. Personalidades importantes na construção do Sistema Telebrás foram fundamentais no processo, ideológico também, de preparação deste cenário. Duas "biografias" nos parecem muito elucidativas sobre este processo.

A primeira é de Renato Navarro Guerreiro, engenheiro de telecomunicações que atuou por 20 anos no Sistema Telebrás e no início da década de 1990 era gerente do Departamento de Coordenação do Planejamento da estatal. Em palestra de 1992, já dizia que o modelo tradicional estava esgotado e só a abertura à competição resolveria os problemas. Com essas ideias, atuou intensamente no grupo a favor da quebra do monopólio durante os preparativos da Revisão Constitucional. Segundo Dalmazo (1999, p. 120-121), as ideias liberalizantes asseguraram a Guerreiro a devida ascensão e, entre 1994 e 1997, foi Secretário Geral do Ministério das Comunicações e no fim de dezembro de 1998, tornou-se o primeiro presidente da agência reguladora do setor, a Anatel. Após alguns meses à sua saída da Anatel, em 2002, abriu a Guerreiro Consult, que fornece serviços especializados à maioria das operadoras atuais e órgãos do Estado.

O outro exemplo é o de Fernando Xavier Ferreira. Entrou como engenheiro da estatal Telepar em 1971 e, em 1995, era secretário executivo do Ministério. Deste ano a 1998, foi presidente da Telebrás, responsável pela preparação interna das operadoras estaduais à venda. Durante as Audiências Públicas que discutiam o modelo de privatização, defendeu a desmembração do Sistema Telebrás em operadoras regionais. Ao ser questionado pela oposição sobre esse modelo – que era o inverso do que faziam grupos europeus, que se concentravam para buscar aumento dos negócios, alegou, segundo as palavras de Dalmazo (1999, p. 197), "que não considerava o modelo das operadoras europeias eficiente para os padrões exigidos hoje". Logo após o leilão, é contratado como presidente no Brasil do grupo espanhol Telefônica, cargo que ocupou até 2006.[18]

A questão mais importante durante 1997 e 1998 passou a ser, então, a aprovação da LGT e a definição do modelo de privatização. O grande capital nacional já se movimentava em busca de parceiros e a indústria de telequipamentos já era predominantemente baseada em tecnologia e capitais externos. Restou ao governo FHC cuidar-se para não tocar em temas que atrasariam, ou mesmo inviabilizariam, a Lei Geral. Não foi à toa que a LGT promoveu nova regulamentação das telecomunicações no país sem alterar aquilo que competia à radiodifusão, que vigora desde 1962. A ordem normativa concernente aos grandes grupos econômicos dos meios de comunicação não se alterou, o que obviamente os permitiu abraçar o modelo de privatização sem grandes preocupações.

Por parte da indústria, por terem em vista a entrada de novas operadoras, as cobranças eram relacionadas à atenção que deveria ser dada às empresas instaladas no país. Embora a Emenda Constitucional n. 6, de 1995, tenha eliminado na legislação qualquer diferenciação existente entre empresas nacionais de capital estrangeiro e empresas nacionais de capital nacional, havia ainda um debate sobre privilegiar tecnologias específicas, embora a

---

18 Essas trajetórias podem ajudar na explicação de como parte importante de camadas técnicas e gerenciais adotaram o modelo de reformas neoliberais. Contudo, o fato não pode ocultar outros grupos compostos por esses profissionais que defendiam, e ainda defendem, uma produção nacional autônoma e o uso do Estado como forma de atenuar desigualdades regionais no Brasil. Ver A. Gutierrez (2009).

questão da tecnologia nacional "genuína" perdesse cada vez mais espaço e os opositores da privatização certamente precisaram lidar com o fato.

A inexistência do que seria este setor "genuíno" motivou, por exemplo, a crítica do então deputado Fernando Gabeira (PV-RJ, favorável às reformas) na ocasião do debate com sindicalistas na Comissão Especial de Telecomunicações realizada em 1997:

> A questão principal que eu apresento (...) é o fato de que se argumenta [contra os planos do governo], inicialmente, em defesa da indústria nacional. E quando a indústria nacional aqui se reuniu em defesa da indústria nacional, estavam aqui presentes o diretor da NET [sic] e representantes da Alcatel e de mais uma empresa multinacional. A empresa nacional estava aqui representada, na verdade, por empresas internacionais sediadas no Brasil, que estavam buscando, de certa maneira, uma proteção (Gabeira *apud* Comissão Especial, 1997, p. 69).

Alegação que não foi inteiramente recusada pelo representante da FITTEL:

> Com relação à indústria nacional, o deputado faz a afirmação correta, isso é fato. O deputado acabou de dizer que quem veio representar a ABINEE foi um representante da Equitel, que é berço da Siemens no Brasil.[19] É um fato, não temos de discordar disso. (...) Na ABINEE, nessa tal indústria nacional que enxergamos, não existem só eles. Diria que grande parte é representada por eles, mas existem vários empresários nacionais que vivem trabalhando, que criaram suas empresas com muito suor brasileiro, com tecnologia brasileira, adquirida do CPQD (Marcelo Beltrão *apud* Comissão Especial, 1997, p. 73).

19 "Estabelecida em consonância com a Lei de Informática de 1976, a Equitel foi fruto da associação entre a Siemens e grupos de capital nacional, primeiro a Hering (1980) e depois o grupo Mangels. Essa relação durou até 1998, quando mudanças na legislação permitiram que a Equitel fosse plenamente integrada à Siemens". Informação retirada do site da Siemens: https://sistemas.siemens.com.br/hotsite/100anos/home.asp.

Como comprova a fala do sindicalista, embora de reconhecida importância, as empresas nacionais (brasileiras) tinham peso diminuto no tocante ao que se poderia esperar de alguma forma de apoio e defesa do setor.[20] Mesmo assim, para essas empresas, diferentemente das organizações dos trabalhadores, pouco importava a condição da empresa a ser criada, se estatal, pública ou privada. O interesse estava voltado à proteção que teriam para continuar operando no mercado.

Na prática, havia somente uma divergência principal entre as indústrias do setor instaladas no país. De um lado, as genuinamente brasileiras e as multinacionais que operavam com tecnologia nacional, como a Alcatel, e, de outro, multinacionais como MCI, Ericsson, NEC, Siemens, Motorola. As primeiras reivindicavam proteção aos produtos com tecnologia nacional produzidos no país, enquanto o segundo grupo era totalmente contrário a qualquer obrigação de compra estipulada pela legislação.

A Anatel, responsável por elaborar a regulamentação para compra de máquinas, equipamentos e serviços dos futuros ganhadores do leilão, teria como objetivo privilegiar a fabricação e tecnologias nacionais, estabelecendo, assim, a preferência a esses produtos em caso de equivalência técnica e de preço.[21] Essa posição ecoava, de certa forma, o discurso de S.

20 Essa postura de defesa encontrava fundamento em algumas empresas de menores dimensões, genuinamente nacionais, temerosas com a perda de poder de compra da Telebrás. Alguns integrantes da indústria nacional chegavam a tecer críticas, nesse sentido, à desnacionalização, com o receio de perda de mercado. Como demonstra um diretor da empresa ASGA: "Estou a favor da privatização, mas contra o corte do Sistema Telebrás e a sua venda a empresas estrangeiras (…) estou a favor de uma empresa única, unificada e privatizada ao capital nacional (com diluição do capital, de modo que o Sistema Telebrás não tenha proprietário), de modo que a administração torne-se mais flexível. (…) [a privatização é necessária] porque o setor é politizado e a tecnologia hoje permite a competição. Além disso, não é o papel do governo ser produtor em setores que não são monopolísticos por natureza, mas é inadmissível deixar um setor estratégico cair nas mãos do capital estrangeiro" (A declaração, anônima, é exposta na pesquisa de Balboni, 1999).

21 A resolução final adotada pelas cláusulas dos contratos de concessão, após várias mudanças, relativizou a proteção, que pouco efeito tinha em razão da forte

Motta, receoso com a imagem que a privatização poderia criar. Cogitou-se até em estabelecer uma cota, de pelo menos 10% dos investimentos, para que fosse aplicada em produtos com tecnologia nacional, ideia abandonada rapidamente.

O vice-presidente executivo da multinacional francesa Alcatel chegou a clamar pelos "interesses do país", nesse caso, os do Brasil: "nos últimos anos, investimos pesadamente no Brasil. Ampliamos nossa participação industrial e adaptamos tecnologia estrangeira às demandas do país. Esse percentual [da reserva de mercado] deveria ser maior, pois é preciso defender os interesses do país" (L. A. Oliveira *apud* "Indústria promove uma queda de braço", *Folha de S. Paulo*, 25/05/1998). Já a integrante da diretoria da MCI estadunidense esclarecia que: "a regulamentação da Anatel cria problemas, pois a consulta à indústria nacional é obrigatória. Essa obrigatoriedade pode atrapalhar o desenvolvimento dos nossos projetos" (P. Carpinteyro *apud Folha de S. Paulo*, 25/05/1998). A posição da Ericsson era semelhante, alegando que a preferência por produtos nacionais constituiria "privilégio contestável" perante a OMC.[22]

Tratava-se, então, de se definir qual modelo o país adotaria para concretizar a venda do sistema. Na fala governista havia uma intenção declarada de se optar pela forma que mais recursos levantasse. Essa era, por um lado, a preocupação principalmente da área técnica de planejamento, que então se colocava contrária a restrições ao capital estrangeiro, pois provocariam diminuição dos lances. Por outro lado, a falta de restrições poderia funcionar como uma barreira para a participação efetiva dos capitais nacionais, o que ia de encontro às falas sobre proteção nacional do ministro Sérgio Motta. A solução para o suposto impasse foi sempre delegar a decisão final ao presidente.

Com a morte de Sergio Motta, em maio de 1998, assume o ministério Luiz Carlos Mendonça de Barros. As falas sobre a manutenção de empresas nacionais dão lugar a defesas explícitas da obtenção do maior saldo

---

pressão das novas operadoras.
22 A informação consta em um documento da Ericsson citado em *Folha de S. Paulo*, 25/05/1998.

possível. Não se trata, evidentemente, de uma mudança de comando que tenha invertido o processo, mas de uma reorganização do mecanismo que permitiria a participação, ainda que secundária, dos capitais nacionais, que tiveram que aceitar a decisão final de FHC: a concessão dos serviços foi aberta a grupos inteiramente estrangeiros, que precisavam apenas se enquadrar na legislação brasileira, e ainda vedou a participação de companhias do Estado e dos municípios brasileiros na disputa, além de impossibilitar a venda majoritária a fundos de pensão nacionais, mesmo o Sistel e o Telos, pertencentes ao setor em questão (Oliveira, 2004, p. 213).

Como o governo adotou a "venda estratégica", em que o Estado vende as ações para uma única empresa ou consórcio, em detrimento da "oferta pública", na qual não é permitido, geralmente, que um comprador leve mais do que 10% dos papéis ofertados, ficaria muito difícil vender a Telebrás por inteiro, até para as grandes operadoras internacionais (Dantas, 2002, p. 82). Assim, a companhia foi dividida para facilitar a venda e angariar mais recursos,[23] modelo que já vinha sendo gestado por Sérgio Motta desde 1997.

O Sistema foi, então, reorganizado em três *holdings* regionais de telefonia fixa – Tele Norte-Leste, Tele Centro-Sul e Telesp – unindo as operadoras de estatais de cada estado. Para a futura "competição", seriam abertas licitações para "empresas-espelho", como ficaram conhecidas. A Embratel

---

23 Na fala de Mendonça de Barros, é explícita essa motivação: "Os países europeus têm uma situação fiscal muito superior à brasileira e podem se dar ao luxo de abrir mão de dinheiro porque, quando se pulveriza a venda, o preço é menor. Como precisamos muito de dinheiro, não podemos abrir mão. Se fizermos uma venda pulverizada, o preço da ação será o das Bolsas. O governo receberia US$ 6,8 bilhões por suas ações". Na mesma reportagem, indagado se alguma empresa poderia não receber ofertas no leilão, como ocorreu na licitação da banda B, o ministro respondeu num tom irônico: "O governo não tem condições de ficar com todo o Sistema Telebrás, mas, para ficar com uma ou outra, é óbvio que tem (...) Mas acredito que no final vamos vender tudo. Isso aqui vai ser que nem leilão no interior. Sobra um garrotezinho mais vagabundo, mas passa alguém na última hora e leva. (...) Se sobrar algum celular estatal, será até bom porque vai me dar alguma diversão como ministro" ("Para ministro, venda da Vale já deu lucro", *Folha de S. Paulo*, 07/06/1998).

foi separada como responsável por ligações de longa distância. As operadoras de celular das estatais também foram separadas, ficando conhecidas como a Banda A da telefonia móvel, divididas em oito regiões.

A necessidade de se criar incentivos à participação do capital nacional colocava-se a partir do momento em que as posições de Mendonça de Barros e FHC apontaram para a liberação completa de consórcios estrangeiros e foi aumentada pelos abalos econômicos de 1998. Após a chamada "crise asiática" e os problemas de estabilidade na Rússia, houve um clima de grandes incertezas no mercado e de diminuição a liquidez internacional. Muitas operadoras pensaram duas vezes antes de fazer apostas muito ousadas e fortes companhias, como as dos EUA, que decidiram resguardar posições em seus locais de origem (Dalmazo, 1999, p. 264). O resultado foi a depreciação do valor de venda das estatais, que fez com que o governo retirasse de pauta certas regras que diminuíam o valor, mas que garantiriam maior controle futuro sobre o setor, como manter poder de veto via *golden share*. Foram também utilizados mecanismos como o parcelamento do pagamento das concessões e a atenuação das obrigações contratuais das concessões.

O contexto internacional favoreceu a posição dos capitais nacionais, que encontraram melhores condições para sua ação. Num contexto econômico menos conturbado, certamente as investidas de consórcios puramente estrangeiros seriam maiores, o que reduziria a parte acessível ao capital nacional. O modelo que fragmentou o sistema colocou vários capitais na briga, pois diminuiu os valores mínimos e possibilitou o parcelamento da compra. A regra de que cada consórcio só poderia levar uma região da telefonia fixa também incentivou associações com o capital estrangeiro, pois quanto maior fosse a participação em consórcios, menor seria o risco de sair sem conquistas. Preocupado com o sucesso de leilão, que seria então relacionado à avaliação geral do primeiro mandato de FHC, o governo decidiu colocar o BNDES como parte ativa da formação de consórcios nacionais. Os novos proprietários das operadoras são detalhados nas tabelas a seguir. A primeira tabela refere-se às empresas de telefonia fixa, enquanto a segunda retrata as empresas de telefonia celular nascidas das estatais, a chamada Banda A.

Consórcios vencedores do leilão das operadoras de telefonia fixa (1998)

Área de Atuação	Principais Acionistas
Região I Tele Norte-Leste Telemar (Oi)	BNDES Participações La Fonte Andrade Gutierrez Inepar Macal Fundos de Pensão Seguradoras do Banco do Brasil
Região II Tele Centro-Sul Brasil Telecom	Itália Telecom Banco Opportunity Previ e Sistel
Região III Telesp Telefônica	Telefônica (Espanha) Iberdrola Investimentos (Espanha) Banco Bilbao Vizcaya (Espanha)
Região IV Nacional – Embratel	MCI (Estados Unidos)[24]

Fonte: Dalmazo (1999) e DIEESE (1998).

Consórcios vencedores do leilão das operadoras estatais de telefonia móvel (Banda A)

Empresa	Comprador
Telesp Celular (SP)	Portugal Telecom
Tele Sudeste Celular (RJ e ES)	Telefônica (Espanha)
Telemig Celular (MG)	TIW (Canadá), Previ e Sistel, Opportunity
Tele Celular Sul (PR e SC)	UGB (União Globo e Bradesco) e TIM (Telecom Itália)
Tele Nordeste Celular (AL, PE, PB, RN, CE e PI)	UGB e TIM (Telecom Itália)
Tele Leste Celular (BA e SE)	Telefônica e Iberdrola (Espanha)
Tele Centro-Oeste Celular (GO, DF, TO, MS, MT, RO e AC)	Splice (consórcio brasileiro)
Tele Norte Celular (MA, PA, AM, AP e RR)	TIW (Canadá), Previ e Sistel, Opportunity

Fonte: Dalmazo (1999) e DIEESE (1998).

24 Após escândalos e severas crises financeiras, a MCI vendeu a Embratel à Telmex – a "Telebras mexicana".

O primeiro elemento a se notar é o fato de que as operadoras estrangeiras apresentaram maior interesse pela telefonia móvel, principalmente pelo fato de o regime de prestação de serviço ser "privado" e não "público", além de ser um investimento futuro com menos riscos e garantia maior de retorno. A única grande operadora estrangeira que apostou decididamente na telefonia fixa foi a Telefônica, tanto que Itália Telecom e MCI já venderam suas ações, o que possibilitou a presença de capital nacional. Sente-se também a ausência de grandes operadoras dos EUA, o que se explica pela crise internacional verificada no momento do leilão, que fez com que a maioria dessas empresas optasse por privilegiar o mercado interno.

De forma geral, foi gradualmente construído um quadro que contemplou interesses variados. As grandes operadoras estrangeiras acharam sua possibilidade de entrada no enorme mercado brasileiro. A burguesia interna, por seu turno, aceitou um papel coadjuvante, em certos momentos, mas muito importante para sua sustentação no país. Com o fim dos leilões, 40% foi desembolsado por empresas de capital nacional, enquanto os outros 60% por novos participantes externos. Assim, o grande capital nacional conseguiu aderir ao mercado (fixo e celular) em várias regiões. A indústria instalada no país, embora não contente com a indefinição sobre política industrial e ciente dos riscos relacionados a uma abertura indiscriminada, permaneceu confiante nos ganhos elevados que encontraria no novo cenário e buscou parcerias com as novas empresas. Muito pouco expressivas foram as reações, no interior da classe dominante, de oposição ao processo e, quando surgiram, trataram-se basicamente de temores de pequenos e médios capitais sobre reserva de mercado. Posteriormente, como veremos a seguir, elevam-se as críticas ao "abandono" do setor e ganham força reivindicações por incentivos e proteção da produção interna.

Além da atuação direta do BNDES, o uso pelo governo dos fundos de pensão foi de grande importância. Segundo boletim do DIEESE (1998): "Os fundos de pensão – Previ (Banco do Brasil), Funcef (Caixa Econômica Federal), Petros (Petrobras), Sistel (Telebras) e Telos (Embratel) – estão presentes em operadoras de praticamente todo o país, exceto São Paulo. Investiram cerca de R$ 1,5 bilhão na privatização do setor de telecomunicações". A reorganização do formato do leilão demandou, portanto, participação ativa do executivo na formação dos consórcios.

O Ministério sabia, em linhas gerais, quais seriam as jogadas feitas pelas grandes operadoras estrangeiras e precisava evitar qualquer percalço que colocasse em questão a privatização em ano eleitoral. Divulgadas posteriormente, no que ficou conhecido como "escândalos dos grampos do BNDES", fitas revelaram alguns bastidores da formação dos consórcios e da atuação do governo, que precisou usar seu poder de pressão nos fundos de pensão para tentar evitar, como dizia o ministro Mendonça de Barros, que uma "Telegangue" saísse vitoriosa. No caso, referia-se ao consórcio Telemar – dos grupos La Fonte (de Carlos Jeireissati) e Andrade Gutierrez, entre outros – que não teria experiência na área. O ministro, com a ciência de FHC, tentava fazer com que a Previ se unisse ao Banco Opportunity (controlados por Persio Arida e Daniel Dantas), como forma de barrar os planos do primeiro grupo, também chamado por Mendonça de Barros, de "ratada".[25]

Mas toda a programação do governo desfez-se pela investida da Telefônica para obter a Telesp. Ao dar um lance muito alto, tirou da briga o consórcio entre Globo e Bradesco. A Tele Centro-Sul, que, como todos pensavam, seria tomada pela Telefônica, foi adquirida, pelas regras do leilão, pela outra proposta, do Opportunity, Previ e Telecom Itália. Pela mesma regra (que impedia a presença das mesmas empresas em regiões diferentes), a "Telegangue", impulsionada por uma participação de última hora de 25% do BNDES, pôde ficar com a Tele Norte-Leste, após pagar um ágio de apenas 1%. Foi então batizada de Telemar e, posteriormente, Oi.

---

[25] Informações detalhadas podem ser vistas em "Privatização sob suspeita", *Carta Capital*, n. 87, 25/11/1998 e Dantas (1999). Mendonça de Barros, que perdeu o cargo após o escândalo, defendeu-se dizendo que todas as ações eram feitas pensando na maximização do valor da venda. Dantas (1999) discorda desse argumento, por levantar ações do governo cuja intenção era mascarar a pouca competição existente por algumas empresas que seriam leiloadas, além dos fatos suspeitos em relação ao beneficiamento de determinados grupos.

Foi assim, repleta de controvérsias, que nascia a empresa cuja atuação, nos mandatos de Lula, serviria aos planos "neodesenvolvimentistas" de seu governo.

A concentração atual do mercado

Desde a privatização, percebe-se claramente uma inversão da lógica fragmentária adotada pelo governo FHC, o que é, na verdade, a consolidação da tendência internacional de formação de grandes companhias. Presencia-se, atualmente, a centralização dessas empresas em blocos de abrangência nacional. Do segmento de banda B, por exemplo, surgiu a empresa de telefonia celular "Claro", de controle majoritário da Telmex (a "ex-Telebrás" mexicana), congregando a Americel, Tess, BCP e ATL. Da maioria das antigas estatais divididas em empresas de telefonia celular regionais, a chamada Banda A, surgiu outro grande conglomerado, o maior do Brasil, a empresa "Vivo", controlada pela Portugal Telecom e Telefônica, reunindo a Telesp Celular, a Tele Centro-Oeste Celular, a Tele Sudeste Celular, a Tele Leste Celular e ainda a CRT Celular. Em 2010, a Telefônica investiu fortemente no mercado e comprou a parte da Portugal Telecom, tornando-se proprietária única da Vivo, o que a coloca em uma posição ímpar no mercado: é praticamente monopólica em telefonia fixa na área mais rica do país (São Paulo) e agora controla a maior operadora de celulares no país.

Até mesmo nas operadoras de telefonia fixa, impedidas anteriormente pela LGT de participarem do controle de outras companhias do mesmo segmento, há pressões pela unificação e centralização do mercado. Em 2009, impulsionada pelos planos do governo Lula, a Oi iniciou processo de fusão com a BrT, para o qual foram necessárias mudanças da legislação das telecomunicações e suscitou debates sobre o monopólio privado no setor.

A concentração do mercado por grandes conglomerados transnacionais é, por sinal, a marca das telecomunicações na América Latina, que presencia o domínio extenso da Telefônica e do grupo Carso (do mexicano

Carlos Slim, proprietário da Telmex e América Móvil). Com os dados de 2008, vê-se que, em conjunto, esses dois grupos possuem de 50% a 70% dos principais serviços de telecomunicações na América Latina (Cf. Atlas Brasileiro de Telecomunicações – ABT 2007, 2008).

Em paralelo a esse movimento, diversas empresas que compunham os consórcios, como indicado acima, têm abandonado o setor nos anos recentes. Desde o leilão, já se apontavam aqueles que seriam investidores "estratégicos" (principalmente grandes operadoras) e os investidores "financeiros", que buscavam retorno em curto prazo. Desses últimos, vários grupos brasileiros já tiraram o investimento como Inepar (construção e energia), Splice (telecom.), Globo e RBS (comunicação), Algar (telecom., agronegócio e comunicação) e Macal (comércio eletrônico e outros). Mas surpreende, também, a saída de fortes grupos econômicos estrangeiros de telecomunicações, muito por conta da concentração promovida por Telefônica e Telmex. Já saíram do país empresas como BellSouth, MCI e Sprint (EUA); Telia (Finlândia); Bell Canadá e TIW (Canadá); Iberdrola (Espanha); NTT (Japão) e Telecom Itália ("Em busca de um novo modelo", Teletime, out/2006).

A convergência tecnológica tem sido a meta de todos os grupos do setor de telecomunicações na atualidade. Por conseguinte, tem se transformado na fonte da concentração de mercado. As operadoras tentam unir os serviços de telefonia fixa, telefonia celular, banda larga e, mais recentemente, TV a cabo (o que tem causado rixas com os grupos tradicionais de comunicação no Brasil). Um exemplo é o grupo comandado pela Telmex, em que se encontram a Claro (móvel), Embratel (longa distância e telefonia fixa) e NET (TV a cabo). A tendência é no sentido da centralização desses negócios em uma única marca, capaz de promover pacotes com todos esses serviços. Foi esta a intenção básica da Telefônica para incorporar a parte que pertencia à Portugal Telecom na Vivo, pois agora unirá completamente este serviço aos já existentes de telefonia fixa, banda larga e TV a cabo (é controladora da TVA). A legislação ainda é insuficiente para dar conta da convergência de tecnologias e serviços e a "livre competição" torna-se, cada vez mais, uma quimera.

Em face deste panorama, a situação das operadoras de capital nacional (Oi e BRT) tornou-se inviável em médio ou longo prazo. Foi esse o pano de fundo da reorientação da atuação do Estado durante o governo Lula.

O governo Lula e a recomposição da burguesia interna no setor

Embora escrevamos este texto no fim do governo Lula, o alcance da análise é limitado pelo fato de os principais projetos do governo terem sido colocados em prática nos anos mais recentes, sem terem ainda definições muito precisas de como as forças sociais irão reagir a eles. Desse modo, a intenção é apontar, de forma introdutória, as semelhanças e diferenças das propostas desse governo para o setor em relação ao de FHC, de modo a identificar o posicionamento da burguesia interna nesse contexto.

Para tanto, adiantamos nossa hipótese: parte da burguesia interna brasileira tem sido recolocada, pelo o governo Lula, em condições menos subordinadas no cenário econômico nacional[26] e, no tocante ao setor de telecomunicações, há perspectivas de que o capital nacional tenha uma participação mais expressiva. De certo modo, por vias tortuosas e contingentes, o projeto sindical "Brasil Telecom" – que postulava um grande operador nacional associado ao Estado – parece voltar à cena, pois encontra agora, diferentemente da década anterior, uma base interna mais favorável a reorientação das políticas. O financiamento estatal da incorporação da BRT pela Oi, a reativação da Telebrás e o Plano Nacional de Banda Larga (PNBL) são os indícios concretos desse novo processo, que, por sinal, não é homogêneo, pois comporta dois campos de força. Por um lado, há os partidários da ideia de formação de "campeões nacionais", isto é, grandes empresas brasileiras que poderiam, com estímulo ao regime privado, executar políticas públicas. Por outro lado, há os que defendem o aparato público-estatal como atuante direto na prestação de serviços.[27]

---

26   Cf. artigo de Armando Boito, nesta coletânea.

27   Uma analogia poderia ser feita com o sistema educacional, em que projetos de expansão das universidades públicas coexistem (em menor grau) com as

Antes, porém, de analisá-los, é preciso destacar o que tem sido mantido do modelo privatista pelo governo.

Não houve, ao longo dos dois mandatos de Lula, um programa de inversão da lógica privatista de FHC. Chamamos aqui de lógica privatista o núcleo básico do programa de reforma do governo anterior, a saber, a noção de que os serviços de telecomunicações – todos eles, mesmo que cada um a seu modo – devam ser disponibilizados por empresas privadas que, ao competirem no mercado, ofereceriam melhores produtos e, reguladas pelo Estado, levariam à universalização da telefonia no país. Pelo limite deste texto, não é possível fazer uma avaliação do que representou este modelo, mas é possível afirmar que problemas estruturais se ocultam quando são aclamados diversos números que supostamente confirmam a universalização dos serviços.[28] Entre esses problemas estão a desigualdade (social e regional) de acesso aos serviços, o valor das tarifas e a nula competição em alguns segmentos. A telefonia fixa estagnou-se há um bom tempo em níveis muito abaixo do esperado, e a média de mais de um aparelho celular para cada habitante encobre o fato de que 80% são "pré-pagos", o que significa, na prática, um uso muito baixo e precário, o que é admitido pelas próprias empresas.

As mudanças, pelo governo Lula, são pouco expressivas nesse aspecto. Houve alguns projetos, pelo Ministério das Comunicações, referentes a programas cujo objetivo era o de fomentar os serviços para famílias de renda mais baixa, como linhas populares de telefone, mas que pouco ou nenhum êxito obtiveram. Na verdade, o governo e a Anatel (influenciada muito mais pelas empresas do que pelos usuários) pouco fizeram no sentido de propiciar uma verdadeira universalização dos serviços, já que o crescimento que vem sendo constatado desde 1998 é ainda muito contraditório e desigual, tanto entre as faixas de renda quanto regionalmente. A comparação com os índices do sistema estatal anterior – que não se massificou devido, entre outras razões, à desaceleração dos investimentos

---

concessões aos institutos privados de educação, como o Prouni.

28 Para uma análise mais detalhada dessas questões, ver Cavalcante (2011).

estatais – tende a coroar as "conquistas" da privatização ao mesmo tempo em que oculta as condições em que são oferecidos os serviços.

Os projetos com viés igualitarista e as poucas mudanças esboçadas deveram-se à pesquisadores, grupos sociais e lideranças sindicais contrários ao projeto privatista que compuseram o governo desde seu primeiro mandato. A incorporação destes grupos fez com que, ao menos, vários fóruns fossem criados para se debater uma efetiva democratização de acesso e uso das comunicações. Esta luta interna dentro do próprio governo originou a primeira CONFECOM (Conferência Nacional de Comunicação). Mas pouco do domínio das grandes empresas, que são em alguns serviços praticamente monopólicas, pôde ser atingido. A orientação fundamental do governo tendeu sempre à segurança jurídica dos contratos com as empresas e as preocupações em garantir a viabilidade financeira das operadoras (via Anatel, principalmente).

Não obstante, foi dentro desta linha continuísta que se efetivaram as modificações no modelo e no mercado de telecomunicações no país. O crescimento da Oi, ao incorporar a BRT por meio de investimento do Estado, foi a primeira mudança, alinhada à ideia de formação de "campeões nacionais". Na verdade, a junção entre Oi e BRT é pensada, por diferentes posições, desde o momento da privatização, já que a presença de capitais nacionais e estatais era marca de ambas, mas a legislação do setor impedia que o mesmo grupo controlasse duas áreas de concessão distintas, ou seja, qualquer fusão deveria passar por mudança das regras que fundamentaram o processo de privatização. Um dos primeiros a pensar na fusão das empresas foi banqueiro Daniel Dantas, quando era controlador da BRT.[29] Entre 2004 e 2005, havia condições para o governo modificar a legislação, mas denúncias de que uma empresa do filho de Lula fora

---

29 Em entrevista ao jornal *Valor Econômico*, em 2001, Dantas afirmou que pretendia controlar tanto a BRT quanto a Oi (ainda chamada de Telemar). Segundo a revista *Teletime* ("Em busca de um novo modelo", out/2006), "ele mesmo [Dantas] tentou fazer a fusão na marra, em benefício próprio, dois anos antes, comprando a parte da Inepar na Telemar, mas acabou barrado pela Anatel".

favorecida pela Oi alteraram o clima político e fizeram com que as iniciativas do governo fossem postergadas.

Em 2007, a discussão ganha corpo novamente. O deputado Jorge Bittar (PT/RJ), relator de projeto de lei sobre o setor, defendia a junção das empresas, pois seria "talvez a última oportunidade de se construir uma grande operadora de capital predominantemente nacional" ("Convergência desafia o Congresso Nacional", Teletime, jul/2007). Segundo o deputado, tratava-se, igualmente, de uma oportunidade para fazer frente à concentração de mercado por Telmex e Telefônica.

A "oportunidade" referida pelo deputado dizia respeito a uma situação do mercado que ameaçava a permanência de capitais nacionais no setor, o que fez "ativar" o viés nacionalista do governo. Nesse momento, acionistas da BRT e Oi esboçavam planos de pulverizar capital em bolsa, cuja consequência seria dotar as empresas do estilo corporate, quando não há controladores. Se a Anatel permitisse a venda pulverizada, os acionistas da outras empresas estrangeiras poderiam entrar também na Oi. As indefinições fizeram ressurgir uma pergunta, por muitas vezes levantada pela frente de oposição, à privatização na década de 1990, qual seja, a de que papel o país teria no jogo mundial das telecomunicações. Ficou claro que o modelo da era FHC supunha certa inviabilidade de protagonismo nacional e a presença de capitais nacionais, enquanto controladores, se fez muito mais por consequências imprevistas e acidentais do que por apoio oficial, como foi mostrado anteriormente. Foi exatamente com base neste resíduo imprevisto que a tendência nacionalista do governo Lula pôde se ancorar.

Assim, antes mesmo da mudança da legislação, a Oi assinou contrato de compra da BRT em abril de 2008, finalizado em janeiro de 2009. Nesse ínterim, o governo colocou-se a mudar o PGO (Plano Geral de Outorgas), para permitir a venda. Depois, em tempo recorde, a Anatel concedeu sua anuência à negociação. Assim, grupos nacionais – Andrade Gutierrez e La Fonte – passaram a deter o controle da maior empresa de telefonia em receita e área de cobertura (fixa e celular). O governo, por um lado, ficou a cargo da mudança legal e, por outro, fez com que o BNDES financiasse a compra.

A atuação do BNDES revela os traços "neodesenvolvimentistas" que o governo Lula, principalmente em seu segundo mandato, tenta construir e é visível o aumento dos desembolsos relacionados ao setor de telecomunicações nos últimos anos. Mas é importante destacar que o BNDES não ficou afastado do setor na década de 1990, pois, em última instância, o órgão foi o grande responsável pelos programas de desenvolvimento, desde o financiamento das redes de telefonia celular, passando pela ativa participação no processo de venda das estatais, até o financiamento dos planos de metas que as concessionárias foram obrigadas a cumprir. Embora seja comum detectar declarações das empresas tecendo loas aos "elevados investimentos" trazidos pela iniciativa privada, não é possível descartar a ativa participação do banco estatal em inúmeros projetos.

Durante a década de 1980, reflexo das incertezas e indefinições da política de Estado para o setor, que impediam os empréstimos para estatais, os desembolsos tiveram expressão quase insignificante. Os recursos voltaram a crescer de forma substantiva em meados da década de 1990 e, a partir de 1998, apresentaram um aumento muito elevado em relação aos anos anteriores, por conta do financiamento das privatizações e das metas. Os desembolsos, em termos absolutos, mantiveram-se em níveis elevados no governo Lula e atingiram o ápice quando da participação do banco na compra da BrT pela Oi. Os valores relativos (A/B) na década de 2000 não aumentaram mais pelo enorme crescimento dos outros setores, diferentemente dos últimos anos da década de 1990, em que os recursos pós-privatização se destoavam no total de desembolsos, chegando, em 2000, a representar um quinto do total. A diferença do período do governo Lula é que os altos valores de desembolso em telecomunicações acompanharam o crescimento nos demais setores.

Desembolsos do BNDES:
Total e setor de telecomunicações (R$ milhões)[30]

Anos	Desembolsos para Telecom. (A)	Desembolso Total do BNDES (B)	A/B	Anos	Desembolsos para Telecom. (A)	Desembolso Total do BNDES (B)	A/B
1980	102,79	13.874,30	0,74%	2002	653,6	37.419,30	1,75%
1983	2,9	16.257,57	0,02%	2003	251,5	33.533,60	0,75%
1986	55,2	14.169,83	0,39%	2004	1.645,40	39.833,90	4,13%
1989	54,7	7.933,79	0,69%	2005	1.670,50	46.980,20	3,56%
1991	0,14	6.990,17	0,002%	2006	2.133,70	51.318	4,16%
1994	681,09	10.092,77	6,75%	2007	3.379,20	64.891,80	5,21%
1997	611,19	27.030,37	2,26%	2008	6.187,80	90.877,90	6,81%
1998	1.306,69	27.792,15	4,70%	2009	3.834,90	136.356,40	2,81%
1999	3.270,48	23.416,09	13,97%				
2000	5.323,24	26.282,80	20,25%				
2001	3.193,05	26.250,64	12,16%				

30 De 1980 a 2001, os valores se baseiam a preços de 2001. As fontes são Neves (2002) e BNDES (www.bndes.gov.br).

De fato, a operação Oi-BRT foi a maior de todas as ações do BNDES relativas a fusões e aquisições no período de 2008 a 2010, que foi marcado pelos vultosos investimentos feitos pelo banco como forma de contrabalançar os efeitos deletérios da crise econômica internacional. O banco concedeu R$ 2,5 bilhões para viabilizar a compra capitaneada pela Oi e depois emprestou mais R$ 5 bilhões para o financiamento da empresa. Por meio do BNDESPAR, o banco tem 16,89% do capital da Oi e fundos de pensão de estatais têm outros 28,4%.[31]

Talvez seja por este motivo o tom comedido das críticas, por parte dos empresários, ao PNBL lançado no último ano do governo Lula. Tal como reconhecido pela reportagem da revista *Teletime*, mesmo o termo "eleitoreiro" foi abandonado pelos representantes das operadoras, que optaram por uma postura mais amena na crítica ao plano de reativação da Telebrás, que vinha na esteira do PNBL. É importante lembrar que experiências distintas foram verificadas nesta primeira década do século XXI em países latino-americanos. A Venezuela marcou a inflexão mais importante, ao nacionalizar, em 2007, a CANTV (Compañia Anónima Teléfonos de Venezuela), cujo maior acionista era a empresa estadunidense Verizon. O exemplo venezuelano não deixa de proporcionar uma forma de comparação, inclusive aos próprios empresários.

> Em sua maioria ligadas a empresas multinacionais, as grandes teles que operam no Brasil sabem muito bem que o governo poderia estar pesando a mão ainda mais sobre o mercado de telecomunicações. "O governo está conduzindo isso de forma muito tranquila, para falar a verdade. Quem passou pelas intervenções na Bolívia ou na Venezuela sabe que o Brasil poderia pegar pesado com as empresas e não é isso que ele está fazendo. A verdade é que a gente não tem do que reclamar", desabafa um

---

[31] Composição que pode se alterar com as negociações com a Portugal Telecom. Os dados foram reunidos em "BNDES investiu em fusões e aquisições", 08/08/2010 e "Acordo Oi/PT pode custar R$ 1 bi ao governo", 19/07/2010, *Folha de S. Paulo*.

executivo que prefere se manter no anonimato ("Sintonia fina", Teletime, jan. fev/2010, p. 28).

O que é, então, o PNBL e como ele repercutiu? O projeto, em linhas gerais, denota a inflexão mais importante do modelo privatista no governo Lula, pois parte da constatação segundo a qual as empresas não foram capazes, mesmo com a regulação da agência estatal, de criar uma estrutura sequer mediana de banda larga no país. A insuficiência da oferta do serviço foi constatada por pesquisas que elencavam os altos preços, baixa qualidade e grande desigualdade regional.[32] A solução, discutida por grupos e órgãos internos do governo, como o de inclusão digital e a Secretaria de Assuntos Estratégicos (SAE),[33] seria construir uma rede própria, separada daquela que foi herdada e prolongada pelas operadoras privadas. A meta é levar a banda larga a 40 milhões de domicílios até 2014 e permitir um meio físico que possibilite competição entre as empresas, pois as redes existentes dificilmente são compartilhadas por operadoras distintas.[34]

A grande novidade trazida pelo PNBL foi a reativação da Telebrás. Antes da privatização, a Telebrás funcionava como *holding* do sistema. Após o leilão, mesmo não havendo mais o que gerir, ela acabou por não ser liquidada formalmente e transferiu funcionários para a Anatel. Presidida

---

[32] Os índices são analisados e comparados com o cenário internacional pelo IPEA (2010). Países de tradição liberal também têm recolocado o Estado de forma mais incisiva no setor, como EUA e Austrália, sendo que este último também criou uma estatal para serviços de banda larga no país.

[33] Segundo a reportagem "Sintonia fina" (Teletime, jan. fev/2010), o projeto era discutido a mais de cinco anos pela SAE sob comando do Coronel Oswaldo Oliva. A elaboração do plano foi feita pelo grupo de inclusão digital do governo, coordenado por Cezar Alvarez, assessor da Presidência.

[34] O mecanismo que desagrega a rede física da operadora principal, o que poderia criar alguma forma de competição, é chamado de *unbundling*. Ele está previsto desde a LGT e, em 2004, foi regulado pela Anatel. Contudo, por vários aspectos de "mercado", não ocorre na prática ("Repensando o unbundling", Teletime, abr/2010). O governo aproveitou-se da rede da falida empresa Eletronet para construir a futura rede estatal.

em 2010 por Rogério Santanna, a estatal remodelada já pediu o retorno de vários funcionários e passará por uma reestruturação. No momento, ainda não está exatamente definido, de forma específica, como atuará a empresa. A ideia geral é que o Estado gerenciará uma rede própria (um *backbone*), permitindo às empresas infraestrutura para chegar ao consumidor final, que somente será atendido pela própria estatal quando não houver interesse ou o serviço não for "adequado" (sendo que o critério de adequação ainda não foi definido).

A revitalização da Telebrás foi o ponto mais controverso do plano governamental, o que provocou diversas reações, principalmente pelo sentido político que carrega, isto é, por evidenciar os limites do modelo privatista, ainda que o tom do governo, pelo menos na forma, seja enfatizar o "futuro" e não questionar tanto o "passado". Na verdade, embora faça renascer uma estatal, ele pode também ser visto como uma espécie de complemento ao modelo privatista, já que o plano tem por metas "estimular a competição" no setor privado.

Foi esta a posição "para o futuro" de Eurenice Guerra, ministra da Casa Civil, que anunciou o plano como "projeto de desenvolvimento" ("A espera acabou", Teletime, maio/2010, p. 19) e de Rogério Santanna que, perguntado se a volta da Telebrás colocava em xeque a privatização, afirmou: "acho que não. É uma intervenção, de certa maneira, bastante suave. Outros países fizeram isso de forma muito mais dura" ("O novo player", Teletime, jun/2010, p. 12). Contudo, nos debates públicos, declarações mais contundentes são feitas em defesa do plano, principalmente por meio da alegação de resultados insuficientes num mercado cada vez mais concentrado. Este aspecto explica as críticas mais acentuadas que partiram da bancada do Democratas, partido que entrou com ação no STF alegando inconstitucionalidade do decreto presidencial que formou a nova Telebrás, pedido indeferido numa primeira avaliação do Supremo. Com intuito de situar as posições das frações da classe dominante no debate, vejamos as reações ao modelo das operadoras de telefonia e da indústria de telequipamentos.

A reação das operadoras de telefonia, tanto de capital estrangeiro quanto de nacional, é mais complexa do que aparenta. Embora, num primeiro momento, tenha havido contundentes declarações críticas de órgãos representativos, como a Abrafix (Associação Brasileira de Concessionárias de Serviço Telefônico Fixo Comutado), e ameaça de luta judicial, aos poucos o tom das opiniões foi sendo amenizado, o que não representa, logicamente, adesão ao projeto estatal. Ocorre que as operadoras parecem estar mais preocupadas em se preparar para o novo contexto, mesmo que mantenham posições conflitantes no discurso. Parece pesar bastante o clima de conciliação com o governo, cujo aporte no setor, via BNDES, contribui a este relacionamento. Como citado acima, existe uma noção de que o governo poderia "estar pesando muito mais a mão". Mas isto não evitou que mesmo os "parceiros" do Estado na Oi criticassem o projeto. A disputa, aqui, se coloca entre os apoiadores das variantes do "neodesenvolvimentismo" de Lula, ou seja, se os planos do Estado devem ser geridos por "campeões nacionais", como a Oi, ou por estatais.

Ainda em 2009, Luiz Eduardo Falco, presidente da Oi, afirmou: "Tem gente que até hoje não acredita que o sistema de telecomunicações foi privatizado, mas foi". Argumentou que a rede da Oi tem 200 mil km, contra 17 mil da rede estatal. "Se somarmos, são 217 mil km. Isso é melhor do que o governo fazer sozinho" (Teletime News, 15/10/2009). Otávio Azevedo, da Andrade Gutierrez, controladora da Oi, alegou que o país tinha "um compromisso histórico" com o modelo privado e que a volta da rede estatal seria "um retrocesso" ("Sócio da Oi critica proposta de criar rede estatal de banda larga", 15/10/2009).

Mas, no início de 2010, a relação era vista de forma diferente. A matéria "Sintonia fina", de Mariana Mazza (Teletime, jan. fev/2010), constatava que, de acordo com um seminário realizado em Brasília, as operadoras, "embora não endossem o plano do governo, também evitam a rota de colisão". A TIM assumiu um discurso conciliador, afirmando que são louváveis tentativas de parceria. Oi e Telefônica, que mais seriam afetadas, por terem condições monopólicas na telefonia fixa, apresentaram um "discurso mais calmo". A Oi mencionou questões técnicas em que o projeto teria que melhorar e o presidente Luiz Falco chegou a afirmar, neste momento, que "o governo tem um plano bacana. A gente vai contribuir". O presidente da Telefônica dizia que não há consenso "porque não seria correto dizer que havia dissenso".

A razão deste posicionamento crítico, mas limitado, pode ter duas explicações. Em primeiro lugar, é uma prova de que o próprio plano não modifica, em sua essência, o modelo privatista. Como afirma Marcos Dantas, pesquisador (PUC-RJ) e ex-membro de órgãos do governo Lula: o projeto "não deixa de ser um avanço, mas limitado (...) Trata-se de concluir o projeto iniciado no Governo FHC, de expandir as comunicações brasileiras através do estímulo à competição" (*Jornal da Ciência*, SBPC, 25/06/2010, p. 9).

A outra razão é mais sutil e dificilmente seria admitida pelas operadoras. O fato é que a ideia subjacente ao PBNL – de que "o mercado", do que jeito em que se encontra, não trouxe o desenvolvimento necessário ao país em vários critérios – é possível de ser estendida aos demais serviços de telefonia. O que as operadoras temem, e nesse caso afirmam explicitamente, é a perda de receita que pode vir de duas formas: da migração de todos os órgãos públicos para a Telebrás (o que elas estimavam em R$ 20 bi anuais) e da possibilidade de a Telebrás chegar ao consumidor final, a partir do alargamento do que se considera "adequado" no PNBL. E, principalmente no caso da Oi, era o momento de aderir ao PNBL como forma de garantir a tendência de "campeã nacional" e barrar o máximo possível o viés estatista.

A decisão, até o momento, é incerta. Desde fins de 2009, Lula barrou um modelo exclusivamente estatal de banda larga, orientando a equipe responsável a montar o PNBL de forma a permitir um modelo misto ("Lula barra modelo só estatal na banda larga", 06/12/2009). Contudo, como o plano não precisou de forma taxativa a atuação da Telebrás, há indecisões de como se efetivará a participação do setor privado. A tendência, ou pelo menos o que parece ser o maior apreço de Lula, é delegar a maior parte possível das funções à Oi ("Telebrás resiste à ofensiva para entregar plano de banda larga à Oi", 09/08/2010), o que explica a iniciativa mais conciliatória das operadoras.

Se parte da grande burguesia interna no setor apresenta certo receio ante o grau de estatismo do governo, a outra parte, composta pelos capitais lotados na indústria de telequipamentos, tem mostrado grande animação. Rogério Santanna lembrou na entrevista já citada que "a indústria está satisfeita" com o PNBL e a Telebrás, devido ao aumento do poder de compra do Estado e dos demais agentes. Isto se deve ao fato de o plano ter restabelecido preferência por tecnologia nacional, medida que foi praticamente abandonada desde a década de 1990. De acordo com mais um decreto presidencial, foi estabelecido que as empresas que usam tecnologia nacional poderão ser chamadas a cobrir ofertas vencedoras em licitações, se o valor das nacionais não passar de 10% da vencedora. Ainda há projetos para tirar o IPI dos produtos nacionais e linhas especiais de crédito no BNDES.

O PNBL fez com que a abalada "indústria nacional" esboçasse uma reação. Em maio de 2010, cerca de 10 empresas formaram o GENTE (Grupo de Empresas Nacionais de Tecnologia). A intenção é unir esforços para conseguir construir uma oferta sólida de produtos nacionais, o que tem sido bastante dificultado nos dias de hoje pelo domínio dos produtos chineses. Segundo estimativas do governo, levantadas pelo *Valor Econômico* ("Fabricantes nacionais formalizam consórcio", 10/05/2010), somente uma fatia de 2% a 4% de tudo o que foi construído de infra-estrutura de telecomunicações desde 1998 é de origem nacional. A expectativa das empresas nacionais do GENTE – como Padtec, Trópico, Icatel, AsGa, Gigacom, Datacom, Parks e CPQD – é mudar esse quadro. Na reportagem, o diretor-presidente da Trópico, Raul Antônio Del Fiol, relata: "O mundo todo tem projetos de expansão da banda larga e queremos seguir exemplos como o da Embraer para competir no exterior" e que o consórcio têm condições de fornecer 100% dos produtos necessários para as redes. Na sua avaliação, "surgimos com a primeira onda de redes feita pela Telebrás, mas, após a privatização do setor, as operadoras usaram poucos produtos nacionais. Agora, na terceira onda, as empresas que sobreviveram têm uma ótima oportunidade."

O BNDES, por sua vez, reconhece a limitação do setor nacional e a necessidade de fomento. Alan Fischler, diretor de infra-estrutura do banco estatal, aponta que o foco tem sido mesmo "as poucas empresas que restaram de tecnologia nacional (...). Temos condições de financiamento diferenciado para elas, ou seja, quem compra equipamento nacional tem o financiamento em melhores condições". E assinala também uma mudança importante do mercado, a saber, o fato de que várias empresas estrangeiras abandonaram a fabricação propriamente dita no Brasil de produtos para o setor, funcionando muito mais como importadoras:

> (...) hoje, o único grande fabricante de sistemas que produz no Brasil é a Ericsson; a Siemens, depois da fusão com a Nokia deixou de fabricar, a Alcatel-Lucent também não fabrica e as chinesas Huawei e ZTE também não. A Huawei ensaia alguma coisa, mas nada muito relevante também (ela fabrica modems para comunicação sem-fio). A Motorola fabrica basicamente celulares. O BNDES apoia obviamente as compras dos produtos fabricados no Brasil, mas, como não financiamos equipamentos importados, as alternativas são poucas. No caso dos fabricantes nacionais, que desenvolvem tecnologia do país, conseguimos manter competência e vanguarda tecnológica em poucos nichos de equipamentos. Nós temos algumas indústrias no segmento de comunicação óptica com competência semelhante a qualquer uma dessas globais, caso da Padtec, Datacom, Asga, Digitel, enfim, umas seis ou sete empresas; na parte de redes de nova geração temos a Trópico; na parte de comunicação via rádio, Asga e Digitel são fortes ("BNDES vai apoiar expansão da banda larga", 23/07/2009[35]).

Para se ter uma ideia do grau atingido pela desnacionalização, a tabela a seguir demonstra o aumento expressivo da chegada dos capitais estrangeiros a partir da década de 1990, fazendo com que, no início dos anos 2000, somente 4% do capital das empresas fosse controlado por agentes nacionais.

35 Disponível em http://www.telesintese.com.br.

Controle de capital das empresas brasileiras do setor de telequipamentos	1988	1997	2000	2003
Nacional	77%	42%	9%	4%
Estrangeiro	23%	58%	91%	96%

Fonte: Szapiro *apud* ABINEE (2009).

Mesmo na ABINEE, que congrega empresas de capitais diversos, uma breve análise de seus documentos denota a animação com as ações governamentais. Ao comentar os debates em torno da PITCE (Política Industrial, Tecnológica e de Comércio Exterior) do governo, o tom é claro: "é um marco para o ressurgimento de iniciativas governamentais no âmbito da política industrial. Após um extenso período em que falar de 'política industrial' era motivo de crítica ou 'galhofa', a PITCE estabelece o retorno da atenção governamental ao tema" (ABINEE, 2008). No mesmo documento, meses antes a divulgação oficial do PNBL, a ABINEE sugere um programa com características semelhantes. Ainda que cite que é preciso "reduzir os gastos da máquina pública", afirma:

> (...) um primeiro e fundamental passo para o estabelecimento dessas políticas seria a criação de um Plano de Estado para a aceleração da informatização do país e ubiquidade no acesso às informações e às telecomunicações. Dele derivariam todas as políticas. Programas lançados de forma descoordenada acabam por se tornar apenas uma lista de projetos e projeções de investimentos de médio e longo prazo, sem guardar orientação comum entre si (ABINEE, 2008, p. 39).

Embora a balança comercial total esteja superavitária, a grande preocupação de governo e indústrias refere-se ao impacto que é causado pela importação maciça de produtos do complexo eletrônico, para o qual contribui fortemente o déficit do segmento de telecomunicações.

Balança Comercial: Segmento de telecomunicações (em US$ milhão)

	2003	2004	2005	2006	2007	2008	2009
Importações	1574,2	2450	3055,4	4061,3	4906,9	7500,2	5040,1
Exportações	1553,6	1469,9	3188,4	3562,6	2739,9	2953,8	2080,8
Saldo	-20,2	-980,1	133	-498,7	-2167	-4546,4	-2959,3

Fonte: R. Gutierrez (2010)

Balança Comercial: Participação dos segmentos no saldo total do Complexo Eletrônico

	2003	2004	2005	2006	2007	2008	2009
Saldo do Complexo Eletrônico	-3.547,7	-6.014,4	-6.383,9	-8.851,2	-11.382,2	-16.161,2	-12.051,7
Informática	28,7%	19,8%	23,3%	24,5%	21,7%	20,0%	22,7%
Eletrônica de Consumo	1,8%	4,0%	8,4%	8,9%	8,0%	6,8%	8,0%
Telecomunicações	0,6%	16,3%	-2,1%	5,6%	19,0%	28,1%	24,6%
Componentes	69,0%	59,9%	70,3%	61,0%	51,4%	45,1%	44,8%

Fonte: R. Gutierrez (2010)

Embora seja importante reconhecer que o aumento do déficit do setor de eletrônicos deva-se ao aumento da demanda interna e à valorização do real ante o dólar, R. Gutierrez (2010, p. 25) afirma que esses dois fatores não explicam sozinhos o fenômeno, pois ele está "ancorado na deficiência estrutural do complexo eletrônico brasileiro, de quase ausência da fabricação de componentes eletrônicos". Como demonstram as tabelas, a participação do segmento de telecomunicações para o déficit do complexo tem aumentado expressivamente. O fator que tem diminuído o saldo negativo é a exportação de celulares, que corresponde à maior parte das exportações de produtos de telecomunicações no Brasil. Mesmo assim, não há equilíbrio possível, pois o país funciona mais como montador de kits de componentes eletrônicos do que desenvolvedor de tecnologias, de forma que as importações serão também sempre altas. Para Gutierrez (2010, p. 29), a desindustrialização no setor de telecomunicações é preocupante, pois envolve produtos com elevada densidade tecnológica que causam alto impacto na balança comercial.

Considerações finais:
a volta do projeto "Brasil Telecom"?

O quadro que traçamos – sobre as características do setor de telecomunicações no governo Lula e a posição das frações da classe dominante – nos levou a indagar se o projeto "Brasil Telecom", feito pela oposição à privatização na era FHC, está ressurgindo no contexto atual, o que significa, na verdade, indagar se há um modelo diferenciado daquele que foi projetado na década passada. Há um processo em curso, em relação ao qual, senão é possível indicar conclusões finais, algumas tendências podem ser percebidas.

Antes, é preciso destacar que as visões anti-privatistas não eram hegemônicas no Ministério das Comunicações, órgão que serviu de barganha política às alianças do PT com os partidos da base, principalmente PMDB. Esse é um dos motivos que explica o fato de projetos de grande magnitude serem lançados somente no fim do segundo mandato.

Isto posto, o PNBL e a reativação da Telebrás se aproximam do projeto "Brasil Telecom" em dois importantes sentidos. Primeiro, porque ambos reativam o poder de compra do Estado que faz ressurgir, quase que das cinzas, a indústria nacional. O país, embora comporte grandes empresas, funciona mais como montador de pacotes desenvolvidos no exterior, o que gera sérios problemas comerciais e para acumulação interna. Em segundo lugar, o PNBL e a Telebrás atingem certos pressupostos do modelo privatista, ao reconhecer que o mercado não foi capaz de prover, com qualidade e de forma universal, serviços públicos.

Porém, e este é o lado que distancia as iniciativas do "Brasil Telecom", predomina no governo a tese de que serviços públicos podem ser executados sim pela iniciativa privada e que o regime de "concorrência" é aplicável a todos as áreas de serviço, ainda que uma estatal se faça presente. Daí o esforço para fazer da Oi a "campeã nacional" de telecomunicações, com vistas até mesmo à internacionalização de seu mercado.

Foi com base nestas premissas que o governo se envolveu nas recentes negociações entre Telefônica, Portugal Telecom (PT) e Oi. A Telefônica precisa de qualquer modo controlar exclusivamente a Vivo, que dividia com a PT, para conseguir oferecer serviços em pacote (telefonia fixa, móvel e banda larga). Acuada, a PT resistia, pois perderia seu mais importante mercado no exterior.[36] A solução, costurada por Lula, foi fazer com que a PT, após vender sua parte na Vivo, entrasse na Oi que, por sua vez, obteria ações da empresa portuguesa.

Em suma, esta negociação pode tanto criar um caminho de crescimento e internacionalização da Oi, quanto iniciar seu ciclo de desnacionalização, o que, então, enterraria, de vez, o projeto Brasil Telecom. Seguir os passos das oscilações da burguesia interna nos leva a considerar que pouca coisa está definida. Ainda mais porque o projeto "neodesenvolvimentista" de Lula, justamente por buscar a conciliação, apoia-se em interesses distintos, até mesmo, opostos (de classes dominantes e dominadas). Se existem setores que lutam há anos por uma comunicação pública e livre, as empresas não deixam de reivindicar posturas mais ativas para reduzir os custos da força de trabalho e o "peso dos impostos". E como a retomada do desenvolvimento não necessariamente significa a satisfação de interesses básicos das classes populares (Almeida, 2006), saber até que ponto esses interesses irão se manter unidos torna-se o grande desafio das análises futuras.

---

36 O governo português chegou a usar o poder de veto que tinha, por deter a *golden share* da empresa. Porém, a União Europeia não mais admite este tipo de ação e ameaçou o governo.

Classe média e altermundialismo: uma análise do Fórum Social Mundial e da ATTAC

Ana Elisa Corrêa e Santiane Arias

Propomos aqui uma reflexão acerca das relações existentes entre a composição de classe e a atuação política do movimento altermundialista. Este propósito nos coloca alguns problemas, os quais devem ser esclarecidos de imediato, visto que tal abordagem não é hegemônica na literatura sobre altermundialismo. Segundo alguns autores, este fato se deveria: a) à heterogeneidade social do movimento; b) à diversidade de causas defendidas; c) a sua organização horizontal; d) à ausência de um programa político que permita tal associação. O trabalho que realizamos, no entanto, aconselha cautela na consideração desses indicadores e aponta para a importância da categoria classe social para a compreensão da questão política colocada pelo altermundialismo.

O "movimento por outra globalização" surgiu no fim da década de 1990, reunindo intelectuais e organizações em torno da crítica ao neoliberalismo; ele cresceu e ganhou visibilidade a partir das manifestações de protesto realizadas durante os encontros do Fundo Monetário Internacional (FMI), Banco Mundial e Organização Mundial do Comércio (OMC) – entre as quais a frequentemente citada Batalha de Seattle, em 1999.[1] Inicialmente reconhecido por sua capacidade de contestação, seus

---

1   Muitos são os nomes usados para se referir ao altermundialismo: Povo de Seattlle, Povo de Porto Alegre, Anticorporação, Antidavos, Movimento dos movimentos, Movimento de resistência global etc. O mais utilizado, sobretudo pela imprensa, é antiglobalização. Mas, o grupo adverte: o movimento não é contrário à globalização

militantes vêm se reunido há 10 anos no Fórum Social Mundial (FSM) com o objetivo de construir alternativas, a partir de seu lema: um outro mundo é possível!

Se, por um lado, as novidades apregoadas pelo fenômeno altermundial nos inspira prudência, por outro, é inegável que o seu surgimento trouxe consigo novos problemas, exigindo um extenso trabalho coletivo de pesquisa.

Diante dessa necessidade e dos desafios colocados pela nossa hipótese, isto é, a da estreita relação entre a ação política altermundialista e a sua composição de classe média, optamos neste texto por privilegiar dois dos pontos acima expostos: a suposta heterogeneidade do movimento e a recusa de um programa político unificado. Estes pontos serão problematizados a partir da análise do FSM e da Associação pela Tributação das Transações Financeiras em Apoio ao Cidadão (ATTAC). O primeiro agrega diferentes movimentos e entidades que compõem o altermundialismo e o segundo é uma de suas organizações mais expressivas. A análise cruzada destas duas formas de atuação apresenta questões interessantes e oferece pistas importantes para entendermos as diferenças do movimento na América do Sul e na Europa; isto porque, várias das edições do FSM ocorreram no Brasil, contando com a participação significativa de sul-americanos, ao passo que a ATTAC é uma organização fundamentalmente europeia.

A composição de classe do Fórum Social Mundial

Para desenvolvermos uma análise consistente do FSM buscamos identificar os principais debates entre as entidades que compõem o Comitê Organizador (CO) de suas edições brasileiras e, de forma mais geral, as posições de intelectuais e representantes que compõem o Comitê Internacional (CI). Segundo afirmações presentes no site oficial do Fórum,[2] esses Comitês teriam a função de definir questões operacionais

---

em si, mas apenas a sua forma neoliberal. O termo mais condizente, segundo seus integrantes, é, então, *altermundialiste* – termo francês que expressa: "por uma outra mundialização".

[2] www.forumsocialmundial.org.br

e estruturais para a realização do evento, além de estabelecer o rumo e as linhas gerais dos encontros. Não apenas o CI, mas algumas entidades presentes no CO têm forte influência na definição dos princípios e debates políticos que norteiam o FSM. Essa influência é ainda mais forte em relação ao Comitê Organizador brasileiro, já que este foi responsável por cinco dos oito Fóruns centralizados que ocorreram.[3] Nas três primeiras edições, o CO brasileiro foi composto por: MST, CUT, ABONG, Cives, CBJP, ATTAC, Ibase, CJG (Leite, 2003).

Como podemos observar, nem todos são representantes das classes populares. Isso ocorre porque além destas, muitos setores das classes médias foram afetados pelas políticas neoliberais – tais como as privatizações e a reestruturação produtiva do setor privado e público que levaram à redução de postos de trabalho, bem como de direitos trabalhistas. Essa classe média assalariada, tendencialmente pauperizada, se aproximará no espaço do Fórum Social Mundial de movimentos populares e sindicais como a CUT, o MST e a Via Campesina, para manifestar-se contra a desumanização crescente e a destruição das bases do bem-estar que antes gozava. Assim, muitos movimentos surgiram com o propósito específico de combater o neoliberalismo; outros, que haviam perdido força, retomaram suas bandeiras de luta, dando-lhes novos significados de forma a combater esse modelo, como é o caso de alguns "movimentos de identidade", entre os quais os indígenas. Novas experiências de trabalho e organização social assumiram um espaço central no evento, como a Economia Solidária. ONGs que oferecem os mais variados serviços e atividades, com ideologias e propostas diversas, uniram-se às discussões sobre gênero, meio ambiente, pobreza e distribuição de renda.

Se a presença de entidades representantes das classes populares é um fato, a marcante e massiva participação de ONGs, movimentos e indivíduos de classes médias também o é. Com relação à atuação nos Fóruns, de um modo geral, vêm se destacando a presença de grupos sociais que dificilmente seriam associados à classe operária ou ao campesinato. Nesse

---

3   Informações sobre os Comitês que promovem a organização do Fórum podem ser encontradas em Santos (2005).

sentido, informações sobre a composição social dos encontros altermundiais podem servir como um primeiro indicativo da sua natureza de classe.

No Fórum de 2003, 73,4% dos participantes tinham cursado o ensino superior, mesmo que incompleto. Quanto à ocupação, 43,4 % eram funcionários de instituição privada/ONG e 36% funcionários públicos, sendo que 79,5% trabalhavam no setor de serviços. Em 2005, os dados se mantêm. Essa tendência à alta escolarização e à ocupação pública, particularmente do setor de serviços, repete-se e é ainda mais gritante no FSM de Belém, realizado em 2009. Nessa ocasião, 81% dos participantes possuíam o grau superior completo ou em curso; entre brasileiros, mais de um terço eram estudantes; mais de 20%, de funcionários públicos ou de empresas públicas; entre os estrangeiros a maior concentração se dava na categoria "empregado em entidade sem fins lucrativos". Esses números se tornam mais impactantes se considerada a realidade sócio-cultural brasileira.

A tese central a qual desenvolveremos adiante, primeiramente quanto ao Fórum Social Mundial e em seguida quanto à ATTAC, é de que ambas as formas de organização política estão intimamente ligadas à sua composição. Iniciando pelo FSM, abordaremos um debate que tem cada vez mais ocupado o evento: elaborar ou não um documento que estabeleça as prioridades da luta altermundial? Normalmente considerada uma questão organizacional, este é um ponto com importantes desdobramentos políticos, isto porque o modo de funcionamento interno estabelece, entre outras coisas, quem decide. O fato da ATTAC possuir um estatuto, uma plataforma e outros textos políticos lançados em nome da associação permite-nos a análise de suas principais propostas, a partir das quais poderemos constatar se a sub-representação numérica das classes populares, fato que se estende a esta organização, interfere na construção do seu projeto político.

O princípio da não deliberação no FSM: pluralidade X unidade

Nos dez anos de Fórum Social Mundial alguns pontos se tornaram motivo de divergências e polêmicas. As discordâncias começam a ser mais visíveis em 2005, tomando corpo em 2007 quando a edição de Nairóbi reúne menos da metade dos participantes presentes no Fórum anterior. Nesse momento, várias críticas foram levantadas. Alguns afirmaram que o FSM já tinha cumprido seu papel e que chegara o momento de sair de cena, de forma que a ação direta contra o neoliberalismo passasse a ser o foco do altermundialismo. Mas a questão central apontava para a necessidade de mudanças na forma de organização, de modo que fossem empreendidas ações concretas contra o capitalismo neoliberal e na construção do "outro mundo possível" tantas vezes anunciado. O Fórum de 2009, em Belém, realizado após o advento da crise econômica mundial, interrompe essa tendência desmobilizadora reunindo cerca de 130.000 participantes. Mas o debate sobre o futuro do evento permanece. O cerne da polêmica, detidamente discutida em Porto Alegre no Fórum de 2010, é o 6º item da Carta de Princípios que impede qualquer espécie de deliberação em nome do FSM. Vejamos:

> Os encontros do Fórum Social Mundial não têm caráter deliberativo enquanto Fórum Social Mundial. Ninguém estará, portanto autorizado a exprimir, em nome do Fórum, em qualquer de suas edições, posições que pretenderiam ser de todos os seus/suas participantes. Os participantes não devem ser chamados a tomar decisões, por voto ou aclamação, enquanto conjunto de participantes do Fórum, sobre declarações ou propostas de ação que os engajem a todos ou à sua maioria e que se proponham a ser tomadas de posição do Fórum enquanto Fórum. Ele não se constitui portanto em instancia de poder, a ser disputado pelos participantes de seus encontros, nem pretende se constituir em única alternativa de articulação e ação das entidades e movimentos que dele participem.

No Seminário Internacional 10 anos[4] do FSM, que ocorreu em janeiro de 2010, em Porto Alegre-RS, David Harvey agrupou em cinco grupos os principais participantes do encontro. São eles: 1) ONGS; 2) economia solidária; 3) novo estatismo e partidarismo de esquerda; 4) movimentos sociais de necessidade; 5) movimentos sociais de identidade. A esses grupos elencados por Harvey, acrescentamos mais um: 6) o empreendedorismo social. Todas essas instâncias estão representadas no Comitê Organizador e no Comitê Internacional do Fórum.

Em relação ao debate que pretendemos analisar, reunimos esses grupos em duas posições divergentes quanto ao tema em discussão: o caráter não deliberativo do FSM. Defendendo a manutenção da estrutura atual, encontramos as ONGS representadas pela ABONG, o Empreendedorismo Social presente através da Cives, parte significativa das organizações da Economia Solidária e parte dos Movimentos de Identidade, como a Articulação Feminista Marcosul. Identificamos nesse grupo algumas tendências políticas gerais muito próximas a da autodenominada "nova esquerda" – defesa da diversidade cultural, transformação social a partir do cotidiano, tendências pacifistas, discurso espontaneísta. Suas críticas se direcionam contra a hierarquia, a disciplina e qualquer espécie de centralização. É interessante notar que as análises acadêmicas e mesmo militantes de intelectuais próximos a esses grupos negam o caráter de classe média predominante no Fórum Social Mundial, afirmando que este é uma expressão pluriclassista.

Em defesa da mudança do caráter do evento através da definição de algumas deliberações comuns em nome do Fórum, encontramos os movimentos sociais de necessidade como o MST, aqueles que defendem um estatismo de esquerda (com base popular de massa) como é o caso da CUT e mesmo de alguns intelectuais da ATTAC. Estas organizações clamam pela

---

4   As análises que seguirão do FSM partem dos textos publicados na *Revista Fórum*, nos artigos publicados no blog oficial do "Seminário Internacional 10 anos: Desafios e propostas para um outro mundo possível", que ocorreu em janeiro de 2010 no Fórum Temático de Porto Alegre, e de nossa participação como observadoras nos Fóruns de 2009 e 2010.

necessidade da criação de um programa unificado de luta, apesar de considerarem a importância da diversidade e heterogeneidade do altermundialismo. Segundo eles, o outro mundo possível só ocorrerá com os movimentos de massa ocupando as ruas e lutando por mudanças estruturais.

Assim, a polêmica vem à tona quando se busca definir a função do FSM. Francisco Whitaker, membro da CBJP, é um dos mais fortes defensores da estrutura atual. Para ele, o Fórum seria fundamentalmente um espaço de encontro e troca de ideias. A força desse espaço seria sua pluralidade, sua multiplicidade de grupos e sua variedade de posições políticas. Nesse sentido, o FSM cumpriria um papel de "praça pública", proporcionando o debate e a troca de experiências. A deliberação, segundo esta visão, acabaria por desrespeitar essa pluralidade. Nas palavras de Whitaker:

> É inteiramente contrário ao que seria o "outro mundo", pelo qual lutamos, que nos encontros do FSM todos pensassem o mesmo, conhecessem somente o mesmo, neles entrassem iguais e saíssem ainda mais iguais, desejo que muitas vezes penetra até em partidos políticos e movimentos que lutam pela mudança. Criando "praças" que não se fechem com participantes que rezem todos a mesma cartilha, o FSM permite a expansão do movimento altermundialista. (Whitaker, 2010)

O caráter de praça pública, igualmente aberta à participação de todos, deve ser questionado. Afinal, estão presentes na Carta de Princípios restrições à participação de partidos políticos. Assim também seu caráter democrático deve ser relativizado, pois nem todos os participantes podem decidir sobre seu funcionamento. Apenas um pequeno grupo de representantes de uma parcela dos movimentos participa dos comitês responsáveis pela organização e diretrizes do evento.

Em apoio à posição de Francisco Whitaker, a ABONG publicou um texto em seu sítio na Internet. De acordo com o texto, as críticas ao atual funcionamento do Fórum representariam um retrocesso na construção até agora fundada nessa nova cultura da pluralidade. Vejamos:

> Após uma década de ação mobilizatória, percebe-se cada vez mais a tentativa dos partidos políticos e de algumas organizações/movimentos de intervirem no Fórum Social Mundial, para que o mesmo se direcione pela construção de uma plataforma de luta e de temas nos moldes da esquerda tradicional. Ora, se observarmos as experiências organizativas que resultaram na realização do Fórum Social Mundial, perceberemos que a articulação da sociedade civil difere daquela dos partidos políticos e dos governos, pois vem se construindo em redes não hierarquizadas, sem líderes nem pirâmides (embora ainda haja experiências e tentativas nesse sentido), de distribuição de responsabilidades – ultrapassando, pois, os limites da democracia representativa e suas "delegações" de poder, bem como suas lutas internas. (ABONG)

Curioso notar como a organização em redes é um contraposto a qualquer espécie de classificação de prioridades na luta política. Todos seriam iguais, todas as lutas teriam a mesma relevância e urgência. Os diversos grupos, apesar das discordâncias, poderiam continuar atuando, mantendo o diálogo com sua rede plural e multifacetada. Não é negada a importância da unidade, mas é negado qualquer instrumento ou forma concreta que incentive de fato a criação de uma posição política minimamente compartilhada pelas organizações presentes no FSM, pois, quando não há uma proposta de definição de prioridades, não é necessário o debate sobre as diferentes reivindicações dos grupos aí presentes, o que poderia gerar uma compreensão das lutas entre os movimentos. Oded Grajew, da Cives, eleva ao máximo essa fragmentação das lutas:

> A promoção da diversidade, um dos pilares da carta de princípios, fez cada organização e cada cidadão se sentir valorizado. Ninguém é mais importante que o outro, nenhum tema tem a precedência. O "outro mundo possível", onde a solidariedade e a cooperação superam a competição e o conflito, foi aplicado na nossa metodologia. (Grajew, 2010)

Ainda segundo Grajew, o fórum não pode se colocar como o promotor da unidade. A unificação dos movimentos deve ocorrer de maneira espontânea.

Já os que defendem a necessidade de mudança o fazem apoiando-se no que consideram uma conjuntura de avanço da reação. Atestam que os governos de direita e as grandes empresas capitalistas ainda mantêm sua hegemonia. De modo que seria urgente a construção de um movimento de massas que pressionasse os governos. Como afirmou João Pedro Stédile do MST, em entrevista à mídia local, o Fórum seria um espaço de reflexão e preparação para a construção do outro mundo. Mas esse outro mundo só poderia ser de fato construído através da ocupação das ruas, da luta de massas. Assim, o FSM não apenas deveria preparar a ação direta no âmbito do altermundialismo, mas construir a unidade entre as diferentes formas de luta que o frequentam, sejam estas organizações filantrópicas organizadas por intelectuais de classe média, ou movimentos sociais de massa.

> Stédile afirmou que apesar da crise financeira internacional, que pôs em xeque alguns pilares do modelo neoliberal, o mundo ainda vive sob a "hegemonia do capital", com maioria de governos de direita e domínio ideológico dos meios de comunicação. 'Eles [capitalistas] vão adequando seus métodos, se apropriando de outros modelos. Eles eram contra o Estado, mas agora na crise usaram o Estado para salvar os caixas dos bancos e das empresas'. (...) 'O Fórum é uma espécie de concentração, de vestiário, mas não é lá que se decide o jogo. O jogo se decide dentro do campo, com a coordenação de forças e a participação popular. (Lourenço, 2010)

É bem verdade que a Assembleia dos Movimentos Sociais costuma se reunir ao fim do evento na tentativa de construir uma agenda comum. Contudo, é ainda uma atividade frágil, de um grupo específico de movimentos, que está longe de ter a força sobre o evento como um todo. Além disso, a multiplicidade de conclusões dos debates é tão grande que as organizações não têm condições reais de conhecer as questões defendidas pelos que aí debateram. Segundo Cassen, membro da ATTAC, o FSM emitiria centenas de propostas (chegando a mais de 350 apenas no Fórum de 2005) sem qualquer espécie de hierarquia ou articulação entre elas.

> Todo lo que derogaba el principio de "horizontalidad" (las propuestas tienen un estatus equivalente) y todo lo que aparecía como "vertical" (por ejemplo, una plataforma que unificara diferentes propuestas complementarias pero dispersas), fue combatido por una fracción influyente de los organizadores brasileños de los Foros y dirigentes de ONG que veían allí el inicio de un programa político... y hasta el intento de creación de una nueva Internacional! (Cassen, 2010)

O autor citado afirma também que essa fórmula teria sido de início muito positiva por ter permitido que as linhas políticas mais diversas como ONGS assistencialistas, o sindicalismo reformista e os movimentos feministas, indígenas ecologistas caminhassem em conjunto com movimentos com propostas mais radicais para lutarem contra o neoliberalismo. Contudo, o momento atual seria outro, exigindo a construção de uma agenda unificada. A dificuldade em se aceitar a busca pela unidade está fundada, em realidade, em diferenças políticas que muitos movimentos não desejam superar. Boaventura de Souza Santos pontua:

> Acresce que desde o início, uma das forças do FSM (a diversidade dos movimentos e lutas que acolheu e o espírito de inclusividade com que o fez) foi também uma das suas fraquezas. Tratou-se de uma ambiguidade originária na relação entre movimentos que se opõem ao capitalismo, em geral, e movimentos que se opõem a este capitalismo predador e antirreformista (o neoliberalismo), entre movimentos que acreditam na ideia de progresso da modernidade ocidental e os que a rejeitam, entre movimentos que pensam que o racismo e o sexismo são lutas secundárias e os que se recusam a estabelecer hierarquias abstratas entre as lutas etc. (Santos, 2010)

A questão que se coloca é se a existência de diferenças levaria a impossibilidade de se construir afinidades. A negação da unidade esconde, por vezes, uma atitude extremamente antidemocrática por trás de um democratismo absoluto. É definido de maneira centralizada pelo Comitê Internacional que nada pode ser definido, que não pode haver deliberação, porque qualquer definição seria antidemocrática. Porém, a própria atitude de vetar a possibilidade de deliberação é um exemplo explícito de autoritarismo por parte daqueles que defendem a manutenção das regras como estão. Boaventura define essa posição como "certo anti-intelectualismo combinado com algum faccionalismo disfarçado de antifaccionalismo". Isso causaria um desperdício de energia de massa crítica e propositiva que ao fim de cada fórum parece esvanecer-se:

> O terceiro tema é o dos sujeitos políticos que levarão por diante as lutas pela paz, pela democracia e por um modelo social, cultural e econômico pós-capitalista. Este é o tema que obriga o FSM a refletir sobre si próprio. Como não desperdiçar a energia transformadora que ele gerou? Como construir alianças transcontinentais entre movimentos e partidos políticos convergindo em agendas realistas e portadoras de novas hegemonias? Como tornar o mundo menos confortável para o capitalismo predador? Talvez o FSM precise de criar o seu próprio FSM. (Santos, 2010)

A composição de classe e a organização política

A característica oscilante das classes médias é de grande importância para a organização e desenvolvimento das lutas e disputas entre a burguesia e o proletariado. Neste sentido, é relevante, por exemplo, compreender que os movimentos compostos pelas classes médias ascenderam e se fortaleceram no momento posterior a um recuo expressivo dos movimentos populares, em especial do sindicalismo operário e dos partidos comunistas. Eles trouxeram consigo outras temáticas e novas reivindicações como o reconhecimento da identidade, a preservação ambiental, a contracultura, a paz mundial etc. Ao longo das últimas décadas se somaram a esses movimentos organizações não-governamentais que, muitas vezes, ocuparam os espaços vazios deixados pelo progressivo desmonte neoliberal dos Estados de bem-estar ou pela negligência dos estados desenvolvimentistas autoritários quanto às políticas sociais. Também aí se somam as novas experiências de organização do trabalho que se uniram através de redes de cooperativas populares.

O Fórum promove a reunião de todas essas tendências, e ainda outras com representatividade menor, como os movimentos sociais de necessidade (de luta por terra e moradia) e o movimento sindical. Não é de se estranhar que em meio a um arco tão amplo e diferenciado de manifestações sociais que os conflitos, cedo ou tarde, emergissem. Porém, o que buscamos indicar é que esses conflitos, manifestos no funcionamento do FSM, e cujo ponto emblemático é a questão da deliberação, também têm relação com a composição de classe dessas entidades.

Os movimentos, cuja base é formada por setores precarizados das classes populares, tendem a apresentar posicionamentos políticos que buscam a mobilização das massas para a conquista de bens e serviços que garantam uma vida digna a essa população. Esse seria o caso do MST e da CUT. Mas podemos nos perguntar: e a ATTAC? E o Fórum Mundial de Alternativas? E a Marcha Mundial das Mulheres? Todos esses movimentos, que também defendem que o Fórum passe a ser deliberativo para garantir sua combatividade, são, em maior ou menor grau, compostos por setores das classes médias. Mas por que então defenderiam bandeiras de movimentos de base popular?

Buscamos evitar uma visão determinista da questão de classe. Há uma série de circunstâncias históricas que definem o posicionamento de determinada grupo social. A compreensão dessas circunstâncias impede-nos de naturalizar uma condição construída socialmente, bem como bradar o fim da história e da luta de classes. Os movimentos acima citados, embora compostos majoritariamente por membros das classes médias, foram formados e são ainda hoje ativos, sobretudo, em países desenvolvidos, particularmente a Europa.

É necessário acercar-nos da trajetória das classes médias, atentando para as mudanças internas do grupo, mas igualmente para suas relações com as outras classes, o que leva certamente a formas diferenciadas de mobilização política. Uma análise suficientemente detalhada, infelizmente, não cabe no âmbito deste artigo. Contudo, pretendemos ainda assim indicar alguns pontos que consideramos interessantes para essa reflexão, ainda de que maneira preliminar.

As classes médias têm sofrido diferentemente as consequências do capitalismo neoliberal. Alguns setores ligados diretamente ao empresariado exercendo cargos gerenciais na administração, engenharia e finanças, setores funcionais para as corporações multinacionais como a publicidade e o marketing, ou mesmo economistas e administradores que irão atuar diretamente no setor financeiro, entre outros, podem ter sido beneficiados com a política neoliberal. Enquanto setores ligados ao funcionalismo público, às artes e ciências humanas, não diretamente funcionais ao mercado competitivo, as profissões antes autônomas que se tornaram dependentes e assalariadas, entre outras, sofrem constantemente com o desemprego ou a progressiva precarização das condições de trabalho. Em Pochmann (2006), por mais que a divisão feita pelo o autor não capte as possíveis desigualdades dos diversos setores presentes nas classes médias, é apresentado através de análises estatísticas a queda tendencial das condições de vida desses setores sociais.

> Em nossos dias, a classe média sofre com as transformações da economia brasileira e tem dificuldades de reproduzir-se. Seus empregos tradicionais se esvaem, sua posição é questionada a todo o momento e as novidades tecnológicas a obrigam a malabarismos de adaptação impensáveis há poucas décadas atrás (Pochmann *et al.*, 2006, p. 41).

Dessa maneira, se considerarmos que as classes médias presentes no altermundialismo se encontram entre seus setores mais prejudicados pelo capitalismo neoliberal, ainda assim é necessário avaliarmos as diferenças ali encontradas – diferenças formadas pela renda, escolaridade e ocupação, mas também pelos aspectos culturais, e que influenciam no posicionamento político. Dessa maneira, enquanto algumas organizações compostas em grande parte pelas classes médias tomam posições mais radicais, se aproximando dos movimentos de base popular, outras tendem, ao contrário, a defender propostas mais atenuadas, buscando uma mudança cautelosa. Muitos dos movimentos ligados às classes médias, por mais que sofram com o neoliberalismo, não vêem necessidade de subverter radicalmente e imediatamente as estruturas sociais, principalmente se para isso tiverem que sacrificar algumas conquistas e distinções proporcionadas pela ideologia meritocrática.

A citação a seguir, extraída do livro *O Dezoito Brumário* de Luís Bonaparte, dentro de seus limites históricos permite-nos traçar um paralelo:

> O caráter peculiar da social-democracia resume-se no fato de exigir instituições democrático-republicanas como meio não de acabar com dois extremos, capital e trabalho assalariado, mas de enfraquecer seu antagonismo e transformá-lo em harmonia. Por mais diferentes que sejam as medidas propostas para alcançar esse objetivo, por mais que sejam enfeitadas com concepções mais ou menos revolucionárias, o conteúdo permanece o mesmo. Esse conteúdo é a transformação da sociedade por um processo democrático, porém uma transformação dentro dos limites da pequena-burguesia. (Marx, 1980: 226)

Deste modo, por trás do dilema da deliberação, o que está em jogo são as alianças possíveis e desejáveis entre os grupos presentes no altermundialismo. Para compreendermos o eixo político de um debate aparentemente tão pautado na trama das organizações é importante identificar quem são os sujeitos aí presentes, o que os motiva, seus reais limites e potencialidades.

O surgimento da ATTAC
e a trajetória das classes médias francesas

Os dados sobre a composição do FSM impressionam pela homogeneidade social. O mesmo ocorre com o Fórum Social Europeu (FSE) realizado na França, em 2003. Entre os entrevistados, 69,2% possuíam diploma do superior, a título de comparação, entre os franceses de 30 anos (média de idade dos militantes do encontro), esse número não ultrapassa 30%. Quanto à situação profissional: 46,1% eram funcionários públicos; 21,6% do setor privado; 6,2% independentes e profissionais liberais; 20% do setor associativo. O emprego público representa 10% da população francesa. As entrevistas indicam ainda que aproximadamente 42% são quadros de intelectuais; 0,4% agricultores e artesãos; 1,5% comerciantes e chefes de empresa; 8,4% de empregados; 2,2% de operários. Segundo o Instituto Nacional de Estatística e Estudos Econômicos (INSEE), as últimas duas categorias representavam 56,5% da população ativa francesa em 2002 (Gobille; Uysal, 2005).

Os dados acima atestam a super-representação de quadros e intelectuais do setor público no FSE francês, de modo que o perfil dos participantes dos fóruns europeus não se diferencia daquele encontrado nos fóruns mundiais, seja na sua edição latino-americana, como africana ou asiática.

Adentremos agora, então, em uma das mais destacadas organizações altermundialistas, qual seja: a Associação pela Tributação das Transações Financeiras para Auxílio dos Cidadãos.

A ATTAC foi criada na França em 1998. O seu projeto nasceu de um editorial escrito por Ignácio Ramonet, em dezembro de 1997, no jornal *Le monde diplomatique*.[5] No final desse artigo, Ramonet conclui: por que não criar, em escala planetária, uma organização não governamental em defesa de uma taxa Tobin com o objetivo de ajudar os cidadãos? Essa pergunta simples recebeu à época milhares de respostas. O debate caiu em sólo tão fértil, que ainda no primeiro semestre de 1998 os membros fundadores realizaram uma assembleia, na qual adotaram a plataforma e o estatuto

---

5 Ramonet, Ignacio, *Désarmer les marches*. Le monde diplomatique, 01/12/1997.

da ATTAC. Em apenas um ano, 10 mil adesões; quatro anos mais tarde a associação contava com algo em torno de 30 mil membros (Wintrebert, 2007). Um número nada desprezível, sobretudo quando se tem em conta toda uma extensa e alarmante discussão sobre o declínio da militância, crise ideológica, crescimento do individualismo, recuo do papel da política e fim das alternativas.

A taxa funcionaria como um "imposto mundial de solidariedade" a ser cobrado sobre a movimentação do capital no mercado financeiro (Ramonet, 1997). O dinheiro arrecadado deveria servir para financiar políticas de recuperação econômica e lutas contra a pobreza, bem como políticas emergenciais de "interesse coletivo em escala mundial" (Chesnais, 1999). O valor do imposto varia entre 1% a 0,1%, segundo as diferentes propostas. A porcentagem é mínima, mas considerado o volume das transações a quantia arrecadada é significativa. Dados da associação estimam uma arrecadação de 100 bilhões de dólares anuais, sendo o imposto fixado em termos mais baixos de 0,05% (ATTAC, 2002), enquanto que a soma gerada por uma taxa fixada em 0,1% seria suficiente para erradicar a pobreza extrema no mundo (ATTAC, 1998).

É interessante e importante observar que a criação de um tributo sobre as transações financeiras é, no entanto, um projeto anterior à ATTAC e ao artigo de Ramonet. Em 1978, James Tobin, professor na Universidade de Yale, Estados Unidos, publicou um artigo no qual propunha a criação de uma taxa a ser cobrada sobre as transações de câmbio. As suas primeiras indicações sobre o tema são, todavia, ainda mais antigas, datadas do ano de 1972, um pouco depois da dissolução do sistema de taxas de câmbio fixas, criado pelo tratado de Bretton Woods. Em 1981, o professor Tobin ganhou o prêmio Nobel de economia. O seu trabalho, entretanto, pouco repercutiu fora do meio acadêmico, até o surgimento da ATTAC, que fez da taxa Tobin uma bandeira presente nas manifestações de protesto ocorridas sobretudo na Europa ao longo dos anos 2000.[6] O apoio à criação

---

6 O nome pensado por Ramonet para a ATTAC foi "Associação pela Taxa Tobin para Auxílio dos Cidadãos." Este nome não chegou a ser confirmado, por conta inclusive da relação de James Tobin com a associação. Tobin, ao ser procurado

do tributo foi tal que uma petição lançada pela associação ainda nos seus primeiros meses de vida foi entregue à Assembleia Nacional francesa com mais de 110 mil assinaturas.

Curioso. O que teria acontecido no espaço de aproximadamente vinte anos que fez com que tal projeto pudesse assumir tamanha visibilidade e força política? O que tornaria a ATTAC uma organização de massa enquanto outras associações francesas já existentes passavam por um processo de esvaziamento? O que faria uma campanha aparentemente tão abstrata, como a taxação das transações financeiras, ter tamanho apelo militante? Estas questões tornam-se ainda mais pertinentes e atraentes quando lembramos de todo um debate na literatura sobre ação coletiva acerca da mudança na construção de solidariedades – pensamos aqui no papel destacado dado à identidade cultural e à ação local, assim como na primazia de demandas pós-materiais na constituição dos novos movimentos sociais.

Embora criada em Paris, a ATTAC abandona os limites da região já no primeiro ano de existência. Após 2001, com a manifestação de Gênova organizada por ocasião do encontro do grupo dos sete países mais ricos e a Rússia (G-8), a associação conhece notoriedade internacional. Considerada uma das principais organizadoras da manifestação que contou com aproximadamente 200 mil pessoas, a ATTAC se estendeu rapidamente pela Europa. Em 2005, ela atuava em 50 países, enquanto que somente na França funcionavam 215 Comitês Locais.[7]

Diante desse rápido crescimento a pergunta feita acima é mais do que apropriada: o que teria acontecido em vinte anos para que a taxa Tobin

---

por Bernard Cassen, presidente da ATTAC na ocasião, afirmou que os objetivos da associação não eram exatamente os seus e que "nunca tivera pretensões revolucionárias" (ATTAC, 2002).

[7] O número de países é hoje menor. São eles: Alemanha, Argentina, Áustria, Bélgica, Bolívia, Burkina Faso, Chile, Costa do Marfim, Dinamarca, Espanha, Finlândia, França, Gabão, Holanda, Hungria, Islândia, Itália, Japão, Jersey, Líbano, Luxemburgo, Marrocos, México, Noruega, Peru, Polônia, Portugal, Suíça, Suécia, Togo, Tunísia, Uruguai. No total, 32 países, entre os quais 18 europeus, 6 africanos, 5 sul americanos e 1 da América do Norte, 1 da Ásia e outro do Oriente Médio.

abandonasse os círculos acadêmicos, tornando-se uma demanda de um movimento de massa? A esse respeito, saber que o editorial de Ramonet e a criação da ATTAC ocorreram em plena crise do mercado asiático não nos parece irrelevante.

A primeira frase de Desarmen ao mercado – o editorial acima mencionado – é: "O ciclone sobre as bolsas da Ásia ameaçam o mundo todo" (Ramonet, 1997). A crise asiática não era apenas uma referência distante para a maioria da população francesa. As críticas e palavras de ordem da ATTAC – o mundo não é uma mercadoria! Vivemos sob a ditadura do mercado e sob o domínio das instituições internacionais financeiras! – despertavam àqueles que a ela recorriam algo mais do que solidariedade aos povos de países distantes.

Em 1997, a França entrava no seu terceiro grande ciclo de privatizações. Após a indústria e o setor financeiro, o alvo então era o setor de serviços. Essa terceira fase, que se estendeu até 2002, foi considerada a mais importante em termos de receitas obtidas através de privatizações de empresas públicas. Mas, desde a grande greve de 1995, quando o plano Juppé[8] propunha cortes nos serviços públicos, com reformas no sistema previdenciário, as manifestações contra o desemprego, a falta de moradia, a exploração dos imigrantes ilegais, as reformas do ensino e do sistema de saúde, apareciam associadas às privatizações e às exigências da União Europeia comprometida com "as grandes empresas transnacionais" e "às leis do mercado". Ainda no ano de 1995:

> Nas reuniões dos trabalhadores na Gare Lyon, falaram mandarins intelectuais como o sociólogo Pierre Bourdieu, que desde então se manifestou pela defesa do Estado social ("uma conquista europeia, tão valiosa como Kant, Bach e Beethoven"), e, com repercussão na esfera pública, atacou o "système Tietmeyer", a política de estabilidade dos bancos centrais e a dominação dos mercados financeiros, bem como mídias homogeneizadas

---

8   Alain Juppé foi primeiro-ministro na França (1995-1997) sob a presidência de Jacques Chirac.

pelo capitalismo. Bourdieu e seus discípulos fundaram a rede Raisons d'Agir [Razões para Agir],⁹ que, recorrendo a uma escrita popular, enfrentou o pensamento unitário neoliberal... (Grefe *et. al.*, 2005, p. 145)

As privatizações e as manifestações da década de noventa têm, no entanto, raízes mais longínquas. De acordo com Chauvel (2002), enquanto o período entre 1945 e 1975 entra para a história como os "trinta anos gloriosos", as décadas posteriores trazem para a análise o desemprego em massa e o aumento dos gastos com moradia, alimentação e educação. Por suposto, tal quadro afeta todos aqueles que dependem do salário para sobreviver. Mas, as medidas adotadas, contudo, impactaram de modo particular algumas camadas e setores das classes médias francesa. No seu conjunto, assim como todo trabalhador assalariado, esse grupo perdeu, ao longo do período supracitado, em salários, conquistas sociais e estabilidade de emprego. Perdeu também, ao mesmo tempo, poder de decisão, influência, possibilidades de ascensão e distinção. O trecho a seguir nos auxilia nessa análise:

> Para os grupos coetâneos (...) nascidos nos anos de 1950 e 1960 a estrutura deixou de se desenvolver para cima, enquanto o nível de diplomas desses grupos continua a crescer. Progressivamente, enquanto os filhos nascidos nos anos de 1960 são mais frequentemente filhos de quadros, suas oportunidades de alcançar as categorias médias e superiores estagnam. Donde surge uma tendência às desclassificações sociais. (Chauvel, 2002, p. 65)

A tese sobre a desclassificação social desse grupo choca-se de frente com outra: aquela do fim da luta de classes resultante da dissolução da burguesia e do operariado nas camadas médias da sociedade. Esta fomentou um extenso debate a respeito das mudanças nas formas de ação coletiva

---

9   Raisons d'Agir também integra a ATTAC.

e selou, em alguma medida, a separação entre as categorias de classe e ação política. Curiosamente, o impacto negativo que a classe operária e as classes médias sofreram em detrimento do avanço de uma camada e de um setor da classe capitalista (tal qual o grande capital financeiro) parece apenas reforçar a tese de diluição das classes, agora, porém, numa imensa, difusa e heterogênea classe popular. Os dados acerca da trajetória das classes médias, se considerados os respectivos contextos sócio-históricos, bem como sua conjuntura política, nos interessam, no entanto. Pois, se não indicam o fim ou a simplificação da estrutura de classes, tem muito a nos dizer sobre as mudanças na conformação destas.

A ATTAC não se apresenta como uma organização de classe ou de classes. Para os seus representantes, ela é uma associação que agrega movimentos, entidades e indivíduos pertencentes aos mais variados grupos sociais, inclusive camponeses, na luta contra o neoliberalismo; este sim, entendido como ideologia e política de uma fração particular da classe dominante, as finanças. O termo foi cunhado por Gerard Dúmenil e Dominique Lévi, membros do conselho de intelectuais da ATTAC, e é hoje muito aceito entre os atacantes, compondo alguns de seus documentos oficiais. Mesmo identificando o principal adversário numa "fração de classe" – proprietária das "grandes corporações transnacionais" organizadas sob a lógica do "sistema financeiro" – a associação não reconhece nos seus militantes, na sua forma de organização e ação, nas suas demandas, na sua análise da realidade e na sua concepção de transformação, a atuação de uma classe, ou de parte dela. De fato, a ATTAC fala em "cidadãos" (expressão presente em seu próprio nome) e reúne entre os que assinam a sua plataforma e estatuto organizações de camponeses, operários e sem-teto; ela tampouco propõe a superação da condição de classe, qualquer que seja esta, e não vê nisto qualquer impeditivo para a construção do outro mundo que afirma ser possível. Uma análise atenta da associação e de seus textos, no entanto, nos revela algo diferente: a presença massiva de setores das classes médias tem muito a dizer sobre a sua linha interpretativa e sobre a sua proposta de mudança – ambas fortemente marcadas pela visão de mundo de um grupo social fortalecido e destacado pelo Estado de bem-estar social europeu e que conheceu com o neoliberalismo um movimento contrário.

Este esboço de um cenário mais complexo e ainda inacabado ajuda a entender o rápido crescimento da ATTAC. A implantação de políticas neoliberais e o desmantelamento do Estado providência provocaram mudanças na situação profissional e no cenário político e ideológico da sociedade europeia. De modo que as privatizações das indústrias e dos serviços, bem como as reformas dos sistemas de saúde e educação tiveram impactos sobre a estrutura de classes francesa, reconhecidamente reorganizada desde o fim da Segunda Guerra mundial sobre o Estado do bem-estar.

Vimos, anteriormente, a destacada participação de funcionários públicos com alto nível de escolaridade na edição do FSE, que ocorreu na França em 2003. Propomos agora estreitarmos o olhar sobre esses militantes. A maioria dos entrevistados – ocupassem eles a função de quadros, intelectuais, ou cargos intermediárias do serviço público – provinham da área da saúde ou do chamado trabalho social. Assim sendo, as categorias sócio-profissionais mais representadas eram as dos funcionários médios da saúde e do trabalho social (20,7% dos ativos entrevistados), professores universitários e cientistas (14%), professores de escolas (9,8%), ou ainda profissionais da informação, das artes e do espetáculo (11,4%). Com relação ao desemprego, preocupação constante da era neoliberal, a pesquisa realizada tem mais a nos dizer sobre essas pessoas. O número de desempregados entre os ativos era de 15,8%, taxa superior à média nacional. Deste modo, estes participantes do FSE conheciam uma fragilidade profissional improvável, tendo em vista seu nível de escolaridade; isto porque os dados do conjunto da população atestam que o risco de desemprego na França é menor quanto maior o grau de escolaridade (Gobille; Uysal, 2005, p. 108-109).

Sabendo quais são as categorias sócio-profissionais de destaque no FSE, atentemos agora para as organizações presentes na ATTAC; entre os sindicatos: Sindicato da Magistratura; Sindicato da Medicina Geral; Federação dos Bancos; FGTE-CFDT (Federação Geral dos Transportes e

Equipamentos); FSU (Federação Sindical Unitária);[10] SNES (Sindicato Nacional dos Professores); SNESup (Sindicato Nacional de Professores do Ensino Superior); UGICT-CGT (União Geral dos Engenheiros, Quadros e Técnicos); UNEF (União Nacional dos Estudantes da França); entre as ONGS e associações: Agir ici; AITEC (Associação internacional de técnicos, especialistas e pesquisadores); Amigos da Terra; Associação Gunter Holzmann; CEDETIM (Centro de estudos e de iniciativas de solidariedade internacional); CRID (Centro de pesquisa e de informação sobre o desenvolvimento); ESCOOP (Economias solidárias e cooperativas); Razão para agir; Redes de serviços públicos europeus; entre os títulos de imprensa: Charlie Hebdo; Alternatives Economiques; Monde diplomatique; Politique; Politis; Témoignage chrétien.

A partir de uma sociologia do engajamento, Cruzel (2003) analisa a trajetória militante dos attacantes dos Comitês de Gironde e de Haute-Garonne, identificando pontos comuns, como, por exemplo, uma "carreira militante humanitária" – fruto de experiências comunitárias, sobretudo, religiosas. Segundo a autora, as entrevistas realizadas evidenciaram impressionantes regularidades biográficas que podem iluminar a forma do engajamento do movimento altermundialista. A proposta é interessante, mas não explica as razões de um percurso político tão semelhante. Todavia, as entrevistas nos oferecem ainda outros dados que, embora menos importantes para a análise de Cruzel, seguem bem ao encontro da nossa linha de argumentação – referimo-nos aqui à ocupação dos entrevistados; entre os citados: engenheiros, gestor de empresa, aposentados, assistentes sociais, desenhista gráfico, professores e bibliotecários.

Programa político e ideologia de classe

As organizações e os indivíduos reunidos na ATTAC estão todos comprometidos com a proposta de tributação das transações financeiras, mas não apenas. Como membros com direito a voto na Assembleia Geral da associação, defendem em comum: o controle do mercado financeiro; a

---

10 Composto em grande medida por professores.

reforma do FMI e do Banco Mundial; o fim da "lógica do mercado" (ou, em outros termos, a estatização e a "socialização") para os bens que consideram de domínio público (água, informação, educação, saúde); a anulação da dívida dos países pobres; a defesa dos serviços públicos; o fim dos fundos de pensão privados; a proibição de organismos geneticamente modificados (OGM); normas de proteção das riquezas biológicas; a elaboração de uma legislação do trabalho nos níveis regional e internacional.

O editorial de Ramonet (1997), a plataforma da associação (1998), o manifesto altermundialista (2007) e os demais documentos políticos da ATTAC aos quais tivemos acesso, reivindicam a taxa Tobin e a anulação da dívida externa dos países pobres. Em nenhum deles, no entanto, estas medidas são apresentadas como simples processo de redistribuição de riqueza ou ajuda humanitária. Sintetizado nas duas demandas aparece a necessidade da reforma das instituições financeiras internacionais (IFIS), reivindicando não apenas mudanças nas políticas e nos princípios que as regem, mas, sobretudo, mudanças na estrutura organizativa. A leitura dos textos expressos em nome da associação, bem como das análises apresentadas pelo seu conselho científico, mostra-nos que questões como: poder, Estado e política são peças chaves na compreensão do seu projeto, ao mesmo tempo em que são fontes das suas maiores contradições e debates internos. Aproximemo-nos um pouco mais do que a ATTAC tem a dizer a seus militantes e simpatizantes:

> A mundialização do capital financeiro coloca os povos em estado de insegurança generalizada. Ela ignora e rebaixa as nações e seus Estados, enquanto lugares pertinentes de exercício da democracia e garantia do bem comum [...]. A mundialização financeira tem, aliás, criado seu próprio Estado. Um Estado supranacional, dispondo de seus aparelhos, de suas redes de influência e de seus meios de ação próprios. Trata-se do Fundo Monetário Internacional e do Banco Mundial [...]. Este Estado mundial é um poder sem sociedade, papel exercido pelos mercados financeiros e pelas grandes empresas (...), como

consequência, as sociedades realmente existentes, são sociedades sem poder (Ramonet, 1997).

Segundo tal análise, o Estado perdera a autonomia e as nações a sua soberania, estando todos à mercê dos interesses econômicos dos grandes grupos financeiros: "As instituições democráticas e os Estados soberanos encarregados do interesse geral"[11] foram, com o neoliberalismo, substituídos por uma "lógica estritamente especulativa" (ATTAC, 2002). É urgente criar "novos instrumentos de regulação e controle, no plano nacional, europeu e internacional" (ATTAC, 1998). Esses novos instrumentos de regulação têm, segundo a plataforma da associação, o objetivo último de: "reconquistar os espaços perdidos pela democracia em proveito da esfera financeira", trata-se, nas palavras da ATTAC (1998): "de nos apropriarmos juntos novamente do futuro do nosso mundo!". Frequentemente citada, essa frase expressa claramente que a fase neoliberal representa mais do que déficits no campo econômico, representa perdas no poder de decisão, representa déficits no campo político.

Um papel estratégico é, portanto, atribuído à taxa Tobin. A tributação do sistema financeiro não é por si só apresentada como suficiente para reverter o processo iniciado com o neoliberalismo, "mas ela se inscreve[ria] numa reorientação dos fundamentos do sistema internacional", ampliando a margem de manobra dos Estados e dos movimentos de "cidadãos". Dito de outro modo, o imposto não seria apenas uma resposta a um problema de disfunção da economia, mas uma forma de ampliar a participação na sua gestão. O mais importante, na análise dos atacantes, é que ele permitiria o controle sobre os itens taxados, o que colocaria em causa a lógica do funcionamento atual, de onde a dificuldade de implantação do projeto. Assim como a proposta de anulação da dívida externa, o que está em questão aqui é a reforma das instituições financeiras. Dada a estrutura antidemocrática do FMI e do Banco Mundial, estas instuições não poderiam ser responsáveis pelas regras de empréstimos e investimentos internacionais. Isto porque, além da clara hegemonia dos Estados Unidos

---

11 Grifos nossos.

da América, a participação dos outros países está diretamente associada à sua riqueza e não à sua condição de Estado soberano.[12] A mudança dessa ordem anti-democrática passa, segundo a ATTAC, pela substituição da "lógica de mercado" pela "lógica pública":

> A fiscalização internacional, por ela mesma, não é suficiente para resolver todos os problemas, mas ela se inscreve numa reorientação dos fundamentos do sistema internacional: financiamento dos bens públicos mundiais, salvaguarda e desenvolvimento dos bens comuns, luta contra o "dumping social" e o "dumping fiscal", uma redistribuição fundada sobre os direitos e não sobre a caridade dos "ricos aos pobres", financiamento dos orçamentos das autoridades públicas e das instituições internacionais. (Massiah, 2005, p. 53)

> A ajuda pública ao desenvolvimento é uma das únicas formas atuais de financiamento escapando à lógica do mercado: ela deve crescer, apesar dos limites. Mas o objetivo deve ser de desenvolver a taxação do capital destinado a alimentar esses financiamentos públicos. (ATTAC, 2002, p. 50)

A discussão sobre o que é bem público e o que é bem comum tem mobilizado os intelectuais da associação e tem se tornado um ponto central para a ebaloração de seu programa político. O tema não se limita apenas à ATTAC, sendo mote do debate em três mesas simultâneas no seminário internacional do fórum mundial deste ano. Embora importante, não adentraremos aqui no nódulo desta questão. Para os fins deste artigo, basta apenas sabermos que, apesar da existência de contradições e conflitos nesta caracterização, setores como a educação, a saúde, a cultura e a comunicação estão sempre entre os bens considerados públicos. Esta definição não é um simples exercício intelectual de classificação, mas ela demarca para os attacantes o que deve ser "estatizado" e/ou "socializado".

---

12 Ao contrário da Organização das Nações Unidas, onde cada Estado tem direito a um voto, no FMI o princípio é outro: um voto é igual a um dólar.

É neste trabalho de separação do joio do trigo que podemos resignificar o lema "O mundo não é uma mercadoria!." Pois, menos do que defender o fim da lógica de mercado como um todo, o que de fato a associação crítica é a extensão dessa lógica para alguns domínios.

Um dos pontos de conflito entre os seus militantes e a União Europeia foi o Acordo Geral sobre o Comércio de Serviços (AGCS), acordo este que permitiria a liberalização de àreas como "saúde, educação e cultura". A esse respeito, a ATTAC declara: As "associações engajadas no movimento altermundialista reclamam (...) a remoção da AGCS da àgua, saúde, educação, cultura, audiovisual, serviços de comunicação, transporte e energia" (ATTAC, 2007, p. 39). Com efeito, essa bandeira interessa a muitos, embora não contemple a todos. É somente quando passamos pelas páginas iniciais dos sites altermundialistas e adentramos o espaço de suas atividades e de seus textos analíticos e programáticos que vemos expressões aparentemente tão universais, proclamadas em diversas línguas na esfera virtual, – como: "O mundo não é uma mercadoria, Nós não estamos a venda!" – assumir os traços mais fortes de um grupo social formado em determinada região do globo.

Como afirmam Agrikoliansky e Fillieule (2005), o movimento altermundialista é fundado sobre vários mitos que não resistem à observação empírica. Fiquemos por ora apenas com aquele que nos interessa de imediato: a ideia de que sua base é formada por uma "sociedade civil transnacional". Segundo os autores, o mapeamento das manifestações e dos fóruns sociais levou-os a nuançar em grande medida essa afirmação, posto que as marchas e os fóruns, sobretudo os europeus, permanecem dominados pelas lógicas nacionais. Isto porque, os comitês de organização são essencialmente compostos por grupos e militantes ancorados no espaço político do país sede.

Dito isto, voltemos à ATTAC – mas sem esquecermos que apesar da sua origem francesa e sua expansão notadamente europeia ela é responsável, em boa medida, pela construção da pauta altermundial. O seu debate sobre bens públicos e bens comuns é marcado por uma experiência sócio--histórica muito particular. Como atesta Brillet (2004), a noção francesa de serviço público integra ao mesmo tempo elementos sociais, políticos, econômicos e jurídicos. Ela indica não apenas um extenso leque de serviços oferecidos gratuitamente, mas uma forma específica de produzi-los e geri-los – os bens públicos aqui incluem: o aspecto "regulador" (defesa, justiça e polícia), outro denominado previdenciário (educação, saúde, seguro-desemprego e seguridade social) e também toda uma extensa rede de "serviços industriais e comerciais" (abastecimento de água, coleta de esgoto e lixo, serviços postais, telecomunicações, transportes, gás e eletricidade). Outra particularidade é a identificação entre interesse público e poder público, conferindo a condução das atividades acima enumeradas ao Estado, e tão somente a ele, o que de pronto apresenta outras três noções, quais sejam, as de Estado-empreendedor, Estado-regulador e monopólio estatal – aspectos que, segundo Brillet (2004), são completamente opostos a noção inglesa de um Estado "simples prestador de serviços (entre outros)". Esse é um dos pontos de conflito entre a França e a União Europeia e uma das dificuldades do neoliberalismo no país.

Se existe um grupo especialmente tocado por essa concepção, este é o das classes médias, notadamente algumas de suas frações, localizadas no setor público. Os exemplos poderiam ser outros e certamente deverão ser aprofundados, mas devido ao frescor do ocorrido tomamos aqui a greve dos professores universitários na França, em 2009. A paralisação e as manifestações duraram praticamente todo o primeiro semestre daquele ano e mobilizaram outros setores, como os estudantes e os trabalhadores da área da saúde. A greve foi desencadeada pela reforma proposta pela ministra do ensino superior e da pesquisa, Valérie Précresse. O projeto, denominado de "autonomia universitária", altera consideravelmente o quadro do ensino superior francês, prevendo: o fim dos institutos universitários de formação dos mestres (IUFM), o desmantelamento do Centro Nacional de Pesquisa Científica (CNRS) e a modificação do estatuto dos professores-pesquisadores. Entre os pontos destacados nas manifestações observamos: a redução de postos de trabalho e a abertura do setor ao capital privado; mas nenhum deles despertou declarações tão acaloradas quanto à mudança do estatuto da categoria, a qual atribui aos presidentes da universidade o controle do tempo de trabalho e o plano de carreira dos professores-pesquisadores. Assim, a greve que paralisou até mesmo os centros considerados mais conservadores colocou em evidencia a discussão sobre a particularidade do trabalho intelectual e artístico. As frases a seguir, expressas em cartazes nas universidades e nas ruas, podem nos ajudar a entender como a categoria percebe a sua condição e porque vê nela uma incompatibilidade com a lógica do mercado: "Jamais o Estado se opôs de forma tão reacionária à cultura e ao saber!"; "O espírito é um músculo!"; "Eu sou um projeto de excelência em greve!"; "Eu sou melhor que meu colega!" (L'humanité, 2009, p. 9). De acordo com uma professora da Paris VIII: "É a primeira vez que existe tal consenso entre todas as disciplinas aliada a uma real solidariedade entre hospital, justiça e educação: "Nós somos todos atacados pela lógica da concorrência e da rentabilidade" (L'humanité, 2009, p. 9). O Sindicato do ensino superior (SNESUP-FSU), membro da ATTAC e um dos seus fundadores, declarou na ocasião:

> Nós queremos outras orientações que respondam, enfim, ao interesse do serviço público da pesquisa e o ensino superior (...). Nós estamos hoje num movimento extremamente solidário (...). Parece-me essencial que o governo entenda essa determinação (...). Nós somos perfeitamente racionais na exigência de um serviço público de ensino superior e de pesquisa eficaz, largamente financiada pelo orçamento do Estado. (L'humanité, 2009, p. 9)

> A universidade é, notadamente nas ciências humanas, um espaço de liberdade que permite a elaboração de um pensamento crítico, original. Este espaço de liberdade, que supõe o tempo da reflexão, é posto em questão pela lógica da concorrência. (L'Humanité, 2009: 3).

Com efeito, a ATTAC é composta por muitos outros sindicatos, associações e entidades com trajetórias riquíssimas. Mas a relativa diversidade organizacional não anula a significativa homogeneidade social. A participação individual de desempregados, imigrantes ilegais, trabalhadores precários e camponeses é pequena. Enquanto algumas de suas organizações figuram no site da associação como membro ativo da ATTAC, a real capacidade de intervenção destas – na forma de organização, mobilização e, sobretudo, na construção da pauta política – é questionável. Se tal não fosse, não apenas o trabalho intelectual e o que ele cria seria passível de estar fora da lei do mercado.

Considerações finais

Tentamos mostrar acima como a trajetória particular de frações das classes médias que sofreram determinadas perdas com a implantação do neoliberalismo, esteve associada ao surgimento do movimento altermundialista, tendo implicações diretas na sua atuação política. Tais implicações podem ser observadas no seu método de atuação: palestras, *workshops*, grupos de trabalhos, universidades de verão; mas também na sua análise da realidade e no seu projeto de transformação: um Estado de bem-estar representante dos interesses gerais que fora corrompido pelo grande capital, a importância destacada atribuída ao trabalho intelectual e a sua incompatibilidade com a lei de mercado, como no caso da ATTAC; a negação de espaços de decisão que impulsionem a mobilização de massas e a defesa de mudanças pontuais, gradativas e locais como resposta ao avanço da "mercantilização da vida", como no caso do Fórum Social Mundial. Certamente, tudo isso não é novo, a novidade fica por conta da força que essas ideias assumiram e o número de militantes aí engajados. O que indica mudanças nas condições vivenciadas por esse grupo.

Sendo assim, quem são as pessoas que compõem o movimento altermundialista? Tal como verificamos: professores, pesquisadores, estudantes, profissionais da saúde, das artes e da comunicação, majoritariamente provenientes da esfera pública e com alto grau de escolaridade; e, como infelizmente não tivemos oportunidade de desenvolver aqui, em geral filhos de pais com nível superior, falantes de outras línguas, familiarizados a diversos recursos tecnológicos, conhecedores de outros países, ou seja, donos de um repertório, característico da militância altermundial.

Essa constatação não nega a existência de outros setores fortemente prejudicados pelas políticas neoliberais, são eles: camponeses, sem-tetos, operários, imigrantes... A lista é extensa. Mas, estes grupos, além de possuíram organizações próprias, quando compõem o movimento altermundialista o fazem de maneira secundária, interferindo pouco na construção da sua pauta. Isto se faz sentir pelos sem-teto e pelos desempregados que demandam maior participação na ATTAC/França,[13] pelos trabalhadores imigrantes clandestinos que certamente não se vêem contemplados na noção de cidadão de direitos, pelos diversos movimentos populares que buscam através das assembleias construírem projetos comuns com vistas a fortalecer sua luta contra seus respectivos governos e não encontram respaldo dentro do método Fórum.

Feitas essas considerações, falta-nos explicar a opção pela categoria classe social. Se em parte, as pistas e os indicadores que nos levaram a identificar a presença de alguns setores das classes médias no altermundialismo são cooptados da teoria da estratificação, a nossa intenção aqui é menos identificar e classificar os indivíduos que compõem o movimento do que estabelecer um paralelo entre as características comuns a um determinado grupo social e seu posicionamento político. Ambos, as características e o posicionamento, se constituíram na relação com as outras classes. As classes médias europeias e as sul-americanas formaram-se de conflitos e compromissos distintos. O Estado de bem-estar nunca foi uma realidade brasileira e, portanto, o neoliberalismo e a classe nele interessada encontraram ambientes e resistências distintas. Uma visão determinista da questão de classe deve, sim, ser evitada, tanto hoje como outrora. Há uma série de circunstâncias históricas que definem o posicionamento de determinada classe social. Nesse sentido, Marx e Engels deixaram nos seus livros históricos, como *O Dezoito Brumário de Luís Bonaparte* e *Lutas sociais na França de 1848-1850*, um legado importante. Nessas obras,

---

13 Para uma análise dos movimentos dos desempregados na França, cf. o artigo de Elaine Amorim, nesta coletânea.

as classes aparecem como elemento central para compreensão da situação política, de modo que, se a luta de classes é ainda central na compreensão da cena política, com efeito, as classes sociais só podem ser analisadas em determinada situação concreta específica na qual apresentam determinada feição e intenção.

A reconfiguração do movimento sindical nos governos Lula

Andréia Galvão

Introdução

O movimento sindical brasileiro vem passando por um processo de reconfiguração desde a ascensão do PT ao governo federal. Esse processo é provocado por diversos fatores. Em primeiro lugar, pelo descontentamento de algumas correntes sindicais com as políticas adotadas pelo governo petista, sobretudo em seu primeiro mandato: com efeito, além de manter os principais elementos da política macroeconômica do governo Fernando Henrique Cardoso, Lula promoveu e/ou tentou implementar uma série de reformas que reduziram ou ameaçavam reduzir direitos trabalhistas. Uma delas, a reforma da previdência, realizada em 2003, levou à retirada de direitos dos servidores públicos, setor fortemente sindicalizado e com grande inserção junto à Central Única dos Trabalhadores (CUT), a maior e mais longeva central sindical brasileira, desencadeando um processo de cisão e promovendo a criação de novas organizações: a Coordenação Nacional de Lutas (Conlutas), em 2004, e a Intersindical, em 2006.[1]

---

1 A divisão do sindicalismo brasileiro em correntes que possuem concepções sindicais distintas e a proximidade dessas correntes com partidos políticos que têm estratégias igualmente distintas diante do governo as leva a responder de maneira diversa à política governamental. Mas esse posicionamento diverso não se deve apenas às diferenças de ordem político-ideológicas. Veremos que a base social à qual cada corrente sindical está ligada – se composta por trabalhadores

Em segundo lugar, essa reconfiguração se deve à posição da própria CUT e da Força Sindical (FS) – que no passado estiveram em campos opostos na luta político-idelológica – diante do governo Lula. Se desde a década de 1990 verifica-se um processo de aproximação entre as duas centrais, naquele período ainda era possível identificar tensões e contradições que dificultavam uma atuação conjunta (Galvão, 2006; 2009). Já no governo Lula as diferenças se reduzem, ao ponto de ambas virem a constituir, no segundo mandato, base de apoio ao governo, com a participação de dirigentes da FS no Ministério do Trabalho e do Emprego.[2] Nesse sentido, é possível verificar uma maior convergência entre CUT e FS no governo Lula.

Em terceiro lugar, deve-se destacar as estratégias adotadas pelo governo Lula para envolver o movimento sindical com sua plataforma política: foram criados organismos tripartites (o Conselho de Desenvolvimento Econômico e Social – CDES – e o Fórum Nacional do Trabalho – FNT) para discutir as reformas previdenciária, tributária, trabalhista e sindical, na tentativa de construir consensos em torno das questões mais polêmicas e de minimizar uma eventual reação dos trabalhadores às políticas a serem adotadas. Parte dos sindicatos descontentes com a posição defendida por CUT e FS nesses fóruns já havia dado origem à Conlutas e à Intersindical, organizações que aglutinam correntes sindicais de esquerda. Outra parte criou a Nova Central Sindical de Trabalhadores (NCST), que representa, predominantemente, federações e confederações.

Por fim, como parte das estratégias governamentais destinadas ao movimento sindical, é preciso reconhecer o papel da legislação que consagrou o reconhecimento e o financiamento das centrais sindicais. Ao estabelecer

---

com maior ou menor poder de pressão, se composta por trabalhadores mais ou menos atingidos pelas medidas do governo – condiciona, também, suas decisões políticas e sindicais.

2   A participação da CUT no governo remonta ao primeiro mandato, já que vários ministros e funcionários do primeiro escalão foram recrutados junto à central. Essa participação rendeu ao governo a pejorativa alcunha de "República Sindical". Cf., por exemplo, Borges, 2010; Loyola, 2010; Brandt e Tosta, 2008; Felício, 2005.

critérios de representatividade para obter o reconhecimento legal, essa medida, aprovada em 2008, desencadeou um novo movimento de divisão e fusão de correntes sindicais, interessadas em preencher as condições para obter o repasse da parcela do imposto sindical que passou a ser destinada às centrais (Boito Jr. et al., 2009). Por um lado, constitui-se a Central de Trabalhadores e Trabalhadoras do Brasil (CTB), oriunda sobretudo da Corrente Sindical Classista, que também deixa a CUT; de outro, verifica-se um processo de fusão de antigas e, por vezes, pouco expressivas correntes sindicais, ocasionado por fatores mais pragmáticos do que político-ideológicos: é o caso da União Geral dos Trabalhadores (UGT), fusão da Central Autônoma dos Trabalhadores (CAT), da Confederação Geral do Trabalho (CGT) e da Social Democracia Sindical (SDS).[3]

Desse modo, o governo Lula aprofundou a divisão organizativa do movimento sindical, muito embora essa divisão possa ter dois significados opostos: de um lado, pode ser um indicativo de vitalidade, pois foi a forma encontrada por uma parcela do movimento sindical para manifestar sua insatisfação e seu descontentamento tanto em relação ao governo quanto em relação às centrais sindicais próximas a ele.[4] De outro lado, parece expressar uma tendência à acomodação política, já que algumas organizações foram criadas em decorrência das mudanças introduzidas pelo governo na legislação sindical, de modo a se adequar a essas mudanças e se aproveitar dos benefícios por elas introduzidos. Essa acomodação política verificada na cúpula do sindicalismo brasileiro contratasta com uma certa vitalidade da base, pois, conforme sustenta Boito Jr. e Marcelino (2010)

---

3   Além das centrais sindicais aqui mencionadas, há a Central Geral dos Trabalhadores do Brasil (CGTB), que, juntamente com a CGT-Confederação, é herdeira da Central Geral dos Trabalhadores criada em 1986. Além de dar origem às duas CGTs, é a partir da central de 1986 que se constitui, em 1991, a Força Sindical. Note-se, ainda, que a Social Democracia Sindical (1997) é fruto de uma cisão da Força Sindical.

4   A CUT passou a enfrentar dificuldades crescentes para manter sua independência frente a um governo comandado por um partido aliado (PT) e que contava com a participação direta de lideranças cutistas.

a partir de dados do DIEESE, pelo menos desde 2004 é possível observar uma recuperação da atividade sindical e grevista.

Esses elementos indicam que não é possível analisar o movimento sindical brasileiro de modo unidimensional, pois a divisão organizativa tem diferentes motivações e significados. A despeito da manutenção da legislação que estabelece o monopólio da representação sindical na base e, por conseguinte, um único sindicato por categoria (fenômeno conhecido por unicidade sindical), as divisões proliferam na cúpula. Essas divisões, porém, não impediram a constituição de uma relativa unidade político-ideológica entre seis das oito centrais existentes, unidade que se fundamenta numa avaliação positiva do governo Lula. Tais divisões tampouco impediram o movimento sindical, incluindo-se as entidades que não apoiam o governo, de realizar ações conjuntas para defender os trabalhadores dos efeitos da crise econômica e financeira desencadeada, em âmbito internacional, a partir de meados de 2008.

Este artigo pretende, pois, analisar a nova configuração do movimento sindical no governo Lula, tanto em sua dimensão organizativa, quanto político-ideológica. A primeira parte enfatiza as reformas sindical e trabalhista que, a nosso ver, têm sido um dos principais propulsores desse processo de reconfiguração. A segunda parte busca fornecer alguns indicadores quantitativos e qualitativos para se compreender esse processo. A terceira, procura discutir as razões da prevalência do apoio ao governo e apresentar alguns elementos relativos à estratégia sindical a partir de um exemplo recente: a crise econômica e financeira internacional. Esse exemplo nos permite analisar a relação entre, de um lado, a divisão organizativa e político-ideológica e, de outro, a unidade na ação sindical.

O impacto das reformas[5]

O governo Lula manteve em sua agenda, ao longo de seus dois mandatos, a proposta de realizar uma reforma sindical e trabalhista, tendo criado um organismo tripartite, o Fórum Nacional do Trabalho (FNT), para

---

5   Este item retoma e desenvolve a análise de Galvão (2009).

debatê-las. A reforma sindical passa pela discussão da unicidade sindical e das contribuições compulsórias que caracterizam a estrutura sindical brasileira.[6] Por diferentes razões, diversas correntes sindicais se opõem à extinção da unicidade sindical e de algumas das contribuições compulsórias. Algumas dessas correntes nem foram convidadas a participar do Fórum Nacional do Trabalho; outras, embora convidadas, recusaram-se a discutir essas mudanças no âmbito do FNT.

A resistência das entidades integradas ao sistema confederativo é particularmente expressiva. Alijadas do debate e historicamente contrárias a mudanças na estrutura sindical, as confederações criaram um fórum paralelo, o Fórum Sindical dos Trabalhadores (FST), para canalizar suas críticas e articular sua oposição à reforma. O Fórum Sindical dos Trabalhadores elaborou um projeto de lei, apresentado pelo deputado Sérgio Miranda (PDT/MG), que mantém a representação por categorias, a unicidade, o imposto sindical e cria uma nova contribuição para financiar a negociação coletiva. Posteriormente, sete confederações[7] integrantes do FST criaram a Nova Central Sindical de Trabalhadores (NCST), com o objetivo de reagir "às tentativas do governo Lula de acabar com a atual

6   As contribuições compulsórias são: contribuição sindical, contribuição confederativa e taxa assistencial. A primeira é paga por todo trabalhador, seja ele filiado ou não a sua entidade sindical, e seu valor corresponde ao salário de um dia de trabalho. Até 2008, o montante arrecadado era destinado aos sindicatos (60%), federações (15%), confederações (5%) e ao Ministério do Trabalho e Emprego (20%). A partir de então, as centrais sindicais passaram a ter direito a uma parcela dos recursos. As demais contribuições têm seus valores definidos em assembleia e a cobrança dos não filiados é passível de contestação na Justiça, pois a jurisprudência vigente a partir de 1996 entende que a extensão dessa cobrança aos não-filiados fere o princípio constitucional da livre sindicalização.

7   São as seguintes: Confederação Nacional dos Trabalhadores na Indústria (CNTI), Confederação dos Servidores Públicos do Brasil (CSBP), Confederação Nacional dos Trabalhadores em Estabelecimentos de Educação e Cultura (CNTEEC), Confederação Nacional dos Trabalhadores em Alimentação e Afins (CNTA), Confederação Nacional dos Trabalhadores na Saúde (CNTS), Confederação Nacional dos Trabalhadores em Turismo e Hospitalidade (CONTRATUH), Confederação Nacional dos Trabalhadores em Transportes Terrestres (CNTTT).

organização sindical pela revogação do Artigo 8º da Constituição Federal" (Nova Central Sindical de Trabalhadores, 2005).

No caso da CUT, as correntes minoritárias[8] eram contrárias à participação da central no Fórum Nacional do Trabalho, por considerarem o tripartismo uma forma de cooptação e de conciliação de classe. Além disso, opunham-se ao projeto de reforma em discussão porque entendiam que as mudanças pretendidas levariam à centralização do poder nas cúpulas sindicais, reduzindo o espaço de resistência das correntes minoritárias e funcionando, assim, como uma porta de entrada para a reforma trabalhista.[9] Essas críticas levaram à saída de muitas correntes e dirigentes da central. O Movimento por uma Tendência Socialista participou, juntamente com algumas correntes do PSOL (Movimento de Esquerda Socialista/MES, Movimento de Ação Sindical/MAS, Movimento Terra Trabalho e Liberdade/MTL), da criação da Conlutas em março de 2004. A organização constitui uma experiência inovadora, na medida em que abrange não apenas entidades sindicais, mas também organizações populares e movimentos sociais. O movimento estudantil, por exemplo, tem grande presença em seu interior. Essa composição abrangente fundamenta-se em uma concepção de classe ampla e na compreensão de que o proletariado

---

8   Fundamentalmente: O Trabalho (fração trotskista do PT); Alternativa Sindical Socialista (ASS), uma frente heterogênea formada por militantes ligados a movimentos populares e a setores progressistas da Igreja Católica que militavam em diferentes tendências do PT (uma parte desses militantes permanece no partido, outra rompeu com o PT e uma fração dos que romperam aderiu ao Partido Socialismo e Liberdade-PSOL); CUT Socialista e Democrática (ligada à corrente Democracia Socialista do PT), Corrente Sindical Classista (CSC), ligada ao PCdoB e Movimento por uma Tendência Socialista (MTS), ligado ao Partido Socialista dos Trabalhadores Unificado (PSTU).

9   A centralização de poder na cúpula resultaria de um sistema de negociação em diferentes níveis, que atribuía ao contrato coletivo de maior abrangência o poder de indicar as cláusulas não passíveis de negociação nos níveis inferiores. O temor das correntes de esquerda da CUT era que as entidades de cúpula celebrassem acordos lesivos ao trabalhador, que não poderiam ser alterados pelas entidades de base.

não deve ser organizado apenas no local de trabalho. Assim, a constituição da Conlutas se deu com o objetivo de "organizar a luta contra as reformas neoliberais do governo Lula (Sindical/Trabalhista, Universitária, Tributária e Judiciária) e também contra o modelo econômico que este governo aplica no país, seguindo as diretrizes do FMI" (Conlutas, 2004). Em 2006, durante o Congresso Nacional dos Trabalhadores, a Conlutas decidiu assumir-se como uma central sindical e popular: "a Conlutas busca agrupar em seu interior os trabalhadores organizados nos sindicatos, os desempregados, os aposentados, os trabalhadores que se organizem nos diferentes movimentos populares e sociais da cidade e do campo, as organizações e movimentos que lutam contra toda a forma de discriminação e opressão, as organizações estudantis, as da juventude e outras afins, que decidirem participar das lutas da classe trabalhadora" (Conlutas, 2006).

Algumas correntes de esquerda da CUT, congregadas na Frente de Esquerda Sindical e Socialista (FES) – cujos principais dirigentes eram ligados à Alternativa Sindical Socialista (ASS), Unidade Classista (PCB) e correntes do PSOL (Enlace, Ação Popular Socialista/APS, Coletivo Socialismo e Liberdade/CSOL) – criaram a Intersindical por entenderem que a CUT deixou de ser um instrumento de organização e unificação do movimento sindical para ser um instrumento de colaboração e conciliação de classes. Porém, nem todos os dirigentes e sindicatos que integram a Intersindical romperam com a central, optando por um duplo movimento: ao mesmo tempo em que avaliam que a resistência e o enfrentamento no interior da CUT não são mais suficientes, entendem que é preciso reconhecer a legitimidade daqueles que continuam lutando dessa forma (Intersindical, 2006). Nesse sentido, a Intersindical não se configura como uma central propriamente dita, pois isso implicaria que os sindicatos que participam dessa experiência saíssem da CUT. O objetivo principal de sua constituição foi formar uma frente contra as reformas do governo, entendendo que para isso é necessário organizar a base e não decidir, a partir de um movimento de cúpula e desconectado das lutas concretas, pela criação de uma nova instituição. Além de se recusar a assumir esse caráter, a Intersindical apresenta outra diferença importante em relação à Conlutas, na medida em que se restringe a organizar e mobilizar trabalhadores e sindicatos. Essa restrição deve-se ao fato de que a Intersindical considera que a tarefa primordial dos sindicatos é organizar o trabalhador em seu local de trabalho, ainda que o movimento sindical possa – e deva – se associar aos demais movimentos sociais na luta por interesses mais amplos. Ademais, essa restrição deve-se ao fato de que a Intersindical considera a participação de movimentos sociais e de estudantes uma forma de aumentar a presença de partidos políticos – no caso da Conlutas, o PSTU – na direção da organização.

Mais do que uma disputa quanto à melhor forma de organização sindical, que opõe defensores da unicidade sindical de um lado e seus críticos de outro, o surgimento de novas entidades sindicais foi fruto de uma disputa política entre diferentes concepções e práticas sindicais. Essa disputa diz respeito tanto à relação com o governo, quanto ao posicionamento perante as reformas. A reforma sindical, por exemplo, era defendida pela CUT e pela FS porque, mesmo que as mudanças em pauta não correspondessem ao projeto original de nenhuma delas,[10] sairiam fortalecidas na medida em que obteriam reconhecimento legal, capacidade de negociação e recursos financeiros provenientes de uma parcela da contribuição negocial, que viria a substituir as contribuições compulsórias atualmente existentes.

A despeito de todo o debate realizado no FNT, a reforma sindical não avançou.[11] As principais mudanças produzidas no âmbito da legislação

---

10   A Articulação Sindical (corrente majoritária da CUT) defendia o modelo de sindicato orgânico, assegurando o pluralismo sindical na base, mas acabou recuando para fazer um acordo com a Corrente Sindical Classista. Este acordo, denominado Plataforma Democrática Básica, previa a "manutenção da estrutura atual nos sindicatos de base, condicionada a critérios de representatividade e democratização nos estatutos" (CUT, 2005). A FS definia-se "a favor de uma estrutura sindical como um sistema misto de unicidade na base – sindicatos únicos por categoria profissional com base mínima nos municípios – e pluralidade na estrutura vertical, além da extinção paulatina do Imposto Sindical, em um prazo de cinco anos [...]" (Força Sindical, 2005, p. 14).

11   Após dois anos de intensos debates no FNT, em 2005 o governo encaminhou ao Congresso uma proposta de emenda constitucional (PEC 369/2005) e apresentou

sindical foram o reconhecimento e o financiamento das centrais sindicais, aprovados no segundo mandato de Lula (Lei 11.648/2008).[12] A referida lei estabelece critérios de representatividade (como a representação de, no mínimo, 5% do total de trabalhadores filiados a sindicatos no país, além da comprovação da filiação mínima de 100 sindicatos) e assegura o repasse de 10% da contribuição sindical para as centrais reconhecidas.[13]

A questão do reconhecimento das centrais tem gerado um processo contraditório: por um lado, verifica-se um movimento de fusão, a exemplo da criação da UGT, oriunda da CAT, CGT e SDS; por outro lado, vislumbram-se novas divisões, a exemplo da criação da Central dos Trabalhadores e Trabalhadoras do Brasil (CTB), constituída fundamentalmente pela Corrente Sindical Classista (CSC) que, depois de criticar a formação da Conlutas, acabou deixando a CUT em 2007. Tanto num caso como no outro, as decisões parecem ser mais de ordem pragmática: no que se refere à UGT, trata-se da necessidade de cumprir os critérios de representatividade para ter acesso ao reconhecimento legal e à fonte de custeio negociada com o governo, e não necessariamente de uma afinidade político-ideológica; no caso da CSC – uma defensora histórica da unicidade – trata-se da possibilidade de utilizar os recursos da contribuição sindical para constituir uma estrutura alternativa de poder, já que seus

---

um o anteprojeto de lei, cuja tramitação estava condicionada à aprovação da PEC. Para uma discussão desses documentos e uma análise crítica do tripartismo, consultar: Galvão (2004, 2005, 2007a e b), Dias e Bosi, 2005.

12 Embora as centrais sindicais existissem de maneira ininterrupta desde 1983, quando a CUT foi criada, não havia na legislação brasileira nenhum instrumento jurídico que as reconhecesse "de direito".

13 Que passaram, assim, a receber metade do montante anteriormente destinado ao Ministério do Trabalho e Emprego. O valor destinado às centrais sindicais consideradas representativas alcançou R$ 65,7 milhões em 2008, R$ 80,9 milhões em 2009 e R$ 99,5 milhões em 2010. Ao contrário do que sustentavam alguns estudiosos nos anos 1990 (cf. por exemplo, Cardoso, 1997), a dependência dos sindicatos frente ao imposto sindical parece ter aumentado, uma vez que essa contribuição representou cerca de 80% dos recursos da FS, UGT, CTB e CGTB em 2008 (Villaverde, 2010a).

próprios dirigentes alegam que, a despeito das divergências, não se trata de romper com a CUT, nem de considerá-la adversária.[14]

Além da reforma sindical, a reforma trabalhista também tem contribuído para alterar o cenário sindical, tanto do ponto de vista estritamente organizativo, quanto no que se refere ao posicionamento das organizações sindicais diante do governo. Embora apresente um discurso de defesa de direitos, o governo Lula não interrompeu o processo de flexibilização da legislação trabalhista, ainda que o tenha feito em ritmo menor do que o verificado sob o governo Cardoso (Galvão, 2008). Com efeito, o governo vem realizando mudanças pontuais, sem discuti-las com a sociedade, a despeito da criação de fóruns tripartites supostamente dedicados a essa tarefa, como o FNT. Assim, implementou algumas medidas flexibilizantes, a exemplo da lei do primeiro emprego via contrato de duração determinada; da contratação de prestadores de serviços na condição de empresas constituídas por uma única pessoa (a chamada "pessoa jurídica" – modalidade de contratação que pode constituir uma forma de ocultar a relação de emprego, fraudando o pagamento de direitos trabalhistas e encargos sociais); e da lei do Super Simples, que possibilita a flexibilização do pagamento de alguns direitos trabalhistas para micro e pequenas empresas.

---

14 Cf. entrevista de João Batista Lemos a Lobregatte (2007). Ao mesmo tempo, os dirigentes da nova central alegam que a saída da CUT se deve ao hegemonismo da corrente majoritária e à falta de democracia interna da central, apontando sua falta de autonomia em relação ao governo (Gil, 2007). Em relação à primeira justificativa, pode-se considerar que a saída das demais correntes de esquerda reduziu o espaço da oposição no interior da CUT, ampliando as dificuldades dos setores minoritários. Mas o "alinhamento" da CUT em relação ao governo não era uma novidade. Assim, poderíamos perguntar: por que a saída da CSC não ocorreu antes? A lei de reconhecimento das centrais parece ter pesado nessa decisão. O anteprojeto de lei, que constitui uma iniciativa do Ministério do Trabalho e Emprego, foi encaminhado ao Congresso em julho de 2007 e já previa o repasse da contribuição sindical para as centrais. O fato de a criação da CTB ter ocorrido em dezembro de 2007, quando a lei – que seria aprovada em março de 2008 – já estava em discussão, parece-nos ser bastante significativo.

Sob o governo Lula, a flexibilização é pensada para públicos-alvo (jovens ingressantes no mercado de trabalho, pessoa jurídica, micro e pequenas empresas) e não como uma medida geral (a exemplo de alterações no artigo 7º da Constituição ou a substituição do legislado pelo negociado, ambas medidas pretendidas pelo governo de Fernando Henrique Cardoso). Ao invés de mudanças constitucionais, procede-se a pequenas mudanças na legislação ordinária. Essa estratégia, certamente, dificulta a resistência por parte dos trabalhadores e suas organizações sindicais, na medida em que não os atinge em seu conjunto.

Outras medidas afetam especialmente os funcionários públicos. A despeito da instauração de mesas setoriais de negociação em 2003, destinadas a discutir reajustes salariais e plano de carreira, os servidores reclamam que não são efetivamente ouvidos e que muitos acordos celebrados não são cumpridos. Nesse sentido, a negociação seria mais formal do que a expressão de uma "democracia participativa". Além disso, o governo elaborou um projeto para limitar o direito de greve de funcionários públicos, que estabelece a necessidade de aviso-prévio de 72 horas para a deflagração de greve; apresenta uma ampla lista de atividades consideradas essenciais, exigindo que as entidades sindicais assegurem a continuidade desses serviços e atividades durante a greve; possibilita a contratação temporária de servidores para substituir grevistas. Nesse sentido, parece ser plausível sustentar a hipótese de que vários sindicatos de funcionários públicos deixaram a CUT justamente em virtude desse tipo de proposta, que não teria sido suficientemente combatida por parte da central devido a seus vínculos com o governo.

Assim, apesar da acomodação da CUT e da timidez com que reagiu a algumas das medidas questionadas por sua base, as iniciativas governamentais em matéria de precarização, de um lado, e as perdas de filiados, de outro, obrigaram a CUT a adotar, em alguns momentos, um discurso mais ofensivo. É o caso de seu posicionamento frente ao projeto de lei complementar 92/2007, que cria fundações públicas de direito privado para o desempenho de tarefas não "exclusivas" de Estado. Essas fundações poderão contratar trabalhadores conforme as regras vigentes no setor privado, nas seguintes áreas: saúde, educação, assistência social, cultura, desporto, ciência e tecnologia, meio-ambiente, previdência complementar do servidor publico, comunicação social e promoção do turismo nacional. A CUT considera que essa medida constitui uma ameaça ao serviço público e que as áreas em que as fundações viriam atuar são de responsabilidade do Estado. Do mesmo modo, assume um discurso contrário a uma nova reforma da previdência, já que esse debate recolocou em pauta o aumento do tempo de contribuição e da idade mínima para a aposentadoria. Esse discurso mais ofensivo pode ser resultado do processo de cisão a que já nos referimos e que detalharemos na sequência.

A reconfiguração em dados

Este artigo parte do pressuposto de que as orientações e as posições político-ideológicas assumidas pelas centrais sindicais estão relacionadas às suas bases sociais. Nesse sentido, é interessante observar em quais setores econômicos as centrais estão inseridas e que categorias profissionais congregam. Muito embora seja possível encontrar um mesmo setor ou categoria dividida em diferentes centrais, e a divisão organizativa não expresse necessariamente concepções distintas (uma vez que pode ser resultado da disputa entre lideranças ávidas por mais poder e/ou interessadas em aumentar o espaço de atuação de seus respectivos partidos políticos, pois a divisão partidária é, como veremos, um dos elementos da reconfiguração sindical), o fato de que alguns setores e categorias estejam mais presentes em algumas centrais do que em outras nos parece significativo. Sustentamos, portanto, que existe uma relação entre ideologia e base material: as condições de trabalho das categorias predominantes em cada central repercutem sobre sua plataforma de luta, do mesmo modo que essa plataforma exerce maior capacidade de atração sobre algumas categorias do que sobre outras.

A análise do Sistema de Informações Sindicais do Ministério do Trabalho e Emprego (MTE) permite verificar quais são os sindicatos filiados à cada uma das centrais existentes (dados atualizados até 18 de fevereiro de 2009). Além disso, a consulta às páginas mantidas pelas centrais na internet e seu material de divulgação (jornais, revistas, boletins) traz informações sobre a composição da diretoria e, por vezes, uma relação de entidades filiadas, que compreende senão todas, pelo menos aquelas de filiação mais recente.[15]

Observando os dados relativos às centrais oriundas da CUT, é possível constatar que um grande número de sindicatos de funcionários públicos está filiado à Conlutas e à CTB. Os sindicatos de funcionários públicos constituem um dos principais setores filiados à Conlutas, com destaque para os seguintes ramos de atividade: educação, judiciário, administração muncipal, serviço público federal e saúde. O Andes (Sindicato Nacional dos Docentes de Ensino Superior) e o Sintusp (Sindicato dos Trabalhadores da USP) são dois dos sindicatos de funcionários públicos mais conhecidos.[16] Esses dados corroboram levantamento realizado com os delegados presentes no I° Congresso Nacional da Conlutas, em 2008, (Trópia *et al.*, 2010a), que destacou o elevado nível de escolaridade dos participantes (superior incompleto e completo), participantes esses que se encontram inseridos no setor público, onde realizam predominantemente trabalhos não-manuais e ocupam cargos de média hierarquia, qualificações que contrastam com sua baixa renda (de até 3 salários mínimos). O segundo setor em que a Conlutas tem uma inserção significativa é o metalúrgico, com destaque para o Sindicato dos Metalúrgicos de São José dos Campos e Região. A Conlutas não tem uma direção eleita, mas uma Coordenação Nacional composta por representantes indicados pelas entidades (incluindo movimentos sociais) que a compõem. Uma das lideranças mais conhecidas da Conlutas é José Maria de Almeida, da Federação

---

15 O levantamento aqui realizado não tem caráter estatístico. O objetivo é apenas mapear os setores mais relevantes em cada central. Os dados estão disponíveis em: http://sis.dieese.org.br/

16 Cumpre destacar que a Conlutas admite a filiação de minorias e oposições sindicais, mas esta filiação não é contabilizada para fins de reconhecimento oficial da central.

Sindical e Democrática dos Trabalhadores Metalúrgicos de Minas Gerais e importante dirigente do PSTU.

No caso da CTB, é possível observar uma forte presença de sindicatos e federações de trabalhadores rurais, além de trabalhadores do setor público, sobretudo das áreas de educação, saúde e saneamento básico. São filiados à CTB o Sindicato dos Metroviários de São Paulo,[17] de onde provém seu presidente, Wagner Gomes, o STU (Sindicato dos Trabalhadores da Unicamp), além de vários Sinpros (Sindicatos de Professores). O partido com maior presença no interior da CTB é o PCdoB.

Os dados relativos à Intersindical são mais difíceis de serem obtidos pois, além de não se constituir como central, sua divisão – sobre a qual falaremos adiante – torna esse levantamento mais árduo. O Sindicato dos Químicos Unificados e o Sindicato dos Bancários de Santos fazem parte da Intersindical ligada ao PSOL. A Intersindical ligada à Alternativa Sindical Socialista (ASS) e à Unidade Classista (PCB) conquistou a direção do Sindicato dos Metalúrgicos de Santos (do qual fazem parte trabalhadores de empresas que prestam serviços de manutenção para a Petrobrás e para o Porto de Santos, além de trabalhadores da siderurgia, sobretudo da Cosipa, privatizada em 1993), e alguns de seus integrantes participam da direção do Sindicato dos Metalúrgicos de Campinas e Região.

A NCST compreende um número expressivo de federações e confederações (é presidida por José Calixto Ramos, presidente da Confederação Nacional dos Trabalhadores na Indústria), além de sindicatos de trabalhadores no comércio, turismo, hotelaria, transportes e construção.

Comércio, turismo, hotelaria e transportes são também os setores com maior presença na UGT, aos quais se agregam bancários e trabalhadores rurais. A UGT tem vários sindicatos de trabalhadores no comércio entre seus filiados, com destaque para o Sindicato dos Comerciários de São Paulo – que se intitula o maior Sindicato da América Latina por ter na base mais de 450 mil trabalhadores – do qual é oriundo seu presidente, Ricardo Patah. Outro importante filiado a essa central é o Sindicato dos

---

17 Nas eleições realizadas em setembro de 2010, a CTB perdeu a direção desse sindicato para uma chapa composta por Conlutas, Intersindical e independentes.

Eletricitários de São Paulo. Dados coletados por uma pesquisa por nós realizada durante a 1ª Plenária Nacional da União Geral dos Trabalhadores da UGT, em 2009, indicam a predominância de profissões de nível médio e superior entre os delegados, bem como de trabalhadores do comércio ou serviços (com escolaridade média) e do setor de transporte, com nível de escolaridade média e ocupantes de cargos de baixa e média hierarquia, cuja renda é de até 5 salários mínimos (Trópia *et al.*, 2010b). No plano partidário, a central se encontra dividida. Roberto Santiago, vice-presidente licenciado da UGT, é deputado federal pelo PV. David Zaia, também vice-presidente licenciado, é deputado estadual de São Paulo pelo PPS. Outro vice-presidente, Laerte Teixeira da Costa, é filiado ao PMDB e Antonio Carlos dos Reis, o Salim, é vice-prefeito de Carapicuiba e candidato a deputado federal em 2010 pelo DEM.[18]

A CGTB congrega alguns sindicatos de servidores públicos municipais, de trabalhadores na indústria (construção civil, vestuário, extrativa, gráfica) e na movimentação de mercadorias, além do Sindicato dos Trabalhadores em Processamento de Dados e Tecnologia da Informação de São Paulo, de onde provém seu presidente, Antonio Fernandes dos Santos Neto, que é membro do diretório nacional do PMDB.

A Força Sindical aglutina predominantemente federações, sindicatos de trabalhadores na indústria alimentícia e metalúrgica, nos transportes (inclusive de valores e mototáxis), no comércio, turismo e hospitalidade, profissionais liberais e autônomos (contabilistas, taxistas) e vigilantes. Tem pouca representatividade junto a funcionários públicos e nesse segmento atua principalmente junto aos policiais rodoviários. Entre os filiados, destaque-se o Sindicato dos Metalúrgicos de São Paulo, de onde são oriundos os presidentes da central, inclusive o atual, Paulo Pereira da Silva, deputado federal pelo PDT. Outros importantes sindicatos industriais filiados

---

18 Os diferentes vínculos partidários repercutem no posicionamento eleitoral da central, como veremos adiante. Para superar essa dificuldade, a UGT vem discutindo a formação de um partido vinculado à central (UGT, 2010a, p. 10). Esse é mais um indicador de como a divisão organizativa do movimento sindical está relacionada à divisão partidária.

são os metalúrgicos de Osasco e Região e de São Caetano do Sul, os metalúrgicos da Grande Curitiba e o Sindicato dos Empregados em Empresas de Industrialização Alimentícia de São Paulo. Os comerciários têm presença significativa, sobretudo através da Federação dos Empregados no Comércio do Estado de São Paulo. Importante destacar que o Sindicato dos Comerciários de São Paulo deixou a Força Sindical para se filiar à UGT.

Por fim, a CUT – cuja proximidade com o PT é bastante conhecida – tem forte presença no setor industrial (metalúrgicos, têxteis, químicos, petroleiros), entre trabalhadores nas telecomunicações, correios e telégrafos, eletrecitários, bancários, profissionais liberais (arquitetos, economistas, engenheiros, jornalistas, odontólogos, psicólogos). Apesar da perda sofrida, continua agregando sindicatos de funcionários públicos, especialmente de servidores municipais, de saúde e saneamento básico e trabalhadores rurais, e sindicatos em que uma parcela significativa da categoria trabalha em empresas públicas, como os bancos públicos e a Petrobrás. Entre os filiados, destaque-se a Apeoesp, o Sindicato dos Metalúrgicos do ABC, o Sindicato dos Eletricitários de Campinas (de onde provém seu presidente, Artur Henrique da Silva Santos), o Sindicato dos Bancários de São Paulo e a Federação Única dos Petroleiros.

A figura abaixo indica a origem e a trajetória das centrais:

1983 – CUT → 2004 Conlutas
→ 2006 Intersindical
→ 2007 CTB

1986 – CGT → 1989: racha CGT-central/CGT Confederação
→2001 CGTB

1989 – CGT Confederação → 1991 racha FS → 1997 racha SDS
→ CGT Confederação

2007 – UGT → CAT
→ SDS

Esse esquema ajuda a visualizar as cisões por que passaram as centrais e permite supor que o processo de cisão afeta negativamente as centrais das quais as novas entidades se originam.

Embora não haja uma série histórica confiável acerca da filiação sindical no Brasil, a tabela abaixo indica um movimento de declínio sofrido pela CUT e FS desde o último Censo Sindical realizado pelo IBGE, em 2001. No caso da FS, o declínio pode ser verificado comparando-se os dados do Censo com os disponibilizados pela própria central no ano de 2005. Já em 2009, verifica-se um aumento substantivo em relação a 2001 e 2005, aumento que continua em 2010. Levantamos aqui a hipótese de que o declínio sofrido pela FS deve-se à percepção, por parte de alguns dirigentes sindicais, de que o apoio da central ao neoliberalismo foi exagerado, tendo provocado efeitos negativos sobre uma parcela de sua base (aquela formada por trabalhadores industriais do setor privado, especialmente em empresas metalúrgicas e de alimentação). De modo correlato, é plausível supor que a central só conseguiu estancar as perdas e crescer[19] quando passou a apoiar o governo Lula e a assumir um papel mais crítico em relação ao neoliberalismo e ao processo de flexibilização de direitos, que afeta não apenas os trabalhadores industriais, mas também os empregados no comércio, que constituem outra parcela significativa de sua base.

No caso da CUT, a perda de filiados pode ser constatada comparando-se os dados do Censo com os divulgados pelo Ministério do Trabalho e Emprego (MTE) após ter realizado, a partir de 2005, uma campanha de Atualização Sindical destinada a regularizar o Cadastro Nacional de Entidades Sindicais (CNES). Os dados de 2009 indicam uma redução no número de entidades filiadas à CUT, em comparação com 2001. Já em 2010, observa-se um aumento frente a 2009. Cumpre notar que o número de sindicatos divulgado pelo Sistema Integrado de Relações de Trabalho do MTE é subestimado, uma vez que inclui apenas as organizações cujo cadastro efetuado junto ao MTE já foi concluído. Segundo as centrais, o processo de registro das entidades sindicais pelo Ministério é lento, o que

---

19 Salgado (2006) observa que a Força Sindical "incrementou em 134% os sindicatos e em 100% as pessoas sindicalizadas" entre 2003-2006.

as leva a declarar um número maior de filiados do que o apresentado na tabela. Se usarmos os dados do MTE, o aumento registrado pela CUT em 2010 frente a 2009 é insuficiente para recuperar o nível de 2001. Já se considerarmos os dados da central, o aumento ultrapassa largamente os indicadores anteriores.[20]

Tabela – Número de entidades filiadas por central

	2001*	2005	2009***	2010****
CUT	2.838		1.698	1.885
FS	835	778**	982	1.379
NCST			680	798
UGT			559	796
CTB			271	460
CGTB			244	333
Conlutas			39	63
TOTAL	–	–	4.473	5.714

* Cf. Censo Sindical IBGE. Total não contabilizado na medida em que não existem dados disponíveis para todas as centrais.
** Dados da própria FS.
*** Cf. Sistema Integrado de Relações do Trabalho, MTE, dados até 18/02/2009.
**** Cf. Sistema Integrado de Relações do Trabalho, MTE, dados até 09/09/2010. Cf. http://www2.mte.gov.br/cnes/painel_atualizacao_trabalhadores.asp#

Os dados de 2009 e 2010 trazem também informações a respeito das novas centrais. A lei de reconhecimento das centrais, de 2008, desencadeou

20 Os dados divulgados pelas próprias centrais através da grande imprensa (por ex., Villaverde, 2010b) não conferem com os apresentados na tabela. Se os dados ministeriais são subestimados, como alegam as centrais, pode-se considerar que os apresentados por elas próprias são superestimados, numa tentativa de mostrar maior representatividade e competitividade no "mercado" sindical. Segundo a CUT, a central possui 3.423 sindicatos filiados, número que não corresponde ao divulgado pelo MTE nem mesmo se consideramos as entidades aguardando protocolo na Secretaria de Relações de Trabalho e Emprego, aguardando correções e providências e aquelas cujo cadastro foi invalidadado pelo governo. Caso todas as entidades nessas categorias fossem contabilizadas, o número seria de 2.594 sindicatos. Ver: http://www2.mte.gov.br/sistemas/cnes/relatorios/painel/GraficoFiliadosCentralSindical.asp

uma corrida pela filiação de novas entidades, de modo que se observa um crescimento generalizado no número de filiados à CTB, Conlutas, NCST, UGT e também à CGTB, que diferentemente dessas quatro não é uma nova central. Ainda assim, muitos sindicatos brasileiros permanecem não filiados a nenhuma central.[21] Note-se que a criação e o crescimento da Conlutas e da CTB explica uma parte importante da redução dos filiados à CUT desde o surgimento dessas organizações até o ano de 2009.[22] A Intersindical, por não se configurar como central, não solicitou registro junto ao MTE e não consta na tabela.

A criação de novas centrais, se expressa uma divisão organizativa, não evidencia uma grande diferença político-ideológica entre elas, ao menos no que se refere às seis centrais reconhecidas, uma vez que todas elas apoiam o governo, como veremos mais detalhadamente na próxima seção deste artigo.

A Conlutas, embora cadastrada, não cumpre os critérios de representatividade estabelecidos pela lei das centrais, não tendo o direito de receber o repasse do imposto sindical. Nesse sentido, ela não é oficialmente reconhecida, não podendo realizar as atribuições e prerrogativas estabelecidas pelo artigo 1º da referida lei, a saber: "I – coordenar a representação dos trabalhadores por meio das organizações sindicais a ela filiadas; e II – participar de negociações em fóruns, colegiados de órgãos públicos e demais

---

21 Segundo o CNES, 36,53% dos sindicatos cadastrados no MTE não são filiados a centrais sindicais, conforme dados validados até 09/09/2010.

22 Esse movimento não escapou à grande imprensa. Recorrendo aos dados então disponíveis, Bruno (2009) observa que: "Levando-se em conta apenas os dados oficiais do Ministério do Trabalho e Emprego, só a CTB e a Conlutas, formadas quase que em sua totalidade por entidades que até poucos anos atrás integravam a estrutura cutista, somam 351 sindicatos filiados. Para se ter uma ideia do golpe dado pela criação das novas centrais na CUT, o número equivale a 21% do total de sindicatos que hoje pertencem à central (1.670). O rombo é ainda maior se contabilizados os sindicatos que hoje pertencem à Intersindical, formalmente não reconhecida como central".

espaços de diálogo social que possuam composição tripartite, nos quais estejam em discussão assuntos de interesse geral dos trabalhadores".[23]

A proximidade político-ideológica entre Intersindical e Conlutas levou a um movimento de aproximação entre ambas a partir de 2007. No entanto, a divergência em torno da forma organizativa – constituir-se ou não como central sindical e sua composição – provocou conflitos internos que resultaram numa cisão no interior da Intersindical: uma parte dos militantes (ligados ao PSOL) defende a fusão com a Conlutas (e a constituição como central, ainda que não uma central sindical e popular); outra (composta pela ASS e PCB), defende a permanência numa entidade distinta da Conlutas. As duas frentes mantiveram o nome Intersindical. Juntamente com a Conlutas, a primeira promoveu, em junho de 2010, o Congresso da Classe Trabalhadora (Conclat), um congresso destinado a discutir a fusão entre as duas entidades. Essa unificação, porém, mostrou-se mais difícil do que se supunha. As disputas entre a Intersindical e a Conlutas relacionaram-se a fatores organizativos (quem faz parte da central, como se escolhe a direção?), à concepção de democracia defendida por cada uma das correntes (qual o peso das minorias? Como se decidem os conflitos entre diferentes posições?) e ao nome da nova organização (deveria fazer referência às entidades que estariam se fundindo ou não?). Além desses fatores, a disputa político-partidária, a nosso ver, também pesou, já que PSOL e PSTU, os principais partidos presentes em cada uma das organizações, haviam lançado candidaturas próprias às eleições de 2010. A

---

23 A Conlutas alega ter se cadastrado para obter reconhecimento institucional, mas afirma que recusará os recursos do imposto sindical, caso venha a alcançar os índices de representatividade. A recusa do financiamento é coerente com o discurso de autonomia e independência sustentado pela central, mas a busca de reconhecimento institucional nos parece contraditória com esse mesmo discurso, afinal, seus integrantes sistematicamente se opõem às negociações tripartites e denunciam o predomínio da luta institucional sobre o trabalho de mobilização das bases. Diante dessa contradição – bem como do apego dos dirigentes sindicais brasileiros a essa fonte de custeio que é, paradoxalmente, tão criticada por todos – qual a garantia de que, uma vez obtido o direito de utilizar os recursos, os sindicatos filiados à Conlutas abrirão mão desse direito?

despeito da não concretização da fusão, a Conlutas alterou sua denominação, passando a se chamar Central Sindical e Popular – Conlutas.

As estratégias das centrais e a crise

A concorrência entre organizações de cúpula se intensificou no segundo mandato de Lula, levando as centrais a assumir, em alguns momentos, um discurso mais crítico em relação ao governo. Porém, a forma pela qual as centrais manifestam sua insatisfação diante de algumas medidas e propostas governamentais é distinta: as centrais próximas ao governo adotam uma posição predominantemente institucional e preferem negociar a política, ao passo que as mais críticas optam por mobilizar sua base para tentar resistir às medidas que consideram prejudiciais aos trabalhadores.

Conlutas e Intersindical, no entanto, não se opõem apenas a medidas pontuais; divergem da própria concepção que, a seu ver, norteia a ação governamental. Ambas consideram o governo neoliberal em virtude do domínio da lógica financeira, expressa na prioridade dada à estabilidade monetária e ao equilíbrio fiscal. O controle da inflação continua a ser assegurado via taxa de juros que, embora inferior à média do governo Cardoso, mantém-se elevada. O superávit primário continua a limitar o gasto público, a despeito do segundo mandato ter sido marcado pelo aumento do investimento estatal.[24] Criticam o governo por ter promovido uma privatização "branca" (feita através de parcerias público-privadas,

---

24 As mudanças observadas entre o primeiro e o segundo mandato de Lula têm levado alguns analistas a apontar uma inflexão desenvolvimentista no governo, inflexão definida como "liberal-desenvolvimentista" por Sallum Jr. (2009) e como um "novo modelo de desenvolvimento" em construção, por Barbosa e Souza (2010). Os principais elementos dessa inflexão são o Programa de Aceleração do Crescimento (PAC) e o aumento do crédito público (destinado ao financiamento imobiliário e produtivo). O PAC foi lançado em 2007 com o objetivo de investir até 2010, entre recursos públicos e privados, em torno de R$ 500 bilhões em obras de infraestrutura, especialmente nas áreas de transporte, energia, saneamento, habitação e recursos hídricos. Quanto ao crédito, cumpre destacar o papel do BNDES, cujo financiamento contribuiu para a expansão das empresas brasileiras no exterior.

concessões de serviços públicos, venda de ações de estatais, leilão de poços de petróleo) e não ter revertido as privatizações efetuadas no governo Cardoso; por não ter revogado a legislação, implementada na administração do PSDB, que expandiu os contratos precários de trabalho; por não ter adotado medidas para combater a histórica flexibilidade do mercado de trabalho (marcado pela rotatividade, pela demissão imotivada) e por ter mantido o fator previdenciário.[25]

Apesar dessas críticas de fundo, a adesão a essas centrais e, consequentemente, sua capacidade de mobilização, é pequena. Essa dificuldade de mobilização se deve aos altos índices de aprovação mantidos pelo governo Lula em seus dois mandatos, aprovação que se deve a diferentes fatores. A ampliação dos programas sociais teve um impacto importante sobre os trabalhadores desorganizados.[26] O maior acesso ao crédito repercutiu junto à população de baixa renda, beneficiada por programas de microcrédito e pelo aumento de empréstimo à agricultura familiar, que constituíram uma alternativa ao emprego assalariado. Ao mesmo tempo, a bancarização e a contenção de preços da cesta básica ampliaram sua capacidade de consumo.[27]

25 Trata-se de um redutor baseado na idade, tempo de contribuição e expectativa de vida do trabalhador, que diminui em até 40% o valor das aposentadorias para quem se aposenta pelo tempo mínimo de contribuição. Esse redutor foi instituído em 1999, em decorrência da reforma da previdência implementada pelo governo Fernando Henrique Cardoso no ano anterior, com o fim de estimular o trabalhador a permanecer mais tempo em atividade.

26 O Bolsa Família, por exemplo, um dos principais programas sociais do governo, aumentou o número de famílias beneficiadas de 3,6 milhões para 12,3 milhões entre 2003 e 2009, elevando o montante de recursos investidos no período de R$ 3,4 bilhões para R$ 12,4 bilhões.

27 Esses elementos levaram Singer (2009) a apontar uma mudança na base de social do governo Lula: enquanto a classe média se afasta do PT e critica o governo, sobretudo devido às denúncias de corrupção, o subproletariado – tradicionalmente distante do partido e de seu principal expoente por associá-los à instabilidade política – passa a apoiar o governo. Esse apoio, porém, é definido pelo autor como expressão do lulismo, já que a base social de Lula não adere necessariamente ao PT. O lulismo foi viabilizado por um "programa de combate à

Os trabalhadores formais e sindicalmente organizados também foram afetados pela política do governo. O empréstimo consignado a taxas de juros mais baixas que as elevadas taxas praticadas no mercado brasileiro beneficiou uma parcela dos assalariados, muito embora a dedução do empréstimo em folha de pagamento interfira no princípio da intangibilidade dos salários assegurada pelo artigo 462 da CLT.[28]

O salário mínimo é outro fator a ser considerado, e um fator que repercute não apenas entre os trabalhadores formais, mas também no setor informal (que tem o mínimo como referência) e junto aos aposentados (já que é grande o número de aposentados que recebem apenas um salário mínimo). Entre 2002 e 2010, ou seja, ao longo dos dois mandatos de Lula, o salário mínimo registrou ganho real de 53,67% (Cf. DIEESE, 2010a).[29] Em 2007, as centrais sindicais negociaram com o governo uma política de valorização do salário mínimo prevista para se estender até 2023. Por meio desse acordo, o salário mínimo será reajustado anualmente pela taxa de inflação mais a variação do PIB do ano anterior.

Além dos ganhos no salário mínimo, o crescimento econômico registrado desde 2004[30] também repercutiu positivamente sobre o mercado

---

desigualdade dentro da ordem" (Singer, 2009, p. 96). Assim, Lula deu continuidade à ortodoxia econômica, assegurando a manutenção da ordem e, ao mesmo tempo, promoveu uma "política de promoção do mercado interno voltada aos menos favorecidos" (Singer, 2009, p. 98).

28 "Ao empregador é vedado efetuar qualquer desconto nos salários do empregado, salvo quando este resultar de adiantamentos, de dispositvos de lei ou de contrato coletivo". A lei 10.820/2003 permite o referido desconto, desde que limitado a 30% da remuneração disponível. Se, por um lado, o trabalhador pode usufruir de um empréstimo a taxa de juros mais baixa em relação a outras linhas de crédito, por outro, não tem alternativa caso queira interromper o pagamento do empréstimo para destinar seu salário a outra finalidade.

29 Este número continua bastante distante do mínimo necessário estabelecido pelo DIEESE, embora tenha havido um aumento também em termos relativos: em janeiro de 2003, o salário mínimo correspondia a 14,5% do mínimo necessário (R$ 200,00 ante R$ 1.385,91); em 2010, a 22,5% (R$ 510,00 frente a R$ 2.257,52).

30 O crescimento anual do PIB, entre 2004 e 2008, foi de: 5,7%, 3,2%, 4,0%, 5,7%, 5,1%.

de trabalho, colaborando para a redução do desemprego e da informalidade. Segundo a Pesquisa de Emprego e Desemprego do DIEESE/Seade para 6 regiões metropolitanas, o desemprego se reduziu de 21,8% em 2003, primeiro ano do governo Lula, para 14,1% em 2008 (índice mais baixo dos dois mandatos) e se manteve relativamente estável em 2009 (14,2%), a despeito da crise internacional. No que se refere à formalização, as estimativas do governo apontam um saldo entre 14 e 15 milhões de novos empregos formais após os dois mandatos (Emprego..., 2010).

As negociações salariais intermediadas pelos sindicatos também registraram melhorias ao longo do governo Lula. Segundo o Sistema de Acompanhamento de Salários mantido pelo DIEESE, em 2003, 18,8% dos reajustes acordados foram acima da inflação medida pelo INPC-IBGE, 22,8% iguais ao INPC e 58,4% abaixo do INPC. Em 2006, esses números aumentaram para 86,3%, 10,7% e 3,1%, respectivamente (DIEESE, 2007, p. 3). Em 2008, num contexto de crise, verifica-se uma queda para 75,2%, 12,1% e 12,8%. Já no primeiro semestre de 2010 87,9% das negociações conquistaram aumentos reais nos salários, 9,0% a reposição da inflação e 3,1% das negociações não conseguiram recompor as perdas inflacionárias (DIEESE, 2010b, p. 3).

Por fim, ainda que os funcionários públicos tenham sido afetados por medidas como a reforma da previdência, houve um aumento líquido de 57 mil vagas entre 2003 e 2009 no Executivo Federal (Ministério do Orçamento, do Planejamento e Gestão, 2009) e os servidores obtiveram aumento salarial ao longo dos dois mandatos de Lula, em contraste com a falta de reajuste verificada no período Cardoso. Essa recuperação não significa que tenha deixado de haver defasagem salarial. Entre 2003 a 2008, segundo a Relação Anual de Informações Sociais (Rais), a remuneração média do servidor público nos três níveis de governo (federal, estadual e municipal) cresceu 30,3% (MTE, 2010). Esse valor, porém, apenas repôs a inflação acumulada no período, situada em 30% conforme o IPCA. Além disso, os reajustes são diferenciados conforme a carreira, privilegiando-se as áreas de execução das políticas governamentais (Novelli, 2010). Os trabalhadores da administração pública e autárquica obtiveram 56% de aumento salarial real desde 2002 (Monteiro, 2010), aumento superior, portanto, à média anteriormente mencionada. Essa diferenciação gera insatisfação e greves nos segmentos contemplados com aumentos inferiores, que ainda reclamam das gratificações não incorporadas aos salários e da ausência de reestruturação de muitas carreiras.

Esses elementos permitem explicar porque, ainda que haja insatisfação das centrais em relação ao governo, esta é, predominantemente, pontual e moderada. Essa moderação pode ser constatada durante a crise de 2008 e é sobre isso que falaremos a seguir.

Os documentos produzidos pelas diferentes centrais diagnosticam, principalmente, uma crise estrutural, sistêmica, do capitalismo (caso de CUT, CTB, Conlutas e Intersindical). Em alguns casos, a essa crise estrutural se sobrepõe uma crise do modelo capitalista neoliberal (CUT, CTB). Outras centrais não defendem a tese de crise estrutural, mas sim de uma crise provocada pelos especuladores (UGT) e, numa análise semelhante, de uma crise financeira, provocada pelo predomínio do capital especulativo sobre o capital produtivo (FS).

Diante desta constatação, as centrais propõem três ordens de medidas:

1. A adoção de uma Agenda Positiva do Trabalho: a proposta elaborada pelo Departamento Intersindical de Assessoria Parlamentar (Diap) é apoiada por seis centrais sindicais (CUT, FS, NCST, UGT, CTB e CGTB) e foi encaminhada ao Congresso Nacional em maio de 2009. Essa agenda propõe as seguintes medidas:

- Redução da jornada para 40 horas semanais como forma de combater o desemprego e redistribuir renda;[31]

---

31 Desde 1988, a jornada legal no Brasil é de 44 horas semanais. É importante considerar que a redução da jornada é uma demanda prévia à crise. A proposta de redução da jornada de trabalho sem redução de salários vem sendo apresentada pela CUT desde o primeiro ano do governo Lula, em 2003, como um meio de gerar empregos e foi apoiada por outras centrais sindicais, dando origem a uma campanha unificada no ano seguinte. Em dezembro de 2007, CUT, FS, UGT, NCST e CTB organizaram a 4ª Marcha da Classe Trabalhadora, defendendo, entre outras medidas, a redução da jornada para 36 horas semanais.

- Aumento da hora extra para 75% da hora normal;[32]
- Retirada de tramitação do projeto de lei (PL) 4.302/98, que amplia as possibilidades de terceirização;[33]
- Aprovação do PL 142/03 (de autoria de Aloysio Nunes Ferreira – PSDB/SP), que revoga os dispositivos legais que estabelecem a inexistência de vinculo empregatício entre membros de cooperativas, bem como entre estes e os tomadores de serviço, a fim de coibir as cooperativas constituídas para fraudar direitos trabalhistas;
- Fim da demissão sem justa causa (mediante a assinatura da Convenção 158 OIT);
- Punição ao trabalho escravo e expropriação de terras para reforma agrária;
- Participação dos trabalhadores no conselho de administração das estatais;
- Fim do fator previdenciário e reajuste das aposentadorias conforme o aumento do salário mínimo;[34]
- Ratificação da convenção 151 da OIT, que estabelece a negociação coletiva no setor público;
- Estabilidade para dirigentes sindicais;
- Combate às práticas antisindicais;
- Regulamentação da contribuição assistencial, mediante a aprovação do PLS 248/06 (de autoria do senador Paulo Paim – PT/RS),

---

[32] A legislação em vigor estabelece que a hora extra seja remunerada com 50% de acréscimo em relação à hora normal.

[33] A terceirização é combatida por representar uma precarização das condições de trabalho, já que os salários e benefícios pagos aos terceirizados são geralmente inferiores aos recebidos pelos trabalhadores diretamente contratados pela empresa tomadora de serviço. Para uma discussão sobre o impacto da terceirização junto ao sindicalismo, cf. artigo de Paula Marcelino, nesta coletânea.

[34] Até a reforma de 1998, o valor da aposentadoria do setor privado era calculado tendo por base o salário mínimo. A reforma promoveu a substituição do número de salários mínimos por um teto nominal que, na prática, reduz o valor dos benefícios, desvinculando o reajuste das aposentadorias do reajuste do mínimo.

que estabelece a contribuição obrigatória de 1% do salário bruto anual, inclusive aos servidores públicos e não filiados.

2. A implementação de um novo modelo de desenvolvimento, que pressupõe o protagonismo estatal e a superação do neoliberalismo. Essa posição não se choca com a anterior e é defendida pela CUT, FS e CTB.

Diferentemente do que aconteceu nos anos 1990, quando as maiores centrais assimilaram (CUT) ou defenderam abertamente (FS) os principais aspectos da ideologia e do programa político neoliberal (Trópia, 2002; Galvão, 2002; 2006), verifica-se uma maior resistência e mesmo uma crítica ao neoliberalismo, o que parece indicar uma mudança na posição dessas centrais.[35] Estas passam a se pronunciar contrariamente à flexibilização (sobretudo à terceirização e à anualização da jornada, na medida em que o banco de horas impede o pagamento de horas extras) e à privatização (que resultou em demissões, redução de salários e restrição de direitos).

Apesar disso, há práticas que contrariam esse discurso. No início da crise, vários sindicatos realizaram acordos de redução da jornada, em alguns casos com redução salarial – a exemplo da FS, que considerava esses acordos necessários e emergenciais. A CUT, por sua vez, orientou seus sindicatos a não firmarem acordos desse tipo,[36] mas aceitava o banco de horas.[37] O presidente da central, Artur Henrique da Silva, considera que a FS, ao aceitar redução de jornada com redução salarial, "estaria estabelecendo uma 'agenda negativa' ao tratar as demissões como algo inevitável,

---

35 No que se refere à CUT, a crítica ao neoliberalismo, mais especificamente, àquilo que o movimento altermundialista denominava "globalização neoliberal", levou--a a intervir ativamente no Fórum Social Mundial. Cf. artigo de Ana Elisa Corrêa e Santiane Arias, nesta coletânea.

36 A decisão relativa à flexibilização, porém, não é respeitada pelos filiados. Como declarou o presidente do Sindicato dos Metalúrgicos de Itaquaquecetuba, Aparecido Riberio de Almeida, os acordos de flexibilização "são uma questão de sobrevivência [...] Ou flexibiliza ou perde o emprego. O que a lei nos permitir vamos flexibilizar sim" (Amato; Simionato, 2009, p. B3).

37 Embora tenha sido uma questão polêmica no interior da CUT quando de sua implantação, o banco de horas surgiu, em 1995, a partir de um acordo celebrado pelo Sindicato dos Metalúrgicos do ABC, um dos maiores filiados à central.

ao invés de defender o emprego e discutir alternativas para o crescimento econômico" (CUT..., 2009).

Ainda assim, se comparamos o discurso sindical nos anos 2000 ao dos anos 1990, é possível perceber as diferenças. A FS – que nos anos 1990 havia apoiado a maior parte do programa neoliberal – modifica seu discurso e passa a falar em "Estado de resultados",[38] defendendo o desenvolvimento sustentado e a subordinação do capital às prioridades sociais. A CUT manifesta-se favoravelmente ao investimento público e ao fortalecimento do mercado interno como medidas contra a crise e propõe articular a regulação do capitalismo a um "novo ciclo de tentativas de construção do socialismo" (CUT, 2009). Curiosamente, o socialismo, que só esteve presente de maneira marginal no repertório da CUT nos anos 1990, e isso por insistência das correntes minoritárias, volta a fazer parte do vocabulário da direção nacional justamente depois que as mais expressivas correntes de esquerda deixam a central. A CTB defende que o novo modelo de desenvolvimento nacional seja orientado na direção do socialismo, mas, assim como a CUT, o socialismo figura muito mais no plano do discurso do que de suas propostas concretas, que apontam para uma perspectiva neodesenvolvimentista. Nesse sentido, podemos discutir se esse modelo de desenvolvimento rompe efetivamente com o neoliberalismo ou se limita a introduzir modificações no modelo neoliberal, articulando a manutenção do equilíbrio monetário e fiscal à retomada do investimento público e à expansão do mercado interno.

3. A articulação entre propostas emergenciais e a luta pelo socialismo constitui a posição da Conlutas e da Intersindical. Ainda que as medidas emergenciais coincidam em alguns pontos com a Agenda Positiva (por exemplo, a assinatura das Convenções 151 e 158 da OIT), elas são mais incisivas quanto à necessidade de ampliar direitos e abrangem medidas polêmicas do ponto de vista do direito burguês, questionando o direito de propriedade e o cumprimento dos contratos. Assim, essas medidas

---

38 "Nosso posicionamento é por um Estado de resultados. Que não seja forte para os ricos e fraco para os pobres; que não seja Máximo quando as empresas precisam de empréstimos e Mínimo no cumprimento da legislação que garante os direitos básicos da população" (Fernandes, 2009).

permitem conectar a defesa de uma parcela do direito burguês (a parcela que reconhece os direitos dos trabalhadores) à propaganda político-ideológica socialista. Seus principais pontos são:

- estabilidade no emprego (a Conlutas apresenta uma Medida Provisória nesse sentido);
- uma redução mais ampla da jornada de trabalho (36 horas semanais, sem redução salarial);[39]
- estatização (sem indenização e sob o controle dos trabalhadores) das empresas que demitirem seus empregados;
- taxação de grandes fortunas;
- não pagamento da dívida interna e externa;
- a ampliação do pagamento do seguro desemprego de 5 meses para 2 anos.[40]

Enquanto os trabalhadores apresentavam essas três ordens de propostas para combater a crise, o patronato manifestava-se contrariamente à intervenção estatal em matéria de política social (embora apoiasse o socorro às empresas em dificuldades), a favor do controle do gasto público e da redução de direitos (expressa em demandas por uma nova reforma trabalhista, pela flexibilização temporária das leis trabalhistas, e pela flexibilização de direitos pela via da negociação coletiva).[41] Essa posição suscitou críticas por parte do movimento sindical, que assumiu como bandeiras de luta: "o trabalhador não vai pagar essa conta" (CUT), "Que os banqueiros capitalistas paguem o custo da crise" (Conlutas), "nenhum direito a menos. Avançar na luta. Não ao pacto com o capital e seu Estado" (Intersindical) e "Os trabalhadores não vão pagar pela crise" (slogan da campanha unificada de todas as centrais, incluindo Conlutas e Intersindical).

---

39   Note-se que essa era a posição defendida pela CUT e seus aliados em 2007.

40   As demais centrais reivindicam 10 meses. Em fevereiro de 2009, o Conselho Deliberativo do Fundo de Amparo ao Trabalhador (Codefat) aprovou o aumento das parcelas para 7 meses, apenas para os setores mais afetados pelas demissões.

41   Isso indica que o neoliberalismo continua dominando as propostas de reforma trabalhista, dado o interesse patronal na redução do custo do trabalho, que seria decorrente da flexibilização de direitos.

Assim, apesar da divisão organizativa ter aumentado no governo Lula, das diferentes propostas apontadas acima e dos distintos posicionamentos das centrais em relação ao governo (apoio e conciliação ou oposição e resistência), a crise econômica e financeira internacional levou as centrais a adotar uma plataforma comum, caracterizada pela defesa do emprego e dos direitos sociais, da luta contra a flexibililização e contra as demissões, pela redução da jornada de trabalho sem redução salarial. Essa plataforma possibilitou manifestações conjuntas, a exemplo do Dia Nacional de Luta em Defesa do Emprego (30/03/2009) e da Jornada Nacional Unificada de Lutas (em 14/08/2009) e ações comuns, como o recurso à Justiça para suspender ou impedir demissões. O caso mais notório foi o da Embraer (Empresa Brasileira de Aeronáutica, privatizada em 1994), que demitiu 4.270 empregados. A empresa, que possui unidades em São José dos Campos e Botucatu, foi alvo de uma ação judicial impetrada pelo Sindicato dos Metalúrgicos de São José dos Campos (filiado à Conlutas) e pelo Sindicato dos Metalúrgicos de Botucatu (filiado à FS). A Justiça concedeu uma liminar suspendendo as demissões efetuadas, sob a justificativa de que as mesmas não haviam sido negociadas com o sindicato, e impedindo novas demissões na empresa. Diante disso, o Sindicato Aeroespacial de São José dos Campos[42] ingressou com pedido de litesconsortie, para estender a seus filiados os efeitos da decisão judicial.[43]

Podemos apresentar algumas hipóteses para explicar como, a despeito da divisão organizativa e estratégica, é possível adotar essa plataforma comum: para as centrais críticas do governo, essa unidade seria conveniente

42 Esse sindicato foi criado em 2005 por sindicalistas ligados à CUT para disputar com a Conlutas a base de trabalhadores da Embraer. Isso só é possível porque a legislação brasileira, embora impeça a concorrência sindical na base, não impede o desmembramento de sindicatos por intermédio da criação (muitas vezes artificial e enganosa) de novas categorias profissionais. No caso em tela, trata-se de convencer a Justiça do Trabalho acerca das especificidades dos trabalhadores da indústria aeroespacial, o que justificaria sua representação por um sindicato distinto dos metalúrgicos.

43 A decisão, tomada no âmbito do Tribunal Regional do Trabalho, foi derrubada posteriormente pela instância superior, o Tribunal Superior do Trabalho.

devido à sua baixa inserção junto aos trabalhadores. O caráter minoritário dessas centrais, além do apoio popular ao governo, dificulta tanto a resistência quanto uma ação mais ofensiva. Além de seu caráter minoritário, a divisão desse campo em diferentes correntes constitui um obstáculo adicional, o que teria levado à tentativa (frustrada) de fusão em junho de 2010.

Para as centrais aliadas ao governo, pode-se aventar a hipótese de que a divisão do movimento sindical tem lhes forçado a agir e, inclusive, a criticar o governo. No caso da CUT, isso pode exprimir uma tentativa de evitar mais perdas (não apenas do ponto de vista quantitativo – já que Conlutas, Intersindical e CTB se originam dela – mas também de "capital político" pois, muito embora a CUT continue a ser a maior central sindical brasileira e tenha grande espaço no governo Lula, ela deixou de ser reconhecida como central combativa e independente por parcela do movimento sindical e da intelectualidade). No caso da FS, que perdeu filiados entre 2001 e 2005 e reverteu esse movimento de declínio no quadriênio subsequente, é possível observar que a central procede, justamente entre 2005 e 2009, a uma revisão de seu discurso, porém sem realizar uma autocrítica.

A partir do que foi exposto, é possível identificar duas posições políticas mais gerais:

1) As centrais que apoiam o governo (CUT, FS, CTB, UGT, NCST e CGTB) destacam seu "bom relacionamento com o movimento sindical", expresso nas negociações e consultas ao movimento sindical efetuadas nos fóruns tripartites, mesas de negociação sobre salário mínimo, sobre serviço público e aposentadoria e no reconhecimento das centrais. Entendem que o Brasil estava preparado para enfrentar a crise e que o governo atuou de forma positiva, ao aumentar o crédito para estimular o consumo; reduzir o Imposto sobre Produtos Industrializados (IPI) de automóveis, eletrodomésticos de linha branca (geladeiras, fogões, máquinas de lavar...) e móveis; manter investimentos;[44] ampliar o programa Bolsa Família e valorizar o salário mínimo, "suavizando os efeitos da crise" (CTB, 2009).

---

44 Ao invés de ser reduzido em virtude da crise, o montante de gasto do PAC foi ampliado em 2009, mas o andamento do programa é lento: passados três anos, ele não concluiu nem a metade das obras pretendidas (Cf. http://www.casacivil.

Assim, essas centrais priorizam a negociação com o governo, optam por canalizar a pressão sobre o Parlamento e por realizar acordos patronais. Não há confronto aberto com o governo, nem se cogita uma greve geral, por exemplo. Prevalece uma perspectiva propositiva, ainda que haja cláusulas interessantes do ponto de vista da resistência ao neoliberalismo (a defesa da manutenção e ampliação de direitos). Por outro lado, o apoio ao governo impede essas centrais de apresentarem reivindicações mais ousadas: limitam-se a reivindicações viáveis e críticas pontuais, na linha do sindicalismo propositivo (Galvão, 2002). O próprio reconhecimento das centrais em 2008, ao lhes assegurar o repasse de 10% do imposto sindical, amplia a dependência e a subordinação em relação ao governo.

Isso não quer dizer que não haja diferenças entre as centrais que fazem parte do bloco de sustentação do governo. Embora faça uma avaliação global positiva do governo, a CTB apresenta críticas pontuais a ele. Isso pode ser observado, por exemplo, no acordo acerca do reajuste da aposentadoria, celebrado por CUT, FS e CGTB em agosto de 2009. Ao invés de insistir no fim do fator previdenciário, que constituía uma de suas reivindicações, o acordo realizado pelas centrais com o governo estabeleceu o fim do fator apenas do cálculo das aposentadorias dos segurados que preencherem o fator 85/95, isto é, para as mulheres que, entre tempo de contribuição e idade, somarem 85 e para os homens que somarem 95. O acordo também define um mecanismo de reajuste das aposentadorias com percentual inferior ao que será aplicado ao mínimo: o Índice Nacional de Preços ao Consumidor (INPC) mais 50% do PIB, ao invés da variação integral do PIB. Por não concordar com esses critérios, a CTB não participou do acordo, mas não deixou de apoiar a candidatura de Dilma Rousseff nas eleições de 2010.

2) A posição da Conlutas e da Intersindical é contrária ao governo e crítica ao Capital. Essas centrais se opõem ao socorro financeiro do governo

---

planalto.gov.br/2010/02/balanco-do-pac-3-anos/). O programa de habitação "Minha casa, minha vida", anunciado pelo governo em 2009, foi apresentado como tendo por objetivo assegurar 1 milhão de moradias para a população com renda de até 10 salários mínimos. Para uma crítica ao programa, cf. Hirata (2009).

às empresas em dificuldade, à renúncia fiscal (pois esta leva à queda na arrecadação) e ao corte no orçamento público, defendendo um maior investimento em políticas públicas. Para elas, não se trata de regular o sistema, pois entendem que a crise é estrutural. Apontam a insuficiência das medidas adotadas pelo governo, questionam a participação dos sindicalistas nos organismos tripartites, considerando que tal participação, por um lado, confere ao processo decisório uma aparência de democratização e, por outro, leva à cooptação dos dirigentes sindicais.

Apesar de seu espaço reduzido, a existência das centrais minoritárias é incômoda. Para fazer frente à Conclat convocada pela Conlutas e Intersindical, CUT, FS, CTB, CGTB e NCST promoveram, em 1º de junho de 2010, a Conferência Nacional da Classe Trabalhadora (Conclat), que tinha como objetivo aprovar a Agenda da Classe Trabalhadora, Pelo Desenvolvimento com Soberania, Democracia e Valorização do Trabalho. Essa agenda parte de uma avaliação positiva do governo Lula e defende a eleição de "candidatos comprometidos com as bandeiras da classe trabalhadora", na perspectiva de consolidar e ampliar os avanços obtidos na gestão petista. A UGT, que tem entre seus dirigentes políticos filiados a partidos de oposição ao governo e coligados com o PSDB nas eleições presidenciais de 2010, decidiu não participar da Conclat.[45] Isso não significa que se trate de uma central "avessa ao lulismo", como noticiado na imprensa (Villaverde, 2010c), mas sim que a pluralidade partidária interna a impediu de se posicionar no plano eleitoral. Afinal, embora queira se afastar da pecha de governista e se afirmar como uma central "democrática, plural e independente" (UGT, 2010a), a UGT não deixou de apoiar as principais políticas do governo e tampouco fez oposição a ele.[46]

---

45 A UGT apresentou aos candidatos a presidente uma Agenda Democrática de Desenvolvimento Sustentável com Valorização do Trabalho e da Produção que não difere substantivamente da Agenda das cinco centrais.

46 Segundo seu presidente Ricardo Patah, a central "não quer fazer do simplista e improdutivo ritual do denuncismo e do criticismo – ou, pior, do adesismo e do oficialismo – a marca característica de sua identidade sindical!" (UGT, 2010b, p. 4).

A Agenda da Classe Trabalhadora está dividida em 6 eixos estratégicos. O eixo 3 trata do "Estado como promotor do desenvolvimento socioeconômico e ambiental" e propõe, entre outras medidas, reduzir as metas de superávit primário, revisar a lei das parcerias público-privadas e revisar a Lei de Responsabilidade Fiscal. Essas medidas deveriam ser aperfeiçoadas e não revogadas, o que é paradoxal, posto que afetam a capacidade de investimento do Estado. Também é paradoxal a defesa do "fortalecimento do papel dos bancos, empresas públicas e fundos de pensão no financiamento de políticas de desenvolvimento" (AGENDA..., 2010, p. 10), uma vez que os fundos de pensão estão associados a processos de privatização e reestruturação produtiva. Esses exemplos atestam o comprometimento dessa parcela do sindicalismo com a gestão do capital.

Considerações finais: divisão ou unidade?

A reconfiguração do movimento sindical brasileiro possui aspectos organizativos e político-ideológicos e é fruto de um duplo movimento: de um lado, reflete as disputas e diferenças que existiam no interior da CUT e, nesse sentido, expressa uma certa vitalidade, pois as tendências de esquerda já não tinham espaço para exprimir suas divergências no interior daquela central. De outro, é motivada por razões pragmáticas, relativas ao papel desempenhado junto ao governo (e às vantagens decorrentes desse apoio) e à necessidade de se adequar às exigências da lei de reconhecimento das centrais. Esse movimento, que ocorre na cúpula do sindicalismo brasileiro, tem repercussões importantes sobre a base uma vez que as disputas entre as centrais pela filiação dos sindicatos de base tendem a se intensificar.

Nesse contexto, as manifestações e ações conjuntas promovidas pelas centrais não apagam as diferentes concepções e estratégias políticas delineadas neste artigo. Do mesmo modo, a semelhança entre as bandeiras de luta desfraldadas no auge da crise oculta uma diferença significativa entre as centrais. CUT, FS, CTB, UGT, CGTB e NCST partem do pressuposto de que há um interesse comum entre capital e trabalho. É esse interesse comum que viabiliza a parceria entre capital e trabalho em favor do crescimento econômico. Nem todo capital, porém, é considerado parceiro; apenas o capital produtivo, não especulativo, que não adota um posicionamento e um comportamento "oportunista". De qualquer forma, é a crença nas virtudes do capital produtivo que permite a essas centrais constituir uma frente política com a burguesia industrial e a se engajar na campanha pelo "Trabalho decente", promovida pela OIT. Para essas centrais, o governo Lula é um aliado, porque o crescimento econômico e o fortalecimento do mercado interno traduziram-se em ganhos objetivos para os trabalhadores, além de melhorar suas condições para negociar tanto com o patronato quanto com o próprio governo. Nesse sentido, o movimento sindical substituiu o trabalho de organização e mobilização das bases pela negociação do modelo de capitalismo a ser adotado no Brasil, entendendo que esse tipo de negociação traz ganhos para sua base.

Já a Conlutas e a Intersindical contrapõem-se à perspectiva da parceria e da conciliação de interesses e entendem não ser possível falar em "trabalho decente" ou "desenvolvimento sustentável" sob o capitalismo. Consideram que a crise possibilita a intensificação da luta de classes e que este contexto deve ser aproveitado para fazer a agitação política, difundindo o programa socialista. Trata-se, porém, de uma posição minoritária, uma vez que a recomposição dos indicadores relativos ao mercado de trabalho tem dificultado a organização e mobilização dos trabalhadores em oposição ao governo e facilitado a crença nas supostas virtudes da negociação.

Base fragmentada, ação combativa: a experiência sindical dos trabalhadores terceirizados da Refinaria de Paulínia

Paula Marcelino

O objetivo deste texto é refletir sobre a experiência de organização sindical dos trabalhadores terceirizados da Refinaria de Paulínia (Replan) representados pelo Sindicato da Construção Civil[1] de Campinas e Região. A pesquisa nos mostra que esse sindicato logra uma ação mobilizadora e combativa, ainda que sua base seja formada por trabalhadores alocados em dezenas de empresas subcontratadas. Essa ação está limitada, entretanto, por alguns fatores importantes, dentre os quais destacaremos dois neste texto: aqueles próprios da condição de terceirizados dos trabalhadores, ou seja, o fato deles comporem uma força de trabalho em condições precárias; e outros que são intrínsecos à estrutura sindical brasileira, isto é, a disputa inter-sindicatos pelas bases e a dependência dos sindicatos em relação ao arbítrio do Estado.[2]

---

1 Sindicato da Construção Civil é a forma como ele é conhecido; o nome oficial desse sindicato é Sindicato dos Trabalhadores da Indústria de Construção, Mobiliário, Cerâmica, Montagens Industriais, Mármore, Granitos, Cimento, Cal e Gesso de Campinas e Região.

2 Esse texto é uma versão atualizada e ampliada de parte da tese de doutorado em Ciências Sociais defendida em março de 2008 na Universidade Estadual de Campinas (tese intitulada: "Terceirização e Ação Sindical: a singularidade da reestruturação do capital no Brasil", disponível em: http://libdigi.unicamp.br). A pesquisa como um todo contou com leitura de bibliografia pertinente ao tema, com consulta à documentação sindical e com entrevistas com roteiro de

Entendemos que a nossa análise da experiência do Sindicato da Construção Civil desautoriza algumas ideias correntes sobre o sindicalismo no contexto do capitalismo neoliberal e da reestruturação produtiva das empresas. Isso porque: 1) a fragmentação dos trabalhadores em empresas terceirizadas não significa, necessariamente, enfraquecimento da atividade sindical; e 2) o vigor da atividade sindical está relacionado com fatores de ordem política, econômica e social. Na década de 2000, sob ataque do neoliberalismo aos direitos dos trabalhadores, mas também diante de taxas mais elevadas de crescimento econômico, de aumento do salário mínimo e do nível geral de empregos e do crescimento da própria Petrobras, os trabalhadores terceirizados lograram conquistas importantes e cumulativas em termos salariais e de condições de trabalho. Entendemos, também, que um elemento um tanto esquecido pelas análises sindicais tem se mostrado importante para compreendermos as dificuldades atuais da luta sindical: a estrutura sindical brasileira continua jogando um papel desmobilizador bastante importante, mesmo naqueles sindicatos que buscam uma ação mais ofensiva por novas conquistas.

1. A terceirização na maior refinaria brasileira

A Refinaria de Paulínia, conhecida como Replan, é a maior entre as dezesseis refinarias de petróleo do Brasil, responsável pelo refino de 20% de todo o petróleo produzido no país distribuídos entre os seguintes produtos: diesel, gasolina, GLP (Gás Liquefeito de Petróleo, ou gás de cozinha), nafta, querosene, coque e asfalto. Embora já funcionasse desde final de fevereiro, a Replan foi inaugurada oficialmente em 12 de maio de 1972, pelo general Emílio Garrastazu Médici e pelo presidente da Petrobras, Ernesto Geisel.

Pela presença da refinaria, Paulínia[3] é uma das cidades mais ricas do país. Só a Replan é responsável por 64% do Imposto sobre Circulação de Mercadorias e Serviços (ICMS) da cidade. O orçamento de Paulínia

---

questões semi-dirigidas para 32 trabalhadores, 10 sindicalistas, 2 pesquisadores, 1 advogado e 1 diretor de empresa.

3 Cidade que se localiza a 110 km ao norte da capital São Paulo, fundada em 28 de fevereiro de 1964.

equivale a 42% do orçamento da cidade de Campinas, a segunda maior cidade do estado de São Paulo. Em outras palavras, quase a metade do orçamento para uma população dezesseis vezes menor (Cano e Brandão, 2002, p. 44-49).

Ao todo, no Brasil, são onze refinarias com capacidade instalada de 1,4 milhão de barris por dia. Até 1997 a Petrobras detinha o monopólio da exploração do petróleo no Brasil; em 2002 já havia trinta e cinco empresas de capital estrangeiro atuando no setor petrolífero brasileiro. No ano de 1997, Fernando Henrique Cardoso conseguiu, dentro de um contexto de adoção de várias medidas neoliberais, a aprovação de um projeto de lei por ele enviado para regulamentar uma mudança constitucional; ou seja, criou-se uma nova lei do petróleo (número 9478/97). Nessa lei, foram inseridos vários artigos que modificaram o texto constitucional e facilitaram a privatização/desnacionalização da Petrobras. O artigo 26 deu às empresas que produzirem o petróleo a propriedade sobre ele; o artigo 60 permitiu que o petróleo fosse exportado; o artigo 64 permitiu a criação de subsidiárias e a privatização delas (Siqueira, 2002).[4] Mesmo com a quebra

4 Em entrevista bastante crítica às opções de Fernando Henrique Cardoso em relação à Petrobras, Fernando Leite Siqueira, presidente da Associação dos Engenheiros da Petrobras, afirma: "a nossa avaliação é a de que estes oito anos foram os que mais puseram em risco a sobrevivência da Petrobras como empresa brasileira. Ainda como ministro da fazenda, o presidente Fernando Henrique Cardoso promoveu uma alteração na estrutura de preços do setor petróleo que transferiu da Petrobras para o cartel das distribuidoras cerca de US$ 3 bilhões por ano. Isto foi feito da seguinte forma: nos cinco meses que antecederam à URV (unidade real de valor), foram dados dois aumentos por mês nos preços dos derivados de petróleo para compensar a subida diária do dólar. Lembramos que a Petrobras comprava o petróleo em dólar e o repassava para o mercado nacional em cruzeiros, correndo todos os riscos cambiais e de elevação do preço internacional do petróleo. Em cada um desses aumentos, a parcela da Petrobras foi sempre reajustada abaixo da inflação, enquanto o aumento das distribuidoras era sempre superior à inflação. Assim, de 8 de dezembro de 1993 a 26 de abril de 1994 a Petrobras teve um aumento da ordem de 390%, para uma inflação de 436%, enquanto as distribuidoras tiveram um aumento de 602% no mesmo período." (Siqueira, 2002).

do monopólio, a Petrobras continuou absolutamente dominante na produção, refino, importação e transporte de petróleo.

Logo em seguida à quebra de monopólio levada a cabo por Fernando Henrique Cardoso em 1997, em 2000 a Petrobras passou pela implementação de um novo modelo gerencial que dividiu a empresa em quatro áreas de negócio (E&P, Abastecimento, Gás e Energia e Internacional), duas áreas de apoio (Financeira e Serviços) e Unidades Corporativas, ligadas ao presidente. Abaixo dessa estrutura foram criadas 40 unidades vinculadas às áreas de negócio (DIEESE, 2006). Segundo Figueiredo (*et. al.*, 2007), essa divisão significou uma maior autonomia das subáreas na contratação de serviços e fornecimento de equipamentos pelas prestadoras. Ou seja, esse novo modelo gerencial associado à quebra do monopólio da Petrobras, deu impulso ao crescimento da terceirização dentro das refinarias;[5] terceirização essa que já era bastante expressiva. Entre 1990 e 2001 o efetivo de trabalhadores da Petrobras foi reduzido de 55,5 mil trabalhadores para 33 mil, isto representou um corte de 40%. Paralelamente à redução de pessoal efetivo, a força de trabalho terceirizada praticamente quintuplicou entre os anos de 1995 e 2005, passando de 29 mil trabalhadores para 143,7 mil.[6] Portanto, a primeira década de neoliberalismo significou, também para

---

[5] Algumas atividades sempre foram entregues à firmas externas à Petrobras e especializadas – esse é o caso, por exemplo, do mergulho profundo em plataformas marítimas. Figueiredo (*et. al.*, 2007: 62) descreve uma distinção entre as várias formas de terceirização que nos parece procedente e relevante: "Além de distinções mais nítidas entre a terceirização de atividades produtivas propriamente ditas e atividades de apoio (limpeza, vigilância etc.), seria importante distinguir também a terceirização: i) de atividades que eram executadas pelo cliente e foram, posteriormente, repassadas a terceiros; e ii) daquelas que na instalação do processo produtivo já se encontravam a cargo das prestadoras de serviço."

[6] As principais tarefas realizadas por trabalhadores terceirizados são: alimentação, análise laboratorial, almoxarifado, cimentação e complementação de poços, montagem e construção de projetos, informática, limpeza predial, manutenção (predial, mecânica, caldeiraria, soldagem, elétrica, instrumentação, refratários, isolamentos térmicos e de inspeção de equipamentos), movimentação de cargas, perfuração e perfilagem de poços, operação de sondas, serviços médicos e administrativos, transporte, utilidades e vigilância (DIEESE, 2006, p. 10).

os trabalhadores ligados à Petrobras, perdas significativa nas condições de contrato e de trabalho.

Refinar o petróleo é separá-lo em produtos específicos ou frações, para processá-los e industrializá-los, transformando-os em produtos vendáveis. A Petrobras obtém, atualmente, através do refino do petróleo, aproximadamente oitenta produtos diferentes. A Petrobras é a sexagésima quinta empresa no *ranking* das quinhentas maiores do mundo, com faturamento de US$ 72,3 bilhões e lucro de US$ 12,8 bilhões em 2007.[7] Em 2006, a Petrobras garantiu ao Brasil autossuficiência na produção de petróleo (DIEESE, 2006, p. 7). O Plano estratégico da Petrobras para 2020, lançado em outubro de 2007, definiu como desafio que ela seja uma das cinco maiores empresas integradas de energia do mundo. A descoberta em 2007 de petróleo leve,[8] localizado no chamado Pré-Sal da bacia de Tupi – localizada no litoral sudeste e sul do Brasil, em águas profundas –, ampliou enormemente as reservas brasileiras e a sua capacidade de figurar, definitivamente, entre as maiores empresas petrolíferas do globo. A bacia de Tupi é operada pela Petrobras (65%) em Consórcio com a BG Group (25%) e a Petrogel – Galp energia (10%) (Petrobras, 2007).

Em 2007, o número de funcionários concursados da Petrobras na Replan era de, aproximadamente, 970 trabalhadores em todos os setores, desde administração até engenharias. Desde 2006, quando a Replan deu início a um processo de ampliação e construção de novas unidades, o número total de trabalhadores terceirizados é de quase 8.000 trabalhadores nas áreas de manutenção, montagem industrial e construção civil. Esses trabalhadores terceirizados se dividem em grupos: manutenção, conservação, ampliação e construção e montagem de novas unidades. Nesse processo de ampliação foram construídas novas unidades de propeno, gasolina, COC, diesel e uma tubo-via. Estima-se que, concluída as obras, restarão permanentes

7   Os dados apresentados nesta página foram extraídos do sítio da Petrobras na internet: http://www.petrobras.com, acesso em 12/09/2007.

8   O petróleo leve tem um grau API (Americam Petroleum Institute) – escala de densidade – elevado e é mais valorizado que o petróleo pesado. Trata-se de um petróleo de melhor qualidade.

na Replan 4.800 trabalhadores terceirizados. De 2006 a 2010 o número de trabalhadores concursados pela Petrobras duplicou dentro da Replan, passando de 900 para 1800 trabalhadores, aproximadamente.

Segundo Krein (2007, p. 183), em 2004, tomando-se o conjunto das refinarias da Petrobras, a proporção entre trabalhadores terceirizados e concursados era de quatro para um. De acordo com os depoimentos das lideranças sindicais que atuam dentro da Replan, tanto do Sindicato dos Petroleiros quando do Sindicato da Construção Civil (sindicato que representa os trabalhadores terceirizados da construção civil, manutenção e montagem industrial dentro da refinaria), o processo de terceirização foi paulatino e progressivo. Quando o dirigente sindical petroleiro Eduardo (22/02/2005) entrou na Replan, em 1989, conforme seu relato, a maior parte dos eletricistas, mecânicos, instrumentistas e lubrificadores era formada por funcionários da Petrobras. Contudo, não houve demissão em massa; os trabalhadores se aposentaram ou aderiram aos planos de demissão voluntária (PDVs). A Petrobras não repôs esses trabalhadores, mas aumentou o número de terceirizados.

Ainda segundo o sindicalista Eduardo, os problemas decorrentes desse processo de terceirização chegaram a tal ponto que a Petrobras precisou mudar seu comportamento no final do governo de Fernando Henrique Cardoso. Essa mudança aconteceu porque, em primeiro lugar, as empreiteiras exploravam muito os trabalhadores, o que levou ao aumento no número de processos trabalhistas onde a Petrobras respondia como corresponsável. Como a rotatividade entre os trabalhadores terceirizados é muito grande, em alguns serviços, houve uma queda na qualidade, embora a Petrobras nunca tenha admitido isso publicamente. Assim, ainda em 2002, no final do mandato de Fernando Henrique Cardoso, houve uma pequena elevação do número de pessoal próprio. Esse movimento de ampliação do número de concursados continuou com o governo de Luiz Inácio Lula da Silva.[9] Projeções recentes da empresa apontam para

9   Nesse governo há, como já apontado, um tendência de reverter, mas apenas parcialmente, o processo de terceirização no serviço público. Essa tendência está explícita na fala do atual presidente da Petrobras, Sérgio Gabrielli de Azevedo:

a expectativa de ter em seus efetivos 65 mil trabalhadores em 2015, isto é, aproximadamente 16,5% a mais do o número atual (55,8 mil). Se a terceirização não parece der dado mostras significativas de reversão sob o governo Lula, os investimentos na empresa e o impulso dado pela descoberta de novas bacias de petróleo em 2007 recompuseram os quadros de trabalhadores efetivos da Petrobras em patamares semelhantes ao período pré-governos neoliberais: 55,8 mil trabalhadores em 2010[10] – lembremos que em 2001 eram 33 mil. O número de terceirizados também aumentou: de 143,7 mil em 2005 para 190 mil em 2008 (*Folha de S. Paulo*, 07/02/2008). A dupla ampliação de trabalhadores na Petrobras, tanto de efetivos quanto de terceirizados, aponta-nos, uma vez mais, para a especificidade do governo de Lula da Silva em relação ao de Cardoso: permanecem as medidas neoliberais de ofensiva sobre os direitos dos trabalhadores; entretanto, no governo Lula, ela vem acompanhada de uma política de expansão de setores da indústria nacional.

Pelos dados disponíveis até o momento ainda não nos é possível fazer uma avaliação precisa do real alcance da diminuição proporcional da terceirização declarada pela gestão da Petrobras durante o governo Lula. Entretanto, ao menos no que se refere ao período que lhe é anterior e aos

---

"a gestão de pessoas é um elemento fundamental para o êxito do plano [Plano de Negócios 2008-2012]. Se quisermos ser uma referência internacional no segmento de energia, temos que considerar os empregados como nosso maior valor. O mercado de trabalho na área de energia está aquecido e extremamente competitivo. Estamos acelerando a admissão de empregados para recuperar o período que ficamos sem contratar e perdendo pessoal nas décadas de 1980 e 1990" (Petrobras, 2007, p. 4). Sob o governo Lula e com a ascensão de ex-sindicalistas à direção da Petrobras, também se alterou, em alguma medida, a relação da empresa com o sindicalismo. Entre 2002 e 2003, o patrocínio da empresa para projetos sindicais passou de R$ 178 mil para R$ 2,4 milhões (*Folha de S. Paulo*, 27/08/2009).

10 Esse dado foi obtido no site oficial da Petrobras: http://www2.petrobras.com.br/portal/frame_ri.asp?pagina=/ri/port/index.asp&lang=pt&area=ri, acesso em 07/05/2010. No balanço de recursos humanos da empresa não há dados sobre terceirizados.

primeiros anos de seu mandato, a ampliação progressiva das terceirizações é um fato. Fato esse apontado pela experiência prática do sindicalista Eduardo e confirmado amplamente pela bibliografia sobre o tema.

Carelli (2003) destaca a forma que tomam as relações empregatícias nas refinarias brasileiras. Para esse autor, a Petrobras é exemplo de uma empresa que permite e incentiva a intermediação de força de trabalho. Em seus contratos junto às terceiras, a Petrobras chega a determinar, por exemplo, a quantidade de trabalhadores que a subcontratada deve alocar em cada função. Carelli afirma que essa empresa estabelece uma cláusula padrão para suas subcontratadas: "providenciar substituição, dentro de 48 horas, de qualquer empregado seu, cuja permanência nos serviços contratados seja considerada prejudicial à segurança, qualidade e/ou bom andamento dos serviços pela fiscalização, sem qualquer ônus para a Petrobras". Ou seja, para Carelli (2003, p. 129), mantém-se a pessoalidade sem assumir a responsabilidade do vínculo empregatício. Para uma terceirização perfeitamente condizente com a lei, segundo esse autor, a Petrobras não teria direito de qualquer ingerência sobre a administração da força de trabalho das subcontratadas. Tal arranjo é, na opinião de Carelli, muito conveniente para as empresas contratantes escolherem quem contratar e quem demitir sem nenhum ônus ou obrigação daí resultantes.

Segundo Amilton (18/01/2007), diretor sindical do Sindicato da Construção Civil, a maioria das empresas que atua na refinaria é composta por prestadoras de serviços rápidos. Uma quinta parte é constituída por empresas de contrato de longo prazo. Esse é o caso, por exemplo, da Manserv, empresa que faz a manutenção em todas as refinarias do Brasil. Nessa empresa a rotatividade dos trabalhadores é bem menos expressiva e há mesmo um quadro de funcionários fixos. Em compensação, a Manserv, assim como várias outras subcontratadas, terceiriza parte das suas funções. Ou seja, a terceirização em cascata é grande, evidente e conhecida dentro das refinarias brasileiras. A cada nova terceirização, há nova disputa entre as pequenas empresas para diminuir custos e vencer uma concorrência. Nesse sentido, a força de trabalho é o elemento produtivo mais flexível para cortes de recursos.

Os números dessa terceirização em cascata impressionam: em 4 de setembro de 2006, segundo documento da própria refinaria,[11] eram 63 empresas subcontratadas dentro da Replan. Dessas 63, 21 tem seus trabalhadores representados, oficialmente, pelo Sindicato da Construção Civil. Essas 21 empresas, por sua vez, subcontratavam outras 149 empresas. Dessas 149 "quarteirizadas", os trabalhadores de 49 são representados oficialmente pelo Sindicato da Construção Civil. Para exemplificar essa rede, peguemos o caso da já citada Manserv. Essa empresa subcontrata outras 35 para serviços que vão desde transporte de funcionários (Auto Viação Campestre Ltda.), até manutenção de caldeiras (Gerenciamento e Manutenção Ativos S/C Ltda.). Das subcontratadas da Manserv, 12 têm seus trabalhadores na base do Sindicato da Construção Civil; são as empresas ligadas à manutenção, montagem industrial e construção civil. Segundo o sindicalista Amilton (27/03/2007), essa terceirização em cascata, certamente, não para por aí. Em um determinado momento, no entanto o sindicato perde o controle dela, numérica e praticamente.

O resultado de tal processo de terceirização e do consequente descontrole dos sindicatos e da própria empresa já foi amplamente diagnosticado: além de um rebaixamento geral das condições de trabalho e do vínculo empregatício, o número de acidentes de trabalho entre os trabalhadores terceiros é amplamente superior ao de trabalhadores concursados. Druck (1999), Krein (2007) e Miranda (2006) apontam vários fatores que convergem para essa situação: o repasse de atividades de risco para trabalhadores mal qualificados e treinados e a perda do controle dos processos de trabalho são os principais deles.[12]

Analisando um acidente que se tornou célebre na França, o da AZF de Toulouse em 2001, Rémy (2003) aponta que existe uma evolução divergente entre a gestão das normas de segurança e a da força de trabalho,

---

11 Documento ao qual tivemos acesso através dos dirigentes do Sindicato da Construção Civil em 28/03/2007.

12 Dados da Federação Única dos Petroleiros (FUP) revelam que entre os anos de 1998 e 2005, das 167 mortes por acidente de trabalho em toda a Petrobras, 137 foram com trabalhadores terceirizados, ou seja, 82% (DIEESE, 2006, p. 10).

o que equivale a dizer que ampliação da segurança do trabalho e terceirização não combinam. Observa-se que a prevenção dos riscos de trabalho está cada vez mais em acordo com as normas de procedimento, mas, na prática, o controle efetivo dos riscos pode ser até menor. Essa nos parece uma pista importante para pensar o caso das refinarias brasileiras. Os trabalhadores entrevistados apontam para o crescimento contínuo das exigências em procedimentos de segurança; ao mesmo tempo, suas falas expõem com frequência o fato de que terceirizados correm mais riscos. Os discursos parecem contraditórios até se compreender essa distância entre o que é recomendando para segurança e a real possibilidade de cumprimento dessas normas tendo em vista que: os trabalhadores terceirizados possuem formação deficitária em relação aos concursados, o pouco conhecimento que eles têm do funcionamento da refinaria devido, em muitos casos, à rotatividade; a rapidez com que as empresas subcontratadas devem fazer o serviço para cumprir suas metas e a redução dos custos ao máximo – inclusive nos equipamentos de segurança – para vencer licitações.

As tarefas que são terceirizadas pela Petrobras são as mesmas em todas as refinarias do país. Mas, ao contrário do que acontece com os petroleiros, os salários e os direitos de proteção ao trabalho variam de acordo com a região; variam em virtude do poder de pressão dos diversos sindicatos da construção civil. Vejamos como é a atuação desse sindicato em Paulínia.

2. Perfil e prática do Sindicato da Construção Civil

O Sindicato da Construção Civil nasceu em 1946, no período histórico das grandes obras e construção de grandes cidades. Assim que a oposição ganhou a direção do sindicato – retirando dela um interventor nomeado pela ditadura – em 1985, filiou-se à CUT. De fato, de todas as categorias que ele representa, os trabalhadores da construção civil constituem a mais numerosa. Sua base territorial se estende por onze cidades da região de Campinas.[13] O sindicato sofre bastante com a rotatividade dos trabalhadores pela própria natureza das atividades desempenhadas, já que obras

---

13 Campinas, Valinhos, Jaguariúna, Amparo, Sumaré, Nova Odessa, Santa Bárbara d'Oeste, Cosmópolis, Americana, Paulínia e Hortolândia.

não são atividades permanentes. O sindicato conta hoje, em 2010, com, aproximadamente, 4.500 trabalhadores sindicalizados, o que representa por volta de 18% da base sindical.

A principal fonte de renda do sindicato é a Contribuição Assistencial; ele também não devolve o Imposto Sindical, como fazem alguns outros sindicatos filiados à Central Única dos Trabalhadores (CUT). Segundo o sindicalista Amilton (28/03/2007), a estrutura do sindicato é muito grande e não se manteria apenas com a contribuição dos trabalhadores sindicalizados, a Contribuição Assistencial mantém 60% dela. Inclusive porque, segundo o sindicalista, o Sindicato da Construção Civil não abriga dentro de si mesmo nenhuma forma de trabalho precário: não terceiriza a sua assistência jurídica – como fazem diversos outros sindicatos –, não contrata temporários etc. O Sindicato da Construção Civil de Campinas tem também a seguinte política de contribuição dos trabalhadores decidida e mantida em assembleias anuais: se o trabalhador é associado ao sindicato, ele não precisa pagar a Contribuição Assistencial, mas se ele não é sindicalizado, paga mensalmente 1% de seu salário, com desconto direto em folha de pagamento. Ou seja, de qualquer forma, todos os trabalhadores contribuem com 1% do seu salário mensal para o sindicato.

O Sindicato da Construção Civil tem diretoria colegiada. A direção do Sindicato da Construção Civil pertence à Alternativa Sindical Socialista (ASS), uma corrente sindical que nasceu dentro CUT e que hoje oscila entre nela permanecer ou compor uma nova entidade sindical nacional de oposição ao governo Lula.[14] Em entrevista realizada em abril de 2010, Amilton afirmou que, apesar de todas as diferenças entre direção do sindicato e a

14 Essa nova entidade é chamada Intersindical. Formada no ano de 2006, no bojo da reforma sindical que reconheceu a existência legal das centrais sindicais, a Intersindical se dividiu. Uma ala discute um processo de fusão com a Coordenação Nacional de Lutas (Conlutas) e a consolidação de uma nova central, de oposição ao governo Lula. Outra ala, à qual pertence a Alternativa Sindical Socialista, entende que o processo de formação de novas centrais foi artificial, sem uma construção paulatina na base do movimento sindical, e que ela deve, portanto, manter uma organização geral distinta.

CUT, eles não se desfiliaram dessa central porque ainda a consideram um "patrimônio dos trabalhadores"; porque ela é vista pelos trabalhadores com símbolo de luta e confiança. De fato, segundo Amilton, não há consenso na direção sindical sobre a saída ou não da CUT.

Da base do Sindicato da Construção Civil, a categoria que nos interessa neste trabalho é a formada pelos trabalhadores terceirizados da Petrobras para a manutenção e montagem de equipamentos industriais e os da construção civil. Como já dito anteriormente, em março de 2006 eram os trabalhadores de 21 empresas subcontratadas e mais 49 quarteirizadas. Em 2010, o número de empresas cujos trabalhadores pertencem à base do Sindicato da Construção Civil gira em torno de 200.

Existe uma grande variação do número desses trabalhadores de um ano para outro dentro da refinaria. Primeiro, porque a Petrobras tem dois momentos onde ela subcontrata em maior número: nas chamadas "paradas", para manutenção de equipamentos, e nos "empreendimentos", para construção de novas unidades. Segundo, o número de trabalhadores varia pelas mudanças constantes das empresas subcontratadas. Finalmente por ser terceirizado, o trabalhador é muito vulnerável à demissão. Mas, mesmo com essa rotatividade, o número de trabalhadores terceirizados mais ou menos fixos dentro da Petrobras para as áreas de manutenção e montagem e construção civil, girava em torno de 1500 em 2007; desse total 400, aproximadamente, eram sindicalizados.[15]

Embora a rotatividade seja alta, não raros são os casos em que um trabalhador está há mais de dez ou quinze anos trabalhando dentro da Replan. O que acontece é que eles mudam de empresa a cada nova licitação da Petrobras e estabelecem novos contratos com as empreiteiras que assumem o trabalho. Muitos desses trabalhadores migram de uma refinaria a outra, em contratos por tempo determinado, trabalhando em novas paradas e empreendimentos. Os trabalhadores são, normalmente, conhecidos pelas empresas; assim, essas mudanças de terceiras ocorrem sem

15 Os diretores sindicais entrevistados dizem que o sindicato têm problemas com a atualização do número de trabalhadores sindicalizados. Portanto, não conseguimos atualizar os dados para o ano de 2010.

qualquer espécie de processo seletivo; eles apenas fazem "uma ficha". Em torno da refinaria se constitui um universo mais ou menos fixo, estável e conhecido de empresas e trabalhadores que vivem em função dela. Os relatos dos entrevistados nos apontam que não parece haver grandes dificuldades com o desemprego nesse meio. Aqueles trabalhadores que não desejam o deslocamento de uma refinaria para outra do país podem se fixar na região através de contratos com as mesmas empresas subcontratadas da Replan, só que dentro de outras contratantes, tais como a Rhodia, a Shell e a Ipiranga.

Uma massa de trabalhadores pulverizada em dezenas de empresas terceiras; uma força de trabalho muito rotativa; uma heterogeneidade grande de condições salariais e de trabalho; uma base sindical onde a idade dos trabalhadores varia dos vinte aos sessenta anos e que engloba também mulheres, ainda que em proporções pequenas. Um grupo heterogêneo, mas que tem em comum o fato de estarem todos dentro de um mesmo ambiente de trabalho, na maior refinaria brasileira, sob o comando de um sindicato que tem a confiança de 16, dentre os 19 trabalhadores entrevistados. O perfil político do Sindicato da Construção Civil informa um tipo de ação sindical que tem a confiança dos trabalhadores que representa. Qual é esse perfil?

As entrevistas, os boletins sindicais, o discurso dos sindicalistas nas assembleias, o posicionamento do sindicato frente às medidas neoliberais do governo de Luiz Inácio Lula da Silva e o questionamento – ainda que limitado – à política majoritária da CUT nos apontam para um sindicato de perfil ofensivo, que chama os trabalhadores à mobilização, que conquista vitórias importantes nas suas reivindicações salariais e de benefícios trabalhistas e que vê entre patrões e trabalhadores oposição de interesses. Não há discurso de moderação da luta ou de conciliação de classes. Os termos "classe", "luta de classes" e "patrões" são constantes na fala dos sindicalistas e na imprensa do sindicato. Ao longo dos anos 1990 e 2000, uma frase é periodicamente repetida nos boletins:[16] "Patrão é igual feijão e galo velho: só com pressão!" (Construindo a Luta, 2005, n° 11).

A análise da imprensa do Sindicato da Construção Civil nos mostra que esse perfil se mantém o mesmo, de maneira geral, ao longo dos governos de Fernando Collor de Melo, Fernando Henrique Cardoso e Luiz Inácio Lula da Silva. O discurso do sindicato é claramente contrário às medidas neoliberais desses governos: o controle da inflação com recessão, a política de privatização das empresas estatais, a manutenção de juros altos, as reformas trabalhista, sindical e da previdência. Mas, esse perfil combativo, de oposição aos governos neoliberais, não é construído, entretanto, sem algumas contradições. Embora na fala dos sindicalistas entrevistados haja críticas à direção da CUT, não é possível observar em nenhum dos boletins analisados, por exemplo, questionamentos das decisões da central ou mesmo ao seu apoio quase irrestrito ao governo Lula. Os compromissos do Sindicato da Construção Civil com essa central o impedem de levar sua prática e seu discurso até o limite.

O Sindicato da Construção Civil também caminha, como qualquer sindicato que se proponha uma postura combativa, entre a resistência em incorporar ações e demandas dos trabalhadores de caráter assistencialista e a tentativa de fazer com que elas se revertam em benefícios para a construção de uma identidade de luta. Isso aconteceu, por exemplo, com a incorporação na pauta das assembleias da negociação da PLR. Diante de uma diferença abissal entre a PLR dos petroleiros desde 2005 (quatorze mil reais no ano de 2006 para os cargos mais baixos da refinaria) e a dos terceirizados (variando de empresa para empresa, mas não passando de um salário a mais), o Sindicato da Construção Civil incorporou o assunto nas pautas de assembleias. Sua tática foi usar a discussão da PLR para reafirmar a importância que os trabalhadores terceirizados têm para a Replan, para a construção do lucro de toda a Petrobras. Reafirmou, dessa forma, a necessidade de isonomia de salários e benefícios (Construindo a Luta, 2006, n° 17).

16 Até 1992 o boletim se chamava "Avançar na Luta". De 1993 em diante ele passa a se chamar "Construindo a Luta".

De fato, o Sindicato da Construção Civil obtém, através da organização dos trabalhadores em greves anuais na data-base (que é no mês de maio), conquistas importantes para os terceirizados que representa dentro da Replan. Em 2004, o reajuste obtido foi de 10,5%, quase 5% de aumento real acima da inflação. Em 2005 o aumento real foi de 1,5% (Construindo a Luta, 2005, n° 12). No ano de 2007 o acordo fechado com as empresas subcontratadas do polo petroquímico da região de Campinas foi de 8% de reajuste, com 4,56% de aumento real. Em 2009, o índice de reajuste obtido foi de 10,5%, ou seja, 5,05% acima do índice da inflação. A pauta de reivindicações de 2010 pede 20% de aumento no piso de cada categoria.

O Sindicato da Construção Civil não faz, via de regra, acordos coletivos com o sindicato patronal de cada categoria que representa. Assim, a negociação do Sindicato da Construção Civil se dá com o conjunto das empresas subcontratadas que atuam dentro da Petrobrás; embora os acordos fossem assinados, até 2008, em separado. Desde então, o sindicato conseguiu estabelecer a prática de todas as empresas assinarem um mesmo acordo. Mesmo quando é fechado um acordo coletivo com os sindicatos patronais, os acordos com as empresas do polo petroquímico são diferenciados e melhores. Isso significa que as assembleias na porta da refinaria são constantes. Há vários anos o sindicato mobiliza os trabalhadores nas datas-base em greves mais ou menos longas. As negociações entre Sindicato da Construção Civil e empresas envolvem salários e benefícios. O sindicato não admite que banco de horas, demissão voluntária, e flexibilização da jornada façam parte da pauta de negociação com as empresas. Como já foi dito, a PLR entrou muito recentemente como um item negociável pelo sindicato.

A ampla participação dos trabalhadores nas assembleias que o sindicato convoca na porta da refinaria não está assentada, contudo, numa sindicalização expressiva. Nas entrevistas pudemos observar que impera uma confusão sobre qual é a verdadeira relação entre os trabalhadores e o sindicato. O fato de todo trabalhador ter descontado no seu salário 1% ao mês – devido ou à sindicalização efetiva ou à Contribuição Assistencial – leva muitos deles a acreditarem que são sindicalizados, mas não "de carteirinha". Essa é a expressão usada por eles para diferenciar as situações em que se encontram. Dos dezenove trabalhadores entrevistados, apenas dois tinham a carteirinha do sindicato; desses dois, apenas um disse participar regularmente das atividades do Sindicato da Construção Civil, mesmo fora do período da data-base.

Entre os trabalhadores terceirizados da Replan existe um fator – levantado pela quase totalidade dos trabalhadores e pelos dois sindicalistas do Sindicato da Construção Civil – que dificulta a sindicalização: a alta rotatividade. Diante dessa realidade, a opção do Sindicato da Construção Civil, segundo Amilton, é não priorizar a sindicalização junto a esses trabalhadores, mas "fazer a discussão sobre a construção do movimento". Segundo esse sindicalista, o Sindicato da Construção Civil dá respaldo para a ação dos trabalhadores, mas eles não têm muita disposição para se sindicalizar. Já foi definido em assembleia que os trabalhadores não-sindicalizados têm os mesmos direitos dentro do sindicato que aqueles que são sindicalizados. Além disso, segundo ele, o fato de muitos trabalhadores permanecerem anos na refinaria através de contratos com empresas diferentes, faz com que eles conheçam a atuação do Sindicato da Construção Civil há muito tempo. Assim, quando perguntado se a rotatividade dos trabalhadores atrapalhava a sindicalização, Amilton afirmou que sim. Entretanto, em relação à dificuldade geral da ação sindical a resposta foi:

> Para nós não dificulta. Há trabalhadores que estão ali naquela área há dez ou 15 anos. Os jovens que chegam vão conhecendo o procedimento. As assembleias têm uma adesão muito grande. Quando tem assembleia, de mil entram dez para trabalhar. Não tem piquete, não precisa (Amilton, 28/03/2007).

Para Luiz Albano (28/03/2007), diretor sindical que atua também junto aos trabalhadores terceirizados da Replan, a baixa sindicalização se explica da seguinte forma:

> É aquela questão de que existe o funcionário que acha que descontar do holerite é o suficiente e não precisa participar dos

movimentos do sindicato e existem aqueles que fazem sua carteirinha hoje e amanhã voltam para o Maranhão.

Pensemos na descrição que foi feita até aqui da forma de atuação do Sindicato da Construção Civil. Descontar do holerite não seria, do ponto de vistas dos trabalhadores, o suficiente para o tipo de relação que eles têm com o sindicato – próxima apenas nos momento de luta da data-base? A opção da direção sindical de não priorizar a sindicalização formal dos trabalhadores tem por razão declarada as dificuldades decorrentes da rotatividade da base sindical. Poderíamos acrescentar a essa razão o fato de que, tal como todos os outros sindicatos do setor privado brasileiro, o Sindicato da Construção Civil pode perfeitamente se sustentar sem a adesão massiva dos trabalhadores. Se por um lado as estratégias adotadas pelo sindicato favorecem o envolvimento dos trabalhadores nas assembleias das campanhas salariais, por outro lado limitam a participação orgânica deles na vida sindical. Parece-nos que essa falta de relação com vida sindical fora das datas-base é o que confere sentido às repostas dos trabalhadores abaixo quando perguntados se eram sindicalizados: "não temos carteirinha, mas desconta todo mês 1% do salário." (Servente, 22 anos); e

> A gente não deu autorização, mas é descontado. A gente acha uma coisa errada, mas não tem jeito. Eu acho ruim porque não vejo vantagem no sindicato. Tudo que precisa, você tem que pagar. A única coisa que faz pela gente é aquele dia que fica lá parado e a gente debate aquelas coisas. (Carpinteiro, 34 anos)

Entretanto, como já apontamos, as entrevistas e a observação realizadas demonstram a fala do trabalhador citada acima é exceção, pois a maioria deles tem uma confiança grande no sindicato. Para Amilton (18/01/2005), o fato de o sindicato ter uma boa penetração junto aos trabalhadores se reflete no número de greves deflagradas: praticamente todos os anos há uma greve dos terceirizados. Outro reflexo disso é que, na sua visão, os trabalhadores têm orgulho de ser da montagem e manutenção e construção civil, para eles não interessaria ser petroleiro. Essa conclusão é oposta à do dirigente sindical petroleiro entrevistado, Eduardo. Condiz, entretanto, com as respostas dos trabalhadores quando inquiridos sobre o desejo de se filiarem a outro sindicato: apenas um deles acha que a ação do Sindipetro lhe seria mais apropriada. Assim, o desejo que a mesma maioria demonstrou de ser trabalhador efetivo da Petrobras não passa por problemas que eles tenham com a representação do Sindicato da Construção Civil, mas por questões como estabilidade no emprego, maior quantidade e qualidade de benefícios trabalhistas, dignidade etc.

A experiência do Sindicato da Construção Civil nos mostra que a terceirização é importante para as empresas em duas frentes: reduzir os custos com a força de trabalho e colocar barreiras à luta dos trabalhadores. Não nos parece que a dificuldade maior encontrada pelo Sindicato da Construção Civil seja a situação de fragmentação salarial dos trabalhadores ou o fato deles estarem alocados em dezenas de empresas subcontratadas. A fragmentação foi, certamente, um duro golpe para o Sindipetro, na redução da sua categoria, na queda da sua capacidade de mobilização. Mas, certamente, o fato da base sindical ser heterogênea e dispersa não inviabiliza, como nos mostra a experiência do Sindicato da Construção Civil, uma ação sindical combativa, ainda que sofrendo, como os sindicatos de qualquer outra orientação política, com as dificuldades causadas pelo desemprego e pela situação econômica do país.

Mais de uma vez ao longo deste texto dissemos que os trabalhadores terceirizados dentro da Replan têm confiança no sindicato que os representa. Mas é preciso dizer mais do que isso: esses trabalhadores atendem aos chamados do sindicato, dispõem-se a participar de assembleias das campanhas salariais, greves e paralisações na porta da refinaria, respeitam a direção sindical e identificam nela uma diretoria que luta pelos direitos dos que representa. A partir dos elementos que apontamos, é possível sistematizar que o Sindicato da Construção Civil conseguiu isso por manter uma postura coerente com o que eles enxergam ser o papel do sindicato, "lutar pelos direitos dos trabalhadores tendo em vista a construção de uma sociedade socialista", e do sindicalista, "ser um agente de mobilização das classes trabalhadoras e de formação da consciência de classe" (Amilton 01/02/2008). O sindicato conquistou esse nível de organização também porque conseguiu construir com os trabalhadores um discurso que coloca em oposição interesses de trabalhadores e patrões. Não queremos dizer com isso que todo sindicato que opte pelo embate direto com as empresas obtenha sucesso nas suas estratégias organizativas; mas, entre os sindicatos que optaram pela colaboração com as empresas, certamente as conquistas são bem menores.[17]

Esse respaldo encontrado entre os trabalhadores para o Sindicato da Construção Civil pode ser expresso nas respostas que eles deram à pergunta: "Você se sente bem representado pelo Sindicato da Construção Civil"? As respostas variaram entre a confiança irrestrita e a ideia de que poderia ser melhor. Na fala desse trabalhador, que já passou por outras refinarias do país: "está ótimo! Pelo menos eles não se vendem, não são ladrões." (Soldador, 48 anos). Ainda segundo a fala desse mesmo trabalhador, uma alteração qualitativa na atuação do Sindicato da Construção Civil, no sentido de melhorar o nível das conquistas para os trabalhadores, dependeria do maior apoio desses ao sindicato:

> Poderia ser melhor se todo mundo desse apoio ao sindicato. Tem pessoas que talvez, por não entender o sindicato, quer que resolva tudo sozinho. Aqui, sem o sindicato, a gente não resolve nada. Porque o sindicato daqui, coitado, tem uma Kombi velha. Acho que eles fazem muito com as condições que tem. (Soldador, 48 anos)

Os técnicos de segurança do trabalho não são representados oficialmente pelo Sindicato da Construção Civil, mas, em todas as negociações que esse sindicato faz, a categoria deles é incluída nas mesmas conquistas. Dentre os sindicatos de trabalhadores terceirizados da Replan, segundo os entrevistados, o Sindicato da Construção Civil é aquele que tem mais voz

---

[17] O caso do Sindicato dos Comerciários de Americana (Marcelino, 2004) e do Sindicato dos Comerciários de Campinas (Marcelino, 2008) são exemplos disso.

ativa nas negociações com as empresas. É também aquele que representa a maior parte dos terceirizados – dele não fazem parte os trabalhadores de restaurantes, limpeza, jardinagem, vigilância, entre outros. A experiência das negociações salariais se estenderem para a categoria dos técnicos de segurança do trabalho pode nos mostrar que, em um determinado nível de fragmentação sindical, o efeito obtido pode ser o oposto do que interessaria às empresas. O Sindicato da Construção Civil negocia "no atacado" e as conquistas se estendem para trabalhadores que não pertencem, oficialmente, à sua base sindical.

Perguntado sobre o porquê de sua confiança na atuação do Sindicato da Construção Civil, um trabalhador respondeu:

> Nossa região é mais politizada e nosso sindicato mais trabalhador. Nossa região tem trabalhadores mais qualificados que brigam por seus direitos. Em Americana [em outras contratantes] somos mal vistos. Reconhecem que somos bons trabalhadores, mas o pessoal exige alojamento, alimentação digna, cumprir o horário de almoço. E quando chega a data-base o nosso sindicato vai até a portaria da empresa conversar com os trabalhadores. Nosso sindicato é atuante, enquanto em outras regiões o pessoal nem sabe o que está acontecendo. (Inspetor de LP e EVS,[18] 42 anos)

Alguns trabalhadores apontam restrições à atuação do Sindicato da Construção Civil. Algumas delas passam pela compreensão de que o sindicato é fraco, não consegue resolver tudo, apesar da boa vontade da direção.

Um elemento importante – porque associado diretamente à construção da estrutura sindical brasileira e da visão que os trabalhadores têm do papel do sindicalismo – que apareceu nas respostas a essa mesma pergunta sobre a confiança no Sindicato da Construção Civil – foi a compreensão que alguns trabalhadores têm do papel do sindicato. Para dois deles, pelo menos, a tarefa fundamental da entidade é ser um elo entre a Justiça do

---

18   LP: Líquidos Penetrantes; EVS: Ensaio Visual de Solda.

Trabalho e o trabalhador. Para um dos técnicos de segurança do trabalho (46 anos), falando do sindicato que representa a sua categoria (Sintesp – Sindicato dos Técnicos de Segurança do Trabalho do estado de São Paulo, ligado à Força Sindical), afirma: "eu confio médio, porque eu não preciso deles, eu não tenho problema com Justiça. Eu reivindico direto com o patrão, dá mais certo". Por essa razão, ele é filiado ao sindicato: "eu sou filiado porque, de repente, eu preciso de um advogado ou qualquer outra coisa, eles tem lá. Só por isso mesmo." Na fala de um terceiro trabalhador, se não dá para inferir que ele compreenda a ação sindical como tendo por função primordial a intermediação com a Justiça do Trabalho, é possível entender que esse é um papel importante dos sindicatos em sua opinião: "Me sinto bem representado sim. Esses dias eu até ganhei uma audiência pelo sindicato. Não tenho do que reclamar" (Eletricista, 34 anos).

Os elementos de desconfiança dos trabalhadores em relação ao Sindicato da Construção Civil não estão associados, nas falas dos trabalhadores entrevistados, com a posição política do sindicato, com uma possível insegurança em relação ao posicionamento das direções no processo de negociação com as empresas. Ou seja, o sindicato não é por eles identificado como "vendido". Os trabalhadores não duvidam que o sindicato está do "lado deles". Mas, os que o criticam, o fazem do ponto de vista das reivindicações não alcançadas. Isso pode ser visto na seguinte resposta à pergunta da confiança: "[confio] por umas partes sim e por outras não. Por exemplo, pelos 8% [conquista de aumento salarial em 2006] foi bom, mas não conseguimos atingir os 70% de hora extra, continuam os mesmos 60%." (Ajudante de mecânico, 24 anos).

A confiança na ação do Sindicato da Construção Civil, mesmo que marcada por uma avaliação de necessidade de fortalecimento, é um dos elementos que torna compreensível a indisposição dos trabalhadores terceirizados para se filiarem ao Sindipetro (o sindicato dos trabalhadores estáveis da Petrobras, os petroleiros). Mas há outros motivos: o não envolvimento efetivo dos trabalhadores terceirizados nas campanhas salariais do Sindipetro; certa "campanha contra" a ideia de "petroleiro terceirizado" – forma de tratamento que, como veremos no próximo item, foi definida como orientação geral pela Federação Única dos Petroleiros –, levada a cabo pelo Sindicato da Construção Civil, a dificuldade de diálogo entre as duas correntes cutistas que estão nas direções dos dois sindicatos (Alternativa Sindical Socialista, no Sindicato da Construção Civil, e Articulação Sindical, no sindicato dos petroleiros).[19] Dessa forma, quando perguntados sobre o desejo de se filiarem ao Sindipetro, os trabalhadores responderam negativamente: "Não. O dos petroleiros é bom para os petroleiros. Para gente não muda nada" (Soldador, 48 anos).

Apenas um dos trabalhadores entrevistados afirmou que o Sindipetro seria melhor representante dos seus interesses do que o Sindicato da Construção Civil. Outro, não vê diferenças nas atuações dos dois sindicatos, por isso a representação lhe é indiferente: "eu acho que os dois brigam quase pelos mesmos direitos. Então, acho que não teria diferença" (Técnico de segurança do trabalho, 33 anos).

Essa visão positiva do Sindicato da Construção Civil está associada, para o sindicalista Luiz Albano (28/03/2007), ao papel da liderança sindical. Concordamos com ele que, especificamente nesta questão, a relação entre direção e base é fundamental para construir uma relação sólida entre sindicatos e trabalhadores. A postura de ser uma direção próxima à base e de construir as paralisações ou greves a partir da sua disposição de luta é um dos fatores que colabora para os bons resultados para a ação

---

19 Segundo Amilton (01/02/2008), até 1992 o enfrentamento do Sindicato da Construção Civil com o Sindipetro se dava no que ele chama de plano político, até o momento em que o Sindicato da Construção Civil avaliou que o Sindipetro não queria, efetivamente, incorporar os terceirizados na Petrobras ou sequer lutar para que eles tivessem os mesmo direitos. Isso pode ser observado, segundo o sindicalista, na não resistência do Sindipetro à entrega das unidades de Coque (refino de coque verde de petróleo, produto sólido) para empresas terceiras; na não incorporação de trabalhadores terceirizados nas campanhas salariais e na não incorporação dos terceirizados pelo Sindipetro na negociação da PLR de 14 mil reais. O panorama de disputa entre os dois sindicatos na década de 1990 inteira e em grande parte da de 2000 foi alterado, segundo Amilton (14/04/2010), durante as mobilizações grevistas de 2009. Não temos elementos de pesquisa, contudo, para avaliar se essa aproximação.

sindical e para a melhoria de condições concretas de trabalho dos terceirizados – a conquista anual de aumentos reais o demonstra.

Vários elementos fornecidos pelas falas dos trabalhadores mostram, contudo, que o Sindicato da Construção Civil não consegue mobilizar os trabalhadores terceirizados dentro da Replan fora dos períodos das campanhas salariais. Os trabalhadores não participam organicamente da vida sindical; eles a veem como distante deles, de suas necessidades. Com apenas uma exceção, os trabalhadores não demonstraram qualquer interesse pelas atividades sindicais fora das campanhas salariais. Os trabalhadores não se veem, portanto, como parte do sindicato, como responsáveis pela sua construção, apesar do discurso dos boletins sindicais, das palavras dos sindicalistas nas assembleias. O desinteresse pela vida sindical passa por argumentos tais como a falta de tempo e a compreensão de que não é preciso estar nela a não ser nos momentos específicos das campanhas salariais.

A distância existente entre trabalhadores e sindicatos também pode ser medida pelo descontentamento que eles manifestam frente à maneira como se processam as negociações sobre o reajuste dos seus salários. Os trabalhadores não conhecem o processo; sabem que existe uma negociação com as empresas, que elas oferecem propostas e que o sindicato coloca essas propostas em votação em assembleias, mas eles não têm ideia de como são estabelecidos os índices de reajuste em negociação.

Pouco envolvimento dos trabalhadores na organização sindical; uma dose razoável de personalismo na compreensão do papel das lideranças sindicais por parte delas mesmas e dos trabalhadores; um clima de desconfiança dos trabalhadores terceirizados em relação aos trabalhadores petroleiros; a presença persistente de uma compreensão do sindicato como um intermediário entre eles, os patrões e a Justiça do Trabalho. Todos esses fatores nos mostram que os limites da atuação do Sindicato da Construção Civil passam, em grande medida, pelos limites impostos pela estrutura sindical brasileira e pela forma com que o próprio sindicato lida com ela. Esse será o tema do nosso próximo item.

3. O Sindicato da Construção Civil e os dilemas da estrutura sindical[20]

A estrutura sindical corporativa de Estado possui alguns elementos que podem ser considerados fundamentais: a investidura sindical, a unicidade sindical e as contribuições sindicais obrigatórias. Graças à investidura sindical, é necessário que o sindicato seja reconhecido como tal pelo Estado para poder representar legalmente um determinado segmento dos trabalhadores. A investidura se realiza através da expedição da Certidão de Registro Sindical, autorizando o funcionamento pleno do sindicato.[21] A regulamentação da investidura sindical passou por períodos mais liberais ou mais restritivos, de acordo com a situação política do país. Para a concessão da Certidão de Registro Sindical influem, também, os interesses da equipe governamental do momento. Por exemplo, na década de 1990, como havia o interesse dos governos neoliberais no crescimento da Força Sindical em detrimento da CUT, aquela central obtinha, com facilidade, as cartas sindicais que demandava solicitando desmembramento de categorias ou de bases territoriais dos sindicatos cutistas já existentes.

A investidura sindical é concedida em regime de unicidade sindical, isto é, o sindicato oficialmente reconhecido detém o monopólio da representação de um determinado segmento dos trabalhadores numa determinada base territorial – e esse é o segundo elemento básico da estrutura sindical. A investidura poderia, em tese, coexistir com um pluralismo sindical limitado, no qual dois ou mais sindicatos fossem reconhecidos oficialmente para representar um mesmo segmento de trabalhadores numa mesma base territorial. Porém, no Brasil, salvo o curto interregno de vigência da Constituição de 1934, o sindicato sempre foi único. O regime de sindicato único facilita o controle do Estado sobre a vida sindical dos trabalhadores.

---

20 Esse item é parte de um artigo que trata especificamente da estrutura sindical e a ação de trabalhadores terceirizados publicado na revista *Estudos de Sociologia*. Ver Marcelino e Boito, 2011.

21 O sindicato pode existir mediante registro em Cartório, mas só pode representar legalmente uma categoria quando estiver registrado junto ao Ministério do Trabalho e Emprego.

O sindicato único oficial se mantém financeiramente, como se sabe, graças às contribuições sindicais compulsórias (Contribuição Assistencial, Imposto Sindical e Taxa Confederativa), que são contribuições definidas por lei e recolhidas diretamente pelos organismos de Estado ou pelo sindicato oficial com a garantia do Estado (Boito Jr., 1991). A fonte de financiamento oficial assegura a vida material dos sindicatos independentemente da adesão e contribuição dos trabalhadores. No Brasil, o associativismo sindical pesa muito pouco na saúde financeira dos sindicatos.

Esses três elementos – investidura, unicidade e contribuições compulsórias – são responsáveis por colocarem o mundo sindical de ponta-cabeça: eles possibilitam, de um lado, a integração dos sindicatos ao Estado e, de outro, a sua autonomia frente aos trabalhadores. A legitimidade e as finanças do sindicato passam a depender do Estado e não dos trabalhadores. A integração dos sindicatos ao Estado e a sua autonomia frente aos trabalhadores será maior ou menor, dependendo da situação política, da correlação de forças vigentes e do setor considerado das classes trabalhadoras. Ao longo desta análise, procuraremos mostrar como a dependência frente ao Estado, a autonomia frente aos trabalhadores e algumas consequências decorrentes desses elementos interferem no sindicalismo que estamos analisando.

O Sindicato da Construção Civil combina uma ação mobilizadora e combativa com apego à estrutura sindical. Mas não o faz impunemente: a estrutura sindical impõe limites concretos a essa forma de ação.

O Sindicato da Construção Civil conclama constantemente os trabalhadores de sua base à responsabilidade pela manutenção financeira da sua "entidade de classe". Faz isso, basicamente, através dos boletins sindicais e nas assembleias e reuniões com os trabalhadores. Mas, se por um lado, o discurso apela para a necessidade de autonomia em relação ao Estado e aos patrões e destaca a importância de um papel ativo dos trabalhadores na construção e manutenção da ação sindical, por outro, na prática, faz-se uso das possibilidades colocadas pela legislação que estabelece as contribuições compulsórias. Nas entrevistas realizadas e nos boletins sindicais, podemos notar que o discurso é radical contra o imposto sindical, mas nem tão contundente quanto à contribuição assistencial, isto é, não critica o sistema de manutenção financeira do sindicato, mas, apenas, o elemento mais visível e mal-visto desse sistema: o imposto sindical.

Quando perguntado em quais pontos a estrutura sindical deveria ser mudada, Amilton, diretor do sindicato, indica apenas um ponto:

> Acabar o imposto sindical. E quisera eu ver essa consciência nos trabalhadores; deles realmente tomarem o sindicato como sua verdadeira casa. Um sindicato livre de patrão e de governo. (Amilton, 28/03/2007).

Ademais, o discurso contra o Imposto Sindical não resulta em nenhuma ação efetiva pela abolição desse imposto – por exemplo, a luta pela sua extinção legal. Quanto à Contribuição Assistencial, para poder poupá-la, argumenta-se que essa contribuição tem o seu valor decidido, democraticamente, em assembleias amplamente convocadas (Amilton, 28/03/2007).

O Sindicato da Construção Civil já chegou a devolver a parte que lhe cabia do imposto sindical (60%) sob certas condições: em 1992 ele fez uma festa com apresentações de música, capoeira torneio de truco etc. Mas fez isso apenas para os trabalhadores que eram sindicalizados e que estavam em dia com a mensalidade. O boletim desse período presta contas de como o dinheiro tinha sido empregado até então:

> Companheiros! Todos os anos é descontado um dia do nosso trabalho, em forma de imposto: o imposto sindical, que é herança da era fascista de Getúlio Vargas, onde havia sindicatos de trabalhadores representados por patrões, e cujo dinheiro arrecadado ninguém sabia para onde ia, pois não havia prestação de contas. Pois em deliberação do Congresso da Categoria, o dinheiro foi destinado ao projeto de alfabetização de adultos e à compra de um ônibus para a entidade. Esse dinheiro é recolhido em março. Daí, o governo "garfa" a sua parte e manda a parte do sindicato só no mês de junho, ou seja, 60% do total arrecadado." (Avançar na Luta, 1992, n° 32).

Tal como aponta Galvão (2007b), o fim das contribuições sindicais compulsórias é um discurso relativamente comum no sindicalismo brasileiro – em especial, aquele ligado à CUT – mesmo que não se tenha levado adiante lutas efetivas nesse sentido. Bem menos enfáticos, entretanto, são o discurso e a luta contra a unicidade sindical. Amilton, por exemplo, não conseguiu definir uma posição clara em relação a essa legislação e sustentou que tudo depende da direção do sindicato: se ela for boa, de luta, apenas às empresas interessaria o pluralismo sindical e, justamente, para dividir o poder desse sindicato. É preciso dizer que, apesar dessa avaliação que sugere que tudo depende da situação concreta, nenhum diretor do Sindicato da Construção Civil defende a criação de um sindicato livre, ao lado do oficial, nas situações em que o sindicato oficial estiverem nas mãos de diretorias pelegas e corruptas.

A mesma pergunta sobre a estrutura sindical foi feita para outro sindicalista da construção civil, Luiz Albano (28/03/2007), e a resposta apontou, novamente, para a importância que esses sindicalistas dão ao seu próprio papel, em detrimento da consideração sobre a importância que a estrutura organizativa do sindicato tem na definição dos padrões de ação sindical. Para Luiz Albano, o mal não parece residir na unicidade ou nas contribuições compulsórias, mas na falta de autonomia aos dirigentes sindicais – como se essa pudesse coexistir com aquela legislação. À parte o personalismo dessa afirmação do sindicalista, é preciso destacar que, de fato, dentro de uma estrutura sindical como a brasileira, o papel das lideranças sindicais na condução política do sindicato fica muito mais evidente, porque mais concentrado nas mãos delas.

A investidura e a unicidade sindicais aparecem na preocupação que o sindicato demonstra em seus boletins com os chamados "sindicatos fantasma":

Existe muita gente por aí que não gosta de ver os trabalhadores unidos em torno de um ideal. Vivem aprontando um monte de maracutaias para enfraquecer as lutas dos trabalhadores, querem ganhar dinheiro com os nossos movimentos, querem rachar a categoria, estão sempre do lado dos patrões e vivem tentando acabar com o Sindicato legítimo e combativo, que está do lado dos trabalhadores (Construindo a Luta, 1993, n° 32).

Mas o boletim não explica porque é que podem ser criados e porque é que podem continuar existindo esses sindicatos que praticamente não possuem um quadro de trabalhadores associados. Segundo Amilton (28/32007), o fim da investidura e da unicidade não geraria temores na direção do Sindicato da Construção Civil, mas – as entrevistas e a prática desse sindicato nos permitem afirmar –, não há nenhum empenho efetivo e nem um desejo real, da parte dessa direção, para eliminar esses pilares da estrutura sindical. Os boletins não discutem esses temas e os sindicalistas não adotam uma postura ativa por mudanças. Citamos uma fala de Amilton (18/01/2005):

> Na questão da unicidade, nós temos uma avaliação. Nós ganhamos dos sindicatos pelegos na disputa política. A pluralidade não é problema. Isso é uma postura da ASS [Alternativa Sindical Socialista]. Ela também defende o fim do imposto sindical. Nós não temos nenhum problema com a pluralidade. Mas não a da reforma sindical [proposta pelo governo Lula], mas porque você pode pegar uma meia dúzia de pilantras e você vai ter sindicatos por ramos de atividade, você vai ter sindicatos derivados e um sindicato de São Paulo que vem e assina um acordo que vai ter validade. Mas se é o fim da unicidade e você tem as condições para o debate com a categoria, não tem problema nenhum. O problema maior é tudo ser negociado, é o poder da Central. Ela tem poder demais.

Ora, uma coisa é "não ter nenhum problema" com o fim da unicidade sindical, outra coisa é lutar por ela. Podemos aqui sugerir que essa resistência velada ao fim da unicidade e da investidura sindicais é um comportamento de toda a direção do Sindicato da Construção Civil.

A contar pelo depoimento dos trabalhadores terceirizados dentro da Replan – parte numérica e politicamente importante da base sindical do Sindicato da Construção Civil e, possivelmente, a mais mobilizada dela – essa discussão sobre a estrutura sindical não está construída na base. Os trabalhadores entrevistados não sabem quais são as características da estrutura sindical atual e não conhecem o debate sobre a reforma sindical. Embora seja possível encontrar no boletim de maio de 2005, por exemplo, um pequeno informe dos principais pontos da reforma sindical proposta pelo governo Lula, apenas em um deles encontramos uma chamada do sindicato para debater a questão. Isso reforça a análise de que há resistências por parte da direção do Sindicato da Construção Civil em levar adiante, a partir de uma construção na base, uma proposta de superação da atual estrutura sindical.

As principais críticas presentes nos boletins do sindicato em relação à proposta de reforma sindical do governo Lula se referem ao grande poder conferido às centrais sindicais – de se sobreporem às decisões dos sindicatos de base – e ao perigo, então amplamente denunciado, da proposta de que o negociado deveria se sobrepor ao legislado, isto é, de os acordos trabalhistas poderem estabelecer cláusulas contratuais que fiquem aquém ou mesmo anulem o que é estabelecido como norma protetora do trabalhador pelo direito do trabalho.

A contradição entre, de um lado, a crítica genérica e superficial dos sindicalistas progressistas à estrutura sindical e, de outro, a sua ação cotidiana no sindicato não diz respeito, em nossa opinião, somente às dificuldades criadas pelo desemprego, pela ação patronal e governamental contra o sindicalismo e pela perda de direitos que atingem hoje a organização dos trabalhadores no Brasil. Essa contradição evidencia também um apego a essa estrutura e uma dificuldade de pensar a organização sindical para além dos marcos corporativistas e legalistas. O resultado disso é que o sindicato pode até conseguir uma mobilização significativa dos trabalhadores na sua data-base – o que não nos parece pouco numa conjuntura onde parte significativa dos sindicatos sequer consegue deflagrar greves para reposição salarial, muito menos para conseguir aumentos reais – mas permanece limitado pela relativa indiferença dos trabalhadores frente à vida sindical e, no limite, até pela hostilidade da base devido à obrigatoriedade de contribuições que lhe são impostas. O sindicato é mantido, mas não se converte num sindicato de massa.

Em tese, há uma disputa entre o Sindicato da Construção Civil e o Sindicato dos Petroleiros Unificado do Estado de São Paulo – ao qual pertencem os petroleiros da Replan – pela filiação dos trabalhadores terceirizados dentro da Refinaria de Paulínia. O processo de terceirização afetou o Sindicato da Construção Civil de maneira inversa à que ocorreu com o Sindipetro: na mesma medida em que esse último teve as suas bases reduzidas, aquele teve suas bases ampliadas. Seguindo as orientações de sua Federação Única, o Sindipetro busca a filiação dos trabalhadores terceirizados. A decisão de sindicalizar os terceirizados se deu no I Confup (Congresso da FUP – Federação Única dos Petroleiros) em 1995. Segundo Araújo (2001), a bandeira de luta retirada nesse congresso foi: "(...) lutar para melhorar as condições de trabalho e os salários desses trabalhadores com o objetivo final de equiparação com os trabalhadores não terceirizados". Araújo afirma que a FUP manifesta, também, a preocupação em discutir com os outros sindicatos de terceirizados as implicações desse processo e a compreensão de que "(...) cabe aos petroleiros liderar esse processo de organização dos trabalhadores terceirizados, construindo, por exemplo, uma pauta comum de reivindicações, até então pulverizada em virtude da multiplicidade de representações" (Araújo, 2001, p. 280). As medidas concretas para viabilizar essa nova forma de encarar o trabalhador terceirizado dentro do sindicato passavam por: estruturar departamentos de empreiteiras nos sindicatos e realizar assembleias conjuntas; definir o papel da empreiteira; construir uma proposta de política nacional para a questão; efetuar convênios com a Caixa Econômica Federal e INSS de modo a fiscalizar o recolhimento de obrigações trabalhistas; criar condições estatutárias para filiação de terceirizados, entre outras (Araújo, 2001, p. 282).

Para nosso objeto de estudo, especificamente, uma das orientações desse congresso é crucial: a promoção de ações integradas apenas com sindicatos de terceirizados que tenham tradição de luta. Naquelas refinarias onde o sindicato dos trabalhadores terceirizados não tivesse essa característica, o Sindipetro deveria assumir a representação dos trabalhadores. Os congressos posteriores da federação dos petroleiros, segundo Araújo (2001), reafirmam a postura da FUP contra a terceirização e a disposição do primeiro congresso de sindicalizar os trabalhadores terceirizados dentro das refinarias. As discussões vão se afinando ao longo desses congressos (Confups) no sentido de criar efetivamente as secretarias das empreiteiras em cada sindicato, de definir um conjunto de reivindicações direcionadas às empresas (tais como: equiparação dos salários dos terceirizados com os empregados da Petrobrás e garantia de condições de alimentação, transporte, plano de saúde, Equipamentos de Proteção Individual – EPIs – gratuitos e treinamento em horário remunerado), de promover programas de formação sindical para terceirizados, de denunciar más condições de trabalho e experiências mal sucedidas de terceirização etc.

Segundo Araújo (2001), toda a discussão da FUP no tocante à terceirização poderia ser resumida no lema "trabalho igual, direitos iguais". O avanço da terceirização e as questões por elas colocadas aos Sindipetros levaram os petroleiros a repensar sua postura diante dos trabalhadores terceirizados. Para esse autor, o conceito de "petroleiro" foi reformulado para abranger qualquer trabalhador que desenvolva sua atividade numa planta petrolífera. Para Araújo (2001), existe uma postura consensual quanto à nova definição de petroleiro, mas sua abrangência ainda está em debate. Por exemplo: muitos sindicalistas defendem que atividades como alimentação, transporte, limpeza predial, por não serem específicas do setor petróleo, estariam fora do conceito de petroleiro. O fato é que a revisão do conceito de petroleiro levou a construção da categoria de "petroleiro terceirizado". Se a luta dos Sindipetros é para garantir condições iguais de trabalho e remuneração para os trabalhadores da Petrobras e das subcontratadas, não há, na nossa compreensão e a princípio, nenhuma contradição na utilização dessa categoria. O Sindipetro que atua na Replan – sindicato também ligado à CUT, tal como o Sindicato da Construção Civil –, teoricamente, segue essa orientação geral da FUP.

Contudo, os diretores sindicais da construção civil entrevistados, Amilton, Luiz Albano e Ailton,[22] questionam se, de fato, adotar essa nomenclatura de "petroleiro terceirizado" tem alguma efetividade no processo de equiparação das categorias. Um exemplo prático de que esse tratamento igual seria apenas retórico é o fato de o Sindipetro não lutar pela igualização do valor da Participação nos Lucros e Resultados (PLR) que é pago aos terceirizados e aos petroleiros. Na nossa compreensão, eles têm razão quando dizem que o discurso do "petroleiro terceirizado" não atingiu os trabalhadores da sua base sindical. A fala que transcrevemos abaixo pode ser considerada uma síntese daquilo que a maioria dos trabalhadores entrevistados pensa sobre a proposta de serem denominados "petroleiros":

> Não [não somos petroleiros], porque a gente não tem o valor que eles têm. A gente faz a pior parte que é a montagem e a gente não tem o valor em remuneração. Eles não fazem nada. Estão ali só pra olhar e fiscalizar. Quem faz é a gente. O sindicato deles também não dá apoio pra gente, só que quando eles precisam de apoio, pedem para o nosso sindicato. Quando a gente fazia greve eles pediam ajuda para o pessoal das empreiteiras... (Soldador, 48 anos).

Se o Sindipetro não chega aos terceirizados, já o Sindicato da Construção Civil logrou uma organização importante junto à sua base. Faz greves e paralisações anuais dos terceirizados, tem o respeito da maioria dos trabalhadores, consegue aumentos reais de salário para as diferentes categorias terceirizadas, mobiliza trabalhadores de dezenas de empresas subcontratadas numa mesma luta, supera uma fragmentação concreta e tem êxito considerável nas conquistas das reivindicações da categoria. Tudo isso, para manter relativamente coesa sua base sindical, reafirmou, o tempo todo, a identidade de terceirizado dos trabalhadores. Por vezes, o fez colaborando na construção de uma visão bastante negativa do Sindipetro e dos petroleiros por parte dos trabalhadores terceirizados.

22 Esse último entrevistado apenas em 14/04/2010.

Se isso se deveu ou não aos perigos que os sindicalistas da construção civil identificavam numa atuação sindical de orientação política pouco confiável – que é como esses sindicalistas enxergam os sindicalistas do Sindipetro[23] –, o fato é que um dos resultados desse comportamento é impedir, em grande medida, que a luta seja unificada.[24]

As diferenças entre o Sindicato da Construção Civil e Sindipetro não impedem que algumas lutas sejam levadas conjuntamente.[25] Embora importantes, essas lutas conjuntas não suprem as necessidades específicas dos trabalhadores terceirizados e nem são suficientes para eliminar a imagem elitista que os petroleiros têm junto aos terceirizados. Essa divisão sindical da classe operária, divisão que coexiste com o estatuto legal da unicidade sindical, é reforçada pelo estímulo que a organização sindical oficial por categoria dá ao corporativismo dos diferentes setores das classes trabalhadoras. Mas, o perigo maior que ameaça a luta sindical desses trabalhadores é, uma vez mantida a investidura, a unicidade e as contribuições obrigatórias, o risco apontado pelo próprio Sindicato da Construção Civil em seus jornais: a pulverização da organização sindical da massa de trabalhadores terceirizados em sindicatos construídos e legalizados graças à divisão da base territorial ou das categorias que hoje

---

23 Conforme já dito, sindicalistas ligados à Articulação Sindical, corrente majoritária há alguns anos na CUT.

24 Em entrevista realizada em 14/04/2010 para a elaboração deste artigo, os sindicalistas da construção civil, Amilton e Ailton, apontaram que, desde a greve dos petroleiros de 2009, os dois sindicatos têm conseguido trabalhar conjuntamente dentro da refinaria. Perceber os avanços e limites dessas ações está fora das nossas atuais possibilidades de análise. Entretanto, parece bastante plausível a hipótese de que o problema fundamental permanece: o Sindicato da Construção Civil aceita trabalhar com o Sindipetro desde que isso não signifique ameaça à sua base sindical. Concretamente, isso significa que está fora de questão aceitar a denominação "petroleiro terceirizado".

25 Em 10 de novembro de 2007, por exemplo, quatro mil trabalhadores, petroleiros e terceirizados, se reuniram em frente à Replan para manifestar apoio ao veto presidencial à Emenda Constitucional de número 3, que restringiria o papel dos fiscais do trabalho.

estão reunidas no Sindicato da Construção Civil. Recordemos que esse sindicato representa, legalmente, não apenas os trabalhadores da construção civil, mas, também, os trabalhadores do mobiliário, da cerâmica, de montagens industriais, do mármore, do setor de granitos, cimento, cal e gesso, e não só da cidade de Campinas, mas também de outras 11 cidades da região. Ora, estão dadas as condições para que uma central concorrente, contando com o apoio ou neutralidade simpática do governo do momento, desmembre esse sindicato.[26] Isto tendo-se em conta, principalmente, que tal sindicato não logra se converter – em decorrência, dentre outros fatores, da própria estrutura sindical de Estado – em um sindicato com amplo e profundo enraizamento de massa.

Muitas vezes, também, há a ameaça de criação de sindicatos fantasmas – também conhecidos como sindicatos de carimbo ou de fachada –, essa figura extravagante, mas típica do sindicato de Estado, cujas funções são a de servir de meio de vida para seus diretores e de agente das empresas nas suas relações com os trabalhadores. Como cabe ao Estado o reconhecimento do sindicato oficial que, uma vez estabelecido, não deixa ao trabalhador alternativa de filiação sindical, é a própria história de luta do Sindicato da Construção Civil junto à grande, heterogênea e pulverizada base dos trabalhadores terceirizados que está em risco.

26 As inúmeras categorias representadas pelo Sindicato da Construção Civil são consideradas conexas e assemelhadas. Isso poderia sugerir, erroneamente, a existência de impeditivo técnico para o desmembramento do sindicato. Contudo, convém advertir que a definição daquilo que é considerado uma categoria de trabalhadores, a sua classificação como categoria conexa ou diferenciada, e a distribuição de todos esses segmentos entre os sindicatos oficiais não dependem de análise "técnica" ou "jurídica". Na verdade, depende das circunstâncias, dos interesses e da correlação de forças. Na região de Campinas temos muitos exemplos significativos do que estamos afirmando. Basta, contudo, citar o caso dos operários metalúrgicos da planta da Honda que, por serem terceirizados, foram classificados como "trabalhadores de assessoramento e montagem" e, como consequência, retirados da base do sindicato dos metalúrgicos de Campinas e região (Marcelino, 2004, p. 30). Essa amputação significou um golpe para os sindicalistas metalúrgicos de Campinas que tentaram, inclusive na Justiça, "reaver" a base que lhes fora subtraída.

4. A precarização dos terceirizados da Replan refletida nos acordos coletivos

Neste item faremos uma breve análise comparativa entre os acordos coletivos firmados pelo sindicato dos petroleiros e a Petrobras e pelo Sindicato da Construção Civil e as empresas terceirizadas de sua base nos anos de 2004 e 2009. Queremos, com essa comparação, apontar onde estão, concretamente, os indícios de precarização do trabalho dos terceirizados dentro da Petrobras.

Para sistematizarmos as diferenças entre os acordos coletivos desses dois grupos de trabalhadores – petroleiros e terceirizados da manutenção, montagem industrial e construção civil – compusemos um grande quadro comparativo que segue anexo a esse texto.[27] A principal conclusão a que podemos chegar observando esse quadro é a de que a diferença fundamental entre a situação dos trabalhadores petroleiros e a situação dos trabalhadores terceirizados da base do Sindicato da Construção Civil é que as relações de trabalho dos primeiros estão, de longe, muito mais reguladas por instrumentos de negociação coletiva que aquelas dos segundos. Ao todo, dos 39 itens aplicáveis às duas categorias englobando vantagens salariais (adicionais), benefícios, itens de segurança do trabalho e de

27 Muitos itens importantes dos acordos coletivos firmados pelo Sindicato da Construção Civil e pelas empresas prestadoras de serviços para a Replan não aparecem no quadro comparativo anexo. Vários desses itens são específicos da condição de terceirizado e da tentativa de proteção do trabalhador nessa condição. Podemos citar como exemplo a cláusula 22ª que determina que a empresa que for encerrar suas atividades na região deve comunicar ao sindicato com 30 dias de antecedência. Direitos que são considerados básicos aparecem "garantidos" no acordo coletivo: por exemplo, o direito a receber um comprovante de pagamento com identificação e a discriminação da natureza e dos valores pagos aos trabalhadores. Outro exemplo importante diz respeito aos direitos na relação entre sindicato e trabalhadores: o sindicato tem garantido no acordo coletivo, direito a fixar um quadro de avisos em local visível para os trabalhadores. No acordo de 2009 há um cláusula que reza que as empresas devem entregar comprovante de recibo de todos os documentos que lhe são entregues pelos trabalhadores; o direito à transporte do empregado quando em horário de trabalho para local adequado em caso de acidente, parto ou mal súbito; entre outros.

condições de contrato que levantamos, 24 constam apenas nos acordos coletivos dos trabalhadores petroleiros. Vários desses pontos dizem respeito a vantagens relacionadas a regimes especiais de trabalho que a Petrobras reconhece (Regime Especial de Campo, Regime de Sobreaviso, Regime de Confinamento) e que não são regulamentados para trabalhadores terceirizados, embora possam existir na prática. Outros tantos, que não constam nos acordos coletivos estabelecidos entre o sindicato que representa os terceirizados e as empresas prestadoras de serviço para a Petrobras, poderiam, perfeitamente, compor qualquer acordo coletivo de trabalho. Alguns exemplos desse tipo de cláusula são aquelas referentes a auxílio creche, auxílio ensino para filhos e para o próprio empregado, itens de proteção e garantia salarial em caso de acidente de trabalho e cláusulas relacionadas ao atendimento à saúde do trabalhador e sua família. Quatro outros itens dos acordos coletivos encontram-se, ainda, rebaixados para os trabalhadores terceirizados; o auxílio alimentação, por exemplo, era, em 2009, de R$ 521,84 para trabalhadores petroleiros e de R$200,00 para terceirizados.

O fato do acordo coletivo dos petroleiros ser negociado nacionalmente e aquele dos trabalhadores terceirizados da Replan ser fechado pelo Sindicato da Construção Civil no nível intermunicipal é um elemento fundamental para compreender as diferenças nas conquistas obtidas por cada um desses grupos em questão. Uma categoria organizada nacionalmente tem maior capacidade de pressão do que outra cuja negociação é regional. Isto, inclusive, porque a interlocutora da Federação Única dos Petroleiros (que é quem conduz os acordos coletivos) na negociação é uma empresa estatal de grande porte, altamente produtiva e de grande importância econômica para o país.

O elemento "negociação regional" é, em si, um fator de precarização das relações de trabalho e emprego, mas é, também, já o resultado de um processo de precarização em virtude da disseminação da terceirização. Ou seja, conforme a Petrobras foi, progressivamente, repassando para empresas prestadoras de serviços funções que eram desempenhadas antes por trabalhadores próprios, novos sindicatos foram assumindo a representação oficial das categorias profissionais. Ocorre que muitos desses sindicatos não possuíam e/ou não possuem a força social dos sindicatos dos petroleiros. Não ser petroleiro e ser terceirizado significa, para os trabalhadores e seu sindicatos, ter que percorrer um caminho que já tinha sido feito, correr atrás do prejuízo. Isso para aqueles sindicatos que têm disposição e iniciativa de luta.

Conforme já apontamos ao longo desse texto, esse é o caso do Sindicato da Construção Civil de Campinas. Há anos esse sindicato vê sua base se ampliar em virtude da incorporação de contingentes cada vez maiores de trabalhadores terceirizados dentro da Replan; tanto pela expansão da refinaria quanto pela expansão da terceirização para funções antes primeirizadas. Nesse processo contínuo de ampliação das conquistas e direitos dos trabalhadores terceirizados, em 2008 o sindicato conseguiu negociar com o conjunto das empresas subcontratadas pela Replan – cujos trabalhadores fazem parte de sua base sindical – uma tabela com 40 funções diferentes e seus respectivos pisos salariais. A implementação desses pisos foi acordada para se dar de maneira progressiva e em três etapas. Desde maio de 2010 todos os trabalhadores terceirizados que desempenham a mesma função dentro da Replan, independentemente da empresa onde eles estejam alocados, recebem os mesmos salários. A tabela impede pagamentos abaixo dos pisos estabelecidos, mas, evidentemente, não impede pagamentos acima dela. Entendemos que embora não atinja a terceirização na sua raíz, nas suas consequências e nos seus objetivos fundamentais, conquistar essa isonomia é um fator importante de fortalecimento da luta dos trabalhadores. Além disso, uma conquista dessa natureza ajuda a quebrar por dentro o mecanismo da terceirização: as licitações onde o que realmente determina a empresa vencedora é quem paga menos pela força de trabalho.

Sobre a relação entre a Petrobras e os Sindipetros, há várias cláusulas garantindo os sindicatos como interlocutores em assuntos internos à empresa e em assuntos de interesse imediato dos trabalhadores. O acordo coletivo que valerá entre os anos de 2009 e 2011 traz uma conquista importante para os trabalhadores no que se refere à terceirização: nas cláusulas 79ª e 80ª a empresa se compromete a buscar a primeirização. Entendemos que essa "intenção" declarada no acordo da Petrobras com a FUP se deve a um momento favorável aos trabalhadores propiciado pelo crescimento da Petrobras. Crescimento esse que, tal como já afirmado, faz parte de uma política neodesenvolvimentista (ver texto de Armando Boito deste livro) do governo Lula.

Considerações Finais

À guisa de conclusão, nosso objetivo nos parágrafos que seguem é elencar o que consideramos os motivos principais da bem sucedida atividade do Sindicato da Construção Civil junto aos trabalhadores que representa dentro da Refinaria de Paulínia. Quando pensamos em atuação bem sucedida, o que está em jogo é também a capacidade de mobilização dos trabalhadores que o sindicato apresenta, é a confiança que eles têm no sindicato e a reprodução que pudemos observar nas entrevistas, em maior ou menor medida, do conjunto do discurso do próprio sindicato. Mas, para usar um argumento de concretude inquestionável – pois de efeito imediato na qualidade de vida dos trabalhadores – avaliamos o sucesso da ação sindical através de dois elementos: 1) a conquista dos benefícios trabalhistas, tais como: a implementação do período de experiência de trinta dias e pagamento de aviso prévio normal no restante do contrato de trabalho; e 2) principalmente, pelos aumentos salariais reais. Dados do DIEESE apontam que o Sindicato da Construção Civil está entre os 20% dos sindicatos brasileiros que conseguiram um aumento real acima de 2% nas negociações de 2007 (DIEESE, 2007, p. 4) – lembremos que o reajuste de 2007 para os trabalhadores terceirizados do polo petroquímico de Campinas foi de 4,56%.

A explicação para o que estamos identificando como uma bem sucedida ação sindical não é única. Uma primeira causa que podemos apontar é o fato do Sindicato da Construção Civil atuar na maior refinaria brasileira cuja história de luta está informada por uma tradição que ultrapassa em muito as orientações sindicais da corrente que tem o domínio do Sindipetro hoje, a Articulação Sindical.[28] A Replan foi, ao longo da história, um polo de luta da categoria dos petroleiros. Isso desde a greve de 1983, que começou com os petroleiros da Replan e de Mataripe (BA) e uniu metalúrgicos, metroviários e bancários entre outras categorias – desafiando a lei de segurança nacional do estado militar brasileiro –, até a greve de 1995, quando a Replan foi uma das quatro refinarias invadidas por tropas do exército.

Outro fator importante para explicar o êxito da ação do Sindicato da Construção Civil é o fato de que os trabalhadores terceirizados dentro da Replan desfrutam de condições econômicas favoráveis para seu embate com as empresas subcontratadas: eles se encontram numa das regiões mais ricas do país, onde se concentra o maior número de empresas e onde a história de luta dos trabalhadores elevou o seu patamar salarial. Apesar da luta do Sindicato da Construção Civil, desde o início da década de 1990, estar articulada da forma combativa tal qual apresentamos, é preciso ressaltar que os índices de crescimento do país e de queda do desemprego do segundo mandato – em especial – de Luiz Inácio Lula da Silva na presidência da república tornaram o contexto econômico um pouco mais favorável para a luta dos trabalhadores. Dados levantados pelo DIEESE e por nós analisado (Boito e Marcelino, 2010) apontam para um possível revigoramento da atividade sindical como um todo no país. Isto porque, desde 2004, é possível identificar um novo ciclo de greves ofensivas e vitoriosas, onde as principais razões de mobilização são a conquista de novos direitos e benefícios trabalhistas e ganhos reais de salário.[29]

28 Corrente majoritária dentro da CUT desde meados dos anos 90; identificada pelas outras correntes como a direita da CUT.

29 Na base, o número de greves e de grevistas vem se mantendo num patamar relativamente elevado – pouco mais de 300 greves por ano até 2007 e uma média anual de 1,5 milhão de grevistas. No ano de 2008, o ano da crise econômica, esses números saltaram para 411 greves e 2 milhões de grevistas. As reivindicações mais presentes nas greves dos anos 2000 têm sido por ganho real de salário e por conquista ou majoração da Participação nos Lucros e Resultados (PLR). Reduziu-se o número de greves defensivas – por pagamento de salários atrasados, por respeito a direitos já existentes etc. A grande maioria das greves tem

Também contribuem para a compreensão dos ganhos salariais conseguidos pelo sindicalismo dos trabalhadores terceirizados da Replan ao longo do anos 2000, tanto quanto para os próprios petroleiros, o fato da Petrobras estar em plena expansão produtiva e de mercado, levando consigo as prestadoras de serviço que a circundam. Uma força de trabalho experiente é, nesse caso, um pilar importante para a empresa. Dados levantados pelo jornal *Folha de S. Paulo* (02/06/2010) apontam que falta força de trabalho especializada nas áreas de mineração, extração de óleo e gás; o que levaria com que os trabalhadores empregados nessas áreas ganhem 20% a mais do que a média salarial nacional.

Evidentemente, o discurso antissindical, a resistência que alguns trabalhadores demonstraram em relação à atuação do Sindicato da Construção Civil ou mesmo a compreensão de muitos deles de que a greve é "um passo para a baderna", fazem parte de todo um contexto ideológico construído para enfraquecer a ação organizada dos trabalhadores. Os meios de comunicação de massa o fazem constantemente, mas as empresas adotam medidas concretas e cotidianas nesse sentido. A mais importante delas, segundo nos contam as experiências de alguns trabalhadores, é deixar de contratar quando o candidato tem alguma história anterior de envolvimento com a ação sindical. Os trabalhadores citam esse fato apenas por ter "ouvido falar", mas, de acordo com Araújo (2001), essa foi uma atitude explícita, por exemplo, durante a tentativa de unificação entre Sindicato da Construção Civil e Sindipetro na Reduc, em Duque de Caxias, em 1997.[30]

---

permitido ganhos reais de salários. Outra característica importante das greves da década de 2000 é que elas lograram conquistas salariais importantes: a partir de 2004, o número de acordos salariais com reajuste acima do Índice Nacional de Preços ao Consumidor (INPC) cresceu muito, saltando da faixa de 18 para 54% dos acordos. A partir de então, esse montante continuou crescendo, atingindo a porcentagem impressionante de 87% de acordos com reajuste acima da inflação no ano de 2007. Segundo o DIEESE, para o ano de 2008, apurou-se que 88% das categorias lograram assegurar reajustes em patamar igual ou superior à taxa de inflação, índice igual àquele de 2005 (Boito e Marcelino, 2010).

30 A não autonomia da ação sindical do Estado pode ser exemplificada por essa experiência de unificação na Reduc. Segundo Araújo (2001, p. 313): "Concluído todo

Ao discurso ideológico dos meios de comunicação, às tentativas de construção do consentimento nos cursos de segurança no trabalho, às palestras e aos próprios mecanismos de gestão da produção da empresa, corresponde, do outro lado, um discurso sindical reivindicativo e que evoca a condição de classe dos trabalhadores. A ação do Sindicato da Construção Civil está assentada na penetração que esse discurso tem entre os trabalhadores. A incorporação desse discurso por eles se dá, como já afirmamos, pela sua experiência concreta com as lideranças sindicais, pela observância da coerência das direções entre o discurso e a prática sindical, pelo fato apontado tantas vezes por Amilton, Luiz Albano e Ailton de que os sindicalistas do Sindicato da Construção Civil estão próximos de suas bases. Mas, parece-nos haver, nesse caso, outro fator importante: a disposição de organização e luta dos trabalhadores. O Sindicato da Construção Civil organiza trabalhadores ligados diretamente à produção da maior refinaria do país. Dada a importância do petróleo na economia brasileira e dessa refinaria, em particular, seus trabalhadores se encontram em uma posição em que a ação sindical pode ser mais eficiente.

Talvez uma das conclusões mais importantes que as experiências dos trabalhadores terceirizados dentro da Replan e do sindicato que os representa evidenciam, é que se a fragmentação compõe um quadro desfavorável para o sindicalismo, de maneira alguma ela corresponde a um impedimento para essa luta. Por vezes, pelo que nos demonstrou a experiência do Sindicato da Construção Civil, a ação pode até ser mais radical que entre categorias de trabalhadores relativamente homogêneas. A definição do caráter da ação não está dada, portanto, apenas pela composição da

> o ritual legal para oficializar a unificação, vieram as reações, seja do Sindicato da Construção Civil, seja das contratadas e do seu sindicato patronal, no sentido de barrar a sua consolidação. A primeira medida tomada imediatamente após as eleições sindicais pelas contratadas foi à demissão de todos os terceirizados que participaram da chapa vitoriosa. Obviamente, a força com que tal medida foi aplicada teve um impacto negativo no processo de unificação, que ainda dava seus primeiros passos. Os trabalhadores ficaram temerosos quanto ao seu emprego, sobretudo porque muitos deles residem próximos a refinaria e dependem dela para seu sustento e de suas famílias".

base, mas é resultado de uma combinação desse elemento com as condições políticas, sociais e econômicas, com o peso que a estrutura sindical coorporativa, com o papel desempenhado pelas direções sindicais, com o histórico de luta de cada categoria, com o desenrolar de enfrentamentos exteriores às empresas e cruciais para a construção de uma atmosfera de embates classistas.

Entrevistas

45 entrevistados:
19 trabalhadores terceirizados dentro da Replan;
13 trabalhadores da Funcamp;
1 advogado do STU;
1 diretor de RH da Funcamp
2 sindicalistas do Sinticom: Amilton – entrevistado 3 vezes – e Luiz Albano;
1 sindicalista do SEAAC: Elizabete – entrevistada 2 vezes;
3 sindicalistas franceses (2 do SUD-PTT e 1 da FO);
2 sindicalistas do Sindipetro: Eduardo e Freitas;
1 sindicalista do STU: Bete;
1 pesquisador do sindicalismo francês: René Mouriaux;
1 pesquisador do neoliberalismo: Gerard Duménil.

Anexo

Quadro comparativo dos acordos coletivos

Direito ou benefício acordado	Petrobras 2004-2005	Petrobras 2009-2011	Empresas Terceirizadas 2004[1]	Empresas Terceirizadas 2009
Reajuste obtido no ano	De 24,5% a 29,2%	10,8%	10,5%	8,0%
1. Período de experiência	Não se aplica	Não se aplica	30 dias. 2º contrato dispensa período de experiência	Sim. Mesmas condições
2. Trabalhadores da região têm direito a serem priorizados na contratação	Não se aplica	Não se aplica	Não	Sim
3. Adicional por tempo de serviço (anuênio) para todos os trabalhadores	Sim. Tabela progressiva de 1% para os que têm um ano de empresa até 45% para 30 anos ou mais	Sim. Mesmas condições	Não	Não
4. Adicional de sobreaviso (compensa todo e qualquer trabalho realizado durante o período do ciclo normal de escala em que o empregado estiver à disposição da empresa, independentemente do horário)	Sim. 40% sobre as horas trabalhadas	Sim. Mesmas condições	Não. Não há regimes especiais para terceirizados	Não. Não há regimes especiais para terceirizados

[1] Os acordos não eram fechados conjuntamente entre o sindicato e todas as empresas prestadoras de serviço da Petrobras até 2008. As informações desse ano se referem aos acordos fechados com três empresas: UTC Engenharia S/A; Techint S/A e Camargo Corrêa S/A. Os outros acordos coletivos têm esse como base e apresentam pequenas variações."

Direito ou benefício acordado	Petrobras 2004-2005	Petrobras 2009-2011	Empresas Terceirizadas 2004	Empresas Terceirizadas 2009
5. Adicional de sobreaviso parcial (para trabalhadores que permanecerem à disposição da empresa nos períodos de folga ou repouso)	Sim. Horas pagas com acréscimo de 1/3 do valor da hora normal.	Sim. Mesmas condições	Não. Não há regimes especiais para terceirizados	Não. Não há regimes especiais para terceirizados
6. Pagamento de horas extras	Sim, 1 – 100% sobre cada hora extra trabalhada para os que têm regime permanente de sobreaviso; 2 – pagamento de trabalho extra nas trocas de turno sempre que ultrapassar o limite de 10 minutos na entrada ou na saída – hora calculada pela média	Sim. Mesmas condições	Sim. 70% para horas trabalhadas de segunda à sexta-feira; 100% em domingos e feriados	Sim. Mesmas condições
7. Pagamento de horas extras em caso de cursos e reuniões obrigatórios fora do horário de trabalho	Não	Não	Não	Sim

Direito ou benefício acordado	Petrobras		Empresas Terceirizadas	
	2004-2005	2009-2011	2004	2009
8. Adicional de regime especial de campo	Sim. 26% do salário base	Sim. Mesmas condições	Não. Não há regimes especiais para terceirizados	Não. Não há regimes especiais para terceirizados
9. Adicional regional de confinamento (para trabalhadores offshore (embarcado) ou no campo (confinado)	Sim. 10%, 15% ou 30% do salário base	Sim. Mesmas condições	Não. Não há regimes especiais para terceirizados	Não. Não há regimes especiais para terceirizados
10. Adicional de permanência no estado do Amazonas	Não	Sim, de acordo com tabela da Companhia	Não se aplica	Não se aplica
11. Gratificação de campo terrestre de produção: para empregados em regime administrativo que trabalham em bases ou áreas remotas dos campos terrestres de produção	Não	Sim. Valor: R$ 539,37. Apenas para aqueles que não recebem adicional de confinamento, regional e/ou auxílio almoço	Não se aplica	Não se aplica

[2] São considerados filhos os devidamente registrados na Petrobras: filhos naturais, enteados e menores em adoção.

Direito ou benefício acordado	Petrobras 2004-2005	Petrobras 2009-2011	Empresas Terceirizadas 2004	Empresas Terceirizadas 2009
12. Manutenção do adicional regional para caso de transferência involuntária do trabalhador para localidade onde não há a concessão do benefício	Sim, desde que o trabalhador venha recendo o adicional regional por mais de 12 meses consecutivos	Sim. Mesmas condições	Não	Não
13. Auxílio creche/ acompanhante	Sim. Reembolso total para filhos de até 6 meses; parcial para filhos[2] com até 3 anos	Sim. Mesmas condições	Não	Não
14. Adicional de serviços extraordinários – trabalhador em descanso fora do local de trabalho é convocado sem aviso prévio – aos sábados	Sim. 100% sobre salário base	Sim. Mesmas condições	Não	Não

Direito ou benefício acordado	Petrobras 2004-2005	Petrobras 2009-2011	Empresas Terceirizadas 2004	Empresas Terceirizadas 2009
15. Auxílio ensino	Sim. Reembolso de mensalidades escolares (escolas privadas) ou matérias/ uniformes (escola pública). 85% pré-escola; 70% ensino fundamental; 65% ensino médio	Sim. Reembolso de mensalidades escolares (escolas privadas) ou matérias/ uniformes (escola pública). 90% pré-escola; 75% ensino fundamental; 70% ensino médio	Não	Não
16. Auxílio ensino no nível superior	Não	Auxílio de 30% do Programa Jovem Universitário para filhos de até 24 anos de idade e que ainda não tenham formação em nível superior. Em universidade particular: incide sobre a mensalidade. Em universidade pública: material e livros.	Não	Não

Direito ou benefício acordado	Petrobras 2004-2005	Petrobras 2009-2011	Empresas Terceirizadas 2004	Empresas Terceirizadas 2009
17. Programa de complementação educacional para empregados	Não	Sim. Para trabalhadores que não atinjam os pré-requisitos escolares previstos no plano de avaliação de cargos da Petrobras. Reembolso de 90% das despesas escolares na educação básica e 80% em cursos técnicos complementares. De acordo com tabela	Não	Não
18. Adicional de serviços extraordinários em paradas de manutenção	Sim. 90% no período diurno e 100% no período do noturno de segunda à sexta	Sim. Mesmas condições	Não se aplica	Não se aplica
19. Adicional como hora extra para os casos de viagem a trabalho nos dias de folga ou de repouso	Não	Sim	Não	Não

Política e classes sociais no Brasil dos anos 2000

Direito ou benefício acordado	Petrobras 2004-2005	Petrobras 2009-2011	Empresas Terceirizadas 2004	Empresas Terceirizadas 2009
20. Adicional aos que trabalham em regime de revezamento em turnos	Sim. 100% sobre as horas consideradas dobras de turno, por prorrogação ou antecipação da jornada normal prevista de revezamento	Sim. Mesmas condições	Não	Não
21. Auxílio alimentação	Sim. R$ 323,40	Sim. R$ 521,84	Não	Sim. R$ 200,00
22. Adicional de hora de repouso e alimentação	Sim. 30% do salário base	Sim. Mesmas condições	Não	Não
23. Café da manhã, almoço e jantar fornecido pela empresa nos horários de trabalho	Sim	Sim	Sim	Sim
24. Cesta básica	Não	Não	Sim	Sim
25. Transporte fornecido pela empresa	Sim	Sim	Sim, desde 4 cidades da região	Sim
26. 13º salário e férias proporcionais para acidentados no trabalho	Sim. Para até 180 dias de afastamento.	Sim. Mesmas condições	Não	Não
Direito ou benefício acordado	Petrobras		Empresas Terceirizadas	

	2004-2005	2009-2011	2004	2009
27. Complementação do auxílio-doença até atingir remuneração integral do trabalhador em caso de afastamento por acidente de trabalho ou por doença ocupacional	Sim. Durante os 4 primeiros anos.	Sim. Mesmas condições	Não	Não
28. Auxílio para tratamento psicoterápico	Sim. 50% durante os 3 primeiros anos.	Sim. Mesmas condições	Não	Não
29. Convênio médico	Sim. Próprio e nacional: MAS. Cobertura de 100% para trabalhadores e familiares. Trabalhadores arcam, no total, com 30% das despesas de custeio da MAS com suas mensalidades	Sim. Mesmas condições	Não	Sim. Regional

Política e classes sociais no Brasil dos anos 2000   275

Direito ou benefício acordado	Petrobras 2004-2005	Petrobras 2009-2011	Empresas Terceirizadas 2004	Empresas Terceirizadas 2009
30. Auxílio para tratamento odontológico	Sim. Varia de acordo com nível do salário básico. A Companhia participa com valores equivalentes de 50% à 93% dos gastos	Sim. Mesmas condições	Não	Não
31. Custeio de medicamentos	Sim. De acordo com normas da Companhia.	Sim. Mesmas condições	Não	Não
32. Avaliação nutricional dos trabalhadores custeada pela empresa	Não	Sim. Para aqueles com indicação médica	Não	Não
33. Garantia de emprego e salário para vítima de acidente de trabalho ou doença profissional	Sim. 1 ano	Sim. Mesmas condições	Não	Não
34. Garantia de emprego em caso de afastamento por cargos públicos	Sim	Sim.	Não	Não
35. Faltas não justificadas	Sim. 5 ao ano	Sim. Mesmas condições	Não	Não

Direito ou benefício acordado	Petrobras 2004-2005	Petrobras 2009-2011	Empresas Terceirizadas 2004	Empresas Terceirizadas 2009
36. Faltas justificadas	Não	Não	Sim. Varia de 1 a 3 dias por falecimento e internação hospitalar de próximos e casamento.	Sim, acrescentando dia de vestibular e dia de comparecimento em juízo
37. Abono de faltas	Não	Não	Para estudantes em dias de provas	Sim. Mesmas condições
38. Fornecimento de uniformes pela empresa	Sim	Sim	Não	Sim
39. Lavagem, higienização e disposição de uniformes nos segmentos operacionais	Sim	Sim. Mesmas condições	Não	Não
40. Suspensão de atividades, sem sanções disciplinares ou salariais, em caso de percepção de risco	Sim	Sim. Mesmas condições	Não	Não

Direito ou benefício acordado	Petrobras 2004-2005	Petrobras 2009-2011	Empresas Terceirizadas 2004	Empresas Terceirizadas 2009
41. Deslocamento de função com manutenção de direitos e de treinamento no caso de inserção de novas tecnologias	Sim.	Sim. Mesmas condições	Não	Sim, mas apenas treinamento
42. Seguro de vida	Não	Não	Sim, em grupo e por morte acidental e natural	Sim. Mesmas condições
43. Comunicação e garantias em caso de demissão sem justa causa	Não se aplica	Não se aplica	Sim. Com garantia de alojamento e refeição para os trabalhadores em já alocados em obras	Sim. Mesmas condições

Direito ou benefício acordado	Petrobras 2004-2005	Petrobras 2009-2011	Empresas Terceirizadas 2004	Empresas Terceirizadas 2009
44. Indenização por demissão sem justa causa até 12 meses antes de aposentadoria	Não se aplica	Não se aplica	Sim. Empresa é obrigada a pagar as parcelas restantes do INSS para trabalhadores com mais de 6 anos na empresa	Sim. Mesmas condições
45. Saída para desconto de cheque de salário/adiantamento no mesmo dia do recebimento sem desconto de horas	Não se aplica	Não se aplica	Sim	Sim

O sindicalismo e a luta dos desempregados na década de 2000

Carolina B. G. Figueiredo Filho e Davisson C. C. de Souza

Considerações iniciais

Este artigo busca refletir sobre a unidade e fratura entre o exército de operários ativo e de reserva no Brasil nos anos 2000. Tomaremos como eixo da análise a relação entre o sindicalismo (o movimento orgânico do exército de operários ativo no capitalismo – doravante, o ativo) e a organização dos desempregados (o núcleo central do exército de reserva da classe trabalhadora – doravante, reserva). Exploraremos como esse vínculo esteve presente nas ações e representações do Movimento de Trabalhadores Desempregados (MTD) e de duas das seis centrais sindicais brasileiras reconhecidas[1] (a CUT e a FS), além da Coordenação Nacional de Lutas (Conlutas) e da Intersindical.[2]

---

1   São elas: a Central Única dos Trabalhadores (CUT), a Força Sindical (FS), a Central Geral dos Trabalhadores do Brasil (CGTB), a Central dos Trabalhadores e Trabalhadoras do Brasil (CTB), a União Geral dos Trabalhadores (UGT) e a Nova Central Sindical dos Trabalhadores (NCST).

2   A Intersindical, inicialmente, era uma agremiação de sindicatos que não foi legalizada como central. Em 2007, houve uma divisão dessa entidade. Uma Intersindical é composta pelos setores próximos à Alternativa Sindical Socialista (ASS) e à Unidade Classista (próxima ao Partido Comunista Brasileiro – PCB). A entidade reúne alguns sindicatos ainda filiados à CUT e não reivindica a construção de uma nova central. A outra Intersindical abarca os setores próximos ao Partido Socialismo e Liberdade (PSOL) e está participando do processo de

A escolha do MTD se deve ao fato de que se trata da única organização atuante no nível nacional que representa desempregados em sua base social a partir desta identidade coletiva. A CUT e a FS foram escolhidas por se tratarem das maiores centrais do país e por seu alinhamento com o governo Lula. Abordaremos também a Conlutas e a Intersindical por seu posicionamento ideológico crítico aos setores sindicais hegemônicos no país, e por comporem, atualmente, uma das principais frentes de esquerda de oposição ao governo federal.[3] Consideramos pertinente essa comparação, já que a mesma permite avaliar a relação de unidade e fratura do ativo com a reserva sob diversas perspectivas de organizá-los, além de verificar se a posição diante do governo federal incide no potencial de mobilização das entidades.

Para desenvolver a análise, levamos em conta as seguintes questões: (i) o *posicionamento* das centrais sobre as causas do desemprego; (ii) as *propostas* de solução para o problema presentes nos objetivos dos protestos, nas reivindicações e nas negociações com empresas e governos; (iii) o *plano de luta* e as *estratégias* dos sindicatos diante da eliminação de postos de trabalho; (iv) as *ações* da base realizadas com os demitidos; (v) e a política de *representação* dos interesses e de *organização* dos desempregados. Os quatro primeiros pontos serão apresentados de forma sucinta, pois nos concentraremos no último item para desenvolver as teses centrais do artigo.

As questões sobre as quais procuraremos nos debruçar são as seguintes: Que tipo de política essas centrais sindicais desenvolveram em relação aos desempregados? Em que medida a ideologia política e sindical das entidades pesou em relação a suas ações e representações? Que influência o acomodamento à estrutura sindical teve no tipo de representação sindical levada a cabo por essas entidades? Há diferenças entre centrais ditas "governistas" e "opositoras" ao governo em relação a esta questão? Como o

---

unificação com a Conlutas e outras organizações. Neste artigo, deteremo-nos sobre esta última, já que o processo de construção da nova central tem trazido à tona questões interessantes para a análise da unidade e fratura do exército industrial ativo e de reserva.

3   Cf., sobre esse assunto, o artigo de Andréia Galvão, nesta coletânea.

conjunto das organizações avalia a possibilidade de uma ação conjunta entre empregados e desempregados? Que relações se podem estabelecer entre os interesses imediatos das bases e das cúpulas dessas centrais, e seu discurso e prática em relação aos desempregados? Como o MTD compreende as ações sindicais para o segmento da classe trabalhadora que representa?

O material utilizado consistiu na análise de documentos de fonte primária das entidades analisadas (especialmente resoluções de encontros, plenárias e congressos), na observação de campo do Seminário Nacional da Reorganização Sindical e Popular, realizado nos dias 1 e 2 de novembro de 2009, em São Paulo, e em entrevistas semi-estruturadas com dirigentes das organizações.[4] Antes de passar à análise dos resultados, faremos algumas considerações sobre o marco teórico adotado para tratar o caráter de classe dos desempregados.

Marco teórico

Este trabalho parte da premissa de que empregados e desempregados, ao formarem parte, respectivamente, do ativo e da reserva, compõem diferentes frações da classe trabalhadora, que possuem, a princípio, interesses imediatos divergentes. Este antagonismo advém da função que cumprem no processo de acumulação do capital, que instaura uma competição estrutural entre os trabalhadores, ainda que, em última instância, sua condição comum de expropriados seja o principal determinante de

---

4   Contamos, primeiramente, com uma base de dados de 17 entrevistas com dirigentes da CUT e sete, da Força Sindical. A coleta foi realizada para a tese de doutorado de Davisson C. C. de Souza (ver Souza, 2010). Além de dirigentes da executiva nacional das duas centrais, foram entrevistados diretores de alguns sindicatos da região metropolitana de São Paulo, federações paulistas e confederações nacionais, cujos setores estiveram entre os mais afetados por demissões em massa no período analisado (metalúrgico, bancário, químico, têxtil, construção civil, comércio e funcionalismo público). Ademais, foi realizada uma entrevista com um dirigente do MTD de Campinas, feita por Carolina B. G. Figueiredo Filho para sua pesquisa de iniciação científica (ver Figueiredo Filho, 2009). Por último, foi feita uma entrevista com um dirigente nacional da Conlutas e outro da Intersindical. Todos os depoimentos foram colhidos durante o ano de 2009.

seu pertencimento a uma mesma classe, composta por todos aqueles que necessitam vender sua força de trabalho para obter os meios de subsistência. A relação de unidade e fratura entre ambos é dada pelo processo histórico de construção social e cultural da luta de classes e constitui um dos elementos centrais do caráter político do enfrentamento entre a classe trabalhadora e a classe capitalista.[5]

Para orientar nossa análise sobre os limites, as contradições e as potencialidades da mobilização dos desempregados, e sua relação com o movimento sindical, partimos do arcabouço teórico construído por Marx e Engels. Tomamos como referência, em especial, o capítulo XXIII d'*O Capital* (Marx, 1982), em que Marx apresenta a lei geral da acumulação capitalista e discorre sobre os conceitos de *superpopulação relativa* e *exército industrial de reserva*. Também será de fundamental importância o trabalho de Engels *A situação da classe trabalhadora na Inglaterra* (Engels, 1986), obra na qual este argumenta sobre os efeitos da concorrência entre os trabalhadores no capitalismo.

Segundo esses autores, o aumento do capital constante, impelido pela produtividade decorrente do incremento das forças produtivas e da concorrência entre os capitalistas, permite que o processo de acumulação de capital se desenvolva e se intensifique extraindo mais sobretrabalho sem, no entanto, empregar mais trabalhadores. Desse modo, acentuado pelo processo de concentração e centralização de capital, o sistema capitalista produz um excedente populacional de trabalhadores, que serve como contingente de força de trabalho disponível para ser comprada pelos capitalistas na medida em que a produção capitalista necessite. Assim se concretiza a lei geral da acumulação capitalista, que gera ao mesmo tempo riqueza, por um lado, e pobreza e desemprego, por outro. Esse exército de reserva, no entanto, além de "produto" da acumulação capitalista torna-se também sua "alavanca", já que: possibilita que o capital possa incorporar o número de trabalhadores que necessite quando o ciclo de produção se

---

[5] Alguns elementos presentes neste item foram desenvolvidos de maneira mais detalhada nos trabalhos de Souza (2009, 2010).

aquece (mesmo a despeito do crescimento populacional);[6] e pressiona os trabalhadores em atividade, que aceitam trabalhar mais por menores salários e em piores condições, por conta do medo de serem substituídos pelo estoque de força de trabalho reservado para a produção capitalista. Assim, a inatividade de uma parcela da população expropriada dos meios de produção se combina com o trabalho excessivo de outra.

A superpopulação relativa é produto e alavanca do processo de produção capitalista e contribui para aprofundar a competição entre os trabalhadores, constituindo-se no principal elemento de sua fratura. Essa dinâmica se dá na medida em que se abre mais espaço para a intensificação da exploração da força de trabalho empregada, enquanto se elimina da produção o "excesso" de trabalhadores, que acabam se tornando redundantes, relativamente, à acumulação, nem mesmo conseguindo concretizar a relação de dependência da qual necessitam para sobreviver. Há diferentes manifestações dessa superpopulação relativa de acordo com o vínculo que estes trabalhadores mantêm com o processo produtivo, o que pode ter influência também na forma como estes trabalhadores se organizam e se mobilizam. Entre as principais expressões, podemos destacar: a) a parcela flutuante: formada pelas oscilações e sazonalidades do ciclo produtivo industrial; b) a parcela latente: composta por aqueles trabalhadores rurais, pequenos agricultores e camponeses repelidos pela extensão das relações capitalistas no campo e pela mecanização da produção agrícola, sempre na iminência de migrar para a cidade em busca de emprego e melhores condições sociais; c) a parcela estagnada: parte ativa do exército de reserva com ocupações irregulares e instáveis, e submetidos a condições de trabalho precárias, jornadas mais longas e a baixas remunerações; d) o *lumpemproletariado*, composto pelos que conseguem sua sobrevivência através das chamadas atividades "ilícitas" (criminosos, vagabundos, prostitutas etc.). A camada pauperizada perpassa todas as instâncias da superpopulação relativa e está constituída pelo sedimento

---

6   Esse elemento explica porque a superpopulação no capitalismo é "relativa" (às necessidades do capital) e não absoluta, como argumentava Malthus.

que "vegeta no inferno da indigência" (como os mendigos e os chamados incapacitados para o trabalho, que compõem o "asilo de inválidos" da classe trabalhadora).

Os trabalhadores que compõem o exército de operários ativo e de reserva possuem um fundamento comum contra o qual procuram se organizar: a exploração do capital sobre o trabalho. Contudo, esses sujeitos possuem interesses imediatos divergentes: em última instância, enquanto os primeiros lutam por manter seus empregos e aumentar salários, os últimos lutam para conseguir vender sua força de trabalho e para adquirir alguma remuneração que garanta sua sobrevivência. É neste ponto que se assenta a chave para a compreensão da unidade e fratura entre o ativo e a reserva. Para analisar essa relação, é imprescindível considerá-la à luz das diferentes formas de organização dos trabalhadores (como os sindicatos, as centrais e o movimento de desempregados), todos estes, expressões da mesma luta contra os efeitos da acumulação de capital. A análise calcada nesses termos requer a consideração de que o exército de reserva e os desempregados (que são apenas sua fração mais expressiva) compõem a classe trabalhadora e que, portanto, sua mobilização conjunta com os trabalhadores ativos é parte do embate contra a exploração capitalista, no qual ambos estão inseridos. Além de pressionar pelo rebaixamento do salário e das condições de trabalho, o desemprego também dificulta a organização conjunta dos trabalhadores em uma mesma classe. O medo da demissão estimula a concorrência entre eles e enfraquece a resistência diante das imposições do capital. Assim, a associação entre trabalhadores em atividade e desempregados causa uma afronta à classe dominante, porque trata de reunir o conjunto dos trabalhadores, colocando em xeque a concorrência entre estes, definida por Engels como "a arma mais afiada da burguesia na sua luta contra o proletariado" (Engels, 1986, p. 94).

O advento do neoliberalismo e da reestruturação produtiva, além de contribuir para o aumento do desemprego, através do enxugamento do funcionalismo público e do operariado fabril, da intensificação do ritmo de trabalho e da produtividade e da flexibilização das relações de trabalho, veio aprimorar as funções do exército de reserva. Como afirma Meneleu

Neto (1996), o enfraquecimento das organizações da classe trabalhadora não é apenas uma consequência da expansão do exército de reserva, mas uma condição para que o capitalismo se revigorasse da crise da queda da taxa de lucro porque passou a partir dos anos 1970.

O sindicalismo é a principal forma de organização dos trabalhadores em atividade. Já a organização da reserva pode ser feita por parte dos sindicatos e das centrais, mas também por partidos políticos, ou por meio de comitês de desempregados autônomos. Desde a Revolução Industrial na Inglaterra e a conformação das primeiras associações de trabalhadores no século XIX, já se fizeram presentes iniciativas organizativas e políticas no sentido de estreitar a relação entre trabalhadores ativos e desempregados e de dar respostas à questão do desemprego. O movimento *luddita*, as caixas de pensão organizadas pelos próprios trabalhadores e a bandeira de redução da jornada de trabalho demonstram tentativas nesse campo. Além disso, diversas mobilizações de desempregados ocorreram, principalmente, em momentos de aumento do número de demissões.

Historicamente, as experiências de mobilização unitária do movimento operário organizado sindicalmente com os desempregados se deram através de diversas formas e instrumentos de luta, tais como a mobilização para a luta (protestos), a organização para a produção e o consumo (cooperativas), as políticas de contenção (caixas de auxílio e fundos de greve) e o oferecimento de serviços (cursos de qualificação e intermediação do emprego da força de trabalho). É importante enfatizar que o conjunto dessas manifestações é essencialmente movido por um *caráter de classe* e constituem, todas, parte do movimento operário, se o definimos no sentido de Engels, como a rebelião da classe trabalhadora contra a classe capitalista.

Dentre as principais limitações identificadas pelos dirigentes sindicais para a organização e a mobilização dos desempregados, além das questões estruturais já apontadas da relação com o ativo, são citados, principalmente, a dispersão e a dificuldade material, pois na condição de desempregado a necessidade concreta de buscar um emprego ou de garantir a sobrevivência material tende a se sobrepor ao engajamento político. Não por acaso, grande parte do movimento organizado de desempregados se pauta pela estratégia de obter conquistas concretas imediatas do Estado como forma de envolver mais ativistas. No contexto atual, outro fator que limita a ação desses trabalhadores é que a ideologia neoliberal dominante contribui para fomentar o pensamento de que o desemprego é fruto de incapacidade individual, fazendo recair sobre o desempregado a "culpa" por sua situação e impulsionando a busca de saídas individuais para o problema. Parte das estratégias sindicais para envolver os desempregados incorpora elementos dessa ideologia, passando a desenvolver cursos de capacitação profissional a fim de "qualificar" os desempregados para o mercado de trabalho, o que ocorre em grande medida por conta da tentativa dessas entidades de obter mais recursos financeiros (por exemplo, através do Fundo de Amparo ao Trabalhador – FAT).

A relação dos desempregados com a ação sindical também é permeada pelos limites do corporativismo estatal e sua forma de manifestação na estrutura sindical brasileira. Ainda que não seja a causa fundamental da fratura entre ativo e reserva, os critérios oficiais de representatividade dos sindicatos, que excluem a representação dos desempregados, tornam-se empecilhos para que essas entidades superem essa questão e se proponham de fato a representá-los ou envolvê-los diretamente em suas ações. O dilema da representação dos desempregados é imediatamente conflitante com os parâmetros legais da representatividade sindical. Os sindicatos e as centrais são importantes formas de luta da classe trabalhadora, que podem contribuir para a unidade da classe e sua mobilização conjunta. Contudo, assentadas sobre uma estrutura jurídica que as regula, essas entidades tendem a reproduzir a dominação de classe, visto que há restrições à autonomia e à livre associação dos trabalhadores, a exemplo da imposição jurídica da fratura entre o ativo e a reserva. Nesse contexto, o questionamento da estrutura sindical, portanto, passa a ser uma condição para que a relação entre estes segmentos se dê de forma unitária.[7]

---

7   Para uma crítica à estrutura sindical brasileira, ver Boito Jr. (1991), que identifica na investidura sindical o pilar fundamental do amortecimento da luta de classes proporcionado pela estrutura do sindicalismo de Estado no Brasil.

A importância da unidade entre os desempregados e os trabalhadores em atividade é ressaltada por diversos setores do movimento operário, ainda que não esteja sempre pautada na defesa do desmonte da estrutura sindical ou da abolição do regime social capitalista. Sendo assim, os dilemas e as contradições que cruzam a relação do movimento sindical com os desempregados se refletem em um arco bem variado de estratégias para lidar com a questão, no caso de que haja compreensão de que também é papel do sindicato, ou da central, buscar efetivar essa unidade. Na maioria dos casos, as entidades sindicais assumem que é sua função o combate ao desemprego, levantando bandeiras como a da redução de jornada, o questionamento da política econômica, a reivindicação pela abertura de mais postos de trabalho, mas consideram que não é sua tarefa representar os desempregados ou organizá-los. Outros setores, por sua vez, ainda que também defendam políticas de geração de emprego, acreditam que é necessária a organização política dos desempregados no interior das entidades sindicais, especialmente na forma de comitês. Por último, há aqueles que priorizam o desenvolvimento de políticas de incorporação desse segmento ao mercado de consumo, por meio de cooperativas ou alguma forma de contenção, como fundos de solidariedade ou cursos de requalificação profissional. Para o movimento de desempregados, a estratégia geralmente se assenta sobre a reivindicação por proteção social e por demandas urbanas inacessíveis especialmente para a camada mais pobre do exército de reserva. O envolvimento com o ativo por parte de suas organizações se dá principalmente com base nas bandeiras que os unificam (dentre as quais, a da redução da jornada é uma das principais) e a partir da construção de ações conjuntas, ou ainda, na organização de fóruns de luta que reúnam sindicatos e organizações populares que tenham desempregados na base social.

Sindicalismo e desempregados nos anos 1990 e 2000

Durante a década de 1990, em especial nos dois mandatos de Fernando Henrique Cardoso (FHC), a política econômica de juros altos e de sobrevalorização cambial, a flexibilização trabalhista, as privatizações, a abertura comercial e financeira, e os efeitos da reestruturação produtiva são elementos que contribuíram para acentuar o fenômeno do desemprego no Brasil. Apesar de não o caracterizarmos como um dado estritamente objetivo, a ser apreendido e quantificado por uma metodologia correta, consideramos que o aumento das taxas do desemprego no país e o prolongamento de sua duração (superpopulação relativa consolidada), tal como medidas pelos institutos de pesquisa, são indicativos importantes para uma primeira aproximação à amplitude e ao perfil da reserva no país. Nesse sentido, sua caracterização é fundamental para explicitar o terreno em que se deram, no período analisado, as lutas sindicais contra o desemprego, em conjunto ou não com os desempregados, e a formação do Movimento dos Trabalhadores Desempregados (MTD), em 2000, no Rio Grande do Sul.

Ainda que controversas metodologicamente, as taxas de desemprego calculadas pelo Instituto Brasileiro de Geografia e Estatística (IBGE) e pelo Departamento Intersindical de Estatísticas e Estudos Sócio-Econômicos (DIEESE) indicam como, em linhas gerais, a questão vem se apresentando no chamado mercado de trabalho. Porém, é importante ressaltar que, a partir de uma leitura marxista, esses dados permitem fazer, ademais, uma primeira estimativa de como se manifesta atualmente a superpopulação relativa na estrutura social brasileira. Os índices do DIEESE, a partir de 1998, possuem a vantagem de incluir os desempregados ocultos pelo desalento e pelo trabalho precário, o que alude à questão da população sobrante consolidada e ao segmento estagnado da superpopulação relativa. Embora parcelas expressivas do exército de reserva não estejam contempladas pelo dado,[8] o desemprego total desse instituto é o que se tem,

---

8   Basta dizer que na definição do DIEESE são considerados ocupados, além dos que exercem trabalho remunerado regularmente, aqueles que possuem "trabalho remunerado exercido de forma irregular, desde que não tenham procurado trabalho diferente do atual", "trabalho não-remunerado de ajuda em negócios de parentes", ou "remunerado em espécie/benefício, sem procura de trabalho". Com base na noção de reserva, é possível afirmar que parte desses três últimos grupos poderia ser incluída na categoria de população sobrante, dando conta

em termos estatísticos, de mais próximo do conceito marxiano. A tabela abaixo mostra como as duas instituições mediram o desemprego no país nas últimas décadas. Ainda que subestimados para delimitar o alcance das frações da classe trabalhadora submetidas à condição de reserva para as necessidades de acumulação do capital, os dados do DIEESE permitem afirmar que, em linhas gerais, o exército de operários de reserva no Brasil se consolidou a partir do final da década de 1990 em cerca de 20% da classe trabalhadora. Essa tendência se fez presente até 2005, tendo apresentado um leve decréscimo a partir de 2006, chegando a sua menor cifra no ano seguinte (16,5%).

Desemprego no Brasil (1980-2007)

Ano	IBGE	DIEESE aberto	DIEESE total
1980	6,5	–	–
1981	7,9	–	–
1982	6,27	–	–
1983	6,7	–	–
1984	7,12	–	–
1985	5,25	7,8	–
1986	3,59	6,1	–
1987	3,73	6,1	–
1988	3,85	7,0	–
1989	3,35	6,6	–
1990	4,28	7,2	–
1991	4,83	7,9	–
1992	5,97	9,1	–

ainda mais de sua extensão. Vale dizer ainda que a pesquisa contabiliza, indistintamente, a nebulosa e polissêmica categoria de "autônomos" e os "donos de negócios familiares", bem como os empregadores, mesmo que estes últimos sequer sejam vendedores da força de trabalho. Mesmo assim, são considerados pelo Departamento como "População Economicamente Ativa" (que se difere, portanto, do conceito de exército de operários ativos), o que distorce ainda mais a "taxa de desemprego", já que essa é calculada tendo como base não só os trabalhadores assalariados, mas também os que vivem de sua exploração. Ver http://www.dieese.org.br/ped/pedmet.xml.

1993	5,32	8,7	–
1994	5,06	8,9	–
1995	4,64	9,0	–
1996	5,47	9,9	–
1997	5,66	10,2	–
1998	7,6	11,91	19,35
1999	7,64	12,96	21,35
2000	7,14	12,1	19,91
2001	6,24	12,3	19,98
2002	7,14	12,3	20,11
2003	12,31	13,65	21,78
2004	11,47	12,85	20,56
2005	9,82	12,01	18,96
2006	9,97	11,6	17,93
2007	9,39	11,03	16,5

Fonte: IBGE e DIEESE.

A primeira década dos anos 2000 foi marcada por grandes alterações no cenário político, com fortes impactos sobre o sindicalismo e os movimentos sociais em geral. A eleição de Lula à presidência da república em 2002 simbolizou a efetivação de um projeto em torno do qual se unificou a maior parcela da esquerda brasileira desde o início da década de 80, com o surgimento do Partido dos Trabalhadores (PT), da CUT e do Movimento dos Trabalhadores Rurais Sem Terra (MST).[9] Não por acaso, a campanha eleitoral de Lula envolveu boa parte desses setores e representou expectativa de mudanças na política econômica e social e no tratamento com as entidades, organizações e manifestações da classe trabalhadora. Já no início de seu mandato, no entanto, o governo Lula manteve aspectos centrais do projeto político neoliberal levado a cabo por FHC, como redução dos gastos sociais, manutenção e incentivo ao pagamento dos juros da dívida pública, forte atrelamento aos organismos financeiros internacionais e políticas sociais compensatórias como o Bolsa-Família e o programa Fome

---

9 Ainda que este último, atualmente, apresente críticas às políticas agrárias do governo.

Zero. Logo em 2003, o governo federal aprovou um projeto que causou grande impacto sobre os direitos sociais e também divisões nos movimentos populares e no próprio Partido dos Trabalhadores: a Reforma da Previdência, que, dentre outras medidas, aumentou a idade mínima para a aposentadoria e abriu mais espaço para os fundos de pensão privados. Ao longo de seus dois mandatos, Lula aplicou outras políticas que interferiam na organização dos trabalhadores, como a Reforma Sindical, que manteve o imposto e a unicidade sindical, legalizou as centrais sindicais, estimulou que as cúpulas das centrais tivessem mais autonomia sobre as bases, e a partir da "lei das greves", instituiu mecanismos para que seja mais simples considerá-las ilegais.[10]

O processo de implementação dessas reformas, no entanto, foi acompanhado por maior acomodação das principais centrais às políticas do governo federal, que discutiram e negociaram grande parte dessas medidas em fóruns tripartites com o governo e representações empresariais, como o Fórum Nacional do Trabalho (FNT) e o Fórum Nacional da Previdência Social. A CUT passa do campo da oposição, no qual se encontrava durante o período FHC, para a adesão ao governo Lula, diminuindo ainda mais suas diferenciações com sua principal adversária, a Força Sindical (FS). As organizações populares, como um todo, vivem grandes processos de conflito em relação ao apoio, à crítica ou ao embate frente ao governo Lula, cujos programas focalizados atingem parte da base destes movimentos. O fortalecimento do agronegócio e os poucos assentamentos e desapropriações da Reforma Agrária também acentuam a dificuldade de caracterização do governo Lula e do PT por parte destes movimentos, que sempre os consideraram como aliados desta luta.

É importante ressaltar que durante grande parte dos mandatos de Lula, as taxas de desemprego total diminuíram.[11] Além destes dados estatísticos, em especial os programas compensatórios do governo e o próprio elemento subjetivo que remete à origem de classe do PT e de Lula levaram

10 Para saber mais sobre o conteúdo das Reformas Sindical e da Previdência no governo Lula, ver Galvão (2007a).
11 Ver tabela acima.

à defesa deste governo por parte da base dos trabalhadores, o que se manifesta em seu alto índice de aprovação. Nas direções dos movimentos e das centrais, essa questão também teve reflexos, sendo um balizador da localização dos sindicatos e dos movimentos na conjuntura.

Diante desse quadro, setores minoritários do movimento sindical e dos movimentos populares passam a romper com o governo e com as organizações a este ligadas, como o PT e a CUT, e a fazer oposição. Assim, observamos nesta década o desenrolar de um processo, ainda que bem inicial, chamado por alguns setores de "reorganização sindical e popular", com a conformação de novas entidades, como o PSOL, a Conlutas, a Intersindical e o Fórum Nacional de Mobilização – que recolocam diversos questionamentos em pauta, inclusive sobre como fortalecer a organização conjunta dos sindicatos com os movimentos populares. Também no campo governista, principalmente no âmbito sindical, há uma pulverização de novas centrais, como a Central dos Trabalhadores e Trabalhadoras do Brasil (CTB) e a Nova Central Sindical de Trabalhadores (NCST).

CUT e Força Sindical

Ao longo dos anos 90, as formas de luta da reserva no Brasil tiveram como principais protagonistas os proletários camponeses organizados pela posse da terra, especialmente no Movimento dos Trabalhadores Rurais Sem Terra (MST).[12] Em grandes centros urbanos como São Paulo, também se observa um movimento de proletários pobres organizados pela moradia, como no Movimento dos Trabalhadores Sem Teto (MTST).[13] Estas organizações têm sua base composta especialmente pela camada pauperizada (ou em processo de pauperização) da superpopulação relativa para as necessidades imediatas do capital em suas diferentes parcelas

---

12 Apesar de se tratar de um movimento predominantemente de trabalhadores rurais, esta organização também recrutou, nesse período, trabalhadores urbanos desempregados, tal como demonstra a pesquisa de Coletti (2005).

13 Cf., sobre este assunto, o artigo de Francini Hirata e Nathalia Oliveira, nesta coletânea

(flutuante, latente e estagnada), tanto de seu segmento subempregado como desempregado. No entanto, não houve no Brasil, em sentido estrito, um movimento de desempregados que os aglutinasse a partir dessa construção identitária.[14] Quais foram as políticas sindicais para essa fração da classe trabalhadora? Nosso argumento é de que as ações e representações específicas sobre o desemprego e os desempregados feitas pelas principais centrais do país naquele momento, CUT e FS, foram ao mesmo tempo o resultado e o motor das transformações mais gerais de sua ideologia político-sindical.

Nos anos 90, o cenário sindical brasileiro foi marcado, inicialmente, pelo relativo abandono do "sindicalismo classista" praticado pela CUT na década de 1980. A ala hegemônica da central consolidou uma estratégia de "sindicalismo propositivo" e, em seguida, aderiu ao conceito de "sindicalismo cidadão" (Galvão, 2002), baseado essencialmente na prestação de serviços e na organização dos trabalhadores em cooperativas. A Força Sindical surge em 1991 com uma proposta de sindicalismo "de resultados", baseada na noção de parceria entre capital e trabalho. Naquele momento, a central defende aspectos centrais do neoliberalismo, ainda que a adesão a esta ideologia não tenha sido incondicional entre os dirigentes, nem mesmo unânime na base. Segundo Trópia (2002), a Força Sindical também pratica um sindicalismo de negócios e assistencialista, mas reivindicativo em relação às conquistas materiais, especialmente em salários.[15] Durante sua trajetória, ambas as centrais aderem à concepção de sindicalismo solidário e de serviços, que oferecem não só para os sócios, mas para os "cidadãos" de maneira geral.

É importante considerar, inicialmente, que a relativa perda de espaço da perspectiva classista e combativa no sindicalismo brasileiro não significou a inexistência de protestos contra as demissões e de ações conjuntas entre sindicatos e trabalhadores demitidos. Ambas as centrais defenderam

---

14 Um das poucas organizações de desempregados desse período foi o Movimento Contra o Desemprego de Campinas (MCDC). Sobre este caso, ver Souza (2005).

15 A posição de ambas as centrais diante do neoliberalismo foi estudada por Boito Jr. (1999).

a redução da jornada de trabalho, embora seus principais sindicatos tenham concretizado negociações que previam flexibilização e perdas salariais, supostamente para "evitar" ou "amenizar" a eliminação de postos de trabalho. Estes acordos foram feitos sob o clima de entendimento e colaboração que ganhou força nessas centrais a partir de sua participação em diversas instâncias de negociação tripartite com governos e empresários.

Ainda que os desempregados não tenham sido mobilizados para a luta organicamente pelas centrais, estas investiram na representação de seus interesses. As duas entidades aderiram ao discurso de "empregabilidade", de modo parcial e encoberto, no caso da CUT, de maneira hegemônica e declarada, por parte da FS. Nesse sentido, passam a investir em cursos de requalificação profissional e políticas de intermediação do emprego da força de trabalho, exercendo a função de gestão direta de recursos públicos, advindos especialmente do Fundo de Amparo ao Trabalhador (FAT). Foi esta política que marcou o fortalecimento do propositivismo, e do "sindicalismo de serviços" praticado por essas centrais (Zarpelon, 2002). O auge desse processo se deu com a criação do Centro de Solidariedade ao Trabalhador (CST), pela FS, em 1998, e da Central de Trabalho e Renda (CTR), pela CUT, em 1999. No caso cutista, verifica-se a partir desse período, uma tendência a investir crescentemente na organização dos desempregados para a produção e o consumo através do cooperativismo, o que levou a central a criar, em 1999, a Agência de Desenvolvimento Solidário (ADS). Este tipo de política não esteve ausente do horizonte da FS, mas, nesse campo, há diferenças substanciais entre as entidades. Enquanto a FS investe mais no campo do cooperativismo de consumo e microempreendimentos, a CUT, além desses, leva a cabo também experiências de cooperativas de autogestão. A FS justifica esta prática com base no argumento da criação de alternativa de emprego e renda. Na CUT, além dessa justificativa, faz-se presente ainda a noção de "economia solidária", reivindicada como uma bandeira do movimento socialista. Nesse período, a ação conjunta entre o movimento sindical e os desempregados esteve restrita à aliança da CUT com as organizações populares que organizavam a reserva, como o MST. No entanto, a central não incorporou os desempregados a sua estrutura organizativa. Com base nessas referências iniciais, proporemos uma periodização para pensar como se expressou a ideologia político-sindical na relação da CUT e da FS com os desempregados nos anos 1990 e 2000.[16]

– De 1990 a 1992, o sindicalismo brasileiro se caracterizou pela resistência às demissões em alguns sindicatos e afirmação das principais bandeiras cutistas para enfrentar o desemprego (redução da jornada de trabalho e reforma agrária), mas também pela gestação do propositivismo nas negociações pelo emprego, tanto por parte da CUT quanto da nascente FS.

– De 1992 a 1995, consolida-se o caráter propositivo na CUT, ainda que sem o abandono de mobilizações reivindicativas. A FS cumpre um papel ativo na proposição de políticas neoliberais. Sob a bandeira da "modernização das relações de trabalho", defende as privatizações e a abertura às importações. A CUT combateu constantemente essas medidas. Ambas as centrais passam a buscar espaços institucionais tripartites onde se discute o emprego, mas não investem na representação dos interesses dos desempregados. Nesse momento, predomina em seus sindicatos o discurso de "evitar as demissões" a partir de acordos que, supostamente, "todas as partes cediam e todos lucravam". Grosso modo, a prática consagrada pelas entidades pode ser resumida na seguinte fórmula: os trabalhadores tinham jornada e salários reduzidos, mas não perdiam o emprego; o governo diminuía os impostos, mas aumentava a arrecadação com o crescimento do consumo; os empresários não demitiam, mas ganhavam com a diminuição do preço e aumento das vendas de seus produtos.

– De 1995 a 1999, as centrais passam a investir no oferecimento de serviços aos desempregados, através da política de requalificação profissional e intermediação de emprego da força de trabalho, que ganha impulso a partir da participação das centrais no Conselho Deliberativo do FAT (Codefat). Ainda que ambas tenham levantado bandeiras em conjunto contra o desemprego, tal como na greve geral de 1996, cresce no interior das entidades o discurso de "empregabilidade". No caso da CUT, esta

---

16 Esta periodização foi inspirada no trabalho de Galvão (2002) sobre a CUT.

aparece ofuscada pelas noções de democratização da gestão de recursos públicos e "disputa de hegemonia" das ideias dos trabalhadores. Também contribui para seu ocultamento a defesa da metodologia paulofreiriana feita por suas escolas sindicais, que se contraporia ao "adestramento" do sistema "S", especialmente do Senai, propondo um projeto "global e emancipador" através do "exercício de uma concepção radical de cidadania", noções presentes desde o 5º Congresso Nacional (CUT, 1994, p. 103). No entanto, embora no discurso a central tenha combatido a ideologia da empregabilidade, esta se expressa em sua ideologia prática, tal como expressa, de maneira ambígua, nas resoluções de sua 7ª Plenária Nacional:

> Denunciando a falácia ideológica, veiculada no discurso de setores governamentais e empresariais, de resolver o problema do desemprego através da educação e do ensino profissional, reafirmamos nossa posição quanto à sua importância na formação dos trabalhadores aptos a enfrentarem técnica e politicamente a reconversão produtiva (CUT, 1995, p. 28).[17]

A FS, desde sua criação, adere a esta ideologia neoliberal, apresentando de maneira pioneira no cenário sindical a proposta de requalificação do trabalhador que "não atende às necessidades do mercado". Segundo o argumento da entidade, "A implantação de novas tecnologias deverá ser acompanhada por um processo em larga escala de reciclagem de mão de obra, como forma de evitar a falta de capacitação profissional e o consequente desemprego".[18] Em todo o período analisado, este discurso é predominante no interior da central, que chegou a promover cursos sobre o tema, anunciado pela entidade da seguinte forma: "Centro cria curso de empregabilidade, para ensinar ao trabalhador os atalhos para chegar

---

17 Mais adiante a central afirma que: "A requalificação profissional é um serviço de fundamental importância no quadro atual, em particular para os atingidos por desemprego decorrente de alguma modernização tecnológica" (CUT, 1995, p. 34-35).

18 "Os princípios da Força". Revista da Força Sindical, Ano 1, n. 1, jun. 1991, p. 43.

ao emprego: o maior deles é superar o medo e o derrotismo". Estes cursos, ministrados por psicólogas especialistas em "recrutamento e seleção de pessoal" e "recursos humanos", abordam temáticas como "preparação para entrevistas de emprego, para as dinâmicas de grupo, sobre como montar currículos, *marketing* pessoal, vocabulário, confiança, vestimentas e, finalmente, motivação". A mensagem veiculada nesses eventos é a seguinte: "(....) não adianta querer vencer o desemprego na base do desespero, só batendo de porta em porta. É preciso preparação. Isso se chama empregabilidade". A central argumenta ainda que "A crise não é só do emprego, é também da cabeça das pessoas, de treinamento, de preparo". Segundo uma das ministrantes do curso, "Tem de correr atrás. Há muitos cursos e palestras gratuitos ou baratos em São Paulo, e muitos não vão por comodismo. Não estão acostumados a buscar conhecimento".[19]

É importante notar que a bandeira pela "inclusão" dos desempregados no mercado de trabalho não necessariamente os afasta das formas e instrumentos de luta, mas contribui para que apenas o trabalhador em atividade seja considerado como sujeito político. Assim, dissemina-se a ideia de que é preciso "incluir" o desempregado no mercado de trabalho para que seja possível organizá-lo e mobilizá-lo. Além disso, o discurso focado na empregabilidade e na qualificação profissional abre caminho para que se atribua o desemprego a incapacidades individuais e não à própria dinâmica do modo de produção capitalista.

– De 1999 a 2002, consolida-se o "sindicalismo cidadão" nas duas centrais, o que leva ambas a organizarem os desempregados para a atividade econômica. Essa prática tem tido maior peso na CUT e é justificada pela central por sua necessidade de dar uma resposta à representação dos desempregados:

> Diante do aumento do desemprego e da informalidade, os sindicatos cutistas não podem se manter numa posição de omissão na qual a última relação que tem com os trabalhadores desempregados é a homologação da rescisão do contrato de

---

[19] "O emprego visto por outro ângulo". Revista Solidariedade, Ano 1, n. 1, dezembro de 2002, p. 10-11.

trabalho. A "economia solidária" tem se apresentado como uma nova forma de se constituir alternativa de luta contra o desemprego e diálogo concreto com os desempregados e demais setores marginalizados pelas grandes cadeias produtivas (CUT, 2000, p. 33).

A criação da Agência de Desenvolvimento Solidário (ADS) foi justificada da seguinte forma pela central:

> (....) [A ADS] foi criada com a missão de promover a constituição, fortalecimento e articulação de empreendimentos autogestionários, buscando a geração de trabalho e renda, através da organização econômica, social e política dos trabalhadores e inseridos num processo de desenvolvimento sustentável e solidário. A ADS está organizando complexos cooperativos em todo o país, com políticas de formação, assessoria na gestão, comercialização e desenvolvimento tecnológico e está organizando um Sistema Nacional de Crédito (CUT, 2002, p. 90-91).

Na FS também aparecem experiências de cooperativas, mas que apontam, por um lado, para uma estratégia de alternativas de emprego e renda através de microempreendimentos e, por outro, para o oferecimento de serviços aos sindicalizados (cooperativas de crédito, habitação popular etc.).[20] Também se caracteriza por seu crescente investimento em "projetos cidadãos" (que vão desde a assistência a crianças ex-moradoras de rua e restaurantes comunitários à expansão dos centros de atendimento integrado aos desempregados). Ao longo do período estudado, a central adere ao conceito de sindicalismo solidário, tal como demonstram os

---

20 Consolida também na central a perspectiva de sindicalismo "alegre e festivo" (como nos espetáculos musicais e premiações do Primeiro de Maio), e um "sindicalismo de auto-ajuda", que dá um novo impulso ao discurso de "empregabilidade" através de conceitos como "*marketing* pessoal" na busca do emprego, especialmente através das palestras de motivação que a central promove através dos funcionários de seu departamento de "recursos humanos".

argumentos da direção executiva estadual de São Paulo: "O sindicalismo moderno assume novas formas e, sem abandonar a defesa dos trabalhadores, investe em projetos sociais, cria alternativas de emprego e renda para famílias e, em muitos locais, substitui a ação que deveria ser do Estado".[21]

Em 2003, já durante o governo de Lula, o Ministério do Trabalho decide municipalizar os centros de atendimento integrado aos desempregados. A FS segue investindo nesses órgãos através de parceria com as prefeituras e seus sindicatos continuam buscando financiamento de recursos públicos para implementar cursos de qualificação. A CUT amplia as experiências de "economia solidária", que atualmente aglutina milhares de cooperados em todo o Brasil. Veremos a seguir como os dirigentes de ambas centrais explicam suas práticas.

Os dirigentes cutistas tendem a justificar a ausência de organização dos desempregados na central pelas características próprias deste segmento, que não favoreceriam a mobilização. Primeiramente, afirmam que se trata de um segmento cuja dispersão e rotatividade não permitem a construção de uma organização estável. Sustentam ainda que, entre os desempregados, predomina o individualismo e a competitividade, já que entre eles o companheiro seria visto como um potencial concorrente em uma vaga de emprego. Argumentam sobre a sazonalidade do desemprego e a imbricação entre este e o trabalho informal, que acaba sendo uma alternativa diante da falta de perspectiva. Assim, a situação material precária e a

---

21 "De corpo e alma com a comunidade". Forçasp, Revista da Força Sindical de São Paulo, Ano 1, n. 1, dezembro de 2000, p. 11-13. Entre os projetos da FS estão o "Sindicato Criança", para "atender adolescentes em situação de risco social, de 14 a 17 anos, oferecendo cursos profissionalizantes", lançado em agosto de 1995, o "Projeto Eremim", do Sindicato dos Metalúrgicos de Osasco, em setembro de 1999, voltada para crianças de 7 a 14 anos, que participam de "atividades pedagógicas de reforço escolar", e para jovens de 15 a 21 anos, que recebem aulas de qualificação profissional, o projeto "Meu Guri", do SMSP. No campo do cooperativismo, encontra-se nucleado na central a cooperativa habitacional do Sindicato dos Trabalhadores da Construção Civil, a Coopehat, que atua em âmbito nacional, os 122 cursos do CST, e o Apodi, um projeto de assentamento, irrigação e produção agrícola, no Rio Grande do Norte, que envolve 30 trabalhadores.

necessidade de buscar emprego, realizar algum "bico" ou trabalhar como ambulante não incitariam os desempregados à mobilização. Também contribuiria para a ausência de sua organização a situação emocional destes trabalhadores, marcada pela desmotivação, o desalento, a perda do laço coletivo, o desespero por conta do risco de pauperização e a baixa autoestima. Está presente também a justificativa da descrença do desempregado na eficácia da luta e a incapacidade sindical de resolver o problema do desemprego, que seria um atributo dos governos. Alguns argumentam sobre o excesso de demandas sindicais, mas afirmam que a falta de uma militância prévia e uma cultura de organização joga contra os trabalhadores sem emprego. Sustentam também que, na base, os interesses entre empregados e desempregados podem ser conciliados, mas que se trata de protestos de natureza diferente, tal como afirma um dirigente de uma confederação nacional: "(...) as lutas são totalmente diferentes porque o empregado está lutando para manter o emprego, para garantir o seu salário e o seu sustento. O desempregado vai lutar em prol de política pública e assistência (...)" (Waldemar de Oliveira). Nesse sentido, uma entrevistada do setor bancário chega a afirmar que os interesses entre estes são "conflitantes":

> Mesmo com o quadro de demissão, em qualquer categoria existem trabalhadores que estão lá que não foram demitidos. Então, o Sindicato (...) tem que fazer uma política que tanto pense em conter as demissões, ou em reverter as demissões (e reverter é dificílimo no Brasil), mas em conter as demissões, mas ele também tem que fazer uma política sindical e não vai poder fazer, mesmo nos períodos mais difíceis de demissão, ele vai ter que usar uma política para quem está na ativa e quem está na ativa normalmente fica mais sobrecarregado porque num processo de demissão, de enxugamento, reengenharia, (...) você deixou tarefas daquelas pessoas (...) acaba sempre aquela pessoa que fica, ficando com uma sobrecarga de trabalho frente àquele outro que saiu. Então o Sindicato tem de olhar para aquele trabalhador que continua ali, isto é, (...) ele tem que lutar pela manutenção do emprego, tem que cuidar dos desempregados,

tem que para fazer o protesto, tem que dar uma boa assitência para quem está saindo, mas vai ter que também olhar para este trabalhador que ficou ali porque ele ainda tem as demandas dele, porque ele pensa assim: "eu fiquei, eu estou ficando, os outros estão saindo, mas eu estou ficando, e nesta situação eu vou querer que as minhas condições de trabalho sejam também observadas pelo Sindicato, meu salário vai ter que aumentar, porque aumentou o meu trabalho, a minha jornada" (…) (Ana Tércia Sanches, Sindicato dos Bancários e Financiários de São Paulo, Osasco e Região).

Ainda que no discurso tenha considerado a mobilização política dessa fração da classe trabalhadora, a CUT não desempenhou um papel ativo nesse sentido, contrariando seus próprios princípios de representante classista dos trabalhadores. Investiu, ao contrário, em políticas compensatórias para os desempregados como forma de representação de seus interesses, primeiramente, no oferecimento de serviços, e em seguida, em sua organização para a atividade econômica de produção e consumo. A CUT participa da Coordenação dos Movimentos Sociais (CMS), a partir dos anos 2000, da qual fazem parte organizações populares cuja base social está composta especialmente por desempregados pobres. Tal como argumenta um membro da executiva nacional da central:

(…) no Brasil, há uma militância muito grande dos desempregados (…) [que] foram canalizados para outros movimentos sociais (…) eu acho que aqui na CUT dificilmente nós teríamos (…) na nossa Central sindical a possibilidade de abrir os estatutos da CUT e aceitar a filiação individualizada dos desempregados. O que nós temos que fazer, e é isso que a CUT faz, é estimular (…) que o Sindicato tenha Comitês de desempregados, que nós façamos articulações políticas com os movimentos sociais, e isso nós fazemos. A CUT é a principal organizadora do Fórum Social Mundial que organiza (…) um conjunto de movimentos sociais, e muitos destes movimentos sociais tem

> militância muito forte no setor de desempregados, seja através das pastorais sociais da Igreja (...), movimentos de moradia... (João Antônio Felício, Direção Nacional da CUT).

No entanto, o que nos parece fundamental incorporar à análise é a maneira como o discurso cutista sobre esta temática atesta sua posição ambígua com relação à estrutura sindical. Por um lado, destaca que a falta de interesse no desempregado se deve a uma cultura de representar o empregado formal, que paga o imposto, vota nas eleições sindicais e é um potencial filiado. Parece prevalecer na central, portanto, a reprodução da ideologia jurídica de que, afinal, o sindicato é uma instituição de representação da categoria profissional, ou do ramo de atividade. No entanto, quando questionados sobre seu acomodamento ao sindicato oficial, os dirigentes não o relacionam diretamente com a prática corporativista de não investir na representação dos desempregados, tal como afirma o atual presidente da central:

> Eu acho que tem pouca relação, esta questão da estrutura sindical, da acomodação das entidades sindicais, da estrutura sindical oficial com esta relação da organização dos desempregados. Não é que não tem nenhuma relação. (...) eu acho que é um limitador, a existência, mas no caso da central sindical há a possibilidade de você construir uma estrutura que vai além desta questão que está colocada hoje na CLT (...) a Central sindical será reconhecida para debater assuntos de interesses gerais da classe trabalhadora, o desempregado é classe trabalhadora, e, portanto, nós estamos aqui para discutir assuntos de interesse geral, inclusive dos desempregados. (Artur Henrique dos Santos, Presidente nacional da CUT).

No caso da FS, a ação conjunta com os desempregados não foi contemplada, já que esta central considera que a organização dos desempregados se restringe à representação de seus interesses parciais imediatos através do assistencialismo. A entidade não nega a importância de se organizar os desempregados, mas simplesmente não o prioriza. Avalia que o oferecimento de serviços é uma forma de ruptura com o corporativismo, e não visualiza outra:

> (…) depois que foram instituídos os cursos de qualificação profissional, todos os sindicatos acabaram fazendo, construído esta prestação de serviço no sentido de ter um local aonde ele [o desempregado] pudesse buscar um novo emprego, aonde ele pudesse se inscrever para a qualificação, onde o pagamento do seguro desemprego era dado nestes locais e estes locais normalmente eram ligados ao sindicato, nós acabamos melhorando esta tarefa de mobilização e de prestação de serviço, digamos assim, para o desempregado (João Carlos Gonçalves, Direção Nacional da Força Sindical).

Nesse sentido, o que prevalece entre os dirigentes é o discurso da empregabilidade, tal como argumenta um membro da direção nacional da entidade e atual coordenador do Centro de Solidariedade ao Trabalhador:

> (…) [Nossa] bandeira número um é a empregabilidade. Um país não cresce, pelo menos a Força Sindical entende assim, um país não vai crescer com um número gigantesco ou com a imensidão de cidadãos desempregados (…) Muitos dos cidadãos que vêm ou das cidadãs que vêm ao Centro [de Solidariedade ao Trabalhador], às vezes, infelizmente ele volta frustrado porque a capacidade intelectual dele não atinge as exigências que a empresa faz. Isso para nós é muito frustrante e às vezes ele volta, e tem a vaga, e ele não tem habilitação profissional para ocupar aquela vaga. Para nós é frustrante (Geraldino dos Santos, Direção Nacional da Força Sindical).

A respeito da organização dos desempregados para a luta, os sindicalistas da FS, e especialmente os da CUT, apegam-se ao argumento de que a primeira política de representação dos desempregados é a defesa dos postos de trabalho e a bandeira de geração de emprego, o que é feito pelas entidades sindicais. Como afirma um membro da executiva nacional da CUT, "A gente dizia nos anos 90: a política da CUT para os excluídos é incluí-los no mercado formal de trabalho. Porque não dá futuro para ninguém você continuar sendo excluído para o resto da vida, ficar defendendo a sua condição de excluído" (Júlio Turra, Direção Nacional da CUT). É este tipo de justificativa que permite aos dirigentes convocar inúmeros protestos contra o desemprego sem a presença dos maiores interessados: os desempregados.

Intersindical e Conlutas

As iniciativas de construção da Intersindical e da Conlutas partem de uma análise de conjuntura de alguns setores do sindicalismo cutista que aponta para dois pontos fundamentais: 1) uma caracterização do governo Lula enquanto neoliberal e impulsionador do processo de retirada de direitos dos trabalhadores; 2) o entendimento de que a CUT se perdeu como instrumento de luta e resistência dos trabalhadores, haja visto o processo de burocratização, a falta de democracia interna e a perda da autonomia frente ao governo e aos patrões na central.

A Coordenação Nacional de Lutas (Conlutas) foi formada em março de 2004, a partir do Encontro Nacional Sindical realizado em Luziânia-GO, após o rompimento de alguns setores com a CUT. As principais organizações articuladoras da Conlutas são o Sindicato dos Metalúrgicos de São José dos Campos e setores ligados ao Partido Socialista dos Trabalhadores Unificado (PSTU) e a algumas correntes do PSOL. A criação da Coordenação se deu em maio de 2006, com a realização do Congresso Nacional dos Trabalhadores (CONAT), em Sumaré-SP. Neste encontro, foram definidos a composição e o modo de funcionamento da entidade, que, além de sindicatos, envolveu também oposições sindicais, movimento estudantil, movimentos de combate às opressões e movimentos populares, como o MTST, o Movimento Terra, Trabalho e Liberdade (MTL), o Movimento Avançando Sindical (MAS) e a Coordenação Nacional de Luta dos Estudantes (Conlute). Segundo o estatuto e outros materiais da

Conlutas, o envolvimento desses setores, incluindo desempregados e outras formas de organização além dos sindicatos, tem o sentido de fortalecer a resistência e de conferir "um caráter classista a essas mobilizações [protagonizadas pelos setores acima citados]".[22] A Conlutas teve seu primeiro Congresso em junho de 2008, em Betim-MG, momento em que o formato e os princípios fundantes dessa central foram reafirmados, embora com questionamentos que impulsionaram a saída de alguns setores como o MTL e o MAS.

A Intersindical surgiu em 2006 após o 9º Congresso da CUT (Concut), mas como uma agremiação de sindicatos de oposição ao governo Lula, que não necessariamente haviam rompido com a CUT. A proposta da Intersindical, levada a frente pelo Sindicato dos Metalúrgicos de Campinas e Região e por agrupamentos como a Alternativa Sindical Socialista (ASS) e sindicalistas ligados ao PCB e correntes do PSOL, diferencia-se da Conlutas em dois aspectos principais. Primeiramente, o fato de envolver sindicatos ainda vinculados à CUT, sob a justificativa de respeitar o tempo e a dinâmica da classe trabalhadora e de primar pela unidade daqueles que se colocam na oposição de esquerda ao governo e à direção da central. Em segundo lugar, na questão de abarcar apenas os trabalhadores organizados em sindicatos, com a finalidade de "resguardar o caráter classista" dessa organização.

Tanto a Conlutas como a Intersindical elencam críticas à CUT e à FS a partir de concepções políticas e organizativas centrais comuns, o que as colocam em uma condição de debater um processo de aproximação maior. Dentre os pontos consensuais de crítica à CUT e à FS, destacamos aqueles relativos à estrutura sindical. Para os dois agrupamentos, um elemento impulsionador do processo de acomodação da CUT e de outras centrais ao governo e a elementos da ideologia neoliberal foi o atrelamento destas à estrutura sindical, ou mais especificamente, à unicidade e ao imposto sindical. Para Raildo Neves, metalúrgico de Campinas que representa a Conlutas, essa questão seria um entrave para que a CUT

---

22 "História – Conheça a Conlutas". Conlutas. Disponível em: http://www.conlutas.org.br/historia.asp, acesso em 18/11/2009.

conseguisse organizar os desempregados. A devolução do imposto sindical por parte dos sindicatos ligados à Conlutas e à Intersindical seria um passo no sentido de avançar na unidade do ativo com a reserva, visto que não amarraria a representação sindical a uma contribuição financeira compulsória. Ainda que esta formulação guarde contradições, tendo em vista a necessidade de se fazer uma crítica mais profunda à investidura sindical como um todo, para além da questão do imposto sindical e da unicidade, e considerando que Conlutas e Intersindical ainda continuam dependentes financeiramente das contribuições com desconto em folha de pagamento, como no caso da taxa negocial, essas posições políticas se mostram como um avanço na organização autônoma dos trabalhadores e no questionamento da estrutura sindical, que historicamente coloca entraves ao sindicalismo brasileiro e à própria unidade do ativo com a reserva. Ainda com relação à estrutura sindical e também à falta de autonomia, as minoritárias Conlutas e Intersindical criticam a estratégia de negociação das reformas nas legislações trabalhista e sindical em fóruns institucionais tripartites, compostos pelo governo, pelo patronato e pelas centrais majoritárias. A despeito da aparência de democracia e de disposição para o diálogo por parte do governo perante as representações dos trabalhadores, para os agrupamentos oposicionistas esta estratégia acaba por fortalecer um espaço de cooptação das lideranças sindicais, por disseminar ilusões quanto às possibilidades de disputa do governo, do Estado e até do patronato e por legitimar a própria estrutura sindical e mais uma série de medidas de flexibilização dos direitos dos trabalhadores – a exemplo da reforma da previdência de 2003 e da reforma sindical, que instituiu a "lei de greve", reforçou critérios legais de representatividade dos sindicatos e centrais (que continuam excluindo legalmente os desempregados de representação), impôs a premissa do "negociado sobre o legislado" e reafirmou o imposto sindical obrigatório.

Deve-se ressaltar também a problematização por parte da Intersindical e Conlutas com relação ao discurso da "empregabilidade" e à estratégia voltada para o oferecimento de serviços, desempenhada principalmente pela FS. Para ambas, essas práticas corroboram elementos da ideologia dominante, que atribuem ao indivíduo a "culpa" pela sua condição de desemprego, na medida em que o trabalhador que se encontra nesta situação estaria particularmente inadequado aos níveis de qualificação e ao perfil exigido pelo mercado de trabalho.

Outra crítica elaborada pela Intersindical e pela Conlutas à prática cutista diz respeito à estratégia da CUT e da FS quando há ameaça de demissões em massa. Para estas últimas, nesse caso, privilegiar-se-ia a recorrência aos instrumentos jurídicos para evitar demissões e a negociação com os patrões sobre os direitos dos trabalhadores demitidos. Segundo a Conlutas, a mobilização direta dos trabalhadores deve se sobrepor a qualquer negociação para impedir que as demissões se efetivem ou para que sejam revistas, através, por exemplo, da paralisação da produção da fábrica. No ano de 2009, mais de quatro mil demissões ocorreram na Embraer, cuja base de trabalhadores é representada pelo Sindicato dos Metalúrgicos de São José dos Campos. A Conlutas se propôs a mobilizar os trabalhadores para questionar a medida e também moveu uma ação, em conjunto com a Força Sindical, contra a empresa para reverter o processo. No entanto, após a sentença de manutenção das demissões emitida pelo Tribunal Superior do Trabalho (TST), a ausência de uma política concreta para organizar de forma unitária os trabalhadores em atividade e os recém demitidos permaneceu como uma grande dificuldade, mesmo a despeito das críticas endereçadas às táticas das centrais rivais.

A avaliação compartilhada por Intersindical e Conlutas de que o setor de oposição de esquerda ao governo Lula está muito enfraquecido e fragmentado e, por isso, não tem dado conta de fazer um movimento forte de resistência às políticas que têm sido apresentadas para os trabalhadores, levou ao projeto de iniciar a construção de uma nova central, que englobasse os setores que participam da Intersindical, da Conlutas e todos aqueles que se colocam nesse campo político. Esse projeto, no entanto, não se concretiza sem contradições e divergências. No Encontro Nacional da Intersindical de 2007, realizado em São Paulo, as diferenças em torno de se construir ou não uma nova central neste momento provocaram grande tensão e levaram a uma divisão dentro da própria organização. O

Encontro acabou por deliberar duas resoluções diferentes sobre o tema e abriu espaço para que houvesse duas Intersindicais, com instrumentos de comunicação, estrutura e fóruns próprios.

Nos Encontros e Seminários da Unificação ocorridos em abril e novembro de 2009, que reuniram também setores como o MAS, o MTL, a Pastoral Operária e o MTST (que continua compondo a Conlutas), os principais pontos de divergência se deram na formulação sobre o caráter, a composição e o funcionamento dessa nova central. Inicialmente, essa polêmica se expressava na polarização "central sindical" versus "central sindical e popular". Enquanto para a Intersindical, a central deveria organizar "o mundo do trabalho", envolvendo principalmente os sindicatos e outras associações com clara delimitação de trabalhadores, para a Conlutas, o MTL e o MTST, à nova entidade caberia envolver também os movimentos populares. De acordo com os dirigentes da Intersindical, a nova central deve ser um espaço de auto-organização dos trabalhadores; para reafirmar a necessidade de unidade com outros setores, propõem a construção de um Fórum Nacional de Mobilização, à semelhança do que houve em 2007. Para os dirigentes da Conlutas, a construção de uma central sindical, popular e estudantil, que agregue de modo orgânico todas as formas de organização dos trabalhadores, em atividade ou da reserva, os estudantes e todos aqueles que se solidarizam com a luta da classe trabalhadora seria a chave para se fortalecer a unidade desses setores.

O debate entre esses agrupamentos permitiu que os sindicatos deixassem de ser considerados a única forma de organização dos trabalhadores – o que abre mais espaço para que o exército de reserva seja tomado, de fato, como parte da classe trabalhadora, ainda que com dinâmica e modo de organização diferente, e que se enfatize a importância e a necessidade da unidade entre o ativo e a reserva. Assim, a proposta, atualmente consensual, de que a nova central envolva também os movimentos populares vem sendo anunciada como um caminho para a superação do corporativismo, da política cutista e da organização fracionada entre o ativo e a reserva. Há diferenças, no entanto, sobre o que se caracteriza como movimento popular (se qualquer movimento de bairro ou cultural, por exemplo), e como será seu modo de participação na direção da central (se com pesos diferentes ou na mesma proporção).[23] Os impasses serão resolvidos em um Congresso no primeiro semestre de 2010, após uma rodada de consulta às bases dos sindicatos e movimentos sobre a questão. Até lá, o último "Seminário da Reorganização" encaminhou uma direção provisória, conformada por todos os agrupamentos e na qual o movimento estudantil tem direito a um assento com voz, mas não a voto.

Cabe aqui problematizarmos a chamada discussão de concepção que emergiu sobre a questão do caráter da nova entidade. A preocupação com a organização dos desempregados em conjunto com os trabalhadores em atividade, é bem presente no discurso e no programa das organizações envolvidas nesse processo,[24] contudo as proposições políticas efetivas para

---

[23] Outro grande ponto polêmico desse processo se desenvolveu sobre a incorporação ou não do movimento estudantil na nova central. Sobre isso, a Intersindical, o MTST e o MAS continuam reafirmando a concepção de central "dos trabalhadores", auto-organizada por estes (estejam em sindicatos ou movimentos populares com delimitação clara de classe), enquanto Conlutas e MTL defendem que a nova central seja também espaço de organização de estudantes e movimentos diversos, a exemplo do atual modo de funcionamento da Conlutas.

[24] Segundo o Estatuto da Conlutas, "A Conlutas busca agrupar em seu interior os trabalhadores organizados nos sindicatos, os desempregados, os aposentados, os trabalhadores que se organizam nos diferentes movimentos populares e sociais da cidade e do campo, as organizações e movimentos que lutam contra toda forma de discriminação e opressão, as organizações estudantis, as da juventude e outras afins, que decidirem participar das lutas da classe trabalhadora". Na contribuição da Intersindical ao "Seminário da Reorganização" de novembro de 2009, lê-se: "Para a Intersindical, na construção dessa central devemos nos colocar o desafio político de articular a diversidade do mundo do trabalho em seu conjunto, com política de organização para os que hoje estão na terceirização, nos falsos-estágios, nas falsas cooperativas de mão de obra ou aquelas que emitem nota fiscal de serviços quando deveriam ter um contrato formal de trabalho. Todos esses setores da nossa classe e mesmo os que se encontram no desemprego ou subemprego, como os chamados camelôs, ambulantes, perueiros, chapas, flanelinhas, dentre outros, são parte da nossa classe e devem ter numa central dos trabalhadores um ponto de apoio para combater a superexploração e superar a precarização do trabalho."

organizar esse segmento para a luta são frágeis. Desse modo, ainda que seja argumento para justificar a organização de sindicatos e movimentos populares em uma mesma entidade, a questão específica de como envolver os desempregados nas mobilizações, quais os limites e dificuldades dessa perspectiva, quais os desafios a serem superados nesse âmbito, tem sido pouco desenvolvida no processo de unificação e na prática dessas organizações. A partir disso, é possível levantar alguns questionamentos importantes: 1) o formato proposto para a central dá conta de organizar os desempregados na base?; 2) o formato como a Conlutas se organiza, que já funciona num modelo que reúne sindicatos e movimentos populares, tem avançado na organização dos desempregados?; 3) a formulação da central que visa representar setores para além dos sindicatos se encaixa estrita e fundamentalmente numa discussão de concepção sobre a classe trabalhadora e suas formas de organização e expressão ou diz respeito também a um modo de ampliar a base de representação e de disputa das organizações políticas que tem se colocado à frente do processo?

Para a Intersindical e a Conlutas, a representação dos desempregados passa por bandeiras comuns com os trabalhadores em atividade, em especial a luta pela redução da jornada de trabalho sem redução de salário e pela reforma agrária, políticas que amenizariam o problema do desemprego – mesmo que o considerem como fenômeno intrínseco ao processo de acumulação capitalista. Além disso, busca-se estabelecer a unidade do ativo com a reserva através de manifestações conjuntas, jornadas de lutas articuladas e do apoio e solidariedade a movimentos como o MTD, ainda que de forma pouco orgânica. É importante destacar que os dilemas do sindicalismo e da classe trabalhadora como um todo, como a superação do corporativismo sindical, a conquista de determinadas bandeiras históricas e inclusive a questão da unidade com os desempregados, são apontados por militantes da Conlutas e da Intersindical como tarefas não cumpridas pelo projeto "fracassado" da CUT. A burocratização desta central, o distanciamento das bases, a perda da autonomia e de democracia interna, a estratégia da negociação sobreposta à do combate com patrões e governos e o alinhamento com o governo Lula fariam desta, ainda hoje, um grande empecilho para que o movimento operário supere esses desafios. Cumpre notar, no entanto, que diversas bandeiras e táticas de luta elencadas por estes setores para efetivar a unidade do ativo com a reserva não divergem substancialmente daquelas levadas a cabo pela CUT (como a da redução da jornada e a da reforma agrária, ou a realização de mobilizações conjuntas com os movimentos populares) e que a construção de um projeto alternativo que avance nessa unidade não é decorrência direta e imediata da ruptura com esta entidade, ainda que as críticas elaboradas a esta central contenham elementos importantes para a superação de grandes dilemas da organização dos trabalhadores.

O Movimento dos Trabalhadores Desempregados (MTD)

A análise mais detida sobre uma experiência de organização dos próprios trabalhadores desempregados vem enriquecer a discussão a que temos nos proposto. O Movimento dos Trabalhadores Desempregados (MTD) surgiu no Rio Grande do Sul, em 2000 e, em que pese seu pouco lastro social e expressão política, assumiu uma dimensão nacional a partir de 2003, sendo hoje a principal referência para a organização e a mobilização dos desempregados no Brasil. Com atuação em 12 estados e tendo em seu núcleo originário militantes próximos ao MST e à Consulta Popular, este movimento aglutina trabalhadores desempregados, inclusive aqueles que compõem a superpopulação relativa estagnada, bem como suas famílias. O movimento procura conciliar as necessidades econômicas com a atividade política e se organiza em torno de núcleos nos bairros, ocupações de lotes nas imediações das cidades (a exemplo das chamadas "comunas urbanas" ou dos "assentamentos rururbanos") e outras iniciativas como cooperativas, atos, marchas, respaldadas pela reivindicação de demandas sociais urbanas como as frentes emergenciais de trabalho.

A partir da agitação de uma pauta local nos bairros de periferias urbanas, esse movimento reúne em sua base social principalmente aqueles trabalhadores que chama de "desempregados estruturais". Para um dirigente do MTD, os "desempregados estruturais" são aqueles que não se enquadram no perfil predominante exigido pelo mercado de trabalho, por possuírem pouca qualificação e experiência profissional, por conta da idade, pelo número de filhos, e, por isso, estão na condição de desemprego por um longo período e tem poucas perspectivas de serem (re)inseridos no mercado formal. É parte das projeções do movimento, contudo, organizar também o que denominam de trabalhadores do "exército industrial de reserva", que seriam aqueles com maiores possibilidades de retornar ao mercado formal.[25] As políticas propostas pelo movimento, ainda que pouco elaboradas, passam menos pela organização para a produção coletiva e se assentam sobre o eixo de prepará-los para a militância sindical, caso consigam emprego. É interessante notar que, embora caracterizem os desempregados através de critérios que se baseiam fundamentalmente no mercado de trabalho, as diferenciações entre os desempregados apontadas pelo movimento também dizem respeito à própria relação de unidade e fratura com o ativo. Desse modo, enquanto os desempregados do "exército industrial de reserva" têm contato maior e mais próximo do ativo tanto na competição mais acirrada com estes (elemento de fratura), quanto no ativismo político e sindical (elemento de unidade), as táticas utilizadas para organizar e mobilizar os "desempregados estruturais" são aquelas não diretamente vinculadas à pauta sindical (elemento de fratura).

> (...) Pra esse grupo que é o pessoal "desempregado estrutural", a gente trabalha com grupos de produção, trabalhamos a questão das comunas urbanas, questão dos assentamentos rururbanos, então uma série de bandeiras de luta que vão surgindo, que os próprios trabalhadores vão propondo. Mas, pra esse

---

25 O MTD se apropria do conceito marxiano de "exército industrial de reserva" de forma distorcida, na medida em que o define a partir da relação dos desempregados com o mercado de trabalho e o vínculo empregatício, e não com base na estrutura social, com base na posição desse segmento no modo de produção capitalista. Assim, o que o movimento chama de "desempregados estruturais", para Marx fazem parte do exército industrial de reserva como "superpopulação relativa consolidada", já que, independente de sua relação com o mercado, também compõem a função de reserva no processo de acumulação capitalista.

"desempregado do exército industrial de reserva", mais qualificado, a gente tá discutindo a questão da redução da jornada de trabalho, que possibilitaria a questão da abertura de mais turnos. E nesse sentido, a gente tá buscando diálogo com alguns sindicatos, no sentido de como é que a gente une a luta do trabalhador empregado com o desempregado. (Francisco Galvão, dirigente do MTD)

A necessidade da obtenção de conquistas concretas é sempre citada como um fator que aglutina mais ativistas e que dá dinâmica ao movimento, por conta da carência material da base. Nesse sentido, o MTD se volta, em suas táticas de ação e métodos de luta, para que tenha conquistas materiais. O direcionamento de reivindicações para o Estado, como o passe livre de ônibus para os desempregados, a tarifa social de energia elétrica, a abertura de creches e cursinhos populares nos bairros, a coleta de lixo e saneamento básico, e a mobilização em torno da exigência de que estas demandas sejam executadas, é uma forma de ação bem presente neste movimento. Neste caso, pode-se dizer que a unidade com os trabalhadores em atividade se dá antes pela demandas em comum no bairro do que pelas questões mais diretamente relacionadas ao trabalho e ao sindicalismo.

A tentativa de fortalecer a relação com o sindicalismo, por sua vez, também é um aspecto importante para o MTD. A iniciativa de construção de um fórum amplo, que agregasse diversos movimentos e entidades no combate ao neoliberalismo e seus efeitos sobre os trabalhadores e os direitos sociais fez surgir a Coordenação dos Movimentos Sociais (CMS), em 2003. Justamente através de uma campanha nacional contra o desemprego, a CMS unificou setores como CUT, MST, União Nacional dos Estudantes (UNE), Marcha Mundial de Mulheres, União de Negros pela Igualdade (UNEGRO), movimentos de moradia e o próprio MTD. A organização de atos, jornadas de luta e outras manifestações com as entidades sindicais é uma prática bem constante neste movimento, que levanta bandeiras como a da redução da jornada sem redução de salário, a abertura de mais postos de trabalho e a garantia dos direitos sociais e trabalhistas historicamente adquiridos pela classe trabalhadora:

> (...) a gente tem que se somar com a luta operária, com a luta dos sindicatos. Uma das bandeiras que a gente mais tem discutido é a da redução da jornada de trabalho sem redução de direitos, porque ao mesmo tempo diminui a exploração pra quem tá trabalhando nas fábricas, ao mesmo tempo cria a possibilidade de abrir mais um turno (Francisco Galvão, dirigente do MTD).

O MTD, no entanto, não está participando da construção da nova central, nem tem debatido os dilemas de organização e concepção que têm sido levantados nesse processo. A perspectiva de se organizar conjuntamente com os sindicatos em uma mesma entidade não é uma questão atualmente colocada para este movimento. Nossa hipótese é que o balanço crítico e duro da experiência da CUT e a caracterização do governo Lula como expressão do neoliberalismo e dos interesses da classe dominante, aspectos impulsionadores do processo dessa nova central, não se colocam desta maneira para o MTD. Um exemplo que o demonstra é a avaliação deste movimento sobre os programas compensatórios do governo federal, como o Bolsa-Família e o Fome Zero, que buscam atingir principalmente os setores da base social que o MTD organiza. Ainda que os considere insuficientes para resolver a própria carência material dos desempregados, o MTD não estimula uma crítica mais profunda ao teor destes programas e incentiva lemas como "Fome Zero é trabalho", a fim de enfatizar a importância de se garantir mínimas condições materiais a esta parcela de trabalhadores.

> A questão das conquistas, essa é uma questão cada vez mais difícil. Não tem melhorado essa situação. O Estado é burguês, independente do gerente que esteja lá. Ele foi criado para atender a classe dominante, manter a classe dominando (Francisco Galvão, dirigente do MTD)

Em nossa visão, ao realizar uma suposta crítica ao caráter do Estado como um todo (ainda que não deixe de disseminar ilusões quanto a este, através da cobrança sistemática para que as demandas sociais sejam atendidas), o MTD camufla e subestima as críticas específicas ao governo. A relativa diminuição das taxas de desemprego a partir de 2003 e os programas sociais do governo Lula podem ser alguns fatores que contribuem para que este movimento não se posicione enquanto oposição ao governo federal e continue mantendo relações mais próximas com a CUT.

Resultados provisórios

O exército de operários ativo e o exército de operários de reserva possuem uma relação intrínseca com a acumulação do capital e são, ambos, parte da classe trabalhadora. De forma imediata, no entanto, a competição entre essas diferentes frações da classe trabalhadora suscita interesses divergentes, tornando mais complexa sua organização e mobilização conjunta. As relações de unidade e fratura entre o ativo e a reserva se manifestam em suas diversas formas e instrumentos de luta e perpassam as estratégias políticas das entidades sindicais e dos movimentos populares.

A defesa do emprego, feita por meio da *resistência às demissões*, geralmente é apresentada pelas entidades sindicais como a primeira estratégia de representação dos interesses dos desempregados. Sobre esta questão, podem-se observar algumas tendências. A FS e a ala majoritária da CUT implementaram, no período analisado, acordos que negociaram a eliminação de postos de trabalho com pacotes de incentivos, redução da jornada com redução de salário e outras medidas flexibilizadoras. Porém, o propositivismo de ambas centrais não significa que não tenham realizado protestos por emprego, e inclusive greves contra as demissões. A Conlutas, a Intersindical e os setores minoritários da CUT, ainda que tenham privilegiado a mobilização, no entanto, não excluíram as negociações. Com relação ao MTD, este não foi o foco do movimento, inclusive porque os trabalhadores recém demitidos ou com ameaça de demissão não são a principal base social que o MTD procura organizar.

A representação dos interesses dos desempregados também é destacada pelas organizações através de suas *propostas para a geração de empregos e renda*. Não há diferenças substanciais entre as quatro centrais analisadas e o MTD quanto às principais propostas apresentadas, já que a "reforma agrária" e a "redução da jornada de trabalho" são bandeiras comuns a todos. Ainda que Intersindical, Conlutas, os setores minoritários da CUT e o MTD façam uma leitura estrutural da formação de um exército de reserva no capitalismo, isso não exclui totalmente propostas que vinculem as políticas estatais com o crescimento econômico. A ala majoritária da CUT e a FS privilegiam uma leitura mais conjuntural e ressaltam o papel do Estado na promoção de políticas públicas para a geração de empregos. Esta última defendeu a plataforma neoliberal com mais veemência nos anos 1990, embora ainda estejam presentes propostas justificadas a partir da noção de "empregabilidade", bem como a bandeira da flexibilização trabalhista.

O *oferecimento de serviços* aos desempregados esteve presente nos anos 90 como uma das principais propostas da CUT e da FS. Com a municipalização dos centros de atendimento, em 2003, essa proposta perdeu espaço no interior das centrais. A FS continuou investindo em parcerias com o Estado para sustentar esta que foi sua principal política para os desempregados. Essa bandeira não é defendida pela Intersindical, pela Conlutas, pelo MTD e por setores minoritários da CUT.

A *organização para a produção e o consumo* é uma bandeira comum de todas as centrais e também do MTD, ainda que de diferentes maneiras. A CUT investe consideravelmente na economia solidária, com propostas que variam desde o cooperativismo de crédito e habitacional à recuperação de empresas sob o controle dos trabalhadores através de empreendimentos autogestionários. A FS também formula estratégias nesse terreno, mas investe menos na autogestão. A Conlutas e a Intersindical defendem as cooperativas de produção, embora haja setores nessas centrais que mostrem resistência à construção de experiências desse tipo, que são escassas na base de seus sindicatos. Com vias a envolver os trabalhadores desempregados que não têm um mínimo sustento para se manter, é um eixo importante do MTD a organização para a produção coletiva, através, por exemplo, de cooperativas, das frentes emergenciais de trabalho, das comunas urbanas ou dos chamados assentamentos "rururbanos".

A organização para a luta dos desempregados é o principal objetivo do MTD e também não é rejeitada por nenhuma das centrais. O MTD investe na mobilização dos desempregados nos bairros das periferias urbanas e nas demandas locais, buscando avançar na conscientização política desses trabalhadores. A CUT defende a criação de associações ou comitês para este segmento, mas não conseguiu desenvolver experiências desse tipo. A FS ressalta sua importância, mas prioriza a política de contenção por meio do oferecimento de serviços. A partir da discussão sobre a "reorganização" do movimento sindical, a Conlutas e a Intersindical, em 2009, apresentaram as propostas de "central sindical e popular" e "central do mundo do trabalho", ou "central de trabalhadores", sob a justificativa de representar setores não sindicalizáveis, que não possuem o vínculo empregatício formal. A representação dos desempregados foi contemplada, mas a proposta se restringe à filiação de entidades, e não pela filiação individual. Tanto a Intersindical como a Conlutas ressaltam que a organização dos desempregados poderia ser feita através da representação territorial nos bairros, mas não ficou claro, no material consultado, como esta poderia ser desenvolvida. A sindicalização individual de desempregados ou a criação de um sindicato de desempregados não é defendida por nenhuma central, assim como, na prática, não há experiências de associações e comitês que representem esse segmento.

Vale destacar a política de *aliança com as organizações de desempregados ou organizações cujas bases sociais são compostas por desempregados*. No caso da CUT e da FS esta política já existe desde os anos 1990. Nos anos 2000, a FS vem manifestando apoio mais explícito ao MST, ainda que este não tenha se desenvolvido como uma ação conjunta concreta. A CUT participa da CMS, que aglutina o MTD a nível nacional, além de ter atuado em conjunto com o MST e outras organizações populares em diversas ações de protestos. A Conlutas e a Intersindical incorporaram em sua base movimentos como o MTST e o MTL. Para o MTD, além da organização de manifestações e campanhas conjuntas, a principal estratégia de aliança com os sindicatos é a defesa da redução de jornada sem redução de salário, ainda que experiências concretas de lutas nesse sentido não tenham sido uma prática comum. Este movimento possui uma relação com os sindicatos que se restringe, na maioria das vezes, ao fornecimento de suporte material.

Feitas estas considerações, ainda resta uma questão. Como as entidades justificam a relação de unidade e fratura entre sindicatos e desempregados no período abordado? Para a CUT, a organização dos desempregados através da economia solidária se dá através da necessidade de organizar a sociedade civil para o exercício da cidadania. Segundo a FS, o oferecimento de serviços se explica pela estratégia de rompimento com o corporativismo e pela contribuição para a reinserção dos desempregados no mercado de trabalho. De acordo com a Conlutas e a Intersindical, a organização dos desempregados se justifica através de uma estratégia de mobilizar o conjunto da classe trabalhadora de acordo com as novas características do "mundo do trabalho". Já para o MTD, a organização dos trabalhadores desempregados é contribuição fundamental para a luta mais ampla pelo fim da exploração capitalista, que deve estar alinhada com a luta sindical, ainda que as especificidades e os interesses imediatos do ativo e da reserva dificultem a organização e a ação conjunta.

É interessante atentar, no entanto, que, em muitos momentos, as políticas levadas adiante pelas entidades também correspondem a questões que extrapolam a disposição em organizar os desempregados. Nesse sentido, a CUT e a FS atuam desde a década de 1990 no âmbito da gestão direta de políticas públicas, através de recursos do FAT. Essa estratégia se insere na política dessas centrais de disputa institucional, necessária para o prestígio de suas organizações como plataforma eleitoral e formação de quadros partidários para os governos, tendência que alcançou seu auge, no nível federal, com a eleição de Lula. No caso da Conlutas e da Intersindical, a representação desses segmentos faz parte da estratégia de ampliar a base de representação político-sindical, vista a médio e longo prazo como uma possibilidade de crescimento e de disputa da direção dos sindicatos da CUT e da FS.

Assim, é possível afirmar que as representações ideológicas feitas pelas entidades sobre o desemprego não são suficientes para a concretização de propostas para a representação dos desempregados. Para o sindicalismo de Estado brasileiro a política predominante para o desempregado continua sendo a homologação. A estrutura sindical ainda é um grande empecilho, objetivo e subjetivo, para a organização unitária entre o ativo e a reserva. Desse modo, em especial para os dirigentes da CUT e FS, em última instância, os desempregados não são necessários para a manutenção de suas entidades, já que não votam nas eleições sindicais, nem contribuem com a mensalidade. Mesmo entre os setores mais combativos, como a Conlutas e a Intersindical, o rompimento de fato com essas práticas políticas consolidadas nas lutas sociais do Brasil é permeado por limites e contradições. A perspectiva de criação de uma central que envolva sindicatos e outros setores não sindicalizáveis, segundo essas entidades, aponta à construção dessa unidade, mas não é possível ainda conhecer seus alcances efetivos, tendo em vista a necessidade imediata de ampliação da base de representação político-sindical desta nova central.

Por fim, faz-se necessário enfatizar que a direção nacional do MTD possui uma política de aliança com o MST e com a CUT, o que fica evidente na filiação comum das três organizações à CMS. A efetivação dessa aliança, no entanto, se pauta predominantemente pela busca por solidariedade e contribuições materiais do movimento sindical, já que não deixa de enfatizar o desinteresse das organizações sindicais pelos desempregados, justificado pelo argumento da burocracia, do corporativismo, do governismo e dos interesses eleitorais. Como não tem o emprego como reivindicação principal, mas o trabalho de auto-organização para a produção e o consumo, a ação conjunta com os sindicatos, através da bandeira da redução da jornada de trabalho, não se tornou prioridade desse movimento.

Particularidades dos movimentos de desempregados no Brasil, na França e na Argentina

Elaine R. A. Amorim

Introdução

A introdução das políticas neoliberais nos países capitalistas centrais e periféricos atingiu, ainda que de formas e intensidades diferenciadas, a capacidade organizativa e de resistência dos movimentos sociais e sindicais, numa clara tentativa de dispersar os conflitos e estabelecer uma nova correlação de forças. No entanto, apesar do enfraquecimento das lutas sociais principalmente no plano sindical, novas formas de organização surgiram em reação ao neoliberalismo, conformando novos espaços de luta e de embate político, como é o caso dos movimentos de desempregados. Estes correspondem a um dos exemplos de mobilização que se configurou na conjuntura atual, tendo como base social trabalhadores provenientes de diferentes ramos de atividades atingidos pelo desemprego ou com uma trajetória profissional caracterizada pela permanência em subempregos, como até mesmo pela ausência de qualquer experiência prévia no mercado de trabalho formal.

Várias medidas introduzidas ao longo dos últimos trinta anos contribuíram com o aumento do desemprego: inovações gerencias e tecnológicas, externalização da produção, subcontratação, flexibilização dos direitos sociais e trabalhistas, privatização de empresas e serviços públicos, redução dos investimentos nas áreas sociais, entre outras. Em seu conjunto, tais medidas repercutiram de modo negativo sobre o grupo dos trabalhadores, seja por ter intensificado as formas de exploração, inclusive pela precarização das condições e relações de trabalho, como por ter impedido a própria reprodução de uma parcela significativa da população economicamente ativa.

Nesse cenário, desenvolveram-se em alguns países, como é o caso da França e da Argentina, movimentos sociais em defesa dos desempregados, cujos protestos têm se direcionado especialmente para o Estado. O advento desses movimentos ocorreu em uma conjuntura marcada por altos índices de desemprego que destoavam dos registros anteriores verificados ao longo da história de cada um desses países; índices que tomados isoladamente são insuficientes para compreender a emergência ou não de organizações voltadas especificamente para as demandas dos trabalhadores sem emprego. Pois, embora o aumento do desemprego seja um elemento fundamental, ele não pode ser tomado como o principal fator explicativo do surgimento desses movimentos sociais. Afinal, por que em determinados países caracterizados por altas porcentagens de desocupação os movimentos constituídos não conseguiram acumular forças e obter uma expressividade nacional e uma capacidade organizativa? Como veremos, este é o caso, por exemplo, do Brasil.

O objetivo geral desse artigo é, então, analisar o surgimento dos movimentos de desempregados na França e na Argentina e a sua relação com a introdução do neoliberalismo nesses países. A posição diferenciada desses países no centro e na periferia do capitalismo influenciou na forma pela qual as políticas neoliberais foram implantadas em cada um deles e como repercutiram sobre as classes trabalhadoras.

Por isso, a discussão de cada caso contempla algumas das políticas introduzidas em cada país e a relação das mesmas com a conformação dos movimentos estudados. O período contemplado nessa análise corresponde aos anos de 1990 a 2007 e tem como "pano de fundo" a década de 1980, pela sua importância para a compreensão do caso francês, já que nessa década surgiram as primeiras organizações destinadas a organizar os desempregados e quando começaram a ser implementadas importantes alterações no sistema de proteção social, especialmente na regulamentação do seguro-desemprego, que aqui será discutido.

À luz dessas experiências de organização dos desempregados, este texto tem como objetivo secundário levantar algumas hipóteses que possam explicar, ainda que parcialmente: 1º) porque no Brasil os movimentos de desempregados constituídos não obtiveram uma capacidade organizativa e uma expressividade nacional nos períodos de altas taxas de desemprego tal como se observou em momentos específicos na trajetória dos movimentos dos outros dois países; 2º) porque essa "lacuna" não significaria necessariamente que os desempregados brasileiros estariam desmobilizados.

Neste caso, nossa hipótese é que no Brasil os desempregados não estariam desmobilizados, mas sim seriam organizados e integrariam a base social não só do Movimento dos Trabalhadores Desempregados (MTD), mas também de outros movimentos sociais, que os atraem por meio de outras reivindicações não relacionadas diretamente a um trabalho ou a políticas sociais destinadas a garantir uma renda. Para desenvolvê-la, algumas questões gerais deverão nortear nossa análise: quais são as características dos movimentos formados nesses três países e qual a sua relação com a forma pela qual o neoliberalismo foi implantado em cada um deles? Quais fatores explicariam a dificuldade de mobilizar os desempregados no Brasil a partir de uma luta específica por emprego e qual a sua relação com a configuração do mercado de trabalho e com o significado do desemprego para uma parcela desses trabalhadores?

Ao contrário de uma análise pontual de determinadas organizações de desempregados existentes na França e na Argentina, optamos nesse artigo por uma abordagem mais ampla, sem adentrarmos em uma discussão sobre cada uma delas, sobretudo para o caso argentino, devido às inúmeras organizações existentes. Ressaltamos, ainda, que a discussão fundamenta-se em uma pesquisa desenvolvida, respectivamente, com dois movimentos sociais franceses (AC! [Agir juntos contra o desemprego!] e APEIS [Associação pelo Emprego, Informação e Solidariedade aos Desempregados e Trabalhadores Precários]) e três argentinos (MTR [Movimento Teresa Rodrígues], FPDS [Frente Popular Darío Santillán] e

FTV [Federação Terra e Vivenda]). Esse estudo contou com a coleta de documentos e entrevistas com os principais dirigentes ou quadros intermediários dessas organizações. Em contrapartida, apesar da análise do caso brasileiro não se basear em um estudo realizado junto ao principal movimento existente no país, o MTD, ela se apoia em documentos produzidos e disponibilizados na internet por algumas de suas organizações, em fontes secundárias e na bibliografia especializada.[1]

Os movimentos de desempregados na Argentina: emergência, refluxo e reconfigurações

O surgimento dos movimentos de desempregados na Argentina a partir de meados da década de 1990 correspondeu a uma das formas organizativas de resistência que se constituiu no país contra os impactos provocados pela implantação das políticas neoliberais, mas também como produto do neoliberalismo. Se desde a década de 1970 várias medidas de caráter neoliberal vinham sendo aplicadas pelo governo, nos anos de 1990 a generalização destas medidas provocou uma diminuição brusca dos níveis de emprego, destoante das taxas registradas ao longo da história do país. Para se ter uma noção, até 1986 as taxas mais altas de desemprego nunca haviam passado dos 6%, enquanto a mais baixa durante a década de 1990 foi de 12,4% em 1998 (Carrera, 2001). A título de comparação, em 1980 essa mesma taxa correspondia a 2,5%, tendo alcançado 18% em 1995 e 21% em 2002 (Carrera e Cotarelo, 2003; Machado, 2004).

O desemprego tornou-se, então, um dos principais problemas vivenciados por amplos setores das classes trabalhadoras e a principal característica compartilhada pelos membros dos movimentos que viriam a ser denominados como piqueteros. Mas a despeito desse traço comum a formação e a base social dos movimentos constituídos no interior do país e na Grande Buenos Aires apresentaram algumas especificidades relacionadas, entre outros fatores, à forma pela qual as políticas neoliberais

---

[1] Sobre o MTD, cf. artigo de Carolina Figueiredo e Davisson de Souza, nesta coletânea.

atingiram a população dessas regiões e ao caráter não linear da implantação do neoliberalismo na Argentina.

Embora o processo de liberalização da economia iniciado pelo regime militar (1976-1983) tenha afetado o conjunto do país, um dos seus principais impactos sobre os trabalhadores empregados na indústria, a desindustrialização, repercutiu nos principais centros urbanos, sobretudo na Grande Buenos Aires,[2] principal polo industrial do país. A abertura comercial e a liberalização das taxas de juros a favor do setor financeiro integravam algumas das medidas implementadas com o objetivo de recompor o poder econômico e político dos setores dominantes, em particular da oligarquia latifundiária, que havia perdido a sua influência política ao longo do desenvolvimento do modelo de substituição de importações, como também com a crescente consolidação da industrialização e com a expansão das exportações de produtos industriais (Basualdo, 2006). A introdução dessas medidas não se deu de modo isolado, mas sim em conjunto com outras que visavam redistribuir a renda a favor dos interesses de classe dos setores dominantes, como por exemplo: a redução e o congelamento dos salários,[3] a eliminação do controle de preços e o aumento das tarifas dos serviços públicos e impostos (Girón, 2009; Giosa Zuazúa, 2005; Svampa, 2005). No plano político tais medidas vieram acompanhadas por um ataque às conquistas do movimento operário e sindical, como o fim das negociações coletivas, bem como pelo assassinato e perseguição política de milhares de militantes e dirigentes sindicais.

---

2   Segundo o INDEC (Instituto Nacional de Estatística e Censos), a Grande Buenos Aires corresponde à área composta pela cidade de Buenos Aires e pelos 24 municípios (ou partidos) que a rodeiam e compõem o chamado "conurbano bonaerense". Em 2001, ano do penúltimo Censo, a Grande Buenos Aires era composta por 11.460.575 habitantes, dos quais 2.776.138 residiam na cidade de Buenos Aires e 8.684.437 estavam distribuídos nos outros 24 municípios. Em 2007 a população total do país correspondia a 39.356.383 habitantes. Dados disponíveis em: www.indec.gov.ar

3   No intervalo de um ano (1975-1976) os dados indicam uma redução de 33,5% dos salários (Giosa Zuazúa, 2005).

Essa **restauração desencadeou** já no seu início um processo de desindustrialização e de desestruturação do mercado de trabalho (Giosa Zuazúa, 2005; Basualdo, 2006) que significou, segundo Basualdo, uma "reestruturação regressiva de longo prazo". A desindustrialização, que se refere à perda relativa do peso da produção industrial no conjunto da produção nacional e à diminuição relativa da participação da indústria manufatureira, não é, portanto, um fenômeno recente no país, mas se iniciou no decorrer dos anos de 1970, agravando-se nas décadas seguintes, especialmente nos anos de 1990.[4] Por isso, na região da Grande Buenos Aires, onde os movimentos de desempregados mais se desenvolveram, uma parcela dos empregados da indústria perdeu seus postos de trabalho e vivenciou a experiência do desemprego antes mesmo que estas situações se tornassem comuns para uma grande parcela das classes trabalhadoras, inclusive para aquela atingida diretamente pela privatização das empresas públicas, como foi o caso dos empregados das principais empresas estatais localizadas no interior do país.

Com o fim da ditadura militar e o início do governo democrático de Raúl Alfonsín (1983-1989) as tentativas de dar prosseguimento à implantação de determinadas políticas neoliberais, em especial à privatização de duas importantes empresas estatais (a Aerolíneas Argentinas do setor de transporte aéreo e a Entel do setor de telefonia) foram fracassadas pela resistência sindical e obstaculizadas pelo principal partido da oposição,

---

4 Tomando como referência o Censo Industrial realizado em 1993, Basualdo (2006) argumenta que a quantidade de estabelecimentos existentes neste ano e a ocupação industrial eram mais ou menos similares ao que existia há 50 anos antes. Alguns autores (Cavalleri *et al.*, 2005) não atribuem a redução da população ocupada nas indústrias manufatureiras à desindustrialização, mas sim à profundidade do desenvolvimento capitalista no país. De todo modo, apesar da análise desses autores se diferenciar de outras interpretações (Basualdo, 2006; Giosa Zuazúa, 2005) os dados que apresentam são extremamente significativos para uma compreensão da diminuição do emprego industrial ao longo das décadas: enquanto em 1960 a população ocupada nas indústrias manufatureiras correspondia a 54,5%, esta porcentagem caiu ao longo dos anos, passando para 45,7% em 1980, 42% em 1991 e 29,2% em 2001.

o Partido Justicialista (PJ). Entretanto, com a vitória de Carlos Menem (PJ) nas eleições presidenciais de 1989 coube a este partido consolidar o modelo neoliberal no país. Durante os seus dois mandatos (1989-1999) Menem aprofundou as políticas neoliberais com a aprovação de várias reformas estruturais, entre as quais, a flexibilização trabalhista e a Reforma do Estado (que autorizou a venda de inúmeras empresas públicas, concedeu plenos poderes ao Executivo na condução do processo de privatização e promoveu uma descentralização administrativa, transferindo para as províncias e municípios responsabilidades no âmbito da segurança, saúde e educação).

Desse modo, uma ampla privatização ocorreu logo nos primeiros anos da década de 1990. O número de empregados das sete empresas públicas mais importantes que foram privatizadas diminuiu drasticamente. Dos 243.354 mil funcionários públicos existentes em 1985, restaram apenas 75.770, em 1998, o que equivale a uma redução de quase 70% da força de trabalho. Juntamente com a privatização ocorreu um processo de reestruturação que consistiu na adoção de planos de demissão voluntária ou em demissões em massa. É ilustrativo o caso da empresa petroleira Yaciamientos Petrolíferos Fiscales (YPF). Em 1991 a YPF empregava 51.000 mil pessoas, ao ser reestruturada este número caiu para 5.600, ou seja, praticamente 90% dos funcionários (45.400) perderam seus postos de trabalho (Svampa, 2005). O fato de ela ter sido a empresa com um dos salários mais altos do setor estatal e composta por trabalhadores com uma forte experiência sindical (Almeyra, 2005), nos dá pistas para entender quão avassalador foi o seu processo de reestruturação e privatização, bem como a dimensão política do desemprego.

O período entre 1989-1991, quando ocorreu a primeira onda de privatizações, caracterizou-se por fortes tensões e conflitos trabalhistas envolvendo trabalhadores do setor da telefonia e siderurgia. Somado a isso, houve ainda a rejeição da população às paralisações e marchas encabeçadas pelo movimento sindical nesses anos, consideradas abusivas para uma categoria que contava com salários altos. Posteriormente o apoio popular se efetivou, inclusive quando os impactos da privatização haviam atingido toda a dinâmica da economia local das regiões petroleiras.

O desemprego causado pela privatização teve uma importância particular para a formação dos movimentos de desempregados argentinos, justamente porque foram os funcionários públicos demitidos que realizaram os primeiros protestos e bloqueios de estrada, conformando posteriormente a organização e mobilização do conjunto dos desempregados.

O germe da organização dos desempregados esteve, então, nas lutas realizadas a partir de 1996 nas cidades petroleiras localizadas no interior do país, especialmente, nas províncias de Salta e Neuquém. Para exemplificar, em Tartagal e General Mosconi (municípios de Salta), o desemprego atingiu em torno de 80% da População Economicamente Ativa (PEA) (Machado, 2004). Contando com o apoio sindical e popular, os ex-funcionários públicos foram, então, os protagonistas das primeiras mobilizações que originaram os movimentos de desempregados. A experiência de militância sindical e a tradição política desses trabalhadores contribuíram com a conformação de um novo movimento que se difundiu progressivamente para outras províncias, sobretudo para Buenos Aires. Daí a importância de se ressaltar a composição inicial dessas mobilizações e a militância sindical como um traço importante do perfil desses desempregados.

À medida que a mobilização ganhou novos espaços, ela adquiriu também novos contornos relacionados ao histórico de luta das regiões, ao perfil e à trajetória da população desempregada. Na Grande Buenos Aires, os impactos das reformas estruturais se acentuaram com a diminuição dos postos de trabalho industriais causada pela desindustrialização e pelo processo de reestruturação levado a cabo pelas empresas. Os movimentos de desempregados dessa região apresentaram, portanto, uma composição social muito mais heterogênea. Trabalhadores originários da indústria, da construção civil, dos serviços e, sobretudo, mulheres, donas-de-casa, constituíram inicialmente os movimentos formados nessa região. Enquanto uma parte dos militantes era herdeira de uma militância sindical, uma parcela das mulheres envolvidas não tinha como referência uma participação política em sindicatos ou partidos, contudo, além do envolvimento nas atividades realizadas no interior das organizações e nas formas de protesto, coube a elas, muitas vezes, a mediação e a aproximação entre a organização e seus maridos desempregados. Vale destacar ainda a expressiva presença dos jovens, muitos deles com pouca ou nenhuma experiência de trabalho.[5]

Outro elemento importante no processo de formação dos movimentos de desempregados na Grande Buenos Aires refere-se à experiência prévia de organização dos moradores de bairros, realizada por movimentos populares surgidos nos anos de 1980 e que lutavam por moradia ou por melhorias no provimento dos serviços públicos. Esta experiência se tornou uma referência para a mobilização dos desempregados, pois foi a partir do trabalho realizado nas periferias dos municípios adjacentes à cidade de Buenos Aires que se conformaram em 1997 as primeiras agrupações de desempregados, ou seja, estas surgiram onde existia um histórico de luta e a presença de militantes originários do movimento operário e sindical, da esquerda ou das Comunidades Eclesiais de Base (Almeyra, 2004). É importante ressaltar este aspecto para sinalizar que a organização a partir dos bairros não teria sido neste caso algo novo, mas tampouco deixaria de apresentar novidades decorrentes da dinâmica da luta dos desempregados e dos projetos construídos pelos mesmos, bem como do tipo de intervenção social do Estado nos setores populares a partir dos anos de 1990, isto é, da aplicação de políticas focalizadas. Neste caso, a difusão do que se tornou conhecido como "trabalho territorial" ou "modelo de ação territorial" (Svampa e Pereira, 2003) envolveu não apenas um trabalho de base e um tipo de representação baseado nos "delegados de base" ou nos "referentes territoriais", mas também a politização dessa forma de militância, que

---

5   De acordo com Svampa (2005, p. 248) os jovens corresponderiam a cerca de 70% da composição social dos movimentos de desempregados. Apesar do surgimento recente de organizações com uma forte capacidade de mobilização dos jovens, como é exemplar o caso da Frente Popular Darío Santillán, é importante ressaltar que provavelmente esta porcentagem reduziu ao longo da década, tendo em vista o processo de refluxo e a criminalização sofrida por várias organizações, sobretudo a partir de 2002.

havia perdido o seu caráter mais reivindicativo e político com a difusão das políticas sociais focalizadas pelo Estado (Svampa, 2005).

Independente das características específicas presentes na origem dos movimentos de desempregados localizados no interior do país e na Grande Buenos Aires, os piquetes ou bloqueios de estrada corresponderam ao principal instrumento de luta. Além das marchas, manifestações públicas e acampamentos utilizados para pressionar o governo, os piquetes adquiriram uma importância estratégica, pois como muitos autores já apontaram (Machado, 2004; Almeyra, 2004), tratava-se de interromper o fluxo da circulação de mercadorias, frente à impossibilidade de paralisar o processo produtivo. Ademais, os bloqueios de estrada obtinham uma grande visibilidade, na medida em que alcançavam um forte efeito na mídia (Palomino *et al.*, 2005) e, se não atingiam diretamente a uma fábrica ou a um empregador, interpelavam diretamente o Estado para as suas reivindicações.

As mobilizações dos desempregados ganharam, por meio dos piquetes, uma visibilidade em todo o país. Algumas tentativas de promover lutas conjuntas e em âmbito nacional ocorreu, por exemplo, na primeira Assembleia Nacional de Organizações Populares, Territoriais e de Desocupados (24/07/2001), realizada com o objetivo de unificar todas as organizações de desempregados. Uma das resoluções aprovadas nesta assembleia estabelecia: "realizar bloqueios progressivos nas cinquenta principais rodovias do país a partir da próxima terça-feira, 31 de agosto, e de 48 e 72 horas para as terças-feiras seguintes".[6] Esse plano de luta tinha como principais reivindicações: "a liberação dos presos sociais"; "recusar o plano de ajuste do governo nacional, adotado para obter o déficit zero"; assegurar "a conservação de todos os planos Trabalhar e a concessão de novos planos para os chefes de família desempregados".

Entre essas demandas encontrava-se a principal reivindicação do movimento: os planos sociais concedidos aos desempregados. A principal política de contenção dos efeitos do desemprego adotada pelo governo

---

6 Extraído do documento: Resoluciones de la 1 Assemblea Nacional de Organizaciones Populares, Territoriales y de Desocupados, 24/07/2001.

consistiu na aplicação de diferentes programas sociais que tinham em comum a concessão de um benefício aos desempregados por um período determinado. Desde o início das mobilizações o debate sobre as reivindicações girou em torno da seguinte questão: caberia ou não reivindicar pela ampliação de um benefício implementado dentro de uma política social focalizada? Esse debate levou alguns partidos de esquerda (Partido Comunista, Partido Obrero, Movimiento Socialista de los Trabajadores) a se distanciarem da formação das organizações de desempregados por recusarem os planos e defenderem como reivindicação estratégica a criação por parte do governo de um subsídio de 500 pesos e a redução da jornada de trabalho. Somente após alguns anos, quando o movimento já havia alcançado uma amplitude incontestável, os partidos articularam-se para constituir suas próprias organizações.

No bojo dessa discussão deve ser ressaltado que até 1991 não existia na Argentina um sistema de seguro-desemprego, mas somente neste ano, com a implantação da Lei Nacional de Emprego (Lei n. 24.013), seria criado o Sistema Integral de Prestações por Desemprego, destinado a uma parcela dos trabalhadores[7] demitidos sem justa causa, por diminuição de trabalho ou motivo de força maior; para isso teriam que atender a uma série de exigências, como por exemplo: ter sido demitido antes de 26 de dezembro de 1991; ter cotizado ao Fundo Nacional de Emprego por um período de 12 meses durante os últimos 3 anos; e ter cotizado, no caso de trabalhadores contratados por empresas de trabalho temporário, no mínimo 90 dias nos últimos 12 meses anteriores ao término do contrato (Neffa, 2005).

O valor mínimo e máximo das prestações era, respectivamente, de 150 e 300 pesos (em torno de US$40 e US$80) e a duração das prestações dependia do tempo de contribuição:

7   Estavam excluídos os trabalhadores agrários, da construção civil, do serviço doméstico e do serviço público que, neste caso, tivessem parado de prestar serviço por motivo de racionalização administrativa (Neffa, 2005). A partir de 2001 e 2004 o direito ao seguro se estendeu, respectivamente, aos trabalhadores da construção civil e agrícola (Velásques, 2010).

Tempo de contribuição	Duração das Prestações
De 12 a 23 meses	4 meses
De 24 a 35 meses	8 meses
6 meses	12 meses

O caráter protecionista do seguro-desemprego, ainda que parcial por não se estender a todos os trabalhadores, destoou da flexibilização dos direitos trabalhistas que predominou nas novas normas aprovadas pela Lei Nacional de Emprego. No entanto, a dificuldade de cumprir as exigências estabelecidas impediu que a maior parte dos desempregados tivesse acesso ao seguro.

Em contrapartida, os programas sociais denominados como Emergencia Laboral "Trabajar" (I, II e III), implementados por Menem em 1996 e seguidos pelo presidente Fernando De la Rúa (1999-2001), consistiam na concessão durante 6 meses de um benefício aos desempregados no valor de 200 pesos mensais (aproximadamente US$55), sob a condição de uma contraprestação de serviços pelos beneficiários, sem direito a qualquer tipo de proteção trabalhista.

A princípio, estes planos eram gerenciados pelos municípios e políticos locais que decidiam a seleção dos beneficiários, bem como as formas de contraprestação. Neste caso, não só a distribuição poderia favorecer redes clientelistas ou grupos vinculados ao partido no governo como poderia não contemplar corretamente membros de movimentos sociais mais combativos ou não identificados com os políticos locais.

No governo de De la Rúa (1999-2001) foi reconhecido o direito das organizações de desempregados gerirem os planos a partir da apresentação de projetos ao Ministério do Trabalho. Reconhecimento que resultou da pressão exercida sobre o governo pelos próprios movimentos, que exigiam mudanças na forma pela qual os planos eram distribuídos, ou seja, que pudessem receber e distribuir os benefícios para os seus membros sem ter como intermediários a administração municipal ou políticos, com os quais eram obrigados a negociar. Entre um dos efeitos deste reconhecimento encontra-se a grande expansão e o fortalecimento dessas organizações (Delamata, 2004), que passaram a administrar diretamente os planos destinados aos seus membros. Ao mesmo tempo em que o aumento destes benefícios resultaram de inúmeras mobilizações e confrontos diretos com representantes do governo, para algumas lideranças entrevistadas o próprio movimento poderia não ter se desenvolvido com a mesma magnitude sem eles.

Por outro lado, uma vez que as organizações detinham o controle da distribuição dos benefícios, algumas passaram a exigir dos seus membros beneficiados pelo Programa a participação obrigatória nas marchas como uma forma de garantir a continuidade destes nas mobilizações ou mesmo a presença de outro familiar que os substituíssem caso não pudessem comparecer.[8]

Mas a relação entre os planos e o desenvolvimento dos movimentos não é unilateral. Se, por um lado, parte das organizações conseguiu se consolidar por meio de suas lutas e da oposição ao uso clientelista dos planos sociais, por outro, o governo utilizou estes benefícios com o objetivo de controlar estas organizações e recuperar a influência perdida pelo peronismo entre os setores populares. Isto se passou no governo de Eduardo Duhalde (2002-2003) com a implantação do Programa "Jefas y Jefes de Hogar Desocupados", cujo subsídio no valor de 150 pesos era concedido mediante a contraprestação dos beneficiários em atividades de capacitação, comunitárias, entre outras (construção, cuidar de crianças e idosos)

---

[8] Situação semelhante observamos no caso da distribuição dos planos de alimentos concedidos pelo governo para os movimentos de desempregados. Estes alimentos são utilizados muitas vezes pelas próprias organizações nas refeições ou merendas que oferecem nos "comedóres" (uma espécie de restaurante comunitário) que organizam nos bairros onde estão instalados. Em entrevista realizada em 2007 com o referente da organização Federacion Tierra y Vivenda da zona zul da região de Buenos Aires, o entrevistado admitiu que a mesa diretiva nacional do movimento havia transferido para La Matanza (zona oeste) os planos de alimentos que seriam destinados para a sua zona por conta das eleições presidenciais que aconteceria naquele ano. Esta transferência para La Matanza, município de grande importância eleitoral, se explica pelo apoio da FTV à candidata Cristina Kirchner e ao governo de Néstor Kirchner (2003-2007), no qual a principal liderança do movimento assumiu a Sub-Secretaria de Terras para a Habitação Social.

por um período de 4 horas diárias. Este programa ampliou o número de beneficiários de 300.000 mil para quase 2 milhões, no entanto, individualizou a contrapartida de trabalho com o objetivo de desarticular os projetos desenvolvidos pelos movimentos de desempregados.

É precisamente na relação entre esse tipo de política social focalizada e as ações dos movimentos que se pode ver as dificuldades e as contradições destas ações, mas também um reforço do neoliberalismo a partir do tipo de intervenção estatal nas políticas sociais. A luta de algumas organizações parece se circunscrever nos limites impostos pela política social adotada pelo governo. É precisamente aqui que se vê o reforço da orientação neoliberal em relação às políticas sociais, pois o governo utiliza o potencial político e de mobilização dos movimentos para não desenvolver políticas de proteção social e de emprego. Isto é mais visível nos benefícios concedidos aos movimentos para organizarem projetos produtivos. A lógica que orienta estas políticas exige que as organizações se auto-organizem, elaborem e apliquem os projetos em conformidade com as exigências do governo.

Apesar da convergência da maior parte dos movimentos em relação à principal reivindicação, os movimentos apresentam diferentes orientações político-ideológicas. De acordo com Maristella Svampa (2005) os movimentos desempregados podem ser agrupados de acordo com três realinhamentos políticos:

1º) as agrupações de "matriz nacional-popular" que veem na reconstrução do Estado nacional a possibilidade da conformação de uma aliança de classes e uma redistribuição mais igualitária da riqueza. Algumas dessas organizações alinharam-se ao governo de Nestor Kirchner em meio a um clima ideológico que o via como a encarnação do líder político que promoveria uma transição na sociedade argentina e o fim da crise pela qual o país passou. Entre as organizações que aqui se encontram destacam-se FTV [Federação Terra e Vivenda], Movimento Evita e Bairros de Pé.

2º) as agrupações vinculadas aos partidos de esquerda, que apesar de terem se recusado inicialmente a organizar os desempregados por não concordarem com a principal reivindicação apresentada pelos movimentos (os planos sociais), conformaram posteriormente suas próprias organizações. Destaca-se aqui o "Polo Obrero" (ligado ao Partido Obrero de filiação trotskista).

3º) as agrupações independentes cujas influências ideológicas abarcam um amplo leque de referências, que compreende o guevarismo, a esquerda radical ou as correntes autonomistas; estas organizações, denominadas por Svampa (2005, p. 259) como uma "espécie de nova esquerda anticapitalista", desenvolveram uma ação mais defensiva e de oposição à lógica de cooptação do governo, como também buscaram criar empreendimentos produtivos e espaços de formação política para os seus membros. Aqui se destacam o Movimento Teresa Rodrigues e a Frente Popular Darío Santillán.

É importante ressaltar que se originalmente essa diversidade dos posicionamentos político-ideológicos já era bastante expressiva, a mesma se complexificou ao longo da trajetória desses movimentos e frente às especificidades de cada conjuntura política. Isto significa que ao longo desses 15 anos, algumas organizações passaram por processos de reelaboração dos seus alinhamentos políticos; mudanças que impedem, portanto, uma simples categorização das diversas organizações sem que sejam mencionadas as reorientações decorrentes da dinâmica da própria luta ou mesmo da conjuntura política.

O melhor exemplo dessas reorientações ocorreu durante o mandato de Néstor Kirchner (2003-2007). Logo que assume a Presidência, Kirchner estabelece uma política de aproximação com os movimentos, a fim de obter uma trégua durante o seu mandato das mobilizações e bloqueios de estrada, oferecendo para alguns deles cargos em secretarias (como é o caso da principal liderança da FTV, Luís D'Elia, que assumiu a Sub-Secretaria de Terras para a Habitação Social). Tratou-se, segundo Gómez (2009, p. 182; grifos do autor) de uma "estratégia de obtenção de consenso" aplicada pelo novo presidente assim que assume o governo: "Ao cabo de duas semanas [Kirchner] já havia se reunido com quase a totalidade do espectro de organizações piqueteras e com dois meses várias delas começavam a se somar à construção política "transversal" do governo e inclusive da gestão estatal".[9]

Nesse período, as organizações que não aceitaram integrar-se aos canais institucionais estatais, passaram por um processo de refluxo que repercutiu na reelaboração das estratégias de organização e na reconfiguração de algumas delas. Isto ocorreu especialmente com as organizações independentes, como é o caso do Movimento Teresa Rodrígues e dos MTDS (Movimentos de Trabalhadores Desocupados). Parte dos MTDs, caracterizados pela sua identificação com o autonomismo, formaria em 2004, uma Frente multisetorial, composta pelos movimentos de desempregados, como também pelos estudantes e trabalhadores ocupados, denominada Frente Popular Darío Santillan (FPDS). Segundo o depoimento de uma referente:

> O governo assume com uma política [que] algumas organizações não vê como uma continuidade, mas tampouco nós nos sentíamos representados. Os primeiros anos de governo nos mostraram uma mudança muito profunda, tampouco era o que é agora. Cada vez [Kirchner] mostra mais o que é. (...) Sozinhos, cada um dos movimentos não iriam existir mais. Por quê? Porque a pressão do governo aumentou ainda mais. E de fato o fez. Então, você teria que se unir (referente da FPDS, 12/09/2007).

A FPDS pode ser considerada como fruto da necessidade de reação à crise que atingiu o movimento a partir da correlação de forças configurada com o novo governo. Mas, ao mesmo tempo, essa necessidade não parece ter surgido somente em decorrência do recuo, mas da reflexão sobre que projeto se desejava construir e como colocá-lo em prática. Daí a busca por organizar efetivamente outros setores sociais e não

---

[9] Entre as organizações que assumiram um posicionamento de diálogo com o governo estavam: FTV, Bairros de Pé, Corrente Classista Combativa (CCC), entre outras organizações menores e o Movimento Evita (criado em 2005, tendo como slogan "Com Kirchner, a esperança em movimento").

apenas os desempregados. Reflexão que estava presente também no MTR (Movimento Teresa Rodrígues), mas foi possível perceber uma maior dificuldade deste movimento concretizá-la, inclusive, pelos impactos que a criminalização mais recente de suas principais lideranças provocou na organização: seja exigindo dos seus quadros um maior esforço na condução das lutas, seja atingindo a sua capacidade de mobilização ao afastar da sua base trabalhadores atemorizados pela violência política exercida pelo governo.

Em meio à fragmentação dos movimentos a partir de 2003 os piquetes passaram a ser cada vez menos praticados por algumas das mais importantes organizações do período, seja porque passaram a priorizar outras estratégias, como a construção interna do movimento, seja porque o viam como um método desgastado. Processo semelhante ocorreu com a mudança no conteúdo das reivindicações. Para exemplificar, enquanto até 2002 se direcionavam contra o sistema político (como a renúncia do governo) e os efeitos da política neoliberal, no primeiro semestre de 2004 a maior parte dos protestos realizados tinham como objetivo interesses econômicos imediatos, sobretudo a recuperação dos planos sociais que o governo havia dado baixa (Klachko, 2005).

O conjunto dessas alterações reflete a nova conjuntura política e a conformação de uma correlação de forças distinta com o início do governo Kirchner, a partir do qual uma nova fase se inaugurou para os movimentos de desempregados. Praticamente depois de 15 anos da formação do denominado movimento piquetero, a própria denominação parece não dar conta das transformações pelas quais esse movimento passou, considerando que apesar da permanência do método de luta, a busca pela incorporação de outros setores sociais parece ser uma tendência nas organizações. Assim, ao mesmo tempo em que os movimentos de desempregados na Argentina continuam despertando a atenção pelo seu surgimento em uma conjuntura de ofensiva aos movimentos sociais e pelo espaço conquistado no plano das lutas sociais, a sua fragmentação e a criminalização de algumas organizações por parte do governo colocaram e continuam colocando inúmeras dificuldades para a superação do recuo sofrido nos últimos anos, sobretudo para aquelas que mantiveram o seu posicionamento de oposição.

Os movimentos de desempregados na França e a luta contra a flexibilização das proteções trabalhistas

A origem dos movimentos de desempregados na França a partir da segunda metade da década de 1980 está relacionada com o aumento do desemprego no país, mas também com as dificuldades de acesso aos direitos garantidos pela legislação aos desempregados. Nesse período e, sobretudo posteriormente, a luta pela preservação e pelo cumprimento desses direitos, como também pela aplicação de políticas favoráveis à geração de emprego e de renda para grupos com maiores dificuldades de inserção no mercado de trabalho (jovens, mulheres, desempregados de longa duração) tornou-se cada vez mais emergencial.

A partir de 1974, os níveis de desemprego no país seguiram uma curva ascendente, colocando fim a uma situação que se poderia chamar de quase "pleno emprego". No período denominado "Trinta Gloriosos" (1949-1974) a taxa de desemprego variava entre 2 e 3%, sendo que em 1949 correspondia a 1,2% e em 1974 a 2,5% (Husson, 2009, 1996).[10] A recessão dos anos de 1970 decorrente do término do sistema monetário de Bretton Woods (1971) e do choque do petróleo (1973) provocaram o início de uma crise do emprego cujos índices distanciaram-se progressivamente dos verificados naquele período.

Entre as explicações formuladas sobre esse aumento destacaram-se as interpretações liberais que atribuíam as causas do desemprego a uma "rigidez estrutural" presente, por exemplo, na regulação dos salários, nas proteções sociais e nos direitos trabalhistas (Coutrot e Husson, 2000). Pouco a pouco se forjou um discurso favorável ao fim dessa "rigidez" e à aplicação de um conjunto de medidas destinadas a flexibilizar o mercado de trabalho e a reestruturar a economia. Embora a aplicação dessas

---

10 Os dados mencionados baseiam-se nas estatísticas produzidas pelo Instituto Nacional de Estatística e de Estudos Econômicos (INSEE).

medidas na França não tenha ocorrido com a mesma rapidez e intensidade verificadas em outros países capitalistas centrais, é interessante observar que os debates realizados no país no final da década de 1970 em torno das políticas de emprego e das proteções sociais dos desempregados sinalizavam as orientações neoliberais que se concretizariam nos anos seguintes na política econômica. Aqui destacaremos brevemente como estas orientações repercutiram sobre o desemprego e o seu tratamento social.

No pós-guerra a França desenvolveu um sólido sistema de proteção social e, em 1958, constituiu pela primeira vez um regime obrigatório de seguro-desemprego. Durante duas décadas este regime obteve melhorias contínuas na duração e no montante da indenização, e incorporou medidas complementares voltadas para os trabalhadores mais velhos, com maiores dificuldades de reinserção. Tais avanços procuravam adaptar o funcionamento do seguro às mudanças conjunturais e respondiam também a pressões sociais. Contudo, em um curto período, entre 1979 e 1984, as reformas realizadas no seguro romperam com uma das suas principais perspectivas, isto é, ser um mecanismo ativo a serviço do emprego e favorecer por meio da indenização a mobilidade da força de trabalho nos períodos de transição entre dois empregos (Daniel e Tuchszirer, 1999).

Com isso, a interpretação liberal da crise do emprego na década de 1970 estendeu-se à forma pela qual a situação de desemprego passou a ser tratada posteriormente: se até 1982 a duração do seguro-desemprego era igual para todos trabalhadores (exceto aqueles com mais de 50 anos cujo direito estendia-se por um tempo maior), a partir desse ano ela passou a depender do tempo de contribuição com a criação das modalidades de indenização; em 1984, sob a pressão do patronato, separaram-se os dois tipos de indenização que formavam o regime, isto é, o seguro-desemprego convencional e a ajuda pública denominada como prestação de solidariedade; enquanto a primeira indenização era mantida pelas cotizações patronais e salariais, a segunda mantinha-se por meio dos impostos arrecadados pelo Estado, por isso seu valor era prefixado, regressivo ao longo do tempo, dependente dos recursos disponíveis e destinado especialmente aos desempregados cujo seguro não alcançava uma renda satisfatória. A separação pôs fim à possibilidade de acúmulo das duas indenizações e os desempregados com pouco tempo de contribuição passaram a depender cada vez mais da ajuda pública do Estado.

A ruptura que essas medidas aplicadas em 1982 e 1984 representaram para o regime foi acompanhada oito anos mais tarde pela implantação da Prestação Única Regressiva (AUD), que provocou um enrijecimento dos critérios de acesso ao seguro, a redução da sua duração e a regressão da prestação. Com o objetivo de reduzir o número de beneficiados e as prestações asseguradas, tais medidas seguiam na contramão dos princípios que nortearam o funcionamento do regime até o final dos anos de 1970, qual seja, ampliar e garantir a proteção dos trabalhadores atingidos pelo desemprego.

Posteriormente, as medidas implantadas seguiram orientações semelhantes no sentido de coagir os desempregados protegidos a procurar um emprego, a fim de que saíssem mais rápido do regime. Para tanto, os assegurados passaram a ser convocados com mais frequência pelos órgãos responsáveis pelo acompanhamento dos seus procedimentos na busca por um emprego. Ao longo dos anos 2000 as sanções contra aqueles que não comprovavam estar empenhados efetivamente nessa busca aumentaram, como por exemplo, as suspensões temporárias ou definitivas do recebimento da prestação do seguro. Além dos objetivos já apontados no que diz respeito à mudança de orientação na gestão do regime do seguro-desemprego, essas sanções explicitavam uma visão do desempregado como responsável e culpado pela sua situação (Dethyre, 1999) como se o desemprego fosse um problema do indivíduo que, ademais, onera o Estado ao recorrer aos mecanismos de proteção social.

Para se ter uma ideia das alterações realizadas no regime do seguro-desemprego, o quadro a seguir apresenta as mudanças relativas à duração do tempo de contribuição e de indenização realizadas em 2006. Percebe-se de um modo geral a diminuição da duração do benefício que atingiu todas as modalidades, com exceção apenas dos filiados ao sistema com uma cotização mínima de 6 meses. Enquanto no regulamento anterior era necessário contribuir 14 meses ao longo de 2 anos para obter uma indenização ao longo de quase dois anos (23 meses), no novo esta obtenção requer que os trabalhadores tenham contribuído durante 16 meses no decorrer de 26 meses. Em contrapartida, com a criação de uma nova faixa de contribuição, aqueles que tenham cotizado por 12 meses nos últimos 20 meses que antecedem o fim do contrato de trabalho têm direito ao seguro por um 1 ano. Se a lógica explícita é, quanto maior o tempo de contribuição, maior o de indenização, está implícito a redução do direito; o que se evidencia com a extinção da especificidade destinada às pessoas com 57 anos ou mais, cujas indenizações poderiam durar até 3 anos e meio.

Observando as alterações realizadas ao longo dos anos é possível observar que o caráter protecionista do regime reduziu-se e dificultou justamente o acesso dos trabalhadores mais expostos aos riscos do mercado de trabalho, como é o caso daqueles submetidos aos contratos com duração determinada (CDD), que têm maiores dificuldades para completar o período de cotização exigido e não gozam dos mesmos direitos existentes nos contratos com duração indeterminada (CDI). Esta e outras formas de trabalho difundiram-se a partir dos anos de 1980 com a introdução na legislação trabalhista das novas formas de contratação e corresponderam ao tipo de "emprego" criado nas últimas três décadas. Entre esses trabalhos destacam-se os temporários (CDD, interinos, contratos "subvencionados") e em tempo parcial, designados como "atípicos" ou "precários" – termo que se inscreveu no debate político e na denominação de movimentos sociais.

As durações do Seguro-Desemprego

	Pessoas em qualquer idade	Pessoas em qualquer idade	Pessoas em qualquer idade	Pessoas com 50 anos ou mais	Pessoas com 57 anos ou mais
Regras válidas antes de 18 de janeiro de 2006					
Duração do tempo de contribuição (cotização)	6 meses durante os últimos 22 meses	14 meses durante os últimos 24 meses	–	27 meses durante os últimos 36 meses	27 meses durante os últimos 36 meses e 100 trimestres de seguro velhice
Duração da indenização recebida	7 meses	23 meses		36 meses	42 meses
Regras válidas a partir de 18 de janeiro de 2006					
Duração do tempo de contribuição (cotização)	6 meses durante os últimos 22 meses	12 meses durante os últimos 20 meses	16 meses durante os últimos 26 meses	27 meses durante os últimos 36 meses	–
Duração da indenização recebida	7 meses	12 meses	23 meses	36 meses	

Fonte: Chômage et Indemnisation, tous vos droits, Journal Vie Ouvrière, n. 6, automne 2006, p. 49. [Adaptada].

Portanto, ao mesmo tempo em que houve nesse contexto uma flexibilização dos direitos trabalhistas e a difusão de novas formas de contratação, o desemprego atingiu 9% em 1985 e alcançou o ápice de 12,4% em 1994 (Husson, 2009); já nos anos 2000, apesar das quedas temporárias, sofreu oscilações entre 7 a 10%, sobretudo depois da crise de 2008.

Em contraposição, foi durante as décadas de 1980 e 1990 que se formaram movimentos sociais voltados diretamente para a organização e mobilização dos desempregados e trabalhadores "precários". Apesar dos registros de mobilização dos desempregados em outros momentos da história francesa, a particularidade das principais experiências desenvolvidas a partir dos anos de 1980 é o fato de perdurarem até hoje, desempenhando um papel importante no campo das lutas sociais francesas.

Os três principais movimentos de desempregados franceses[11] surgiram entre 1986 e 1993, a partir de diferentes iniciativas de militantes sindicais ou políticos, que em grande parte não eram desempregados: o MNCP (Movimento Nacional de Desempregados e Precários) em 1986, apoiado por Maurice Pagat, fundador do Sindicato dos Desempregados; a APEIS (Associação pelo Emprego, Informação e Solidariedade aos Desempregados e Trabalhadores Precários) em 1987, respaldada financeiramente pelo Partido Comunista Francês (PCF) e a AC! (Agir juntos contra o desemprego!), em 1993, criada por militantes políticos e sindicalistas (entre estes muitos dissidentes da Confederação Francesa Democrática do Trabalho), recebendo o apoio de renomados intelectuais franceses, signatários de sua carta de princípios.

11 Privilegiaremos nessa discussão as ações dos movimentos de desempregados, por isso não discutiremos as experiências sindicais de organização dos desempregados, das quais a principal e existente ainda hoje é a da CGT (Confederação Geral do Trabalho), que em 1978 criou pela primeira vez o "Comitê Nacional CGT de luta e de defesa dos desempregados". Outras iniciativas colocadas em prática pela CFDT (Confederação Francesa Democrática do Trabalho), pela CFTC (Confederação Francesa dos Trabalhadores Cristãos) e pelo Sindicato dos Desempregados (que, apesar do nome, não teve uma estrutura e atuação semelhantes a de um sindicato), não perduraram, mas influenciaram os militantes envolvidos na criação de alguns movimentos, como o MNCP e a AC!.

Uma das especificidades das organizações formadas está relacionada com as reivindicações apresentadas originalmente. Apesar da demanda por geração de emprego aparecer como um objetivo comum, a AC! parece ter sido a única a desenvolver ações específicas e mais incisivas exigindo a criação de postos de trabalho, além de ter convidado intelectuais para debater as possíveis alternativas nos livros que publicou sobre esse e outros temas (Cohen, 2003). Enquanto as reivindicações do MNCP visavam garantir serviços específicos e necessidades básicas dos membros participantes das "maisons des chômeurs" [casas de desempregados], organizadas com base na experiência do Sindicato dos Desempregados com o objetivo de proporcionar o encontro e a diminuição do isolamento entre esses trabalhadores (Demazière e Pignoni, 1998). Já a APEIS apresentava como principais reivindicações o cumprimento dos direitos dos desempregados pela UNEDIC[12] e ASSEDIC e a possibilidade destes terem uma representação associativa no interior deste órgão – responsável pela concessão do seguro-desemprego – , já que enfrentavam inúmeras dificuldades no acesso aos direitos garantidos por lei (Bourneau e Martín, 1993).

Aqui se evidencia um aspecto importante das mobilizações realizadas pela APEIS, porque além de outros objetivos, ela reivindicava a preservação e a garantia de direitos já existentes e conquistados historicamente pelo conjunto dos trabalhadores para aqueles não mais inseridos no mercado de trabalho; nas décadas seguintes a luta da APEIS e das

---

12 A UNEDIC (União Nacional pelo Emprego na Indústria e no Comércio) é o órgão responsável pela gestão do regime de seguro-desemprego, regido de modo paritário por representantes patronais (Movimento das Empresas da França – MEDEF) e sindicais (CGT, CFDT, CFTC e FO – Force Ouvrière). Este órgão está vinculado à ASSEDIC (Associação pelo Emprego na Indústria e no Comércio) e à ANPE (Agência Nacional pelo Emprego). À primeira cabe a concessão do seguro e o acompanhamento dos desempregados na busca por emprego e à segunda, a realocação destes no mercado de trabalho. Em 2009 houve uma fusão dessas instituições sob uma mesma sigla "Pôle Emploi". Vale lembrar que o financiamento do seguro-desemprego provém dos salários (35,5%) e das empresas (64,5%).

outras organizações direcionaram-se, cada vez mais, contra o desmantelamento das políticas de proteção social e o enrijecimento do acesso ao seguro-desemprego.

Com o surgimento desses movimentos e com as marchas realizadas pela AC! por todo o país em 1994, a luta por emprego ganhou pouco a pouco maior expressividade nacional e conseguiu se estender para outros países através da influência da AC! na organização das marchas europeias, que mobilizaram mais de 300 mil pessoas em Amsterdam (1997) e em Colônia (1999) (Aguiton, 2002). Mas o momento de maior expressão dessas lutas foi no inverno de 1997-1998, quando AC!, APEIS, MNCP e os comitês de desempregados da CGT mobilizaram-se conjuntamente, atraindo a opinião pública para as suas reivindicações, entre as quais se destacavam a reativação de um fundo especial que havia sido suprimido e era destinado aos desempregados em situações emergenciais, como também a fusão entre o seguro convencional e as prestações de solidariedade, separados em 1984. O governo, ao cabo de várias semanas de manifestações e conflitos, recebeu pela primeira vez os representantes das organizações e criou um novo fundo de urgência social, destinando um bilhão de francos para o mesmo (aproximadamente 150 milhões de euros) e, em contrapartida, manteve a separação do seguro-desemprego e das prestações sociais.

De certo modo, os movimentos envolvidos nos conflitos do inverno de 1997-1998 obtiveram alguns resultados, como o reconhecimento do governo enquanto representantes dos desempregados, contudo, em seguida perderam sua visibilidade pública (Maurer e Pierru, 2001) e sofreram um forte recuo no decorrer dos anos 2000. Segundo a análise de Evelyne Perrin (2009), uma das principais lideranças da AC!:

> Um dos freios para a luta de uma indenização correta do desemprego e dos trabalhos precários encontra-se na fragilidade dos movimentos de desempregados, que após ter atingido um pico histórico de mobilização no inverno de 1997-98, chocaram-se com a ausência de resposta do poder – então socialista – , com a ausência de reconhecimento do patronato e com a indiferença

da maior parte dos sindicatos frente aos desempregados (...) (Perrin, 2009, p. 1).

Em alguns casos, como os comitês locais da AC! de Paris, houve um significativo esvaziamento, a ponto de alguns deles, conhecidos pela sua intensa mobilização na década de 1990, contarem no início de 2009 somente com a participação de suas antigas lideranças.[13] Se na última década os movimentos sociais sofreram impactos negativos devido à intensificação do processo de privatização e das reformas consecutivas no sistema de proteção social, os movimentos de desempregados enfrentaram, ao mesmo tempo, outras dificuldades: o envelhecimento dos seus membros e a incapacidade de atrair para a sua base os jovens desempregados, tidos como os mais atingidos pelo desemprego e pelas formas de trabalho consideradas precárias.

Frente à dificuldade de mobilização, organizações como a APEIS e a AC! realizam há muito tempo ações conjuntas com outros movimentos sociais. Tal estratégia busca agregar forças políticas, mas representa também uma forma de contato com outros trabalhadores em situações de trabalho precárias, com jovens e, no limite, com desempregados engajados em outras causas, pois um dos grandes problemas enfrentados pelos movimentos de desempregados e que se acentuou mais recentemente é o acesso com aqueles que deveriam compor sua base social. A reativação da capacidade organizativa parece se esbarrar às formas de ação e aproximação junto aos desempregados, circunscritas muitas vezes ao atendimento daqueles que procuram individualmente os comitês locais das associações mencionadas. Disto resulta o caráter estratégico da realização de ações conjuntas. Mas se estas tendem a ocorrer com diversas organizações, algumas inclusive engajadas em causas específicas, o mesmo não ocorre com a maior parte das organizações sindicais. Aqui se explicita a dificuldade da construção

---

13 No primeiro semestre de 2009 entrevistamos lideranças da AC!, participamos das suas atividades e manifestações, como também conhecemos uma das suas sedes, que na década de 1990 era a que tinha o maior número de membros em Paris.

de uma unidade política entre esses movimentos como contra-ofensiva ao neoliberalismo e aos seus efeitos sobre as classes trabalhadoras.

Portanto, apesar do esvaziamento desses movimentos, percebemos tentativas de articulação com outras organizações (algumas inclusive engajadas em causas específicas) com o objetivo de acumular forças e se contrapor ao um duplo processo que se verificou ao longo dos anos 2000 no país: a intensificação e generalização das políticas neoliberais. Enquanto houve uma reformulação de direitos trabalhistas, como o seguro-desemprego, no sentido de rebaixá-lo ainda mais em relação às reformas anteriores, nos últimos anos o neoliberalismo avançou para áreas ainda intocadas ou parcialmente atingidas, como a educação e a cultura.[14]

A mobilização dos desempregados no Brasil

No Brasil, surgiram poucos movimentos de desempregados ao longo da década de 1990 e, ao contrário dos franceses e argentinos, tiveram uma curta duração (Barreto, 2005).[15] Somente nos anos 2000 formou-se

---

14 Ver, por exemplo, a greve das universidades que perdurou por quase todo 1º semestre de 2009 e, no início de 2010, a greve dos funcionários dos principais museus de Paris.

15 Neste período, o país registrou elevadas taxas de desemprego nunca alcançadas durante todo o século XX, passando a integrar em 1994 o bloco dos quatro países com maior volume de desempregados (Pochmann, 1999; 2006). Baseando-se nos dados da PNAD (Pesquisa Nacional por Amostra de Domicílio), Pochmann (1999, p. 103) mostra que entre 1989 e 1998 o desemprego aberto passou no setor urbano de 3,74% para 10,6% e no setor rural de 0,96% para 5,18% (Pochmann, 1999, p. 103). Mas tomando como referência dados do DIEESE, cuja metodologia empregada na contagem do desemprego inclui tanto o desemprego aberto (que se refere a indivíduos que estão ativamente à procura de um emprego e não desenvolvem nenhum tipo de trabalho) e o desemprego oculto (que denomina a condição das pessoas que mesmo desempregadas exercem trabalhos precários ("bicos"), como também a situação daquelas que desistiram de procurar emprego por desalento), em abril de 2003, se registrou pela primeira vez, a maior taxa de desemprego total, 20,6%, na região metropolitana de São Paulo, um dos principais polos industriais e econômicos do país. Porcentagem que bateu recorde histórico por ter sido superior a

o Movimento dos Trabalhadores Desempregados (MTD) que conseguiria desenvolver uma trajetória mais duradoura.

A primeira organização do MTD surgiu em 2000, no Rio Grande do Sul, a partir da iniciativa de militantes ligados ao Movimento dos Trabalhadores Rurais Sem Terra (MST) e à Consulta Popular (Filho, 2009; Mangueira, 2006). O principal antecedente político que contribuiu com a idealização e a conformação do movimento foi a atuação da Subcomissão sobre o Desemprego (vinculada à Comissão de Cidadania e Direitos Humanos da Assembleia Legislativa do Rio Grande do Sul), constituída com o objetivo de analisar a situação de desemprego no estado e propor políticas públicas para o mesmo. A Subcomissão, presidida pelo Deputado petista Roque Grazzioti, conhecido como Padre "Roque" e pela sua relação próxima aos movimentos sociais (Mangueira, 2006), reuniu desempregados, políticos, entidades locais e economistas no período de 1999 a 2000 e produziu dois projetos de lei propondo: a extensão da jornada de trabalho dos bancos com a finalidade de gerar empregos no setor e a criação de um Programa de Frentes Emergenciais de Trabalho, isto é, postos de trabalho comunitários que assegurariam aos beneficiários uma bolsa-auxílio no valor de um salário mínimo, cesta básica, vale-transporte e qualificação profissional durante 6 meses (MTD, 2007; Filho, 2009).

A partir desse projeto de lei, realizou-se um levantamento entre os desempregados com o objetivo de identificar o interesse destes em se engajar em um movimento de desempregados, o qual veio a se constituir formalmente em junho de 2000 com a participação de 300 famílias na ocupação de um terreno da General Motors na cidade de Gravataí (Mangueira, 2006; Filho, 2009). A partir disso as Frentes passariam a ser "(...) uma das principais bandeiras do movimento (Filho, 2009, p. 11)", ao ponto deste conseguir conquistar a aprovação, em 2001, da Lei Estadual das Frentes Emergenciais de Trabalho (n. 11.628, de 14/05/2001), que estabeleceu a implementação do Programa com base no orçamento estadual anual (MTD,

---

todas as outras registradas desde 1985, quando se iniciaram os levantamentos feitos pelo DIEESE e pela Fundação Seade (Rolli, 2003).

2007). A regulamentação da lei seria vista, então, como uma das primeiras conquistas do MTD.

Inicialmente, os integrantes das Frentes de Trabalho prestaram serviços eventuais para o governo, como lavar colégios, limpar arroios, reflorestar margens de córregos, entre outros. Com o término da duração das primeiras frentes, o movimento buscou criar Grupos de Produção em diversas áreas produtivas (confecção, artesanato, padarias, agricultura urbana) com o objetivo de não realizar serviços temporários para o estado, mas sim uma atividade permanente relacionada com a experiência profissional dos seus membros e por um tempo maior ao estipulado pelas frentes (CIMI BRASIL, 2004). Apesar da aprovação da lei, a concretização da nova proposta exigiu novas mobilizações pressionando o governo não só para que as Frentes fossem destinadas aos membros dos Grupos de Produção, como também para que ele viabilizasse a aplicação do Programa.

Posteriormente, o MTD difundiu-se para outros municípios da região metropolitana e Vale dos Sinos e, a partir de 2003, para outros estados (São Paulo, Minas Gerais, Rio de Janeiro, Distrito Federal, Bahia, Pernambuco, Goiás, Santa Catarina), tendo como eixo de luta "Trabalho, Terra, Teto e Educação". Entre as suas principais reivindicações destacam-se: redução da jornada de trabalho, sem implicar na diminuição dos salários, dos direitos trabalhistas e em horas extras; concessão de galpões, prédios e terrenos abandonados para a organização de grupos de produção auto--gestionários; isenção de tarifas de transporte, energia, IPTU e outras tarifas públicas para os desempregados; criação de uma política pública em âmbito nacional de geração de trabalho e renda; assentamentos rururbanos (MTD-Campinas, s/data).[16]

---

16 A despeito do seu caráter nacional, o MTD não é homogêneo e pode apresentar especificidades nas suas demandas e nas experiências organizativas decorrentes da região no qual atua e do grau de organização. Este parece ser o caso do MTD do Rio de Janeiro, que em seu manifesto "Pleno Emprego, Plena Vida" elaborado pela instância estadual, inclui outras demandas pontuais voltadas para os desempregados, como o acesso gratuito destes nos espaços culturais (teatros, cinemas, casas de show), mas que incluem também preocupações locais, como o fim da

Com uma trajetória de sete anos, o MTD realizou o seu primeiro Encontro Nacional, em Porto Alegre, em abril de 2007 (Duarte e Casiraghi, 2007). O depoimento da liderança Diva Braga (MTD-MG) entrevistada na ocasião mostra um dos objetivos do movimento:

> Nossa luta não é por emprego, é por trabalho. Nós não queremos organizar as pessoas para vender sua força de trabalho, mas para produzir de acordo com as suas necessidades. (...) O movimento não quer a construção de um monte de carros para entupir as cidades e poluir nosso ar para gerar mais trabalho nesses moldes, continuando a prática da exploração e da acumulação. O crescimento do emprego está condicionado a uma forma de vida que a gente combate. (...) Queremos que a classe trabalhadora possa exercer a sua vida da forma mais humana possível, reorganizando o trabalho para o bem viver, e não para uma acumulação, defende Diva (Duarte e Casiraghi, 2007).

A diferenciação entre emprego e trabalho apresentada neste depoimento expressa a crítica feita pelo movimento às relações de produção capitalista, presente também na sua compreensão sobre o desemprego como um elemento intrínseco ao capitalismo, que tem o papel de manter na defensiva os trabalhadores empregados, levando-os a aceitar piores condições e relações de trabalho. A resolução do desemprego é concebida como uma possibilidade somente se eliminado o modo de produção capitalista e reorganizada a sociedade. Para isso, o MTD se propõe a "organizar os desempregados para uma disputa de projeto de sociedade" e experiências de trabalho coletivo pautadas na autogestão e em relações de trabalho sem exploração, ao mesmo tempo em que compreende a concretização desse projeto político como resultado de uma luta conjunta entre "trabalhadores desempregados e empregados do campo e da cidade" (MTD-Campinas, s/

---

atuação da polícia militar nas favelas (MTD – RJ, s/data). O próprio nome do manifesto revela uma diferença com a distinção feita pelo movimento nacional entre emprego e trabalho.

data). Isto significa que a luta econômica não está dissociada da perspectiva de uma luta política que envolva o conjunto dos trabalhadores.

Nesse sentido, um aspecto que chama a atenção é a influência que o Movimento dos Trabalhadores Sem Terra (MST) parece ter exercido na formação e no desenvolvimento do MTD (Mangueira, 2006). Em seu estudo sobre as semelhanças entre as formas de organização política do MST com as incorporadas pelo MTD de Belford-Roxo (município da Baixada Fluminense/RJ), Sérgio Mangueira (2006) argumenta que, sem desconsiderar as devidas adaptações, as similaridades estão relacionadas com um processo mais amplo:

> A ação política consolidada ao longo das duas últimas décadas do Movimento de trabalhadores Sem Terra é emblemática de formas específicas de protesto social que acabaram por engendrar relações possíveis com outras organizações sociais. (…) A hipótese central é que, através das devidas adaptações, o MST vem imprimindo a marca do seu modelo de organização nos movimentos urbanos que dessa forma vêm reconstruindo e ressignificando demandas antigas e criando demandas novas na dinâmica de suas atividades (Mangueira, 2006, p. 2)

Essa influência pode ser vista nas estratégias de luta e nos métodos de ação, muito parecidas às praticadas pelo MST, como os acampamentos, os assentamentos e as ocupações de prédios públicos e terrenos. A ausência de informações precisas sobre o número de ocupações[17] realizadas pelo

17 Uma das dificuldades encontradas no estudo dos movimentos de desempregados no Brasil é a ausência de fontes que registrem as ocupações e outras mobilizações realizadas por eles; inclusive são raros os movimentos com site na internet. As informações que dispomos indicam que a ocupação parece ter sido desde a origem do MTD do Rio Grande do Sul um instrumento de luta importante. Para se ter uma ideia, em 2007, este MTD organizou várias ocupações: entre abril e agosto desse ano 16 prédios foram ocupados em todo estado e, em novembro, durante a ocupação de um prédio público, sofreu a represália da governadora Yeda Crusius, que autorizou a Brigada Militar a intervir no protesto. Após este episódio, várias mobilizações ocorreram no estado e uma carta de denúncia

MTD nos impede de mensurar a recorrência destas ações como instrumento de pressão sobre o governo, de todo modo, a proposta de constituição dos "assentamentos rururbanos" demonstra a importância da referência dos assentamentos rurais dos sem-terra como produto da ofensiva política e das pressões exercidas pelas ocupações e acampamentos (Coletti, 2002), mas também como uma experiência organizativa que produz efeitos no plano mais imediato da luta ao se constituir como uma primeira conquista de um objetivo mais amplo.[18]

A ocupação de moradias ou áreas nos limítrofes urbanos, seguidos da constituição de assentamentos denominados "rururbanos", correspondem a um dos instrumentos de luta adotados por alguns MTDs. A organização de assentamentos desse tipo responde às necessidades da base social e às particularidades das regiões em que o movimento atua. Por exemplo, em Vitória da Conquista/BA, o assentamento parece estar muito mais vinculado à realidade rural das cidades ao seu entorno e à origem dos seus membros (Silva, 2009), enquanto em Campinas/SP e Belford-Roxo/RJ (Magueira, 2006) vem responder também ao problema do déficit habitacional. O depoimento do coordenador[19] do MTD/Campinas é esclarecedor:

> O MTD trabalha com ocupações que são assentamentos rururbanos, gira em torno das cidades, é um meio termo entre ocupações de moradia e ocupação de reforma agrária. São áreas nos entornos das cidades que são lotes menores que de reforma agrária, mas maiores que de moradia. Permite você trabalhar uma agricultura de subsistência e trabalhar também formas produtivas não agrícolas. Você concilia trabalho, geração de

---

encaminhada para a Comissão de Direitos Humanos, denunciando a agressão cometida contra os manifestantes (MTD, 2007).

18 Como Coletti (2002) chama a atenção, os assentamentos (terras desapropriadas pelo governo) é o resultado de uma ofensiva no plano mais imediato, porém necessitam ser viabilizados economicamente e consolidados. A vitória pela conquista da terra não representa, neste caso, o fim da luta.

19 Entrevista concedida à Carolina B. G. F. Filho.

trabalho e renda e moradia. E também temos ocupações de moradias em alguns estados [coordenador do MTD/Campinas].

No que diz respeito à base social do MTD, o estudo de Carolina Filho (2009) nos oferece pistas importantes para a nossa análise. Segundo esta autora, o movimento é constituído por trabalhadores desempregados originários do setor informal, com experiências anteriores de trabalhos precários, desprovidos da cobertura dos direitos trabalhistas, como também com poucas expectativas de retorno ao mercado formal de trabalho devido à sua longa permanência na situação de desemprego.

Cabe aqui uma breve digressão. Tal perfil reflete uma das características importantes do mercado de trabalho brasileiro: a informalidade.[20] As ocupações informais são caracterizadas por baixos salários e não contam com a proteção social e trabalhista (aposentadoria, seguro-desemprego, proteção da Justiça Trabalhista, representação sindical, entre outros) existente em um emprego assalariado com registro em carteira. Elas tradicionalmente incorporaram segmentos vulneráveis com poucas chances de se inserir no mercado de trabalho ou desempenharam o papel de amortecer os impactos do desemprego aberto ao absorver os trabalhadores demitidos, correspondendo em algumas trajetórias profissionais a uma etapa de transição para um emprego assalariado formal (Pochmann, 2007). Para se ter uma noção da magnitude da informalidade no Brasil, 1/3 das ocupações existentes durante os anos de 1980 não tinha carteira assinada. Esta situação somente agravou-se durante a década de 1990 juntamente com

---

20 De acordo com Alves e Tavares (2006), o conceito de informalidade contempla uma ampla gama de situações que inclui tanto as formas tradicionais (como o trabalho por conta própria, ocupados sem remuneração e empregados sem carteira assinada) quanto categorias mais recentes relacionadas às novas formas de trabalho precário (como é o caso dos trabalhadores submetidos aos contratos temporários e sem registro em carteira). Embora tenha sido cada vez mais problematizada uma abordagem feita do setor formal e informal como dois polos distintos, neste texto não entraremos nesse debate teórico.

o aumento do desemprego aberto[21] e com a difusão das novas formas de trabalho precário.

De acordo com Pochmann (2007, p. 1) a inflexão do mercado brasileiro a partir de meados da década de 1980 teria reconfigurado a informalidade. Os anos de 1990 caracterizaram-se pela intensa difusão de postos de trabalho não-assalariados, pois de cada dez postos de trabalho criados apenas quatro eram assalariados. (Pochmann, 2006, p. 61). Os dados modificam-se tomando como referência um recorte temporal maior. Neste caso, entre 1985 e 2005 de cada 10 postos de trabalho criados no período, seis foram assalariados (20,2 milhões) e dentre estes quatro com carteira assinada (12,7 milhões de empregos formais). Em contrapartida, o país criou um contingente adicional de 13,1 milhões de postos de trabalho não assalariados, correspondendo a 40% do total de postos gerados.[22]

Em meio ao crescimento da informalidade, sobretudo no setor urbano, houve uma redução do salário mínimo mensal recebido pelos trabalhadores do segmento informal urbano; entre estes, uma parcela significativa (33,4 milhões) recebia, em 1985, 53,1% do salário médio recebido por um empregado assalariado com carteira assinada, enquanto em 2005 essa porcentagem correspondia a 45,8%. A comparação em termos proporcionais ao salário mínimo indica que em 1985 a remuneração dos trabalhadores informais do setor urbano correspondia a 2,2 vezes o valor do salário mínimo e em 2005 a 1,7 vezes.

Em resumo, no intervalo desses vinte anos o contingente de trabalhadores informais cresceu 88,5% e sofreu uma redução do seu rendimento médio real de 20,4%, enquanto o número de empregados assalariados formais aumentou 62,2% com uma diminuição de 8,3% do seu salário médio (Pochmann, 2007, p. 1). A deterioração salarial intensificou ainda mais as condições desiguais de trabalho e os prejuízos decorrentes da ausência de

---

21 No período entre 1975 e 1999 a taxa de desemprego aberto cresceu no Brasil 369,4% (Pochmann, 1999).

22 Dados recentes para o período de 2002 a 2008 indicam uma queda no trabalho informal de 46,5% para 42,7% (DIEESE, 2010, p. 1), mas ainda assim esta taxa permanece muito elevada.

direitos trabalhistas que atingem os trabalhadores do setor informal e os diferenciam daqueles que se encontram no setor formal.

Os dados aqui apontados permitem compreender um dos aspectos do mercado de trabalho brasileiro que é anterior à aplicação das políticas neoliberais: o seu caráter pouco regulamentado. Neste caso, chama a atenção que entre as particularidades do processo de flexibilização dos direitos trabalhistas no Brasil destacam-se o seu caráter tardio e a lentidão na sua implementação (especialmente no governo de Fernando Henrique Cardoso) (Galvão, 2007a; Boito Jr., 1999). As facilidades para se demitir e a existência de formas de contratação bastante flexíveis contribuíram para que as primeiras reformas neoliberais realizadas se direcionassem para outras áreas. Priorizou-se, então, a aplicação das reformas administrativas e previdenciária, bem como a abertura do mercado por meio da redução das tarifas aduaneiras. De acordo com a afirmação de Boito Jr. (1999, p. 93): "na realidade, o neoliberalismo brasileiro deparou-se com um mercado de trabalho muito menos regulamentado do que aquele com o qual tiveram de tratar os governos neoliberais nos países desenvolvidos" (Boito Jr., 1999, p. 93).

Com base nessa discussão é possível compreender as características da composição social do MTD, ou seja, trata-se de um setor dos trabalhadores que historicamente nunca pôde contar com a proteção trabalhista e sindical, ademais, nas duas últimas décadas esteve exposta a uma deterioração ainda maior das suas condições de trabalho devido à diminuição salarial, mas também pela maior disputa pelos postos de trabalho informais em um contexto de desemprego.

Os elementos apontados até aqui ajudam a explicar porque os MTDs atuantes no país foram apoiados ou têm vínculos com o Movimento dos Trabalhadores Rurais Sem Terra (MST).[23] Ambos talvez não estejam presos

---

23 Para Mattos (2005, p. 258) o movimento que deu maior apoio para a organização e a mobilização política dos desempregados foi o MST: "(...) Na contramão do que fez a CUT ao longo dos anos 1990, centrando-se apenas na defesa dos empregos dos ainda empregados e dos interesses das bases sindicalizadas tradicionais, só tem sido possível manter o peso político do sindicalismo quando

aos "constrangimentos econômicos" mencionados por Coletti (2005), que se referem às represálias patronais (como o medo da demissão) que interferem nas posturas políticas e ideológicas assumidas por certos movimentos, por exemplo, o sindical.

Mas se os movimentos de desempregados, assim como o MST, não estão limitados por tais represálias patronais, por que no Brasil os movimentos de desempregados constituídos não obtiveram uma capacidade organizativa e uma expressividade nacional nos períodos de altas taxas de desemprego, tal como se observou em momentos específicos na trajetória dos movimentos dos outros dois países? Quais fatores explicariam a dificuldade de mobilizar os desempregados no Brasil a partir de uma luta específica por emprego?

Para nós, as respostas para estas perguntas estão relacionadas ao menos com dois aspectos que atingem ou dizem respeito aos trabalhadores cujo perfil se assemelha aos que são organizados pelos movimentos de desempregados no Brasil: a) a configuração do mercado de trabalho brasileiro e o significado do desemprego e b) os impactos do neoliberalismo sobre esses trabalhadores.

No Brasil, o desemprego não ocorre somente em certas fases da história pessoal, mas é uma situação que se repete ao longo de toda trajetória profissional; em certos casos ele perdura por longos períodos, a ponto de o desempregado não se identificar como tal, porque, de certo modo,

---

este se propõe a representar não apenas os trabalhadores regularmente empregados, mas também os desempregados e precarizados, o que implica pensar em formas organizativas, pautas e estratégias de luta que respondam às demandas desses setores. A força do movimento piquetero na Argentina (assim como seus limites) pode ser tomada como referência para uma discussão dessa natureza. Sintomaticamente, no Brasil, foi o MST e não a CUT quem levou mais a sério essa referência, dispondo-se não apenas a conhecê-la, mas também a apoiar a construção de experiências semelhantes, como o Movimento dos Trabalhadores Desempregados (MTD)". Não discutiremos neste artigo a relação entre sindicatos e movimentos desempregados, mas algumas contribuições para essa discussão podem ser encontradas em Mattos (2005), Barreto (2004), assim como no artigo de Souza e Filho, presente nesta coletânea.

continua realizando trabalhos informais e não tem mais esperanças de encontrar um emprego registrado.[24]

Embora a longa duração e a "recorrência do desemprego" (Guimarães, 2007) tenham se difundido cada vez mais em outros países, inclusive com o aumento dos contratos de trabalho com duração determinada, essas características não seriam tão recentes no Brasil para os setores populares e, além disso, estariam associadas com a grande informalidade do mercado de trabalho.

Provavelmente a luta contra o desemprego no Brasil encontra mais dificuldades que em outros países, porque nunca tivemos um mercado de trabalho estruturado e um sistema de proteção social que assegurasse todos os direitos para o conjunto das classes trabalhadoras. Mesmo com uma legislação trabalhista instituída, a forma pela qual as relações de trabalho e os direitos trabalhistas foram regulamentados no país possibilitou ao patronato a combinação entre contratos com registro em carteira com outras formas precárias de uso da força de trabalho. A própria legislação

---

24 Para se ter uma noção da instabilidade nas trajetórias ocupacionais no mercado de trabalho brasileiro, o estudo de Nádia Guimarães (2006) indica informações importantes para a nossa discussão. Com base em uma pesquisa que procurou identificar as transições ocupacionais ocorridas na trajetória profissional da população economicamente ativa da cidade de São Paulo, no período de 1994 a 2001, Guimarães aponta que do total de entrevistados (53.170 indivíduos), 3/4 mudavam de situação no mercado de trabalho a cada 12 meses, isto é, deixavam de estar em uma dessas situações – ocupados, inativos ou desempregados. Dentre essas situações, a inatividade deixou de aparecer somente no início e no final do ciclo de vida do trabalhador, manifestando-se também ao longo deste ciclo. Mas é destacável a intensidade das transições ocupacionais dos desempregados, a ponto da pesquisa não ter conseguido identificar para dois terços dos entrevistados nessa situação (69% de um total de 6.627 trabalhadores em situação de desemprego) um padrão mínimo de regularidade nos sete anos contemplados pelo estudo e, mesmo nos casos em que se identificou uma trajetória padrão (22%), predominava uma situação fronteiriça que se situa entre desemprego e inatividade. Isto significa que a forte recorrência ao desemprego marca muito mais a trajetória de uma parcela significativa dos desempregados que a sua longa duração.

trabalhista criou uma segregação e uma desigualdade entre os trabalhadores ao restringir as medidas de proteção ao trabalho aos empregados assalariados com registro, contribuindo desse modo com a permanência e a articulação dos setores formal e informal.

O desemprego, a ausência de direitos trabalhistas, a instabilidade e a precarização das relações e condições de trabalho parecem-nos, portanto, características presentes em diferentes momentos da vida profissional de uma parcela dos desempregados, que historicamente recorreu a diversas formas de trabalho precárias como alternativas de sobrevivência frente à situação de desemprego ou mesmo para contornar os efeitos que a ausência de direitos e benefícios sociais exercem sobre a reprodução social. A persistência dessa realidade como uma característica estrutural do mercado de trabalho brasileiro que atinge há décadas um amplo contingente de trabalhadores (se considerarmos os dados apresentados por Pochmann (2007) já mencionados neste artigo) nos parece, portanto, um fator importante que dificulta o engajamento desses trabalhadores nos movimentos de desempregados.

De acordo com o argumento de Nádia Guimarães (2007) cuja pesquisa centra-se na análise das trajetórias ocupacionais:

> No Brasil, a construção social do desemprego é marcada pela ruptura da equivalência entre privação do emprego e do desemprego. Na verdade, quando a fronteira entre desemprego e emprego é mais permeável, as outras categorias de identificação subjetiva e política são, portanto, mais fortes: por exemplo, os "sem moradia", os "sem teto", os "sem terra". Elas são ainda mais utilizadas quanto mais eficazes são (que aquelas do desemprego) na negociação de um reconhecimento social e das prestações que o acompanham. Não é sem razão que os importantes movimentos de desempregados do início dos anos de 1980 nas metrópoles brasileiras tenham cedido lugar aos movimentos sociais centrados sobre outras identidades coletivas que cimentam os interesses individuais. Mesmo se a maioria dos "sem teto" pode ser também "sem emprego", não é a identidade

subjetiva do "desempregado", coletivamente compartilhada, que funda suas ações (Guimarães, 2007, p. 171).

Para os desempregados com experiências de trabalho caracterizadas predominantemente pela ausência do registro em carteira e da representação sindical, podemos perceber que, em certa medida, a redução dos direitos trabalhistas provocada pela reforma neoliberal não os atingiu do mesmo modo como aos assalariados registrados, pois já estavam à margem do sistema de proteção social. Isto tampouco significa que eles não foram atingidos. Uma vez que a flexibilização da legislação trabalhista (defendida pelos neoliberais, entre outros motivos, por ser indispensável para a formalização do mercado de trabalho) provocou um recuo nos benefícios sociais e direitos do trabalho minimamente consolidados no país, a extensão de leis de caráter protecionista aos trabalhadores do setor informal foi mais uma vez adiada e colocada como uma possibilidade cada vez mais distante do horizonte desses trabalhadores.[25]

Em contrapartida, o neoliberalismo pode ter encontrado entre esses trabalhadores uma adesão ao discurso propagado sobre o caráter imprescindível das reformas neoliberais para a geração de empregos e para o fim dos privilégios gozados por setores das classes trabalhadoras em prejuízo de outros. O mesmo pode ser dito em relação à aprovação desses setores às políticas sociais focalizadas de combate à pobreza que se direcionam para parcelas da população extremamente pobres, não têm um caráter universal e estão submetidas à aprovação orçamentária de cada governo.

[25] Poderíamos mencionar ainda a intensificação da concorrência pelos postos de trabalho informais devido ao aumento do desemprego causado pelas políticas neoliberais, a regulamentação da lei n. 8.949/94 no âmbito da reforma trabalhista, que possibilitou o surgimento de formas de assalariamento disfarçado ao reconhecer a ausência de vínculo empregatício entre cooperativas e cooperados, assim como entre cooperativas e empresas que as subcontratam (Galvão, 2007a). Com base na nova lei, muitas empresas formaram falsas cooperativas com o objetivo de se isentar completamente de qualquer encargo trabalhista e custos relacionados com a produção (maquinário, infraestrutura etc) ou simplesmente transferiram a sua produção para cooperativas subcontratadas (Amorim, 2003).

A importância da aplicação dessas políticas pode ser observada nos gastos do orçamento da União entre os anos de 2000 a 2006. Enquanto os recursos destinados para a área da saúde, da educação, da habitação e saneamento reduziram-se no período em contraposição aos direcionados para a assistência social que aumentaram de 9,9% para 20,5% (Filgueiras e Gonçalves, 2007).

O governo Lula não só deu continuidade às políticas focalizadas e iniciadas no governo anterior, como as ampliou com a unificação de vários programas sociais existentes sob um único, o Bolsa Família, e também aumentou em 150% os recursos destinados para este novo programa (Filgueiras e Gonçalves, 2007). Para Filgueiras e Gonçalves (2007) políticas deste tipo não têm um caráter universal e desempenham um papel de amortecedor das tensões sociais com impactos no momento de escolha dos representantes políticos. Não dispomos de informações sobre os efeitos políticos do Bolsa Família sobre a (des)mobilização dos movimentos sociais cuja base social corresponde ao público alvo deste programa, todavia o fato das maiores votações obtidas por Lula na sua reeleição (2006) ter ocorrido nos estados onde há o maior número de beneficiários desse programa, que atende 53 milhões de pessoas, é um indicativo importante dos impactos políticos do Bolsa Família sobre os beneficiados. Isto é: provavelmente os movimentos de desempregados se deparam com a dificuldade de mobilizar e organizar os trabalhadores que seriam o seu público alvo devido à renda (ainda que mínima) já garantida por tais políticas, mas também por estas atenuarem os conflitos sociais.

Diante do que foi exposto até aqui, não defendemos que os desempregados estariam desmobilizados. Ao contrário, uma parcela desses trabalhadores, segundo a nossa hipótese, seria organizada pelo Movimento dos Trabalhadores Rurais Sem Terra (MST) e pelos Movimentos dos Trabalhadores Sem Teto.[26]

Se considerarmos a base social, sobretudo, dos movimentos sem teto, observamos que ele são compostos por trabalhadores do setor informal,

---

26 Sobre os movimentos de sem-teto, cf. artigo de Francine Hirata e Nathalia Oliveira, nesta coletânea.

por exemplo, por comerciantes ambulantes. Estes trabalhadores têm uma trajetória profissional como a de muitos outros desempregados que compõem o MTD, quer dizer, uma trajetória na qual a inserção no mercado de trabalho se concretiza através de trabalhos precários e informais, que podem se combinar, às vezes, com empregos registrados. Possivelmente uma parte dos trabalhadores que se engaja nesses dois movimentos tenha em comum experiências de trabalho caracterizadas pela ausência de proteção trabalhista e de benefícios sociais e seja muito mais originária do setor informal que propriamente do setor formal. Além disso, é significativo para a compreensão do perfil dos militantes sem-teto o fato de 90% da população atingida pelo déficit habitacional corresponder a famílias cuja renda está na faixa de 0 a 3 salários mínimos (Hirata, 2009).

O argumento desenvolvido acima pode ser estendido ao MST se levarmos em conta que, já no início dos anos de 1980, uma característica presente na formação do movimento em determinadas localidades foi a origem urbana dos sem-terra (como no Rio de Janeiro e Espírito Santo), enquanto na década de 1990 os "(...) desempregados urbanos tornaram-se uma importante fonte de recrutamento do MST em determinados casos e regiões" (Coletti, 2002, p. 82), uma vez que a política neoliberal ampliou a sua base social ao provocar o aumento do desemprego e das formas de subemprego. O acampamento de Nova Canudos no interior do estado de São Paulo é um dos exemplos da participação e da predominância de desempregados urbanos (carpinteiros, marceneiros metalúrgicos, pedreiros etc.) com pouca ou nenhuma experiência de trabalho no campo (Coletti, 2002). Aspecto semelhante se observou igualmente entre os voluntários participantes da construção da Escola Nacional Florestan Fernandes, dentre os quais se encontravam, varredor de ruas, eletricista, cobrador de ônibus, office-boy, entre outros (Pinassi, 2009).

Desse modo, alguns estudos (Coletti, 2005; Pinassi, 2009; Machado e Gonçalves, 2007) confirmam nossa hipótese quando apontam a incorporação pelo MST de trabalhadores urbanos desempregados; prática que sempre existiu, mas que se intensificou com a diminuição do emprego e na medida em que passou a fazer parte de um esforço do movimento articular uma luta comum entre trabalhadores do campo e cidade (Machado e Gonçalves, 2007). Como afirma Coletti (2005, p. 77-78; grifo do autor):

> (...) os sem-terra sempre incorporaram às suas bases os trabalhadores desempregados urbanos que, não encontrando condições de sobrevivência nas cidades, passam a ver na luta pela terra uma saída possível para suas vidas. (...) A luta pela terra a qualquer preço coloca-se para muitos desses trabalhadores como "última alternativa", como uma espécie de busca de um "porto seguro" em meio à insegurança do desemprego, do subemprego e da marginalização social, em suma, como um meio, às vezes o único, capaz de apontar para a possibilidade de sustento do trabalhador e de sua família. À medida que aumentam a marginalização e a exclusão social que atingem, nesses tempos de vigência do neoliberalismo, em cheio as classes subalternas (urbanas e rurais), aumentam as bases sociais de luta pela terra – que repõe essa população marginalizada o sonho do trabalho, da sobrevivência e da reprodução social.

Por qual motivo, então, esses desempregados se engajariam nesses movimentos e não nas organizações de luta contra o desemprego?

Apesar da luta dos movimentos sem teto como dos sem terra não ser diretamente por emprego, este tende a aparecer como produto direto ou indireto da reivindicação principal ou mesmo como uma demanda secundária. Isto pode ser observado no projeto popular de reforma urbana, elaborado pelos movimentos sem teto reunidos no Fórum Nacional por Reforma Urbana (FNRU), cuja proposta consiste na construção de um milhão de casas no Brasil e é defendido por esses movimentos como uma medida que pode promover além do direito à cidade, o combate ao desemprego (Hirata, 2009, p. 9).

Com isso, podemos inferir que o desemprego não seria a causa que mobilizaria diretamente os desempregados engajados nestas outras formas de luta social. Mas isto tampouco significa que a reivindicação por trabalho não esteja presente em tais lutas. Se, por um lado, a conquista da terra e a consolidação dos assentamentos rurais seriam a garantia de sobrevivência e de trabalho para os militantes do MST, por outro, a conquista da moradia representaria para os trabalhadores engajados nos movimentos sem teto a possibilidade de ter acesso a serviços básicos (como creche) ou a um emprego, que são mais difíceis de serem obtidos quando não se tem um endereço fixo (ou, ainda, quando o local de moradia pode ser alvo de discriminações, impedindo que o trabalhador tenha acesso a uma oferta de trabalho). Portanto, além dos fatores ligados à capacidade de organização acumulada ao longo da trajetória dos movimentos sem terra e sem teto, a luta pela terra e pela moradia seriam causas que assegurariam aos trabalhadores uma segurança material concreta, com a qual se eliminaria alguns dos riscos aos quais estão expostos (como os despejos no caso dos sem teto ou o refúgio nos centros urbanos para os sem terra) e se poderia avançar para outras conquistas relacionadas diretamente com o trabalho.

Considerações Finais

Procuramos analisar neste artigo a formação de movimentos de desempregados na conjuntura neoliberal com base nas diferentes experiências de organização e mobilização existentes em três países: a Argentina, a França e o Brasil. O neoliberalismo teve um papel importante na conformação dessas novas organizações à medida que reduziu significativamente os níveis de emprego e os direitos trabalhistas, ao mesmo tempo em que precarizou as condições e relações de trabalho. Mas tal como vimos aqui, estes impactos variaram em cada país, assim como as reações dos setores diretamente atingidos, devido à forma pela qual as reformas neoliberais foram implantadas.

Como demonstrado antes, a aplicação das reformas neoliberais na Argentina se deu de modo radical, a ponto de o país ter sido considerado por vários autores como um "caso paradigmático" ou um "contramodelo" (Cerrutti e Grimson, 2004; Batista Jr., 2002) por ter seguido integralmente às orientações dos organismos internacionais. Entre as principais causas da diminuição do emprego destacam-se a ampla privatização das empresas públicas, a reestruturação produtiva levada a cabo pelas grandes empresas e a desindustrialização provocada pela abertura comercial iniciada já na década de 1970. O desemprego atingiu recordes históricos e alarmantes para um país que se caracterizou durante algumas décadas pela extensão do emprego e pela consolidação de direitos trabalhistas (Svampa e Pereyra, 2003). A intensa redução do emprego público e industrial teve um grande impacto econômico e social sobre as classes trabalhadoras, repercutindo sobre a configuração da estrutura de classes.

Na França, a resistência dos trabalhadores franceses conseguiu barrar ao longo das últimas décadas a generalização das políticas neoliberais para todas as áreas, porém, no plano das políticas de emprego e dos direitos trabalhistas houve uma flexibilização contínua, que alterou pouco a pouco o sistema de proteção social constituído no pós-guerra. Para uma sociedade que se aproximou do "pleno emprego" e contou com a extensão de direitos destinados a proteger os trabalhadores, o neoliberalismo trouxe alterações substantivas para as relações e condições de trabalho visíveis no aumento do desemprego, na difusão de diferentes tipos de contratos de trabalho precários e na degradação dos mecanismos de proteção social.

No que diz respeito ao Brasil, a introdução do neoliberalismo ocorreu mais tardiamente em relação à Argentina e se diferenciou da forma radical em que foi implementado neste país. Uma das diferenças da ditadura militar brasileira comparada a de outros países da América Latina consistiu na continuidade dada à política desenvolvimentista e à diversificação do parque industrial (Boito Jr., 1999). Com isso, enquanto nos anos de 1970 o crescimento econômico obtido pelo sucesso dessa política impediu a aplicação das reformas neoliberais no país, na década de 1980 estas seriam barradas pela resistência operária e pela presença dos movimentos populares. Somente a partir de 1989, com a vitória de Fernando Collor, o modelo neoliberal começaria a ser introduzido e seria seguido pelos governos posteriores. A despeito dessa diferença temporal, as políticas neoliberais adotadas no país repercutiram negativamente sobre o emprego no setor urbano e rural, deteriorou os serviços públicos e reduziu ainda mais os direitos sociais e trabalhistas, mesmo com a existência de um mercado de trabalho bastante flexível e com um sistema de proteção social que deixava à margem amplas parcelas da população.

Neste caso, as reações de resistência ao neoliberalismo se diferenciaram de acordo com a correlação de forças constituída em cada um desses países, ocorrendo o mesmo com a constituição dos movimentos de desempregados. Estes, em cada uma dessas realidades, assumiram características específicas em relação aos métodos de luta, às formas de organização, às reivindicações e à própria base social. Se, de um modo geral, a luta contra o desemprego está de alguma forma implícita e é o elemento comum das organizações que emergem nesses países, num plano mais específico, são diversos os seus objetivos, que variam conforme a compreensão que se tem do trabalho, do emprego e de uma renda garantida pelas políticas sociais.

A gestação desses movimentos em cada país teve a sua própria temporalidade, a qual se explica não necessariamente pelo aumento do desemprego. O caso do Brasil é o mais exemplar nesse sentido. Como procuramos mostrar uma das características do mercado de trabalho brasileiro consiste no seu caráter flexível que é anterior à implantação das políticas neoliberais e permitiu durante décadas facilidades aos empregadores para se demitir e combinar diferentes formas de contratação. Acrescente-se a isto a existência de uma parcela das classes trabalhadoras que sempre esteve à margem do sistema de proteção social. Tais características representam algumas das dificuldades enfrentadas pelos movimentos de desempregados no país, mas de modo algum são intransponíveis, como pode ser visto no exemplo do MTD. O surgimento deste movimento nos anos 2000 demonstra que o processo de conformação de novas lutas segue uma dinâmica própria que está relacionada com o acúmulo de forças, mas também com as tradições de luta que, no caso do MTD, a referência principal parece ter sido o MST. Daí, ser tão significativo o seu lema "Terra, Teto, Trabalho e Educação", por contemplar reivindicações históricas de alguns setores das classes trabalhadoras que são comuns aos sem terra e sem teto, movimentos que também mobilizam, a nosso ver, os desempregados.

Diante do que foi exposto cabe um último comentário: mesmo que em outras conjunturas experiências de mobilização de desempregados tenham sido colocadas em prática, a particularidade dos movimentos analisados neste artigo, especialmente os argentinos e franceses, é a sua trajetória e permanência no campo das lutas sociais. Estes movimentos surgiram em uma conjuntura marcada pela ofensiva às resistências sociais ao modelo neoliberal e às lutas anticapitalistas, mas também quando os impactos das políticas neoliberais eram cada vez mais visíveis. Nesse sentido, a emergência de movimentos de desempregados na atual fase do capitalismo configura-se não apenas como resultado do neoliberalismo, mas, igualmente, como uma reação contraofensiva ao mesmo, ainda que ao longo da trajetória de algumas organizações possamos observar alinhamentos políticos que impedem uma crítica ao modelo neoliberal ou ainda quando os dilemas entre a luta por demandas emergenciais ou gerais as levam a aceitar políticas sociais focalizadas.

Os movimentos dos sem-teto de São Paulo no contexto neoliberal

Francini Hirata e Nathalia C. Oliveira

Introdução

Este artigo buscará realizar uma breve caracterização dos movimentos dos sem-teto atuantes na Grande São Paulo nas duas últimas décadas (anos 1990 e 2000). Estamos falando aqui da luta de pessoas que não têm moradia digna e que por isso se organizam em movimentos sociais urbanos e realizam ocupações em imóveis vazios no centro da cidade ou em grandes terrenos periféricos vagos que servem à especulação imobiliária.

Inicialmente, apresentaremos uma breve contextualização da questão habitacional brasileira nos últimos anos e, em seguida, passaremos para a análise dos movimentos dos sem-teto de São Paulo, centrando nossa discussão em suas bases sociais, plataformas reivindicativas e orientações político-ideológicas.

Também é nosso objetivo descrever os métodos de luta, com ênfase na análise das ocupações urbanas e na relação dos movimentos com o Estado, com foco na integração movimentos e conselhos gestores.

Os movimentos a serem analisados e comparados são o Movimento de Moradia do Centro (MMC), Movimento Sem-Teto do Centro (MSTC), ambos atuando no centro da cidade de São Paulo, e o Movimento dos

Trabalhadores Sem-Teto (MTST), que atua na periferia e divisas das cidades que compõem a Região Metropolitana de São Paulo.[1]

Dilemas da questão habitacional brasileira

Desde o início da urbanização brasileira existem problemas habitacionais, o que faz com que a questão da moradia seja historicamente um problema crucial para a sobrevivência de um grande número de pessoas. Este problema tem se revelado ainda mais grave sob os governos neoliberais, como se pode observar tanto pelo crescimento das favelas, do desemprego e da intensificação da mobilização dos movimentos reivindicativos de moradia.

O déficit habitacional brasileiro aumentou muito nas últimas décadas. De acordo com Bonduki (2008), houve um crescimento de 19,9% entre os anos de 1990 e 2000. Foram as famílias de baixa renda que mais tiveram esse índice aumentado: nas faixas de renda inferior a dois salários mínimos houve um crescimento de 40,9%. Enquanto isso, houve uma redução de 26,5% das famílias que se encontram nas faixas de renda de mais de cinco salários mínimos.

Em 2002, de acordo com a Fundação João Pinheiro, o déficit habitacional brasileiro se encontrava por volta de 6,6 milhões de moradias, já em 2006, de acordo com a mesma Fundação, estava na faixa de 7,9 milhões de unidades habitacionais.[2] A região sudeste é a região que possui uma maior

[1] Para evitar a confusão e o cansaço do leitor com a "sopa de letrinhas" que existe na nomenclatura dos movimentos dos sem-teto, doravante, passamos a nos referir aos movimentos da seguinte maneira: trataremos o Movimento de Moradia do Centro (MMC) como "Moradia do Centro", o Movimento dos Sem-Teto do Centro (MSTC) como "Sem-Teto do Centro" e o Movimento dos Trabalhadores Sem-Teto (MTST) como "Trabalhadores Sem-Teto".

[2] Cabe destacar ainda que a pesquisa realizada pela Fundação João Pinheiro no ano de 2007 mostrou uma queda no déficit habitacional brasileiro, que se encontrava por volta de 6,3 milhões de moradias. Se comparações com as pesquisas anteriores são difíceis de serem feitas já que a Fundação modificou um pouco sua metodologia naquele ano, a pesquisa do ano subsequente pode ser comparada. Assim temos que houve uma queda no déficit habitacional brasileiro e, no ano de 2008, estima-se que o déficit era de 5,8 milhões de moradias.

parcela do déficit habitacional nacional, representando 37% do total. O estado de São Paulo apresenta um déficit de mais de 1 milhão e 400 mil moradias, representando, só ele, quase 20% do déficit habitacional brasileiro total. A Região Metropolitana de São Paulo é a região que possui o maior déficit habitacional do país, mais de 720 mil moradias – os movimentos dos sem-teto a serem analisados neste trabalho atuam justamente neste território de grande déficit habitacional.[3]

Este déficit não decorre de uma defasagem entre o ritmo de crescimento da população urbana (inclusive em decorrência das migrações) e o insuficiente número de moradias disponíveis, mas sim do desemprego, da concentração de renda, da miséria e da maneira como são comercializados os imóveis, encarecidos pela forte especulação imobiliária fruto da valorização dessa mercadoria, estando a terra sujeita "a um processo de valorização relacionado intimamente com os investimentos públicos em equipamentos e serviços, com a legislação de uso do solo e mesmo com a forma como se dá o crescimento da cidade" (Maricato, 1987, p. 69).

Mike Davis afirma que, a partir da década de 1970, o crescimento das favelas no hemisfério sul ultrapassou a urbanização propriamente dita, ou seja, as favelas crescem mais rápido que as próprias cidades. Assim, o futuro do planeta será um só: um planeta favela.

No cenário nacional, as favelas são grandes conhecidas dos brasileiros. Segundo o IBGE, entre 1991 e 2000, houve um aumento de 22,5% em seu número. Na cidade de São Paulo, elas cresceram, na década de 1990, a um ritmo explosivo de 16,4% ao ano (Davis, 2006). De acordo com uma pesquisa da prefeitura de São Paulo, realizada em 2007 e financiada pelo Banco Mundial, estima-se que "um em cada seis paulistanos mora em favelas."[4]

---

3 Todos os dados habitacionais aqui citados, quando não mencionada a sua fonte, referem-se à seguinte pesquisa: Fundação João Pinheiro, Centro de Estatística e Informações. Déficit habitacional no Brasil 2006/Ministério das Cidades, Secretaria Nacional de Habitação. Brasília, 2008. (Projeto PNUD-BRA-00/019 – Habitar Brasil – BID).

4 Disponível em: http://www.estadao.com.br/noticias/cidades, um-em-cada-seis-paulistanos-vive-em-favela, 18996,0.htm, acessado em julho de 2007.

O estado de São Paulo possui não apenas o maior déficit habitacional do país, mas também o maior número de domicílios vagos em condições de serem ocupados e em construção, cerca de 1 milhão e 378 mil domicílios (o número total de domicílios brasileiros vagos é de 6 milhões). O alto índice de imóveis vazios é quase que equivalente ao déficit estadual (1 milhão e 400 mil moradias). Estes dados reforçam a não neutralidade da ocupação do espaço urbano, uma vez que "se existem espaços vazios, já não existem espaços neutros" (Santos, 1986, p. 17), pois muitos destes espaços são alvos de constantes disputas entre os sem-teto e os especuladores.

No que se refere às políticas habitacionais, elas se dão nos três níveis de governo, com instabilidade de financiamento (os sistemas nacionais de habitação, os fundos nacionais e municipais de habitação e mais recentemente, o Programa de Aceleração do Crescimento, o PAC), e apresentam os mais variados programas. Há entrecruzamento de ações destes três níveis no que diz respeito à origem e repasse de recursos, à gestão e execução das obras e programas.

Neste artigo, optamos por enfatizar o Plano Nacional de Habitação "Minha Casa, Minha Vida" lançado pelo presidente Lula, em março de 2009,[5] visando amenizar os impactos da crise econômica mundial iniciada em 2008. Com a proposta tanto de geração de emprego quanto de diminuição do déficit habitacional, o plano assumiu como objetivo garantir um milhão de moradias para os brasileiros que tem uma renda de até dez salários mínimos. Para atingir esta meta, foram liberados recursos para a construção e financiamento de moradias que somam R$ 34 bilhões de reais.

A parcela populacional que recebe de 0 a 3 salários mínimos representa 90,9% do déficit habitacional total; as famílias que recebem de 3 a 6 salários mínimos representam 6,7% e, por fim, a população que recebe de 6 a 10 salários mínios representa 2,4% do déficit total.

5   Uma análise mais profunda das políticas e programas habitacionais municipais e estaduais dos anos 2000 para o estado de São Paulo encontra-se em Hirata (2010).

Busca-se com o programa reduzir 14% do déficit habitacional do Brasil, construindo, assim, um total de 1 milhão de moradias. Se o pacote fosse respeitar, de fato, o déficit habitacional das famílias que estão na faixa de 0 a 3 salários mínimos, a quantidade de moradias a serem construídas para esta faixa deveria ser de 900 mil. No entanto, os dados apresentados foram outros: para as famílias de 0 a 3 salários mínimos serão construídas 400 mil moradias, para as famílias de 3 a 4 salários mínimos 200 mil moradias, de 4 a 5 salários mínimos 100 mil, de 5 a 6 salários mínimos 100 mil, e de 6 a 10 salários mínimos 200 mil moradias. Vê-se logo de saída que as políticas não estão tão direcionadas assim para a parcela que mais precisa do investimento.

De acordo com o último balanço[6] do plano "Minha Casa, Minha Vida", que compreende o período de março de 2009 a março de 2010, primeiro ano do plano, foram contratados e, portanto, estão prontos para serem construídos um total de 408 mil imóveis. Deste total, 200 mil unidades referem-se à construção de habitação para a faixa de renda de 0 a 3 salários mínimos, onde se concentra o déficit. Se olharmos este número podemos afirmar, de fato, que houve avanços. Entretanto, estes avanços têm se localizado no atendimento a um mercado que, antes do programa, as construtoras não conseguiam atender, isto é, a faixa de renda de 3 a 6 salários mínimos, ao invés do atendimento prioritário à faixa de renda onde historicamente se concentra o déficit.

Além disso, a maior parte dessas unidades foi contratada em cidades e regiões de menor déficit habitacional,[7] tendo em vista que o preço do terreno é muito alto nas capitais e regiões metropolitanas, onde também se concentra o déficit. Como previsto, o programa não tem conseguido avançar na diminuição do déficit para a população que o compõe majori-

---

6 Disponível em: http://www.cidades.gov.br/ministerio-das-cidades/arquivos-e--imagens-oculto/Balancomcmv13042010.pdf. Acesso em 15/04/2010.

7 Rolnik, Raquel. O programa Minha Casa, Minha Vida está avançando, mas apresenta alguns problemas. Disponível em: http://raquelrolnik.wordpress.com/2010/06/17/o-programa-minha-casa-minha-vida-esta-avancando-mas--apresenta-alguns-problemas. Acesso em 17/06/2010.

tariamente, ao mesmo tempo em que aprofunda o problema do valor dos imóveis nas regiões de concentração deste déficit.

Isto porque o plano de 2009 previa, por exemplo, priorizar a população de baixa renda, mas a previsão não se complementava com a criação de mecanismos para tornar isso possível. Neste sentido, pelas medidas anunciadas, é possível considerar que pode estar havendo um impacto semelhante ao que ocorreu no período de vigência do BNH. Em primeiro lugar, como enfatiza Raquel Rolnik, urbanista e relatora do direito à moradia da ONU, o problema da política habitacional desde o BNH é que ela é pensada em termos de acesso a crédito e a financiamento, isto é, a dar condições para as pessoas adquirirem no mercado a mercadoria habitação.

Para a população onde se concentra o déficit, isto é, na faixa de renda de até 3 salários mínimos, a política de financiamento sozinha não viabiliza o acesso à moradia, já que se trata de uma população que não apresenta garantia de emprego e renda, ou seja, é insuficiente pensar política habitacional descolada de políticas de emprego, regularização fundiária, reforma agrária etc.

Além disso, há um problema grave quando não se considera a quantidade considerável de imóveis vazios existentes.

> Em situações como São Paulo, (...) o número de casas e apartamento vazios é maior do que aquilo que é calculado como déficit. Então não é exatamente que estão faltando casas para serem construídas e por isso as pessoas estão morando mal. Não. Tem um problema aqui de desequilíbrio muito grande entre aquilo que é ofertado no mercado e aquilo que as pessoas têm capacidade e possibilidade de adquirir.[8]

Outra consequência negativa para a população de baixa renda é que, com o plano, está havendo substancial aumento no preço dos terrenos:

8 Rolnik, Raquel. O programa "Minha Casa, Minha Vida" está avançando, mas apresenta alguns problemas. Disponível em: http://raquelrolnik.wordpress.com/2010/06/17/o-programa-minha-casa-minha-vida-esta-avancando-mas-apresenta-alguns-problemas/. Acesso em 17/06/2010.

(...) o diretor do Secovi [Sindicato das Empresas de Compra, Venda, Locação e Administração de Imóveis Residenciais e Comerciais de São Paulo] afirmou que as maiores empresas aproveitaram o pacote para "desovar" seu estoque de terras e imóveis já construídos e sem compradores. (...) Para o "segundo tempo do jogo" não há mais terrenos de padrão popular nas mãos das principais empresas, o que vai significar uma nova rodada de compras no mercado de terras. Sabendo disso, os proprietários já estão se antecipando e elevando os preços, numa espiral especulativa que se sabe aonde chegará. As associações dos movimentos populares, por exemplo, já não estão mais conseguindo comprar terrenos desde o anúncio do pacote, pois os proprietários têm pedido mais de 100% do que queriam no início das negociações. Foi o que contou Evaniza Rodrigues, coordenadora da União Nacional de Movimentos de Moradia.[9]

Há, também, outro problema: as famílias que já possuem cadastro em outros programas não podem efetuar novo cadastro para o "Minha casa, minha Vida", o que significa que grande parte, para não dizer a maioria, da população de baixa renda está sendo excluída dessa possibilidade de financiamento.

Um artigo publicado no jornal *Le Monde Diplomatique*[10] complementa que o plano prevê extensão do acesso ao crédito, mas que a isso associa distintas formas de desoneração da indústria da construção, desconectadas de uma estratégia urbanística ou fundiária. É a possível geração de empregos na indústria da construção, encarada como política habitacional. Muitos analistas consideram haver uma diferença muito grande entre medidas de fomento à construção civil e política habitacional, acrescentando que o pacote é mais imobiliário do que qualquer outra coisa.

9 Arantes, Pedro. Pacote habitacional veio para "desovar" imóveis encalhados, diz empresário. Disponível em: http://www.correiocidadania.com.br/content/view/3686/9. Acesso em 28/08/2009.
10 Rolnik, Raquel; Nakano, Kasuo. As armadilhas do pacote habitacional. Disponível em: http://diplo.uol.com.br. Acesso em 15/04/2009.

Neste sentido, é possível afirmar que a intervenção do Estado continua sendo feita de maneira pontual e fragmentada, sendo o problema habitacional encarado de forma desconectada de outros problemas sociais. Como é possível, por exemplo, avançar na diminuição do déficit habitacional deixando intocada a grande quantidade de imóveis vazios e abandonados à espera de valorização ou, também, sem avançar na reforma agrária, problema estreitamente relacionado com a migração excessiva para as grandes cidades?

Breve caracterização dos movimentos dos sem-teto de São Paulo

Em meados da década de 1980, o contexto de crescentes desigualdades sociais foi um condicionante para que emergissem, entre as classes populares dos grandes centros urbanos, os movimentos de reivindicação por uma série de serviços sociais cuja carência afetava suas condições de sobrevivência, como os movimentos sem-teto. Mas é no final dos anos 1990 e início dos anos 2000 que sua atuação se intensifica, o que, a nosso ver, deve-se aos efeitos nefastos da política neoliberal.

Os movimentos sem-teto constituem-se enquanto manifestação de uma série de contradições sociais e políticas. Sua luta dá-se através do conflito entre as classes sociais, fenômeno político permanente de uma sociedade de classes onde vige a exploração do trabalho. Neste sentido, estes movimentos são um fenômeno histórico, expressão das contradições de classes, e sua luta remete às forças sociais que atuam na sociedade e no Estado.

a) Bases sociais: diferenças e igualdades

É necessário entender que os movimentos dos sem-teto são movimentos constituídos por famílias, ou seja, participam deles pais, mães, filhos, avós, jovens e crianças. Há, assim, uma grande diversidade entre os comportamentos, necessidades e ações desses membros. A partir do nosso trabalho de campo, pudemos constatar que as bases sociais nos três movimentos aqui pesquisados são semelhantes. No entanto, tais bases não são bases homogêneas no que se refere ao gênero, etnia, idade e identidades.

Dentre os sem-teto existem homens e mulheres. Existem brancos e negros. Ao lado dos idosos estão as crianças, inclusive os recém-nascidos, e os jovens sem preparo para o mundo do trabalho.

Os sem-teto da cidade de São Paulo abrangem migrantes, pessoas advindas de outros estados brasileiros (em sua maioria nordestinos), paulistas, pessoas que deixam a zona rural para se lançarem no solo urbano, e também paulistanos, filhos de São Paulo que se encontram à margem da sociedade capitalista, e imigrantes (bolivianos principalmente).

Para além da luta dos sem-teto, há setores do movimento que ainda têm a luta contra a opressão feminina, luta contra a homofobia (no caso dos homossexuais), contra o preconceito racial e o preconceito em relação aos migrantes nordestinos.[11] Sugerimos assim que cada segmento da base dos movimentos dos sem-teto possui características distintas que implicam em necessidades, dilemas, demandas e lutas diferenciadas, embora compartilhem de uma luta comum: a luta pela moradia.

Apesar da heterogeneidade da base social dos três movimentos, sabemos que existe uma grande unidade entre os sem-teto, a qual pode ser pensada a partir do caráter de classe desses movimentos.

Entendemos que uma classe social se define a partir da posição dos agentes na estrutura econômica, porém só se constitui enquanto classe nos conflitos, nas lutas, no processo de mobilização política que passa pela capacidade de agregar interesses e construir solidariedades. Deve-se, portanto, pensar a classe social como um fenômeno, ao mesmo tempo, econômico, político, objetivo e subjetivo.

Logo, para podermos dizer que os movimentos dos sem-teto possuem um caráter classista, devemos verificar qual é a posição dos sem-teto na estrutura produtiva e de que maneira eles agregam interesses e constroem uma solidariedade e ainda, em que medida, a principal reivindicação destes movimentos apontam para uma reivindicação com interesse de classe.

Os movimentos dos sem-teto são movimentos classistas no sentido de que suas bases sociais são compostas por trabalhadores, mais

---

11 Para verificar os diferentes grupos que compõem as bases dos movimentos dos sem-teto e suas particularidades, conferir Oliveira (2010).

especificamente, trabalhadores que compõem uma fração da classe trabalhadora denominada de massa marginal.[12]

Os sem-teto possuem uma absorção pelo mercado de trabalho capitalista semelhante a da massa marginal, ou seja, são trabalhadores desempregados ou trabalhadores pobres e explorados que possuem uma inserção marginal no nível das relações produtivas. São trabalhadores que estão fora das grandes corporações monopolistas e, geralmente, se encontram inseridos de maneira precária no setor terciário. Utilizaremos a expressão "trabalhadores marginalizados" para reforçar a ideia de que os sem-teto fazem parte da classe trabalhadora, e são, portanto, trabalhadores e, mais especificamente, pertencem a uma fração desta classe definida como massa marginal, daí os marginalizados.

Fizemos uma listagem das principais atividades dos sem-teto que apareceram tanto em nossas entrevistas e conversas com os sem-teto dos três diferentes movimentos, quanto nas reportagens publicadas na grande imprensa. Nesta listagem constatamos que muitos dos sem-teto se encontram desempregados ou nas seguintes ocupações: pedreiro, ajudante/servente de pedreiro, auxiliar de entregas, cobrador de lotação, caminhoneiro, garçom, lavador de carros, camelô, ambulante, comerciante, ajudante geral, auxiliar de serviços gerais, mecânico, pintor de paredes, soldador, doméstica, diarista, cozinheira, garçonete, auxiliar de enfermagem, aposentada, costureira, ex-lavradora e dona de casa. Estamos falando aqui de trabalhadores que não se encontram na indústria, mas, sim, estão desocupados ou então estão nas "novas" relações de produção não tipicamente capitalistas (setor de serviços: empregada doméstica, cozinheira) e/ou as velhas formas tradicionais (artesanato e costura), temos os autônomos (camelôs) e os trabalhadores temporários ("bicos").

Os trabalhadores sem-teto se unem e organizam a luta política em torno de um interesse material, uma reivindicação que está ligada a sua posição na estrutura produtiva. Estamos dizendo aqui que os sem-teto reivindicam moradia porque são trabalhadores marginalizados que estão

---

12 O debate a respeito do conceito de massa marginal pode ser conferido em Nun (1978) e Kowarick (1975).

desempregados ou têm uma renda mensal muito pequena que os impossibilitam de conseguirem pagar aluguel e comprar alimentos para a família, temos assim uma reivindicação de classe. Uma reivindicação que está atrelada aos interesses da classe trabalhadora em redistribuir a riqueza, interesse este que vai contra os interesses dos capitalistas. Ainda, na medida em que os interesses são contraditórios, surgem os conflitos e travam-se assim constantes lutas de classes. Dizemos então que os movimentos dos sem-teto são classistas não só pela composição de suas bases, mas pela natureza da reivindicação e pela possibilidade de se travar lutas de classes.

Para completar a ideia de movimento classista é preciso refletir sobre o posicionamento político dos movimentos dos sem-teto, no sentido de tentarmos compreender se a identidade de classe aparece de maneira consciente e constante entre os sem-teto. Neste sentido, encontramos diferenças nos três movimentos estudados e há, portanto, uma heterogeneidade nas orientações político-ideológicas dos movimentos dos sem-teto (Oliveira, 2010).

b) Plataforma reivindicativa e a heterogeneidade nas orientações político-ideológicas

Para evidenciar as diferenças nas orientações político-ideológicas dos três movimentos aqui analisados, destacaremos a diferenciação entre suas reivindicações, objetivos e ideologias.

Tanto o Movimento de Moradia do Centro quanto o Movimento Sem-Teto do Centro têm como reivindicação imediata moradias nas áreas centrais da cidade de São Paulo para as famílias que estão cadastradas no movimento. Ambos os movimentos travam ainda uma luta mais ampla, no sentido de lutar por políticas habitacionais nas três esferas do governo que sejam capazes de atender a toda a população de mais baixa renda.

Há ainda um outro tipo de reivindicação, uma de cunho mais institucionalista, que é a exigência de criação de meios que possam garantir a participação da população (principalmente dos movimentos populares) na discussão, elaboração e fiscalização das políticas habitacionais, como o que vem acontecendo nos conselhos municipal e nacional de habitação.

Se até aqui percebemos as semelhança nas reivindicações e objetivos dos dois movimentos dos sem-teto do centro analisados, devemos destacar em seguida algumas diferenças.

Um pequeno grupo de lideranças do Moradia do Centro afirma que o movimento tem como objetivo lutar pela ampliação da cidadania, de modo que os sem-teto compreendam seus direitos e deveres e tenham uma vida mais digna. Neste sentido, Gegê, um dos coordenadores do movimento, afirma que o Moradia do Centro difere dos outros movimentos sem-teto que atuam na região central porque não faz apenas a luta pela moradia. O coordenador afirma que, embora esta luta seja de grande importância para a classe trabalhadora, posto que com um endereço o trabalhador pode matricular seus filhos na escola e procurar um emprego, ela não deve ser entendida e travada separadamente das outras lutas pelos diversos direitos sociais (Benoit, 2002).

No entanto, este discurso da liderança parece mais como uma idealização do coordenador do movimento, do que um fato real e costumeiro dentro do Moradia do Centro. Fora as lideranças – já que embora uma parte delas já tenha conquistado suas moradias, ainda assim permanece na luta –, a grande maioria das famílias que compõem a base do movimento assim que conseguem as suas casas acabam por se desligar deste.

Diferentemente do Moradia do Centro, o Sem-Teto do Centro não se coloca como um movimento que possui uma luta além da moradia. Apesar de lideranças falarem de cidadania e, portanto, de direitos e deveres (no plural), a luta do movimento é estritamente para garantir o direito à moradia da população de baixa renda, não possuindo assim objetivos mais amplos.

Uma das coordenadoras do Sem-Teto do Centro nos explicou que após a conquista da moradia pelas famílias de uma ocupação, por exemplo, a coordenação tem grande dificuldade para conseguir que essas famílias se mantenham atuantes no movimento. Por isso é muito difícil que a luta travada pelo movimento vá além da reivindicação por moradia e seja articulada em outros setores.

Assim como os outros dois movimentos que atuam no centro da cidade de São Paulo, o Movimento dos Trabalhadores Sem-Teto também tem como reivindicação imediata moradias para as famílias que atuam no movimento. Uma diferença que se faz aqui é que enquanto os outros dois movimentos lutam por moradia no centro da cidade de São Paulo, o Trabalhadores Sem-Teto tem como território de ação a periferia das cidades vizinhas de São Paulo, como por exemplo, Itapecerica da Serra, Taboão da Serra, São Bernardo, Guarulhos, Embu etc.[13] Este movimento também possui dentre suas reivindicações principais a existência de políticas habitacionais para toda a população de baixa renda.

Além do objetivo mais imediato que é a conquista de moradias para a população de baixa renda, o Trabalhadores Sem-Teto destaca dois outros objetivos principais, a saber, reforma urbana e transformação social. Tem-se aqui, portanto, uma diferença fundamental entre os movimentos do centro e o Trabalhadores Sem-Teto, já que este, de maneira geral, possui reivindicações e objetivos mais amplos e que estão além da questão habitacional.

Para a realização dos três objetivos citados, o Trabalhadores Sem-Teto apresenta as seguintes táticas: 1) a formação de militantes capacitados que possam posteriormente desenvolver o trabalho de politização e luta pela moradia em outras comunidades e cidades; 2) a construção de uma identidade coletiva no sentido de união da classe trabalhadora que se encontra hoje fragmentada e com interesses diversificados, para que se trave lutas de classes com a finalidade de se ter uma transformação social.[14]

Dentre os três movimentos estudados aqui, o Movimento dos Trabalhadores Sem-Teto é o movimento que parece mais possuir e defender uma identidade de classe. Este movimento sempre se apresenta como parte da classe trabalhadora – daí a importância da nomenclatura do movimento: "trabalhadores sem-teto" – e apresenta com clareza sua

---

13   O Movimento dos Trabalhadores Sem-Teto (MTST) atua também nas cidades do interior do estado de São Paulo e a partir de 2009 tem buscado uma articulação e ampliação de suas bases em nível nacional.

14   Cartilha do Militante. Disponível em: www.mtst.info/files/mtstCartilhadomilitanteMTST.pdf, acessado em dezembro de 2009.

luta cotidiana contra os capitalistas, se colocando como um movimento anticapitalista. Os trabalhos das lideranças com a base do movimento fortalecem constantemente esta ideia de pertencimento à classe trabalhadora, inclusive enfatizam que os desempregados (lembrando que grande parte dos sem-teto estão nesta situação) são trabalhadores desempregados e que por isso devem lutar junto com os outros trabalhadores. Essa defesa da identidade de classe é uma diferença importante frente aos outros dois movimentos.

c) Estratégias de Luta

Os movimentos dos sem-teto se utilizam de diferentes estratégias de luta para terem suas reivindicações e objetivos alcançados: ocupações, passeatas, atos, trancaços, acampamento em frente às prefeituras, inserção no Estado via conselho municipal de habitação (CMH), dentre outras.

Atentamos para o fato de que os métodos de luta escolhidos pelos movimentos dependem da conjuntura política. Por exemplo, em muitos casos, quando as ocupações diminuem, isso não se deve tanto a falta de mobilização dos movimentos, mas a dura repressão que os sem-teto sofrem ou a priorização da luta institucionalizada.

Além da conjuntura política, as estratégias de luta também podem ser influenciadas pelas orientações político-ideológicas dos movimentos. Tanto o Movimento Sem-Teto do Centro quanto o Movimento de Moradia do Centro objetivam influenciar o poder para se ter políticas habitacionais que atendam a população de baixa renda. Ambos os movimentos acreditam que é possível alcançar estes objetivos através dos mecanismos institucionais de participação disponíveis. Dessa maneira, considera-se como legítimo a participação dos sem-teto nos Conselhos Municipais de Habitação, por exemplo. Já o Trabalhadores Sem-Teto não possui uma grande preocupação com a luta institucional, isso devido ao seu objetivo de superação da sociedade capitalista e a descrença na forma institucional para fazê-lo.

A seguir analisaremos com mais detalhes as ocupações urbanas e o conselho municipal de habitação (CMH).

Ocupações

Dentre as estratégias, as ocupações ocorridas nos prédios centrais da cidade de São Paulo e nos terrenos periféricos da Região Metropolitana de São Paulo devem ser consideradas como o principal método de luta dos movimentos dos sem-teto na década de 1990 e início dos anos 2000.

É difícil encontrarmos dados oficiais a respeito dos movimentos dos sem-teto, suas ocupações em prédios ou terrenos e a quantidade de militantes e famílias sem-teto participantes. Sendo assim, na tentativa de sistematização desses dados, fizemos um levantamento junto à imprensa (em especial o jornal *Folha de S. Paulo*) de onde foi possível retirar algumas conclusões sobre a diacronia das ocupações realizadas pelos movimentos dos sem-teto de São Paulo e sobre a quantidade de famílias sem-teto participantes. Ressaltamos, no entanto, que os dados a serem apresentados abaixo devem ser considerados muito mais como um caráter indicativo, do que como uma contribuição propriamente estatística.[15]

De acordo com o Gráfico 1, podemos perceber que as ocupações se encontram ora em uma linha crescente, ora decrescente, de modo que a ideia

---

15 Em Oliveira (2010) foi feita uma leitura atenta de uma pesquisa encomendada junto ao Banco de Dados da *Folha de S. Paulo* com todas as reportagens e matérias referentes aos movimentos dos sem-teto, publicadas durante os anos de 1995 a 2009, mais especificamente, novembro de 2009. A partir da leitura e análise deste material foi elaborado um quadro gigantesco da diacronia das ocupações dos movimentos dos sem-teto durante o período mencionado. E a partir deste quadro é que foram construídos os gráficos a serem apresentados a seguir.

Uma limitação da fonte é que ora é dada a quantidade de famílias dos sem-teto, ora é dada a quantidade de pessoas participantes nos movimentos. Dessa maneira, para padronizar os dados, foi utilizada uma média de três pessoas por família de modo que quando foi fornecida apenas a quantidade de pessoas, dividiu-se esse número por três para chegarmos a um valor aproximado do total de famílias. Há matérias que não informam o número de famílias e tampouco o número de pessoas envolvidas nas ações dos movimentos. Nestes casos, contabilizou-se zero, ou seja, não foi somado nada ao número total de famílias. Os anos e a quantidade de ocupações que estão nessa situação são: 1998 (2); 1999 (2); 2000 (1); 2001 (1); 2006 (2) e 2009 (5).

de declínio ou decadência, no sentido de processo gradativo e inexorável de perda de vitalidade dos movimentos dos sem-teto, deve ser logo descartada.

Se é assim, o que significa o fato de no ano de 2008 a imprensa não ter noticiado nenhuma ocupação, ou seja, o número de ocupações zero? Seria esse o fim dos movimentos dos sem-teto? Seria a perda de sua vitalidade? Geralmente, em anos eleitorais, os movimentos intensificam a luta pela moradia, já que têm aumentadas suas chances de terem suas reivindicações atendidas e não sofrerem grande repressão por parte dos governos. Por que isso não aconteceu naquele ano?

Recordamos que durante o nosso trabalho de campo, em meados de 2008, lideranças do Movimento de Moradia do Centro falavam da possibilidade de realização de uma ocupação, no entanto, esta não aconteceu. Acreditamos que o movimento não teve fôlego para realizá-la, o que pode estar relacionado com o fato de Gegê ter estado na clandestinidade por um tempo.

Em relação ao Movimento Sem-Teto do Centro, pela primeira vez o movimento decidiu ter um candidato a vereador do próprio movimento – estamos falando aqui de um dos advogados e fundadores do movimento e do Partido dos Trabalhadores, Manoel del Rio. Talvez, para não atrapalhar a candidatura do vereador, ou por estar justamente ocupado com sua campanha, o movimento não tenha realizado nenhuma ocupação em 2008. Uma outra justificativa para a não realização de ocupações neste ano por parte do Sem-Teto do Centro está no fato de que o governo Lula, através do Programa de Aceleração do Crescimento (PAC), prometeu disponibilizar uma parte da verba para as obras que atenderiam 360 famílias que ocuparam o edifício Prestes Maia.

Além disso, a não realização de ocupações pode estar ligada à participação ativa da principal liderança deste movimento no conselho municipal de habitação e ao fato também de que muitos dos imóveis que foram anteriormente ocupados eram alvos de discussão nas reuniões do conselho sobre seu encaminhamento. Desse modo, os movimentos podem ter neutralizado seu potencial combativo ao manterem suas bases "na expectativa das decisões dos aparelhos" (Verri, 2008, p. 40).

Gráfico 1 – Comparação da evolução das famílias participantes e das ocupações dos movimentos dos sem-teto da Região Metropolitana de São Paulo (1995-2009)

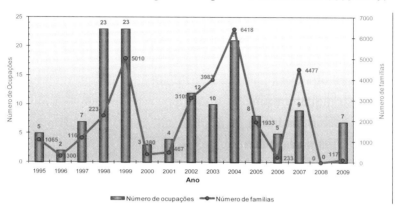

Fonte: Oliveira (2010, p. 218)

Passemos para a análise da quantificação dos sem-teto, ou melhor, das famílias de sem-teto que estão participando ativamente das ocupações dos movimentos.

A contagem pelo número de famílias é importante já que geralmente é assim que os movimentos se referem a sua base, mesmo porque as políticas habitacionais são destinadas às famílias constituídas e não às pessoas. Além disso, a constatação de um alto número de famílias presentes nos movimentos dos sem-teto aponta para a gravidade do déficit habitacional na Grande São Paulo.

As linhas que representam as quantidades de famílias sem-teto no Gráfico 1 acabam por repetir, mais ou menos, o contorno da evolução das ocupações. Assim como os anos ápices de ocupações, os pontos mais altos da organização de famílias acontecem nos anos de 1999, com mais de 5 mil famílias, e no ano de 2004, com mais de 6400 famílias organizadas em ocupações de sem-teto.

Quais são os principais fatores determinantes deste deslocamento constante entre ascensos e descensos das ocupações dos sem-teto e do número de famílias?

Comecemos por alguns fatores que possivelmente determinam os ascensos das ocupações. Crise, altos índices de desemprego e uma conjuntura que permita a expansão da massa marginal (fração da classe trabalhadora que é super explorada e possui nível muito baixo de remuneração) contribuem para uma piora da situação sócio-econômica dos trabalhadores pobres e, consequentemente, para que haja uma "mobilidade habitacional descendente".[16] Isso pode resultar (embora não seja um resultado obrigatório) em um aumento das bases dos sem-teto e da pressão dessas sobre as lideranças para que se realizem novas ocupações.

Um outro fator que deve ser levado em conta se refere às conjunturas políticas favoráveis. É comum, como já mencionamos, os sem-teto organizarem ocupações perto das eleições, por exemplo. Isso acontece por vários motivos. Um deles se refere ao fato de que em meses de campanha eleitoral a repressão dos governos é menor, já que estão em busca de votos e não pretendem causar escândalos com uma repressão violenta. Os movimentos ainda realizam as ocupações em períodos eleitorais geralmente para denunciar a falta de políticas habitacionais de um governo que está buscando se reeleger.

Expectativas frustradas e promessas de governos não cumpridas também são elementos incentivadores da realização de ocupações e manifestações por parte dos movimentos dos sem-teto.

Passemos em seguida para alguns dos fatores que contribuem para os refluxos das ocupações. No que se refere às questões internas aos próprios movimentos, podemos citar que os movimentos que se encontram muito centrados nas figuras das lideranças podem vir a ter refluxos em suas ocupações quando por motivos pessoais esses líderes tenham que se afastar temporariamente do movimento.

Ainda em relação às questões internas aos movimentos, temos os casos em que as lideranças acabam por dispensar muito tempo e energia com

---

16 Conceito elaborado por Kowarick (2002) para descrever a situação das pessoas que possuem uma piora em suas condições habitacionais e saem, por exemplo, de casas alugadas para barracos de favelas, ou ainda, das favelas e cortiços para as ruas.

atividades ligadas a participações dentro dos aparatos do Estado, seja em uma assessoria a deputados e vereadores, seja como membro de secretarias habitacionais, ou ainda nos conselhos municipais, de modo que a realização das ocupações acaba por ficar em segundo plano.

A questão da repressão também pode ser considerada como um dos elementos que explicam a atuação dos movimentos dos sem-teto. Nos últimos anos, a repressão tem sido muito grande na cidade de São Paulo, o que tem dificultado bastante a realização da ação dos sem-teto, já que muitas vezes a polícia consegue "sufocá-las" antes mesmo de elas acontecerem integralmente.

Como os movimentos dos sem-teto que atuam no centro da cidade de São Paulo estão amplamente ligados ao Partido dos Trabalhadores (PT) através de seus dirigentes, uma grande questão a ser enfrentada é se isso contribui para o refluxo das ocupações dos sem-teto durante os governos petistas.

Acreditamos que o fato de os movimentos dos sem-teto possuírem maior proximidade com o governo petista não os impede de realizar ocupações. Deixamos aqui indicado que mesmo durante o governo municipal de Marta e o governo federal de Lula, ambos do PT, os movimentos continuaram a realizar ocupações, apontando para o fato de que o problema habitacional não pode ser solucionado simplesmente pela mudança de partido para governar. No entanto, é verdade que grande parte dos movimentos dos sem-teto apoia os governos petistas e o Governo Lula, vide, por exemplo, a grande popularidade que o presidente possui entre os sem-teto da base dos movimentos.

De acordo com nosso levantamento junto à imprensa, no ano de 2004, ainda com a gestão petista nas duas esferas mencionadas, os movimentos dos sem-teto chegam ao seu ponto mais alto no que se refere à mobilização de famílias na realização de ocupações, estamos falando aqui de cerca de 6.400 famílias, que se usarmos a média de 3 pessoas por família, teremos o total de 19.200 pessoas lutando por moradia na região metropolitana de São Paulo no ano de 2004.

A partir do gráfico acima, podemos perceber que no primeiro governo Lula existe mais ocupações que no segundo. Tal constatação pode ter relação com o fato de que a partir do segundo governo Lula houve uma relativa elevação dos investimentos em políticas habitacionais (Bonduki, 2006), o amadurecimento das instâncias de participação popular construídas no primeiro governo e o maior envolvimento dos sem-teto com estas, assim como a implantação do programa "Minha casa, minha vida".[17]

Com o gráfico 1 podemos recuperar uma trajetória dos movimentos dos sem-teto em que, em seu início em meados da década de 1990, o método de luta principal era a ocupação, método que foi consolidado no início da década de 2000. No entanto, nos últimos cinco anos, o número de ocupações diminuiu.

Acreditamos que o número de ocupações visto isoladamente é um dado insuficiente para afirmarmos que os movimentos dos sem-teto estariam em refluxo no final da década de 2000. Assim questionamos: esse recuo das ocupações acontece de maneira semelhante em todos os movimentos dos sem-teto? Se não, por quê? Ou ainda, existem novas formas de lutas desses movimentos para o final da década de 2000?

Primeiramente destacamos que o recuo das ocupações não aparece de maneira homogênea entre os diferentes movimentos dos sem-teto. A hipótese que levantamos aqui é que o recuo dos movimentos e suas mudanças nas formas de ação estão amplamente relacionados com as suas orientações político-ideológicas.

Dessa maneira, o Movimento dos Trabalhadores Sem-Teto – dentre os três movimentos analisados pode ser considerado como o movimento mais radical –, apesar de buscar novas estratégias de luta, ainda considera a ocupação como a principal forma de ação. Isso se justifica a partir da posição política do movimento em não participar de conselhos municipais. As ocupações ainda são dotadas de grande importância para este movimento devido à possibilidade de realização do trabalho de politização da

---

17 A dinâmica das ações e ocupações dos sem-teto também está relacionada com a atuação dos governos nos níveis estadual e municipal. Cada caso deve ser analisado separadamente, levando em conta as dimensões estruturais e conjunturais. Como essa análise extrapola os limites deste trabalho, deixamos isso indicado para um futuro estudo.

base no dia a dia das ocupações. Em relação aos outros dois movimentos dos sem-teto, que atuam no centro da cidade, defendemos que ao longo do tempo eles passam a se envolver mais com a forma de luta integrada às instituições do Estado, conferindo às ocupações um grau de importância menor do que o conferido no final dos anos 1990 e início dos anos 2000.

Os gráficos 2 e 3 fazem referência a uma análise comparada da evolução das ocupações e da mobilização de famílias sem-teto dos três movimentos estudados. Estes gráficos vão nos ajudar a visualizar e entender que o recuo das ocupações nos três movimentos se dá de maneira diferenciada. Vejamos.

No gráfico 2, podemos verificar que se o Movimento de Moradia do Centro tinha como principal estratégia de luta a realização de ocupações (vejamos que em um período de quatro anos (1997-2000) a imprensa noticiou cerca de 7 ocupações organizadas pelo movimento), no entanto, ao longo dos últimos anos isso vai se modificando e as ocupações realizadas pelo movimento estariam muito mais ligadas com as ações da União dos Movimentos de Moradia. Enquanto isso, o Movimento Sem-Teto do Centro permanece realizando ocupações constantes somando um total de 13 ocupações durante os anos 2000. Já o Movimento dos Trabalhadores Sem-Teto em um período de dez anos, tem noticiada na imprensa a realização de 8 ocupações.

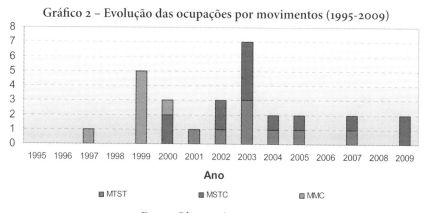

Fonte: Oliveira (2010, p. 233)

Verificando os números de ocupações, podemos dizer que o Movimento Sem-Teto do Centro é o movimento que mais realiza ocupações. Ao examinarmos os tipos de ocupações travadas pelos movimentos, percebemos que as ocupações realizadas pelo Sem-Teto do Centro são tanto do tipo tática quanto estratégica.[18] Ao consultarmos as datas das ocupações, percebemos que nos últimos anos são as ocupações táticas (aquelas em que se objetiva chamar a atenção dos governos para o problema habitacional) que predominam dentre as ocupações realizadas pelo movimento. As ocupações táticas acontecem uma no ano de 2000, uma em 2004, outra em 2005 e as outras duas no ano de 2009 – totalizando cinco ocupações deste tipo. Assim, excetuando a ocupação realizada pelo Sem-Teto do Centro no ano de 2007, todas as ocupações noticiadas pela imprensa desde o ano de 2004 são do tipo tática.

Já o Movimento dos Trabalhadores Sem-Teto tem realizado predominantemente ocupações de tipo estratégicas, ou seja, aquelas em que os imóveis são ocupados com a finalidade de as famílias sem-teto morarem no local. Este tipo de ocupação necessita de uma maior organização por parte do movimento, conscientizando a base dos sem-teto das dificuldades existentes e do longo período de duração que estas ocupações podem ter.

Verificamos ainda que as ocupações estratégicas também são predominantes no Movimento de Moradia do Centro. No entanto, é importante lembrarmos que a partir do ano 2000, a imprensa não noticiou nenhuma ocupação organizada sob a sigla deste movimento.

---

18 A ocupação estratégica seria a ação direta do movimento para solucionar o problema da falta de moradia, ou seja, os sem-teto ocupam os prédios vazios do centro da cidade com o intuito de morar lá definitivamente (Boito, 2002). Este tipo de ocupação é ousado e avançado já que se trata de uma ação direta dos sem-teto. Já a ocupação tática seria aquela em que os sem-teto ocupam locais, como repartições públicas ou até mesmo prédios vazios, somente para chamar a atenção dos governantes e da população e não para morarem no lugar em definitivo (Boito, 2002). A ocupação tática, apesar de mais limitada quando comparada com a ocupação estratégica, é de grande importância para os sem-teto, representando uma ação necessária em algumas etapas e circunstâncias da luta.

O gráfico abaixo demonstra que, dentre os três movimentos considerados, o Movimento dos Trabalhadores Sem-Teto é o que mais é capaz de mobilizar e agregar em suas bases um maior número de famílias sem-teto.

Gráfico 3 – Evolução das famílias por movimentos (1995-2009)

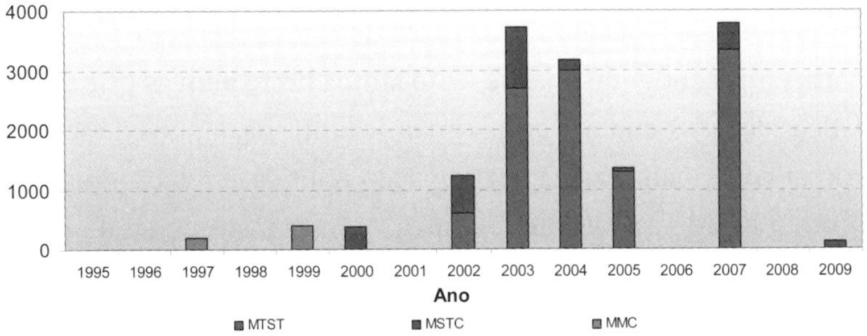

Fonte: Oliveira (2010, p. 235).

Ao percebermos a evolução deste movimento notamos que ele mantém uma média de uma ocupação por ano. No entanto, a mobilização de famílias é grande, temos uma média de 1.560 famílias por ocupação. Quando este número é comparado com os números de famílias das ocupações dos movimentos dos sem-teto do centro, como vimos, a média do Movimento de Moradia do Centro é de 102 famílias por ocupação e a média do Movimento Sem-Teto do Centro é de 218 famílias, temos a dimensão do tamanho das ocupações realizadas pelo Trabalhadores Sem-Teto.

Imaginando os recursos (humanos e material) e o tempo dispensados na organização de imensas ocupações e na realização de um trabalho de base com uma grande quantidade de famílias de sem-teto preparando-as para a realização de uma ocupação, poderíamos concluir que a ocupação é para os Trabalhadores Sem-Teto o principal método de luta. Embora este movimento não seja o que possui maior número de ocupação, é o movimento que investe predominantemente nas ocupações estratégicas (as que exigem maior organização do movimento) e, ainda, é o Trabalhadores Sem-Teto o movimento que possui as maiores ocupações mobilizando maiores números de sem-teto e, portanto, conferindo grande importância a este método de luta.

A participação democrática: o Conselho Municipal de Habitação (CMH)

Para acompanhar as mudanças recentes na trajetória de luta dos movimentos sem-teto, tornou-se importante analisar a dinâmica dos espaços para os quais os movimentos têm canalizado sua mobilização. Um desses espaços, e nesse momento aquele que vem sendo mais priorizado pelos movimentos, é o Conselho Municipal de Habitação (CMH).[19]

Para empreender tal análise, enfocamos neste item as principais características do CMH quanto: a sua dinâmica interna, alguns de seus aspectos burocráticos, a natureza da participação política, a relação dos movimentos com o Estado e os limites da integração às instituições de Estado.

Sem subestimar as mudanças em curso na democracia e à luz da mobilização recente dos movimentos estudados, sob as duas décadas de capitalismo neoliberal, procuramos chamar a atenção para os limites da democracia participativa e também questionar sua potencialidade para o avanço da luta popular, levando-se em consideração a luta de classes e o Estado capitalista. Ressaltamos, dessa maneira, que o papel do Estado não compreende apenas a formulação e implementação de políticas públicas, mas também as estratégias para canalizar, filtrar ou barrar as demandas apresentadas pelos movimentos sem-teto.

O Conselho Municipal de Habitação (CMH) foi criado em 2002, durante a gestão de Marta Suplicy como prefeita.[20] Funciona como um "órgão deliberativo, fiscalizador e consultivo, e tem como objetivos básicos o estabelecimento, acompanhamento, controle e avaliação da política

---

19 Cumpre lembrar que a análise toma como referência apenas os movimentos Moradia do Centro e Sem-Teto do Centro que, através de suas próprias siglas ou das siglas de organizações as quais estão filiados, tiveram presença ativa no conselho, ao mesmo tempo em que a dinâmica de funcionamento do conselho vem influenciando suas práticas de luta.

20 A valorização da participação nos conselhos gestores por governos petistas pode estar relacionada com o fato de estar ocorrendo uma "crescente e gradativa opção do partido [dos trabalhadores] pela arena institucional, em evidente detrimento da organização e educação política dos trabalhadores e do fortalecimento de compromissos com os movimentos sociais populares (urbanos e rurais)" (Toledo, 2008, p. 127).

municipal de habitação" (Tatagiba; Teixeira, 2007, p. 72). A fiscalização não se dá em torno das "ações concretas realizadas no município na área de habitação, mas sobre os recursos públicos municipais e os transferidos para o município" (Tatagiba; Teixeira, 2007, p. 76).

O conselho é composto por 48 membros: 16 representam o poder público, 16 representam entidades comunitárias e organizações populares e 16 representam outras entidades da sociedade vinculadas, como os anteriores, às questões de habitação. Aqueles que representam o governo são indicados e aqueles que representam os movimentos passam por eleições diretas, com mandato de dois anos.

No caso de São Paulo, o CMH está agora em sua quarta gestão, o que demonstra ser algo recente no cenário da institucionalidade paulistana. Sua primeira gestão foi de 2003 a 2005, sob o mandato de Marta Suplicy (PT); a segunda de 2005 a 2007, sob o mandato de José Serra (PSDB); a terceira de 2007 a 2009, sob o mandato de Gilberto Kassab (DEM) e a quarta de 2009 a 2011, novamente na gestão de Kassab.

A análise da dinâmica de funcionamento do CMH[21] demonstrou, de modo geral, que há informações exaustivas sobre o andamento de projetos de lei e de leis, inclusão de aditamentos e o incentivo para que os movimentos façam parte de fóruns de discussões sobre os mais diversos planos habitacionais. Além disso, demonstrou também que a luta dos movimentos a partir da esfera institucional liga o atendimento às suas demandas a procedimentos burocráticos e formais de governo, obscurecendo as relações de poder (econômicas inclusive) envolvidas na tomada de decisões e subestimando as implicações advindas do fato de que entre diferentes classes sociais pode haver interesses opostos e muitas vezes irreconciliáveis.

Vejamos os limites da ação dos movimentos no conselho com um pouco mais de detalhes.

Primeiramente, foi constante ao longo dos anos a existência de um descontentamento com a falta de informações e com o montante de recursos disponibilizado para o fundo municipal:

21 Tomamos como base a análise de todas as atas de reuniões do CMH das três primeiras gestões.

> A Conselheira Maria Izilda [representante da União dos Movimentos de Moradia] relata que independente do percentual, independente da gestão, a causa dos problemas da habitação nunca foi atingida (...). O orçamento para 2004 é inaceitável, com apenas 2% para a habitação não será possível realizar nada. A Conselheira Ana Cláudia [representante da Secretaria de Habitação] responde que respeita totalmente a preocupação da Conselheira Maria Izilda, porém é necessário entender que a qualidade é muito importante, estudos mostram que nem sempre maior investimento significou qualidade, no passado existiam obras caras, obras que não atingiram as prioridades. A conselheira Maria Lúcia Refinetti [representante da USP] observa que realmente o que importa não é somente o valor investido, e sim a qualidade do trabalho, porém a apresentação não mostra dados como unidades construídas, comparações com anos anteriores, algo que se faz necessário para provar que o que importa é a qualidade.[22]

Discussões mais polêmicas sobre, por exemplo, o andamento ou a criação de projetos de desapropriação de imóveis para a construção de habitação popular são postergadas ou remetidas a grupos de trabalho a serem criados. A maior parte desses grupos teve baixa periodicidade ou contou com um número muito reduzido de participantes. Uma das integrantes do conselho demonstrou descrença para com a eficácia da criação de grupos frente à complexidade do problema habitacional:

> Quero reforçar uma coisa, o maior entrave para construção de unidades habitacionais é o terreno, nem o Governo Federal se preocupou com isso e nem os Governos Municipais e Estaduais estão fazendo uma política no sentido de ter um banco de terras, o Poder Público tem instrumentos do Estatuto da Cidade

---

22 As atas da primeira e segunda gestões foram enviadas pela prefeitura via correio eletrônico no segundo semestre de 2009.

que podem combater esse tipo de coisa, não vejo ninguém fazer nada. (...) não sei se um Grupo resolve isso.[23]

Além disso, foi prática corrente dos representantes da prefeitura e dos sindicatos ligados aos setores da construção civil estimular para que algumas votações se dessem rapidamente. Isto porque eram votações relacionadas com processos de aditamento, ou seja, a inserção de pedidos de complementação de recursos para despesas visando finalizar obras já em andamento.

Os aditamentos foram solicitados tanto para complementar recursos de obras iniciadas em governos anteriores, como também para concluir obras financiadas com empréstimos do BID. É muito provável que grande parte desses aditamentos tenham sido solicitados em virtude de problemas ligados a oscilações na taxa de câmbio e na inflação, que resultaram no encarecimento de matérias-primas. Uma das conselheiras aponta para este problema e demonstra descontentamento com o fato de que por causa disso pouco se avança em termos de política habitacional:

> Eu queria aproveitar para fazer um balanço de tudo porque é muito chato a gente vir aqui e ficar votando sempre a mesma coisa: a impressão que me dá é que tem sempre que dar mais dinheiro. São sempre os mesmos problemas: cadê a diferença? Aonde foi que houve aumento do que estava orçado? Era o cimento que custava X e passou a custar Y? Era o tijolo que custava um real e agora custa dois reais? A gente aprova um acréscimo de 50% do valor da unidade – era 40 mil virou 60 mil. Eu me senti perdendo o meu tempo nesse tipo de votação. Eu acho que aprovou uma vez acabou, (...) senão é como chover no molhado.[24]

23 Marly Namur, representante da Faculdade de Arquitetura da USP. Disponível em: http://www.prefeitura.sp.gov.br/cidade/secretarias/habitacao/organizacao/cmh/index.php?p=3695. Acesso em 12/02/2009.
24 Mônica Bueno Leme, representante do Centro Universitário Belas Artes. Disponível em: http://ww2.prefeitura.sp.gov.br/arquivos/secretarias/habitacao/

Os recursos destinados ao Fundo Municipal de Habitação (FMH),[25] que já não são suficientes para diminuir progressivamente a gravidade do déficit habitacional devem, ainda, completar aquilo que o programa do banco prometeu e não cumpriu em virtude da insuficiência de recursos.

Além da quantidade grande de pedido de votos para inclusão de aditamentos, é comum que ocorram pedidos de transferência de recursos do fundo municipal para sanar dívidas de famílias inadimplentes dos edifícios que foram entregues anteriormente. Em dezembro de 2008, os inadimplentes do programa Locação Social chegavam a 93%. Aqui novamente é possível compreender que a política de financiamento sozinha não é suficiente para avançar na diminuição do déficit habitacional.

Os constantes pontos de pauta sobre aditamentos não vinham acompanhados de informações detalhadas sobre as obras, os recursos, como e com que são gastos etc. Como evidencia a fala de um dos conselheiros já na gestão 2007-2009, demonstrando que eles votam sem possuir informações suficientes: "seria interessante que a gente tivesse acesso, como conselheiro, a todas as obras planejadas em relação ao Fundo, aos recursos, o que está sendo pensado para o futuro para a gente ter uma ideia global daquilo que a gente está votando no miudinho".[26]

Além disso, as palavras do militante e advogado do Sem-Teto do Centro evidenciam a capacidade do governo de delimitar o campo de discussões e ilustram ainda outras limitações dos conselhos:

> Os conselhos também eu acho que não é um instrumento adequado de participação popular. Eu participei do conselho de

---

organizacao/cmh/0004/ata_resumida_6a_reu_ord_secr_exec_16_12_08.pdf. Acesso em 12/02/2009.

25 Cumpre esclarecer que cabe ao CMH fiscalizar e direcionar o montante de recursos disponíveis no FMH.

26 Paulo Romero, representante do Polis (Instituto de estudos e formação de assessoria em políticas sociais). Disponível em: http://ww2.prefeitura.sp.gov.br/arquivos/secretarias/habitacao/organizacao/cmh/0004/ata_2a_reuniao_ordinaria_do_cmh.pdf. Acesso em 12/02/2009.

> habitação e eu falo assim, que ali é um local de participação de pessoas de ONGS, técnicos, arquitetos, gente liberada por parlamentar, mas não de popular. Como é que o popular fica lá um ou dois dias em reunião? Que jeito? Ele tem que trabalhar! Então ali é prá técnicos e prá militantes políticos. Outra: mesmo assim o Conselho tinha uma maioria grande do governo. Ele tem um lado popular, mas ele tem um lado do governo que vicia as votações. E tem muitos membros técnicos que um leigo assim não vai intervir" (Del Rio, 2004 *apud* Verri, 2008, p. 87).

Também Evaniza Rodrigues, representante dos movimentos populares, reafirma a ausência de informações sobre o orçamento tanto do fundo municipal, quanto da política habitacional do município, enfatizando que as apresentações feitas na reunião do conselho são insuficientes:

> (...) a dificuldade que o conselheiro tem em relação ao acompanhamento orçamentário é ter um fluxo de informação contínua, que inclusive independa de reunião e permita acompanhar a evolução da atuação do fundo; isso porque chega para os conselheiros uma série de demandas sem que ele tenha condições de avaliar se a aprovação de determinada despesa prejudicaria ou retardaria alguma obra em andamento. (...) Outra reivindicação aqui é conhecer todo o orçamento de habitação, (...) essa é a 1ª coisa. A outra coisa é essa que quando, a gente sabe disso, a proposta que vai para Câmara é uma, aí nós vamos todo ano, o movimento popular vai a Câmara, pressiona os parlamentares para aprovar, até inclusive para aumentar a proposta que a prefeitura fez, porém, a maioria das vezes a gente vê esse valor reduzir. No entanto eu acho que, quando reduzido, também é importante ouvir o conselho (em relação ao que cortar).[27]

---

27 Evaniza Lopes Rodrigues, representante do movimento dos trabalhadores sem-terra leste 1. Disponível em:http://ww2.prefeitura.sp.gov.br/arquivos/secretarias/habitacao/organizacao/cmh/0004/08_10_31_3a_reuniao_ata_resumida_gt_acompanhamento_orcamentario_04_08_081.pdf. Acesso em 12/02/2009.

Estes fatores são elucidativos do fato de que há uma hierarquia na posse de informações, sendo que somente a prefeitura tem um acesso detalhado ao andamento das obras, ao montante e ao direcionamento dos recursos etc. Estes fatores fazem com que os movimentos fiquem muito dependentes da "boa vontade" do Executivo, que acaba tendo uma grande capacidade de esvaziar os conselhos de poder decisório.

Mesmo assim, há mais legitimação do que contestação das decisões tomadas pela prefeitura (a maior parte delas apoiada pelos representantes de setores da construção civil). Um dos exemplos mais significativos para comprovar esta afirmação é o fato de que foram tendencialmente aceitos pelos conselheiros os argumentos da prefeitura utilizados para inviabilizar a provisão de habitações nas áreas centrais. O maior argumento utilizado foi o de que essas habitações têm um custo muito excessivo, por serem regiões valorizadas. Não houve, por parte da prefeitura, uma discussão sobre o descumprimento da função social dos imóveis vazios nessa região ou sobre uma política de desapropriações.

Neste sentido, torna-se importante lembrar que a criação de espaços não implica automaticamente participação popular nas decisões, ou seja, é interessante discutirmos o caráter democrático e participativo dos conselhos gestores, ao mesmo tempo em que também podemos questionar sua "capacidade de formular políticas públicas, evidenciando os limites de seu funcionamento" (Galvão, 2002, p. 123).

A prefeitura incorpora ao conselho sua própria dinâmica no trato da questão social, que compreende uma política habitacional fragmentada, não permanente e de escassos recursos. A demanda dos movimentos, dentro destes espaços, acaba sendo adaptada a esse caráter, gerando muitas vezes disputa entre os movimentos e estimulando sua desarticulação.

> (...) sobre mais de 300 famílias que ocuparam uma região da Cantareira, onde havia sido construído um CEU, mas que não utilizou toda a área: Além disso, também explicamos àquelas famílias que existe uma grande fila do déficit habitacional na cidade de São Paulo. (...) obviamente não é nada agradável

alguém ficar num dia de chuva numa tenda, esperamos resolver o mais rápido possível a situação e vamos estudar atendimentos diferenciados. (Quem mora) há seis anos têm um tipo de atendimento, há cinco anos têm outro e assim por diante. Acabei de ocupar um barraco, outro tipo de atendimento, de modo que a gente respeite a fila enorme que tem para atendimento social na cidade de São Paulo.[28]

Ao invés de unidade, o que se observa é um distanciamento entre os movimentos, que é estimulado pela própria natureza da política social adotada. Trata-se de uma política social compatível com o programa neoliberal "que desloca a disputa entre capital e trabalho, própria das sociedades capitalistas, para o âmbito interno da classe trabalhadora, transformando-a num conflito distributivo que opõe os seus vários estratos" (Filgueiras; Gonçalves, 2007, p. 156).

Além disso, a quantidade de funções e competências dirigidas aos movimentos é multiplicada, o que acaba transformando-os em "expertos em concepção, elaboração e negociação de projetos; assumindo muitas vezes o papel dos serviços do Estado e de seus servidores, funcionando como uma categoria de terceirizados" (Verri, 2008, p. 87).

Ao evidenciar os limites da democracia participativa, não pretendemos sustentar que seus instrumentos devam ser ignorados. Também não ignoramos o fato de que a supressão da democracia pode assumir consequências dramáticas para a luta dos trabalhadores, tendo em vista que a democracia abre possibilidades maiores para sua organização e mobilização, podendo criar oportunidades e potencialidades para formas progressistas de ação política (Harvey, 2006). A utilização de formas legais de luta e a noção de direitos podem ser significantes para a política prática, para a luta imediata dos movimentos: a mobilização dos sem-teto, nos

---

28 Elisabete França, secretária executiva do CMH e superintendente de habitação popular da secretaria municipal de habitação. Disponível em: http://www.prefeitura.sp.gov.br/cidade/secretarias/habitacao/organizacao/cmh/index.php?p=3695. Acesso em 12/02/2009.

marcos do direito à moradia, dá legitimidade à luta e possibilita que ocorram avanços a partir da legalização de suas reivindicações.

Entretanto, estes fatores não suprimem, nem ocultam completamente, o caráter desigual e limitador da sociedade capitalista, que é fundamentada em relações sociais marcadas por desigualdades sociais profundas. Assim, a democracia não elimina as relações estreitas entre riqueza e poder, a dominação de classe, a submissão dos mais variados aspectos da vida às regras do mercado, inclusive a força de trabalho, cuja venda enquanto mercadoria é a única garantia de sobrevivência dos não proprietários dos meios de produção.

Deve-se considerar também o papel das classes dominantes, que estarão muitas vezes empenhadas na redução de direitos existentes e no impedimento da criação de novos.

> (...) a capacidade de pressão da maioria social é cronicamente inferior à capacidade de pressão da classe capitalista, dada a crônica desigualdade entre ambos no que diz respeito à posse de recursos políticos como dinheiro, meios de comunicação, instrução superior etc. E mais: se essa desigualdade quanto à posse de recursos políticos é crônica, isso ocorre porque ela é diretamente determinada pela desigualdade sócio-econômica inerente ao capitalismo. Assim, é normal e previsível que a classe capitalista, recorrendo a pressões de tipo pessoal, econômico e político sobre os agentes burocráticos, obtenha regularmente decisões governamentais favoráveis quanto a questões que sejam essenciais para a sobrevivência da ordem social capitalista (Saes, 2003, p. 32).

O Estado democrático burguês oferece uma possibilidade, ao mesmo tempo em que representa um risco para os movimentos sociais: o risco da acomodação e da ilusão/mistificação do potencial transformador desse Estado.

É, portanto, relativa a importância de espaços como os dos conselhos, pois a integração às instituições possibilita aos movimentos uma influência apenas marginal no processo de decisão política. Isto porque a extensão da participação e da criação de direitos depende da correlação de forças entre as classes sociais, que faz com que haja impedimentos para que a participação se concretize em influência. Disputar participação não significa imediatamente disputar poder: há que se pensar sobre o que é o Estado capitalista, sobre o que ele consente, promove ou impede.

Considerações Finais

Os movimentos Moradia do Centro e Sem-Teto do Centro, na direção da integração às instituições de Estado, relativizam a força da mobilização de suas bases, suas assembleias, suas ocupações (que tomam o caráter cada vez mais de ações simbólicas): todos aqueles espaços em que até então exclusivamente atuavam os movimentos e que garantiam a sua autonomia. A ênfase passa a ser a sua relação com o Estado.

Neste sentido, vemos que o apelo à participação pôde conter o caráter fortemente contestatório que estes movimentos vinham apresentando em fins da década de 1990, acomodando suas demandas dentro das possibilidades sugeridas pelos aparelhos, ou seja, os impactos dos conflitos sociais têm sido atenuados e amortecidos pela "blindagem institucional" (Arantes, 2004, p. 94) dos conselhos.

A integração às instituições do Estado tem fragilizado a capacidade destes dois movimentos de exercerem pressão social e mobilizarem suas bases, como demonstramos anteriormente ao ressaltarmos, de um lado, o papel subordinado que passam a ter as ocupações na luta dos dois movimentos que adotaram a integração ao Estado e, do outro, o papel ativo das ocupações na capacidade de mobilização do Trabalhadores Sem-Teto, que mantém um distanciamento dos conselhos gestores.

Sendo assim, defendemos que as mudanças de conteúdo e sentido da trajetória de mobilização dos movimentos são fruto de uma relação estreita e recente com as instituições do Estado, sobretudo na esfera municipal. Ainda que elas não necessariamente signifiquem um declínio da luta ou diminuição da mobilização, essas mudanças têm neutralizado o caráter combativo expressado pelos movimentos nos anos anteriores, ao mesmo tempo em que a política habitacional avança em termos de segregação.

A democracia está sujeita à e é disputada pela luta de classes. No Brasil, inclusive, a mobilização política em torno de espaços criados nas esferas municipal e estadual, a partir de um enfoque participativo, e a redemocratização do Estado, coincidem historicamente e ao mesmo tempo convivem com a restrição de direitos e com os efeitos sociais negativos resultantes da adoção do modelo neoliberal.

O caráter de classe do Estado perde relevância política e teórica quando se aposta na capacidade transformadora de espaços como o dos conselhos. Os defensores da democracia participativa negam a natureza de classe do Estado e sustentam que os mecanismos de participação como os conselhos são capazes, ainda sob o capitalismo, de democratizar o Estado, modificando a democracia em forma e em substância. Supõe-se, assim, a neutralidade do aparelho estatal e, consequentemente, que o poder repressivo do Estado não será acionado com o objetivo de conter o avanço das reformas supostamente decorrentes da participação popular.

De nossa perspectiva, porém, faz-se necessário questionar os limites e o alcance da luta dentro do aparelho de Estado, tanto para a transformação das políticas públicas e do próprio papel do Estado, quanto para a ação dos movimentos sociais.

Bibliografia

ABINEE – Associação Brasileira da Indústria Elétrica e Eletrônica. *Propostas para uma nova Política Industrial, Tecnológica e de Comércio Exterior (PITCE): a importância do setor elétrico e eletrônico.* Fevereiro de 2008.

_____. *A Indústria Elétrica e Eletrônica em 2020: Uma estratégia de desenvolvimento.* Junho de 2009.

AGRIKOLIANSKY, E.; SOMMIER, I. (orgs.). *Radiographie du movement altermondialiste.* Paris: La Dispute, 2005.

AGRILOLIANSKY, E ; FILLIEULE, O. ; MAYER, N. *La dynamique altermondialiste en France.* L'Économie Politique, 2005/1.

AGUITON, C. *O mundo nos pertence.* São Paulo: Viramundo, 2002, 222p.

ALBUQUERQUE, Antônio. *Fantasia tecnológica: reflexões sobre o CPqD da modernidade.* Campinas: Fittel; Sinttel/DF; SinTPq, 2000.

ALMEIDA, Lúcio Flávio R. "Não comprar gato por lebre – para um reexame da relação entre nacionalismo e antiimperislismo nos anos JK". *Lutas Sociais*, n. 15/16. São Paulo: NEILS, 2006.

ALMEIDA, Maria Hermínia Tavares de. *Crise econômica e interesses organizados: o sindicalismo no Brasil nos anos 80.* São Paulo: Edusp, 1996.

ALMEYRA, Guillermo. *La protesta social en la Argentina (1990-2004). Fábricas recuperadas, piquetes, cacerolazos, asambleas populares.* Buenos Aires: Ediciones Continente, p. 207.

ALTHUSSER, Louis. *Sobre a reprodução*. Petrópolis: Vozes, 1999.

ALVES, Maria A.; TAVARES, Maria A. "A dupla face da informalidade do trabalho: autonomia ou precarização". In: ANTUNES, Ricardo. *Riqueza e Miséria do Trabalho no Brasil*. São Paulo: Boitempo, 2006, p. 425-444.

AMATO, Fábio; SIMIONATO, Maurício. "Flexibilização já atinge 40,6 mil metalúrgicos." *Folha de S. Paulo*, 10 de fevereiro de 2009, p. B3.

AMIN, Samir; HOUTART, François (orgs.). *Mundialização das Resistências: o estado das lutas*. São Paulo: Cortez, 2003.

AMORIM, Elaine R. A. *No limite da precarização? Terceirização e trabalho feminino na indústria de confecção*. Dissertação (mestrado em Sociologia) – Instituto de Filosofia e Ciências Humanas. Campinas, Universidade Estadual de Campinas, 2003.

ANDREI, Cristian e SAMPAIO, Fernando Azevedo de Arruda. "Política econômica." In: Fundação do Desenvolvimento Administrativo (Fundap)/Instituto de Economia do Setor Público (IESP). *Gestão estatal no Brasil: limites do liberalismo 1990-1992*. São Paulo: Fundap, 1995.

ANTUNES, Ricardo. *Os sentidos do trabalho: ensaios sobre a afirmação e negação do trabalho*. São Paulo: Boitempo, 2002.

ARANTES, Pedro Fiori. *O ajuste urbano: as políticas do Banco Mundial e do BID para as cidades latino-americanas*. Dissertação de mestrado. São Paulo, USP, 2004.

ARAÚJO, Anísio José da Silva. *O debate e a ação sindical em torno da terceirização. Paradoxos da Modernização: terceirização e segurança dos trabalhadores em uma refinaria de petróleo*. Rio de Janeiro, tese (doutorado em Saúde Pública) – Escola Nacional de Saúde Pública da Fundação Oswaldo Cruz, 2001, p. 359.

ATTAC. *Manifeste altermondialiste*. Paris: Éditions mille et une nuits, 2007.

_____. *Que faire du FMI e de la Banque Mondiale?* Paris: Éditions Mille et Une Nuits, 2002.

_____. Statuts de l'association 03/06/1998. In: http://www.france.attac.org/spip.php?article604.

_____. *Tout sur* ATTAC. Paris: Éditions Mille et Une Nuits, 2002.

AVANÇAR NA LUTA. *Jornal do Sindicato dos Trabalhadores da Construção e do Mobiliário de Campinas e Região*. Números pesquisados: de janeiro de 1990 a dezembro de 1992.

AVRITZER, Leonardo. "O conflito entre a sociedade civil e a sociedade política no Brasil pós-autoritário: uma análise do impeachment de Fernando Collor de Mello". In: ROSENN, Keith S. e DOWNES, Richard (orgs.). *Corrupção e reforma política no Brasil: o impacto político do impeachment de Collor*. Rio de Janeiro: FGV, 2000.

BACQUÉ, Bacqué; KOKOREFF, M. "La politique des classes à la française", *Mouvements* 2007/2, n. 50, p. 79-87.

BALBONI, Mariana Reis. *Les politiques de télécommunications brésiliennes. Phase d'implantation de l'accès universel. Mémoire*. Maître en sciences, Université de Montreal, 1999.

BARBOSA, Nelson; SOUZA, José Antonio P. de. "A inflexão do governo Lula: política econômica, crescimento e distribuição de renda." In: SADER, Emir e GARCIA, Marco Aurélio (orgs.). *Brasil: entre o passado e o futuro*. São Paulo: Boitempo/Fundação Perseu Abramo, 2010.

BARRETO, Eleonora F. *Desemprego e (des)mobilização política: a luta do sindicato dos bancários de Campinas e região*. Dissertação (mestrado). Campinas, Instituto de Filosofia e Ciências Humanas, Universidade Estadual de Campinas, 2004.

BASUALDO, Eduardo M. "La reestructuración de la economía argentina durante las últimas décadas de la sustitución de importaciones a la valorización financiera." In: ARCEO, Enrique; BASUALDO, Eduardo. *Neoliberalismo y sectores dominantes. Tendencias globales y experiências nacionales*. Buenos Aires: CLACSO, 2006, p. 123-177

BATISTA JR. Paulo Nogueira. "Argentina: uma crise paradigmática". *Estudos Avançados*. São Paulo, vol 16, n. 44, 2002, p. 83-96.

BENOIT, Hector. "A luta popular pela moradia. Entrevista com Luis Gonzaga da Silva (GG)." *Crítica Marxista*, n. 10. São Paulo: Boitempo, 2000.

BERTHO, A. "L'autre monde ici et maintenant. L'altermondialisme est-il un avenir?". *Mouvements* 2006/4-5, n. 47-48, p. 190-194.

BIANCHI MENDEZ, Alvaro Gabriel. *O ministério dos industriais: a Federação das Indústrias do Estado de São Paulo na crise das décadas de 1980 e 1990*. Campinas, tese de doutorado em Ciências Sociais, Unicamp, 2004.

BIONDI, Aloysio. *O Brasil privatizado: um balanço do desmonte do Estado* (6ª reimp.). São Paulo: Fundação Perseu Abramo, 1999.

BOCCHI, Carmen Priscila. *Movimento pela ética na política e as mobilizações pró-impeachment: elementos para a análise da atuação da sociedade civil no Brasil contemporâneo*. São Paulo, dissertação de mestrado em Ciência Política, USP, 1996.

BOITO JR, Armando, GALVÃO, Andréia, MARCELINO, Paula. "Brasil: o movimento sindical e popular na década de 2000." *Observatorio Social de América Latina*, n. 26, 2009, p. 35-55,

BOITO JR., Armando e MARCELINO, Paula. "O Sindicalismo deixou a crise para trás? Um novo ciclo de greves na década de 2000." *Cadernos do CRH*, vol. 23, n. 59, 2010, p. 323-338.

BOITO JR., Armando. "A burguesia no Governo Lula." *Crítica Marxista*, n. 21, Rio de Janeiro: Revan, 2005.

_____. "Neoliberalismo e relações de classe no Brasil" In: BOITO JR., Armando (org.). *Dossiê Neoliberalismo e lutas sociais no Brasil, Revista Idéias*, n. 9(1), Campinas: IFCH-Unicamp, 2002.

_____. *O golpe de 1954: a burguesia contra o populismo*. São Paulo: Brasiliense, 1982.

_____. *O sindicalismo de Estado no Brasil: uma análise crítica da estrutura sindical*. Campinas: Editora da Unicamp, Hucitec, 1991.

_____. *Política neoliberal e sindicalismo no Brasil*. São Paulo: Xamã, 1999.

BONDUKI, Nabil. "Política habitacional e inclusão social no Brasil: revisão histórica e novas perspectivas no governo Lula." In: *Arq. Urb – Revista eletrônica de arquitetura e urbanismo*, n. 1, 2008. Disponível em: http://

www.usjt.br/arq.urb/numero_01/artigo_05_180908.pdf. Acessado em novembro de 2009.

BORGES, Altamiro. "A revista Época e a república sindical." Disponível em: http://altamiroborges.blogspot.com/2010/05/revista-epoca-e-republica--sindical.html. Acesso em 15 de maio de 2010.

BORÓN, Atílio. "Os novos Leviatãs e a polis democrática." In: *A coruja de Minerva*. Petrópolis: Vozes, 2001.

BOURNEAU, F.; MARTÍN, V. "Organiser les sans emploi? L'expérience de l'APEIS dans le Val-de-Marne." In: FILLIEULE, O. (org.) *Sociologie de la Protestation. Les formes de l'action collective dans la France contemporaine*. Paris: L'Harmattan, 1993. p. 156-180.

BRANDT Ricardo, TOSTA, Wilson. "Era Lula consagra república sindical." *O Estado de S. Paulo*, 06 abril 2008.

BRILLET, E. "Le service public à la française: un mythe national au prisme de l'Europe". *L'Économie Politique* 2004/4, n. 24, p. 20-42.

BRUNO, Raphael. "O quebra-cabeça sindical brasileiro. Migração para novas centrais leva CUT a perder o equivalente a 21% das entidades filiadas". *Jornal do Brasil*, 29 junho 2009.

BRUNO, Regina. *Um Brasil ambivalente. Agronegócio, ruralismo e relações de poder*. Rio de Janeiro: Edur, 2009.

CANO, Wilson e BRANDÃO, Carlos A. (coord). *A Região Metropolitana de Campinas. Urbanização, economia, finanças e meio ambiente*. Vol. I. Campinas: Unicamp, 2002.

CARDOSO, Adalberto. "O sindicalismo corporativo não é mais o mesmo". *Novos Estudos CEBRAP*. São Paulo, n. 48, p. 97-119, jul. 1997.

CARELLI, Rodrigo de Lacerda. *Terceirização e Intermediação de Mão-de-obra: ruptura do sistema trabalhista, precarização do trabalho e exclusão social*. Rio de Janeiro: Renovar, 2003, p. 231.

CARRERA, Nicolás Iñigo e COTARELO, Maria Célia. "Argentina, diciembre de 2001: Hito en el proceso de luchas populares." In: SEOANE, José (org.).

Movimientos sociales y conflicto en América Latina. Buenos Aires: CLACSO, 2004, p. 209-221.

CARRERA, Nicolás Iñigo. "Las huelgas generales, Argentina 1983-2001: un ejercicio de periodización." *PIMSA – Publicación del Programa de Investigación sobre el Movimiento de la Sociedad Argentina.* Buenos Aires, ano V, n. 5, 2001, p. 109-136.

CARTA DE PRINCÍPIOS do Fórum Social Mundial, junho de 2001 – http://www.forumsocialmundial.org.br/main.php?id_menu=4&cd_language=1

CARVALHO, Rodrigo de. "Dez anos de impeachment de Collor". *Revista Princípios.* São Paulo: Anita Garibaldi, n. 66, 2002.

CASSEN, Bernard. *¿Hacia el post-altermundialismo?* Site do Seminário internacional 10 Anos Depois: Desafios e propostas para um outro mundo possível, 2010. Disponível em: http://seminario10anosdepois.wordpress.com/2010/01/18/%C2%BFhacia-el-%E2%80%9Cpost-altermundialismo%E2%80%9D/

CAVALCANTE, Sávio. "As telecomunicações após uma década da privatização: a face oculta do sucesso." *Revista de Economia Política das Tecnologias da Informação e da Comunicação – Eptic On-line*, vol. XIII, n. 1, jan.-abr., 2011.

_____. *Sindicalismo e privatização das telecomunicações no Brasil.* São Paulo: Expressão Popular, 2009.

CERRUTTI, Marcela; GRIMSON, Alejandro. "Buenos Aires, neoliberalismo y después. Cambios socioeconómicos y respuestas populares." *Cuardenos del IDES*, n. 5, out, 2004, p. 1-63.

CHAUVEL, Louis. "Classes e gerações: a insuficiência das hipóteses da teoria do fim das classes." *Crítica Marxista.* São Paulo: Boitempo, 2002, n. 15, p. 57-70.

CHESNAIS, François. *Tobin or not tobin? Porque tributar o capital financeiro internacional em apoio aos cidadãos.* São Paulo: Unesp; ATTAC, 1999.

CMI BRASIL. *Conheça as Frentes de Trabalho.* 2004. Disponível no site: http://www.midiaindependente.org/pt/red/2004/06/284854.shtml

COHEN, Valérie. "Transformations et devenir des mobilisations collectives de chômeurs". *Les Mondes du Travail*, n. 6, set. 2008, p. 91-102.

COLETTI, Claudinei. *A trajetória política do MST: da crise da ditadura ao período neoliberal*. Tese (doutorado). Instituto de Filosofia e Ciências Humanas, Universidade Estadual de Campinas, 2005.

_____. "Ascensão e refluxo do MST e da luta pela terra na década neoliberal." In: BOITO JR., Armando (org.). *Dossiê: Neoliberalismo e lutas sociais no Brasil, Revista Idéias*, n. 9(1), Campinas, IFCH-Unicamp, 2002, p. 49-104.

COLETTI, Claudinei. "Avanços e impasses do MST e da luta pela terra no Brasil nos anos recentes." In: SEOANE, José (org.) *Movimientos sociales y conflicto en América Latina*. Buenos Aires: CLACSO, 2004. p. 73-84.

Comissão Especial – Telecomunicações. Câmara dos Deputados, 7ª reunião, Audiência Pública, 19/03/1997.

COMPARATO, Fábio Konder. "O processo de impeachment e a importância constitucional do caso Collor." In: ROSENN, Keith S. e DOWNES, Richard (orgs.). *Corrupção e reforma política no Brasil: o impacto político do impeachment de Collor*. Rio de Janeiro: Ed. FGV, 2000.

CONLUTAS. *Resoluções do Congresso Nacional dos Trabalhadores*, 2006.

_____. *Coordenação pretende se construir como uma alternativa de luta para os trabalhadores*. In: www.conlutas.org.br, 2004.

CONSTRUINDO A LUTA. *Jornal do Sindicato dos Trabalhadores da Construção e do Mobiliário de Campinas e Região*. Números pesquisados: de janeiro de 1993 a janeiro de 2007.

COSTA, Maria da. *Telecomunicações no Brasil: A trajetória de uma política tecnológica (1962-1987)*. Dissertação de mestrado. Campinas, IFCH, Unicamp, 1991.

CROSSETTI, Pedro. *Serviços de telecomunicações no Brasil: evolução histórica e tecnológica*. Dissertação de mestrado. Campinas, Instituto de Economia, Unicamp, 1995.

CRUZ, Sebastião Velasco e. "O impeachment: uma crise singular." In: *O presente como história: economia e política no Brasil pós-64*. Campinas: Coleção Trajetória, n. 3, Unicamp/IFCH, 1997.

CSC, Boletim Nacional da CSC, 04 abr. 2007. In: www.csc.org.br

CTB, Caderno de teses para o 2° Congresso, São Paulo, 2009.

CUT descarta redução salarial e suspensão temporária de contrato. *Gazeta Mercantil*, 15 jan. 2009.

CUT. Resoluções da 10ª Plenária Nacional da CUT. São Paulo, 2002.

CUT. Resoluções da 11ª Plenária Nacional da CUT. São Paulo, 2005.

CUT. Resoluções da 7ª Plenária Nacional da CUT. São Paulo, 1995.

CUT. Resoluções do 5° Congresso Nacional da CUT (Concut). São Paulo, 1994.

CUT. Resoluções do 7° Congresso Nacional da CUT (Concut). Serra Negra, 2000.

CUT. Texto Base da Direção Nacional ao 10° Concut. São Paulo, 2009.

DALMAZO, Renato. *As mediações cruciais das mudanças político-institucionais nas telecomunicações do Brasil*. Tese (doutorado). Campinas, Instituto de Economia, Unicamp, 1999.

DANIEL, Christine; TUCHSZIRER, C. *L'Etat face aux chômeurs. L'indemnisation du chômage de 1884 à nous jours*. Paris: Flammarion, 1999, p. 394.

DELAMATA, Gabriela. *Los barrios desbordados: las organizaciones de desocupados del Gran Buenos Aires*. Bueno Aires: Eudeba, 2004.

DEMAZIÈRE, Didier; PIGNONI, Maria-Teresa. *Chômeurs: du silence à la révolte*. Paris: Hachette Littératures, 1998, p. 261.

DETHYRE, Richard. "Chômeurs en mouvement et statut des problèmes sociaux." In: VAKALOULIS, Michel (org.). *Travail salarié et conflit social*. Paris: PUF, 1999, p. 63-78.

DIAS, Edmundo F. e BOSI, Antônio. "Estado, capital, trabalho e organização sindical: a (re)construção das classes trabalhadoras no Brasil". *Outubro*, n. 12, 2005.

DIEESE (Departamento Intersindical de Estatísticas e Estudos Sócio-Econômicas). (2006). A terceirização na Petrobras – alguns pontos para reflexão. Disponível em: http://www.fup.org.br/dieese2.pdf. Acesso em 07/05/2010.

_____. Perfil dos novos controladores do Sistema Telebrás. Boletim n. 208, 09/1998.

_____. Balanço das negociações dos reajustes salariais em 2007. Estudos e Pesquisas, 2007.

_____. Balanço das negociações dos reajustes salariais no 1º semestre de 2010. Estudos e Pesquisas n. 54, agosto 2010b.

_____. Mercado de trabalho Brasileiro: evolução recente e desafios. São Bernardo do Campo, 2010. Disponível em: http://www.dieese.org.br/ped/mercadoTrabalhoEvolucaoDesafiostexto2010.pdf

_____. Política de valorização do salário mínimo: considerações sobre o valor a vigorar a partir de 1º de janeiro de 2010. Nota Técnica n. 86, jan. 2010a.

DINIZ, Eli e BOSCHI, Renato. "Globalização, herança corporativa e a representação dos interesses empresariais: novas configurações no cenário pós-reformas." In: BOSCHI, Renato Boschi; DINIZ, Eli; e SANTOS, Fabiano (orgs.). *Elites políticas e econômicas no Brasil contemporâneo: a desconstrução da ordem corporativa e o papel do Legislativo no cenário pós-reformas*. São Paulo: Fundação Konrad Adenauer, 2000.

DRUCK, Maria da Graça. *Terceirização: (des) Fordizando a Fábrica: um estudo do complexo petroquímico*. São Paulo: Boitempo, 1999.

DUARTE, Nanda; CASIRAGHI, Raquel. "Trabalho de base: um movimento nacional de desempregados." *Brasil de Fato*, edição 216, 2007. Disponível em: www.brasildefato.com.br

ELIAS, Denise. *Globalização e agricultura – a região de Ribeirão Preto SP*. São Paulo: Edusp, 2003.

EMPREGO formal ultrapassa 200 mil em março, diz Lupi. *Agência Diap*, 09 abril 2010. Disponível em: http://www.diap.org.br/index.php/

agencia-diap/12735-emprego-formal-ultrapassa-200-mil-em-marco-diz-lupi. Consultado em 12 abril 2010.

ENGELS, Friederich. *A situação da classe trabalhadora na Inglaterra*. Rio de Janeiro: Global, 1986.

FARIAS, Francisco. "Frações burguesas e bloco no poder em Poulantzas." Paper do 32º Encontro Anual da ANPOCS, 2008.

FARIAS, Lindbergh. "Entrevista: Voltamos para ficar." *Revista Istoé*, n. 1126, 2 de setembro de 1992.

FAUSTO, Boris; DEVOTO, Fernando J. *Brasil e Argentina: um ensaio de história comparada (1850-2002)*. São Paulo: Editora 34, 2004, p. 576.

FELÍCIO, César. "Empresários temem república sindical." *Valor Econômico*, 16 mar. 2005.

FERNANDES, Rogério. "Toda força por um Estado de resultados." In: www.fsindical.org.br, 23 julho 2009.

FIGUEIREDO FILHO, Carolina B. G. *Desemprego e organização dos trabalhadores: o caso do MTD*. Relatório (iniciação científica). Campinas: Instituto de Filosofia e Ciências Humanas, Universidade Estadual de Campinas, 2009.

FIGUEIREDO, Marcelo, et al. "Reestruturação produtiva, terceirização e relações de trabalho na indústria petrolífera ofhore da Bacia de Campos." *Gestão & Produção*, vol. 14, n. 1, 2007, p. 55-68.

FILGUEIRAS, Luiz. *História do Plano Real* (1ª reimpressão). São Paulo: Boitempo, 2001.

FILGUEIRAS, Luiz; GONÇALVES, Reinaldo. *A economia política do governo Lula*. Rio de Janeiro: Contraponto, 2007.

FILGUEIRAS, Luiz; GONÇALVES, Reinaldo. "Pobreza e políticas sociais." In: FILGUEIRAS, Luiz; GONÇALVES, Reinaldo. *A economia política do governo Lula*. Rio de Janeiro: Contraponto, 2007, p. 141-174.

Folha de S. Paulo (02/06/2010). Falta de mão de obra faz salário subir. Seção: Mercado.

_____. (07/02/2008). Contratações disparam na Petrobras. Seção: Dinheiro.

_____ (27/08/2009). Petrobras amplia em 10 vezes patrocínios a entidades sindicais. Seção: Brasil.

FORACCHI, Marialice Mencarini. *O estudante e a transformação da sociedade brasileira*. São Paulo: Nacional, 1965.

FORÇA SINDICAL. Revista da Força n. 8, set. 2005.

GALVÃO, Andréia. "A CUT na encruzilhada: impactos do neoliberalismo sobre o movimento sindical." *Idéias* (Neoliberalismo e lutas sociais no Brasil), vol. 9, n. 1, 2002, p. 105-154.

_____. "A reconfiguração do movimento sindical no governo Lula." *Revista Outubro*, n. 18, 2009, p. 175-197.

_____. "A reforma sindical no governo Lula: mudança ou continuidade?" In: BORGES, Altamiro (org.). *A reforma sindical e trabalhista no governo Lula*. São Paulo: Anita Garibaldi, 2004.

_____. "Entre o real e o virtual: as reformas sindical e trabalhista no governo Lula." In: LUCENA e PREVITALI (orgs.). *Capitalismo, Estado e Educação*. Campinas: Átomo-Alínea, 2008, p. 207-223.

_____. *Neoliberalismo e reforma trabalhista no Brasil*. Rio de Janeiro: Revan/Fapesp, 2007b.

_____. *Neoliberalismo e reforma trabalhista no Brasil*. Tese de doutorado em Ciências Sociais, Campinas, Unicamp, 2003.

_____. "O movimento sindical frente ao governo Lula: dilemas, desafios e paradoxos." *Revista do Instituto de Estudos Socialistas*, n. 14, 2006, p. 131-150.

_____. "Reforma sindical: as polêmicas por detrás de um falso consenso." *Revista PUC Viva*. São Paulo, vol. 23, 07 abr. 2005, p. 17-27.

_____. "Reformas ou contra-reformas? O caráter regressivo das reformas sindical e trabalhista." In: *Adunicamp 30 Anos: Universidade e Sociedade*. Campinas, 2007a, p. 170-187.

_____. "Sindicalismo e política: a reconfiguração do movimento sindical brasileiro no governo Lula." In: *Apresentação para o Congrès Marx International v.* Actuel Marx, 2007.

GEDDES, Bárbara e NETTO, Artur Ribeiro. "Fontes institucionais da corrupção no Brasil" In: ROSENN, Keith S. e DOWNES, Richard (orgs.). *Corrupção e reforma política no Brasil: o impacto político do impeachment de Collor.* Rio de Janeiro: FGV, 2000.

GEORGE, Susan. "Dez anos depois: Desafios e propostas para outro mundo possível." In: Site do Seminário Internacional 10 Anos Depois: Desafios e propostas para um outro mundo possível, 2010. Disponível em:http://seminario10anosdepois.wordpress.com/2010/01/2011/dez-anos-depois-desafios-e-propostas-para-outro-mundo-possivel/

GIANNOTTI, Vito. *Collor, a CUT e a pizza* (2ª ed.). São Paulo: Página aberta, 1993.

GIL, Rosangela Ribeiro. "CTB: mais uma central sindical no Brasil." In: www.portogente.com.br, 16 out. 2007.

GIOSA ZUAZÚA, Noemí. "Dinámica del mercado de empleo y regulación laboral en Argentina: antecedentes y transformaciones de los 90s: ¿Hacia a dónde vamos?" Disponível em: www.argentinaobservatory.org, 2005, p. 30.

GOBILLE, B.; UYSAL, Aysen. "Cosmopolites et enracinés." In: AGRIKOLIANSKY, E.; SOMMIER, I. (orgs.). *Radiographie du movement altermondialiste.* Paris: La Dispute, 2005.

GÓMES, Marcelo. "La acción colectiva sindical y la recomposición de la respuesta política estatal en la Argentina 2003-2007." In: NEFFA, Julio; TOLEDO, Enrique de la Garza; TERRA, Leticia Muñiz. *Trabajo, empleo, calificaciones profesionales, relaciones de trabajo y identidades laborales.* Buenos Aires: CLACSO, 2009, vol. II, p. 161-205.

GRAJEW, Oded. Fórum Social Mundial, 10 anos. In: Site do Seminário internacional 10 Anos Depois: Desafios e propostas para um outro mundo possível. Disponível em: http://seminario10anosdepois.wordpress.com/2009/12/12/forum-social-mundial-10-anos, 2010.

GRASSI, Estela. "Política, cultura y sociedad: la experiencia neoliberal en la Argentina." In: LINDENBOIN, Javier; DANANI, Claudia (org.). *Entre el trabajo y la politica: las reformas de las politicas sociales argentinas en perspectiva comparada*. Buenos Aires: Biblos, 2003. p. 107-166.

GRAZIANO DA SILVA, José. "Condicionantes para um modelo agrário e agrícola." In: Programa de Pesquisa e Formação Sindical Ires – CGIL/DESEP – CUT. *A crise brasileira: anos oitenta e o governo Collor*. São Paulo: Instituto Cajamar, 1993.

GREFE, Christiane; GREFFRATH, Mathias; SCHUMANN, Harald. *ATTAC: o que querem os críticos da globalização*. São Paulo: Globo, 2005.

GREVE REMUNERADA PARA O SERVIDOR SÃO FÉRIAS, diz Lula. *Folha de S. Paulo*, 16 maio 2007, p. A4.

GROHMANN, Luís Gustavo Mello. *O veto presidencial no Brasil: 1946-1964 e 1990-2000*. Tese de doutorado em Ciência Política, Rio de Janeiro, Iuperj, 2003.

GRZYBOWSKI, Cândido. "Para Além do Fórum Social Mundial. In: Site do Seminário internacional 10 Anos Depois: Desafios e propostas para um outro mundo possível." Disponível em: http://seminario10anosdepois.wordpress.com/2010/01/2011/para-alem-do-forum-social-mundial/, 2010.

GUIMARÃES, Nadya Araujo. "La brésilianisationde l'Occident?." *Revue Tiers Monde*, n. 189, jan-mar, 2007, p. 155-174.

_____. "Trabalho em Transição. Uma comparação entre São Paulo, Paris e Tóquio." *Novos Estudos*, n. 76, nov. 2006, p. 159-177.

GUTIERREZ, Andriei. *Engenheiros e Desenvolvimento Capitalista no Brasil: tendências e frações no grupo profissional*. Mimeo, 2009.

GUTIERREZ, Regina. "Complexo eletrônico: Lei da Informática e competitividade." In: BNDES Setorial, n. 31, 03/2010.

HABERMAS, Jürgen; FRIEDEBURG, Ludwig von; OEHLER, C.; WEITZ, Friedemann. "O comportamento político dos estudantes comparado ao da população em geral." In: BRITO, Sulamita de (org.). *Sociologia da juventude II: para uma sociologia diferencial*. Rio de Janeiro: Zahar, 1968.

HARVEY, David. "Organizando para a transição anti-capitalista." In: Site do Seminário Internacional 10 Anos Depois: Desafios e propostas para um outro mundo possível. Disponível em: http://seminario10anosdepois.wordpress.com/2010/01/19/organizando-para-a-transicao-anti-capitalista, 2010.

_____. *Condição pós-moderna*. São Paulo: Loyola, 1992.

_____. *Espaços de esperança*. 2ª ed. São Paulo: Edições Loyola, 2006.

HENRIQUE, Wilnês. "As políticas sociais na crise." In: Programa de Pesquisa e Formação Sindical Ires – CGIL/DESEP – CUT. *A crise brasileira: anos oitenta e o governo Collor*. São Paulo: Instituto Cajamar, 1993.

HILLS, Jill. "The U.S Rules. Ok? Telecommunication since the 1940s." In: MCCHESNEY, Robert; WOOD, Ellen; FOSTER, John (eds.) *Capitalism and the information age: the political economy of the global communication revolution*. Nova York: Monthly Review Press, 1998.

HIRATA, Francine. "Minha casa, minha vida. Política habitacional e de geração de emprego ou aprofundamento da segregação urbana?" *Aurora*, n. 4, jul. Disponível em: www.marilia.unesp.br/aurora, 2009, p. 1-11.

HIRATA, Francini. *A luta pela moradia em São Paulo*. Dissertação de mestrado. Campinas, Unicamp, 2010.

HOBSBAWN, Eric. *Era dos Extremos: o breve século XX (1914-1991)*. São Paulo: Companhia das Letras, 1995.

HUSSON, M. "Soixante ans d'emploi." In: HUSSON, M. *La France du Travail*. Paris: L'Atelier/IRES, 2009.

HUSSON, M.; COUTROT, T. "Emploi : quelle alternative aux impasses du social--liberalisme?" In : Fondation Copernic. *Diagnostics pour sortir du libéralisme*. Paris: Sylepse, 2000.

HUSSON, Michel. *Misère du capital*. Paris: Syros, 1996. Disponível em: http://hussonet.free.fr/ouvrages.htm. Acesso em 11/03/2010.

IANNI, Otávio. "O jovem radical." In: BRITO, Sulamita de. *Sociologia da juventude I: da Europa de Marx à América Latina de hoje*. Rio de Janeiro: Zahar, 1968.

INTERSINDICAL. Manifesto: Intersindical, um instrumento a serviço da luta de classes. In: http://acaopopularsocialist.locaweb.com.br/textos/manifesto-intersindical-2006.pdf

IPEA (2010). Análise e recomendações para as políticas públicas de massificação de acesso à internet em banda larga. Comunicados do IPEA, n. 46, 26 de abril.

JÁCOME RODRIGUES, Iram. *Sindicalismo e política: a trajetória da CUT*. São Paulo: Scritta, 1997.

KLACHKO, Paula. "Objetivos de la protesta de cinco organizaciones de desocupados: Primer semestre 2002 – primer semestre 2004." In: PIMSA – Publicación del Programa de Investigación sobre el Movimiento de la Sociedad Argentina. Buenos Aires: año IX, n. 9, 2005. p. 160-197.

KOWARICK, Lucio. *Capitalismo e marginalidade na América Latina*. Rio de Janeiro: Paz e Terra, 1975.

KREIN, José Dari. "As formas de contratação flexível no Brasil. Tendências Recentes nas Relações de Emprego no Brasil. 1990-2005." Tese (doutorado em Economia Aplicada) – Campinas. Universidade Estadual de Campinas, 2007, p. 319.

L'HUMANITÉ, 25/03/2009, p. 9.

LEAL, Sayonara. *Os movimentos em torno da queda do monopólio estatal no sistema de telecomunicações no Brasil: a evolução do setor nos anos 80 à Lei Geral de Telecomunicações (LGT)*. Monografia, UFS, 2000.

LEITE, José Corrêa. *Fórum Social Mundial: a história de uma invenção política*. São Paulo: Perseu Abramo, 2003.

LEMOINE, Mathieu. "Emploi et chômage." In: OFCE. L'économie française 2009. Paris: La Découverte, 2008, p. 46-60.

LIMA, Luziano Pereira Mendes de. *A atuação da esquerda no processo constituinte: (1986-1988)*. Dissertação de mestrado em Ciência Política, Campinas, Unicamp, 2002.

LIPSET. Seymour Martin. "O comportamento da juventude universitária." In: BRITO, Sulamita de (org.). *Sociologia da juventude II: para uma sociologia diferencial.* Rio de Janeiro: Zahar, 1968.

LOBREGATTE, Priscila. "Batista: por uma central democrática, unitária e autônoma." In: www.csc.org.br, 29 ago. 2007.

LOURENÇO, Luana. "Stédile defende radicalização do Fórum Social Mundial." In: http://agenciabrasil.ebc.com.br/noticia/2010-01-25/stedile-defende-radicalizacao-do-forum-social-mundialSeg, 25 de Janeiro de 2010.

LOYOLA, Leandro. "A república sindical." *Revista Época*, 07 maio 2010.

MACHADO, Eliel Ribeiro. *Mal-estar da democracia no Brasil e na Argentina nos anos 90: lutas sociais na contramão do neoliberalismo.* Tese (doutorado em Ciências Sociais) – São Paulo, Pontifícia Universidade Católica de São Paulo, 2004.

MACHADO, Eliel Ribeiro; GONÇALVES, Renata. "MST: entre a constituição de classe nos acampamentos e o refluxo político-ideológico nos assentamentos." Texto apresentado no V *Colóquio Marx e Engels*. CEMARX/Unicamp 2007.

MACHADO, Gustavo Viana. *A burguesia brasileira e a incorporação da agenda liberal nos anos 90.* Dissertação de mestrado em Economia, Campinas, Unicamp, 2002.

MANGUEIRA, Sérgio Augusto. "Assentamentos rururbanos: Um estudo da relação entre o Movimento dos Trabalhadores Sem Terra (MST) e o Movimento de Trabalhadores Desempregados (MTD) no Brasil." Trabalho apresentado no VII *Congresso Latinoamericano de Sociologia Rural*, 2006.

MARCELINO, Paula Regina Pereira. *A Logística da Precarização. Terceirização do trabalho na Honda do Brasil.* São Paulo: Expressão Popular, 2004, p. 238.

MARCELINO, Paula Regina Pereira. *Terceirização e Ação Sindical: a singularidade da reestruturação do capital no Brasil.* Tese (doutorado em Ciências Sociais) – Unicamp, 2008, p. 373.

MARICATO, Ermínia. *Política habitacional no regime militar.* Petrópolis: Vozes, 1987.

MARRACH, Sonia. "O caso Collor ou a política na era dos meios de comunicação de massa." *Educação & Sociedade*, ano XIV, n. 44, 1993.

MARTIN, Virginie. "Organiser les sans emploi ? L'expérience de l'APEIS dans le Val-de Marne." In: FILLIEULE, Olivierl. (org.). *Sociologie de la protestation: les formes de l'action collective dans la France contemporaine*. Paris: L'Harmattant, 1993, p. 157-180.

MARTINS FILHO, João Roberto. "Os estudantes e a política no Brasil (1962-1992)." *Teoria & Pesquisa*. São Carlos, UFScar, n. 10, 1994.

MARTUSCELLI, Danilo Enrico. "A burguesia mundial em questão." In: *33º Encontro Nacional da ANPOCS*, 2009.

MARX, Karl. "O 18 Brumário de Luís Bonaparte." In: *Textos* (vol. 3). São Paulo: Edições Sociais, 1977.

_____. "O 18 brumário de Luís Napoleão." In: *Obras Escolhidas*. Editora Alfa-Ômega, s/d.

_____. *O Capital*. São Paulo: Abril Cultural, 1982.

MASSIAH, Gustave. "Un projet pour le mouvement altermondialiste." *L'Économie Politique*, 2005, n. 25, p. 49-58.

MATTOS, Marcelo Badaró. "Novas bases para o protagonismo sindical na América Latina: o caso brasileiro." In: LEHER, Roberto; SETÚBAL, Mariana. (org.). *Pensamento crítico e movimentos sociais: diálogos para uma nova práxis*. São Paulo: Cortez, 2005, p. 226-259.

MAURER, S.; PIERRU, E. "Le mouvement des chômeurs de l'hiver 1997-1998. Retour sur un 'miracle social.'" *Revue Française de Science Politique*, vol. 51, n. 3, jun. 2001, p. 371-407.

MÉDICI, André Cezar; MARQUES, Rosa Maria e SILVA, Sérgio Luiz Cerqueira da. "Política social." In: Fundação do Desenvolvimento Administrativo (FUNDAP)/Instituto de Economia do Setor Público (IESP). *Gestão estatal no Brasil: limites do liberalismo 1990-1992*. São Paulo: FUNDAP, 1995.

MENELEU NETO, José. "Desemprego e luta de classes: as novas determinidades do conceito marxista de exército industrial de reserva." In: TEIXEIRA, Francisco e OLIVEIRA, Manfredo (orgs.). *Neoliberalismo e reestruturação produtiva: as novas determinações do mundo do trabalho.* Fortaleza: Cortez, 1996.

MÉSZÁROS, István. *A crise estrutural do Capital.* São Paulo: Boitempo, 2009.

_____. *Para além do capital.* São Paulo: Boitempo/Campinas: Editora da Unicamp, 2002.

MIGLIOLI, Jorge. "Burguesia e neoliberalismo: política e economia nos anos recentes." *Crítica Marxista*, n. 6, 1998.

MINELLA, Ary César. "Empresariado financeiro: organização e posicionamento no início da década de 90." In: DINIZ, Eli (org.). *Empresários e modernização econômica: Brasil anos 90.* Florianópolis: UFSC, IDACON, 1993.

_____. "O discurso empresarial no Brasil: com a palavra os senhores banqueiros." In: http://www.cfh.ufsc.br/~minella. Acessado em: 4 de maio de 2004.

Ministério do Orçamento, do Planejamento e Gestão, Evolução setorial da força de trabalho no governo Lula. Comunicado SEGES n° 1, agosto de 2009.

MIRANDA, Carlos Roberto. "Ataque ao mundo do trabalho: terceirização e seus reflexos na segurança e saúde do trabalhador." Disponível em: http://www.saudeetrabalho.com.br /download/ataque-miranda.doc. Acesso em 20/12/2006, p. 21.

MONTEIRO, Viviane. "Salário de servidor público aumentou 56% desde 2002." *Valor Econômico*, 09 abril 2010.

MTD – Campinas. Documento: Por Terra, Teto, Trabalho e Educação. s/data.

MTD – RJ. Pleno Emprego, Plena Vida. Rio de Janeiro. s/data. Disponível em: Acesso em: 27/02/2010.

MTD. Denúncias de Agressão aos Direitos Humanos. Porto Alegre, 2007.

MTE. Remuneração média do servidor público cresce 30,3% em cinco anos. Agência Diap, 06 maio 2010. Disponível em: http://www.diap.org.br/index.php/agencia-diap/13004-mte-remuneracao-media-do-servidor-publico-cresce-303-em-cinco-anos. Acesso em 09 maio 2010.

NEFFA, Julio. "Las principales reformas de la relacion salarial operadas durante el período 1989-2001 com impactos directos o indirectos sobre el empleo." Disponível em: www.clacso.org.ar/biblioteca, 2005, p. 123.

NEVES, Maurício. "O setor de telecomunicações." Col. BNDES 50 anos – Histórias setoriais, 12/2002.

NEVES, Newton J. de O. e FAGUNDES, Milton. *Collor, o artífice do caos*. São Paulo: Ícone, 1993.

NOBRE, Marcos. "Pensando o impeachment." *Revista Novos Estudos – CEBRAP*. São Paulo, n. 34, nov. 1992.

NORONHA, Eduardo Garuti. *Greves na transição brasileira*. Dissertação de mestrado em Ciência Política, Campinas, Unicamp, 1992.

Nova Central Sindical de Trabalhadores. "Por que uma outra central sindical." In: www.ncst.org.br. Acesso em 10 jan. 2006.

NOVELLI, José Marcos N. "Estado, Administração e Burocracia Pública: o caso do Governo Lula (2003-2009)." In: *7° Encontro da Associação Brasileira de Ciência Política*, Recife, 2010.

NUN, José. "Superpopulação relativa, exército industrial de reserva e massa marginal." In: PEREIRA, Luiz. (org). *Populações Marginais*. São Paulo: Duas Cidades, 1978.

OLIVEIRA, André Garcia de. *Aspectos políticos, econômicos e ideológicos da reforma econômica da década de 90 (1990-2000): uma revisão do processo de desnacionalização*. Dissertação de mestrado, Campinas, IFCH, Unicamp, 2004.

OLIVEIRA, Francisco de. *Collor: a falsificação da ira*. Rio de Janeiro: Imago, 1992.

OLIVEIRA, Nathalia Cristina. *Os movimentos dos sem-teto da Grande São Paulo (1995-2009)*. Dissertação de mestrado, Campinas, Unicamp, 2010.

PALOMINO, Héctor; RAJHER, Gustavo; POLIAGHI, Leticia; LASCANO; Inés. "A política e o político nos movimentos sociais na Argentina." In: DAGNINO, Evelina; OLVERA, Alberto J.; PANFICHI, Aldo. *A disputa pela construção democrática na América Latina*. São Paulo: Paz e Terra, 2006, p. 309-342.

Petrobras (2007). Entrevista com José Sérgio Gabrielli de Azevedo, presidente da Petrobras. Revista Petrobras, ano 13, n. 130, p. 4-5.

PIERUCCI, Antônio Flávio e LIMA, Marcelo Coutinho de. "São Paulo 92, a vitória da direita." *Revista Novos Estudos – CEBRAP*. São Paulo, n. 35, mar. 1993.

PIJL, Kees van der. *Transnational classes and international relations*. Londres e Nova York: Routledge, 1998.

PINASSI, Maria Orlanda. *Da miséria ideológica à crise do capital: uma reconciliação histórica*. São Paulo: Boitempo, 2009, p. 140.

POCHMANN, Márcio. "Desempregados do Brasil." In: ANTUNES, Ricardo. *Riqueza e Miséria do Trabalho no Brasil*. São Paulo: Boitempo, 2006, p. 59-73.

_____. "Informalidade Reconfigurada." *Revista Fórum*. 13 agosto 2007. Disponível em: www.revistaforum.com.br

_____. *O emprego na globalização: a nova divisão internacional do trabalho e os caminhos que o Brasil escolheu*. São Paulo: Boitempo, 2001, p. 151.

POCHMANN, Marcio; PEREIRA, Marcelo; BARBOSA, Alexandre. *Classe Média: Desenvolvimento e crise*. São Paulo: Cortez, 2006.

POULANTZAS, Nicos. *A crise das ditaduras: Portugal, Grécia e Espanha*. São Paulo: Martins Fontes, 1976.

_____. *As classes sociais no capitalismo de hoje*. Rio de Janeiro: Zahar, 1978.

_____. *Poder político e classes sociais*. Porto: Portucalense, 1971.

_____. *Pouvoir politique et classes sociales*. Paris: François Maspero, 1968.

POURCEL, Patrice. *Le chômage*. Paris: Bréal, 2002, p. 127.

PRATA, José; BEIRÃO, Nirlando; TOMIOKA, Teiji. *Sérgio Motta: o trator em ação*. São Paulo: Geração, 1999.

RÉMY, Jean. "La sécurité au travail écartelée (entre hyperprescription procédurale et dperéglementation sociale." In: *Analyses et Documentation Economiques*, n. 92/93, fev./mar. 2003, p. 16-20.

RODRIGUES, Vera Marisa de Souza. *Carapintadas: estudantes na festa e na política*. Dissertação de mestrado em Antropologia, Campinas, Unicamp, 1997.

ROLLI, Claudia." Um a cada cinco está sem emprego em SP." *Folha de S. Paulo.* 29 maio. 2003. Folha Dinheiro, p. B4.

RUIZ, Manoel. "A história do Plano Collor." In: http://www.sociedadedigital.com.br/artigo.php?artigo=114&item=4. Acessado em: 2 de julho de 2004.

SAES, Décio. "A esquerda e a questão dos sistemas de governo no Estado democráticoburguês." In: *Estado e democracia: ensaios teóricos* (2ª ed.). Campinas: IFCH – Unicamp, 1998.

_____. "Cidadania e capitalismo: uma crítica à concepção liberal de cidadania." *Revista Crítica Marxista*, São Paulo, n. 16, 2003, p. 1-47.

_____. *Classe média e sistema político no Brasil*. São Paulo: T. A. Queiroz, 1984.

_____. *Classe média e sistema político no Brasil*. São Paulo: T. A. Queiroz, 1979.

_____. "Raízes sociais e o caráter do movimento estudantil." *Cara a Cara* (Revista semestral do Centro de Estudos Everardo Dias), Campinas, n. 2, 1978.

_____. *República do capital*. São Paulo: Boitempo, 2001.

SALGADO, Raquel. "Com Lula, CUT cresce 5,5% e Força dobra total de filiados." *Valor Econômico*, 29 dez. 2006. In: valoronline.com.br

SALLUM JR., Brasílio. "El Brasil en la 'pos-transición': la institucionalización de una nueva forma de Estado." In: BIZBERG, I. (ed.). *Mexico en el espejo latinoamericano ¿democraicia o crisis?* México DF: Colégio de México/ Fundacion Konrad Adenauer, 2010.

SANTOS, Boaventura de Sousa. *O Fórum Social Mundial: manual de uso*. São Paulo: Cortez, 2005.

_____. *O FSM em Movimento. Site do Seminário Internacional 10 Anos Depois: Desafios e propostas para um outro mundo possível.* Disponível em: http://seminario10anosdepois.wordpress.com/2010/02/11/o-fsm-em-movimento, 2010.

SANTOS, Milton. *Pensando o espaço do homem*. 2ª ed. São Paulo: Hucitec, 1986.

SENRA, Stella. "Mídia, política e intimidade: permutas entre a esfera pública e a imagem na era Collor." In: D'INCAO, Maria Angela (org.). *O Brasil não é mais aquele...: mudanças sociais após a redemocratização.* São Paulo: Cortez, 2001.

SILVA, Marineide Maria. *O mosaico do desemprego.* Tese de doutorado (doutorado em Ciências Sociais) – Campinas, Universidade Estadual de Campinas, 2009.

SILVA, Sérgio. *Expansão cafeeira e as origens da indústria no Brasil.* São Paulo: Alfa Omega, 1976.

SINGER, André. "As bases sociais e ideológicas do lulismo." *Novos Estudos CEBRAP*, n. 85, nov. 2009.

_____. *Esquerda e direita no eleitorado brasileiro.* São Paulo: Edusp, 2000.

SINTTEL/RJ. *Perspectivas para o setor de telecomunicações. Transcrição de Seminário.* Rio de Janeiro, Telerj; Sinttel-RJ, 1993.

SIQUEIRA, Fernando Leite. "Internacionalização foi lucrativa para as empresas multinacionais. Entrevista concedida à Revista ComCiência." Disponível em: http://www.comciencia.br/entrevistas/petroleo/siqueira.htm, 2002. Acesso em 10/01/2008.

SKIDMORE, Thomas. "A queda de Collor: uma perspectiva histórica." In: ROSENN, Keith S. e DOWNES, Richard (orgs.). *Corrupção e reforma política no Brasil: o impacto político do impeachment de Collor.* Rio de Janeiro: FGV, 2000.

SKIDMORE, Thomas. *Brasil, de Getúlio a Castelo (1930-1964).* Rio de Janeiro: Saga, 1969.

SOKOL, Markus. "O Fórum não defende os trabalhadores." *Crítica Marxista*, n. 16, 2003.

SOUZA, Amaury de. "O impeachment de Collor e a reforma institucional no Brasil." In: ROSENN, Keith S. e DOWNES, Richard (orgs.). *Corrupção e reforma política no Brasil: o impacto político do impeachment de Collor.* Rio de Janeiro: FGV, 2000.

SOUZA, Davisson C. C. de. *Sindicalismo e desempregados no Brasil e na Argentina de 1990 a 2002: unidade e fratura entre o exército de operários ativo e de reserva*. Tese de doutorado em Sociologia, São Paulo, FFLCH-USP, 2010.

_____. *Sindicato dos Metalúrgicos de Campinas e Região diante do desemprego no período de 1990 a 2002*. Dissertação (mestrado). São Paulo, FFLCH-USP, 2005.

_____. "Unidade e fratura entre o ativo e a reserva: notas sobre a relação entre sindicatos e desempregados." Comunicação apresentada no VI *Colóquio Marx e Engels*. Campinas: CEMARX/Unicamp, 2009.

SVAMPA, Maristella. *La Sociedad Excluyente. La Argentina bajo el signo del neoliberalismo*. Buenos Aires: Taurus, 2005, p. 346.

SVAMPA, Maristella; PEREYRA, Sebastián. *Entre la ruta y el barrio. La experiencia de las organizaciones piqueteras*. Buenos Aires: Biblos, 2003, p. 230.

TATAGIBA, Luciana Ferreira. *Dos significados da ética na política: articulação e discurso no contexto pró-impeachment*. Dissertação de mestrado em Ciência Política, Campinas, Unicamp, 1998.

TATAGIBA, Luciana; TEIXEIRA, Ana Cláudia Chaves. "O papel do CMH na política de habitação em São Paulo." In: CYMBALISTA, Renato *et al*. *Habitação: controle social e política pública*. São Paulo: Instituto Polis/PUC-SP, 2007, p. 61-114. (Observatório dos direitos do cidadão: acompanhamento e análise das políticas públicas da cidade de São Paulo, 31).

TAVARES FILHO, Newton. "Excesso na edição de medidas provisórias." In: Consultoria Legislativa, Câmara dos Deputados, jan. 2008.

TOLEDO, Caio Navarro de. "Partido dos trabalhadores e governo Lula: a regressão da luta ideológica." *Crítica Marxista*, n. 26, São Paulo, 2008, p. 117-138.

TOSI RODRIGUES, Alberto. *O Brasil de Fernando a Fernando: neoliberalismo, corrupção e protesto na política brasileira de 1989 a 1994*. Ijuí: Unijuí, 2000.

TRÓPIA, Patrícia *et al*. "A reconfiguração do sindicalismo brasileiro nos anos 2000: as bases sociais e o perfil político-ideológico da Conlutas." In: *34º Encontro Anual da ANPOCS*. Caxambu, 25 a 29 de outubro de 2010.

TRÓPIA, Patrícia et al. *Relatório Final da Pesquisa As bases sociais das centrais sindicais no Brasil contemporâneo – Quem é a UGT?* Campinas, 2010(a).

TRÓPIA, Patrícia. "A adesão da Força Sindical ao neoliberalismo." *Idéias*, vol. 9, n. 1, 2002, p. 155-202.

_____. *O impacto da ideologia neoliberal no meio operário: um estudo sobre os metalúrgicos da cidade de São Paulo e a Força Sindical*. Tese de doutorado em Ciências Sociais, Campinas, Unicamp, 2004.

UGT. *O Brasil que nós queremos!* 2010(b).

UGT. *Revista da UGT* n. 4, julho de 2010(a).

VELÁSQUES, Mário. *Seguros de desempleo y reformas recientes en America Latina*. Santiago de Chile: CEPAL, 2010, p. 57.

VERRI, Narcisa Beatriz Whitaker. *Os sem-teto do centro de São Paulo: um balanço dos anos 2001-2004*. Tese (doutorado em Sociologia) – Campinas, Universidade Estadual de Campinas, 2008, p. 272.

VIANNA, Gaspar. *Privatização das telecomunicações*. Rio de Janeiro: Notrya, 1993.

VILLAVERDE, João. "Imposto paga até 80% do orçamento das centrais." *Valor Econômico*, 05 março 2010(a).

_____. "Os recursos das centrais sindicais." *Valor Econômico*, 13 abril 2010(b).

_____. "UGT atrai sindicalistas avessos ao lulismo." *Valor Econômico*, 27 julho 2010(c).

WALLERSTEIN, Immanuel. "Uma política de esquerda para o século XXI? Ou teoria e praxis novamente." In: LOUREIRO, Isabel; LEITE, J. C.; CEVASCO, M. E. *O espírito de Porto Alegre*. São Paulo: Paz e Terra, 2002.

WHITAKER, Francisco. "Elementos para um balanço dos dez anos de FSM do ponto de vista da sua metodologia." In: Site do Seminário Internacional 10 Anos Depois: Desafios e propostas para um outro mundo possível. Disponível em: http://seminario10anosdepois.wordpress.com/2010/02/11/elementos-para-um-balanco-dos-dez-anos-de-fsm-do-ponto-de-vista-da-sua-metodologia, 2010.

WINTREBERT, Raphaël. *ATTAC, la politique autrement ? Enquête sur l'histoire et la crise d'une organisation militante*. Paris: Découverte, 2007.

WOHLERS, Márcio. *Reestruturação, internacionalização e mudanças institucionais das telecomunicações: lições das experiências internacionais para o caso brasileiro*. Tese de doutoramento, Campinas, Instituto de Economia, Unicamp, 1994.

ZARPELON, Sandra Regina. "ONGS, movimento sindical e o novo socialismo utópico." *Idéias* (Neoliberalismo e lutas sociais no Brasil), vol. 9, n. 1. Instituto de Filosofia e Ciências Humanas/Unicamp, 2002, p. 203-244.

INFORMAÇÕES SOBRE OS AUTORES

Ana Elisa Corrêa

Professora de Sociologia do Ensino Médio. Mestre em Ciência Política, Unicamp. Autora da dissertação *O Fórum Social Mundial e as classes médias brasileiras: política de reformas e conciliação de classes*, 2011. Temática de pesquisa: classes médias e movimentos sociais no capitalismo neoliberal.

Andréia Galvão

Professora do Departamento de Ciência Política, Unicamp. Doutora em Ciências Sociais pela Unicamp. Autora do título *Neoliberalismo e reforma trabalhista no Brasil*, Revan, 2007. Temática de pesquisa: Sindicalismo e movimentos sociais.

Armando Boito Jr.

Armando Boito Jr. é professor titular de Ciência Política da Unicamp. Pesquisa política brasileira contemporânea. É autor do livro *Estado, política e classes sociais*, editora da Unesp, 2007. Pesquisa teoria política marxista, política brasileira contemporânea e movimento sindical.

Carolina Barbosa Gomes Figueiredo Filho

Mestranda em Ciência Política pela Unicamp, bolsista Fapesp. Temática de pesquisa: as políticas do MST e da CUT para a organização dos trabalhadores desempregados durante os governos Lula.

Danilo Enrico Martuscelli

Professor da Universidade Federal da Fronteira Sul (UFFS). Doutorando em Ciência Política, Unicamp. Autor da dissertação de mestrado *A crise do governo Collor e a tática do PT*, IFCH/Unicamp, 2005. Temática de pesquisa: capitalismo neoliberal, política brasileira, crises políticas, classes sociais e bloco no poder.

Davisson Charles Cangussu de Souza

Professor do Departamento de Ciências Sociais da Universidade Federal de São Paulo (Unifesp), *campus* Guarulhos. Doutor em Sociologia/ USP. Autor, juntamente com Patrícia Trópia, da coletânea Sindicatos metalúrgicos no Brasil contemporâneo (Belo Horizonte: Editora Fino Traço, 2012). Temática de pesquisa: desemprego; sindicalismo; educação e ensino de sociologia.

Elaine R. A. Amorim

Pós-doutoranda do Departamento de Ciência Política do IFCH/ Unicamp. Autora do livro No limite da precarização? *Terceirização e trabalho feminino na indústria de confecção* (São Paulo, Annablume, 2011). Temática de pesquisa: movimentos de desempregados, classes sociais e neoliberalismo.

Francini Hirata

Mestre em Ciência Política pela Unicamp. Autora da dissertação *A luta pela moradia em São Paulo*, 2010. Temática de pesquisa: movimento dos trabalhadores sem-teto.

Nathalia Cristina Oliveira

Doutoranda em Ciência Política na Unicamp, bolsista Capes. Autora da dissertação de mestrado Os movimentos dos sem-teto da Grande São Paulo (1995-2009), IFCH, Unicamp, 2010. Temática de pesquisa: movimentos sociais brasileiros de urgência (movimentos dos sem-teto e sem-terra), as classes sociais e o capitalismo neoliberal.

Paula Marcelino

Professora do Departamento de Sociologia, USP. Doutora em Ciências Sociais, Unicamp. Autora do livro *A logística da precarização: terceirização do trabalho na Honda do Brasil*, São Paulo: Expressão Popular, 2004 (com 1ª reimpressão em 2009). Temática de pesquisa: crise e recuperação do sindicalismo, classes sociais, reestruturação produtiva, neoliberalismo e precarização do trabalho.

Santiane Arias

Doutora em Ciência Política pela Unicamp. Autora da tese *O perfil de classe média do movimento altermundialista: o caso da ATTAC*, 2011. Temática de pesquisa: movimentos sociais e classes sociais

Sávio Cavalcante

Doutorando em Sociologia, Unicamp. Autor do livro *Sindicalismo e privatização das telecomunicações no Brasil* (São Paulo: Expressão Popular, 2009). Temática de pesquisa: política e economia no setor de telecomunicações, classes sociais, classes médias.

ESTA OBRA FOI IMPRESSA EM SANTA CATARINA NA PRIMAVERA DE 2012 PELA NOVA LETRA GRÁFICA & EDITORA. NO TEXTO FOI UTILIZADA A FONTE MINION PRO EM 11,5 PONTOS COM ENTRELINHA DE 16 PONTOS.

Luis Felipe Miguel
Flávia Biroli
Danusa Marques
Carlos Machado
[orgs.]

a **DEMOCRACIA** face
às **DESIGUALDADES**
problemas e horizontes

Copyright © 2015 Luis Felipe Miguel/Flávia Biroli/
Danusa Marques/Carlos Machado

Grafia atualizada segundo o Acordo Ortográfico da Língua Portuguesa de 1990, que entrou em vigor no Brasil em 2009.

Edição: Joana Monteleone/Haroldo Ceravolo Sereza
Editor assistente: João Paulo Putini
Assistente acadêmica: Danuza Vallim
Projeto gráfico e diagramação: João Paulo Putini
Assistente de produção: Maiara Heleodoro dos Passos
Revisão: Patrícia Jatobá
Imagem de capa: Imagem tirada do site sxc.hu.

Este livro foi publicado com o apoio do Demodê – Grupo de Pesquisa sobre Democracia e Desigualdades

CIP-BRASIL. CATALOGAÇÃO NA PUBLICAÇÃO
SINDICATO NACIONAL DOS EDITORES DE LIVROS, RJ

D45

A DEMOCRACIA FACE ÀS DESIGUALDADES : PROBLEMAS E HORIZONTES
organização Luis Felipe Miguel ... [et al.]. - 1. ed.
São Paulo : Alameda, 2015
310 P. : IL. ; 23 CM.

Inclui bibliografia
ISBN 978-85-7939-339-6

1. Democracia - Brasil. 2. Brasil - Política e governo. 3. Brasil - Aspectos sociais. I. Miguel, Luis Felipe. II. Biroli, Flávia. III. Marques, Danusa. IV. Machado, Carlos.

15-25254   CDD: 320.981
                       CDU: 32(81)

ALAMEDA CASA EDITORIAL
Rua Treze de Maio, 353 – Bela Vista
CEP: 01327-000 – São Paulo, SP
Tel.: (11) 3012-2403
www.alamedaeditorial.com.br

SUMÁRIO

Apresentação 7
DANUSA MARQUES E CARLOS MACHADO

Igualdade em contexto: discurso e teoria política 21
ALVARO BIANCHI

Democracia por razões de justiça: fronteiras 41
entre a argumentação moral e a deliberação política
MAURO VICTORIA SOARES

As Jornadas de Junho e a vontade dos iguais 59
DANIEL DE MENDONÇA

A democracia realizada do materialismo histórico: 81
sobre a ditadura do proletariado e sua injustificada omissão
nos estudos de teoria democrática contemporânea
FRANCISCO MATA MACHADO TAVARES

Os limites da controvérsia do aborto na agenda eleitoral de 2010: 119
um estudo sobre o agendamento da mídia
DENISE MARIA MANTOVANI

A família e a maternidade como referências para pensar a política 155
DANIELA PEIXOTO RAMOS

Quando raça não é igual a gênero: teorias feministas 187
e a sub-representação dos negros na política brasileira
LUIZ AUGUSTO CAMPOS

Segregação residencial e relações raciais no Brasil: 223
em busca de uma problemática sociológica
DANILO SALES DO NASCIMENTO FRANÇA

Para além do redistributivismo: uma análise das ideias de 249
Celso Furtado e Mangabeira Unger para enfrentar
a desigualdade social no Nordeste
CARLOS SÁVIO GOMES TEIXEIRA

A focalização e as condicionalidades do Programa Bolsa Família 275
afirmam a noção de direito social e contribuem para a formação de
sujeitos de direitos?
SILVANA APARECIDA MARIANO

Sobre os autores 307

APRESENTAÇÃO

Danusa Marques
Carlos Machado

O Grupo de Pesquisa sobre Democracia e Desigualdades (Demodê) há mais de uma década vem organizando esforços para a produção de reflexões que trabalhem, tanto teórica como empiricamente, com os fenômenos relacionados ao aprofundamento das práticas democráticas considerando o grande conjunto de desigualdades que marca a nossa sociedade. É fundamental para o trabalho do grupo o entendimento de que, quando se pesquisa sobre democracia, não é possível realizar uma investigação que ignore a construção do conceito de democracia como intrinsicamente ligado à igualdade – em muitos casos, mesmo como sinônimos.

Desde 2012, os esforços de pesquisa do Demodê se ampliaram com o objetivo de colaborar para o debate acadêmico brasileiro sobre desenvolvimento democrático e enquadramento das desigualdades. A partir dessas reflexões foi mobilizado um esforço no interior do grupo em construir mais espaços para diálogo entre pesquisadores sobre o tema. Foi assim que surgiu o Simpósio Nacional sobre Democracia e Desigualdades, organizado na Universidade de Brasília, que teve sua segunda edição em maio de 2014. O presente livro apresenta dez textos representativos das discussões presentes em grupos de trabalho e mesas redondas durante o Simpósio Demodê 2014 e promovem tanto importantes avanços teóricos como trazem novos dados e interpretações empíricas para se pensar a relação entre desigualdades e democracia no Brasil.

Que o debate mais procedimental, formal e descritivo sobre democracia busca ultrapassar, pela ausência, o tema das desigualdades, principalmente porque elas apontam as limitações das suas abordagens, é facilmente perceptível. A própria construção das abordagens democráticas hegemônicas, que implicam em uma redução do alcance social da democracia para uma visão formalista sobre um modelo político com critérios democráticos, tem como fundação uma postura refratária à igualdade substantiva entre os cidadãos e cidadãs. Pode-se dizer que o distanciamento da teoria democrática procedimental ao tratamento crítico do tema das desigualdades remonta à construção da democracia em sua visão moderna mais típica, como na teoria tocquevilliana (1998 [1835]) que, mesmo admitindo uma marcha inevitável da democracia sobre o mundo, aponta um cenário de mediocridade relacionado à igualdade. Esta, segundo a teoria, equipara com a própria democracia, e de alto risco de tirania da maioria, ligada à onipotência da maioria, legitima todos os poderes políticos, ainda que a minoria seja diferenciada (mais ativa em relação à política) e a maioria seja largamente mediana (desinteressada nos assuntos públicos, voltada à vida privada e, portanto, mais vulnerável às tentações despóticas). Deste modo, Tocqueville "aceita" o movimento democrático, mas sua análise do sistema político dos Estados Unidos pontua a importância das diversas instituições que diferenciam politicamente elite e povo (como eleições indiretas para o Senado, implementadas até 1913), para localidades onde hábitos e costumes não estavam, segundo ele, relacionados aos talentos democráticos e à liberdade. Ainda que seu foco sempre se volte aos hábitos e costumes, a análise de Tocqueville tem uma preocupação institucional em relação à concentração de poder: as associações voluntárias se apresentam como saída para os dois grandes riscos da democracia (o despotismo da maioria e a criação de um Estado superpoderoso) porque equilibram o jogo de poder, garantindo espaço para engajamento político de contestação da maioria.

O desenvolvimento institucional à luz da verificação das diferenças entre elite e povo se relaciona à fundação da organização política norte-americana, defendida claramente enquanto necessidade de filtrar homens superiores mais alinhados ao interesse público pelos autores federalistas (MADISON, HAMILTON e JAY, 1993). Embora não estivessem construindo seu modelo institucional baseando-se em uma visão democrática – aliás, o objetivo de Madison era justamente apresentar aquele sistema representativo como "República", desqualificando a visão democrática como ligada à tirania da maioria e à instabilidade –, apresentam uma proposta de estrutura de governo baseada na aprovação popular. É este modelo que, em Tocqueville, posteriormente será analisado enquanto "democracia". No entanto, a república madisoniana é marcada pela grave redução da participação popular, entendendo as eleições como filtros que separam aqueles mais patriotas, justos e hábeis do "povo": a ideia principal é de aumento do eleitorado, mas acompanhada de concentração da tomada de decisão nas mãos dos representantes.

A ênfase na inclinação da maioria pela tirania, ou seja, pela redução das liberdades liberais, é um ponto recorrentemente refletido na tradição posterior, como na obra de Joseph Schumpeter (2008), que em sua hegemônica abordagem contemporânea afirma a tendência autoritária que uma concepção de democracia focada em um interesse coletivo supõe. A transição de uma concepção democrática pessimista mas alinhada ao interesse público, como na abordagem de Tocqueville, para uma visão totalmente procedimental da democracia, como na abordagem de Schumpeter, passa por um período de forte produção de um tipo de pensamento que nega a possibilidade teórica e prática da construção democrática: a teoria elitista.

Entre o final do século XIX e a primeira metade do século XX, acompanhando um processo de democratização social no contexto europeu, no sentido de construção de igualdade social, vem o desenvolvimento de teorias refratárias ao poder popular, à igualdade e à possibilidade de construção de um sistema democrático. Inicialmente essas visões partem de abordagens menos sofisticadamente científicas, como a de Ortega y Gasset (1962), que aponta a existência de uma diferença de sensibilidade estética entre elites e massas, mas a "rebelião" dessas últimas gera um contexto de deslocamento dos superiores e apropriação do Estado por elas. Essa rebelião é exatamente a democratização, que aponta uma contestação das desigualdades, assumidas como naturais, apresentando uma crise do mundo contemporâneo.

A visão de insuperabilidade das desigualdades nas relações sociais é um ponto fundamental das teorias elitistas. Apesar de todas as grandes diferenças entre as abordagens, se indicarmos a tríade clássica do elitismo, Vilfredo Pareto, Gaetano Mosca e Robert Michels, suas diferentes análises apresentarão desde a clara naturalização das desigualdades (como em Pareto), até a tendência de padrões sociais históricos de dominação (como em Mosca) e de hierarquização (como em Michels).

Se Pareto (1984) contava com a elite governante como o grupo que tem melhor desempenho no exercício do poder político por causa de seus "resíduos", características naturais que determinam os talentos humanos e são distribuídos desigualmente na sociedade, sua visão de organização social prevê que não há e não deve haver espaço para atuação das massas, que não teriam talentos políticos. Já a visão de Mosca (1986) não explica a organização social por características inatas dos indivíduos, mas pela lógica de tomada de decisão da minoria sobre a maioria: embora menor, a minoria sempre é mais organizada do que a massa, o que a torna "mais numerosa" do que um conjunto de indivíduos atomizados. Apesar dessa conclusão, Mosca indica que a minoria busca convencer a sociedade de que detém as qualidades para governar porque o apoio das massas é central para legitimar o exercício do poder político. A abordagem de Michels (1982) não naturaliza as desigualdades, mas sua visão, marcada pelo pessimismo em relação à democracia e à esquerda em geral, generaliza a impossibilidade de um exercício de poder horizontalizado porque prevê que toda organização social gera burocratização, que, por sua vez, gera hierarquização – portanto, provoca distanciamento entre elite e massa e dominação dos dirigentes sobre a massa. Esta característica das organizações, que poderiam ter um fim democrático em sua fundação, as transforma em um fim em si, mantendo no poder uma minoria dirigente que tem interesses divergentes em relação à sua base.

A tematização das desigualdades em meio às discussões sobre um possível funcionamento da democracia ganha fôlego do final da primeira metade do século XX. Preocupações sobre os rumos da política em contextos de ampla participação política combinado a receios sobre os efeitos de uma suposta orientação política dos indivíduos, decorrente de comportamentos influenciados pela multidão, darão vazão a leituras abertamente elogiosas às desigualdades sociais como componente positivo na operacionalização de governos definidos, formalmente, como democráticos. Partidário desta visão, Joseph Schumpeter (2008) apresentará uma leitura negativa sobre o papel do povo na teoria democrática, ressignificando democracia enquanto governo do povo para democracia em termos de competição pela liderança política sob autorização do povo, sob base elitista (MIGUEL, 2000). A transição entre abordagem sobre democracia em um sentido de governo popular para um esquema competitivo entre elites passa pela aproximação da democracia como despotismo da maioria, o que faz essa literatura indicar os regimes totalitários do século XX como um mergulho profundo na tirania da maioria já anunciada.

A análise schumpeteriana questiona os pressupostos sobre a racionalidade dos indivíduos na tomada de decisões políticas: a vontade coletiva ou o bem comum seriam inalcançáveis, em decorrência da baixa racionalidade de indivíduos ao tratarem de temas políticos. A especialização inerente às sociedades capitalistas não geraria incentivos à formação política das pessoas e a dedicação de tempo às atividades privadas reduz o envolvimento com a política ao mínimo necessário. Em uma interpretação econômica da política, para Schumpeter o aprendizado de qualquer atividade humana está relacionado ao tempo investido naquela prática. Deste modo, apenas pessoas cuja dedicação estaria focada na vivência política estariam corretamente informadas sobre a tomada de decisão pública e seriam capazes de atuar racionalmente. A desigualdade política seria, então, fruto da própria dinâmica social, e o governo democrático não derivaria da produção de um contexto de igualdade de ação ou de efeito político entre os indivíduos, mas da simples disputa entre elites pelo voto popular para a definição de um corpo de representantes. A instituição eleitoral competitiva resumiria as desigualdades sociais de dedicação e inserção na esfera pública e a irracionalidade política decorrente da ausência de prática política se reforçaria através do poder manipulativo da propaganda política sobre a mentalidade das pessoas. Portanto, mesmo quando os indivíduos se informassem sobre política, a propaganda moldaria a percepção dos indivíduos sobre a mesma. Indefeso contra as ameaças da propaganda, o povo estaria condenado a reproduzir discursos políticos disseminados pelos controladores dos meios de produção de conteúdo midiático para as massas. Deve-se notar o caráter excludente desta caracterização do efeito das desigualdades sobre o processo políticos, porque não há uma larga problematização do efeito das desigualdades para a democracia nem uma dedicação para o desenvolvimento de meios para enfrentá-las, mas a operação de um pressuposto para justificar instituições políticas deliberadamente excludentes (SCHUMPETER, 2008).

O entendimento da democracia como um arranjo competitivo pela liderança política e, portanto, de concorrência entre elites, necessariamente limita o exercício do poder para garantir que a democracia possa "dar certo". Isso gera uma separação entre a sociedade e a política – de um lado, reina uma profusão de desigualdades; do outro, as regras democráticas protetoras de uma igualdade exclusivamente formal e de liberdades individuais –, em nome da estabilidade de um sistema desigual. Desconsidera-se que as desigualdades substantivas afetam a capacidade das pessoas de participarem politicamente; as disposições das agremiações políticas, da mídia e das "altas rodas" para agir a favor de quem detêm o capital; de que a estrutura da sociedade apresenta um viés de manutenção de desequilíbrio de poder pela sua própria estabilidade.

Bottomore (1974), analisando a partir de um viés crítico de fundamento marxista, indica que essa abordagem se desenvolve porque nossa sociedade é fundada sobre uma divisão de classes que direciona nosso entendimento da democracia para uma visão limitada. Segundo ele, as teorias democráticas elitistas, cujo expoente é a obra de Schumpeter (2008), tentam compatibilizar a manutenção de privilégios através do entendimento de que as elites seriam politicamente mais capazes do que o povo. Tentam tornar mais aceitável as desigualdades sociais trocando o conceito de igualdade pelo de "igualdade de oportunidades", distorcendo-o: igualdade de oportunidades pressupõe que a desigualdade é aceitável: é a oportunidade de ascender socialmente (e está comumente associada à diferenciação meritocrática).

Nesse sentido, entende-se porque a teoria dahlsiana mais difundida é aquela mais procedimental (1956; 1971), a despeito de toda a análise que Robert Dahl desenvolve nos seus escritos, ainda pluralistas, porém mais críticos (1985). Nas obras de apresentação do conceito de poliarquia (1989, s/d), Dahl indica à teoria política uma opção ao schumpeterianismo estrito, combinando o sistema competitivo eleitoral com a visão de pluralização e fragmentação do poder político. Partindo de uma crítica ao que ele chama de "modelo madisoniano" e "modelo populista", Dahl busca se afastar, respectivamente, do dilema da defesa dos direitos das minorias em um sistema baseado na soberania popular, assim como da defesa da regra da maioria como origem de todo o poder político. Assume, então, que a democracia é um ideal inatingível (e aí aparece, mais uma vez, a inevitabilidade da derrocada do modelo democrático, tão caro aos autores elitistas), mas que é possível construir poliarquias, modelo caracterizado pela dispersão do poder político, estabelecido competitivamente. Repaginando a visão schumpeteriana, Dahl oferece uma nova visão da "mão invisível" da política para compor a ideia de governo de várias minorias, frente à impossibilidade do governo do povo.

As premissas da poliarquia combinam ideias liberais, como a liberdade, enquanto um valor a ser defendido, ação de indivíduos racionais e autônomos e a limitação de abusos de poder por parte do Estado, com uma inovação: este indivíduo não mais é visto como um ator político isolado, mas está agregado e ganha força em uma ação em grupo. Apesar desse entendimento estendido, a poliarquia continua sendo um arranjo procedimental: deve ser um consenso sobre as normas (oito regras que giram em torno das eleições); e envolve o maior grau possível de duas dimensões democráticas teóricas, liberalização e inclusividade. A liberalização é também entendida como o grau de abertura para contestação pública; a inclusividade, como participação ou o direito de participar nas eleições, ou seja, indica o grau de sufrágio (Dahl, s/d).

A abordagem dahlsiana que critica a possibilidade de desenvolvimento democrático dentro de um sistema de apropriação capitalista da riqueza (DAHL, 1990) é apresentada trinta anos após sua concepção clássica, e depois de muitas críticas dirigidas ao modelo liberal-pluralista, que é até hoje a ideologia dominante quando se trata sobre democracia. Dahl, nessa obra, indica que a ideia de risco da tirania da maioria tem uma ligação direta com o receio de perda dos direitos das minorias, ressaltando a necessidade de proteção desses direitos no arranjo democrático liberal, mas que, ao contrário, ali não se vê despotismo da maioria: o que coloca a democracia em risco é a permanência das desigualdades, comprometendo o exercício da democracia, enquanto participação de todos/as na tomada de decisões políticas.

Esse fato se deve à concentração da propriedade privada nas mãos de poucos, o que condiciona trajetórias sociais, interfere na gestão do Estado e dá maior acesso aos espaços decisórios aos proprietários. Dahl, então, contesta a relação entre desigualdades e democracia, partindo de sete suposições sobre a democracia e cinco regras de procedimento democráticas, que indicam valores de liberdade, justiça e, mais fortemente, igualdade, enquanto critérios democráticos. Considerando que o espaço de experiência democrática é muito pontual na vida das pessoas, e que ele deve ser expandido, inclusive para a esfera do trabalho, Dahl indica que qualquer organização social para a qual se aplicam esses pressupostos devem se organizar democraticamente, inclusive as empresas, que sistematicamente ferem esses princípios com sua estrutura de tomada de decisões hierárquica (visão que se aproxima bastante das abordagens participacionistas sobre democracia (Pateman, 1992). Assim, Dahl indica a incompatibilidade entre os princípios democráticos e a propriedade privada das empresas e propõe um modelo baseado na autogestão, estendendo a democracia para a esfera do trabalho e redistribuindo a riqueza.

Muitas abordagens questionadoras da democracia liberal-pluralista são desenvolvidas no âmbito crítico da teoria política, apesar da hegemonia do conceito procedimental na ciência política como um todo. As próprias reconsiderações tardias de Dahl (1990) são fruto dos fecundos debates travados contra o excessivo formalismo da concepção liberal. Diversos aspectos dessas abordagens são recuperados e (re)trabalhados nos capítulos deste livro, que têm como convergência a problematização de questões ligadas à discussão democrática, tendo como foco principal desigualdades que marcam nossa sociedade.

O texto de Alvaro Bianchi aborda a história política do conceito de igualdade, em particular na sua forma enquanto equidade no pensamento político de John Rawls. Segundo Bianchi, a valorização da ideia de "igualdade de oportunidades" e de justiça distributiva ao corpo da reflexão rawlsiana sobre justiça decorre da necessidade de lidar com questões políticas enfrentadas pelos movimentos por direitos civis e posteriormente na militância contrária à guerra do Vietnam. O contexto norte-americano e o engajamento político de Rawls contribuem para se pensar a importância do pensamento, preocupado não apenas com a precisão teórico-conceitual mas também com a conexão destas reflexões com a realidade política.

O capítulo escrito por Mauro Victoria Soares apresenta uma crítica ao modelo deliberativo de Joshua Cohen, que recupera na teoria de John Rawls a base para se pensar arranjos deliberativos e busca incorporar princípios de justiça do liberalismo igualitário em sua teoria. A argumentação de Cohen gira em torno do princípio deliberativo de justificação política, para a qual Soares indica que a incorporação da visão rawlsiana não colabora para que se trabalhem questões fundamentais, como o dissenso e a discordância políticas dentro do arranjo deliberativo, nem consegue avançar na legitimidade da operação da regra majoritária para o processo de justificação política em um arranjo deliberativo.

Daniel de Mendonça se incumbe do desafio de avaliar as Jornadas de Junho de 2013 através da inquietação sobre os significados atribuídos a estes eventos, a partir de considerações que partem das abordagens pós-estruturalistas. Para compreender o espaço de participação política do evento em foco, Mendonça problematiza a ideia de igualdade na dinâmica democrática, entendendo-a como sua sustentação, e que, apesar de seu caráter formal, devido à impossibilidade de ser alcançada, quando comparada à real desigualdade pode servir como propulsão para mobilizações sociais. A existência em meio ao povo de um sentimento de desigualdade coletivamente percebido pode gerar mobilização social devido à disparidade em relação ao ideal igualitário, que jamais será alcançado, presente na justificativa do sistema. O autor busca compreender, a partir dessas referências, o comparecimento em um mesmo espaço de manifestantes cuja dificuldade de caracterização é retratada pela variedade de demandas vocalizadas. Será a autodenominação enquanto povo autoproclamado – a despeito das tentativas de caracterização da imprensa ou de governantes – a marca da ação política substanciada no evento produzido pela propulsão da "vontade dos iguais".

O texto de Francisco Mata Machado Tavares revisita a ideia de ditadura do proletariado, justificando a plausibilidade de recorrer a tão surrada construção teórica para a avaliação das lutas políticas, ao se entender a contribuição deste conceito para tratar sobre a teoria democrática contemporânea. Resgatando a ideia marxiana de proletariado, além das contribuições de Hal Draper sobre o tema, Tavares indica que esse conceito se relaciona à percepção do ser humano livre, universal e concretamente localizado. Posto isso, a ditadura do proletariado se referiria a um projeto radical de democracia, a despeito de interpretações negativas sobre a possibilidade de um governo livre.

O capítulo de Denise Maria Mantovani apresenta uma análise empírica dedicada ao estudo dos agendamentos e enquadramentos de mídia sobre o tema do aborto nas eleições. A autora mapeia este debate em três jornais, *O Globo, Folha de São Paulo e Estado de São Paulo*, e indica que houve uma incorporação da temática do aborto na cobertura, primeiramente com alguma resistência, mas posteriormente cedeu-se à pressão de outros campos, especialmente o religioso. O estudo de Mantovani volta a um ponto relevante das pesquisas sobre mídia e política: o imperativo profissional de neutralidade do jornalismo é um mito e, na verdade, o campo midiático também compete tanto na definição da agenda quanto nos enquadramentos na construção da notícia. Sua pesquisa mostra, ainda, que houve desequilíbrio no enquadramento das diferentes abordagens e que a ideia de pluralidade da mídia não se verifica em relação à questão do aborto nas eleições de 2010. Assim, o estudo de Mantovani ilumina a discussão sobre a necessidade de pluralização da mídia para o desenvolvimento democrático, a partir de um caso mobilizado na cobertura eleitoral de 2010, que limitou ainda mais o entendimento do aborto como um direito das mulheres.

O estudo de Daniela Peixoto Ramos busca compreender, através de entrevistas, as visões e sentimentos dos/as entrevistados/as sobre a articulação das relações de gênero com a política, considerando um corte de classe (média ou popular), de gênero e geracional. A partir da problematização da divisão entre esfera pública e privada, da responsabilização feminina pelo cuidado familiar e da limitação do acesso à política, a autora identifica as principais visões dos/as entrevistados/as como uma abordagem que trabalha paralelamente a política no âmbito familiar e a política institucional, ressaltando valores que não são democráticos e ressaltam padrões de desigualdade. Em relação às construções de gênero, a organização patriarcal das famílias acaba refletindo na visão que se tem sobre a política – as representações de gênero na política não são diferentes daqueles patriarcais. As representações sobre gênero e política centrais são o foco no papel maternal das mulheres, a possibilidade de sua corrupção com a entrada na política, mas também a desvalorização de qualquer traço diferenciador das mulheres enquanto agentes políticos, não questionando as estruturas de desigualdade de gênero para a ação política das mulheres, o que claramente é um problema para o aprofundamento democrático.

O texto de Luiz Augusto Campos busca avaliar como teorias feministas que tratam sobre inclusão de grupos marginalizados na esfera da representação política propiciam interpretações voltadas para a população negra, refletindo sobre as nuances da teorização e, principalmente, sobre os riscos de essencialização desta clivagem social. Sua abordagem é focada na política de presença nos termos de Anne Phillips e da política da diferença de Iris Young. Apesar das tentativas das autoras em se distanciarem da ideia de essencialização de grupo e sua teoria ser importante para iluminar a questão da desigualdade racial e não apenas a de gênero, a aplicação de seus conceitos para o caso da inclusão de não-brancos no contexto brasileiro apresenta sérias limitações, especialmente se considerados os estudos que apontam relações de sociabilidade fluidas entre brancos e negros, alta taxa de casamentos inter-raciais e baixa segregação residencial no Brasil.

Em seu estudo, Danilo França explora a distribuição espacial em que estão alocadas as populações negra e branca na Região Metropolitana de São Paulo (RMSP), considerando o recorte de classe econômica. Entre os estudos seminais sobre estratificação social no Brasil, o elemento racial é tido como pouco significativo, devido à leitura de que o principal componente de diferenciação social seria a vinculação a uma classe. Isso influenciará os estudos sobre segregação residencial, cuja divisão centro-periferia enquadra a dicotomia entre ricos e pobres. Contudo, ao se considerar os estudos de Carlos Hasenbalg e de Carlos Costa Ribeiro, nos quais se identifica a relação entre raça e estratificação social, França propõe incorporar o elemento racial à análise da distribuição residencial da população da RMSP. Com isso, evidencia a ocorrência de segregação residencial na região a partir de bases raciais, cujo acirramento opera com maior ênfase na comparação entre negros/as e brancos/as das classes média e alta.

O texto de Carlos Sávio Gomes Teixeira aproxima os planos de mudança institucional do Estado brasileiro para o Nordeste desenhados por Celso

Furtado, na década de 1960, e Mangabeira Unger, na década de 2000, identificando pontos de convergência em relação ao esforço de reorganização institucional para a região. Segundo o autor, ambos buscavam redesenhar a ação estatal com objetivos de enfrentamento à desigualdade social, apostando na engenharia institucional e na responsabilidade do Estado para o desenvolvimento social coordenando autonomia regional com objetivos nacionais em um país grande e diverso.

Finalmente, o texto de Silvana Mariano parte da ideia de que a redução da desigualdade social está relacionada ao tratamento dado pelo Estado, através de políticas públicas, para enfrentar entraves ao fortalecimento democrático. Assumindo uma posição calcada no reconhecimento da importância da pauta feminista, Mariano faz uma leitura sobre a política de proteção social mobilizada no Programa Bolsa Família, baseada na análise de documentos e entrevistas com pessoas cadastradas no programa. A principal contribuição em seu texto para o tema das desigualdades está na avaliação crítica sobre a política de assistência social mobilizada pelo Programa Bolsa Família, devido à sua natureza forjada em instrumentos de focalização da política, além da existência de condicionalidades. A combinação desses dois elementos propicia o entendimento de que os direitos sociais, assumidos formalmente pelos idealizadores do programa, não se efetiva. Tratando-se de um programa cujos direitos são assumidos como condicionais, a restrição na oferta de serviços entendidos como condição mínima para um indivíduo fere a própria ideia que sustenta a iniciativa. Não há neste caso, portanto, incentivo à autonomia das beneficiárias, em particular as mulheres, principais responsáveis por recebimento dos recursos. A sua pretensa autonomia, na realidade, opera a manutenção de uma estrutura de estratificação, limitando o potencial de ultrapassar as desigualdades que originalmente justificam a formulação da política de transferência de renda promovida pelo Programa Bolsa Família.

Bibliografia

BOTTOMORE, Thomas B. (1974 [1964]), *As elites e a sociedade*. Rio de Janeiro: Zahar Editores.

DAHL, Robert A. (1989 [1956]), *Um prefácio à teoria democrática*. Rio de Janeiro: Jorge Zahar Editor.

_____. (s/d [1971]), *Polyarchy – Participation and opposition*. New Haven, London: Yale University Press.

_____. (1990 [1985]), *Um prefácio á democracia econômica.* Rio de Janeiro: Jorge Zahar Editor.

MADISON, James, Alexander Hamilton e John Jay. (1993 [1787-88]), *Os artigos federalistas – 1787-1888*. Rio de Janeiro: Nova Fronteira.

MICHELS, Robert. (1982 [1911]), *Sociologia dos partidos políticos*. Brasília: Editora UnB.

MIGUEL, Luis Felipe. (2000), "A Democracia Domesticada: Bases Antidemocráticas do Pensamento Democrático Contemporâneo". *DADOS – Revista de Ciências Sociais*, Rio de Janeiro, Vol. 45, nº 3.

MOSCA, Gaetano. (1966 [1986]), "A classe dirigente", em Amaury de Souza (org.). *Sociologia política*. Rio de Janeiro: Zahar, pp. 51-69.

ORTEGA Y GASSET, José. (1962 [1926]), *A rebelião das massas*. Rio de Janeiro: Livro Ibero-Americano.

PATEMAN, Carole. (1992 [1970]), *Participação e teoria democrática*. São Paulo: Paz e Terra.

PARETO, Vilfredo. (1984 [1916]), *Vilfredo Pareto: sociologia*. São Paulo: Ática.

SCHUMPETER, Joseph A. (2008 [1942]), *Capitalism, socialism and democracy.* New York: Harper Perennial Modern Thought.

TOCQUEVILLE, Alexis de. (1998 [1835-1840]), A democracia na América. Belo Horizonte: Editora Itatiaia Limitada.

IGUALDADE EM CONTEXTO: DISCURSO E TEORIA POLÍTICA

Alvaro Bianchi

Há mais de duas décadas as teorias da justiça têm sido objetos de estudos e discussões no Brasil.[1] O que a teoria política, principalmente aquela praticada neste país, tem procurado fazer é, na maioria das vezes, expor a teoria de um autor ou um conceito no interior dessa teoria. Nas variantes mais sofisticadas dessa prática interroga-se sobre a consistência lógica da versão apresentada ou confronta-se um autor com outros autores. Essa modalidade de teoria política, que pode ser chamada de estrutural, caracteriza-se, na maior parte das vezes, por não dar atenção à gênese dos conceitos no pensamento de um autor e à maneira como essa gênese se articula com o debate político público.

Este ensaio adota outro caminho, procurando, por meio de uma história política do pensamento político, entender melhor a evolução do conceito de igualdade nos últimos 50 anos. O objetivo deste ensaio é investigar o desenvolvimento do conceito de igualdade como equidade no interior da teoria da justiça de John Rawls, acompanhando o percurso de produção conceitual entre sua primeira versão, de 1957, e sua reelaboração na redação de *A Theory of Justice*, em 1971. As hipóteses centrais sobre as quais se pretende trabalhar são: 1) ao longo desse período Rawls introduziu o conceito de "igualdade de oportunidades" como uma condição para a própria realização

---

[1] Salvo engano, o primeiro artigo publicado no Brasil a respeito foi de Álvaro de Vita (1992) na revista *Lua Nova*.

da justiça; 2) a emergência desse conceito no quadro de uma justiça como equidade não foi condicionada unicamente por razões de ordem teórico--conceitual; 3) um dos fatores marcantes do longo processo de trabalho teórico de Rawls, neste tema, foi a necessidade, percebida, de responder à emergência de novos problemas políticos práticos que se manifestavam em um contexto de forte conflito social nos Estados Unidos.

I

Em seu Prefácio à primeira edição de *A Theory of Justice*, publicada em 1971, John Rawls expôs o percurso da composição de sua *magnum opus*, enumerando as três versões de sua redação: uma primeira de 1964-1965; a segunda, de 1967-1968; e a terceira de 1969-1970 (RAWLS, 1999 [1971], p. 19-21). Uma quarta e definitiva versão nasceria das revisões que o autor fez à edição alemã de 1975, a qual serviu de base para as traduções posteriores e para a definitiva edição revisada em língua inglesa (RAWLS, 1999 [1971], p. 11).

O desenvolvimento dos conceitos que encontraram seu lugar nesse livro começou, entretanto, pelo menos seis anos antes da primeira redação. Naquele mesmo Prefácio de 1971, Rawls apresentou *A Theory of Justice* como uma exposição coerente de ideias expressas em *papers* escritos entre 1958, ano no qual expôs pela primeira vez o conceito de *justiça como equidade*, e 1967-1968, quando incorporou a ideia de justiça distributiva a sua teoria. Os artigos enumerados por Rawls cobriam um período de dez anos e formavam a base dos capítulos de seu livro. A enumeração dessas diferentes versões demonstra um minucioso processo de elaboração e reelaboração conceitual à qual foi submetida a ideia de justiça como equidade (ver Quadro 1).

Quadro 1. Composição de *Uma Teoria da Justiça*

Artigo	Ano	Onde está em *A Theory of Justice*	Versões de *A Theory of Justice*
Justice as Fairness	1957/1958	Part One	Primeira versão (1964-1965)
Constitutional Liberty	1963	Part Two, ch. IV	
The Sense of Justice	1963	Part Three, ch. VIII	
Civil Desobedience	1966	Part Two, ch. VI	Segunda versão (1967-1968)
Distributive Justice	1967	Part Two, ch. V	
Distributive Justice: Some Addenda	1968	Part One	

O percurso da elaboração conceitual de Rawls tem um de seus primeiros registros em um artigo apresentado na *American Philosophical Association – Eastern Division*, em dezembro de 1957 e publicado originalmente no *Journal of Philosophy* (RAWLS, 1957). Uma versão expandida desse texto foi reproduzida, em 1958, na *Philosophical Review* e é esta última versão a que integra as *Collected Works* de John Rawls (2001d). Foi nos artigos de 1957 e 1958 que a concepção de justiça como equidade foi inicialmente apresentada. Neles, o filósofo se interrogou a respeito do significado da justiça, uma das muitas virtudes das instituições e um aspecto da boa sociedade. Nessa concepção o conceito de igualdade era central. Colocando toda a ênfase nas instituições e práticas sociais, o autor do ensaio julgou pertinente distinguir a igualdade referente a elas da igualdade que comporia uma concepção abrangente de sociedade ideal.

A questão fundamental que orientava, nesse momento, a investigação filosófica de Rawls era a seguinte: de acordo com que princípios seria possível construir instituições que tratassem a todos os indivíduos de maneira igualitária? Ou, de modo mais simples, que princípios deveriam ser seguidos por instituições justas? Nesta primeira formulação, a concepção de justiça como equidade era apresentada na forma de dois princípios aplicáveis às instituições:

> primeiro, cada pessoa que participa de uma prática, ou é afetada por ela, tem um direito igual à mais extensa liberdade compatível com a liberdade para todos; e,

segundo, as desigualdades são arbitrárias a menos que seja razoável esperar que elas funcionem para vantagem de todos, e desde que sejam abertos a todos os postos e cargos às quais estão vinculadas, ou a partir dos quais podem ser adquiridas (RAWLS, 2001d, p. 48).

Assumindo a igual liberdade de todos como ponto de partida, o primeiro princípio recusava distinções e classificações legais, ou outras práticas que infringissem uma distribuição de direitos individuais pressupostos. O segundo princípio, por sua vez, definia que tipos de desigualdades poderiam ser admitidas. As desigualdades às quais se refere este princípio não seriam aquelas que decorreriam das diferenças existentes entre postos e posições, mas sim aquelas provenientes das diferenças entre os benefícios vinculados a postos ou posições ocupadas. O que esse princípio estabelece é que as desigualdades decorrentes dessas diferenças poderiam ser permitidas apenas se as práticas associadas produzissem vantagens para todas as partes envolvidas: "todas as partes devem ganhar com a desigualdade" (RAWLS, 2001d, p. 50).

De acordo com Rawls, estes princípios seriam aqueles escolhidos por pessoas cuja atividade fosse normalmente orientada em busca do interesse próprio, racional e cujos interesses e necessidades fossem ao menos vagamente similares aos das demais pessoas, de modo que a cooperação entre elas fosse possível. Tais pessoas seriam concebidas em uma situação na qual periodicamente discutiriam as reivindicações referentes às instituições das quais participariam. Os princípios de justiça seriam aquelas normas gerais que permitiriam julgar que reivindicações poderiam ser aceitas e quais não seriam. Nesta situação hipotética, uma vez que os princípios de justiça seriam estabelecidos antes de que qualquer reivindicação fosse apresentada, as pessoas envolvidas escolheriam aqueles que não as colocassem em desvantagem em uma situação futura desconhecida. A melhor escolha, é o que tenta demonstrar Rawls, seria adotar a igualdade como um princípio inicial e, a seguir, garantir que as desigualdades que porventura surgissem não prejudicassem ninguém, ou seja, beneficiassem a todos, embora de maneira diferente (RAWLS, 2001d, p. 52-55).

Em 1963, Rawls voltou a esse tema em um novo artigo. Os princípios de justiça que apresentou nessa versão não diferiam daqueles expostos anteriormente, embora fossem exibidos, dessa vez, como parte de uma teoria constitucional.[2] De acordo com o filósofo, os dois princípios de justiça estariam relacionados a duas partes diferentes da estrutura social. O primeiro princípio trataria das liberdades constitucionais, as quais representariam, no âmbito das instituições, aquela posição de igual liberdade que existiria na posição original. O segundo princípio, por sua vez, estaria relacionado com aquela parte da estrutura social que conteria as hierarquias políticas, econômicas e sociais, as quais, segundo o filósofo, seriam necessárias para que as atividades promovidas conjuntamente por diferentes indivíduos funcionassem de modo eficiente e benéfico para todos (RAWLS, 2001a, p. 88).

Foi neste ponto de sua exposição que Rawls apresentou pela primeira vez a ideia de igualdade de oportunidades e de mínimo social. Tanto a igualdade de oportunidades, como a existência de um mínimo social seriam as condições para que, garantida a igual liberdade e o benefício de todos, fossem consideradas justas uma ampla gama de distribuições desiguais de bens e recursos. A justiça da estrutura básica do sistema social, tal como concebida nesta teoria, não diria respeito à distribuição de renda ou bens a indivíduos particulares em situações dadas. Em vez isso, tratar-se-ia de distribuir e atribuir direitos mediante o conjunto de regras que definiriam e regulariam as atividades econômicas. A ideia de uma justiça distributiva era incorporada, dessa maneira, à concepção de justiça como equidade.

II

A segunda etapa da elaboração rawlsiana de uma teoria da justiça ganha um novo sentido se interpretada como um movimento no debate político de

---

2 De acordo com Rawls: "primeiro, cada pessoa participando em uma instituição ou afetada por ela tem um direito igual à maior liberdade compatível com uma liberdade para todos; e, segundo, desigualdades, tal como definidas pela estrutura institucional ou promovidas por elas são arbitrárias, a menos que seja razoável esperar que elas funcionem para vantagem de todos, e desde que sejam abertos a todos os postos e cargos às quais estão vinculadas, ou a partir dos quais podem ser adquiridas. Esses princípios expressam o conceito de justiça relacionado a três ideias: liberdade, igualdade e recompensa por serviços que contribuam para o bem comum." (RAWLS, 2001a, p. 75)

sua conjuntura. A teoria da justiça como equidade e seu conceito de igualdade procuravam dar uma resposta teórica aos problemas revelados pela política prática. Como visto, a ideia de igualdade de oportunidades estava completamente ausente da primeira versão da teoria da justiça como equidade, de 1958, e só apareceu, embora de forma muito ligeira, no artigo que Rawls publicou em 1963. É bastante comum entre os comentadores a afirmação de que o filósofo de Harvard renovou de maneira decisiva o pensamento político liberal, ao mesmo tempo que influenciou o discurso político da nova esquerda. Mas a análise do movimento de produção dos conceitos no interior da obra de Rawls permite avançar a hipótese contrária: a de que o filósofo procurou responder, por meio de sua obra, aos problemas políticos colocados por um renovado liberalismo e uma nova esquerda nascida no interior do movimento pelos direitos civis.[3]

O ano no qual Rawls incorporou a ideia de igualdade de oportunidades a seu léxico foi o mesmo no qual Martin Luther King Jr. pronunciou um famoso discurso anunciando que o "verão sufocante do legítimo descontentamento dos Negros não passará até termos um renovador outono de liberdade e igualdade." No pensamento político do *Civil Rights Movement*, liberdade e igualdade guardavam entre si uma relação de mútua dependência. Sem uma, a outra não poderia se desenvolver plenamente. Essa relação é constitutiva do discurso político nos Estados Unidos e pode ser encontrada de modo recorrente nas mensagens sobre o estado da União que o presidente da República envia anualmente ao Congresso. Franklin D. Roosevelt (1933-1945), por exemplo, afirmava em sua mensagem de 1945: "Nós, americanos, sempre acreditamos na liberdade de oportunidades e a igualdade de oportunidades continua a ser um dos principais objetivos da nossa vida nacional" (ROOSEVELT, 1945). E seu sucessor, Harry S. Truman (1945-1953) destacou no mesmo sentido "os ideais de liberdade e igualdade" (TRUMAN, 1948).[4]

---

3 A emergência de um poderoso movimento contra a guerra também faz parte desse contexto, mas uma vez que nesta exposição a ênfase está colocada no conceito de igualdade, ele não será objeto de análise.

4 Para a realização desta pesquisa foram analisadas as 29 mensagens presidenciais ao Congresso sobre o estado da União (Annual Message to the Congress on the State of the

Tomando como um indicador do debate político público essas mensagens é possível perceber uma importante alteração a partir do início dos anos 1960. De maneira marcante, o discurso político referente aos direitos civis e à igualdade de oportunidades combinou-se, na virada década, com uma forte percepção a respeito da pobreza nos Estados Unidos (ver o Quadro 3 no Apêndice). É possível identificar importantes antecedentes nos discursos do presidente Truman. A igualdade de oportunidades era uma obsessão de Truman e os direitos civis uma preocupação constante depois da Segunda Guerra Mundial e dos problemas decorrentes da reinserção dos contingentes de soldados afrodescendentes no mercado de trabalho e na vida pública dos Estados Unidos. A novidade do discurso de Truman está na articulação destas temáticas com a questão da pobreza.

O discurso de Truman era, entretanto, otimista. Nela a pobreza estava em vias de ser definitivamente superada por meio do esforço comum da sociedade americana:

> O povo americano decidiu que a pobreza é tão inútil e tão desnecessária quanto uma doença que pode ser prevenida. Nós comprometemos nossos recursos comuns para ajudar um ao outro nos perigos e lutas da vida individual. Acreditamos que nenhum preconceito injusto ou distinção artificial deve barrar o acesso de qualquer cidadão dos Estados Unidos da América a uma educação, uma boa saúde, ou um emprego que ele seja capaz de exercer (TRUMAN, 1948).

Entre 1950 e 1962, a pobreza nos Estados Unidos não foi mencionada nos discursos presidenciais, os quais enfatizavam a nova era de prosperidade e abundância na qual a sociedade americana teria entrado. No início dos anos 1960, entretanto, a consciência sobre as desigualdades da sociedade americana tornava-se cada vez maior na opinião pública. Dois livros

---

Union) pronunciadas entre 1945, quando terminou a Segunda Guerra Mundial, e 1971, ano da publicação, por Rawls, de *A Theory of Justice*. As mensagens foram coletadas por John Wolley Gerhard Peters no *The American Presidential Project* (http://www.presidency.ucsb.edu) cuja base de dados utilizamos.

escancararam o problema, *The Affluent Society*, de John Kenneth Galbraith, cuja primeira edição é de 1958 (GALBRAITH, 1998 [1958]), e *The Other America: poverty in United States*, de Michael Harrington, lançado em 1962 (HARRINGTON, 2012 [1962]). O diagnóstico de ambos os livros era similar: os Estados Unidos eram uma nação dividida, na qual bolsões de pobreza conviviam com uma riqueza nunca vista. Entre 40 e 50 milhões de cidadãos americanos viviam em outra América, na qual a abundância cedia lugar à pobreza (HARRINGTON, 2012 [1962], p. 1).

Foi nesse contexto de crescente tensão social e de uma percepção cada vez maior do problema da desigualdade que o discurso presidencial passou novamente a articular as temáticas da igualdade de oportunidades, dos direitos civis e da pobreza.[5] Repercutindo a força do *Civil Rights Movement*, a ideia de igualdade de oportunidades foi incorporada às políticas públicas pelo presidente John F. Kennedy, o qual fez referencia à "igualdade de oportunidade nos empregos" na mensagem sobre o *State of the Union*, de 1962. Reproduzindo argumentos presentes no livro de Harrington, Kennedy associou, em 1963, a ideia de igualdade de oportunidades ao combate contra a pobreza: "para fortalecer a nossa sociedade, para oferecer oportunidades para os 4 milhões de americanos que nascem a cada ano, para melhorar a vida de 32 milhões de americanos que vivem nas imediações da pobreza." (KENNEDY, 1963) A igualdade de oportunidades era chave também no texto legal do *Civil Rights Act* enviado por Kennedy ao Congresso, ainda esse ano, e aprovado no ano seguinte, o qual, em seu Título VII, afirmava a igualdade de oportunidade para os empregos (KENNEDY, 1962).

Foi, entretanto, no discurso político do presidente Lyndon Johnson que a ideia de igualdade de oportunidades passou a ser vista como um instrumento para combater a pobreza, adquiriu maior consistência, foi utilizada de modo mais frequente e tornou-se mais abrangente. Em 1964, o presidente dos Estados Unidos, Lyndon Johnson não só anunciou no Congresso seu compromisso com a expansão dos direitos civis, como também declarou uma "ampla guerra contra a pobreza humana e do desemprego nestes

---

5   Isso não quer dizer, evidentemente, que apenas a presidência e o Congresso tivessem a iniciativa política. No início dos anos 1960, seria mais prudente afirmar que as iniciativas legislativas destes foram reativas a condições externas.

Estados Unidos" (JOHNSON, 1964). A sociedade americana escancarava seu paradoxo mais notável: "A nação mais rica do mundo", como gostavam de enfatizar seus presidentes, convivia com a pobreza e o desemprego, os quais poderiam ser encontradas "em favelas e pequenas cidades, em barracas de meeiros ou em acampamentos de trabalhadores migrantes, nas reservas indígenas, entre os brancos, assim como os negros, entre os jovens, bem como nos idosos, nas cidades que crescem e nas regiões deprimidas." A solução para esse paradoxo, segundo Johnson, seria "ajudar a substituir o desespero pela oportunidade" (JOHNSON, 1964).

De acordo com o presidente, as causas da pobreza não seriam apenas a falta de empregos ou de dinheiro. As razões mais profundas desta estariam "em nossa incapacidade de dar aos nossos concidadãos uma boa chance para desenvolver suas próprias capacidades, em uma falta de educação e formação, em uma falta de assistência médica e habitação, em uma falta de comunidades decentes para se viver e criar seus filhos". As condições desfavoráveis às quais estariam submetidas principalmente as comunidades negras e indígenas, os jovens e os velhos, os imigrantes e os trabalhadores sem qualificação seriam uma barreira para a erradicação da pobreza. Para combatê-la seria necessário "melhor educação, melhor saúde e melhores casas, e uma melhor formação e melhores oportunidades de trabalho para ajudar mais americanos, especialmente os jovens, a escapar da imundície, da miséria e dos cadastros de desempregados" (JOHNSON, 1964).

A guerra interna contra a pobreza convivia no discurso de Johnson com uma guerra implacável no Sudeste asiático, levada a cabo em nome da paz, e com o combate sem tréguas ao comunismo: "Na Ásia o comunismo veste uma máscara mais agressiva. Vemos isso no Vietnam. Por que estamos lá?" perguntava o presidente. "Nós estamos lá, em primeiro lugar, porque uma nação amiga nos pediu ajuda contra a agressão comunista. Dez anos atrás, nosso presidente se comprometeu com a nossa ajuda. Três presidentes têm apoiado essa promessa. Nós não vamos quebrá-la agora" (JOHNSON, 1965). Esse combate contra o comunismo também tinha lugar na América Latina. No State of the Union de 1965, a guerra contra a pobreza passou a ser explicitamente inserida no contexto da política externa norte-americana e passou a fazer parte, juntamente com a Aliança para o Progresso, daquelas iniciativas políticas voltadas àqueles países da América latina aos quais os Estados Unidos estariam ligados por laços de "interesse e afeição".

A ideia, já presente em Galbraith e Harrington de que a miséria nos Estados Unidos concentrava-se em "ilhas" permitia que esse discurso a respeito da pobreza e da guerra coexistisse com o anúncio ufanista do advento de *The Great Society*: "Estamos no meio do maior crescimento do bem-estar econômico na história de qualquer nação. [...] Trabalhamos durante dois séculos para escalar este pico de prosperidade. Mas estamos apenas no início do caminho para a Grande Sociedade. À nossa frente está um pincaro no qual a liberdade dos desejos do corpo pode ajudar a satisfazer as necessidades do espírito". Erradicados os bolsões de miséria e a ameaça à paz posta pelo comunismo, seria possível aos Estados Unidos e ao mundo chegarem ao pincaro da liberdade e da igualdade (JOHNSON, 1965).

No discurso presidencial, a pobreza nos Estados Unidos era concebida como uma "pobreza de aprendizado", presente em cidades arruinadas e subúrbios desolados. A difusão do conhecimento e universalização da educação seriam as chaves para superar a pobreza. As iniciativas de "enriquecimento da vida para todos" anunciadas resumiam-se às políticas de saúde, educação e melhorias urbanas, as quais permitiriam a todos a realização de um sonho, "um sonho de um lugar onde um homem livre poderia construir para si mesmo, e criar seus filhos para uma vida melhor – um sonho de um continente a ser conquistado, um mundo a ser vencido, uma nação a ser feita." Com este discurso, Johnson não apenas deslocou o foco geográfico de sua "guerra contra a pobreza", como também atribuiu um novo conteúdo à ideia de "igualdade de oportunidades", de acordo com o qual não bastaria abrir as oportunidades de emprego para todos, seria necessário, também, criar condições para que todos pudessem concorrer a esses empregos de maneira equânime.

Embora propusesse "a extensão do salário mínimo para mais de 2 milhões de trabalhadores sem proteção" e "a melhoria e a modernização do sistema de compensação aos desempregados" a ideia de distribuição não estava presente no discurso presidencial. Johnson deixava claro que pretendia levar a cabo seu combate à pobreza sem estabelecer formas de regulação sobre as grandes corporações. Pelo contrário, seu discurso continha o pressuposto largamente aceito no pensamento econômico liberal, implícito de que haveria uma relação entre os ganhos dessas corporações – a prosperidade da América – e o bem estar dos cidadãos e, sempre que essa relação não se manifestasse de maneira adequada, caberia ao Estado intervir compensando o desequilíbrio.

Os discursos de Johnson em seus primeiros anos de governo e a "guerra contra a pobreza" foram claramente uma reação às pressões provenientes dos movimentos dos direitos civis e sindical e a uma crescente consciência na opinião pública a respeito das desigualdades sociais existentes. Eram uma resposta liberal à profunda crise social vivida por esse país em um contexto de inusitado crescimento econômico. Esse renovado discurso político reagiu fortemente, por sua vez, sobre os movimentos sociais e sobre a teoria política, a qual passou a refletir a respeito dos novos problemas postos.[6]

III

A segunda fase da elaboração conceitual de Rawls (1967-1868) coincide com seu engajamento político contra a guerra do Vietnam e está marcada pela emergência, sob a forma filosófica de uma refinada teoria da justiça, de temas próprios da política prática, particularmente a ideia de justiça distributiva. De acordo com um dos poucos textos biográficos existentes, Rawls participou, juntamente com seu amigo Roderick Firth, de uma conferência contra a guerra em 1967 e, no verão de 1969, ministrou um curso sobre os "problemas da guerra", no qual discutiu as diferentes justificativas para a intervenção dos Estados Unidos no Vietnam (*ius ad bellum*) e a condução da guerra (*ius in bello*) (POGGE, 2007, p. 19).[7]

Quando esse processo de refinamento dos conceitos é cotejado com as mudanças na opinião pública, das quais os discursos presidenciais podem ser um indicador, percebem-se suas motivações políticas. Em 1967, o

---

6   Foi assim que, no discurso de 1964, por ocasião do recebimento do Prêmio Nobel da Paz, Martin Luther King Jr. citou favoravelmente a mensagem de Johnson e fez referência a essa ideia, a qual estava completamente ausente do discurso de 1963.

7   Esse ativismo político não foi informado por outros autores que se preocuparam em esboçar uma biografia de Rawls, como Samuel Freeman, o qual se restringiu exclusivamente aos aspectos familiares e acadêmicos da vida do filósofo (FREEMAN, 2007, p. 1-8).

filósofo escreveu que a justiça distributiva dependeria de uma correta escolha da estrutura básica da sociedade, das principais instituições do sistema social, sua constituição política e suas instituições políticas e sociais mais importantes. Tendo os indivíduos nascido em diferentes posições ou classes sociais, estes possuiriam diferentes perspectivas de vida, determinadas parcialmente pelo sistema de liberdades políticas e direitos individuais, por um lado; e, por outro, pelas oportunidades econômicas e sociais existentes (RAWLS, 2001b, p. 133).

Considerando as desigualdades sociais inevitáveis, Rawls afirmava que caberia ao segundo princípio de justiça, já anunciado em seus artigos anteriores, impedir que essas desigualdades fossem injustas. Aplicado à estrutura básica da sociedade esse princípio determinaria que "todas as desigualdades que afetam as perspectivas de vida, ou seja as desigualdades de renda e riqueza que existem entre as classes sociais, devem ser para a vantagem de todos" (RAWLS, 2001b, p. 134). Esta não era uma solução completa para a questão, uma vez que faltaria definir o que seria essa vantagem de cada um. As soluções disponíveis até então não eram apropriadas para o filósofo. David Hume considerava que seria possível verificar as vantagens de todos por meio de uma comparação da situação atual com um hipotético estado de natureza. Vilfredo Pareto, por sua vez, definia o bem-estar de um grupo como ótimo sempre que fosse impossível melhorar a situação de uns sem piorar a de outro. Ambas soluções não seriam adequadas para Rawls, pois não permitiriam escolher entre dois sistemas considerados melhores ou ótimos (RAWLS, 2001b, p. 134-137).

A solução apresentada por Rawls implicava escolher como referência uma posição social a partir da qual as expectativas das demais poderiam ser comparadas e a seguir procurar maximizar as expectativas dessa posição social de modo consistente com a igual liberdade, afirmada no primeiro princípio de justiça, e a igualdade de oportunidades, desejada pelo segundo princípio. Essa posição social era aquela na qual se encontravam os "menos favorecidos pelo sistema de desigualdades institucionais" (RAWLS, 2001b, p. 137-138). Sua conclusão era que "essas diferenças são justas se e somente se as maiores expectativas dos mais favorecidos, ao jogar um papel no funcionamento de todo o sistema social, melhoram as expectativas dos menos favorecidos" (RAWLS, 2001b, p. 138).[8]

A solução de Rawls o leva a discutir questões de política prática, como por exemplo, que conjunto de instituições poderiam ser adequadas para promover uma justiça distributiva que melhorasse as expectativas de vida dos menos favorecidos. De acordo com o filósofo esse resultado poderia ser obtido "se a lei e o governo agem efetivamente para manter os mercados competitivos, os recursos plenamente empregados, a propriedade e a riqueza amplamente distribuída ao longo do tempo, e se a igualdade de oportunidades é sustentada pela educação para todos" (RAWLS, 2001b, p. 140)

O filósofo imaginava para isso uma divisão dos sistema de instituições governamentais em quatro ramos: o da alocação, responsável por manter o funcionamento adequado de uma economia de mercado competitiva; o da estabilização, encarregado do assegurar o pleno emprego e evitar o desperdício de recursos; o ramo de transferências, o qual deveria manter o mínimo social por meio da repartição da renda total (salários mais transferências); e, por último, o ramo da distribuição, que preservaria uma distribuição ao longo do tempo de renda e riqueza aproximadamente justa, recorrendo para tal a uma administração do sistema de herança e impostos sobre transferências de patrimônio e rendimentos (RAWLS, 2001b, p. 142-143).

A justiça distributiva exigia uma determinação mais precisa do segundo princípio da justiça e um desenvolvimento mais apurado da ideia de igualdade de oportunidades, o que Rawls procurou fazer no último artigo desta etapa de elaboração conceitual. Como visto, de acordo com esse princípio, "desigualdades sociais e econômicas devem ser ordenadas de tal maneira que (a) seja razoavelmente esperado que beneficiem a cada um e (b) estejam vinculadas a posições e empregos igualmente abertos a todos" (RAWLS, 2001c, p. 154) Mas era necessário esclarecer quais os critérios que permitiriam definir o significado de *beneficiar a cada um* e *estarem abertas a todos*. Para definir o que seria a *beneficiar a cada um*, o filósofo recorreu a dois critérios: o princípio da eficiência, ou do Ótimo de Pareto, e o princípio da

---

8   De acordo com uma precisão feita mais tarde por Rawls, "este grupo é, presumivelmente, mais ou menos idêntico à classe de trabalhadores não qualificados, aqueles com menos educação e habilidades" (RAWLS, 2001c, p. 158).

diferença, ou da mútua vantagem. Por sua vez, *estarem abertas a todos* poderia significar igualdade de carreiras abertas aos talentos ou igualdade de oportunidades sob condições similares. Do cruzamento dessas duas dimensões nasceriam quatro interpretações diferentes: o sistema natural de liberdade, a igualdade liberal, a aristocracia natural e a igualdade democrática (ver Quadro 2).

A melhor forma era, para Rawls, a igualdade democrática. Ela seria capaz de satisfazer o princípio de eficiência, pois quando aplicado não seria possível melhorar a situação de ninguém sem prejudicar outro, e não é contraditório com as carreiras abertas ao talento. A intepretação democrática permitiria, desse modo, atingir os melhores resultados obtidos pelas demais situações e ir além deles. Segundo Rawls: "O argumento para a interpretação democrática repousa no fato de que, quando ela tem lugar, ações distributivas não são indevidamente influenciadas por contingências sociais ou pela loteria dos recursos naturais" (RAWLS, 2001C, p. 165). Interpretada dessa maneira a justiça distributiva permitiria compensar as desigualdades indesejadas, aquelas decorrentes do nascimento ou atributos naturais. Ela possibilitaria, assim, contrarrestar as contingências sociais ou naturais por meio daquela transferência e distribuição de recursos previamente definida.

Quadro 2. Interpretações do segundo princípio de justiça

"igualmente abertas"	"vantagem de todos" Princípio da eficiência (Ótimo de Pareto)	Princípio da diferença (Princípio da mútua vantagem)
Igualdade como carreiras abertas aos talentos	**Sistema de liberdade natural**	**Aristocracia natural**
Igualdade como iguais oportunidades sob condições similares	**Igualdade liberal**	**Igualdade democrática**

Rawls inscreverá versão mais radical dessa concepção de igualdade democrática no corpo de *A Theory of Justice*, de 1971. Sua reflexão precedente a respeito da justiça distributiva o levará a revisar o princípio da diferença e a propor uma versão mais precisa e ao mesmo tempo mais firmemente comprometida com os "menos favorecidos". De acordo com esta nova versão:

> As desigualdades econômicas e sociais devem ser ordenadas de modo a serem ao mesmo tempo (a) para o maior benefício esperado dos menos favorecidos e (b) vinculadas a cargos e posições abertas a todos em condições de igualdade equitativa de oportunidades (RAWLS, 1999 [1971], p. 72).

Culminava desse modo um longo processo de elaboração e refinamento conceitual do conceito de igualdade. Neste ponto de seu desenvolvimento, a teoria rawlsiana revelava um forte compromisso com o ideal democrático e permitia apresentar uma alternativa à concepção liberal de igualdade presente nos discursos presidenciais. O filósofo demonstrou que interpretações diferentes da igualdade de oportunidades poderiam levar a resultados muito diferentes. Uma igualdade formal de oportunidades teria como resultados um cruel sistema de liberdade natural ou, na melhor das hipóteses, uma aristocracia baseada na distribuição desigual dos talentos. Para ser justa, a estrutura básica deveria garantir que a igualdade de oportunidades ocorresse em condições similares. Adotando como princípio a eficiência, o presidente Lyndon Johnson apostava suas fichas em uma interpretação liberal da igualdade. Rawls, por sua vez, aproximou-se das ideias que o movimento pelos direitos civis vinha defendendo há vários anos e afirmou a necessidade de superar a interpretação liberal e adotar uma concepção democrática da igualdade.

V

Assim como no começo dos anos 1960, a opinião pública dos Estados Unidos parece ter readquirido consciência da desigualdade e da pobreza como um problema doméstico. O estrondoso e meteórico sucesso do livro de Thomas Piketty (2014) sobre a desigualdade no século XXI, reproduz a repercussão que os livros de Galbraith e Harrington tiveram.[9] Essa consciência parece ser um dos efeitos do movimento *Occupy Wall Street*, em 2011. *We are the 99%* é um diagnóstico social e um programa político. Embora não fosse plenamente elaborado, esse discurso tem identificado uma oposição entre o povo e as corporações econômicas e avançado uma demanda de regulação e controle social sobre os lucros e os elevados salários dos CEOs.

A reivindicação de uma igualdade equitativa de oportunidades, que havia estimulado o movimento pelos direitos civis e encontrado sua forma teórica em *A Theory of Justice*, encontra-se aquém das novas exigências. O desmantelamento do Estado de bem estar social, em suas diferentes versões, nas décadas que se seguiram à publicação por John Rawls de sua *mangum opus* inviabilizou a realização das esperanças depositadas em uma concepção ao mesmo tempo democrática e liberal de justiça. Não se estranha, assim, que Rawls não seja uma fonte de inspiração para esses movimentos.

Mas novas teorias da igualdade vem sendo desenvolvidas. Em suas versões mais radicais essas teorias tem recuperado a ideia de comunismo. Produzidas muitas vezes à margens das respeitáveis instituições acadêmicas, elas combinam uma forte denúncia das diferentes formas de pobreza e desigualdade social com ideias radicais e surpreendentemente inovadoras, como o "comunismo básico" ou "comunismo cotidiano" (GRAEBER, 2010, p. 98 e 100), o comunismo como "um giro linguístico ao nível da práxis social" (GROÏS, 2009, p. xv) ou o "horizonte que condiciona nossa experiência" (DEAN, 2012). Os filósofos e cientistas políticos precisam estar atentos a esses movimentos intelectuais e políticos. Tão atentos quanto esteve Rawls a sua época.

---

9   Assim como Kennedy e Johnson, Barak Obama reintroduziu neste ano em seu *State of the Union Address* duas palavras que há tempos não se ouviam tão fortes: desigualdade e pobreza: "Agora, as mulheres ocupam a maioria dos empregos de salários mais baixos, mas elas não são as únicas sufocadas por salários estagnados. Os americanos entendem que algumas pessoas vão ganhar mais dinheiro do que os outros, e não nos ofendemos se alguns, em virtude de seus esforços, alcançam um sucesso incrível. Isso é a América. Mas a grande maioria dos americanos concordam que ninguém que trabalha em tempo integral deveria ter de criar uma família na pobreza" (OBAMA, 2014).

Apêndice

Quadro 3. Temas mencionados pelos presidentes dos Estados Unidos nas Annual Message to the Congress on the State of the Union

	Ano	Presidente	Igualdade de oportunidades	Pobreza na América	Direitos civis
1	1971	Nixon	Sim	Não	Não
2	1970	Nixon	Sim	Não	Não
3	1969	Johnson	Não	Sim	Sim
4	1968	Johnson	Não	Sim	Sim
5	1967	Johnson	Sim	Sim	Sim
6	1966	Johnson	Sim	Sim	Sim
7	1965	Johnson	Sim	Sim	Sim
8	1964	Johnson	Não	Sim	Sim
9	1963	Kennedy	Não	Sim	Não
10	1962	Kennedy	Sim	Não	Sim
11	1961	Kennedy	Não	Não	Não
12	1961	Eisenhower	Não	Não	Não
13	1960	Eisenhower	Sim	Não	Sim
14	1959	Eisenhower	Sim	Não	Sim
15	1958	Eisenhower	Não	Não	Não
16	1957	Eisenhower	Não	Não	Sim
17	1956	Eisenhower	Sim	Não	Sim
18	1955	Eisenhower	Não	Não	Não
19	1954	Eisenhower	Não	Não	Não
20	1953	Eisenhower	Sim	Não	Sim
21	1953	Truman	Sim	Não	Sim
22	1952	Truman	Sim	Não	Sim
23	1951	Truman	Sim	Não	Não
24	1950	Truman	Sim	Sim	Sim
25	1949	Truman	Sim	Sim	Sim
26	1948	Truman	Sim	Sim	Sim
27	1947	Truman	Não	Não	Sim
28	1946	Truman	Sim	Não	Não
29	1945	Roosevelt	Sim	Não	Não

Referências bibliográficas

DEAN, Jodi. *The communist horizon*. Londres; Nova York: Verso, 2012.

FREEMAN, Samuel Richard. *Rawls*. Londres; Nova York: Routledge, 2007.

GALBRAITH, John Kenneth. *The affluent society*. 40th Anniversary. Boston: Houghton Mifflin, 1998 [1958].

GRAEBER, David. *Debt: the first 5.000 years*. Brooklyn, N.Y.: Melville House, 2010.

GROĬS, Boris. *The communist postscript*. Londres: Verso, 2009.

HARRINGTON, Michael. *The other America; poverty in the United States*. 50th Anniversary Edition. Nova York: Scribner, 2012 [1962].

JOHNSON, Lyndon. Annual Message to the Congress on the State of the Union (January 8). *The American Presidency Project*, 1964. Disponível em: <http://www.presidency.ucsb.edu/ws/index.php?pid=26787>. Acesso em: 3 maio 2014.

_____. Annual Message to the Congress on the State of the Union (January 4). *The American Presidency Project*, 1965. Disponível em: <http://www.presidency.ucsb.edu/ws/index.php?pid=26787>. Acesso em: 3 maio 2014.

KENNEDY, John F.. Annual Message to the Congress on the State of the Union (January 11, 1962). *The American Presidency Project*, 1962. Disponível em: <http://www.presidency.ucsb.edu/ws/index.php?pid=26787>. Acesso em: 3 maio 2014.

_____. Annual Message to the Congress on the State of the Union (January 14, 1963). *The American Presidency Project*, 1963. Disponível em: <http://www.presidency.ucsb.edu/ws/index.php?pid=26787>. Acesso em: 3 maio 2014.

OBAMA, Barak. Address Before a Joint Session of the Congress on the State of the Union (January 28, 2014). *The American Presidency Project*, 2014. Disponível em: <http://www.presidency.ucsb.edu/ws/index.php?pid=104596>. Acesso em: 3 maio 2014.

PIKETTY, Thomas. *Capital in the twenty-first century*. Cambridge, Mass.: The Belknap Press of Harvard University Press, 2014.

POGGE, Thomas. *John Rawls: his life and theory of justice.* Oxford; Nova York: Oxford University Press, 2007.

RAWLS, John. "Justice as Fairness". *Journal of Philosophy,* vol. 54, n. 22, 1957, p. 653-662.

____. *A Theory of Justice.* Cambridge: Belknap, 1999 [1971].

____. "Constitutional liberty and the concept of justice". In: FREEMAN, Samuel (ed.). *Collected Papers.* Cambridge: Harvard, 2001a, p. 73-95.

____. "Distributive Justice". In: FREEMAN, Samuel (ed.). *Collected Papers.* Cambridge: Harvard, 2001b, p. 130-153.

____. "Distributive Justice: Some Addenda". In: FREEMAN, Samuel (ed.). *Collected Papers.* Cambridge: Harvard, 2001c, p. 154-175.

____. "Justice as Fairness". In: FREEMAN, Samuel (ed.). *Collected Papers.* Cambridge: Harvard, 2001d, p. 47-72.

ROOSEVELT, Franklin D. State of the Union Address (January 6). *The American Presidency Project,* 1945. Disponível em: <http://www.presidency.ucsb.edu/ws/index.php?pid=16595>. Acesso em: 3 maio 2014.

TRUMAN, Harry S. Annual Message to the Congress on the State of the Union (January 7). *The American Presidency Project,* 1948. Disponível em: <http://www.presidency.ucsb.edu/ws/index.php?pid=13005>. Acesso em: 3 maio 2014.

VITA, Álvaro de. "A tarefa prática da filosofia política em John Rawls". *Lua Nova,* n. 25, 1992, p. 5-24.

DEMOCRACIA POR RAZÕES DE JUSTIÇA: FRONTEIRAS ENTRE A ARGUMENTAÇÃO MORAL E A DELIBERAÇÃO POLÍTICA

Mauro Victoria Soares

Ao formular sua agenda de pesquisa para o final dos anos 1990, Ian Shapiro (1994, p. 124) propunha a seguinte questão teórica: "Qual é o lugar apropriado para compromissos democráticos em nossas convicções sobre justiça social?"[1] Diagnosticando dois problemas a serem enfrentados pela teoria política, o autor aludia, primeiramente, às profundas transformações então em curso na Europa Oriental, notadamente nos países que haviam sofrido influência soviética durante a Guerra Fria.

Tratava-se da derrocada de regimes socialistas autoritários – um evidente ganho político em termos da disseminação da democracia – acompanhado, contudo, de sua possível substituição por economias de mercado desreguladas e insensíveis aos custos humanos e ecológicos da desigualdade social. O desafio então colocado – e normalmente ignorado por vertentes que tendiam a identificar acriticamente a democracia com o socialismo ou com o capitalismo – era a tarefa de se pensar instituições especificamente democráticas e as condições sob as quais elas podem adquirir estabilidade e legitimidade.

Essa primeira tarefa de reflexão institucional não surgiria como consequência espontânea da própria luta política pela abertura travada nos países sob agitação:

---

1   Esta e todas as demais passagens extraídas de obras originariamente em inglês foram por mim traduzidas.

> Por sua própria natureza, a mudança revolucionária é reativa; por mais que estejam claros para seus proponentes os mínimos detalhes daquilo contra o que se opõem, eles normalmente não têm essa mesma clareza com relação à composição daquilo que desejam criar (SHAPIRO, 1994, p. 124).

Tem-se, portanto, um encargo valoroso para o qual o teórico pode dar sua contribuição.

O segundo problema que movia Shapiro – e de ainda maior importância para a empreitada teórica – era o hiato identificável entre, de um lado, os trabalhos voltados para a elaboração de teorias da justiça (e assim toda uma extensa literatura dedicada à identificação de princípios orientadores para a construção de uma ordem social justa)[2] e de outro teorias de democracia cada vez mais empenhadas em um esforço analítico para compreender mecanismos decisórios e padrões de comportamento político típicos dos regimes democráticos sem, contudo, problematizar questões normativas subjacentes aos modelos de análise adotados.[3]

O primeiro grupo, das reflexões sobre justiça social, encontrava-se imerso em questões abstratas de fundamentação filosófica e vinha desenvolvendo trabalhos geralmente marcados por um caráter demasiadamente especulativo e sem preocupação com problemas de implementação de suas diretrizes no jogo político efetivo das democracias reais. O segundo grupo, por seu turno, tendia, em sentido reverso, a produzir diagnósticos acríticos da realidade política das democracias, naturalizando lógicas operativas da disputa política existente sem deixar espaço para qualquer reflexão sobre justiça ou legitimidade que pudesse tornar os sistemas democráticos moralmente atraentes.

---

2   O autor cita como exemplos John Rawls, Ronald Dworkin, Robert Nozick, Amartya Sen. Rawls (1971) é certamente a obra seminal dessa corrente e influenciou diretamente todos os demais, pautando os esforços intelectuais de seus seguidores e adversários, dentre os quais se pode mencionar também Sandel (1982) e Walzer (1983). Veja-se, a respeito, Vita (2000).

3   Pense-se aqui na linhagem inaugurada por Schumpeter (1942), da qual Downs (1957) e Riker (1982) são representativos.

A partir da apresentação desse hiato, Shapiro (1994, p. 126) propõe-se a iniciar uma exploração das possíveis inter-relações entre as exigências de justiça e as práticas das comunidades democráticas.[4] E o faz com uma defesa contundente dos princípios e do método democrático, negando qualquer presumida expertise das construções teóricas que buscam estipular um receituário supostamente capaz de superar a profunda divergência de valores que caracteriza as sociedades organizadas democraticamente.

Levando em conta seu diagnóstico e mesmo acatando em larga medida os posicionamentos do autor, sugiro aqui uma ligeira reformulação de sua questão inicial (ainda que o problema e a motivação se mantenham os mesmos): *Qual o papel das demandas por justiça na compreensão da democracia?* A preocupação de Shapiro parece ser com os limites das recomendações de justiça em sua função de determinação de métricas e princípios para a aferição dos resultados políticos dos procedimentos democráticos. Proponho, de um modo um pouco diverso, embora complementar, refletir sobre quais intuições morais derivadas de certas reivindicações de justiça têm apelo específico para a discussão da noção de democracia.

Na literatura nacional, trabalhos que buscaram uma aproximação entre as controvérsias sobre concepções de justiça e as discussões de teorias dedicadas ao estudo da democracia datam do início dos anos 2000.[5] Eles foram em larga medida influenciados pela movimentação em torno da noção de *democracia deliberativa*, conceito que ganhou força no debate acadêmico na segunda metade da década de 1990, propulsionado – entre outras publicações – por duas importantes coletâneas, uma organizada por Bohman e Rehg (1998) e outra por Jon Elster (1999), as quais aproximavam em torno desse tema expoentes da filosofia política, como John Rawls e Jürgen Habermas, teóricos do direito como Frank Michelman e

---

4   O tema é explorado posteriormente também em Shapiro (1996) e de forma mais sistemática em Shapiro (1999).

5   Vita (2000b) aparentemente deu início a essa discussão de modo explícito, desenvolvendo-a também em (2003) e (2007). Preocupações similares aparecem ainda em Araújo (2002) e (2004). Werle (2004) também aborda a temática, desenvolvida em mais extensão em (2008). Recentemente, conferir também Silva (2011), Miguel (2012) e Filgueiras (2012).

Cass Sunstein e nomes da ciência política como Adam Przeworski, Jack Knight e o próprio Elster.[6]

Àquela altura, a temática de deliberação já vinha agregando trabalhos inspirados pelo reconhecimento de que a *argumentação pública*[7] poderia ter um papel fundamental, e diversificado, nos âmbitos da reflexão moral,[8] da teoria do direito[9] e também na operação dos sistemas democráticos.[10] A utilização multidisciplinar da noção de "deliberação pública" tornou-se conveniente para a tentativa de aproximação desses diferentes campos disciplinares. Apesar de ter despertado bastante controvérsia desde então, a "virada deliberativa" no campo das teorias da democracia angariou muita atenção e vem se consolidando como uma via de crítica importante às perspectivas teóricas mencionadas na nota 3.[11]

O termo "democracia deliberativa", contudo, congrega propostas teóricas de diferentes matrizes da teoria política, compondo uma gama de trabalhos que apresenta bastante divergência entre si.[12] Embora tenham contribuído para o enfrentamento da questão enunciada logo acima, muitas das construções dos democratas deliberativos aparentam carecer de um exame mais cuidadoso de algumas mediações necessárias para se transitar entre as teorias da justiça e as teorias da democracia.

Tomando essa carência por base, procurarei examinar algumas dessas transições problemáticas a partir dos trabalhos de Rawls (1971; 1993) e de Joshua Cohen (1989; 2003). Não me proponho a analisar minúcias importantes da argumentação de cada um dos autores em particular. Diversamente,

---

6   Um artigo que discute os diferentes ramos das ciências humanas reunidos em torno da proposta de democracia deliberativa é Chambers (2003). Há uma versão traduzida desse texto na coletânea organizada por Marques (2009).

7   *Public reasoning*, expressão utilizada na maior parte das formulações em inglês.

8   Veja-se Habermas (1983).

9   A exemplo de Nino (1996).

10 O esforço de Habermas (1992) para a articulação desses três diferentes âmbitos é exemplar, embora dependa da aceitação de todos os termos de sua teoria do discurso.

11 Há dois balanços dessa tendência em momentos diferentes nos trabalhos de Bohman (1998) e de Thompson (2008).

12 A respeito das divergências entre perspectivas deliberativas, ver o primeiro capítulo de Dryzek (2000).

recorro a pontos de tensão na forma como eles dialogam entre si, a fim de identificar dificuldades específicas na apropriação que fazem das injunções de justiça propostas para divisar vias de aprimoramento democrático.

Uma concepção de justiça para as democracias

Ao procurar responder a inúmeras críticas que haviam sido dirigidas ao seu *A Theory of Justice* (1971), Rawls reformula em *Political Liberalism* (1993) sua defesa de uma concepção política de justiça, procurando demonstrar que ela é aplicável a uma democracia constitucional marcada pelo pluralismo de visões de mundo controversas, mas que esteja apta a adotar modos de tratamento dessas controvérsias com base na argumentação pública entre seus cidadãos considerados livres e iguais. Apesar de reafirmar diretrizes de justiça elaboradas na primeira obra, o segundo trabalho procura sustentar de que modo ideias morais fundamentais daquela concepção filosófica anterior podem ser apresentadas em uma formulação pública de ideais políticos compartilhados por uma sociedade democrática.

Trata-se de uma perspectiva liberal-igualitária devotada a oferecer recomendações para uma sociedade democrática baseadas em uma ideia específica de igualdade moral.[13] A concepção de justiça de Rawls (1993, p. 11) compõe assim um ideal normativo específico que se propõe a fornecer determinadas diretrizes para as instituições políticas, sociais e econômicas daquela sociedade, àquilo a que o autor chama de sua "estrutura básica". Ou seja, é uma concepção substantiva dentre outras que, com a defesa de seus próprios princípios, sugere determinados padrões epistêmicos para a avaliação daquelas instituições.[14]

Mas, como argumenta Cohen (2003, p. 87), desde seus trabalhos iniciais o próprio Rawls vinha esboçando a conexão entre sua concepção de justiça e a ideia – ou um conjunto de ideias – de democracia:

---

13   Veja-se, a respeito, Vita (2008).

14   Mesmo criticando Rawls, Waldron (1999, p. 159) reconhece que, em seu propósito, uma teoria da justiça como a daquele autor tem necessariamente que afirmar um ponto de vista próprio (em acordo com sua concepção específica de uma sociedade bem ordenada) e defender *seus* princípios de justiça.

> Entendo os propósitos e as ideias centrais desta concepção como as de uma concepção filosófica para uma democracia constitucional. Espero que a justiça como equidade venha a se mostrar razoável e útil, ainda que não plenamente convincente, a uma ampla gama de opiniões políticas ponderadas e, assim, expresse uma parte essencial do cerne comum da tradição democrática (RAWLS, 1971, p. 11).

É certo, todavia, que inexiste nas reflexões de Rawls um tratamento específico dos mecanismos propriamente políticos de um sistema democrático, como a competição eleitoral, a mobilização política, processos legislativos, os movimentos sociais ou mesmo do debate público. Mas isso não significa que sua reflexão sobre justiça pretenda subordinar os processos democráticos à possível implementação de suas ideias centrais por juízes ou agentes especializados, à revelia do próprio jogo democrático. A sustentação dessa mesma concepção filosófica, ao contrário, depende de um regime democrático como base fundamental para seu desenvolvimento e ao mesmo tempo, conforme comenta Cohen (2003, p. 104), oferece uma defesa desse regime fundada em razões de justiça – e não somente por quaisquer motivos instrumentais.[15]

Essa é a primeira correlação – e entendo ser a menos controversa – da concepção de justiça rawlsiana com a ideia de democracia: seus princípios de justiça (em especial o primeiro princípio, que pretende assegurar um esquema de liberdades básicas iguais, no qual as liberdades políticas devem ter seu valor equitativo[16] garantido) exigem um regime político democrático, ou seja, estipulam como condição elementar de justiça que o arranjo político de uma comunidade garanta o direito de participação política (de eleger e ser eleito), assim como as liberdades de expressão e de associação necessárias para que a atividade política seja informada e efetiva.[17]

---

15 Para uma discussão, diferentemente, de razões instrumentais para a defesa da democracia ver Christiano (1990).

16 Mais sobre esse conceito abaixo.

17 Acompanho aqui Cohen (2003, p. 92).

Ao discutir as implicações do primeiro princípio de justiça de sua teoria sobre o desenho constitucional de uma sociedade democrática, Rawls (1971, p. 195) faz alusão ao *princípio de participação igual*. Tal princípio destinar-se-ia à apreciação do mérito dos processos políticos segundo um ideal de regulação igualitária da disputa política. O princípio "requer que todos os cidadãos tenham o igual direito de tomar parte em e determinar os resultados do processo constitucional, que estabelece as leis que eles devem obedecer".

Uma segunda correlação da noção de justiça igualitária com a democracia diz respeito ao ideal de uma sociedade democrática caracterizada pelo respeito entre iguais. Embora se trate de um modo de organização social que representa uma meta normativa a partir de uma perspectiva liberal-igualitária, as próprias práticas associadas ao regime democrático já esboçam sua realização, pois elas visam conferir direitos e capacidades a todos os cidadãos independentemente de sua classe, gênero, etnia ou posição na distribuição dos recursos sociais (COHEN, 2003, p. 97). O reconhecimento público dessa noção de cidadania igual é indicativo do respeito mútuo almejado pela demanda de reciprocidade que aquela noção envolve.

Tratam-se, como afirma Cohen (1989, p. 69) das implicações igualitárias do arranjo democrático defendido pela teoria da justiça de Rawls. Uma ordem política democrática em seus termos tem de exprimir uma noção de igualdade política que esteja manifesta em suas instituições, e isso implica a promoção do *valor equitativo* das liberdades públicas. Ele corresponde à garantia de que as oportunidades políticas e os postos de exercício do poder político não sejam, no limite, afetados pela posição econômica ou social do agente político a quem essas liberdades devem proteger (ou, ao menos, que os direitos políticos que devem garantir essas oportunidades possam ser efetivamente exercidos, buscando-se mitigar a influência sofrida pela desigualdade de fatores socioeconômicos). De acordo com Rawls (1971, p. 198) o valor das liberdades políticas é comprometido, por exemplo, se a desigualdade de recursos permitir que aqueles que dispõem dos meios para tanto possam se valer de sua influência econômica para controlar o curso do debate público.

A garantia de direitos iguais de participação política a todos os cidadãos envolve, segundo o autor (1971, p. 197), a busca de medidas para se assegurar uma oportunidade justa de se tomar parte e influenciar as escolhas públicas, com vistas a um ideal formulado do seguinte modo: "aqueles dotados de igual talento e motivação devem ter aproximadamente as mesmas chances de vir a ocupar posições de autoridade política, independente de sua classe social ou situação econômica". Nesse mesmo intento, Cohen (1989, p. 69) menciona medidas como o financiamento público das campanhas políticas e/ou a restrição ao financiamento privado como forma de promoção desse valor equitativo das liberdades políticas. Do mesmo modo um sistema de tributação que tenha efeitos redistributivos sobre a concentração de renda e riqueza.

Tais providências podem vir a reduzir a discrepância entre as diferentes capacidades de influência política. Essa é uma forma, segundo Rawls (1993, p. 330), de possibilitar que um arranjo democrático equitativo (com um grau de inclusão que possa contrabalançar as dificuldades do exercício dos direitos políticos decorrentes da desigualdade de recursos) venha a produzir legislação mais justa, em decorrência de um tratamento igualitário dos cidadãos.

Um terceiro modo – e provavelmente o mais controverso –, pelo qual a concepção de justiça de Rawls pode ser correlacionada ao debate sobre democracia, envolve a forma como os princípios daquela concepção possam orientar a argumentação política como requisito para a autorização do poder político. Nessa terceira perspectiva, segundo Cohen (2003, p. 90 e 100), espera-se que os princípios de justiça ofereçam normas de argumentação política que guiem o julgamento de cidadãos em condições de igualdade (ao menos no que toca às divergências quanto a elementos constitucionais essenciais e a questões de justiça básica). Pode-se aqui indagar: de que modo se pode esperar que princípios de justiça reconhecíveis em uma teoria específica (como a de Rawls) sejam refletidos na deliberação dos cidadãos em uma democracia? Para Cohen, uma concepção deliberativa de democracia poderia assegurar tal intento.

Uma concepção de democracia inspirada na justiça

Cohen (1989, p. 67) defende uma concepção de democracia que atribui ao processo pelo qual uma associação política resolve suas questões públicas (por meio da deliberação de seus membros) o valor de um ideal político fundamental. Nessa argumentação, a deliberação pública é o componente central da democracia e tem valor em si mesma. Ou seja, a forma deliberativa de tratamento das questões públicas não aparece – diferentemente do que ocorre na argumentação de Rawls (1993) – somente como um ideal derivado, que se justificaria em termos da oportunidade ou do respeito iguais que possa proporcionar aos cidadãos. Segundo a interpretação de Cohen (1989, p. 72) a deliberação política deve ser compreendida como um ideal independente, que se fundamente na "ideia intuitiva de uma associação democrática na qual a justificação dos termos e condições de associação se dê através da discussão e argumentação públicas entre iguais".

O processo de deliberação pública tem, portanto, centralidade na argumentação do autor: é condição *sine qua non* de legitimação das decisões democráticas. A deliberação democrática, quando concebida em termos apropriados – ou seja, obedecendo a determinados requisitos de igualdade – é o requisito fundamental na determinação de quando o poder político se exerce de forma legítima ou não. De acordo com Cohen (1989, p. 71) é no "modo apropriado de se chegar a decisões coletivas", estipulado por um procedimento ideal de deliberação, que se encontra o cerne normativo dessa concepção.

Cohen pretende demonstrar que um ideal de democracia deliberativa está pressuposto na defesa feita por Rawls de um sistema equitativo de cooperação social, ainda que o próprio autor não a tenha explorado devidamente. Para que se assegure o "valor equitativo" das liberdades políticas ambicionado por Rawls (1971, p. 199) – afirma Cohen (1989, p. 68) – é preciso organizar o debate público em torno de concepções alternativas do que seja o bem público. Interessa a Cohen a intuição de Rawls (1971, p. 195) de que, em uma democracia constitucional que satisfaça o ideal de igualdade em questão, os partidos políticos não podem equivaler a meros grupos de interesse em busca de benefício próprio, mas têm de ser compreendidos também em seu papel de veiculação das distintas visões do bem comum, presentes em uma sociedade plural.

A ideia de que as leis e políticas públicas devam ser debatidas com referência a concepções do que seja o bem público contrasta-se com as formulações teóricas em que a competição política é entendida puramente como oposição entre interesses irreconciliáveis, que devam ser acomodados de forma eficiente – mais ou menos em acordo com a "teoria da política como mercado" criticada por Elster (1986, p. 11). Tanto Elster como Rawls (1971, p. 316) sustentam a necessidade de uma distinção entre, de um lado, o sistema de agregação de preferências do mercado e, de outro, o processo político de legislação e tomada de decisões púbicas.

Para Cohen (1989, p. 71), portanto, as características igualitárias propostas por Rawls como adequadas a uma sociedade democrática seriam "elementos de uma ideal político específico e independente, que é voltado em primeiro lugar para a condução adequada dos assuntos públicos – ou seja, para o modo apropriado de se chegar a decisões coletivas". Essa noção política independente poderia, de acordo com Cohen, ser identificada por um sistema de deliberação ideal, no qual as instituições sociais e políticas devam se espelhar. Cohen sugere que o ideal rawlsiano de um sistema equitativo de cooperação social (representado pela ideia de uma sociedade democrática bem-ordenada) depende, para que seus desdobramentos em relação à prática política democrática possam ser estabelecidos, desse modelo de deliberação ideal proposto.

Desse modo, em vez de pensar a deliberação pública como uma forma (um fator, dentre outros) de se contribuir para a consecução de processos legítimos de escolha política ou para a estruturação de arranjos políticos equitativos – ou seja, como meio para se assegurar os valores da igualdade política ou do autorrespeito (que fazem parte do ideal fundamental de justiça em Rawls, por exemplo) – Cohen propõe o caminho inverso. Ele atribui à deliberação pública a condição de um ideal político fundamental: a argumentação pública entre iguais (sob requisitos específicos, portanto) seria, de acordo com o autor,[18] um valor essencial, como aqueles da igualdade política e do autorrespeito. No limite, é através desse ideal fundamental (o qual pressupõe uma caracterização abstrata da deliberação modelar) que a noção de igualdade equitativa poderia, segundo Cohen, ser derivada – e não o contrário.

---

18   Sigo aqui Freeman (2000, p. 389).

Trata-se, para a concepção deliberativa de Cohen, de especificar as condições institucionais para que a tomada de decisão obedeça a um formato adequado de deliberação equitativa. De acordo com o autor, o procedimento deliberativo ideal que propõe deve se prestar a realizar uma caracterização abstrata das propriedades fundamentais que as instituições "deliberativas" devem apresentar. Obedecendo à sua meta anunciada, de estipular uma base adequada para que os desdobramentos político-democráticos da sociedade bem-ordenada de Rawls sejam possíveis, Cohen (1989, p. 79) sugere que o procedimento deliberativo ideal não consiste em um "experimento mental" que se preste a fundamentar a defesa de princípios específicos.[19] Ele deve servir, diferentemente, de "modelo para as instituições, modelo que elas deveriam espelhar o tanto quanto possível".

Assim, em vez de recorrer a um procedimento hipotético para a justificação de princípios de justiça específicos (de modo que estes possam fornecer diretrizes para a regulação da prática democrática), o procedimento deliberativo ideal corresponderia, para Cohen, à formalização de um processo que as instituições de decisão pública deveriam emular, para que possam elas mesmas viabilizar decisões justas. De acordo com o raciocínio do autor, a reflexão desse procedimento na regulação institucional proporcionaria uma ordenação adequada dos mecanismos de decisão, de forma a que os atributos da deliberação ideal se tornem em alguma medida realizáveis na prática.

Argumentação moral e deliberação política

Há, evidentemente, um forte componente de idealização no princípio deliberativo de justificação política. Ele necessita de mediações para servir de critério de avaliação das deliberações políticas efetivas – sobretudo para se prestar a figurar como um referencial para a crítica destas últimas.[20] Uma forma possível de estabelecer essa mediação é reservar esse exigente critério para situações específicas – em vez de esperar que ele possa ser empregado em qualquer contexto de decisão política. Pode-se argumentar[21]

---

19 Como ocorre com o argumento da "posição original" elaborado por Rawls (1971).
20 Cf. Christiano (1997, p. 262) e Estlund (1997, p. 180).
21 Veja-se Vita (2003, p. 127).

que o rigor dos requisitos necessários à deliberação pública arrazoada, previsto pelo procedimento deliberativo ideal, é próprio às exigências de fundamentação moral, quando se trata de decisões acerca de questões que envolvam divergência de princípios – ou seja, nas quais o tema enfrentado diga respeito ao choque entre concepções de bem divergentes que pautam posições controversas quanto a determinados objetivos políticos de maior implicação para dilemas morais. Não se poderia esperar o mesmo no tocante a disputas que envolvam apenas a concorrência entre dois planos de ação que *não* impliquem uma divergência moral de fundo.

E o que dizer das questões políticas cotidianas, que normalmente não envolvem essa espécie de conflito moral mais evidente? Nesse caso, a proposta do procedimento deliberativo ideal de Cohen padece de pouca atenção às necessidades práticas da composição dos conflitos políticos. Ela oferece um critério exigente que se espera pudesse pautar decisões acordadas em cenários favoráveis (nos quais houvesse igualdade de condições para a expressão e defesa dos pontos de vista e uma tendência à convergência quanto a uma solução de comum acordo), mas não consegue estabelecer uma correlação entre esse processo qualificado de deliberação e a necessidade prática de se recorrer a métodos decisórios que lidem com a divergência remanescente desses processos deliberativos.

Nas práticas decisórias do processo democrático, há sempre a necessidade de se recorrer a um método (em geral o princípio majoritário, que determina que a opinião que tiver suporte da maioria prevaleça) para se dirimir os conflitos de forma legítima. A dificuldade do modelo de tratamento deliberativo das controvérsias políticas proposto por Cohen é que ao processo deliberativo segue-se um mecanismo de decisão que tem sua razão não na aproximação esperada entre as posições, que poderia eventualmente advir de discussões arrazoadas, mas da discordância remanescente. O método majoritário, por exemplo, é um expediente alternativo necessário, diante de eventual inviabilidade do consenso. Na falta do "acordo normativo" esperado pelo procedimento deliberativo ideal, entra em cena um método de resolução que não pode ele mesmo ficar sem uma justificação adequada.

A reflexão sobre considerações de justiça que devem ser levadas em conta no desenho das instituições democráticas pode se favorecer de uma distinção importante – também não levada em conta por Cohen. Elaborar os termos razoáveis que possam servir de critérios independentes para a avaliação dos resultados das deliberações políticas efetivas não pode ser equivalente a se supor que o espelhamento, na prática democrática, dos modelos de argumentação moral idealizada (como o ideal deliberativo de justificação política) possa vir a produzir, de fato, decisões consensuais.[22] Uma visão plausível dos requisitos para a legitimidade do emprego do poder político tem de levar em conta os fenômenos cruciais da divergência e do dissenso que são a própria marca do campo da política.

Do contrário, na medida em que o ideal de deliberação política não reconheça a tensão existente entre as idealizações do procedimento deliberativo livre e igual – voltado para decisões hipoteticamente consensuais) – e o dado factual de que as decisões políticas prestam-se a por termo aos conflitos (mesmo diante da discordância), não se tem uma compreensão adequada dos processos de decisão democrática.[23] Não se oferece, sobretudo, uma justificativa plausível para o recurso à regra da maioria como método autorizado de solução de controvérsias. Diferentemente do que parece supor a proposta deliberativa de Cohen, a utilização de um método majoritário apoia sua legitimidade *não* sobre a deliberação prévia, mas sobre a consideração igual de todas as opções disponíveis em disputa.

Assim sendo, mesmo se assumirmos a possibilidade de a deliberação pública se assemelhar ao máximo ao ideal deliberativo de justificação (nos moldes do que sugere Cohen) – e supusermos, ainda, que os participantes procurem justificar publicamente suas opções, em acordo com visões sobre o bem comum – será necessário, diante de um impasse ao final do processo, o recurso ao voto da maioria, por exemplo, para a solução do conflito.

Mas, nesse caso, não há nada, no modelo de justificação deliberativa tal qual formulado, que recomende às minorias remanescentes a aquiescência à decisão majoritária, uma vez que, suposta a discordância final, a

---

22 Veja-se, a respeito, Vita (2003, p. 116).

23 Cf. Gosepath (2001, p. 386).

escolha da maioria não passa de um expediente pragmático para por fim ao conflito – podendo o mérito da decisão, ao fim, não comunicar nada às minorias vencidas quanto às concepções destas últimas acerca do que é para elas aceitável.

Daí a inviabilidade de se referir à deliberação pública como forma apropriada de se legitimar a autoridade política. Não se pode esperar que, ao anuir às decisões tomadas sob procedimentos adequados, aqueles concernidos irão também referendar os termos do que foi decidido. Há a necessidade de se distinguir, como aponta Estlund (1997, p. 184), a submissão à autoridade democrática da submissão do julgamento político. Essa separação é vital se formos considerar limites apropriados à epistemologia quando se tratam de questões de divergência política – ainda que contenham um componente moral.

Referências bibliográficas

ARAÚJO, Cícero. "Legitimidade, justiça e democracia: o novo contratualismo de John Rawls". *Lua Nova*, São Paulo, n. 57, 2002.

_____. "Razão pública, bem comum e decisão democrática". In: COELHO, Vera S. P.; NOBRE, Marcos (orgs.). *Participação e deliberação: teoria democrática e experiências institucionais no Brasil contemporâneo*. São Paulo: Ed. 34, 2004.

BOHMAN, James. "Survey article: the coming of age of deliberative democracy". *The Journal of Political Philosophy*, Oxford, vol. 6, n. 4, 1998.

BOHMAN, James; REHG, William (eds.). *Deliberative democracy: essays on reason and politics*. Cambridge: The MIT Press, 1999 [1997].

CHAMBERS, Simone. "Deliberative democratic theory". *Annual Review of Political Science*, vol. 6, fev. 2003.

CHRISTIANO, Thomas. "Freedom, consensus and equality in collective decision making". *Ethics*, Chicago, vol. 10, n. 1, out. 1990.

_____ (1997). "The signficance of public deliberation". In: BOHMAN, James; REHG, William (eds.). *Deliberative democracy: essays on reason and politics*. Cambridge: The MIT Press, 1999.

COHEN, Joshua (1989). "Deliberation and democratic legitimacy". In: BOHMAN, James; REHG, William (eds.). *Deliberative democracy: essays on reason and politics*. Cambridge: The MIT Press, 1999.

_____ (1997). "Procedure and substance in deliberative democracy". In: BOHMAN, James; REHG, William (eds.). *Deliberative democracy: essays on reason and politics*. Cambridge: The MIT Press, 1999.

_____. "For a democratic society". In: FREEMAN, Samuel (org.). *The Cambridge Companion to Rawls*. Cambridge: Cambridge University Press, 2003.

DOWNS, Anthony. *Uma teoria econômica da democracia*. Trad. Sandra Vasconcelos. São Paulo: Edusp, 1999 [1957].

DRYZEK, John S. *Deliberative democracy and beyond: liberals, critics, contestations*. Oxford: Oxford University Press, 2000.

ELSTER, Jon (1986). "The market and the forum: three varieties of political theory". In: BOHMAN, James; REHG, William (eds.). *Deliberative democracy: essays on reason and politics*. Cambridge: The MIT Press, 1999.

_____ (ed.). *Deliberative democracy*. Cambridge: Cambridge University Press, 1999 [1998].

ESTLUND, David (1997). "Beyond fairness and deliberation: the epistemic dimension of democratic authority". In: BOHMAN, James; REHG, William (eds.). *Deliberative democracy: essays on reason and politics*. Cambridge: The MIT Press, 1999.

FILGUEIRAS, Fernando. "Justiça constitucional, legitimidade e interesse público". *Revista Brasileira de Ciência Política*, Brasília, n. 7, jan.-abr. 2012.

FREEMAN, Samuel. "Deliberative democracy: a sympathetic comment". *Philosophy and Public Affairs*, Princeton, vol. 29, n. 4, outono de 2000.

GOSEPATH, Stefan. "Democracy out of reason?: comment on Rainer Forst's "Rule of Reasons". *Ratio Juris*, Oxford, vol. 14, n. 4, dez. 2001.

GUTMANN, Amy; THOMPSON, Dennis. *Democray and disagreement.* Cambridge: Harvard University Press, 1997 [1996].

_____. "Deliberative democracy beyond process". *The Journal of Political Philosophy*, Oxford, vol. 10, n. 2, 2002.

HABERMAS, Jürgen. "Notas programáticas para a fundamentação de uma ética do discurso". Trad. Guido de Almeida. In: HABERMAS, Jürgen. *Consciência moral e agir comunicativo.* Rio de Janeiro: Tempo Brasileiro, 1989 [1983].

_____. *Between facts and norms.* Trad. William Rehg. Cambridge: The MIT Press, 1999 [1992].

MARQUES, Ângela C. (org. e trad.). *A deliberação pública e suas dimensões sociais, políticas e comunicativas: textos fundamentais.* Belo Horizonte: Autêntica, 2009.

MIGUEL, L. Felipe; "Justiça e representação política em Rawls e Dworkin". *36º Encontro Anual da Anpocs,* Águas de Lindóia, 21-25 out. 2012.

NINO, Carlos S. *The constitution of deliberative democracy.* New Haven: Yale University Press, 1996.

RAWLS, John. *A Theory of Justice.* Revised edition. Cambridge: Harvard University Press, 1999 [1971].

_____. *Political Liberalism.* Nova York: Columbia University Press, 1996 [1993].

RIKER, William H. *Liberalism against Populism: a confrontation between the theory of democracy and theory of social choice.* San Francisco: W. H. Freeman, 1982.

SANDEL, Michael J. *Liberalism and the limits of justice.* Cambridge: Cambridge University Press, 1987 [1982].

SCHUMPETER, Joseph A. *Capitalism, socialism and democracy.* Nova York: Harper Perennial, 1976 [1942].

SHAPIRO, Ian. "Three ways to be a democrat". *Political Theory*, vol. 22, n. 1, fev. 1994.

_____. *Democracy's Place.* Ithaca: Cornell University Press, 1996.

____. *Democratic Justice*. New Haven: Yale University Press, 1999.

SILVA, Thiago N. "Justiça e democracia na perspectiva da teoria política normativa contemporânea". *Crítica Contemporánea – Revista de Teoria Política*, Montevidéu, n. 1, nov. 2011.

THOMPSON, Dennis F. "Deliberative democratic theory and empirical political science". *Annual Review of Political Science*, n. 11, mar. 2008.

VITA, Álvaro de. *A justiça igualitária e seus críticos*. São Paulo: Editora Unesp, 2000.

____. "Democracia e Justiça". *Lua Nova*, São Paulo, n. 50, 2000b.

____. "Democracia deliberativa ou igualdade equitativa de oportunidades?". *Novos Estudos*, São Paulo, vol. 66, 2003.

____. "Sociedade democrática e democracia política". *Política e Sociedade*, Florianópolis, vol. 6, n. 11, out. 2007.

WALDRON, Jeremy. *Law and disagreement*. Oxford: Oxford University Press, 2004 [1999].

WALZER, Michael. *Esferas da Justiça: uma defesa do pluralismo e da igualdade*. Trad. Jussara Simões. São Paulo: Martins Fontes, 2003 [1983].

WERLE, Denílson L. "Democracia deliberativa e os limites da razão pública". In: COELHO, Vera S. P. Coelho; NOBRE, Marcos Nobre (orgs.). *Participação e deliberação: teoria democrática e experiências institucionais no Brasil contemporâneo*. São Paulo: Ed. 34, 2004.

____. *Justiça e democracia: ensaios sobre John Rawls e Jürgen Habermas*. São Paulo: Esfera Pública, 2008.

AS JORNADAS DE JUNHO E A VONTADE DOS IGUAIS

Daniel de Mendonça

1. Introdução

As impactantes manifestações de junho de 2013 entraram para a história do país não somente pela participação de milhões de brasileiros, mas também, e sobretudo, pela heterogeneidade de demandas que abrigaram. Foram atos protagonizados – ainda mais se considerarmos o segundo momento dos protestos, como veremos ao longo deste capítulo –, por pessoas que, em geral, não tinham qualquer militância em partidos políticos ou em movimentos sociais. Outro elemento impactante e, sobretudo, assustador para a chamada "classe política", foi a manifesta rejeição aos partidos políticos e aos governantes em geral, vistos, sem exceção, como corruptos e alheios à vontade do povo. Conforme os manifestantes, esta vontade poderia ser conhecida somente a partir do clamor das ruas.

O objetivo deste capítulo é refletir acerca dos acontecimentos que ficaram conhecidos como as "Jornadas de Junho". Para tanto, analisaremos esses eventos à luz de uma categoria teórica que introduziremos neste texto denominada de a "vontade dos iguais". Nossa hipótese é que, durante esses protestos, constituiu-se um "povo", para nós uma categoria eminentemente política, que evocou a vontade dos iguais, tendo como principal ponto de antagonismo as instituições políticas do país.

Para cumprir o objetivo anunciado, o capítulo está dividido da seguinte forma. Na primeira seção, discutiremos a perplexidade causada pelas

Jornadas, uma vez que as mesmas representam um fenômeno novo no cenário político brasileiro. Na segunda parte, discutiremos em detalhes as noções de "vontade dos iguais" e de "povo", ambas necessariamente elusivas, sendo esta característica fundamental para que possamos mais bem compreender como foi possível reunirem-se em praça pública manifestantes com demandas até mesmo antagônicas entre si. As noções de vontade dos iguais e de povo serão, na parte final deste capítulo, centrais para que possamos compreender a força e a heterogeneidade das pautas presentes nas manifestações, as quais se constituíram em um verdadeiro evento político que pôs em suspenso, por algumas semanas, a credibilidade e a governabilidade do país.

2. Breves notas sobre o início dos acontecimentos

"Perplexidade" foi uma das expressões mais repetidas por aqueles que vivenciaram e tentaram compreender o que aconteceu no Brasil por ocasião das chamadas Jornadas de Junho. Naquele catártico mês de junho de 2013, iniciou-se um ciclo de protestos que reuniu milhões de pessoas em centenas de cidades brasileiras motivadas por um sem número de reivindicações. Nesta seção – escrita sem a menor pretensão de fazer uma retomada histórica dos fatos, os quais foram abundantemente registrados pela imprensa por ocasião dos acontecimentos –, busca-se tão somente chegar ao ponto exato da inflexão, ou seja, o momento em que entendemos que os manifestantes deixaram de ser vistos como baderneiros ou vândalos e passaram a ser significados como o "povo", que estava sendo vítima de uma injustificada repressão policial.

Podemos dizer que o início das manifestações é bem conhecido. Em algumas capitais brasileiras – Porto Alegre, Rio de Janeiro, São Paulo –, grupos mais ou menos organizados já vinham, desde o início do ano, exigindo a redução das tarifas do transporte público, criticando os excessivos gastos públicos com a Copa do Mundo que aconteceria no país no ano seguinte. Insurgiam-se também contra a alegada negligência do Estado brasileiro em torno de questões prioritárias, tais como saúde, educação, mobilidade urbana, transporte público, entre outras.

Enquanto os protestos ocorriam dentro da "normalidade", ou seja, restritos às ações de movimentos sociais, com suas demandas específicas, e a jovens ligados a partidos políticos de esquerda e de extrema esquerda, os mesmos rendiam, para a grande imprensa, no máximo, uma pequena nota na página política ou, ainda, na página policial, quando os manifestantes "excediam" os limites da "civilidade democrática". Neste sentido, todo protesto que avançava além do "limite", ou seja, que redundava na depredação de bens dos patrimônios público ou privado era noticiado como obra de vândalos, de baderneiros. Aliás, protestar "ordeiramente" é um pressuposto das democracias representativas liberais e, como tal, une todos aqueles que visam à manutenção do *status quo*, notadamente o Estado e a imprensa. Algo no estilo: "podem protestar à vontade, estamos numa verdadeira democracia! Suas demandas serão anotadas e tomaremos as medidas cabíveis tão logo seja possível. No entanto, não esqueçam: protestem, mas não quebrem nada!".

Não estamos aqui fazendo uma apologia de manifestações violentas, não é esta a questão. No entanto, é digno de nota que, desde o início de junho, a polícia vinha empregando ostensiva e excessivamente o uso da força para conter manifestações que ainda eram, ou deveriam ser, consideradas "normais". Normais aqui indica que não passavam de protestos relativamente localizados e com pautas bem definidas, como eram as do Movimento Passe Livre, em São Paulo (algo absolutamente normal em uma democracia). Ainda que "excessos" depredatórios por parte dos manifestantes pudessem ter sido verificados, nada justificava uma escalada da violência policial no nível que o país testemunhou em junho de 2013. Paradoxalmente, em nome da "civilidade democrática", o Estado – da forma mais truculenta possível, usando todas as suas prerrogativas relativas ao monopólio do uso legítimo da violência física no sentido da *ultima ratio* weberiana – reprimiu duramente os manifestantes. Esta ação desmedida, repetida em diversas capitais, mas cujo palco principal foi o da manifestação de 13 de junho em São Paulo "virou o jogo" e, literalmente, da noite para o dia, transformou os manifestantes, antes noticiados pela grande mídia como vândalos ou baderneiros, em vítimas da ação autoritária de um Estado despreparado para controlar eventos como este. Podemos, neste sentido, dizer que a estupidez policial para lidar com um preceito constitucional tão básico como o direito de manifestação pública representou um importante impulso para o que viria após aquela fatídica noite de quinta-feira, 13 de junho de 2013. E o que veio, a partir dali, era até então desconhecido por todos. Ficamos todos, sem exceção, perplexos.

Desta forma, identificamos dois momentos-chave que caracterizam os protestos. O primeiro deles – que remonta às manifestações contra os aumentos da tarifa do transporte público e contra a realização da Copa do Mundo – já vinha ocorrendo desde o início do ano em diversas capitais brasileiras. Este vai até a manifestação de 13 de junho, em São Paulo. Assim, até então, os manifestantes eram significados pelo Estado e pela grande imprensa simplesmente como baderneiros. Além disso, estes protestos tinham bandeiras específicas que podiam ser perfeitamente identificáveis, assim como os grupos envolvidos, ligados a movimentos sociais e partidos políticos de esquerda.

O segundo momento-chave surge com a inflexão de sentidos acerca dos manifestantes – principalmente produzidos pela grande imprensa – tendo em vista as desmedidas ações policiais repressivas já aqui apontadas. Nesta fase, de forma surpreendente, as manifestações seguintes a de 13 de junho concentraram não mais milhares ou dezenas de milhares, mas centenas de milhares até milhões de pessoas. Além disso, não ficaram mais adstritas às grandes cidades brasileiras, uma vez que se espalharam por municípios em todo o país. É neste momento que ocorreram os eventos que nos causam perplexidade, visto que se trataram de protestos muito distintos daqueles já bem conhecidos – dentro e fora da academia – levados a efeito pelos movimentos sociais. É sobre este segundo momento que as demais seções desta análise se debruçarão, numa tentativa de produzir uma teoria explicativa para os eventos de junho.

Antes de passarmos à discussão pretendida, é preciso, primeiro, apresentar os elementos constituidores da teoria com a qual pretendemos sustentar a discussão a ser realizada na última parte deste capítulo. Neste sentido, apresentaremos a categoria teórica que chamamos de "vontade dos iguais".

3. A vontade dos iguais e o povo

A vontade dos iguais é uma categoria teórica que tem o objetivo de explicar um tipo muito específico de manifestação popular. Específico, pois nem toda manifestação popular é capaz de expressar a vontade dos iguais. Por exemplo, manifestações tradicionais de sindicatos, movimentos sociais, com suas demandas particulares, não são exemplos do fenômeno sobre o qual buscamos aqui teoricamente caracterizar. As manifestações que evocam a vontade dos iguais visam sempre a constituição de uma identidade coletiva mais ampla. Referimo-nos aqui à constituição do povo, categoria que, a seguir, daremos a sua especificidade política. É relevante também referir que a vontade dos iguais não é uma categoria que tem o fito normativo de prever um cenário futuro de levante de massas ou até mesmo pré-revolucionário. Neste sentido, seu caráter normativo busca ser mais explicativo com referência a um tipo específico de manifestação do que o de prever ou de prescrever um cenário politicamente mais ou menos desejável.

De uma forma geral, a vontade dos iguais é a expressão da vontade daqueles que se auto intitulam "o povo" e que são assim reconhecidos pela comunidade política como tal. A vontade dos iguais, é digno de nota, ocorre necessariamente aparte das estruturas políticas institucionalizadas e esse não lugar assume justamente o papel de contraposição a tais estruturas, questionando suas legitimidades como locais que de fato respeitam ou mesmo representam a vontade do povo. A vontade dos iguais é, em larga medida, antissistêmica, de ocorrência rara e marcada pela radicalidade performática de sua expressão. Para uma compreensão mais apropriada da vontade dos iguais, é preciso desmembrar os seus dois componentes constitutivos que são essencialmente polissêmicos. Neste sentido, apresentaremos, primeiramente, a noção de "vontade" e, após, a de "igualdade" no contexto desta discussão.

3.1. "Vontade": vacuidade, imprecisão, simplificação

Por vontade não entendemos a construção objetiva e racional de metas, objetivos ou plataformas políticas, mas justamente o contrário, ou seja, não há nada de objetivo na construção de uma vontade popular. A vontade expressa pelos iguais é imprecisa, afetiva e, considerando as regras do ambiente político em que os manifestantes estão demandando, não raras vezes esta é irrealista ou demasiadamente apressada na busca por solução de suas demandas. A razão para esta imprecisão reside no fato de que o povo unido em praça pública expressa os mais diversos anseios, pessoais e/ou coletivos, que, da forma como inicialmente se apresentam, evidentemente não estão organizados. Aliás, como veremos a seguir, é justamente esta imprecisão de sentidos articulados que torna possível a construção política da identidade de um povo, visto que estamos lidando com a produção de sentidos que tem pretensão hegemônica e não com demandas particulares que têm origens definidas em um sindicato ou em um movimento social. Não que as demandas de um sindicato de trabalhadores ou de um movimento social não possam estar presentes em manifestações populares que expressam a vontade dos iguais – aliás, normalmente elas também estão –, mas as manifestações populares do tipo que estamos aqui introduzindo produzem uma constelação de sentidos que vão muito além das demandas definidas pelos movimentos sociais tradicionalmente conhecidos e estudados pelas ciências sociais (sindicatos, movimentos sociais). Tais demandas específicas se perdem em meio a uma frenética circulação de sentidos que não são precisos em si.

Desta forma, a imprecisão das demandas é a chave para a emergência da vontade dos iguais e, consequentemente, para a construção política de identidades coletivas. No entanto, é preciso ir além da simples coleção de demandas dispersas para que seja possível avançar na direção de um discurso capaz de efetivamente contrapor-se ao *status quo*. É necessário que os sentidos antissistêmicos sejam articulados a partir de um ponto nodal que os represente politicamente em face de um ou mais inimigos em comum. O exemplo a seguir visa esclarecer o ponto.

Na Tunísia, entre 18 de dezembro de 2010 e 14 de janeiro de 2011, grandes manifestações populares tiveram lugar a partir do estopim que se deu com auto imolação de Mohamed Bouazizi, um humilde vendedor de frutas de Ben Arous, cidade localizada no norte do país. Bouazizi cometeu este ato desesperado após as autoridades terem confiscado seu carrinho de frutas e verduras por ser considerado ilegal o comércio de ambulantes. A notícia de sua auto imolação detonou imediatamente uma série de protestos contra o governo, primeiramente em face de sua morte, mas, logo em seguida, houve uma ampliação de conteúdos políticos antissistêmicos a partir da articulação de outras demandas sociais da população tunisiana, tais como a luta contra o desemprego, contra a corrupção governamental, contra a brutalidade policial, entre outras. A ampliação de demandas a ponto de as mesmas representarem os mais diversos setores da sociedade daquele país – organizadas em torno de Bouazizi, nome e símbolo da revolta popular –, teve como ponto de antagonismo o governo central daquele país. Se assim, por um lado, houve a simplificação das demandas articuladas em torno do ponto nodal "Bouazizi", por outro lado, ocorreu também a simplificação do inimigo comum, identificado com o governo Ben Ali. Neste sentido, unificaram-se as demandas em torno da exigência popular da saída do então presidente, o que ocorreu, de fato, em 14 de janeiro de 2011. Esta unificação de demandas populares em torno de um ponto nodal capaz de representá-las é o que chamamos de a "vontade" do discurso dos iguais, que se constitui a partir de três momentos-chave: I) a articulação política de demandas dispersas, mais ou menos históricas, mais ou menos coletivas; II) a identificação de um inimigo comum ao discurso popular unificado e, por fim; III) a unificação destas demandas em torno de um ponto nodal capaz de representá-las o qual estamos chamando de "vontade".

Reconhecer a existência da "vontade" produzida politicamente pelos iguais não se trata de um exercício para conhecer a "origem" desta vontade. A vontade produzida é sempre contingente e precária, ou seja, depende do contexto em que a mesma é produzida. A vontade não é o resultado da soma de todas as vontades reunidas, mas algo qualitativamente diferente. Estamos aqui claramente diante de uma operação hegemônica no sentido de Laclau (2013), ou seja, quando um determinado sentido passa a representar aquilo que o excede, quer dizer, o conjunto de demandas articuladas pela cadeia discursiva. No caso do ciclo da vontade dos iguais produzido nas manifestações tunisianas, o nome de Mohamed Bouazizi e a demanda pela derrubada do presidente Ben Ali estão claramente representando uma série de demandas até então isoladas e que, a princípio, não tinham relação entre si. Demandas por emprego, democracia, direitos civis viram nessas manifestações a possibilidade de virem à luz, de articularem-se contra aquele que passou a ser percebido como o inimigo comum: o governo daquele país.

3.2. A dualidade da igualdade como fundamento e horizonte

A vontade dos iguais pressupõe uma dualidade de sentidos em relação à igualdade: *igualdade como fundamento*, mas também *igualdade como horizonte*. Partimos da afirmação de que a igualdade como fundamento é, tomada em sentido amplo, sempre ambígua, refletindo-se justamente uma inexatidão que tem reflexos diretos na política (sua ambiguidade, antes de ser um empecilho, é a própria condição para a existência da política como tal). A igualdade como fundamento, de forma simplificada, pressupõe, *lato sensu* e *a priori*, que *todos os indivíduos são iguais*. Já a igualdade como horizonte reflete-se na *inobservância fática*, em um regime democrático específico, do fundamento universal da igualdade e a sua necessária busca por atualização (as manifestações que expressam a vontade dos iguais são tentativas de atualização da igualdade como fundamento). Nesta seção, pretendemos explorar as consequências dessas duas faces de uma mesma igualdade. Iniciamos pela igualdade como fundamento.

Afirmamos primeiramente algo que não deve, ou não deveria, causar qualquer estranhamento: do ponto de vista político, *a igualdade é uma invenção democrática*. Isto significa que ausente esta forma de organização política e social, os indivíduos são distintamente hierarquizados desde o início. Dito de outra maneira: fora da democracia, ou seja, em todas as demais formas de governo, o fundamento é a desigualdade e a hierarquização dos membros da comunidade. Platão, por exemplo, inconformado com a democracia ateniense, afirmava que a igualdade era verificada tanto aos iguais como também aos desiguais. Para ele, *naturalmente* havia uma hierarquização entre os indivíduos a qual era quebrada pelo governo democrático. No diálogo entre Sócrates e Adimanto, no Livro VII de *A República*, o primeiro relata os males que a democracia acarreta – os quais, todos sabemos, redundam necessariamente, segundo o ciclo platônico, na anarquia e na consequente tirania – quando esta iguala os naturalmente desiguais:

> Sócrates – Mas, meu caro, o limite extremo do excesso de liberdade que um tal Estado oferece é atingido quando as pessoas dos dois sexos que se compram como escravos não são menos livres do que aqueles que as compraram. E quase nos esquecíamos de dizer até onde vão a igualdade e a liberdade nas relações entre os homens e as mulheres (PLATÃO, 2000, p. 281).

Já tendo em vista a tipologia clássica das formas de governo apresentada por Aristóteles, estamos acostumados a verificar que as três boas formas de governo – que servirão posteriormente de base para os governos mistos republicanos – baseiam-se numa espécie de distinção/diferenciação entre classes de indivíduos. Desta forma, o governo monárquico justifica-se pela primazia do princípio da honra própria da realeza. O aristocrático remonta o princípio do governo dos melhores entre os membros da comunidade política e, por fim, o democrático resulta na própria indiferenciação dos cidadãos, pois igualam-se todos a partir do nível mais baixo da sociedade, como demonstra a leitura de Rancière:

> O povo nada mais é que a massa indiferenciada daqueles que não têm nenhum título positivo – nem riqueza, nem virtude – mas que, no entanto, têm reconhecida a mesma liberdade que aqueles que os possuem. A gente do povo é de fato simplesmente livre *como* os outros. Ora, é dessa simples identidade com aqueles que, por outro lado, lhes são em tudo superiores que eles tiram um título específico. O *demos* atribui-se, como sua parcela própria, a igualdade que pertence a todos os cidadãos. E, com isso, essa parte que não é parte identifica sua propriedade imprópria com o princípio exclusivo da comunidade, e identifica seu nome – o nome da massa indistinta dos homens sem qualidade – com o nome da própria comunidade (RANCIÈRE, 1996, p. 23-24).

O que o comentário de Rancière nos sugere é que a democracia, para existir como forma de governo, precisa igualar os "naturalmente desiguais". Neste sentido, existe uma massa que não é nem honrada nem digna como os reis, tampouco capaz como os aristocratas, estes os melhores entre os membros de toda a comunidade. Para haver democracia, é preciso antes que se realize a operação de tornar *artificialmente* iguais aos honrados, aos dignos e aos capazes aqueles que nada mais são do que um número, uma massa *indiferenciada* sem qualquer qualidade. Essa massa, o *demos*, para Aristóteles, dá o nome a pior das formas não degeneradas de governo e não sem razão: apesar do filósofo não ser um completo crítico da democracia (*Politia* seria o termo mais exato), como o foi Platão, para Aristóteles, tanto a monarquia como a aristocracia eram formas superiores, pois a cidade estaria sob o controle de pessoas "naturalmente" mais capazes.

Uma observação que reputamos importante deve ser feita, neste momento, pensando nos estudiosos das filosofias de Platão e Aristóteles. Não estamos ignorando que, para ambos, é a assunção da liberdade, antes que a da igualdade, o que caracteriza efetivamente a democracia. No entanto, entendemos – a partir do que está pressuposto em suas filosofias – que a liberdade só pode existir quando baseada em algo que a antecede, neste caso, a igualdade. Assim, só podem ser livres aqueles que não estão sob o domínio dos outros; somente são livres os iguais. Tanto liberdade quanto igualdade, portanto, são indispensáveis à democracia e necessariamente extensivas a todos os indivíduos independente de suas condições. O *demos*, ou seja, os pobres, os que não são *aristoi*, tornam-se iguais e livres, mesmo sendo "inferiores": a democracia, assim, suspende a diferença, criando politicamente a igualdade. Uma criação radical, que cancela unilateralmente a distinção "natural" entre os indivíduos.

Além da democracia, explorando a lógica aristotélica, toda igualdade é seletiva; são iguais os que são ricos (*oligoi*), são iguais os que são melhores (*aristoi*). É somente no governo do demos que a igualdade é universal, que a igualdade é de fato igualitária. Desta forma, ela não é um atributo transcendental ou propriamente humano, mas uma condição política radicalmente instituída *na* e *pela* democracia.

Para os antigos, como vimos, a democracia punha juntos, e de forma artificial, os naturalmente desiguais, os ricos, os melhores e os sem qualquer qualidade. "Embora aquele que a natureza fez escravo e o que ela fez senhor", ideia comum no mundo grego e admitida por Aristóteles (1955, p. 106), ainda assim, o governo democrático os unia. Notemos, então que, privadamente ou antes da pólis, os homens têm atributos que os diferenciavam num sentido mais ou menos pejorativo, uma espécie de classificação natural que fundamenta a desigualdade, muito mais do que a simples diferença. A desigualdade e o seu sinal negativo eram invencíveis, uma vez que se nascia para se ser servos ou senhores. A forma democrática de governo representava a suspensão temporária deste "estado natural", pondo em um mesmo patamar político os que "mereciam" e também os que "não mereciam" o título de iguais.

Até aqui a intenção ao fazer esta brevíssima incursão ao princípio de diferenciação "natural" entre os indivíduos, segundo Platão e Aristóteles, teve unicamente o fito de justificar a afirmação que *fora da democracia existe uma seletividade fundante entre os indivíduos*; além dela, portanto, é plenamente admissível hierarquizar, classificar, apontar quem é inferior e quem é superior, quem deve ser escravo e quem "naturalmente" deve ser senhor. No entanto, nosso argumento é: se a desigualdade não é um dado da natureza, a igualdade também não o é. Isso quer dizer que fazer alguém senhor ou escravo, assim como tornar ambos os indivíduos livres, depende simplesmente de decisões políticas sempre contingentes. É exatamente neste sentido de contingência que afirmamos que a igualdade é uma invenção da democracia e, portanto, o seu fundamento, uma construção radical, *ex nihilo*. É uma decisão política que, inclusive, foi tomada ao longo dos tempos mais de uma vez.

Assim, a igualdade alicerça todos os regimes democráticos que já existiram e ainda os que existem, o que não quer dizer, obviamente, que a igualdade seja verificada num nível substantivo, ou seja, ela não está devidamente distribuída entre todos os cidadãos em um regime autonomeadamente democrático. Dizer que a igualdade é um fundamento, no contexto desta discussão, é tão somente afirmar que ela o é num sentido estritamente formal. Isso quer dizer que nunca houve, efetiva e obviamente, uma verdadeira igualdade entre todos os cidadãos, ainda que se enfatize constantemente esta irrealidade em nossas democracias contemporâneas. É neste momento que faz sentido discutirmos o que chamamos ser o aspecto dual da igualdade democrática: se, por um lado, como vimos, a igualdade é o fundamento da democracia, por outro lado, ela é também o seu horizonte, a sua constante e irrealizável promessa.

Partamos, assim, do pressuposto razoável que, ainda que a igualdade entre os cidadãos seja cantada em prosa e verso em todos os regimes democráticos, ela não se verifica na prática. Verificar a "desigualdade" na prática é perceber o fato absolutamente óbvio de que as pessoas são classificadas ou hierarquizadas dependendo de posições econômicas, sociais, políticas, culturais que elas ocupam num espaço específico. A desigualdade fática, portanto, é um dado objetivo: uns são mais ricos, outros mais cultos, outros mais poderosos e assim por diante.

No entanto, o que é importante chamar a atenção não é somente para esse tipo de desigualdade, ainda que a desigualdade material seja fundamental para compreendermos o que realmente queremos aqui chamar a atenção. A desigualdade, nesta discussão, é um sentimento muito mais elusivo. Não se trata simplesmente da soma das igualdades individuais, mas da formação de um sentido de desigualdade percebido coletivamente e que mobiliza os envolvidos em busca da verificação material da igualdade tendo em vista o pressuposto político-democrático de que todos os indivíduos são iguais. Neste sentido, pensemos no exemplo hipotético de trabalhadores de uma fábrica que decidem entrar em greve pelo aumento de seus salários. Neste caso, não está em questão a situação individual de cada trabalhador (ainda que a situação individual seja a motivação primeira, tendo em vista as condições de vida de cada família), mas uma demanda política pelo aumento de suas remunerações a um patamar entendido por eles como justo. Neste sentido, só podemos perceber a desigualdade atual considerando a constante presença da igualdade como fundamento e como horizonte. Em outras palavras: uma greve tem lugar sempre quando os trabalhadores questionam-se do fato de que se eles já são iguais aos seus patrões, por que ganham tão pouco se, no limite, poderiam até ser seus próprios patrões?

Assim, existe permanentemente a promessa de que a igualdade, como fundamento da democracia, um dia finalmente se realizará; que os cidadãos serão de fato iguais e tal promessa é o *leitmotif* de movimentos sociais, revoluções e movimentos populares. É neste sentido que a igualdade é também um horizonte. Porém, chamamos a atenção para o sentido mais específico de igualdade como horizonte ou como promessa. Neste particular, dizemos que a igualdade como horizonte é sempre uma promessa não cumprida, e que nunca se cumprirá, para que permaneça a ideia da promessa, a fim de que a política continue existindo. Isto quer dizer que os cidadãos nunca serão efetivamente iguais, nunca todos serão contados como tais. É justamente pelo fato de que a igualdade como horizonte é irrealizável que podemos continuar buscando-a como tal. Em termos gerais, o momento da expressão da vontade dos iguais é o da tentativa da atualização da igualdade, essa promessa não cumprida ao *demos* que, de tempo em tempo vem cobrar a sua existência. O povo é o demandante da vontade dos iguais e sua constituição, central para os nossos objetivos teóricos, será discutida a seguir.

3.3. Povo

Da mesma forma que a vontade dos iguais, *povo* é uma categoria elusiva. Os diversos sentidos que são atribuídos ao povo tornam fundamental precisarmos o sentido específico que queremos dar a esta categoria. Nesta direção, primeiramente, para nós, povo não tem conotação jurídica, quer dizer, não entendemos ser o povo o conjunto de naturais ou de cidadãos de um país. Também não vemos o povo de um ponto de vista sociológico, ou seja, como sendo os mais "pobres", os "trabalhadores". O problema de estabelecer aprioristicamente um sentido de povo, seja jurídico, seja sociológico, é o de incorrer em categorias abstratas que perdem a possibilidade de se verificarem heuristicamente úteis.

Nesta discussão, povo é uma categoria eminentemente *política* que não tem qualquer conteúdo específico dado a priori. *Povo é a identidade coletiva, que se autonomeia como tal, reunida contra um inimigo comum e que tem este status igualmente reconhecido de forma hegemônica pela comunidade política a qual pertence.* O reconhecimento do povo tem de ser duplo, portanto: um autorreconhecimento e um reconhecimento externo. O reconhecimento externo é o resultado da impossibilidade de o governo, por exemplo, poder atribuir aos manifestantes a imagem de "badernerios", "arruaceiros", entre outros adjetivos pejorativos que visam justamente a descaracterizar o movimento como popular. Isto por que, como sabemos, por mais cínicos que possam ser os governantes, esses, numa democracia, não podem simplesmente ignorar a presença do povo nas ruas, pois é supostamente a este que eles devem prestar contas.

O povo, como dissemos, é quem produz a vontade dos iguais. Notemos que, tanto o povo como a sua vontade produzida, não são nem de perto sentidos traduzíveis logicamente ou, em outras palavras, produtores de significados precisos. Tanto o povo como a vontade por ele produzida são constituídos de formas distintas e dependentes de seus contextos de emergência, ainda que digamos que, num sentido ontológico, ambos são constituídos independentemente da experiência ôntica que lhes dá forma. Povo e vontade dos iguais são, assim, nomes à espera de sentidos e de experiências políticas contingentes. São significantes vazios que, como tais, não estão ligados a nenhum significado preciso, mas que, ainda assim, tornam-se capazes de fazer sentido a demandas tão heterogêneas que em seu nome são articuladas. É neste sentido que vacuidade e imprecisão não são pontos negativos, como poderiam ser apressadamente aludidos, mas a própria condição de possibilidade de emergência de um povo democrático produtor da vontade dos iguais. Em uma conferência proferida por Ernesto Laclau no Brasil, o autor toca exatamente no ponto aqui em questão:

> Quer dizer, a demanda vai ter que se esvaziar de sua relação com significados específicos e vai se transformando em um significante puro, que é o que chamamos de significante vazio, um significante que perde sua referência direta a um determinado significado. É por isso que o que tantas vezes se critica como a vagueza e a imprecisão dos símbolos populistas é não entender o problema, porque estes símbolos têm necessariamente que ser vagos e imprecisos, pois têm que representar uma totalidade que não pode ser representada de forma direta, ou seja, têm que representar uma totalidade de elementos que são essencialmente heterogêneos entre si (LACLAU, 2006, p. 24-25).

Temos, portanto, todos os elementos referentes à nossa concepção política de povo. Quando dizemos que povo é, inicialmente, uma identidade coletiva, estamos simplesmente fazendo referência – a despeito da heterogeneidade de demandas e de desejos que circulam em manifestações populares – à reunião promovida pelos manifestantes em "praça pública". Se estão reunidos é por que constituem uma identidade. Porém, tal identidade somente é possível por estar forjada na identificação de um ou mais inimigos comuns. Assim, falar em identidade coletiva é, primeiramente, falar em antagonismo(s) comum(ns) capaz(es) de produzir um povo. Este coletivo popular será mais bem percebido, no que diz respeito a sua constituição, na parte final deste capítulo, momento em que pretendemos analisar as Jornadas de Junho de 2013 à luz das noções teóricas de povo e de vontade dos iguais.

4. O "evento" de junho de 2013 e a vontade dos iguais

Entendemos ser a vontade dos iguais uma ferramenta teórica útil para auxiliar na compreensão das chamadas Jornadas de Junho ocorridas no Brasil em 2013. Como dissemos acima, tais manifestações têm uma estrutura distinta daquelas protagonizadas por movimentos sociais, visto que as primeiras não produzem demandas específicas, mas, pelo contrário, são responsáveis por uma profusão heterogênea de sentidos. Nossa hipótese para compreender as manifestações brasileiras em questão é a seguinte: a vontade dos iguais produziu um evento político e esta é a razão principal que explica a perplexidade causada pelos protestos de junho. Nesta última seção, exploraremos as consequências desta hipótese, iniciando pela retomada da reflexão acerca da aludida perplexidade.

Partiremos, neste sentido, da afirmação de que a perplexidade em questão diz respeito ao fato de que a vontade dos iguais, produzida durante as Jornadas de Junho, provocou a ocorrência de um verdadeiro *evento* político, que entendemos ser a chave para compreendermos o que efetivamente aconteceu. Neste sentido, o sistema político brasileiro experimentou um evento, algo raro, extraordinário, ou seja, fora de todo e qualquer contexto, totalmente estranho a este. Um evento é o que desorganiza, desestrutura, o sem sentido que interrompe o fluxo normal dos acontecimentos de um sistema. Evento é algo, como dissemos, fora da estrutura, algo que sequer pode ser por ela previsto.

Slavoj Žižek (2014) defende que o evento é um efeito que excede as suas causas. O autor afirma ainda que tendemos retroativamente a "determinar" as causas ou as razões da ocorrência de um evento, mas com a ressalva de que causas e razões são sempre explicações *a posteriori* e, neste sentido, tentativas de racionalização de algo que em si é impossível de ser compreendido, tendo em vista as regras que governam uma estrutura deslocada. Ainda mais: "causas" e "razões" explicativas de um evento são esforços inócuos para de fato compreendê-lo, pois erroneamente visam localizá-lo como parte da própria ordem, como se ele fosse um de seus momentos internos, com o fito de retirar do próprio evento o seu caráter extra sistêmico. Desta forma, o evento não pode ser explicado por suas causas retroativamente elencadas, tendo em vista que as causas que fazem parte da estrutura política que sofre o abalo "evental" não têm qualquer ligação com o evento. Não há, portanto, qualquer relação causal entre o evento e a estrutura deslocada. O evento é justamente esta quebra no fluxo contínuo, na sequência da ordem dos discursos.

Inúmeras explicações retroativas acerca do evento político que causou tamanha perplexidade no país em 2013 surgiram e todas foram, em nossa opinião, ineficazes justamente por serem retroativas. A explicação retroativa é aquela que atribui "causas" ao evento como se este fizesse parte da estrutura deslocada. O evento não pode ser conhecido a partir de suas "causas" atribuídas; essas têm a ver com a estrutura deslocada e nunca com o evento. É por essa razão que perguntas como "por que aconteceu o que aconteceu?" são inócuas, pois são incapazes de chegar ao centro do problema.

Por que então buscou-se "conhecer" as "causas" das Jornadas? Simplesmente pelo fato de que não é possível pensarmos fora de uma estrutura mais geral que indique o caminho do possível. Estruturas linguísticas e políticas, por exemplo, são *backgrounds* a partir dos quais os sujeitos guiam suas ações. Pensemos como seriam as sociedades humanas sem a possibilidade de uma linguagem que se hegemonizasse a ponto de considerarmos a existência de uma comunidade de linguagem. Pensemos ainda se seria possível haver governo em um Estado sem a existência de um regime político, tal como o democrático. É somente a partir dessas estruturas – linguísticas, políticas, entre outras – que podemos falar em termos de causas e de consequências. Esse tem sido o ponto de partida – lógico – dos analistas que visam explicar as "causas" dos protestos no Brasil.

No entanto, como dissemos há pouco, o evento não é interno à ordem instituída, sendo que toda explicação para o mesmo, desde a perspectiva da estrutura deslocada, não passará de uma tentativa de racionalização *a posteriori*, com o intuito de reordená-la. Daí a perplexidade com o que aconteceu, pois não há nada de racional ou de lógico em um evento. No caso brasileiro, o evento das Jornadas de Junho, como temos dito, foi ocasionado pela radicalização da vontade dos iguais.

Mencionamos anteriormente que os protestos tiveram duas fases principais. A primeira foi marcada pela luta pela redução das tarifas do transporte coletivo levada a cabo por organizações e movimentos sociais em algumas capitais brasileiras, com destaque ao Movimento Passe Livre (MPL) atuante na cidade de São Paulo. Esta primeira fase, como também vimos, tem início nos primeiros meses de 2013 e vai até de 13 junho, quando os manifestantes foram duramente reprimidos pela Polícia Militar do estado de São Paulo. A partir daí, a brutalidade policial repercutiu negativamente na grande mídia e na sociedade como um todo e milhões de pessoas aderiram às manifestações, articulando um sem número de novas demandas. Tem assim início a segunda fase dos protestos, exatamente a que causou perplexidade e a que passaremos à análise com o auxílio da categoria teórica a vontade dos iguais. Neste sentido, dissemos acima que a vontade dos iguais é um tipo de manifestação, cuja especificidade reside na construção de uma identidade coletiva popular que se insurge contra o sistema político estabelecido. Nossa ideia é que as Jornadas de Junho podem ser mais bem compreendidas a partir desta estrutura de funcionamento.

Assim, primeiramente, vejamos que a demanda objetiva pela tarifa zero do transporte público, levada a efeito há anos e em diversas cidades por grupos tais como o MPL, era específica, sem ser capaz, a princípio, de mobilizar outros sujeitos com outras demandas. Seus defensores partem do princípio de que a tarifa zero é pressuposto, sobretudo no contexto das grandes cidades, para o ir e vir dos cidadãos, para o acesso adequado à saúde, educação, lazer, entre outros bens e direitos. Esta é a demanda mais geral deste Movimento, portanto, o seu horizonte de ação.

No que diz respeito à luta específica levada a efeito pelo MPL em 2103, como se sabe, em 22 de maio de 2013, os governos da cidade e do estado de São Paulo anunciaram o reajuste de vinte centavos na tarifa de ônibus e metrô, ficando esta estipulada, a partir de 2 de junho, em R$ 3,20 (FSP, 2013). Este reajuste ensejou a organização de um ato público, organizado pelo MPL a ser então realizado em 6 de junho. O objetivo imediato do ato era, portanto, a revogação do aumento. Segundo o Movimento, nesta data, 5 mil manifestantes caminharam pacificamente pelas ruas centrais de São Paulo e foram duramente reprimidos pela Polícia Militar (MPL/SP, 2013a). Entretanto, a grande imprensa, no sentido de desqualificar o movimento, atribuiu aos manifestantes o título de "vândalos". Vejamos, neste sentido, matéria publicada no Estadão no dia seguinte à manifestação:

> Liderado por estudantes universitários e secundaristas do Movimento Passe Livre (MPL), o vandalismo começou às 18h30 na frente da Prefeitura, no Viaduto do Chá. Em menos de uma hora, o grupo que em cartazes prometia parar São Paulo já havia fechado as principais avenidas do entorno. Encapuzados colocavam sacos de lixo no meio das vias e ateavam fogo. Ônibus foram pichados e viaturas da São Paulo Transporte (SPTrans) destruídas, assim como um coletivo no Terminal Bandeira (ESTADÃO, 2013a).

No primeiro momento, os atos contra o aumento das tarifas do transporte público eram conduzidos por um movimento social específico, o MPL. Reuniam apenas alguns milhares de manifestantes e tinham uma demanda específica, ou seja, a da revogação dos 20 centavos da tarifa. A palavra de ordem naquele momento, "Vem, vem, vem pra rua contra o aumento!", demonstrava a especificidade da demanda e a sua até então incapacidade da hegemonização de seu conteúdo para a população em geral. Ademais, os primeiros atos, ocorridos nos dias 6, 7, 11 e 13 de junho mantiveram o mesmo sentido específico, sendo os mesmos reprimidos pelas forças policiais e significados pela imprensa e pelos governos como ilegítimos e protagonizados por vândalos. Notemos que pelo excerto acima, segundo o Estadão, o MPL promoveu literalmente atos de vandalismo. Ainda é digno de nota que o ato de 13 de junho ocorreu em diversas capitais e cidades de médio porte em diversas regiões do país.

Após a repressão policial de 13 de junho, considerada excessiva pela grande mídia, os protestos passam a receber o apoio, não somente midiático, mas também da população em geral. Tem início, assim, o que estamos chamando de a segunda fase das Jornadas, o momento em que a vontade dos iguais pode ser mais bem percebida. A partir daí, com a intensificação dos protestos em diversas cidades, dos quais participam milhões de pessoas, os aumentos das tarifas dos transportes coletivos são revogados em diversos municípios. Em São Paulo, talvez a revogação mais simbólica e que marcou a vitória da demanda do MPL, ocorreu a partir de uma até então inimaginável entrevista coletiva conjuntamente concedida pelos prefeito e governador de São Paulo, Fernando Haddad e Geraldo Alckmin em 19 de junho (YOUTUBE, 2013a; ESTADÃO, 2013b).

Neste sentido, os protestos multiplicaram-se em praticamente todas as capitais do país e também em centenas de cidades de médio e até em algumas de pequeno porte. Com esta expansão, outras demandas – individuais e coletivas – começaram a surgir, sendo os atos públicos locais propícios para a evocação das mesmas. Mesmo após a revogação dos aumentos das tarifas, as manifestações seguiram durante o restante de junho e adentraram julho, colocando em evidência uma miríade de outras demandas em uma heterogênea cadeia de equivalências que articulava sentidos e manifestantes, inclusive, ideologicamente antagônicos. Neste momento, ficou evidente que os protestos já não eram mais em relação ao preço das tarifas do transporte público ou tão somente em relação à temática da mobilidade urbana. "Não é só pelo vinte centavos" era o que bradavam milhões de brasileiros nas ruas de centenas cidades do país, indicando um sem número de pautas, em atos que desafiavam os poderes instituídos, que puseram em suspenso a ordem política.

Desta maneira, governos de todas as esferas e partidos políticos foram os principais alvos de críticas dos manifestantes. Militantes de partidos políticos, mesmo os de extrema esquerda, que estavam participando desde as primeiras manifestações, foram hostilizados e expulsos de muitos protestos, indicando que o principal polo antagônico que unificava os presentes era justamente o que, genericamente, pode ser chamado de a "classe política". O lema que embalava os primeiros atos, "Vem, vem, vem pra rua contra o aumento!", que demonstrava um objetivo claro nesta fase inicial dos protestos, foi transformado em "Vem, vem, vem pra rua contra o governo!", um grito de guerra contra a política institucionalizada entendida como essencialmente corrupta e desconectada das demandas da sociedade.

As Jornadas de Junho representaram também a participação política de milhões de brasileiros que foram às ruas pela primeira vez. Um número nada desprezível de manifestantes não ligados a partidos políticos ou a movimentos sociais, convocados principalmente através das redes sociais, participou dos protestos, intitulando-se como o verdadeiro povo nas ruas. Para eles, os governos e os partidos políticos não representavam os "verdadeiros" anseios populares. Como temos dito, só podemos considerar a ocorrência da vontade dos iguais a partir do momento em que as manifestações deixaram de expressar primordialmente a demanda que concernia à redução das tarifas, se expandindo em uma heterogeneidade de demandas dispersas produzidas por uma identidade coletiva a qual denominamos povo.

O povo, como dissemos, é uma construção política que assim se assume e que também é reconhecido tal pela comunidade política em que está inserido. Trata-se de uma operação política delicada, uma vez que, em sendo uma parte que se reivindica o todo – ou, na linguagem de Laclau (2013), a *plebs* que se reivindica o *populus* – é preciso que a sua força seja tal para ser capaz de homogeneizar a condição de povo democrático num cenário em que o seu polo antagônico, neste caso os governos e a "classe política" em geral, seja incapaz de descaracterizá-lo como povo, a partir de sentidos tais como "vândalos" ou "baderneiros" como ocorreu na primeira fase das manifestações. Tal reconhecimento, como já fizemos referência, adveio tanto dos meios de comunicação como dos governantes, sendo que esses últimos, em resposta ao clamor popular das ruas, inclusive, foram forçados a reduzir o valor das tarifas como forma de prestar contas à vontade do *demos*.

A questão, portanto, não é a de mensurar objetivamente sobre se quem esteve nas manifestações de junho de 2013 era ou não de fato o "povo brasileiro". Como vimos, a nossa noção de povo é política, no sentido de que para que um povo possa realmente existir ele deve impor a sua existência no campo político em geral. No caso brasileiro, foi exatamente o que aconteceu, quando multidões foram às ruas e acuaram governos, imprensa, gerando o evento que ficou conhecido como as Jornadas de Junho.

Assim, a vontade dos iguais radicalizou-se a ponto de produzir um evento político, deslocando a estrutura de poder e deixando atônitos os governantes de todos os níveis. Um fato simbólico, neste sentido, foi, no calor dos acontecimentos, em 21 de junho, o pronunciamento, em cadeia nacional de rádio e de televisão, da presidente da República, Dilma Rousseff, buscando dar respostas e satisfações às demandas do povo brasileiro que tomava as ruas. Ainda que, em momento algum nesta fala, a presidente tenha mencionado que os protestos haviam sido protagonizados pelo "povo brasileiro" – preferiu usar o termo "manifestantes" – ela anunciou uma série de medidas em resposta às demandas das ruas (YOUTUBE, 2013b).

O evento político produzido pela vontade dos iguais nos protestos de junho de 2013 não tem em si a ver com o conteúdo das demandas evocadas pelos manifestantes, mas com o fato mais elementar de que os governos e a "classe política" não souberam o que fazer com o que estava acontecendo no país. A estrutura deslocada foi a política institucionalizada, notoriamente incapaz de lidar sistemicamente com o seu *demos*, quando este toma as ruas e busca participar ativamente da política. Este ônus, na verdade, não se restringe à democracia representativa brasileira, mas à representação política como tal. Não há regime político representativo que não se abale quando o povo, o verdadeiro soberano em uma democracia, resolve intervir politicamente, evocando a vontade dos iguais, demandando a igualdade que sempre lhe é prometida como fundamento, mas que sempre lhe escapa como horizonte.

Referências bibliográficas

ARISTÓTELES. *A política*. 4ª ed. São Paulo: Atena Editora, 1955.

ESTADÃO (2013a). "Protesto contra tarifa acaba em caos, fogo e depredação no centro" [on-line]. 7 jun. 2013. Disponível em: <http://sao-paulo.estadao.com.br/noticias/geral,protesto-contra-tarifa-acaba-em-caos-fogo-e-depredacao-no-centro-imp-,1039715>. Acesso em: 14 set. 2014.

ESTADÃO (2013b). "Haddad e Alckmin anunciam redução de tarifas do transporte público em SP" [on-line]. 19 jun. 2013. Disponível em: <http://politica.estadao.com.br/noticias/geral,haddad-e-alckmin-anunciam--reducao-de-tarifas-do-transporte-publico-em-sp,1044416>. Acesso em: 14 set. 2014.

FSP – FOLHA DE SÃO PAULO. "SP reajusta ônibus e metrô para R$ 3,20" [on--line]. 23 maio 2013. Disponível em: <http://www1.folha.uol.com.br/

fsp/cotidiano/110366-sp-reajusta-onibus-e-metro-para-r-320.shtml>. Acesso em: 14 set. 2014.

G1/SP. "MPL diz que não convocará novos protestos em São Paulo" [on-line]. 21 jun. 2013. Disponível em: <http://g1.globo.com/sao-paulo/noticia/2013/06/mpl-diz-que-nao-convocara-novos-protestos-em-sao-paulo.html>. Acesso em: 14 set. 2014.

LACLAU, Ernesto. *A razão populista*. São Paulo: Três Estrelas, 2013.

_____. *Emancipação e diferença*. Rio de Janeiro: Eduerj, 2011.

_____. "Inclusão, exclusão e a construção de identidades". In: AMARAL JR., Aécio; BURITY, Joanildo de A. (orgs.). *Inclusão social, identidade e diferença: perspectivas pós-estruturalistas de análise social*. São Paulo: Annablume, 2006.

_____; MOUFFE, Chantal. *Hegemony and socialist strategy: towards a radical democratic politics*. London: Verso, 1985.

MPL/SP. *Nota sobre a manifestação do dia 6* [on-line]. 7 jun. 2013. Disponível em: <http://saopaulo.mpl.org.br/2013/06/07/nota-sobre-a-manifestacao-do-dia-6/>. Acesso em: 14 set. 2014.

PLATÃO. *A república*. São Paulo: Nova Cultural, 2000.

RANCIÈRE, Jacques. *O desentendimento*. São Paulo: Editora 34, 1996.

YOUTUBE (2013a). *Haddad e Alckmin anunciam revogação do aumento das passagens de ônibus, trem e metrô em São Paulo* [on-line]. 19 jun. 2013. Disponível em: <https://www.youtube.com/watch?v=ZhYB3fKJi-k>. Acesso em: 14 set. 2014.

YOUTUBE (2013b). *Pronunciamento de Dilma Rousseff à nação* [on-line]. 21 jun. 2013. Disponível em: <https://www.youtube.com/watch?v=bo5z--ecNi-M>. Acesso em: 17 set. 2014.

ŽIŽEK, Slavoj. *Event*. Londres: Penguin Books, 2014.

A DEMOCRACIA REALIZADA DO MATERIALISMO HISTÓRICO: SOBRE A DITADURA DO PROLETARIADO E SUA INJUSTIFICADA OMISSÃO NOS ESTUDOS DE TEORIA DEMOCRÁTICA CONTEMPORÂNEA

Francisco Mata Machado Tavares

Introdução

A teoria democrática contemporânea, tão pródiga e multifacetada em suas incontáveis vertentes, tende a alijar a ideia marxiana de ditadura do proletariado do repertório de contribuições validamente admitidas como pertencentes a esse campo de estudos. Essa exclusão é identificável sob incontáveis ângulos ou recortes analíticos. Em especial, há três manifestações da tensa relação entre teoria democrática e ditadura do proletariado que chamam a atenção por sua recorrência e por terem adquirido um estatuto de verdades naturalizadas, pretensamente incontroversas.

Primeiramente, sob o prisma estritamente lexical, é comum opor-se a democracia ao vocábulo ditadura e, por conseguinte, associar-se a forma política de caráter transitório pensada por Marx a algo manifestadamente "ditatorial", ou seja, antidemocrático.

Em segundo lugar, de um ângulo objetivo-temático, a rejeição dos estudos político-democráticos em relação ao transitório governo da classe produtora pode ser compreendida como sub-produto de um silêncio mais amplo na ciência política contemporânea. Trata-se do afastamento do tema das desigualdades de classe do âmbito de suas mais variadas vertentes, desde as neo-schumpeterianas, até aquelas que se apresentam como críticas ou contra-hegemônicas (cf. MIGUEL, 2012). Fukuyama, por exemplo, ainda em

1989, quando preparava sua mais comentada obra, em artigo de mesmo título, mas terminado por uma prudente interrogação – "The End of History?" – sustentava que "egalitarianism of modern America represents the essential achievement of the classless society envisioned by Marx" (FUKUYAMA, 1989).[1] No campo supostamente à esquerda, Habermas esposou a mesma ideia e afirmou, em sua principal obra, que Marx teria falhado ao não conseguir "explicar a pacificação dos conflitos de classes e o sucesso alcançado, no longo prazo, pelos programas reformistas" (HABERMAS, 2012b, p. 618), o que seria evidenciado pela constatação empírica de uma "elevação ininterrupta do nível de vida" (HABERMAS, 2012b, p. 629) na Europa.

E, enfim, em terceiro lugar, com o enfoque na unidade de análise envolvida na ideia de política democrática, a ditadura do proletariado é, com recorrência, infirmada como forma insuficientemente universal, o que a reduziria a um patamar – sob o critério da inclusão de agentes nos processos decisórios – situado aquém do que se exige para se definir um regime como democrático.[2]

Os três aspectos acima mencionados costumam se valer da tese de que as burocracias stalinistas estampariam a realização última e manifestação histórica concreta da ditadura do proletariado. Dessa controvertida premissa,[3] avança-se para a edificação de um silogismo indutivo, segundo o qual o ocaso dos regimes burocráticos do Leste autorizaria a formulação de uma generalização histórica, a propor a ditadura do proletariado como insustentável no longo prazo e, sobretudo, antagônica em relação às mais distintas variantes do conceito de democracia.

---

1   "O igualitarismo da América moderna representa, em essência, a consecução da sociedade sem classes visada por Marx" (tradução minha).

2   Esta objeção se exime de conduzir seus pressupostos às últimas consequências lógicas, de modo que evita comparações entre, por exemplo, o grau de inclusividade político-participativa pressuposto em um método de autorização das elites governantes vis à vis o governo dos produtores associados.

3   De um campo que se declara como crítico, Habermas antecipou-se em propor, no contexto da queda das burocracias do Leste, que "as mudanças revolucionárias que se efetuam sob nossos olhos contêm um ensinamento inequívoco: sociedades complexas não podem se reproduzir se não deixam intacta a lógica de auto-orientação de uma economia regulada pelos mercados" (HABERMAS, 1991, p. 56).

Este breve texto pretende contribuir parcialmente para a mitigação desse alijamento sofrido pela categoria ditadura do proletariado no contexto dos estudos de teoria democrática. Não se pretende um resgate da vastidão do tema, o que seria metodologicamente impossível. Importantes desdobramentos do debate sobre a relação entre ditadura do proletariado e democracia serão, com efeito, negligenciados.[4] A pergunta que o estudo de teoria política aqui relatado pretende esclarecer se delimita nos seguintes termos: é possível predicar o conceito marxiano de ditadura do proletariado como uma concepção radicalmente democrática e universalmente inclusiva da política? A resposta a tal indagação será alcançada por meio de duas específicas tarefas: I) primeiramente, define-se o sentido e a universalidade da categoria proletariado em Marx, assim entendida como manifestação histórica e concreta do ser-genérico (*gattungwesen*) que o autor Feuerbach lega aos escritos de juventude do pensador comunista e; II) em seguida, aborda-se de modo mais específico o conceito de ditadura do proletariado, com base, sobretudo, nos escritos de Hal Drapper, para quem, desde o aspecto lexical até a dimensão prático-política, a categoria em questão se revela como democrática e inclusiva.

1. O proletariado como gênero humano em Marx

Para se entender o sentido e o alcance da ideia de proletariado em Karl Marx, a primeira medida recomendável é um retorno à concepção – fortemente crítica ao individualismo liberal – de humanidade com que o autor opera em seus primeiros escritos. Essa opção se ancora no entendimento de que é difícil sustentar, a partir da integralidade da obra marxiana, a tese prestigiada entre variantes stalinistas e althusserianas do marxismo de que o filósofo em questão teria renunciado às suas definições juvenis sobre o humano, descartadas como especulações filosóficas e classificadas

---

[4] Para mencionar apenas um exemplo de fundamental debate associado ao tema deste trabalho e aqui não perquirido, cita-se a controvertida leitura bobbiana sobre a noção de ditadura em Lênin, seguida de uma tentativa de contraposição com a categoria hegemonia, na igualmente controversa acepção deste termo que Bobbio atribui a Gramsci.

como não dignas da economia política própria à fase madura do autor.[5] Ao contrário, a definição marxiana para a humanidade o acompanha por toda a imensidão dos seus estudos e informa, com centralidade e nítido impacto, as respectivas descobertas e proposições.

Essa definição se edifica a partir do conceito de ser genérico (*gattungwesen*), um termo herdado de Feuerbach que, todavia, recebe um significado próprio e inconfundível na construção intelectual marxiana.[6] Adiante, pormenoriza-se esse conceito para, em seguida, indicar-se sua nítida projeção no proletariado, categoria central para o desenlace deste estudo, que investiga a natureza democrática de sua transitória dominação política, em direção à realização supressiva (*aufhebung*) da própria política e da própria dominação.

1.1. O ser genérico (*gattungwesen*) em Marx

O humano, no jovem Marx, é o ser genérico. Este conceito, inicialmente, é composto por dois elementos: I) primeiramente, remete ao atributo social, coletivo, comunal da espécie e; II) aponta, ainda, para a ideia de que existe uma essência humana, ou seja, propriedades distintivas do ser humano em relação às demais espécies.

As propriedades distintivas acima não levam Marx a se filiar à tese de que a atividade realmente humana é o pensamento e a contemplação. Assim,

---

5   O descolamento profundo da obra de Marx em relação a suas origens hegelianas e à bagagem filosófica que pesa sobre o seu caminho teórico acaba por conduzir à ideia de que o autor e militante em questão seria uma espécie de marco zero de um novo e absolutamente genuíno pensar. Como constata João Antônio de Paula: "não há como não ver nisso uma forma de messianismo radical e obscurantista" (PAULA, 1994, p. 8). No mesmo sentido, escreveu o erudito Padre Vaz: "quanto a recusar de ver em Marx suas origens hegelianas, significa querer fazer de Marx, do ponto de vista intelectual, um rei de Salem bíblico, sem pai, sem mãe, sem genealogia" (VAZ, 1987, p. 168).

6   Confira-se, a propósito: "Although Marx took the notion of a species-being from Feuerbach, he developed it in radically different direction [...] What Feuerbach has posited, according to Marx, is a notion of a human essence where such an essence is concieved of in abstraction from any actual practical expression" (WARTENBERG, 1982, p, 83). "Apesar de Marx ter tomado a noção de ser genérico de Feuerbach, ele a desenvolveu em uma direção radicalmente diferente [...] O que Feuerbach postulou, de acordo com Marx, foi uma noção de essência humana em que tal essência é concebida abstraindo-se de qualquer expressão prática real" (tradução minha).

não fica aberta a porta filosófica para uma apreensão desigual entre as pessoas, a entender que apenas os que se dedicam ao pensar e ao contemplar exercem realmente práticas condizentes com a espécie (cf. WARTENBERG, 1982), ao passo que os demais – trabalhadores manuais, por exemplo – realizariam em menor medida a respectiva humanidade. O atributo próprio dos humanos tampouco é a capacidade de satisfação das suas necessidades pré-determinadas, como um consumidor das coisas que lhe apetecem e lhe realizam, conforme sustentam variantes da economia política com as quais Marx dialoga criticamente ao longo de sua obra. O traço distintivo da espécie, do ser genérico, não é, com efeito, o aristocrata conservador do racionalismo, como tampouco é o homem-rato, em busca de queijos que lhes seriam úteis ou prazerosos do liberalismo, especialmente em variantes como o utilitarismo ou a escolha racional. É a capacidade de conceber algo e realizá-lo objetivamente que define o ser (social, como o primeiro significado indicou) humano. Como sintetiza Wartenberg:

> Marx's theory of the human species-being[7] can therefore be seen as serving a double purpose. On the one hand, in contrast to more traditional notions of human well-being, Marx holds that there is no single activity that constitutes the essence of humaness. In this respect, his theory is a thorough departure from the intellectualist tradition of philosophy. But it is equally crucial to recognize that it also poses a contrast to consumptive models of human fulfillment, claiming that our species-character lies in our ability to create our lives for ourselves in a conscious manner (WARTENBERG, 1982, p. 82).[8]

---

[7] Tradução mais frequente para o idioma inglês da expressão vertida para o português como ser genérico (gattungwesen) (nota minha).

[8] "A teoria marxiana do ser genérico pode, portanto, ser vista como servindo a um duplo propósito. Por um lado, em contraste com noções mais tradicionais de bem estar humano, Marx sustenta que não há nenhum atividade singular que constitua a essência da condição humana. Nesse sentido, sua teoria é um desembarque cabal da tradição intelectualista da filosofia. Mas é igualmente crucial reconhecer que ela também ostenta um contraste em relação a modelos consumptivos de satisfação humana, afirmando que o caráter de nossa espécie repousa sobre a nossa habilidade de criarmos nossas vidas para nós mesmos de uma maneira consciente." (tradução minha).

Há quem argumente que, a partir de *A Ideologia Alemã* e, certamente, em *O Capital*, a ideia de ser genérico teria sido abandonada por Marx e, assim, não pode ser invocada para a definição da concepção de humanidade pressuposta no materialismo histórico em geral e, ainda menos, na ideia de ditadura do proletariado. Esta tese falha por razões filológicas e lógicas. Sob o primeiro aspecto, não se pode negar que, ao diferenciar o ser humano dos demais animais nos Grundrisse, redigidos já ao final da década de 50 do século XIX, Marx não usou outro termo, senão o de ser genérico (*gattungwesen*) para alinhavar sua argumentação:[9]

> Que a necessidade de um pode ser satisfeita pelo produto do outro, e vice-versa, que um é capaz de produzir o objeto da necessidade do outro e que cada um se enfrenta com o outro como proprietário da necessidade do outro, prova que cada um, como ser humano, vai além de sua própria necessidade particular, etc. e se comporta em relação ao outro como ser humano; que sua essência genérica comum[10] é conhecida por todos (MARX, 2011a, p. 186).

O segundo argumento é, de qualquer modo, mais importante, pois irrompe para além da filologia e alcança o próprio sentido da obra de Marx. Ocorre que a definição marxiana de emancipação social, sua crítica ao estranhamento ocorrente nas relações de produção capitalistas, além da proposição de uma humanidade comunista, vinculam-se coerentemente à definição do humano como essencialmente social e autoconsciente em sua atividade produtiva (objetivadora, intersubjetiva

---

9 São frequentes as referências a um outro trecho dos Grundrisse, em que Marx discute o conceito de ser genérico como manifestação humana historicamente precedente à individualização (MARX, 2011a, p. 407). Tal, todavia, não seria suficiente para infirmar a manutenção da categoria em questão em Marx, uma vez que seria um caminho lógico idêntico – não apenas análogo – ao diagnóstico de que Marx não é comunista ao tempo em que apresenta a reposição histórica do comunismo primitivo por outras formas.

10 No original, *gattungwesen,* conforme cotejamento com a MEIA (Marx and Engels Interner Archive).

e carecedora de um meio externo-objetivo para se realizar), ou seja, à definição do ser genérico (WARTENBERG, 1982).

Depurada dos determinismos stalinistas e da influência de ocidentais como Althusser, a marxologia da segunda década do século XXI tem chegado à constatação de que não há uma ruptura irreconciliável entre o filósofo de 1844 e o autor de *O Capital*. Instigante artigo publicado em 2012 no periódico Rethinking Marxism sugere esta tendência quanto à interpretação da obra de Marx, cada vez mais redescoberta e definitivamente restabelecida das críticas fáceis vicejantes nos anos 90 do século XX:

> [t]he mature Marx of Capital and The Communist Manifesto should not be considered a thinker separate from the philosopher of the Economic and Philosophic Manuscripts and The German Ideology [...] It is impossible to understand Marx, his conception of socialism, or even his criticism of capitalism (as developed by "mature" Marx) except on the basis of humanity developed in his early days [...] [i]n Capital[11] Marx spoke – in very philosophical language – of the importance of producing fully developed human beings, the full development of the human race, and humanity's necessity to develop itself (CZANK, 2012, p. 322).[12]

---

11   De fato, a componente do ser genérico acima definida, atinente àquele que, conscientemente, concebe algo e o objetifica por meio de sua atividade, é indispensável para que o autor chegue a essa tão conhecida e citada passagem de *O Capital*: "Pressupomos o trabalho sob uma forma exclusivamente humana. Uma aranha executa operações semelhantes às do tecelão, e a abelha supera mais de um arquiteto ao construir sua colmeia. Mas o que distingue o pior arquiteto da melhor abelha é que ele figura na mente sua construção antes de transformá-la em realidade" (MARX, 2008, p. 211).

12   "O Marx maduro de *O Capital* e de *O Manifesto Comunista* não deve ser considerado um pensador separado do filósofo de *Os Manuscritos Econômicos e Filosóficos* e de *A Ideologia Alemã* [...] É impossível entender Marx, sua concepção de socialismo, ou mesmo sua crítica ao capitalismo (tal como desenvolvida no Marx "maduro") exceto sobre as bases de uma ideia de humanidade desenvolvida nos primevos dias [...] em *O Capital* Marx falou – em uma linguagem muito filosófica – da importância de se produzir seres humanos completamente desenvolvidos, do desenvolvimento completo da raça humana e da necessidade humana de autodesenvolvimento" (tradução minha).

A crítica marxiana da economia política, como se sabe, não tem um foco distributivista ou redistributivista. O problema maior da sociedade dos produtores de mercadorias é, precisamente, a degeneração do humano em mercadoria, explicada a partir das relações de produção, anteriores e prevalecentes sobre a simples alocação ou distribuição. A crítica desta degeneração não está suspensa no ar, mas atada aos conceitos de estranhamento e de alienação. Estes, tampouco, flutuam no éter conceitual, mas remetem precisamente ao ser genérico. Aqui, poder-se-ia objetar que, então, o ser genérico seria uma expressão da natureza humana, categoria tão veementemente criticada por Marx. Ocorre, entretanto, o contrário.

O ser genérico é, como já exposto, social. Assim, é o conjunto das relações sociais, devidamente situadas histórica e materialmente, que perfaz a humanidade. Desse modo, o egoísta competidor de Hobbes, homem de fundo metafísico e atemporal, encerra apenas o ser humano próprio à formação social do capitalismo, devidamente circunscrita historicamente. Para repelir o argumento da natureza humana presente em filosofias contra as quais se volta, Marx não precisa abdicar do conceito de *ser genérico*, mas, ao contrário, mobiliza-o em sua abertura e delimitação sócio-histórica exatamente como expediente repelidor dos naturalismos metafísicos.[13]

O ser humano em Marx é, com efeito, livre, social-coletivo e realizador de sua consciência em sua atividade de objetificação das suas concepções mentais.

A essência social do humano e sua realização na efetiva prática produtiva reflete na categoria *universalidade*, que passou a adquirir crescente relevância na caracterização marxiana da espécie. Sobre esse itinerário intelectual em que o conceito de universalidade foi crescentemente se destacando, justifica-se a reprodução do seguinte trecho de um artigo escrito por Andrew Chitty:

---

13 Este argumento se filia à tese de Wartenberg: "Marx's criticisms of theories that posit a fixed human nature are based upon a view of the human being as having a social character – a species being [...] It is such a social character that allows a human being to adapt him/herself to the various structures within which he/she existed (WARTENBERG, 1982, p. 94). "As críticas marxianas às teorias que postulam uma natureza humana fixa são baseadas em uma visão do ser humano como tendo um caráter social – um ser espaço genérico [...] É esse caráter social que permite ao ser humano se adaptar às várias estruturas dentro das quais ele/ela já existiu" (tradução minha).

> In so far as the human essence can only be realised through an association between human beings, we can say that this essence itself includes sociality. In the course of 1843 Marx follows this implication through and begins to reformulate his ideia of the essence of humanity around the core idea that humans are essentially "universal" beings: beings whose essence is to think and live from a universal or collective standpoint (he does not distinguish these two)[14] rather than from the standpoint of their own particular self-interest. Although he continues to see freedom as an essential property of human beings, he now puts the emphasis on universality, while seeing freedom as inseparably bound up with this universality (CHITTY, 2009, p. 127).[15]

Marx vai além e especifica que a universalidade definidora da espécie (*gattung*) humana é uma universalidade concreta, vivida efetivamente nas relações sociais estabelecidas entre os indivíduos e entre estes e o meio natural. Uma vez mais, Andrew Chitty é claro em relação à questão:

---

14 Sobre a essência coletiva do humano, em oposição ao indivíduo autointeressado caro ao liberalismo, Marx foi claro e explícito nos Manuscritos de Paris, assim como o fez, muitos anos mais tarde, na seguinte passagem dos *Grundrisse*: "O caçador e o pescador, singulares e isolados, pelos quais começam Smith e Ricardo, pertencem às ilusões desprovidas de fantasia das robinsonadas do século XVIII, ilusões que de forma alguma expressam, como imaginam os historiadores da cultura, simplesmente uma reação ao excesso de refinamento e um retorno a uma vida natural mal-entendida. Da mesma maneira que o 'contrato social' de Rousseau, que pelo contrato põe em relação sujeitos por natureza independentes, não está fundado em tal naturalismo. [...] O ser humano é, no sentido mais literal, um ζῷονπολιτικόν (animal político, ser social, nota minha), não apenas um animal social, mas também um animal que somente pode isolar-se em sociedade" (MARX, 2011a, p. 40).

15 "À medida em que a essência humana só pode ser realizada por meio de uma associação entre seres humanos, nós podemos dizer que essa essência, enquanto tal, inclui sociabilidade. Ao longo de 1843, Marx seguiu essa implicação e passou a reformular sua ideia de essência humana em torno da nuclear ideia de que os humanos são essencialmente seres 'universais': seres cuja essência é pensar e viver a partir de um ponto de vista universal ou coletivo (ele não distingue entre esses dois) antes do ponto dos seus autointeresses particulares. Apesar de continuar a ver a liberdade como propriedade essencial dos seres humanos, ele, agora, põe a ênfase sobre a universalidade, ainda que concebendo a liberdade como inseparavelmente atada a essa universalidade." (tradução minha)

> If the essential characteristic of human beings for Marx is universality, then is this Hegels's "abstract universality" or his "concrete universality", that is, is it a universality that is opposed to particularity or is it a combination of universality and particularity? In the *Science of Logic* Hegel explicitly associates the idea of concrete universality with the term "species" (*Gattung*), so Marx's choice of the term "species-being" already indicates that he has concrete universality in mind. [...] Marx's vision of a society that realises human universality is one in which each individual realises that universality in his individual labour, and in his individual relations (CHITTY, 2009. p. 129).[16]

A partir do excerto acima transcrito, é possível postular que o aspecto político da obra de Marx tem como *leitmotif* uma denúncia sem tréguas das formas abstratas de universalidade humana. Abaixo, fundamenta-se essa opção de leitura.

A primeira das universalidades abstratas (e, assim, estranhadas) com que Marx se ocupa (ainda que não formule um pensamento próprio sobre a questão) diz respeito à religião. Quanto a esta, o autor subscreve, em linhas gerais, as considerações elaboradas anteriormente pelo hegeliano L. Feuerbach (cf. REICHELT, 1990). Para Marx,

> a crítica da religião liberta o homem da ilusão, de modo que pense, atue e configure a sua realidade como homem que perdeu as ilusões e reconquistou a razão, a fim de que ele gire em torno de si mesmo e, assim, em volta do seu verdadeiro Sol (MARX, 2005, p. 146).

---

16 "Se a característica essencial dos seres humanos, para Marx, é a universalidade, então é esta a 'universalidade abstrata' de Hegel ou sua 'universalidade concreta', ou seja, é uma universalidade que é oposta à particularidade ou é uma combinação de universalidade e particularidade. Em *A Ciência da Lógica* Hegel explicitamente associa a ideia de universalidade concreta ao termo 'espécie' (*Gattung*), de modo que a escolha de Marx do termo "ser genérico" (*species being; gattungwesen*) já indica que ele tem a universalidade concreta em mente [...] A visão de Marx de uma sociedade que realiza a universalidade humana é aquela na qual cada indivíduo realiza a universalidade 'em seu trabalho individual e em suas relações individuais" (tradução minha).

Em síntese, o universal representado em figuras míticas e estranhas à vida terrena deveria ser devolvido ao ser humano, trazido à terra e à concretude da experiência das pessoas.

Não é apenas a religião, como universalidade abstrata e alheia à efetiva materialidade das relações sociais historicamente estabelecidas entre os membros do gênero humano, que será objeto da crítica marxiana. É a crítica às universalidades abstratas presentes no mundo dos homens, antes de vinculadas a um universo mágico e mítico, que realmente interessa ao prócer do materialismo histórico, cuja obra se insere nos grandes dilemas do nosso tempo e, como tal, toma por superada e resolvida a questão da primazia da razão sobre a fantasmagoria teológica. É, com efeito, na esteira da identificação e crítica dos elementos que fragmentam o humano no capitalismo e que expressam formas apenas abstratas de universalidade que as ideias do pensador sobre a política, o Estado e o direito ganharão sentido em seu projeto intelectual.

Um segundo exemplo de forma de universalização abstrata (esta diretamente terrena, em oposição à religião), criticada por Marx desde os seus escritos de juventude, se trata do dinheiro. Na sociedade capitalista, em que o valor de troca – correspondente ao tempo de trabalho socialmente necessário à produção[17] – prevalece sobre o valor de uso nas relações sociais de produção, o dinheiro se expressa como um *valor universal*. Ele é a mercadoria que pode ser trocada por todas as demais e que, assim, não estampa um valor de uso direto mas, estritamente, a capacidade de ser trocada por qualquer outra mercadoria. Ainda nos manuscritos de 1844, Marx identifica profundas contradições em tal universalidade abstrata, como o excerto abaixo sintetiza de modo preciso:

> O dinheiro, enquanto exterior, não oriundo do homem enquanto homem, nem da sociedade humana enquanto sociedade –, *meio* e *capacidade* universais, faz da *representação efetividade* e da *efetividade uma pura representação*, transforma igualmente as *forças essenciais humanas efetivas e naturais* em puras representações

---

17 Cf. MARX, 2008.

abstratas e, por isso, em imperfeições, angustiantes fantasias, assim como, por outro lado, transforma *as efetivas imperfeições* e *fantasias*, as suas forças essenciais realmente impotentes que só existem na imaginação do indivíduo, em *forças essenciais efetivas* e *efetiva capacidade*. Já segundo esta determinação o dinheiro é, portanto, a inversão universal das individualidades, que ele converte no seu contrário e que acrescenta aos seus atributos contraditórios (MARX, 2004, p. 160).

O autor prosseguiria em sua crítica do dinheiro como universalidade abstrata e, por conseguinte, contraditória e fator de fragmentação do ser genérico, para asseverar que, ao possuir dinheiro, o ser teria tudo, sem ter nada, poderia tudo, sem nada poder, seria belo sendo feio, forte sendo fraco, sábio sendo ignorante, em suma, estaria cindido entre a universalidade representada pelo dinheiro e a efetividade particularizada em que estaria imerso. Assim foi que, no final da década de 50 do século XIX, nos estudos preparatórios de *O Capital* conhecidos como *Grundrisse*, o autor retomaria sua crítica ao dinheiro como universalidade estranhada da realidade social humana, consoante a passagem abaixo indica:

O dinheiro, em sua determinação última, acabada, manifesta-se pois, sob todos os aspectos, como uma contradição que se resolve a si mesma; que tende à sua própria resolução. Como forma universal da riqueza, se lhe confronta o inteiro mundo das riquezas reais. É a pura abstração dessas riquezas – por isso, retido dessa maneira, é pura ilusão. Ali onde a riqueza parece existir enquanto tal em forma absolutamente material, tangível, o dinheiro tem sua existência apenas em minha cabeça, é uma pura quimera (MARX, 2011a, p. 177).

Marx, como se nota, não deposita ilusões sobre manifestações abstratas da universalidade humana, dado seu caráter estranhado e, assim, contraditório. O autor é enfático, nas diferentes fases de sua obra, quanto à busca de uma humanidade em que os indivíduos não se percam de suas solidárias relações de produção na mítica figura dos interesses materiais pré-determinados; não separem sua aspiração da felicidade e da compreensão da vida efetiva, reservando o entendimento e a totalidade aos céus da religião; em suma, não se corrompam em seres fragmentados e entregues às próprias individualidades egoístas.

É sob esse conceito de humanidade e a partir da crítica à universalidade abstrata presente na religião e no dinheiro que se encontra, ainda, uma veemente crítica à universalidade abstrata encerrada no Estado. As duas transcrições a seguir, extraídas, respectivamente, de *A Introdução à Crítica da Filosofia do Direito de Hegel* (1843-1844) e dos *Grundrisse* (1857/1858), tornam esse ponto mais claro. Nos Anais Franco-Alemães, o Estado é associado à abstração religiosa. Já nos *Grundrisse*, são reveladas suas semelhanças em relação universalidade abstrata encerrada no dinheiro. Confira-se:

> A tarefa imediata da filosofia, que está a serviço da história, é desmascarar a auto-alienação humana nas suas *formas não sagradas*, agora que ela foi desmascarada na sua *forma sagrada*. A crítica do céu transforma-se deste modo em crítica da terra, *a crítica da religião* em *crítica do direito,* e a *crítica da teologia* em *crítica da política*" (MARX, 2005, p. 146).

> O dinheiro não nasce por convenção, como tampouco sucede com o Estado. Nasce da troca e na troca, espontânea e naturalmente, é um produto dela (MARX, 2011a, p. 113).

> Evidencia-se igualmente a tolice dos socialistas (notadamente dos franceses, que querem provar que o socialismo é a realização das ideias da sociedade *burguesa* expressas pela Revolução Francesa), que demonstram que a troca, o valor de troca, etc. são *originariamente* (no tempo) ou, de acordo com o seu conceito, (em sua forma adequada), um sistema da liberdade e igualdade de todos, mas que têm sido deturpados pelo dinheiro, pelo capital, etc. [...] Cabe responder-lhes: o valor de troca ou, mais precisamente, o sistema monetário é de fato a *igualdade* e *liberdade,* e as perturbações a

ele imanentes, justamente a efetivação da liberdade e igualdade que se patenteiam como desigualdade e ausência de liberdade (MARX, 2011a, p. 191).

Em suma, a ideia de humanidade sobre a qual, posteriormente, erige-se a proposição de uma forma política transitória chamada ditadura do proletariado, é assim apresentada: I) o ser humano é essencialmente livre, liberdade que se expressa coletiva e socialmente; II) o ser humano é universal, de modo que é o seu próprio gerador e orienta-se, coletivamente, aos seus próprios desígnios[18] e; III) a universalidade humana deve ser entendida como concreta, ou seja, presente em sua vida cotidiana, antes de se manifestar em formas abstratas/estranhadas, como o dinheiro ou a cidadania constitucional. Essa universalidade concreta é própria a um ser que só se realiza com e no mundo objetivo, em detrimento de ser fruto ou atividade de mero pensamento. O ser humano é consciente de que só se realiza na objetividade e, portanto, de que carece das coisas no mundo externo. Daí, Marx avança, nos *Manuscritos Econômicos-filosóficos*, para arrematar que "o homem enquanto ser objetivo sensível é, por conseguinte, um padecedor, e, porque é um ser que sente o seu tormento, um ser apaixonado" (MARX, 2004, p. 128).

As considerações de Marx quanto ao humano, assentadas em Hegel, mas conduzidas para muito além do esquema filosófico do filósofo idealista,[19] iriam encontrar uma manifestação histórica e concreta, cujos interesses,

---

18 Sobre o conteúdo aberto desses desígnios, vale transcrever uma consideração de Eagleton: "Does this species-being have an end or goal? Is Marx a teleological thinker? In one sense yes, in another sense no. For the end of our species-being, in a kind of creative tautology, consists just in realizing itself. For Marx, as for other Romantic radicals, there is or should be no ultimate point to human existence beyond its self-delighting development (EAGLETON, 1997, p. 18) "Esse ser genérico possui algum fim ou objetivo? Marx é um pensador teleológico? Em um sentido sim, em outro não. Pois a finalidade do ser genérico, em um tipo de tautologia criativa, consiste justamente em sua própria realização. Para Marx, assim como para outros românticos radicais, não há nem deve haver nenhum fundamento último para a existência humana além do seu desenvolvimento autossatisfatório" (tradução minha).

19 Sobre a maneira como Marx parte do esquema hegeliano e avança para uma filosofia materialista, dando continuidade e levando às últimas consequências a empreitada atinente ao debelamento das contradições na conformação do sujeito, que acompanha Hegel desde o ser auto-consciente até a categoria direito, com o interlúdio da dialética

destarte, seriam os interesses da humanidade, e cuja emancipação conteria a emancipação de toda a espécie. O ser genérico, significante que já guardava o significado de uma humanidade concreta, coletiva, histórica, objetiva e padecedora, encontra, ao longo da trajetória intelectual e militante de Marx, um preciso referente no proletariado. A seguir, desenvolve-se esse ponto.

1.2. O proletariado como classe universal

O autor que levou Hegel às últimas consequências[20] deparou, ao partir da essência dos conceitos para entender-lhes a realidade, com a realidade como essência para a compreensão dos conceitos, como se conclui da trajetória que segue dos escritos sobre a liberdade de imprensa na Gazeta Renana às anotações críticas anexadas à Filosofia do Direito hegeliana. Pois esse caminho tem, na Introdução de 1844, um momento de chegada das reflexões hegelianas e de claro germinar do pensamento materialista. Trata-se de texto central no fluxo criativo marxiano, em que se apresenta a constatação de que a elaboração filosófica desligada da práxis seria, também, uma universalidade abstrata.

Essa linha de entendimento condensou-se na célebre passagem em que Marx declara que "a crítica não é um fim em si, mas apenas um meio; a indignação é o seu modo essencial de sentimento, e a denúncia a sua principal tarefa" (MARX, 2005, p. 147) para, pouco adiante, arrematar com a radicalíssima assertiva de que "a arma da crítica não pode substituir a crítica das armas, [...] o poder material tem de ser derrubado pelo poder material, mas a teoria converte-se em força material quando penetra nas massas" (MARX, 2005, p. 147). A transição do idealismo em direção ao pensamento que Engels viria a definir e consagrar-se-ia sob o nome de *materialismo histórico* estava, então, inequívoca. Somente esse contributo epistemológico já seria suficiente para respaldar o caráter pioneiro e relevante do texto. Mas há mais, mormente no que concerne ao tema deste trabalho.

---

senhor-escravo, confira-se outro trabalho de minha autoria, em que associo a categoria "luta de classes" à noção hegeliana de "luta de reconhecimento" (TAVARES, 2013).

20 Como sintetizou Bernard Borgeois (2000, p. 148): "o marxismo se apresentará como a verdade do hegelianismo".

Ancorado na premissa materialista de que a filosofia deve se realizar para então ser suprimida e de que a concreta luta é o caminho para a emancipação, em prejuízo das conclusões formais e abstratas, Marx libera o espaço para, enfim, apresentar uma embrionária, mas inovadora e instigante, teoria política.[21] Da epistemologia que revela no conteúdo a verdade da forma, a crítica, coerentemente, chega à política que revela nas relações de produção e nas estratificações de classe a verdade da dominação na sociedade capitalista, a se ocultar em abstrações como a igualdade de partes pressuposta no contrato de trabalho, ou a cidadania horizontal firmada e orientada para a manutenção do conteúdo da apropriação privada dos resultados da produção coletiva. O texto em apreço ainda não é explícito quanto a todas estas questões, mas já apresenta o método, o léxico e o diagnóstico histórico em que podem vicejar.

Na Introdução de 1844 há fortes indicações de que Marx não abandonara, mas realizara, com todas as implicações lógico-dialéticas, seus auspícios radical-democratas da Gazeta Renana. Em busca de resgatar a democracia do céu constitucional para o mundo terreno, a fase materialista foi conduzida à conclusão de que a verdade do *demos* é o proletariado e a verdade

---

[21] R. Blackburn, por exemplo, é enfático, em artigo publicado na New Left Review em 1976, ao propor que Marx e Engels se definem, antes de tudo, como fundadores de uma inédita compreensão política, cujas bases residem precisamente na Introdução de 1844: "The real originality of Marx and Engels lies in the fields of politics, not in economics or philosophy. They were the first to discover the historical potential of the new class that capitalism had brought into existence – the modern proletariat, a class that could encompass a universal liberation from all prevailing forms of oppresion and explotation" (BLACKBURN, 1990, p. 235). Adiante, o autor associa esta constatação com o caráter seminal da *Introdução à Crítica da Filosofia do Direito de Hegel*: "If the definitive tenet of Marxism is the proletarian revolution, then it is possible to give a precise date to Marx's first announcement that he had become a Marxist. In the early part of 1844 Marx published his last text as critical philosopher and radical rationalist: 'The Introduction to the Critique of Hegel's Philosophy of Right. In this he declares war on the stifling conditions that prevail in Germany in the name of philosophy and the proletariat'" (BLACKBURN, 1990, p. 237). Atílio Boron, em relevantíssimo texto – ancorado filosoficamente no categoria totalidade – sobre o marxismo e teoria política, tece uma consistente crítica à leitura de Bobbio e de Huntington (autores que negam a existência de uma teoria marxiana da política e, quanto a Bobbio, que o subtraem até mesmo do marxismo em geral), mas entende como um exagero oposto a posição de Blackburn aqui apresentada, porquanto tratar-se-ia de uma menosprezo em relação à economia política de Marx (cf. BORÓN, 2006, p. 167-182).

do governo são as relações sociais de produção, no contexto das quais os efetivos vínculos sociais humanos se estabelecem.

Com efeito, o percurso traçado em tão curto e denso trabalho segue da já apresentada proposição epistêmica de uma filosofia da práxis (I), em direção a uma associação entre as relações sociais de produção no capitalismo e a dominação política (II), chegando à tese de uma revolução conduzida pelo proletariado como expediente emancipatório humano na sociedade capitalista (III).

A revolução em Marx é parcial, ou apenas política, quando um segmento, uma classe da sociedade civil, situa-se diante de outra classe, dominadora, que se opõe a todas as demais e, ao oprimir generalizadamente, faz daquela que a enfrenta diretamente a *representante geral* de todas as classes oprimidas. Foi o caso, cita Marx, da burguesia em relação à dominação exercida pelo clero e pela nobreza. Ocorre, prossegue o autor, que "cada classe, no preciso momento em que inicia a luta contra a classe superior, fica envolvida numa luta contra a classe inferior" (MARX, 2005, p. 155). É este processo contínuo que o autor, mais tarde, no Manifesto do Partido Comunista, caracterizaria, coerentemente, sob a máxima de que "a história de todas as sociedades até hoje existentes é a história das lutas de classes" (MARX & ENGELS, 2007, p. 40).

Mas, descobre Marx, surge na sociedade capitalista uma classe que é o "enigma resolvido" de todas as classes, a correspondência entre o princípio formal e o princípio material. Precisamente na sociedade em que os indivíduos são entregues à própria corporeidade e separados radicalmente dos meios para produzirem, de modo que só podem obter a própria emancipação ao emanciparem o gênero humano, porque a sua libertação individual é a libertação de sua condição individual, surge uma classe que carrega em si o gênero humano, mais do que os atributos particulares de mais uma singular espécie.

Essa sociedade, pautada por uma produção coletiva e integrada como nunca, mas igualmente marcada pela apropriação privada e pela radical separação entre trabalhadores e meios de produção, permite o surgimento de uma classe cujos atributos, seja no que se refere à produção e à associação coletiva para tal, seja no que tange ao modo como é dominada, revelam-se universais. É assim que Marx descobre o papel histórico reservado ao proletariado[22] na emancipação humana:

> Onde existe então, na Alemanha, a possibilidade positiva de emancipação?
>
> Eis a nossa resposta: na formação de uma classe que tenha cadeias radicais, de uma classe na sociedade civil que não seja uma classe na sociedade civil, de um estamento que seja a dissolução de todos os estamentos, de uma esfera que possua caráter universal porque os seus sofrimentos são universais e que não exige uma reparação particular porque o mal que lhe é feito não é um mal particular, mas o mal em geral, que já não possa exigir um título histórico, mas apenas o título humano; de uma esfera que não se oponha a consequências particulares, mas que se oponha totalmente aos pressupostos do sistema político alemão; por fim, de uma esfera que não pode emancipar-se a si mesma nem se emancipar de todas as outras esferas da sociedade sem emancipá-las a todas – o que é, em suma, a perda total da humanidade, portanto, só pode redimir-se a si mesma por uma redenção total do homem. A dissolução da sociedade, como classe particular, é o proletariado (MARX, 2005, p. 155-156).[23]

---

22 Anos adiante, em 1848, já inserido na concreta luta política, Marx, em coautoria com Engels, iria expor o protagonismo proletário de modo direto e didático em *O Manifesto*: "De todas as classes que hoje em dia se opõem à burguesia, só o proletariado é uma classe verdadeiramente revolucionária. As outras classes se degeneram e perecem com o desenvolvimento da grande indústria; o proletariado, pelo contrário, é seu produto mais autêntico" (MARX & ENGELS, 2007, p. 49).

23 Ressalva-se que G. Therborn, ao apresentar o caminho de Marx em direção ao proletariado, atribui ênfase ao texto aqui em análise e aos trabalhos imediatamente posteriores, como os *Manuscritos de Paris*; mas os considera ainda incipientes em relação ao modo como a maturidade do autor definir-se-ia pelo papel central conferido à classe proletária na luta em direção à emancipação humana. Para Therborn, foi precisamente o contato com o movimento dos trabalhadores em Paris que permitiu a Marx aprofundar sua adesão à respectiva causa, o que se tornaria mais nítido no escrito *A Sagrada Família*. Confira-se: "Where is in the *Economic and Philosophic Manuscripts* the discussion of communism and the different communist tendencies is completely philosophical, with no reference to the class struggle of the workers, in *The Holy Family* the proletariat

Se Marx constata em *Os Manuscritos de Paris* que o ser humano se define como o que sofre e padece, aqui ele nota que o proletariado carrega o sofrimento humano no modo de produção capitalista. Dessa maneira, para além de uma espécie de classe a mais, o proletariado realiza o gênero humano enquanto tal. Se Marx sempre sustentou que a humanidade se realiza como gênero e a liberdade/emancipação se dá coletivamente, somente a classe social que se associa para produzir e que só o faz mediante profundo grau de coletivização na atividade produtiva, para, contraditoriamente, não se apropriar do resultado de sua obra, é capaz de emancipar-se coletivamente, elevando os amontoados de indivíduos egoístas ao ser genérico. Se a dominação de classe no capitalismo é função da propriedade privada e se a emancipação humana é a respectiva supressão, então a classe que não possui propriedade privada e já vive e se organiza coletivamente carrega em si os atributos da humanidade emancipada, quer dizer, da humanidade comunista.

A verdade da política, ou seu gênero realizado, seu enigma revelado, é a democracia: o povo já não governa por meio de um monarca ou figura correlata que o represente, mas o faz por si só, em plena identidade entre governante e governado. A verdade do ser humano, ou seu gênero realizado, seu enigma realizado, é o proletariado: trata-se da classe que trabalha solidária e associadamente, não possui qualquer propriedade dos meios de produção (antecipando como classe o que é o comunismo para a espécie), desenvolve-se sem se opor a qualquer classe inferior e encerra, com efeito, em seus atributos, todos os elementos do ser genérico. O governo do proletariado, por conseguinte, é o mais universal e inclusivo dos arranjos políticos a partir do modo de produção capitalista e no caminho em direção à sua absoluta abolição.

Entendendo-se o caráter universal do proletariado em Marx, abre-se o caminho para se pensar o quão inclusiva pode ser a sua ditadura. Na seção seguinte, avança-se sobre tal premissa e apresentam-se, com amparo nos escritos de Hal Draper, elementos radicalmente democráticos da ditadura do proletariado.

---

already has a much more explicit and concrete role" (THERBORN, 1990, p. 79). Para além de questões filológicas que refogem ao escopo deste *paper*, fica patente que a perspectiva assumida por Marx em relação à classe que encerra em si o gênero humano iria se aprofundar, antes de sofrer revisões ou inflexões.

2. Ditadura do proletariado: uma forma política radicalmente democrática

O nome da democracia no materialismo histórico é ditadura do proletariado. Como se viu na seção anterior, trata-se da classe que encerra em sua condição os atributos do gênero humano e que, portanto, ao emancipar-se e libertar-se, pode fazê-lo não apenas em seu nome, mas no de toda a espécie. Para além da universalidade abstrata e fantasmagórica encerrada no demos, o proletariado possui efetiva e identificável existência histórica, de tal arte que pode agir como classe, representar-se e, assim, governar.

É certo que se pode indagar, a partir de aportes tão consistentes como indiscutivelmente anticapitalistas, que o proletariado descrito por Marx não remanesce na atual fase histórica do modo de produção capitalista. Hoje, outras identidades, transversais ou transcendentes à classe, incorporam-se aos processos sociais e desafiam, cada vez mais, a verossimilhança do argumento de um sujeito revolucionário manifestado na classe descrita em 1844 como portadora do sofrimento universal. O arranjo Keynes-mais-Beveridge após a II Guerra, a universalização do sufrágio e o ingresso dos partidos proletários nas regras de jogos estatais definidos pela premissa inarredável da propriedade privada, além das próprias transformações produtivas na economia capitalista – cada vez menos fabril ou industrial, em direção a uma primazia do conhecimento – desautorizariam a atualidade da tese do proletariado como sujeito da revolução em direção ao socialismo e à realização da espécie humana.[24] Na esteira de uma contribuição surpreendentemente atual, proferida por P. Sweezy ainda na década de 60 do século XX, pontua-se, quanto ao tema, o seguinte: I) em Marx, o proletariado não foi, sempre, o sujeito revolucionário e a classe universal mas, historicamente, adquiriu tais predicados, ao longo da maquinização dos processos industriais (cf. SWEEZY, 1990) e; II) é realmente possível que as condições revolucionárias do início do período da indústria moderna tenham perecido e, assim, o proletariado dos países centrais tenha se tornado cada vez menos revolucionário. Porém, constata o autor, o sistema capitalista não é um objeto que possa ser compreendido em sentido local, mas apenas em seu

---

24 Para um aprofundamento sobre este debate, confira-se Balibar (1994) e Sitton (1996).

funcionamento produtivo mundial. Dessa premissa, pode-se deslocar o foco para o proletariado atual dos países dependentes – como neste século XXI, trabalhadores da indústria de informática na China, ou de grandes obras de infraestrutura na Amazônia brasileira – e descobri-lo como um proletariado que "is revolutionary in the same sense and for the same reasons that Marx considered the proletariat of the early period of modern industries to be revolutionary" (SWEEZY, 1990, p. 240).[25] O mesmo se diga da tendência a uma nova proletarização nos países centrais, fruto do colapso dos arranjos social-democráticos na inultrapassável contradição entre capital e trabalho, a semear inevitáveis crises, como a atual.

Some-se a isso a constatação de que a "economia do conhecimento" ou o cenário "pós-industrial" associados às novas tecnologias de informação se revelam facilmente desmentidos por uma simples visita a uma unidade fabril da Foxconn. Para se lastrear o argumento em um estudo cientificamente robusto, remete-se o leitor à identificação dos infoproletários (ANTUNES & BRAGA, 2009), em obra na qual a tese offeana quanto à perda de centralidade da categoria trabalho nas sociedades do capitalismo tardio recebe importantes contestações empíricas e teóricas (cf. OFFE, 1991).

Se o proletariado é mais do que um artefato histórico – como os escravos da Grécia Antiga ou os servos do medievo europeu – ainda faz sentido pensar, portanto, o que é dizer que, em Marx, a democracia se realiza com a imposição da sua ditadura. Como é sabido, este é um amplo e riquíssimo debate, a orbitar ao redor da pergunta sobre qual é o conteúdo de uma ditadura do proletariado e, ainda antes, qual é o método para a respectiva implementação. Não é possível ou necessária uma digressão tão profunda e ampla neste espaço. De qualquer modo, alguns esclarecimentos se revelam necessários.

Esses esclarecimentos seguem, em geral, a sistematização teórica e a leitura histórica formuladas por Hal Draper em seus apontamentos sobre a importância da ideia de ditadura do proletariado no seio do materialismo histórico. Draper é um dos mais prolíficos intérpretes de Marx e do marxismo, o que se nota em sua vasta, erudita e analiticamente precisa obra, concentrada fundamentalmente sobre o tema da revolução em Marx. Apenas

---

25 "É revolucionário no mesmo sentido e pelas mesmas razões que Marx considerou o proletariado o nascente período das indústrias modernas como revolucionário" (tradução minha).

esse assunto ensejou a redação de um monumental e seminal trabalho, em cinco volumes, em que temas como Estado, burocracia, guerra, organização partidária e, naturalmente, ditadura do proletariado, são enfrentados de modo autêntico e rigoroso. Curiosamente, trata-se de autor pouco discutido no âmbito acadêmico brasileiro, o que, talvez, decorra do fato de se tratar de um pensador que, em vida, não manteve uma trajetória formalmente acadêmica, mas ocupou-se, lado outro, de uma abnegada militância em favor do socialismo,[26] o que se expressou na tarefa de concomitante combate ao liberalismo burguês e à burocratização stalinista.

Draper propôs que a renúncia à central categoria marxiana da ditadura do proletariado significa uma dupla rendição: I) de um lado, aceita-se que os horrores do Gulag possuem, em alguma medida, identidade com o projeto marxiano e com a ideia de ditadura do proletariado, o que significa uma renúncia a uma categoria fundamental de Marx e do marxismo como resposta a uma associação teórica e historicamente espúria que, antes de admitida, deve ser tematizada e afastada e; II) de outro lado, encampa-se, mesmo que tacitamente, a tese liberal de que a ditadura do proletariado se define como antônimo da democracia, o que abre o caminho analítico para se entender que o socialismo marxiano não seria democrático.

Para Draper, a defesa da ideia de ditadura do proletariado diz respeito à própria defesa do materialismo histórico como campo radicalmente distinto do liberalismo e do stalinismo. Assim, um conceito de ímpar relevância na apreensão marxiana da política não poderia ser afastado como concessão às leituras enviesadas que essas duas tradições lhe imputaram, mas, opostamente, deve ser mantido e ter o seu significado defendido como

---

26 Dentre as incontáveis tarefas cumpridas pelo ativista Draper, lembra-se de sua influência intelectual fundamental sobre os protestos de Berkeley nos anos 60 do século XX, como expressamente reconheceu o seu principal orador, Mario Savio. Quanto à relevância do respectivo trabalho intelectual, em especial no que tange aos volumes sobre a teoria marxiana da revolução, o testemunho de Heilbroner é emblemático, ao caracterizá-lo com as seguintes palavras: "[an] extraordinarily stimulating work written in a fresh, open style which comes as a welcome relief after the turgidities of so much Marxist writing" (FLINT, 1990).

meio de confronto – político e teórico – com tais linhas.²⁷ Esse é o esforço a seguir conduzido, comprometido com a explicitação do conteúdo radicalmente democrático da categoria ditadura do proletariado, em detrimento dos significados que lhe foram atribuídos por campos teóricos rivais.

Antes de tudo, é importante constatar que, ao tempo em que Marx vivera, redigira sua obra e atuara como um ativista da causa socialista, não se colocava a contemporânea relação de contrariedade entre democracia e ditadura. O conceito de ditadura experimentava considerável polissemia na Europa do século XIX, mas é seguro dizer que, em grande medida, ainda se relacionava com uma figura própria à República Romana, de nome latino *dictatura*. Esta se definia por atributos em nada compatíveis com o significado atribuído ao longo do século XX para a palavra ditadura, o que se pode extrair de suas características constitutivas: a) era prevista normativamente; b) era provisória e não costumava exceder o ínterim de seis meses; c) o ditador jamais impunha novas leis civis no exercício dos seus poderes e não tinha acesso, sem autorização, ao tesouro público; d) concluído o excepcional período do seu domínio, o ditador deveria prestar contas das ações que implementara e; e) a ditadura não originava tiranias, mas o contrário pode ser afirmado, uma vez que o Império Romano sucedeu as instituições republicanas e, assim, também a figura aqui em questão (cf. BENDER, 1990; DRAPER, 1990). Assim, dirimindo-se a objeção lexical apresenta acima, na introdução deste texto, tem-se que o conceito de ditadura utilizado no tempo

---

27 Ao apresentar um estudo sobre o tema, Draper é claro quanto a esse ponto: "This study deals with the origin and history of the phrase 'dictatorship of the proletariat' in Marx and Engels. It asks: What aid this term mean *to them*? The larger subject behind it is "The State and Democracy" in Marx's writings. But study of this subject is shadowed by the belief that Marx advocated a 'dictatorship.' This is reinforced by the two types of exegetes who today carry on the cold war over the corpus of Marxism: the bourgeois ideologues who think they must prove Marx an authoritarian in order to defeat Moscow; and the Soviet schoolmen whose assignment it is to wrap Stalinism in quotations from Marx. Both these camps are anxious to prove the same thing. In fact, Marxian exegeses, once the property of a few socialist scholars, bids fair to become a minor world industry. The larger issue, then, is the image of Marx for the modern world. For me, Marxism is the gateway to *a revolutionary socialism which is thoroughly democratic and a democratic socialism which is thoroughly revolutionary*. Hence the need for the investigation which follows" (DRAPER, 1962).

em que Marx viveu não é o antônimo da democracia mas, frequentemente, o seu elemento garantidor.[28]

Uma segunda premissa quanto à ideia marxiana de ditadura do proletariado precisa ser exposta: esta categoria não possui a exacerbada carga semântica de descrição minuciosa da maneira como os socialistas haveriam de governar, assim como não aponta, detalhada e exaustivamente, para os pormenores da gestão, da definição de atribuições e da arquitetura institucional da transição entre a dominação burguesa e o governo dos trabalhadores. Não se filia, aqui, ao caminho interpretativo segundo o qual a ditadura do proletariado seria um receituário de governo marxiano e, ainda menos, que esse suposto algoritmo do poder proletário estaria, em diferentes fases da obra de Marx e Engels, acometido por ambiguidades ou contradições. A leitura de Bender (1990), por exemplo, para quem a recorrente tensão entre burocratização e descentralização, a definir os debates no seio do marxismo ao longo de decênios, já estaria presente – de modo não resolvido – na obra do fundador da filosofia da práxis, não encontra base textual ou histórica. Afirmar, por exemplo, que o Manifesto de 1848 sustenta um governo exercido pela Liga dos Comunistas, como um *bureau* de operários mais conscientes e que se sobressaiam (cf. BENDER, 1990) é avançar sobre um texto que não contém nada nesse sentido e, ademais, é claro ao declarar que "a elevação do proletariado a classe dominante" é a "conquista da democracia" (MARX & ENGELS, 2007, p. 58). Da mesma maneira, não há exatamente uma tensão, mas apenas uma coerente complementação, entre o Marx que advoga formas descentralizadas de proferição de decisões políticas e econômicas, juntamente com um planejamento central, em ampla escala, da atividade produtiva. Quanto ao tema, anui-se com a leitura do marxista inglês M. Johnstone:

---

28 Hal Draper, em um minucioso levantamento, apresenta exemplos que vão dos socialistas, passando pelos liberais e chegando aos monarquistas, de discursos políticos e textos teóricos de ampla aceitação e difusão na Europa oitocentista, cujo conteúdo se referia, seja crítica, seja apologeticamente, à soberania popular ou à democracia como a ditadura do povo, a ditadura de baixo para cima, ou a ditadura dos que não têm sabedoria e nobreza (cf. DRAPER, 1990).

> Marx had always been and remained a centralist. However for him, as for subsequent marxists, the issue was not one of centralization versus decentralization, but of finding the right balance between the two. The equilibrium was inevitably a shifting one, varying from one country to another and as between different historical periods (JOHNSTONE, 1990, p. 576).[29]

Não se recomenda procurar no conceito de ditadura do proletariado um fundamento para o controle burocrático de toda a vida dos seres humanos – tal como ocorreu no modelo stalinista. Igualmente, ali não se deve buscar um modelo comunal, quase tribal, de localidades soberanas onde tudo é decidido face a face, sem uma organização central e de ampla escala da produção. Marx esteve equidistante destas leituras e, sem jamais apresentar qualquer modelo acabado e estático de forma política (o que não faria sentido para a sua visão histórica e dialética), apontou para uma democratização radical, em coordenação e dependência com decisões e medidas centralizadas de amplos alcances territoriais.

Estabelecidas as duas premissas acima, é possível prosseguir-se para a definição do conceito, radicalmente democrático, de ditadura do proletariado. Este conceito é, segundo o próprio Marx, uma contribuição de sua lavra, com um sentido específico cunhado pelo autor,[30] conforme se afirma na Carta a Wedeymeyer de 1852:

---

29 "Marx sempre foi e se manteve como um centralista. Todavia, para ele, assim como para os marxistas subsequentes, a questão não era sobre a centralização versus a descentralização, mas sobre descobrir o adequado equilíbrio entre ambas. O equilíbrio era inevitavelmente cambiante, variando de um país a outro, assim como entre diferentes períodos históricos" (tradução minha).

30 A minuciosa pesquisa elaborada por Draper reforça esta ideia de que, se é verdade que a palavra ditadura era comum e disseminada no debate político do século XIX, também é certo que Marx, nesse contexto, propôs um conceito autêntico de ditadura do proletariado que não se explica como um legado de Blanqui sobre o materialismo histórico, como considerável porção do pensamento marxista sustentou ao longo dos anos. O conceito foi, isto sim, fruto de uma contraposição marxiana à ideia blanquista de ditadura, com vistas a uma composição política (entre Marx, cartistas e blanquistas) na tentativa de unificação de movimentos consubstanciada na *Société Universelle des Communist Revolutionaires*. A noção de ditadura do proletariado é uma reposição marxiana da ditadura

> Now as for myself, I do not claim to have discovered either the existence of classes in modern society or the struggle between them. Long before me, bourgeois historians had described the historical development of this struggle between the classes, as had bourgeois economists their economic anatomy. My own contribution was **1.** to show that the *existence of classes* is merely bound up with *certain historical phases in the development of production*; **2.** that the class struggle necessarily leads to the *dictatorship of the proletariat*; **3.** that this dictatorship itself constitutes no more than a transition to the *abolition of all classes* and to a *classless society* (MARX (MEIA), 1852).[31]

A ditadura do proletariado, que aparece pela primeira vez, juntamente e em relação de clara complementariedade e mútua dependência com a ideia de revolução permanente, no ano de 1850, é uma resposta à lição histórica de 1848, a ensinar que já não seria possível esperar um caráter progressivo da burguesia, a abrir a vaga histórica para que o proletariado pudesse encontrar o seu tempo de tomar o poder e, enfim, de protagonizar a revolucionária edificação de uma sociedade sem classes. Para Marx, a conquista do poder político é uma condição necessária, mas não suficiente, no caminho em direção ao socialismo. Tal conquista se expressa na ideia de um processo revolucionário que não cessa enquanto não se alcança internacionalmente a sociedade sem classes (revolução permanente) e que demanda,

---

de uma minoria proposta por Blanqui. Como resume Draper após uma longa e completa apreciação de fontes: "the term makes its appearance *in connection with* the Blanquists but not *by* the blanquists. [...] Class dictatorship is then counterpoused to Blanquist dictatorship to make the contrast (DRAPER, 1990, p. 301).

31 "Agora, de minha parte, eu não me reclamo como quem descobriu seja a existência de classes na sociedade moderna, seja a luta entre elas. Bem antes de mim, historiadores burgueses descreveram o desenvolvimento desta luta de classes, assim como economistas burgueses o fizeram em relação à sua anatomia. A minha própria contribuição foi 1. mostrar que a existência de classes é atada meramente a certas fases históricas no desenvolvimento da produção; 2. que a luta de classes necessariamente conduz à ditadura do proletariado; 3. que esta ditadura, enquanto tal, constitui não mais do que uma transição para a abolição de todas as classes e para uma sociedade sem classes" (tradução minha; itálicos no original).

no contexto transitório, o uso da força e de um *sui generis* poder estatal de parte dos proletários, seja com vistas ao exercício do que posteriormente se definiria como hegemonia em relação às demais classes exploradas – como camponeses – seja para se extirpar em definitivo o maquinário coercitivo a serviço da ditadura da burguesia, *i.e.* o Estado capitalista.

A democracia realizada não cabe em uma sociedade pautada pela clivagem entre aqueles que vendem o seu tempo de vida por valor infinitamente inferior à riqueza que geram e aqueles que acumulam estoques de trabalho humano alheio, como senhores de poder e de controle sobre a ação humana do passado e do presente. As lutas entre produtores e apropriadores não seriam redutíveis à mediação do Estado que reconhece a propriedade privada e que se vale do seu aparato com o afã de assegurá-la *manu militari*. As frustrações de 1848 e as lições – positivas e negativas – da Comuna em 1871 conduziram Marx à certeza sempre crescente de que o Estado não poderia ser apenas disputado e governado pelos trabalhadores, mas teria de ser destruído e de dar origem a uma nova forma, transitória, de poder. Em 1875, na *Crítica ao Programa de Gotha*, o autor assim se expressou:

> Os diferentes Estados dos países civilizados, apesar de suas variadas configurações, têm em comum o fato de estarem assentados sobre o solo da moderna sociedade burguesa, mais ou menos desenvolvida em termos capitalistas.
> [...]
> Entre a sociedade capitalista e a comunista, situa-se o período da transformação revolucionária de uma na outra. A ele corresponde também um período político de transição, cujo Estado não pode ser senão a *ditadura revolucionária do proletariado*.
> [...]
> Suas reivindicações políticas (do programa de Gotha) não contêm mais do que a velha cantilena democrática, conhecida de todos: sufrágio universal, legislação direta, direito do povo, milícia popular, etc. (MARX, 2012, p. 42-43).

É fato que pouco mais se pode detalhar, a partir do próprio Marx, quanto aos pormenores procedimentais, normativos e funcionais da ditadura do proletariado. Daniel Bensaïd é certeiro quando constata que isto sequer faria sentido nos domínios do materialismo histórico e do método dialético adotado por Marx, o que "é um fato de acordo com sua recusa sistemática de qualquer escapada utópica e sua recusa de ferver as marmitas do futuro" (BENSAÏD, 2010, p. 83). É igualmente digno de nota que até mesmo o tão recorrente exemplo da Comuna de Paris não pode ser compreendido de modo unânime ou sem nuances junto aos variados intérpretes como um referente histórico contemporâneo de Karl Marx para a ditadura do proletariado. Se o mesmo Bensaïd, parafraseando *A Guerra Civil em França*, entende que ali estaria a "forma finalmente encontrada da ditadura – democrática – do proletariado" (BENSAÏD, 2010, p. 83),[32] Miliband pondera que esta caracterização se ajusta melhor ao pensamento de Engels (de resto, mais detalhado quanto ao conceito em questão), uma vez que "for Marx, the dictatorship of the proletariat would be the outcome of socialist revolution on a national scale" (MILIBAND, 1990, p. 77).[33] Seja como for, a partir do próprio Marx, é possível antever dois fundamentais elementos do que significa a ditadura do proletariado:

I) O aparato estatal não se coloca em favor de nenhuma forma de propriedade privada, o exército permanente tende a se dissolver e todos os responsáveis por tarefas públicas são diretamente escolhidos dentre os respectivos pares. Estes atributos se extraem das considerações elaboradas por Marx acerca da Comuna de Paris (MARX, 2011b). Há, portanto, uma radicalização democrática entendida como ampla participação de todos nos processos decisórios, assim como uma crescente desmobilização do aparato repressivo orientado à dominação de classe:

---

32 Confira-se os termos do próprio Marx: "O que é a comuna, essa esfinge que atormenta o espírito burguês? Em sua concepção mais simples, [ela é] a forma sob a qual a classe trabalhadora assume o poder político em seus baluartes sociais [...] (MARX, 2011b, p. 169). Ou, ainda: "Tal é a *Comuna a forma política da emancipação social,* da libertação do trabalho da usurpação dos monopolistas dos meios de trabalho, sejam estes meios criados pelos próprios trabalhadores ou dados pela natureza (MARX, 2011b, p. 131).

33 "para Marx, a ditadura do proletariado seria o resultado da revolução socialista em uma escala nacional" (tradução minha).

> A Comuna foi formada por conselheiros municipais, eleitos por sufrágio universal nos vários bairros da cidade, responsáveis e revogáveis em qualquer momento. A maioria dos seus membros eram naturalmente operários ou representantes reconhecidos da classe operária. A Comuna havia de ser não um corpo parlamentar mas operante, executivo e legislativo ao mesmo tempo. Em vez de continuar a ser o instrumento do governo central, a polícia foi logo despojada dos seus atributos políticos e transformada no instrumento da Comuna, responsável e revogável em qualquer momento. O mesmo aconteceu com os funcionários de todos os outros ramos da administração. Desde os membros da Comuna para baixo, o serviço público tinha de ser feito em troca de *salários de operários.* Os direitos adquiridos e os subsídios de representação dos altos dignitários do Estado desapareceram com os próprios dignitários do Estado. As funções públicas deixaram de ser a propriedade privada dos testas-de-ferro do governo central. Não só a administração municipal mas toda a iniciativa até então exercida pelo Estado foram entregues nas mãos da Comuna (MARX, 1871).

Assim, a ditadura do proletariado não se define como uma forma ordinária de governo tirânico ou opressor, o que confirma a premissa já adotada de que o vocábulo ditadura recebe, aqui, um conteúdo semântico rigorosamente distinto daquele atualmente empregado a partir do século XX. Portanto, criticar-se a ditadura do proletariado como "não democrática" ou anacrônica diante da era da democracia implica atacar qualquer outro alvo (como Stálin, possivelmente), mas jamais Karl Marx, que foi suficientemente claro ao expor que não propunha uma maneira de dominação a mais:

> [a] primeira condição para a manutenção do poder político é transformar [a] maquinaria estatal e destruí-la", pois "[a] classe operária não pode simplesmente se apossar da maquinaria estatal tal como ela se apresenta e dela servir-se para seus próprios objetivos. O instrumento político de sua escravização não pode

servir como o instrumento político de sua emancipação (MARX, 2011b, p. 169).

II) A radicalidade democrática acima enunciada não implica ausência de coerção ou de violência em relação às forças que tentam restaurar a ordem política anterior, segundo a medida assim identificada por Johnstone em seus comentários sobre A Guerra Civil na França:

> If, for Marx, a proletarian dictatorship had to be prepared to have recourse to measures of coercion and repression, it should be solely against the minority of its active class enemies on behalf of the majority of the people, from whom it derived its mandate, and only under conditions of civil war (JOHNSTONE, 1990, p. 573).[34]

III) A ditadura do proletariado não se isola em um específico Estado nacional, assim como não se aquieta com avanços políticos ou meramente distributivos nos marcos do regime da propriedade privada. Se a forma da ditadura do proletariado é a desmobilização do aparato repressivo interno e a radicalização democrática entre os produtores, sua dinâmica é a luta incessante e inserida em um contexto mundial, com vistas ao fim da sociedade de classes e, portanto, à consecução da igualdade que, apenas formalmente, é assegurada nas democracias constitucionais, sejam liberais puras, sejam do Estado Social. O seguinte excerto, redigido por Marx e Engels em 1850, ainda sob o impacto dos episódios de 1848, explicita esta conexão interna entre a política na transição à sociedade sem classes e a revolução permanente:

> Ao passo que os pequeno-burgueses democratas querem pôr fim à revolução o mais depressa possível, realizando, quando muito, as exigências atrás referidas, o nosso interesse e a nossa tarefa são tornar permanente a revolução até que todas as classes mais ou menos

---

[34] "Se, para Marx, uma ditadura do proletariado tinha de estar pronta para ter acesso a medidas de coerção e de repressão, ela deveria implementá-lo apenas contra a minoria de inimigos de classe ainda atuantes e em nome da maioria do povo, de quem seu mandato seria derivado, e apenas em condições de guerra civil" (tradução minha).

possidentes estejam afastadas da dominação, até que o poder de Estado tenha sido conquistado pelo proletariado, que a associação dos proletários, não só num país, mas em todos os países dominantes do mundo inteiro, tenha avançado a tal ponto que tenha cessado a concorrência dos proletários nesses países e que, pelo menos, estejam concentradas nas mãos dos proletários as forças produtivas decisivas. Para nós não pode tratar-se da transformação da propriedade privada, mas apenas do seu aniquilamento, não pode tratar-se de encobrir oposições de classes, mas de suprimir as classes, nem de aperfeiçoar a sociedade existente, mas de fundar uma nova (MARX & ENGELS, 1850).

É pertinente avançar-se ligeiramente além de Marx, em direção à variante bolchevique do marxismo, de maneira a se indicar uma aplicação ou pormenorização possível – dentre outras – do conceito aqui em estudo, apontando-lhe o caráter a um só tempo democrático, mas igualmente transitório, compatível com o emprego de violência e coerção, e estranho à inclusão da classe social que, sob o capitalismo, tiraniza os trabalhadores. Para Lênin, a luta de classes continua enquanto houver Estado.[35] Desse modo, a ditadura do proletariado se define como um governo democrático entre os proletários, destinado ao convencimento e ao exercício de hegemonia perante as outras classes exploradas (como os camponeses) e, sim, pronto à violência, à coerção e à guerra civil contra os elementos burgueses remanescentes na sociedade. Os seguintes elementos apresentados pelo Bolchevique expressam uma síntese sobre os objetivos do tempo de transição atinente à ditadura do proletariado: "Esmagar a resistência burguesa. Neutralizar os camponeses [...]. Organizar a grande produção mecanizada nas fábricas expropriadas à burguesia e os meios de produção em geral. Construir o socialismo sobre as ruínas do capitalismo" (LENIN, 1985, p. 160). Tudo isto, sob inspiração crítica nas lições da Comuna, exercer-se-ia a partir do poder decisório centrado em formas radicalmente democráticas,

---

35 Confira-se: "ao conquistar o poder estatal, o proletariado não suspende, por isso, a sua luta de classe, mas prossegue-a de outra forma e por outros meios" (LENIN, 1985, p. 166).

denominadas Sovietes, nas quais "só se admitiam trabalhadores e explorados, ficando excluídos os exploradores" (LENIN, 1985, p. 161).[36] É certo que a variante leninista da categoria em estudo não esgota todas as suas possibilidades, mas é igualmente relevante notar que, seja por sua força histórica, seja por sua qualidade teórica, revela-se como um indicador possível do que, mais concretamente, pode significar a ditadura do proletariado.

Enfim, diante da constatação de que a ditadura do proletariado é, em Marx, transitória, radicalmente democrática, direcionada a uma sociedade sem classes e sem Estado, além de compatível com domínio e violência sobre os elementos burgueses remanescentes, pode-se aceitar a elaboração ampla e sintética de que Draper se vale para definir esta categoria:

> For Marx and Engels, from beginning to end of their careers and without exception, dictatorship of the proletariat meant nothing more and nothing less than "rule of the proletariat" – the "conquest of political

---

36 O trotskista argentino Nahuel Moreno sintetizou com precisão os quatro atributos – nitidamente democráticos e inclusivos – do "regime leninista". Confira-se: "*a) Nadie puede coartar la más absoluta libertad para todos los obreros que forman parte del soviet.* Todos los trabajadores tienen derecho a formar parte de sus organizaciones (sindicatos, comités de fábrica y soviets). Ningún obrero puede ser expulsado ni se le puede negar el uso de la palabra o de cualquiera de las libertades individuales, aunque políticamente sea conservador. *b) Pluripartidista.* Dentro de los soviets no son legales solamente los partidos revolucionarios que están en al gobierno (bolcheviques y socialistas revolucionarios de izquierda) sino todos los partidos reformistas (los mencheviques y socialistas revolucionarios de derecha) y aún los partidos burgueses (siempre que haya obreros o campesinos que los apoyen y constituyan fracciones). *c) Mucho mayores libertades que bajo el régimen democrático-burgués.* Se abre la etapa de mayores libertades políticas, culturales, artísticas, científicas, de reunión, prensa e información que jamás haya conocido la humanidad. Todos los partidos tienen papel y facilidades para publicar sus opiniones. Los artistas y científicos gozan de la más absoluta libertad de expresión e investigación. El gobierno pone a disposición de todo el pueblo salones gratis para cuando quieran reunirse o hacer asambleas. No hay ningún tipo de censura. El régimen no tiene arte, ni ciencia oficiales ya que no se mete para nada con ellas, sólo las protege para que se expresen todas las corrientes. *d) Independencia de los sindicatos respecto del estado.* Después que se ganó la guerra civil, la URSS de Lenín legisló que los sindicatos fueran absolutamente independientes del estado, para que pudieran expresar la voluntad de los trabajadores: si éstos querían hacer huelgas tenían todo el derecho de hacerlas, al igual que de reunirse en asambleas para votarlas" (MORENO, 2001) (itálicos no original).

power" by working class, the establishment of a workers state in the immediate postrevolutionary period (DRAPER, 1990, p. 302).[37]

Conclusão

Este trabalho permite a conclusão de que, em meio às diferentes variantes da teoria democrática contemporânea, a caminharem do procedimentalismo elitista de autores como Schumpeter, seguindo pelo racionalismo egoísta de Downs, passando pelo pluralismo de Dahl, alcançando as diferentes versões do deliberacionismo com gênese em Habermas e Cohen, encontrando os neo-republicanismos participativistas de Pateman ou Boaventura Santos, aportando-se no agonismo de Mouffe ou mesmo de Young, não é compreensível a clamorosa lacuna, fruto de um nada inocente ruído comunicacional, atinente à ditadura do proletariado. Como se viu, não há razões para se negar à forma política transitória preconizada por Marx o estatuto de uma teoria não apenas democrática, mas radicalmente democrática, como as contribuições de Hal Draper (devidamente corroboradas por Daniel Bensaid e Nahuel Moreno), aqui citadas, atestam. Igualmente, não se pode desqualificar a ditadura do proletariado como não universal ou excludente sem, antes, lidar-se com as dificuldades que uma noção apenas abstrata de povo (ou, como querem formulações neo-espinozanas mais recentes, de multidão) acaba por implicar.

Assim, à pergunta que motivou a elaboração deste trabalho encontra-se como resposta uma clara teoria democrática na ditadura do proletariado e, ademais, a única teoria democrática alheia à tão documentada e jamais resolvida contradição entre desigualdade econômica (capitalismo) com igualdade política (democracia). Para além do ruído comunicacional estampado na tríplice rejeição lexical, temática e quanto a uma ideia de universalidade apenas formal (as três historicamente ancoradas em objeções às burocracias stalinistas, que não podem ser identificadas como única ou

---

37 "Para Marx e Engels, do começo ao fim de suas carreiras e sem exceção, a ditadura do proletariado significa nem mais nem menos do que o 'domínio do proletariado' – a 'conquista do poder político' pela classe trabalhadora, a imposição do Estado dos trabalhadores no período imediatamente pós-revolucionário" (tradução minha).

mesmo válida expressão do marxismo) é o momento de se levar a noção de ditadura do proletariado a sério, não como um corpo estranho à teoria democrática contemporânea, mas como elemento que lhe faz falta e que pode resolver inúmeros dos seus centenários dilemas.

Referências bibliográficas

ANTUNES, Ricardo & BRAGA, Ruy. *Infoproletários: degradação real do trabalho virtual*. São Paulo: Boitempo, 2009.

AVINERI, Shlomo. *The social and political thought of Karl Marx*. Cambridge: Cambridge University Press, 2003.

BALIBAR, Etienne. *Masses, classes, ideas: studies on politics and philosophy before and after Marx*. Trad. James Swenson. Londres: Routledge, 1994.

BENDER, F. L. The ambiguities of Marx's concept of "Proletarian Dictatorship" and "Transition to Communism". In: JESSOP, Bob (ed.) *Karl Marx's social and political theory*. vol. 3. Londres: Routledge, 1990, p. 355-383.

BENSAÏD, Daniel. "Apresentação/Pósfácio". In: MARX, Karl. *A Questão Judaica*. São Paulo: Boitempo, 2010, p. 9-32; 75-120.

BLACKBURN, R. "Marxism: 'Theory of Proletarian Revolution'". In: JESSOP, Bob (ed.). *Karl Marx's social and political theory*. vol. 3. Londres: Routledge, 1990, p. 235-272.

BORON, Atilio, A. "Teoria política marxista ou Teoria marxista da política". In: BORON, Atilio A.; AMADEO, Javier; GONZÁLES, Sabrina. *Teoria marxista hoje: problemas e perspectivas*. Buenos Aires: Clacso, 2006, p. 167-182.

BOURGEOIS, Bernard. *O pensamento político de Hegel*. Trad. Paulo Neves da Silva. São Leopoldo: Unisinos, 2000.

CHITTY, Andrew. "Recognition and social relations of production". *Historical Materialism*, n. 2, verão 1998, p. 57-97.

_____. "Species-being and Capital". In: CHITTY, Andrew & IVOR, Martin (eds.). *Marxism and contemporary philosophy*. Londres: Palgrave, 2009, p. 123-142.

CZANK, James M. "On the origin of species-being: Marx redefined". *Rethinking Marxism – A Journal of Economics, Culture and Society*. vol. 24. n. 2, mar. 2012, p. 316-323.

DRAPER, Hal. "Marx and the dictatorship of the proletariat". *New Politics,* vol. 1, n. 4, verão 1962. Disponível em: <http://www.marxists.org/archive/draper/1962/xx/dictprolet.html>. Acesso em: 18 mar. 2013.

____. "Marx and the dictatorship of the proletariat". In: JESSOP, Bob (ed.). *Karl Marx's social and political theory*. vol. 3. Londres: Routledge, 1990, p. 289-315.

EAGLETON, Terry. *Marx and Freedom*. Londres: Phoenix, 1997.

FUKUYAMA, Francis. "The End of History?". *The National Interest*. Disponível em: <http://www.wesjones.com/eoh.htm>. Acesso em: 26 mai. 2012.

HABERMAS, Jürgen. "Que significa socialismo hoje? Revolução recuperadora e necessidade de revisão da esquerda". Trad. Márcio Suzuki. *Novos Estudos*. n. 30, jul. 1991, p. 43-60.

____. *Teoria do agir comunicativo*. vol. 2: *Sobre a crítica da razão funcionalista*. Trad. Flávio Beno Siebeneichler. São Paulo: Martins Fontes, 2012.

JOHNSTONE, M. "The Paris Commune and Marx's concept of the dictatorship of the proletariat". In: JESSOP, Bob (ed.). *Karl Marx's social and political theory*. vol. 3. Londres: Routledge, 1990, p. 565-584.

LENIN, V. I. *Ilusões constitucionalistas*. 2ª ed. São Paulo: Kairós, 1985.

MARX, Karl & ENGELS, Friedrich. *Manifesto Comunista*. Trad. Álvaro Pina. São Paulo: Boitempo, 2007.

MARX, Karl. *A Crítica da Filosofia do Direito de Hegel*. Trad. Rubens Enderle e Leonardo de Deus. São Paulo: Boitempo, 2005.

____. *A Guerra Civil em França*, 1871. Disponível em: <http://www.marxists.org/portugues/marx/1891/03/18.htm>. Acesso em: 26 mai. 2012.

____. *A Guerra Civil na França*. Trad. Rubens Enderle. São Paulo: Boitempo, 2011b.

____. *Crítica do Programa de Gotha*. Trad. Rubens Enderle. São Paulo: Boitempo, 2012.

____. *Grundrisse*. Trad. Mário Duayer e Nélio Schneider. São Paulo: Boitempo, 2011a.

____. *Manuscritos econômico-filosóficos*. Trad. Jesus Ranieri. São Paulo: Boitempo, 2004.

____. *O Capital: crítica da economia política*. Livro Primeiro: *O processo de produção do capital*. vol. I. 25ª ed. Trad. Reginaldo Sant'Anna. Rio de Janeiro: Civilização Brasileira, 2008.

____. *Sobre a Questão Judaica*. Trad. Nélio Schneider. São Paulo: Boitempo, 2010.

____. *Marx to Joseph Weydemeyer In New York* (MEIA). Disponível em: <http://www.marxists.org/archive/marx/works/1852/letters/52_03_05.htm>. Acesso em: 5 jul. 2012.

MÉSZÁROS, István. *A Teoria da Alienação em Marx*. Trad. Isa Tavares. São Paulo: Boitempo, 2006.

MIGUEL, Luis Felipe. "Democracia de sociedade de classes". *Revista Brasileira de Ciência Política*, Brasília, n. 9, set./dez. 2012.

MILIBAND, R. "Marx and the State". In: JESSOP, Bob (ed.). *Karl Marx's social and political theory*. vol. 3. Londres: Routledge, 1990, p. 14-33.

MORENO, Nahuel. *Revoluciones del Siglo XX*. [S.l.]: Grupo Socialista Guernica, 2001. Disponível em: <http://www.marxists.org/espanol/moreno/rsxx/index.htm>. Acesso em: 2 fev. 2014.

OFFE, Claus. *Trabalho & sociedade: problemas estruturais e perspectivas para o futuro da sociedade do trabalho*. vol. 2. Rio de Janeiro: Tempo Brasileiro, 1991.

PAULA, João Antônio. "Marx, a filosofia e a economia política". *Texto para Discussão*. Belo Horizonte: UFMG, Cedeplar, n. 32, mai. 1994.

REICHELT, Helmut. "Sobre a teoria do Estado nos primeiros escritos de Marx e Engels". In: REICHELT, Helmut; HENNIG, Eike; HIRSCH, Joachim. *A Teoria do Estado: materiais para a reconstrução da teoria marxista do Estado.* Rio de Janeiro: Tempo Brasileiro, 1990, p. 9-58.

SITTON, John F. *Recent marxian theory: class formation and social conflict in contemporary capitalism.* Albany: State University of New York Press, 1996.

SWEEZY, P. M. "Marx and the proletariat". In: JESSOP, Bob (ed.). *Karl Marx's social and political theory.* vol. 2. Londres: Routledge, 1990, p. 228-240.

TAVARES, Francisco Mata Machado. "Teoria do reconhecimento e materialismo histórico: elos, equivalências e influências". In: *Anais do III Fórum Brasileiro de Pós-Graduação em Ciência Política*, Curitiba, 2013. Disponível em: <http://www.forumcienciapolitica.com.br/anais/2013/especific_files/papers/6MZF.pdf?v=0310>. Acesso em: 10 fev. 2014.

THERBORN, G. "The working class and the birth of marxism". In: JESSOP, Bob (ed.). *Karl Marx's social and political theory.* vol. 1. Londres: Routledge, 1990, p. 68-82.

VAZ, Henrique Lima. "Sobre as fontes filosóficas do pensamento de Karl Marx". In: CHASIN, J. (org.). *Marx hoje.* Cadernos Ensaio. São Paulo: Ensaio, 1987.

WARTENBERG, Thomas E. "Species-being and human nature in Marx". *Human Studies,* vol. 5, n. 2, abr.-jun. 1982, p. 77-95.

OS LIMITES DA CONTROVÉRSIA DO ABORTO NA AGENDA ELEITORAL DE 2010: UM ESTUDO SOBRE O AGENDAMENTO DA MÍDIA[1]

Denise Maria Mantovani

Introdução

O mundo contemporâneo passa por profundas transformações. A sociedade da informação que experimentamos no século XXI tornou as relações sociais, econômicas e comunicacionais uma "rede" interligada, globalizada e conectada. Ao refletir sobre as origens da intrínseca presença da comunicação nas sociedades modernas devemos considerar que esta presença vem de muito tempo e foi parte do processo de modernização e de transformações culturais ocorridas na passagem das sociedades medievais para a era moderna. A necessidade de informação é parte elementar da vida social. O desejo de conhecimento, a curiosidade sobre os acontecimentos, histórias e culturas desconhecidas sempre mobilizaram as sociedades em busca de novas formas de comunicação (ALBERT; TERROU, 1990, p. 3).

A evolução no modo de comunicação entre os indivíduos foi produzindo novas formas de interação e de ação social, criando também novas formas para o exercício do poder. Em seu estudo *Mídia e a modernidade* (2002), John Thompson argumenta que o surgimento da indústria da mídia estabeleceu as bases para um novo poder, realizado no plano simbólico. Sua análise considera um conjunto de transformações institucionais que foram emergindo gradualmente

---

[1] Este artigo é parte da tese de doutorado em Ciência Política, defendida pela autora em 12/09/2014 no Instituto de Ciência Política da Universidade de Brasília (Ipol/UnB).

promovendo mudanças estruturais na vida em sociedade. São quatro aspectos elementares destacados por Thompson que contribuíram para estas transformações: a transformação do sistema feudalista para o modelo capitalista; a formação dos Estados-Nação como marco da passagem da Europa medieval para as sociedades modernas; as guerras que produziram alterações políticas e a concentração do poder militar e do "uso legítimo da força" nas mãos dos Estados nacionais (THOMPSON, 2002, p. 47-48).

Associado às transformações econômicas e políticas também ocorreram mudanças culturais profundas evidenciadas a partir de uma série de inovações técnicas vinculadas à invenção da impressão e à codificação elétrica da informação (THOMPSON, 2002, p. 49). Estas inovações tecnológicas permitiram a produção, a reprodução e a distribuição das formas simbólicas em escala sem precedentes e de forma mediada. Ou seja, a constituição dos meios de comunicação e a difusão em massa do conteúdo produzido no interior desse sistema produziram novas formas de ação e interação social. Avançando para a realidade contemporânea é possível perceber a profundidade dessa transformação.

Hoje, grande parte das informações utilizadas para nos situarmos no mundo é proveniente do conteúdo selecionado e difundido pelos meios de comunicação. Por essa característica, a esfera da comunicação adquiriu uma centralidade relevante no debate público contemporâneo. Além de ser o ambiente onde o debate se realiza, os meios de comunicação também reforçam determinadas perspectivas sendo responsável não apenas pela descrição do mundo social, mas se envolvendo ativamente na seleção e construção desse mundo social, tendo, portanto, "um importantíssimo papel no controle do fluxo dos acontecimentos" (THOMPSON, 2002, p. 106).

Tais características conferem ao campo da mídia um poder simbólico importante porque é nesta esfera, em que a informação é produzida e transmitida de forma massiva, que se produz a agenda pública, ou seja, a seleção de determinados temas e a visibilidade produzida pelos meios de comunicação pode chamar a atenção desses temas para um grande número de indivíduos. Ter acesso aos agentes e aos meios responsáveis pela produção desse conteúdo informativo tornou-se um aspecto importante na disputa pelo poder.

No âmbito da política, por exemplo, a forte presença dos meios de comunicação na atualidade produziu uma mudança na relação tradicional entre os agentes políticos e seus eleitores em que o contato direto vem incorporando novas tecnologias, novas linguagens e uma preocupação com a visibilidade. O impacto da produção noticiosa na atividade política tornou um jogo complexo a interação entre a mídia e a política, com tensões e ajustes permanentes na disputa pela construção da narrativa noticiosa.

É a partir desta compreensão sobre a importância dos meios de comunicação no debate público e suas implicações no âmbito da política que se insere a proposta de reflexão deste artigo. Nas democracias liberais, as eleições diretas para cargos do executivo e legislativo são momentos cruciais de afirmação do sistema democrático e, por isso, torna-se importante observar a complexidade desse jogo de influências entre os meios de comunicação e a política e o resultado dessa interação na produção noticiosa. A mídia, atualmente, tornou-se não apenas a arena principal onde esta disputa pelo poder político ocorre mas também se constituiu num ator relevante do processo.

Para compreender esta dinâmica, o artigo apresenta um estudo sobre as controvérsias envolvendo a definição do aborto como agenda central do noticiário político no segundo turno da campanha presidencial de 2010. A hipótese deste estudo considera que a temática do aborto foi utilizada como instrumento de disputa eleitoral ainda no primeiro turno por meio de e-mail e das redes sociais na internet (youtube, twitter, facebook) e por canais de comunicação segmentados (canais de televisão, emissoras de rádio, e-mail), organizada sobretudo por setores do campo religioso e, também, por apoiadores da candidatura de José Serra (PSDB). O objetivo dessa estratégia foi o de construir uma narrativa que vinculasse a imagem da candidata Dilma Rousseff (PT) ao aborto e, com isso, impactasse negativamente a intenção de voto do eleitorado religioso conservador. Tais ações ocorreram, no primeiro turno, fora da esfera e do controle da mídia comercial tradicional.

A partir da análise da presença da temática do aborto no noticiário impresso dos três principais jornais brasileiros de circulação nacional *(O Globo, Folha de S. Paulo e O Estado de S. Paulo)*, o artigo pretende demonstrar como se deram as controvérsias, as disputas e os ajustes que contribuíram para a definição do aborto como agenda central da cobertura eleitoral no segundo turno. Utilizando conceitos teóricos do *agenda-setting*, associado ao enquadramento da notícia, foi possível identificar o momento em que ocorreu o agendamento do aborto no noticiário da mídia convencional (apesar da contrariedade desses jornais expresso em seus editoriais em utilizar o assunto), quais os atores foram mobilizados como fontes permanentes deste noticiário e os enquadramentos noticiosos utilizados para interpretar os acontecimentos em torno da polêmica. Com isso, o artigo pretende demonstrar as disputas entre os agentes dos campos da mídia, da política e religioso na definição da narrativa jornalística, quais os limites da controvérsia no espaço das notícias e, por fim, os ajustes que definiram os contornos de uma cobertura que reforçou posições conservadoras sobre o aborto, organizou e unificou interesses distintos em torno de um objetivo comum dentro das estratégias eleitorais, além de evidenciar os limites ainda existentes no campo jornalístico para uma efetiva pluralidade de vozes e perspectivas sociais se fazerem presentes no debate público.

1. Os meios de comunicação e a construção da notícia

Os meios de comunicação na era moderna transformaram e revitalizaram os sistemas de trocas simbólicas ampliando o alcance, diversificando as redes de contato e tornando a indústria da informação e do entretenimento num sistema estruturado, socialmente reconhecido, com valores, regras próprias e constitutivas de um poder simbólico relevante. A forte característica virtual do mundo moderno aprofunda a importância das instituições midiáticas nos processos de interação e influência social que já se evidenciava a partir do século XIX. Há um novo marco no qual a mídia ocupa um papel relevante na construção do que se torna "público" (LIMA, 2006, p. 55).[2]

Entendido como um sistema de relações e de interação com outros campos simbólicos, o campo jornalístico é também um sistema de distribuição, de reconhecimento e de construção do capital simbólico, pois, interfere na construção da imagem, confere prestígio e visibilidade ao mesmo tempo

---

2   Seguimos o preceito apresentado por Venício Lima, em seu artigo "Revisitando as sete teses sobre mídia e política no Brasil" (2006, p. 56). No texto, o autor explica que um evento para ser "público" não se limita apenas ao lugar comum entre os que vivenciam o fato, mas pode se dar em espaço e tempo distinto, através da visibilidade provocada pela mídia.

em que define os contornos do discurso e do ambiente social e político (MIGUEL; BIROLI, 2011, p. 18). Nesta perspectiva, a comunicação deixou de ser *meio* para se tornar o *ambiente* onde o jogo político público contemporâneo se realiza (GOMES, 2004, p. 60), sendo capaz de constituir ou destruir o capital político através da visibilidade produzida no interior da arena jornalística. Por esta razão, há uma permanente tensão nesta interface. A análise do processo que resultou no agendamento da temática do aborto no segundo turno das eleições presidenciais de 2010 permite observar a complexidade desta interação, das disputas e dos ajustes que contribuíram para a definição do aborto como a agenda central da cobertura eleitoral do segundo turno das eleições presidenciais naquele ano.

Para compreender os processos que organizam a construção da notícia é necessário observar como se processam as competições entre os atores, os ajustes que formatam a agenda jornalística e quais os fatores que contribuem para que um determinado assunto ganhe centralidade no noticiário. A definição do aborto como temática central na cobertura jornalística do segundo turno das eleições de 2010 foi construída a partir de duas das principais características do fenômeno da *agenda-setting*: a redundância e a ênfase na abordagem jornalística (MCCOMBS, 2009, p. 80). A redundância, entendida como a intensa presença do assunto em grande quantidade de matérias, artigos, colunas, num curto espaço de tempo. A ênfase, caracterizada pelo destaque, pela presença em matérias importantes, como os textos com destaque na capa, as matérias principais, que abrem os editorias de política, a ênfase no título da matéria. Além de dar relevância para o tema, o campo jornalístico "fixou" o assunto de forma a moldar o ambiente político num contexto de intenso e homogêneo questionamento moral sobre ser "a favor ou contra" a descriminalização do aborto, orientando a cobertura das campanhas eleitorais no segundo turno para este aspecto.

Além disso, o processo de agendamento do aborto nas eleições de 2010 demonstra que outras instituições com influência social, como setores da Igreja, organizaram seus sistemas de comunicação de forma a destacar o aborto como temática relevante a ser considerada pelos fiéis no momento de definição do voto. Ao mesmo tempo, grupos políticos e religiosos apoiadores do candidato do PSDB, José Serra, utilizaram a mesma retórica antiabortista para reforçar uma campanha negativa contra a candidata Dilma Rousseff, apoiados por segmentos da Igreja católica ou evangélica, construindo um enquadramento favorável ao tucano.

Segundo registro das matérias jornalísticas analisadas na pesquisa, o segundo turno das eleições ocorreu devido à mudança nas intenções de voto do eleitorado religioso na candidata Dilma Rousseff (PT). Identificado nas pesquisas de intenção de voto publicadas pelos jornais no final de setembro (entre os dias 28 e 30), essa migração de votos chamou a atenção da mídia comercial para a exploração do aborto como estratégia eleitoral contra a candidata petista, propagado, sobretudo, por setores do campo religioso e apoiadores de José Serra (PSDB). Ao identificar a força desse movimento, campo jornalístico foi contrário a essa agenda. Defendeu em 13 editoriais que os escândalos políticos e éticos do governo Lula seriam mais importantes para o debate eleitoral.[3] Apesar de posicionar-se contra o uso da polêmica sobre o aborto como estratégia eleitoral, o campo jornalístico adaptou-se a essa agenda e ajustou sua cobertura diante das evidências do possível impacto eleitoral que o tema vinha produzindo. Assim, a partir do final de setembro, a mídia não apenas se ajustou, mas organizou o discurso público enfatizando o aborto como o principal assunto da disputa eleitoral definindo os contornos da controvérsia pública e eleitoral em torno do tema.

1.1. Dados da pesquisa e a metodologia

Trabalhamos neste estudo com a observação dos três principais jornais nacionais do país *(O Globo, Folha de S. PAULO, Estado de S. PAULO)*. A escolha desses impressos foi definida por se tratarem de veículos ligados a tradicionais

---

3   No primeiro turno, a maior parte da agenda da mídia estava voltada para a cobrança do governo e da candidata governista, Dilma Rousseff, sobre a quebra do sigilo fiscal de familiares do candidato José Serra e integrantes do PSDB e por denúncias feitas pela *Veja* de montagem de um dossiê contra Serra por integrantes da equipe de Dilma (chamado na época de "caso dos Aloprados 2"). Além destes, também dominava o noticiário político do primeiro turno o escândalo de tráfico de influência dos familiares da chefe da casa civil, Erenice Guerra, braço direito de Dilma quando ministra chefe da casa civil e sua sucessora na função. *A Folha de S. Paulo* defendeu em editorial, no dia 12 de outubro, que os escândalos políticos foram mais influentes para a mudança na intenção de votos no primeiro turno do que a agenda religiosa ("A fé nos boatos", FSP, 12/10/2010, p. A2).

e importantes conglomerados econômicos de comunicação brasileiros envolvendo jornais, emissoras de TV, rádio, sites de notícias. Os três impressos são veículos representativos destes grupos e exercem uma importante influência na agenda noticiosa de outras organizações jornalísticas e na definição do debate público.

O corpus da pesquisa engloba o noticiário desde o dia 11 de julho de 2010, final da copa do mundo, até o dia 31 de outubro de 2010, data da eleição em segundo turno. Foram 112 dias de análise dos três diários. O corpus da pesquisa consiste em 504 textos presentes em reportagens, editoriais, artigos, colunas, notas de coluna fixa e entrevistas que fizeram alguma referência à temática do aborto. A análise dos dados foi feita através do programa de software *Sphinx* que permitiu um cruzamento qualitativo e quantitativo dos dados, bem como a observação dos enquadramentos da notícia a partir da definição de categorias específicas. Para a análise do material foram estabelecidos os seguintes critérios: a) Identificação do material por jornal; b) Classificação por editoria/seção (capa; poder/política/nacional; caderno especial/eleições; opinião; cotidiano/cidades; ilustrada/Segundo caderno; ciências/saúde/caderno Vida); c) Classificação por tipo de texto (entrevista, reportagem, coluna, artigo, editorial, nota de coluna fixa); d) Identificação da presença do candidato (direto ou citado); e) Identificação dos tipos de vozes presentes no texto (candidatos à presidência, parlamentares, partidos políticos, religiosos identificados com instituições eclesiásticas, parlamentares religiosos, religiosos não vinculados a nenhuma instituição religiosa, movimentos pró-descriminalização do aborto, movimento contra descriminalização do aborto, especialistas/pesquisadores/universidades, governo e populares) e f) Classificação dos enquadramentos predominantes (a defesa do aborto vai contra os princípios da igreja; contra o aborto, em defesa da vida; Ser contra o aborto é defender a família; Direito ao aborto é necessário para respeitar a autonomia plena; Descriminalizar o aborto é questão de saúde pública; Candidatos mudam de posição de forma oportunista; Aborto faz parte das estratégias dos candidatos na campanha eleitoral; A temática do aborto, quando tratada no debate eleitoral tem efeito conservador e moralista).[4]

---

4   Com o objetivo de identificar corretamente as "vozes presentes no texto", ou seja, as vozes ou fontes mobilizadas pelos jornalistas para compor o texto das reportagens estas foram

1.2. A frequência e a saliência como marcas do agendamento

A notícia é uma realidade construída. Mais do que uma "realidade sintética", ela é, na verdade, uma "realidade seletiva" (TRAQUINA, 2000, p. 27) funcionando dentro de um campo estruturado, com uma cultura, procedimento e saberes próprios para a construção de uma narrativa dos acontecimentos que seja socialmente reconhecida como legítima. Entre os aspectos que dão legitimidade à notícia estão os mecanismos internos ao campo jornalístico, definidos pelo processo produtivo da notícia – *newsmaking* –, que determinam os "critérios de noticiabilidade" e justificam a seletividade e a hierarquia do que será destacado pelos meios de comunicação noticiosos.

No entanto, é preciso considerar que os meios de comunicação não são simplesmente "a soma total das ações que descrevem" (ADORNO *apud* WOLF, 2005, p. 81). Ao contrário, suas mensagens se constituem de símbolos, valores, mitos e padrões de comportamento construídos de formas "multiestratificadas" (WOLF, 2005, p. 82), sendo voltadas ao consumo de massa e, portanto, destinadas a padronizar e homogeneizar a diversidade de conteúdos (MORIN *apud* WOLF, 2005, p. 96). As narrativas construídas pelos meios de comunicação no noticiário cotidiano orientam e padronizam a interpretação dos acontecimentos, organizando cognitivamente o registro cotidiano e um "senso comum" sobre a realidade social.

Em sociedades midiatizadas como as ocidentais, a atenção do público para um determinado tema tende a crescer na medida em que aparece na agenda da mídia (MCCOMBS, 2009, p. 67). Muitas vezes, o ambiente eleitoral acaba sendo definido pelo noticiário político, uma vez que a mídia possui a capacidade de estabelecer *o contexto* em que os assuntos serão compreendidos pelo público, dando visibilidade a determinados aspectos em detrimento de outros: "as representações que a mídia faz da realidade passam a constituir a própria realidade" (LIMA, 2006, p. 186).

O papel central da mídia, portanto, reside "na tarefa contemporânea de 'cimentar e unificar' o bloco social hegemônico (e contra-hegemônico)",

---

separadas das "vozes autorais", assim denominado os textos opinativos, onde os autores emitem sua posição em torno do tema. Os textos de opinião foram separados dos textos jornalísticos (reportagens e notas de colunas fixas) para permitir a correta identificação das vozes e os enquadramentos presentes nos textos jornalísticos e nos textos de opinião.

dentro dos quais ocorre a disputa política (LIMA, 2004, p. 192). Tratar desse fenômeno sob a perspectiva da teoria do *agenda-setting* permite refletir não apenas sobre os efeitos da mídia na construção de uma realidade (WOLF, 2005, p. 150), mas também compreender a dinâmica entre agentes de campos distintos na disputa pela construção desta realidade.

Como já foi referido, neste estudo identificamos que, apesar do posicionamento dos jornais e dos argumentos publicados em diversos editoriais de que a agenda dos escândalos políticos sob o governo Lula, envolvendo ex-assessores de Dilma Rousseff, produziria resultados mais eficientes para a "conscientização do eleitor" do que a agenda religiosa, houve uma mudança na estratégia de cobertura das eleições pelo campo jornalístico no final de setembro.[5] O agendamento do aborto como temática central da cobertura eleitoral ocorre a partir desse momento, quando os três jornais passaram a dar grande destaque ao assunto, como é possível identificar na frequência e a concentração da temática no noticiário a partir do final de setembro (Fig. 1).

Figura 1 – Frequência de referências ao aborto nos jornais
(11/07/2010 a 31/10/2010)

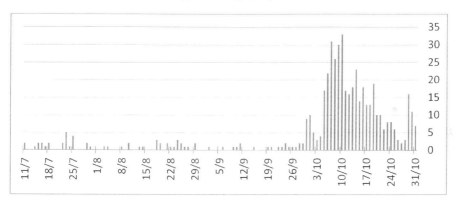

Fonte: a autora

---

5   Reportagens no final de setembro destacavam a onda de boatos disseminada pela internet com discursos e gravações de padres e bispos (católicos e evangélicos) contra a candidatura petista devido ao apoio à descriminalização do aborto e ao casamento gay. ("Polêmica do aborto leva Dilma às igrejas", OESP, 30/09/10, p. A4 e "Fé e família marcam a despedida na TV", FSP, 01/10/2010, p. E7).

Na Fig. 1 é possível perceber, no universo dos 112 dias analisados, que o aborto teve algum tipo de registro em 76 dias (67,85% do período). Chama atenção, no entanto, a mudança no comportamento da cobertura jornalística no final de setembro. De referências esporádicas no primeiro turno, o tema passa a ter maior intensidade na última semana de setembro (27/09, final do primeiro turno) e atinge seu ápice no mês de outubro, já no segundo turno das eleições (fig. 2)

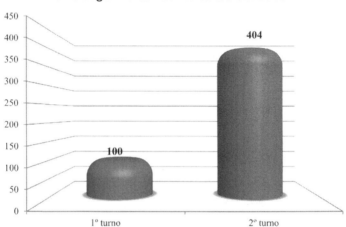

Figura 2 – Menções acumuladas em textos no primeiro e no segundo turnos eleitorais em 2010*

*Total de 504 textos com menções ao aborto encontrados nos jornais *Folha de S. Paulo*, *O Estado de S. Paulo* e *O Globo* no período de 11 de julho a 31 de outubro de 2010.
Primeiro turno – período: 11/07 a 3/10, data da eleição em primeiro turno em 2010.
Segundo turno – período: 04/10 a 31/10, data da eleição em segundo turno em 2010.
Fonte: a autora.

Essa frequência intensa concentrada em outubro é uma característica do agendamento. Associada à saliência (destaque), outro fator que demonstra quando um assunto torna-se uma agenda relevante do noticiário, vemos com precisão a mudança no comportamento jornalístico em relação à abordagem do aborto na cobertura noticiosa de 2010.

Na figura 3, foram selecionadas as referências ao aborto na capa dos três jornais. Das 79 referências identificadas no corpus da pesquisa, onze delas

(14%) foram ainda no primeiro turno das eleições.[6] Essa pequena presença na capa dos jornais no primeiro turno demonstra que o assunto não era motivo de atenção dos jornais, embora estivesse presente na cobertura em textos de menor importância desde o dia 11 de julho, data de início da coleta do material. A mudança no comportamento ocorre exatamente no final de setembro (dias 29 e 30). Conforme a figura 3 demonstra, 86% das referências na capa (68 registros) ocorreram no mês de outubro.

Isso signfica que no segundo turno, as manchetes sobre os escândalos políticos deram lugar à polêmica sobre o aborto, a partir da constatação pelo campo jornalístico dos efeitos no processo eleitoral registrado nas pesquisas do final de setembro.

Figura 3 – Menções ao aborto nas capas dos jornais, 11 de julho a 31 de outubro de 2010

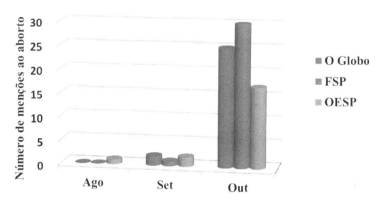

Fonte: a autora

---

6   As referências na capa durante o primeiro turno foram: *O Estado de S. Paulo:* "Antiaborto e a favor da união gay" (18/08/2010); "Dilma combate boato sobre aborto e faz reunião com igrejas" (29/09/2010); "Polêmica do aborto faz Dilma se explicar a líderes cristãos" (30/09/2010); "Dilma perde votos entre os evangélicos" (02/10/2010). Em *O Globo*: "De olho no segundo turno Marina ataca Dilma e Serra" (27/09/10); "Aborto opõe Marina e Dilma e esquenta guerra de candidatas" (30/09/2010); "Debate sem polêmica fecha a campanha presidencial" (01/10/2010); "Na TV Serra canta e Dilma exibe Lula" (01/10/10); "Dilma vai à igreja, Marina canta e Serra dança" (02/10/2010). Na *Folha de S. Paulo*: "Dilma tenta frear perda de voto com apelo à militância" (29/09/2010); "Após crítica dos religiosos, Dilma batiza o neto no RS" (02/10/2010).

O crescimento da temática do aborto como destaque de capa e a intensidade com que o assunto foi tratado na cobertura jornalística evidenciam dois mecanismos do agendamento: a saliência e a frequência. Estes dois aspectos interferem no estímulo para que a agenda pública reflita a agenda midiática num determinado intervalo de tempo (MCCOMBS, 2009, p. 77). Quanto maior a frequência e a saliência de um assunto na mídia, maior atenção do público para o tema. A contextualização dos episódios envolvendo a polêmica sobre o aborto nas eleições de 2010 confirma o que a literatura sobre o agendamento apresenta quanto a relação existente entre a agenda pública, a agenda política e a agenda jornalística (TRAQUINA, 2000, p. 19).

Neste caso, é possível considerar que houve uma concorrência entre agentes de campos sociais distintos pela definição da agenda que pudesse intereferir com eficácia na disputa eleitoral e na agenda pública. Foi quando o assunto chamou a atenção do campo jornalístico, tornando-se "visível" e, dessa forma, uma temática relevante para a agenda da mídia. A partir disso, os jornais reorientam seu eixo de cobertura e passam a destacar as mudanças nas estratégias das campanhas.

Do universo total de 504 textos presentes no período de 11 de julho a 31 de outubro, 80% deles foram publicados nos 28 dias do segundo turno eleitoral. Mesmo que o campo jornalístico disputasse que a agenda dos escândalos políticos era mais importante para o debate eleitoral, os episódios construídos pelos agentes de campos distintos ao jornalístico conseguiram impor sua agenda no debate político-eleitoral.

Uma evidência da forte mobilização e da disputa entre agentes pela definição da agenda política (e da mídia) foi promovida por segmentos religiosos e registrada pelos jornais no dia 29 de outubro. Nessa data, os impressos estamparam nas manchetes declaração do papa Bento XVI pedindo que o eleitor brasileiro considerasse a questão do aborto na hora de votar ("Papa cobra ação de bispos do Brasil contra o aborto", *Folha de S. Paulo*, 29/10/10, manchete; "Papa quer que eleitor no Brasil considere o aborto", *O Estado de S. Paulo*, segunda manchete). A manchete de *O Globo* informa que a manifestação do papa Bento XVI foi motivada por mobilização de bispos brasileiros moderados e conservadores ("Pressão de bispos dá certo e papa interfere na eleição", *O Globo,* 29/10/10, manchete).

No entanto, apesar de todo o intenso debate eleitoral organizado em torno do aborto e seu potencial efeito contra a candidatura petista, no mesmo dia 29 de outubro a *Folha de S. Paulo* e *O Estado de S. Paulo* destacaram pesquisa IBOPE que dava a Dilma Rousseff (PT) uma vantagem de 13 pontos sobre José Serra (PSDB), o que foi confirmado em seguida com a vitória eleitoral da candidata petista na votação em segundo turno, demonstrando que o eleitor também considera outras variáveis para definir suas escolhas eleitorais.

1.3. Um novo cenário com o uso das ferramentas digitais na campanha eleitoral

Pesquisas atuais demonstram que o fluxo de comunicação não é unidirecional, tampouco atende a apenas um dos universos interessados (GOMES, 2004, p. 43). Não é mais possível dizer que somente o campo da mídia e seus atores atuam na construção do relato noticioso (embora estes sejam os agentes predominantes). Há uma disputa entre grupos e atores com acesso aos mecanismos de construção da notícia. Os estudos sobre a prática política e a relação com os meios de comunicação demonstram que a disputa política atualmente converteu-se em grande medida numa competição pela produção da imagem e pela percepção pública sobre determinados assuntos da agenda da arena política (GOMES, 2004, p. 239).

Pela análise do noticiário sobre as eleições de 2010, foi possível perceber que houve uma confluência de interesses entre grupos religiosos e setores políticos pró-candidatura de José Serra (PSDB) que utilizaram o discurso contrário à descriminalização do aborto para atingir a imagem da candidata Dilma Rousseff (PT). O ingresso da temática do aborto no centro do debate eleitoral e do campo jornalístico tradicional no segundo turno das eleições de 2010 provocado pela "onda" de boatos propagados pela internet demonstrou que as relações de força que compõem um discurso público atualmente "acontecem numa esfera pública ampliada que inclui não apenas as mídias tradicionais, como a televisão, o rádio, o jornal impresso, mas também os blogs, microblogs e outras plataformas de comunicação na internet" (RAMOS, 2012, p. 73). Essa dinâmica vem produzindo um movimento informativo paralelo ao noticiário convencional oferecido pela mídia comercial e tradicional, fonte de informação para o público em geral.

As mídias digitais foram incorporadas pelos agentes do campo religioso e político como ferramentas complementares de comunicação e de propagação de conteúdo de interesse das candidaturas à presidência da República em 2010. Diferente de outros anos, foi nesta eleição que o campo político e o campo jornalístico receberam maior interferência dos eventos produzidos no ambiente da comunicação digital (JAMIL; sampaio, 2011, p. 210). Candidaturas foram incrementadas com conteúdo interativo dos usuários das redes sociais (Facebook, Twitter, Youtube, Flickr, blogs, entre outros). Reprodução de vídeos com declarações negativas ou gafes de opositores ou ainda colagens de imagens simulando supostas situações de aborto, bem como declarações de religiosos em favor ao candidato tucano ou contrárias à candidatura da petista, foram propagados nas redes por emails e compartilhado em perfis nas redes sociais.

Mesmo que estas ferramentas ofereçam maior capacidade de grupos sociais para disputar e influenciar a agenda pública, pressionando muitas vezes as organizações midiáticas tradicionais a acolher novos temas e assuntos de interesse público para a cobertura jornalística, persiste a controvérsia sobre os limites no uso da internet, impostos pela barreira econômica, por exemplo, que dificulta o acesso amplo às conexões mais eficientes. Ou, ainda, a polêmica discussão sobre os filtros que garantam limites para discursos de ódio que circulam sem controle na rede, assim como a falta de confiabilidade das mensagens utilizadas para fins políticos (BRAGATTO, 2011, p. 149). No entanto, é importante reconhecer a presença das mídias digitais como um novo elemento a interferir no cenário das disputas políticas e, sobretudo, nos processos eleitorais e na definição da narrativa sobre os acontecimentos. Contudo, a arena da mídia convencional (televisão, rádio e jornal) permanece sendo o ambiente central e irradiador de informações que orientam a percepção da realidade e organizam a construção cognitiva dos acontecimentos cotidianos para o grande público. O tema do aborto, por exemplo, tornou-se "público" nas eleições de 2010 quando passou a ser noticiado pelos grandes veículos de comunicação, os chamados *mass media*.

2. A politização do aborto no debate eleitoral e a naturalização de constrangimentos estruturais de gênero

O ingresso da temática do aborto nas eleições de 2010 revela a presença da Igreja como um ator influente no debate público e expressa sua capacidade para agir estrategicamente. A definição dessa agenda no debate eleitoral é, também, uma evidência das tensões e dos ajustes que se produziram em torno de um interesse comum envolvendo atores de esferas distintas que permitiu o ajuste da acirrada disputa em torno do que deveria ser a agenda central do segundo turno para um tema único. Isso organizou os agentes com acesso aos processos de produção de sentido (o campo jornalístico), dando visibilidade e relevância para o assunto de forma a orientar o debate em torno do discurso antiabortista.

A narrativa discursiva construída pela perspectiva da moral religiosa costuma resultar em constrangimentos formais às definições de políticas públicas que permitam enfrentar a prática clandestina do aborto e suas consequências à população feminina no Brasil. Instituições religiosas são recorrentes na condenação à descriminalização do aborto e costumam atuar intensamente no sentido de impedir qualquer medida em direção a uma legislação mais liberal, negando às mulheres um princípio básico nas democracias liberais, que é o direito à autonomia e ao livre-arbítrio sobre seu corpo.

Sendo um dos principais dogmas da Igreja, sua discussão pública costuma mobilizar as hierarquias religiosas no sentido de reafirmar posições de censura à prática. De acordo com a Pesquisa Nacional de Aborto (PNA), um levantamento por amostragem de domicílios urbanos realizado em 2010, cerca de 15% das mulheres entrevistadas relataram ter realizado aborto alguma vez na vida. Isso significa que ao final da vida reprodutiva, mais de um quinto das mulheres no Brasil urbano fez pelo menos um aborto (DINIZ; MEDEIROS, 2010, p. 962). Apesar destes dados, as controvérsias assumem contornos muito restritos no debate público. A interferência de valores patriarcais e da moral religiosa na definição sobre as leis que regulam os direitos reprodutivos da mulher demonstram que os acontecimentos da vida pessoal não são imunes à dinâmica de poder e tampouco o público e o privado podem ser interpretados como isolados um do outro (OKIN, 1998, p. 124).

As relações de gênero se evidenciam como relações de poder. E, por esta razão devem ser analisadas dentro de um contexto social e cultural em que estão situadas historicamente e funcionam como justificativa para as desigualdades construídas no interior da organização social (COLOURIS, 2004, p. 62). Uma das lutas do movimento feminista é a defesa para que o direito reprodutivo das mulheres seja reconhecido como um direito cidadão. A abordagem feminista para o direito ao aborto implica na premissa de que é um direito das mulheres decidir sobre seu corpo. Este é um fator relevante porque remete a discussão para as assimetrias existentes nos papéis sociais construídos para homens e mulheres nas democracias contemporâneas. A definição da agenda sobre o direito reprodutivo pela ótica da Igreja organiza um discurso que criminaliza os que se opõem ao pensamento religioso. São vozes estigmatizadas e deslegitimadas, quando não silenciadas no debate público.

A análise sobre a cobertura jornalística do aborto nas eleições de 2010 permite compreender como a cobertura jornalística responde às diferentes pressões entre governo, partidos e candidatos em disputa e de que forma mobiliza seus argumentos técnicos e participa da definição de sentidos e posições que constituem uma disputa eleitoral (BIROLI; MANTOVANI, 2010, p. 91-92). A narrativa construída na campanha eleitoral de 2010 mostrou, também, que parte da grande imprensa usou "o discurso antiabortista para alvejar os candidatos de seu desagrado" (MIGUEL, 2012, p. 670). Quando o noticiário político restringe os limites para as controvérsias sobre o aborto, ao mesmo tempo em que promove discursos que reafirmam perspectivas morais naturalizando posições dominantes e hierarquias de gênero, o campo jornalístico contribui para reforçar relações desiguais entre homens e mulheres, além de promover um estreitamento do leque de representações, estabelecendo barreiras e limites para uma pluralidade de posições presentes no mundo social (MIGUEL; BIROLI, 2011, p. 73). Os discursos socialmente hegemônicos são reproduzidos como portadores de valores "universais" e os contradiscursos são muitas vezes silenciados ou não se tornam públicos, a não ser como "estereótipos verbais" (MIGUEL; BIROLI, 2012, p. 69). O debate estereotipado ou mesmo a tímida presença dos movimentos feministas e de mulheres em defesa do direito ao aborto e de sua descriminalização na polêmica promovida nos meios de comunicação durante a cobertura eleitoral de 2010, em contraste com a grande presença de agentes do campo religioso e setores do campo político agindo como sujeitos definidores dos discursos e de posições dominantes contrárias ao aborto, são exemplos de uma narrativa construída pelo campo jornalístico legitimadora de constrangimentos estruturais de gênero.

3. Enquadramentos da cobertura noticiosa: os marcos interpretativos do jornalismo

O conteúdo produzido pelo noticiário pode desempenhar um papel político, uma vez que pode afetar a formação das preferências a partir dos "marcos interpretativos, construídos socialmente" (GOFFMAN, 1986 apud PORTO, 2004, p. 78). O estudo sobre enquadramentos da notícia auxilia a compreensão dos efeitos da cobertura da mídia na estruturação e organização das imagens. As conclusões de Ervin Goffman (1986) demonstram que os indivíduos tendem a perceber os eventos e situações de acordo com "enquadramentos que permitam responder à pergunta: o que está ocorrendo aqui?". A resposta que o indivíduo encontra para esta pergunta a partir do que ele ouve, lê ou vê no noticiário, são marcos interpretativos oferecidos diariamente pela narrativa jornalística e que permitem às pessoas dar sentido aos eventos ou situações sociais (PORTO, 2004, p. 78).

Os enquadramentos noticiosos envolvendo a descriminalização do aborto nas eleições de 2010 estão concentrados na ênfase para as *estratégias eleitorais* dos candidatos, a postura *oportunista* dos mesmos e como *prática contrária aos princípios da igreja*. Os textos jornalísticos que tratavam das atividades e declarações da candidata Dilma Rousseff foram os que tiveram o maior volume de enquadramentos nestes marcos. Tais enquadramentos moldaram o cenário de abordagem do tema na disputa eleitoral, organizando um relato noticioso propício para ativar a desconfiança do eleitor sobre os candidatos, sobretudo a candidata Dilma

Rousseff (PT), principal foco dos questionamentos sobre a descriminalização do aborto.

Enquadramentos no texto jornalístico correspondem a interpretações da realidade que foram privilegiadas para o relato noticioso em detrimento de outras informações secundarizadas ou mesmo descartadas. São estes atributos que constroem sentido e dão significado aos acontecimentos narrados, definindo o ambiente e o contexto que orienta a interpretação dos fatos. Na análise dos enquadramentos (Tabela 1), o maior volume de textos estava vinculado ao enquadramento relacionado às *estratégias dos candidatos na campanha eleitoral*, presente de forma relativamente equânime entre os três veículos. Dos 504 textos, 262 deles (52% do universo da pesquisa) têm como atributo predominante a ênfase nesse aspecto. O segundo enquadramento que mais predominou nos textos era relacionado às críticas à *utilização do aborto no debate eleitoral e seu efeito conservador e moralista*. Foram 65 registros (13% dos 504 textos) que enfatizaram o tratamento conservador e moralista para o tema, sendo 25 deles em reportagens, 15 em colunas, 12 em artigos, sete em entrevistas, três em editoriais e três em notas em colunas fixas. O terceiro e quarto enquadramentos que predominaram nos textos desta pesquisa estavam vinculados à ideia negativa sobre *candidatos que mudaram de opinião de forma oportunista* sobre a descriminalização do aborto (antes a favor e, agora, nas eleições, contra) com 50 textos (cerca de 10% do total de 504 textos), seguido da visão predominantemente religiosa de que *a defesa do aborto vai contra os princípios da Igreja* (47 textos, equivalente a 9% do total dos registros).

Tabela 1 – Enquadramentos predominantes X jornal

Jornal X Enquadramento predominante	O Globo	Folha de S. Paulo	O Estado de S. Paulo	Total
A defesa do aborto vai contra princípios da Igreja	8% (13)	8% (17)	11% (17)	9% (47 textos)
Contra o aborto, em defesa da vida	6% (9)	6% (13)	6% (9)	6% (31 textos)
Ser contra o aborto é defender a família	0,5% (1)	0,5% (1)	0% (0)	0,4% (2 textos)
Direito ao aborto é necessário para respeitar autonomia plena	0,5% (1)	1% (3)	0% (0)	1% (4 textos)
Descriminalizar o aborto é questão de saúde pública	13% (20)	5% (11)	8% (12)	8% (43 textos)
Candidatos mudam de posição de forma oportunista	8% (13)	10% (21)	10% (16)	10% (50 textos)
Aborto faz parte das estratégias dos candidatos na campanha eleitoral	50% (76)	50% (101)	56% (85)	52% (262 textos)
A temática do aborto, quando tratada na campanha eleitoral tem efeito conservador e moralista	12% (19)	16% (33)	9% (13)	13% (65 textos)
Total	100% (152)	100% (200)	100% (152)	100% (504)

Fonte: a autora.

O estudo dos atributos permitiu identificar os enquadramentos predominantes na cobertura jornalística das eleições de 2010 e quais argumentos foram mobilizados para tratar a polêmica do aborto. Além de uma interpretação "eleitoreira" sobre a conduta de políticos que teriam usado artifícios, artimanhas e estratégias de marketing para tratar do tema de forma "oportunista", tendo como objetivo conquistar o voto dos eleitores religiosos, os enquadramentos predominantes nesta pesquisa reforçaram uma narrativa contrária à descriminalização do aborto.

O tratamento do tema dentro da cobertura das eleições tende a reafirmar percepções morais sobre a descriminalização do aborto, sobretudo porque a maioria destes textos, 326, foram reportagens (65% dos 504 textos), o que dá maior credibilidade ao que é divulgado pela ideia de "neutralidade" que o campo jornalístico assume a partir de uma posição "não situada" (MIGUEL; BIROLI, 2011, p. 68), ou seja, desde uma posição equidistante dos "dois lados" do conflito.

3.1. Quem são os atores com acesso à arena discursiva?

Os critérios de seleção das fontes jornalísticas demonstram que o campo da mídia tende a organizar "um conjunto restrito de discursos e dão sua chancela para determinadas formas de autoapresentação e do dizer" (MIGUEL; BIROLI, 2011, p. 12). Quando o editor seleciona uma fala em detrimento de outras, está construindo um sentido para o acontecimento, um determinado "recorte" para a notícia. Além dos filtros de seleção inerentes ao campo da mídia sobre *como* e *o que* será selecionado enquanto "ideia central organizadora", também importa considerar *quem* terá acesso à arena discursiva (GAMSON; MODIGLIANI, 1987, p. 143). Nos estudos sobre *newsmaking* fica evidente que nem todas as fontes têm a mesma hierarquia e relevância ou têm o mesmo acesso aos jornalistas.

> O destaque e a localização dos temas no noticiário é inseparável do destaque e localização dos atores políticos no noticiário. A lógica do jornalismo antecipa a da política e a lógica da política antecipa a do jornalismo, em uma dinâmica de afirmação recíproca (BIROLI, 2012, p. 5).

A rede de fontes do campo jornalístico reflete, por um lado, a estrutura social e de poder vigentes e, de outro, representa as possibilidades que garantem legitimidade para o texto jornalístico. Aqueles com poder econômico ou político obtêm acesso mais fácil e são mais acessíveis, enquanto aqueles que não tem poder ou se encontram às margens destas determinações dificilmente encontram espaço na cobertura jornalística (WOLF, 2005, p. 235). Os jornalistas tendem a buscar "fontes estáveis", que lhe garantam o cumprimento da pauta num menor tempo possível e sem a necessidade de buscar muitos contatos para obter seus dados. Em geral, as fontes que atendem a estes requisitos tendem a ser aquelas ligadas às instituições, aos órgãos oficiais ou aos grupos de poder dominantes (WOLF, 2005, p. 236).

O professor e pesquisador estadunidense Timothy Cook (2011) ressalta que a notícia "é o resultado de negociações recorrentes entre fontes e jornalistas, cujos resultados diários beneficiam apenas certas alocações de valores" (COOK, 2011, p. 206). O noticiário é essencialmente seletivo porque os repórteres atendem a alguns eventos e selecionam o que consideram mais importante destes eventos. Desta forma, os jornalistas podem constituir importância e legitimar uma autoridade ao decidir quem deve falar, sobre o que e em que circunstâncias. Esta seleção pode se constituir num "viés" quando a cobertura apresenta, em geral, certos tipos de atores, partidos políticos ou assuntos que acabam tendo maior destaque e podem ser apresentados de forma mais favorável que outros (COOK, 2011, p. 207).

Timothy Cook ressalta que a predominância das fontes oficiais no jornalismo americano dificulta a presença de interlocutores fora da esfera governamental ou institucional como "fonte autorizada", uma vez que são estas fontes autorizadas que permitem ao jornalista construir um relato "defensável", dotando a informação de "credibilidade" pela posição pública que ocupam. Neste processo, o lugar de fala das fontes não oficiais, como ativistas de movimentos sociais, por exemplo, acaba sendo secundarizado ou mesmo limitado a um pequeno espaço. "A mídia noticiosa não corta completamente os ativistas não oficiais, mas o acesso deles é escasso no tempo e limitado no alcance" (Cook, 2011, p. 232). Os relatos noticiosos podem influenciar o tom político e o impacto de suas reportagens pode favorecer certas políticas, certos atores e certos valores sociais. Na busca por objetividade, os repórteres acabam por criar um viés particular à notícia, que favorece apenas a certos atores, eventos, programas ou questões (COOK, 2011, p. 232-236).

3.2. O predomínio das vozes políticas e religiosas nas falas sobre o aborto reforçam perspectivas socialmente dominantes

O cotidiano da produção noticiosa é marcado pela repetição de padrões discursivos que produz um noticiário homogêneo (MIGUEL; BIROLI, 2011, p. 24). Esta homogeneidade pode constituir-se através do uso das mesmas fontes e do mesmo tipo de enquadramento, o que favorece a construção de um sentido para o relato noticioso ao mesmo tempo em que "naturaliza" a ordem política vigente. O material desta pesquisa demonstra esta homogeneidade no predomínio de vozes políticas e religiosas para se manifestar sobre a descriminalização do aborto.

Cabe ressaltar, neste aspecto, o amplo espaço que as fontes religiosas ocuparam na cobertura eleitoral de 2010 quando o assunto era o aborto ou o posicionamento sobre sua descriminalização. Entre elas o bispo de Guarulhos, D. Luiz Gonzaga Bergonzini, ferrenho ativista contra a candidatura de Dilma Rousseff. Os enquadramentos dominantes desse noticiário deixavam claro que *"a descriminalização do aborto vai contra os princípios da igreja, contra a vida e a família"*. A assimetria da cobertura jornalística neste caso pode ser medida pelo limitado espaço ou a ausência de vozes dissonantes desta posição (tabela 2).

O recorte de análise da tabela 2, na linha horizontal, confirma a concentração das vozes presentes do noticiário de grupos ligados ao campo político, vocalizados por candidatos à presidência (23%), representantes de partidos políticos (15%) e representantes da Igreja – institucionais ou parlamentares – (15%), totalizando 53% das vozes em representantes do campo político e religioso. Ainda pela tabela 2, na coluna vertical, percebe-se a concentração dos textos noticiosos nos enquadramentos que definem o tratamento do aborto em quatro categorias: a) aborto como parte das estratégias dos candidatos na campanha eleitoral (55%); b) seguido da ênfase de que a defesa do aborto é contrária aos princípios da Igreja (13%); c) reforçada pela ideia de que os candidatos mudam de posição de forma oportunista (8%); e d) da noção de que ser contra o aborto é defender a vida (7%). Tais dados demonstram a homogeneidade da cobertura tanto das vozes presentes no noticiário quanto do tipo de enquadramento para uma determinada narrativa.

Além disso, em praticamente toda a cobertura há um silêncio das vozes em defesa da descriminalização do aborto, ou em defesa da autonomia das mulheres sobre seu corpo. As falas de mulheres que já sofreram sequelas devido à pratica clandestina, foram identificadas em reportagens importantes, porém, não tiveram a mesma frequência ou presença das fontes religiosas institucionais. Desta forma, suas falas não tiveram impacto no processo político. Serviram somente como ilustração para o drama social. As vozes em defesa da descriminalização do aborto foram encontradas em seis textos (1% dos 341 textos noticiosos), quando se tratava de enquadramentos enfatizando o tema como um caso de saúde pública (14% dos 28 textos encontrados nesse enquadramento). Não foi encontrado nenhum texto em defesa do aborto como um direto da mulher à autonomia sobre seu corpo.

Tabela 2 – Vozes predominantes X enquadramento predominante nos textos noticiosos*

Enqu. predom. X Vozes predom. no texto	Aborto vai contra princ. da Igreja	Contra aborto = defesa da vida	Contra aborto = defesa da família	Direito ao aborto necess. para auton. plena	Descriminação aborto = saúde pública	Candid. mudam posição de forma oportunista	Aborto é parte de estrat. eleitoral	Aborto no debate eleitoral tem efeito conservador	Total
Candid. à presid.	13% (6)	13% (4)	0% (0)	0% (0)	21% (9)	38% (19)	29% (75)	8% (5)	23% (118)
Parlam.	2% (1)	3% (1)	0% (0)	0% (0)	0% (0)	2% (0)	2% (5)	0% (0)	2% (8)
Partidos políticos	0% (0)	3% (1)	0% (0)	0% (0)	5% (2)	12% (6)	26% (67)	3% (2)	15% (78)
Igreja (instit.)	57% (27)	45% (14)	50% (1)	0% (0)	0% (0)	2% (1)	4% (11)	5% (3)	11% (57)
Igreja (parl.)	2% (1)	3% (1)	0% (0)	0% (0)	0% (0)	0% (0)	4% (10)	1% (1)	3% (13)
Igreja (indiv. relig.)	2% (1)	0% (0)	0% (0)	0% (0)	0% (0)	0% (0)	1% (1)	3% (2)	1% (4)
Movim. soc. pró-aborto	0% (0)	0% (0)	0% (0)	0% (0)	14% (6)	0% (0)	0% (0)	0% (0)	1% (6)
Mov. soc. contra aborto	2% (1)	6% (2)	0% (0)	0% (0)	0% (0)	2% (1)	0% (0)	0% (0)	1% (4)
Espec./pesquis./univers.	6% (3)	0% (0)	0% (0)	0% (0)	16% (7)	2% (1)	3% (9)	17% (11)	6% (31)
Governo (federal, estadual, munic.)	6% (3)	0% (0)	0% (0)	0% (0)	9% (4)	0% (0)	4% (11)	6% (4)	4% (22)
Total	100% (43)	100% (23)	100% (1)	0% (0)	100% (28)	100% (29)	100% (189)	100% (28)	100% (341)

* A tabela se refere a 341 textos noticiosos.
Fonte: a autora.

Além disso, em praticamente toda a cobertura há um silêncio das vozes em defesa da descriminalização do aborto, ou em defesa da autonomia das mulheres sobre seu corpo. As falas de mulheres que já sofreram sequelas devido à pratica clandestina, foram identificadas em reportagens importantes, porém, não tiveram a mesma frequência ou presença das fontes religiosas institucionais. Desta forma, suas falas não tiveram impacto no processo político. Serviram somente como ilustração para o drama social. As vozes em defesa da descriminalização do aborto foram encontradas em seis textos (1% dos 341 textos noticiosos), quando se tratava de enquadramentos enfatizando o tema como um caso de saúde pública (14% dos 28 textos encontrados nesse enquadramento). Não foi encontrado nenhum texto em defesa do aborto como um direto da mulher à autonomia sobre seu corpo.

Ainda de acordo com os resultados na tabela 2, quando se agregam as vozes do *campo político* (candidatos à presidência, parlamentares, partidos políticos) com os *grupos religiosos* (religiosos identificados institucionalmente com paróquias ou igrejas, bem como parlamentares religiosos), temos uma demonstração do campo jornalístico como legitimador de opiniões e perspectivas socialmente dominantes a partir do processo de produção da notícia. As vozes selecionadas para tratar do tema da descriminalização do aborto durante as eleições estavam concentradas na esfera política e religiosa, somando a presença em 274 textos, ou seja, em 80% do total de registros noticiosos presentes no corpus da pesquisa.

Os dados evidenciam que o debate sobre a descriminalização do aborto concentrado na cobertura político-eleitoral determinou uma abordagem voltada para o uso do tema como estratégia eleitoral. Isso reforça a ideia que a exploração do assunto em processos eleitorais serve mais como retórica para fins da disputa política e menos para encontrar soluções para um problema social desta magnitude.

4. A representação dos candidatos construída pelo noticiário sobre o aborto

As representações simbólicas dos principais candidatos à presidência presente nos textos informativos que trataram sobre o aborto deram visibilidades distintas a Dilma Rousseff (PT) e a José Serra (PSDB). Na tabela 3 (seguinte), foram selecionados os principais candidatos e a quantidade de vezes em que estiveram presentes nos textos, seja porque houve manifestação direta ou porque foram citados. O objetivo desse recorte é observar a *quantidade de menções* e o *tipo de enquadramento em que foram referidos*. O universo dessa análise compreende 440 textos. Foram retirados desse recorte os candidatos Ivan Pinheiro (PCB), José Maria Eymael (PSDC), Levy Fidelix (PRTB), porque não tiveram nenhuma referência nos textos observados. Além destes, também foram excluídos 64 textos em que não houve referência a candidatos, seja por citação ou declaração direta. Chegou-se ao universo de 440 textos, o que corresponde a 87% do total de 504 fichas. O total de 808 referências significa que em alguns casos houve mais de uma menção ou declaração de candidato num mesmo texto.

A análise da tabela 3 identifica a quantidade de vezes em que os dois principais candidatos à presidência foram mencionados, em que contexto (enquadramentos) e quais os padrões discursivos utilizados na vocalização que coube a cada um deles.

Tabela 3 – Menções aos candidatos X enquadramentos predominantes*

Menção ao candidato (direto ou citado) X Enquadramentos predominantes	Dilma Rousseff (PT)	José Serra (PSDB)	Marina Silva (PV)	Plínio de Arruda Sampaio (PSOL)	Total (menções ou citações)
A defesa do aborto vai contra os princípios da Igreja	9% (36)	5% (12)	5% (6)	23% (3)	**9% (57)**
Contra o aborto, em defesa da vida	4% (18)	3% (7)	2% (3)	0% (0)	**6% (28)**
Ser contra o aborto é defender a família	0,5% (2)	0,4% (1)	1% (1)	0% (0)	**1% (4)**
Direito ao aborto é necessário para respeitar a autonomia plena	0,5% (2)	0,4% (1)	1% (1)	0% (0)	**1% (4)**
Descriminalizar o aborto é questão de saúde pública	5% (20)	5% (12)	4% (5)	23% (3)	**8% (40)**
Candidatos mudam de posição de forma oportunista	10% (44)	11% (30)	15% (18)	8% (1)	**10% (93)**
Aborto faz parte das estratégias dos candidatos na campanha eleitoral	58% (241)	61% (160)	52% (61)	38% (5)	**52% (467)**
A temática do aborto, quando tratada no debate eleitoral, tem efeito conservador e moralista	12% (51)	15% (40)	19% (23)	8% (1)	**13% (115)**
Total de menções/citações	**51% (414)**	**32% (263)**	**15% (118)**	**2% (13)**	**100% (808)**

* A tabela refere-se a 440 textos. Excetuam-se, assim, dessa tabela os 64 textos em que não houve menção a nenhum candidato no universo de 504 textos.
Fonte: a autora.

Estereótipos foram construídos pelo noticiário reforçando um discurso "abortista" sobre a candidata Dilma Rousseff (PT) associando, também, sua imagem a um movimento de oportunismo eleitoral ao "mudar de posição" sobre o assunto. Tais argumentos estavam majoritariamente associados às estratégias do jogo político: a candidata seria aquela que "manipula e ajusta suas opiniões por oportunismo eleitoral", que age orientada por "artimanhas e estratégias de campanha para conquistar votos". Ao mesmo tempo, a imagem do candidato José Serra (PSDB) esteve mais associada aos símbolos patriarcais do "bom político", que "não tem duas caras", "temente a Deus".

Dilma Rousseff – A candidata Dilma Rousseff (PT) foi a personagem mais referida, com 51% das menções identificadas (414 referências), seguida de José Serra (PSDB), com 263 referências (32%), Marina Silva (PV), com 118 menções (15%), e Plínio de Arruda Sampaio (PSOL), com 13 registros (2%). Esses dados demonstram o quanto a temática do aborto esteve vinculada à candidata petista. Ao observar as linhas verticais da tabela 4 (presença dos candidatos), percebe-se que os enquadramentos associados à sua imagem foram predominantes na ênfase para o *tratamento do aborto dentro das estratégias eleitorais* (58%). Além desse, foi destaque a *mudança da posição sobre o aborto, tratado como oportunismo da candidata* (11% das menções). Os dois enquadramentos associados configuraram um contexto em que 69% das referências à candidata Dilma Rousseff (PT) estavam vinculadas a estratagemas e modelagens de sua conduta associados a objetivos eleitorais, imagem reforçada pela ideia do enquadramento oportunista, com objetivo claramente eleitoral ("Biografia de Dilma na TV agora cita 'sólida formação religiosa'", *Folha de S. Paulo*, 13/10/2010, p. A8; "Agora programa do PT será contra o aborto", *O Globo*, 07/10/2010, p. 10). Um terceiro enquadramento, *a temática do aborto, quando tratada no debate eleitoral tem efeito conservador e moralista*, tem 12% das menções vinculadas à petista. As referências estão associadas a críticas, publicadas em textos de opinião, de autores que condenam o tratamento da temática do aborto nas eleições pelos candidatos. Nesse enquadramento, o tucano José Serra (PSDB) também é objeto de críticas.

Dilma Rousseff é a candidata mais mencionada nos textos que se referem à perspectiva religiosa. Nos enquadramentos em que a *defesa do aborto vai contra os princípios da Igreja e ser contra o aborto é defender a vida e a família*, a candidata totalizou 56 menções (13% das 414 citações a ela). Numa comparação com José Serra, ainda na linha vertical da tabela 4, é possível identificar a predominância desses dois enquadramentos com a imagem da petista. O candidato tucano é referido 20 vezes (8% do total de 263 menções a ele). Na comparação entre os candidatos, isso significa que Dilma Rousseff (PT) foi mencionada três vezes mais (36) do que José Serra (PSDB) (12) nos enquadramentos religiosos. Expondo o quanto o noticiário vinculou as condenações morais para o aborto à candidata petista.

José Serra – As menções ao tucano nos textos sobre o aborto, em geral, também citavam a candidata Dilma Rousseff (PT). O candidato tucano José Serra é citado em várias matérias dentro do enquadramento em que *a temática do aborto faz parte das estratégias dos candidatos na campanha eleitoral*. No entanto, sua presença funciona como uma espécie de "antítese", com voz que ora questiona a conduta da candidata Dilma Rousseff (PT) por "mudar de posição" ora reafirma sua imagem como um homem de valores religiosos e contrário ao aborto. É dessa forma que a presença do candidato José Serra (PSDB) se expressa em 263 menções, seja por declaração própria ou citação, no universo das 808 menções. Dilma teve 414 referências no mesmo período. Proporcionalmente, José Serra teve mais menções (61%) no enquadramento em que o aborto foi tratado como *parte das estratégias eleitorais* do candidato. Porém, na maior parte dos textos em que Serra é citado, sua posição no texto é de questionamento à candidata e ao PT, sobretudo por supostamente mudar de opinião sobre o aborto ("Serra diz que rival tem duas caras; ela o acusa de espalhar calúnias", *Folha de S. Paulo*, 11/10/2010, chamada de capa; "Serra diz que governo levou o tema do aborto à campanha", *Folha de S. Paulo*, 13/10/2010, p. A7; "Na estreia, Serra vai destacar 'valorização da vida' e citar FHC"; "Tucano cita aborto para criticar Dilma", *O Estado de S. Paulo*, 08/10/2010, p. 11). Alguns textos são críticos aos dois candidatos, como já referido anteriormente. Eles se encontram nos espaços de opinião e constituem 28% das 808 menções.

Na comparação entre os dois candidatos e a intensidade da presença nos enquadramentos, percebe-se que José Serra (PSDB) tem proporcionalmente mais presença do que Dilma nos três principais enquadramentos. Mas, ao analisar o conteúdo desses textos, a referência à petista foi construída de forma negativa: é ela que *vai contra os princípios da Igreja*, porque defendeu a descriminalização do aborto; é também a candidata que *muda de posição de forma oportunista* para conquistar votos e orienta o tratamento e sua agenda sobre o aborto *como parte de estratégias eleitorais*. Dilma esteve sempre na defensiva, como alguém que "deve" explicações sobre o "uso" do aborto como parte de acordos e arranjos políticos com parlamentares evangélicos e também por "manipular" a religiosidade e (assim como o PT) ajustar suas posições históricas para se adequar à agenda do aborto.

Especificamente no enquadramento sobre a *mudança de posição de forma oportunista*, a candidata é o centro dos questionamentos. No entanto, seu percentual torna-se menor (58%) do que o de Serra (61%). Esse dado demonstra nem sempre o equilíbrio quantitativo nos registros noticiosos pressupoe uma simetria de tratamento. Ao contrário, a partir da análise dos textos na perspectiva teórica dos enquadramentos da notícia, é possível verificar que o contexto em que a presença de cada um foi construído produziu diferenças de tratamento, com ênfases e seleção de registros distintos entre os dois candidatos que disputaram o segundo turno. Verifica-se que as falas do candidato tucano nesse enquadramento foram mobilizadas em sua maioria para reforçar as cobranças e questionamentos às posições de Dilma Rousseff e do seu partido, o PT, sobre a temática do aborto.

Ao observarmos o conteúdo dos textos e os "pacotes interpretativos" (metáforas, slogans, falas e imagens presentes nos discursos dos agentes) presentes nos enquadramentos da notícia, compreendemos as interpretações e os significados que se tornam predominantes na arena pública. Isto explica porque os grupos que disputam poder e hegemonia no campo político consideram, como parte de suas estratégias, o acesso e influência sobre os processos de elaboração da agenda da mídia, bem como reunem as condições para se constituir uma fonte para o campo jornalístico com possibilidade de "orientar" a narrativa, de forma que os acontecimentos tenham uma interpretação em acordo com seus interesses.

Ao selecionar falas, destacar atributos, dar ênfase a determinados aspectos em detrimento de outros, o campo da mídia produz "silêncios" de fala, assim como chancela determinados enquadramentos. Nessa reflexão, percebe-se que os enquadramentos das falas da candidata Dilma Rousseff sobre a descriminalização do aborto sugerem uma fala ilegítima. Ao enquadrar suas posições como *"oportunista"* ou associar estas mensagens como *"parte das estratégias da campanha eleitoral"*, o noticiário produziu uma abordagem negativa, centrada no cálculo para obter a vitória eleitoral (ex: reuniões com religiosos, compromissos contra a flexibilização da lei do aborto).

Isso ocorre porque, em geral, o campo da mídia adota uma cobertura jornalística sobre as eleições com "enquadramento estratégico" (CONDE, 2008, p. 123), voltado para o destaque das motivações "manipulatórias" dos políticos, nas acusações mútuas, nas atitudes e ações vinculadas ao "pragmatismo eleitoral", ou mesmo numa cobertura no estilo "corrida de cavalos", mais interessada nas contendas pontuais da disputa eleitoral.

Conclusão

O episódio envolvendo o ingresso do aborto no debate eleitoral de 2010 demonstrou que o campo jornalístico tradicional, representado neste estudo pelos três jornais vinculados a grandes grupos empresariais de comunicação do país, continua a ser um agente relevante na definição dos temas públicos e no jogo político contemporâneo, mesmo com o ingresso de novas tecnologias associadas à internet e sua capacidade de produção e disseminação de conteúdo simbólico. A evidência dessa centralidade está em sua capacidade de organizar e massificar os discursos, orientar pautas e destacar problemas que assumem um caráter público, universal, transformando-os em interesse coletivo, comum a toda a sociedade. Essas características dão ao campo da mídia uma condição central no ordenamento do mundo social, justamente por sua capacidade enunciativa e estruturante da produção dos sentidos.

Porém, a definição do aborto como agenda central do segundo turno das eleições de 2010 demonstrou que as relações de força que definem esse discurso público na atualidade devem considerar outros ambientes e ferramentas comunicacionais numa esfera ampliada, que inclui não apenas as mídias tradicionais (televisão, jornal, rádio e TV), mas também a internet e seu universo horizontal de produção de sentidos. A internet vem se constituindo como um novo ambiente de interlocução social e de pressão que afeta o campo midiático tradicional.

O estudo também demonstrou que houve uma competição entre agentes de campos simbólicos distintos à mídia pela definição da agenda pública. A partir do final de setembro, houve uma disputa, expressa nas páginas dos jornais observados, sobre qual a agenda seria mais relevante para avaliar os candidatos: o debate moralista e conservador sobre o aborto ou a discussão sobre os desvios éticos e escândalos políticos no governo Lula, que também afetariam a candidata petista, versão defendida pelos jornais em seus editoriais. Percebemos nesse episódio dois aspectos. O primeiro revela a capacidade da mídia de "permeabilidade" e interação com as tensões e pressões de outros campos, ou agentes com competência para disputar a agenda pública que ora podem produzir disputas e contradições, ora acomodação e complementaridade. Essa acomodação ocorreu a partir de outubro, com a unificação da agenda conservadora em torno do aborto, o que favoreceu o discurso de setores atuantes da Igreja (católicos ou evangélicos) e a imagem do candidato José Serra (PSDB). Nesse sentido, compartilhamos da visão de que a campanha eleitoral de 2010 mostrou que parte da imprensa tradicional usou "o discurso antiabortista para alvejar os candidatos de seu desagrado" (MIGUEL, 2012, p. 670). Diante do novo cenário, os veículos observados nesta pesquisa incorporaram a temática do aborto e não apenas reordenaram seu eixo de cobertura como atuaram no sentido de enfatizar e destacar o aborto como tema central da cobertura jornalística das eleições no segundo turno.

O segundo aspecto é revelador não apenas da disputa pela definição da agenda noticiosa, mas do embate pela afirmação do campo tradicional da mídia como a esfera legítima para a mediação das trocas simbólicas "públicas", que foram postas em xeque pelo uso da internet como ferramenta estratégica que valorizou o aborto como temática relevante para um público específico (eleitores religiosos), até então ignorado pelos jornais. A disseminação da temática do aborto pela internet, emails e veiculada em canais de comunicação específicos do campo religioso foi classificado pelos impressos como um movimento "subterrâneo" porque estava fora do ambiente "público" e "visível" da mídia tradicional. Adjetivos como "silenciosa" ou "subterrânea", usados pelos jornais em diversos textos para criticar a campanha em torno do aborto, evidenciou uma disputa do campo jornalístico pela afirmação de sua esfera como o espaço legítimo e exclusivo enquanto instituição competente para organizar a agenda pública.

Os resultados também reforçam argumentos de diversas pesquisas sobre mídia e política na atualidade: o campo da mídia não é um espaço "neutro" de produção noticiosa, que garante e promove o debate equilibrado, equidistante e isento entre as diferentes perspectivas e interesses sociais. Tal afirmação não responde mais aos dilemas atuais. A partir da análise empírica deste trabalho, foi possível perceber a existência de tensões, pressões e interesses distintos que determinam os limites para as controvérsias reproduzidas na arena jornalística. Sendo assim, podemos afirmar que não há neutralidade na construção noticiosa. Ao contrário, a mídia também compete na definição da agenda com seus mecanismos de seleção da notícia, escolha das fontes e ênfase para determinados enquadramentos e perspectivas sociais no momento de construir o relato noticioso. Esses elementos também contribuíram para restrições à abordagem sobre o aborto que desequilibraram, hierarquizaram e apresentaram de forma desigual (até mesmo com ausências) vozes e representações de grupos sociais no noticiário político.

Da mesma forma, a relevância de determinados posicionamentos da Igreja ou de seus representantes perante o noticiário revelou a presença ativa de atores do campo religioso na disputa político-eleitoral. Nesse sentido, em 2010, o campo jornalístico não apenas refletiu a autoridade e as ideias de determinados grupos religiosos como os reforçou com o destaque e a ênfase de seus argumentos no enquadramento da notícia. Com isso, os meios de comunicação tradicionais tiveram um papel relevante na reprodução das hierarquias de gênero, valorizando perspectivas sustentadas por valores baseados na dominação masculina e em dogmas religiosos em detrimento de outras posições. No noticiário político-eleitoral, houve uma ênfase predominante para os enquadramentos e vozes que valorizaram e legitimaram discursos e interesses contrários à ideia de descriminalizar o aborto, sem a mesma atenção para vozes em favor da descriminalização ou em defesa do direito da mulher à autonomia sobre seu corpo.

Nesse sentido, o uso da temática sobre o aborto nas eleições de 2010 reforçou os limites e os constrangimentos para possíveis avanços na legislação brasileira e no debate público sobre o tema. A homogeneidade da ênfase moral na cobertura reforçou, também, a ideia de que assuntos relativos à temática da mulher estão deslocados da política e do espaço público. A politização do aborto e a forma como ocorreu a exposição e a difusão do tema pela mídia reforçou discursos que valorizam relações de poder assimétricas e desigualdades estruturais na sociedade, em que os homens (e a Igreja) decidem pelas mulheres sobre suas experiências e sua vida.

Se entendermos o discurso da mídia como um espaço privilegiado de disseminação das diferentes perspectivas e projetos em conflito na sociedade, este deveria ser o espaço para a expressão de várias e diferentes vozes representantes de diversas perspectivas sociais, garantindo ao cidadão a pluralidade de argumentos e valores para auxiliar a formação de suas preferências. No entanto, a polêmica envolvendo o aborto e a exploração do tema no debate político-eleitoral de 2010 demonstrou que ainda há um caminho importante a percorrer na direção de um efetivo pluralismo na mídia que reafirme valores democráticos, como o respeito à diversidade de ideias e a presença equilibrada de perspectivas sociais que ainda hoje permanecem sub-representadas no noticiário e no mundo social.

Referências bibliográficas

ALBERT, P.; TERROU, F. *História da Imprensa*. São Paulo: Martins Fontes, 1990.

ALCÂNTARA, Norma S.; CHAPARRO, Manuel Carlos; GARCIA, Wilson. *Imprensa na berlinda: a fonte pergunta*; 1ª ed. São Paulo: Celebris, 2005.

AZEVEDO, Fernando A. "Agendamento da política". In: RUBIM, Antonio Albino Canelas (org.). *Comunicação e política: conceitos e abordagens*. Salvador: Edufba, 2004, p. 41-72.

BIROLI, Flávia. "O jornalismo como gestor de consensos: limites do conflito na política e na mídia". Trabalho apresentado no GT "Comunicação e Política" do XXI Encontro da Compós, UFMG, 12-15 jun. 2012. Disponível em: <http://encontro2012.compos.org.br/>.

BIROLI, Flávia; MANTOVANI, Denise M. "Disputas, ajustes e acomodações na produção da agenda eleitoral: a cobertura jornalística ao programa Bolsa Família e as eleições de 2006". *Revista Opinião Pública*, Campinas, vol. 16, n. 1, jun. 2010. Disponível em: <http://www.cesop.unicamp.br/site/htm/revistas_artigos.php?rev=46>.

BIROLI, Flávia; MIGUEL, Luis Felipe. "Razão e sentimento: a comunicação política e a decisão do voto". Trabalho apresentado no GT "Comunicação e Política" do XX Encontro da Compós, Porto Alegre, jun. 2011.

BOURDIEU, Pierre. *La eficacia simbólica: religion y política*. Trad. Alicia B. Gutiérrez e Ana Teresa Martinez. 1ª ed. Buenos Aires: Biblos, 2009.

____. *Meditações pascalinas*. Rio de Janeiro: Bertrand Brasil, 2001.

BRAGATTO, Rachel Callai. "Democracia e internet: apontamentos para a sistematização dos estudos da área". *Revista Compolítica*, Rio de Janeiro, n. 2, vol. 1, set.-out. 2011, p. 132-163.

CHAPARRO, Manuel Carlos. *Pragmática do jornalismo: buscas práticas para uma teoria da ação jornalística*. 3ª ed. revisada. São Paulo: Summus, 2007.

CONDE, Maria Rosa Berganza. "Medios de comunicacion, 'espiral do cinismo' y desconfianza política. Estudio de caso de la cobertura mediática de los comícios electorales europeos". *Revista de Estudios de Comunicacion*, País Basco, vol. 13, n. 25, 2008, p. 121-139.

COOK, Timothy E. "O jornalismo político". *Revista Brasileira de Ciência Política*, Brasília, n. 6, jul.-dez. 2011, p. 203-247.

COULOURIS, Daniella Georges. "Gênero e discurso jurídico: possibilidades para uma análise sociológica". In: CARVALHO, Marie Jane S. & ROCHA, Cristiane Maria Famer (orgs.). *Produzindo Gênero*. Porto Alegre: Sulina, 2004, p. 61-79.

DINIZ, Débora; MEDEIROS, Marcelo. "Aborto no Brasil: uma pesquisa domiciliar com técnica de urna". *Revista Ciência & Saúde Coletiva*, Rio de Janeiro, 15 (supl. 1), 2010, p. 959-966.

FONTES, Maria Lucineide A. "O aborto na campanha eleitoral de 2010 e seu enquadramento na imprensa". Trabalho apresentado no GT "Estudos de Jornalismo" no XXI *Encontro da Compós*, Universidade Federal de Juiz de Fora/MG, 12-15 jun. 2012. Disponível em: <http://www.compos.org.br/>.

GAMSON, William; MODIGLIANI, Andre. "The changing culture of affirmative action". *Frontiers in Social Movement Theory*, vol. 3, 1992, p. 137-177.

GOMES, Wilson. *Transformações da política na era da comunicação de massa*. São Paulo: Paulus, 2004.

JAMIL, Francisco Paulo; SAMPAIO, Rafael. "Internet e eleições 2010: rupturas e continuidades nos padrões mediáticos das campanhas políticas online". *Revista Galáxia*, São Paulo, n. 22, 2011, p. 208-221.

KUNCZIK, Michael. *Conceitos de Jornalismo: Norte e Sul – Manual de Comunicação*. Trad. Rafael Varela Jr. 2ª ed. São Paulo: Edusp, 2001.

LIMA, Venício A. *Mídia, crise política e poder no Brasil.* São Paulo: Perseu Abramo, 2006.

____ (org.). *A mídia nas eleições de 2006.* São Paulo: Perseu Abramo, 2007.

LUNA, Naara. "Fetos anencefálicos e embriões para pesquisa: sujeitos de direitos?". *Estudos Feministas*, Florianópolis, vol. 17, n. 2, maio-ago. 2009, p. 307-333. Disponível em: <http://www.scielo.br/pdf/ref/v17n2/02.pdf>.

____. "Aborto e corporalidade: as disputas morais através de imagens". Texto apresentado no GT "Saúde, Emoção e Moral" do *36º Encontro Anual da Anpocs*, Águas de Lindoia, São Paulo, 2012.

MACHADO, Maria das Dores Campos. "Aborto e ativismo religioso nas eleições de 2010". *Revista Brasileira de Ciência Política*, Brasília, n. 7, jan.-abr. 2012, p. 25-54.

MANTOVANI, Denise M. "Eleições 2010: como os enquadramentos e as vozes organizaram os limites da controvérsia do aborto". *Revista Compolítica*, Rio de Janeiro, vol. 3, 2013, p. 71-94. Disponível em: <http://compolitica.org/revista/index.php/revista/article/view/57>.

____. "Gênero e Eleições presidenciais: um estudo sobre a hegemonia da temática religiosa no debate eleitoral de 2010". Trabalho apresentado no GT "Mídia e Eleições" do *IV Encontro da Compolítica*, Universidade do Estado do Rio de Janeiro, 13-15 abr. 2011.

MCCOMBS, Maxwell. *A Teoria da Agenda: a mídia e a opinião pública*. Trad. Jacques A. Wainberg. Petrópolis: Vozes, 2009.

MIGUEL, Luis Felipe. "Aborto e democracia". *Revista de Estudos Feministas*, Florianópolis, vol. 20. n. 3, set.-dez. 2012, p. 657-672. Disponível em: <http://www.periodicos.ufsc.br/index.php/ref/article/view/27651>.

MIGUEL, L. Felipe; BIROLI, Flávia. *Caleidoscópio convexo: mulheres, política e mídia*. São Paulo: Editora Unesp, 2011.

____. "Mídia e representação política feminina: hipóteses de pesquisa". *Opinião Pública*, Campinas, vol. 15, n. 1, jun. 2009. Disponível em: <www.scielo.br>.

____. *Caleidoscópio convexo, mulheres política e mídia*. São Paulo: Editora Unesp, 2011.

OKIN, Susan Moller. "Gender, the public, and the private". In: PHILLIPS, Anne (org.). *Feminism and politics*. Nova York: Oxford University Press, 1998, p. 116-141.

PORTO, Mauro. "Enquadramentos da mídia e política". In: RUBIM, Antonio Albino Canelas (org.). *Comunicação e política, conceitos e abordagens*. Salvador: Edufba, 2004, p. 74-104.

RAMOS, Jair de Souza. "Toma que o aborto é teu: a politização do aborto em jornais e na web durante a campanha presidencial de 2010". *Revista Brasileira de Ciência Política*, Brasília, n. 7, jan./abr. 2012, p. 55-82.

THOMPSON, John B. *Mídia e modernidade: uma teoria social da mídia*. 5ª ed. Petrópolis: Vozes, 2002.

TUCHMAN, Gaye. "Contando estorias". In: TRAQUINA, Nelson (org.). *Jornalismo: questões, teorias e estórias*. Lisboa: Vega, 1993.

WOLF, Mauro. *Teorias da comunicação de massa*. 2ª ed. São Paulo: Martins Fontes, 2005.

YOUNG, Iris Marion. "Representação política, identidade e minorias". *Lua Nova*, n. 67, 2006, p. 139-190.

A FAMÍLIA E A MATERNIDADE COMO REFERÊNCIAS PARA PENSAR A POLÍTICA

Daniela Peixoto Ramos

Introdução

A divisão sexual do trabalho relega as mulheres a uma situação inferior em termos de acesso a recursos políticos e as leva a desenvolver representações e vivências da política distintas das masculinas, marcadas pela localização estrutural de gênero. Neste artigo, este argumento será brevemente discutido do ponto de vista teórico e apresentar-se-ão alguns resultados de investigação qualitativa, relativa a como as representações da política se diferenciam por gênero e como representações de gênero e de política se interrelacionam. O foco aqui está na relação entre representações de masculinidade e feminilidade e sua relação com representações sobre política. O argumento de que a maternidade é a característica definidora da feminilidade e referência principal de sua inserção política é discutido à luz de discursos que utilizam estereótipos de gênero para explicar a participação da mulher na política. Trata-se de uma investigação de diferenças de gênero que se revelam discursivamente, visto que é por meio do discurso que se articulam identidades e se promovem comportamentos, mas que importam, sobretudo, porque estão na raiz de desigualdades de gênero e políticas.

1. Divisão sexual do trabalho e inserção política

A suposição de que mulheres e homens pensem a política de formas distintas está baseada na premissa de que a "experiência da marginalização" (WILLIAMS, 1998, p. 15), sofrida por mulheres e outros "grupos marginalizados imputados" – sujeitos a "padrões de desigualdade social e política estruturados de acordo com o pertencimento de grupo" –, é capaz de dar origem a "perspectivas" (YOUNG, 2000, p. 137), isto é, formas específicas e situadas de ver o mundo que caracterizam os membros de tais grupos. Williams julga que tais grupos desenvolvam mesmo uma identidade política própria, desvalorizada pela cultura dominante, o que significa que há um estigma em relação aos membros destes grupos que "limita a agência dos indivíduos" (WILLIAMS, 1998, p. 16) que os compõem. Portanto, mulheres desenvolveriam visões sobre a política marcadas pelas limitações decorrentes de sua experiência social desfavorecida.

A marginalização feminina decorre da existência, como argumenta Pateman (1989), de uma dicotomia entre esferas pública/privada, subjacente à qual estão diversas outras, de caráter igualmente hierárquico (natureza/cultura, irracionalidade/razão), que reforçam a exclusão das mulheres da esfera tida como a mais nobre e mais importante da sociedade, por enquadrá-las como incapazes de desenvolver o senso de justiça e racionalidade requerido de cidadãos plenos. A divisão sexual do trabalho segue as linhas desta dicotomia por ser derivada dela. Trata-se de uma "forma de divisão do trabalho social decorrente das relações sociais entre os sexos" (HIRATA & KERGOAT, 2007, p. 599), caracterizada pela "designação prioritária dos homens à esfera produtiva e das mulheres à esfera reprodutiva e, simultaneamente, da apropriação pelos homens das funções com maior valor social adicionado (políticas, religiosas, militares etc)" (p. 132).

Como a definição acima implica, pode-se falar não apenas em divisão sexual do trabalho na família, mas também em outras esferas, e também em divisão sexual de poder e do trabalho político, como fazem diversos autores.[1] Desigualdades dentro da família estão alinhadas com desigualdades na economia e política, num círculo vicioso. Burns (2009) propõe o entendimento

---

[1] Ver Sapiro (1984, p. 14) e Miguel e Biroli (2009, p. 74), por exemplo.

desse processo a partir de um modelo de sobreposição cumulativa de desvantagens (menor quantidade de recursos de ordens diversas, principalmente econômica) que culmina no acesso desigual ao poder político-institucional. A origem na família seria determinante de sua configuração social também em outros âmbitos. A desigualdade de gênero, ao contrário de outras, como as de classe e raça, se constrói de forma irrefletida entre pessoas que convivem intimamente e que possuem laços fortes, assentados em valores de honra e afetividade, relacionados a cuidar dos filhos e de outros familiares. Trata-se de uma desigualdade sub-reptícia, mascarada e duradoura porque está encoberta por relações de amor e entabuladas por familiares e amigos num contexto supostamente marcado pelo consenso e altruísmo e desprovido de assimetrias de poder. Dado que o cuidado sequer costuma ser encarado como "trabalho", sendo antes caracterizado como um conjunto de atos de amor e devoção, torna-se difícil discutir quem deverá executar qual fração dele. E ao concentrar-se todo ou uma parte desproporcional desse cuidado sobre a mulher, a qual se atribui disposições naturais para tal, estabelece-se uma divisão de trabalho que expressa a forma mais acabada de organização familiar.

O fato de as mulheres serem as únicas ou principais cuidadoras dos filhos tem, portanto, "consequências enormes para o tipo de pessoas que nos tornamos, para a estrutura do mercado de trabalho e para quem detém o poder estatal" (PHILLIPS, 2002, p. 75). Esse argumento remete à questão das interligações entre esferas doméstica/privada e pública. Vistas como opostas, as características de uma adquirem sentido em comparação com as da outra. A esfera pública é, tradicionalmente, a esfera do político, onde os homens se reúnem para discutir as questões da coletividade e exercitar suas mais nobres virtudes ao passo que a privada é a esfera da sujeição "natural" da mulher. No entanto, uma está proximamente ligada à outra no sentido de que, por exemplo, é o trabalho doméstico realizado pela mulher que permite ao homem aceder à vida pública como trabalhador. Quando se torna trabalhadora, a mulher não o faz nas mesmas condições que os homens devido à "segregação sexual da força de trabalho" (PATEMAN, 1988, p. 132), que atribui a elas as piores ocupações em termos salariais e de status, privando-as também do desenvolvimento de habilidades cívicas e outros recursos importantes politicamente – contatos e renda – por inseri-las de modo mais precário no mercado de trabalho.

A partir da família, portanto, a desigualdade se estende para as demais esferas sociais, inclusive a política, o que garante sua continuidade. O desenvolvimento da ambição política para candidatar-se a um cargo público é apenas a fase final de um processo que se inicia antes e em outras esferas. Ao passarem por processos de socialização de gênero e política distintos e frequentarem, ao longo da vida, espaços sociais que os tratam também desigualmente, homens e mulheres adquirem representações políticas distintas. A desigualdade inicial é exacerbada por outras esferas e instituições, notadamente a escola, o mercado de trabalho e o campo político, que também utilizam e recriam representações de gênero, originadas da divisão sexual do trabalho no âmbito domiciliar, para alocar homens e mulheres seletivamente e destinar-lhes montantes desiguais de recursos de poder. Por sua vez, indivíduos utilizam representações de gênero para pensar a política.

1.1. Mulheres e sua perspectiva política

Há autoras feministas que procuram salientar o aporte distinto que as mulheres têm provido à política a partir de sua localização estrutural específica. Feministas do pensamento maternal, como Elshtain (1998), por exemplo, pretendem valorizar positivamente as experiências das mulheres em suas "diferenças" e até mesmo afirmar a superioridade moral das mulheres em relação aos homens, que é vista como ensejando uma concepção de política própria e uma forma de poder também específica. Para essa proposta, o feminismo não deveria se espelhar num modelo de comportamento masculino, mas na busca da valorização da feminilidade e do privado, tradicionalmente associados a valores como interdependência, comunidade, conexão, confiança, emoção etc. O objetivo é valorizar as formas de comportamento, inclusive políticas, que têm sido assumidas pelas mulheres de forma a impedir que elas precisem se "masculinizar" para alcançar poder numa sociedade em que este é definido por padrões masculinos.

A proposta de que as mulheres têm uma visão política diferenciada da masculina não necessita, porém, representar uma adesão ao chamado "pensamento maternal" ou à "ética do cuidado", que compreendem a contribuição política das mulheres como advinda de uma sensibilidade política peculiar para questões relacionadas ao cuidado. Em lugar disso, a razão pela qual se supõe aqui que mulheres atuem em uma esfera política distinta da tradicional se deve a que, sendo mais difícil para elas adentrar e ocupar posições no campo político convencional, elas acabam sendo empurradas para outros domínios políticos que as comportem.

Mulheres tenderiam a ser mais ativas politicamente quando se trata de questões locais, relativas à comunidade e a importar-se mais com a "política do cotidiano" (BRITO, 2001, p. 193), ou seja, a micropolítica, em oposição à política institucional, relacionada a contextos mais formais, como Parlamentos e eleições. Este tipo de diferença de comportamento se deveria, mais uma vez, à divisão sexual do trabalho e à consequente internalização, por parte das mulheres, da ideia socialmente prevalente de que a política institucional não é um terreno feminino ou que elas não têm as características requeridas para participar desse mundo masculinizado. Além disso, essa política do cotidiano é a que mais se aproxima das funções que lhes são assignadas em virtude da divisão sexual do trabalho, o que explicaria sua maior tendência a participar de atividades comunitárias e locais. Assim, como propõe Randall (1982) a respeito de formas de ação política pouco organizadas, que tendem a ser praticadas por mulheres, essa política do cotidiano pode consistir em ações não coordenadas, individuais e não reportar-se diretamente ao campo político. Grupos marginalizados têm suas próprias práticas políticas, não tão visíveis quanto as formas de participação usadas pelas elites políticas, especialmente quando o conceito de política que se tem em mente é o de política restrita a arenas clássicas. Esse alijamento não se traduziria em um apoliticismo do gênero feminino, mas numa inserção política alternativa (e subordinada), marcada pelo aproveitamento dos nichos de (menor) poder que estariam disponíveis às mulheres num campo político hostil.

Para explicar como a participação política das mulheres latino-americanas é moldada, Craske (1999) argumenta que elas compartilham, independentemente de classe, raça/etnia e nacionalidade, uma identidade comum de mães que tem sido acionada politicamente. Esta identidade, construída religiosamente[2] e dotada de legitimidade social, tem uma dimensão política já que as mulheres a usam para manifestar demandas ao Estado. Portanto, a identidade materna tem um lado empoderador (visto que permite às mulheres se mobilizarem sob esta bandeira), mas também impõe fortes restrições.[3] Mães são idealizadas como seres moralmente superiores e abnegados, mais sensíveis às necessidades da comunidade, o que tende a "constranger a atividade política, não apenas limitando táticas e estratégias, mas também restringindo possibilidades de negociação, o que é uma parte intrínseca do processo político" (CRASKE, 1999, p. 4).

2. Breve descrição metodológica do estudo

A discussão teórica sumarizada acima orientou o desenho de um estudo de caso que buscou captar representações sobre gênero e política por meio de entrevistas domiciliares em profundidade, realizado no Distrito Federal, em 2012, com mulheres e homens de diferentes faixas etárias e pertencentes a distintas classes sociais: popular e média.[4] O objetivo foi captar uma diversidade

---

[2] Ver, por exemplo, a discussão sobre marianismo, termo que designa originalmente um movimento da igreja Católica de culto à Virgem Maria e que foi apropriado pela literatura sobre gênero na América Latina para descrever um "complexo híbrido de feminilidade idealizada", o qual "ofereceu uma série de crenças sobre a superioridade moral e espiritual das mulheres que agiu para legitimar seu papel social doméstico e subordinado" (CHANT, 2003, p. 9). Visto como o ethos feminino correspondente ao machismo, ele tem como traços peculiares a exaltação tanto da maternidade, tida como o laço que tornaria as mulheres mais próximas de Deus, quanto da domesticidade, o espaço familiar em que as mulheres deveriam exercer sua missão primária no mundo.

[3] A maternidade tem um lado "privatizador" das mulheres que pode, paradoxalmente, também levá-las a interagir com o público. A respeito do caráter limitador da maternidade, Machado e Barros (2009, p. 380) ressaltam que o papel materno previne as mulheres de entrarem na esfera pública na mesma condição que os homens porque aumenta a sua carga de "responsabilidade doméstica" e reduz suas chances de realizar projetos individuais. Por outro lado, a maternidade tem sido idealizada e mobilizada por todas as forças políticas, de direita ou de esquerda. Por exemplo, Molineux (1985), em análise do papel das mulheres durante a revolução na Nicarágua, argumenta que elas assumiram uma "maternidade combativa", estimuladas pelos líderes políticos, que procuraram integrá-las à transformação social que tentavam promover, sem deixar, porém, de recorrer à sua identidade tradicional.

[4] Foram selecionados dois bairros com perfis correspondentes a estas duas classes sociais, definidas a partir do nível de renda médio de seus moradores.

de representações sociais[5] sobre os temas investigados, tentando estabelecer, na seleção dos entrevistados, diferentes "estratos sociais, funções e categorias" (BAUER & AARTS, 2007, p. 57), como propõem, e tentando acessar o fenômeno que se quer explicar – a articulação do gênero com a relação de homens e mulheres com o campo político – a partir do ponto de vista dos próprios atores envolvidos nele.

As perspectivas a partir das quais grupos marginalizados veem o mundo não são fixas, mas mutáveis histórica e socialmente. A partir delas, têm-se as representações sociais, entendidas no sentido durkheimiano de "crenças culturais, valores morais, símbolos e ideias compartilhados por qualquer grupo humano" (DURKHEIM, 1961 *apud* BOCOCK, 2007, p. 157). Representações não são construídas de maneira individual e solitária, mas transmitidas intergeracionalmente via processo de socialização, e variam conforme os diversos segmentos sociais. As práticas discursivas revelam não apenas as diferentes maneiras de articular a língua utilizadas pelos variados grupos sociais, mas também suas representações e seus desiguais níveis de acesso aos bens sociais, incluindo status e reconhecimento social.

A análise que segue trata de um conjunto de 29 entrevistas.[6] A tabela a seguir mostra alguns detalhes dessa distribuição.

---

5   Refere-se aqui a um conjunto específico de representações que, no caso de gênero, abrangem questões como divisão sexual do trabalho, relação com o trabalho remunerado, relações de poder intrafamiliares – principalmente ligadas à chefia da unidade domiciliar e tomada de decisões –, identidade de gênero, relação entre representações religiosas e de gênero e ao posicionamento a respeito de aborto e casamento homossexual. No caso de política, as questões foram: relação com políticos e burocratas, percepção sobre candidatura de mulheres à Presidência e ao governo do DF, prevalência de homens na política, percepção sobre ditadura versus democracia, senso de competência política, atividades políticas, noções de cidadania.

6   Utilizou-se a recomendação de Gaskell (2007, p. 71), de que se façam ao menos duas entrevistas por "tipo" relevante de entrevistado segundo as características selecionadas, que, neste caso, são homens e mulheres pertencentes a duas classes sociais distintas e a duas faixas etárias (21 a 40 anos e 41 a 65 anos).

Tabela 1: Distribuição das entrevistas por gênero, classe e faixa etária

		Homem	Mulher
Classe média	Mais jovens (21 a 40 anos)	3	5
	Mais velho/as (41 a 65 anos)	4	3
	Subtotal	**7**	**8**
Classe popular	Mais jovens (21 a 40 anos)	3	5
	Mais velho/as (41 a 65 anos)	2	4
	Subtotal	**5**	**9**
	Total	**12**	**17**

Fonte: a autora.

3. Representações de gênero e política

Toda a socialização é segmentada por gênero, o que implica a transmissão de padrões de conduta e expectativas diferenciadas para homens e mulheres – ideais de feminilidade e masculinidade criados por cada sociedade, como ressalta Goffman (1977). Decorre daí que as distintas classes de gênero desenvolvem o que o autor chama de "identidades de gênero", isto é, um senso de si próprio e uma referência para o autojulgamento que são dados pelo pertencimento ao gênero que lhes corresponde. Dentre as inúmeras maneiras pelas quais poder-se-ia pensar a articulação entre identidades de gênero e inserção política, optou-se por analisar as assunções de gênero que estão na base dos discursos sobre política e ainda as variações que podem ser atribuídas a gênero (e à combinação entre gênero, classe e idade/geração), nas formas de pensar e vivenciar as políticas apresentadas por mulheres e homens.

Dado que o acesso à política ou, de forma mais ampla, ao envolvimento social/público, requer disposições subjetivas que favoreçam a visão da política como algo possível e desejável, é preciso saber como homens e mulheres variam em sua exposição a informações sobre política bem como em suas oportunidades de desenvolver as orientações simbólicas necessárias ao envolvimento político e de se posicionar discursivamente sobre política. A aquisição de tais disposições se faz socialmente, por meio de uma socialização política mediada por instâncias tais como a família, a escola, o mercado de trabalho e os meios de comunicação. Como argumentam Burns *et al* (2001), homens e mulheres são expostos a diferentes tipos de ambiente – mesmo que criados no âmbito de uma mesma família ou educados numa mesma escola – que os "levam a extrair diferentes conclusões sobre a relevância da política para suas vidas".

3.1. Valores e papéis familiares/morais e políticos

A importância da socialização de gênero para o entendimento de como se articulam os discursos políticos fica evidenciada pela forma como a casa e a política se interrelacionam. Há uma divisão do trabalho político familiar que atribui ao homem o papel de intermediário entre a família e o mundo externo[7] assim como há a percepção generalizada de que mulheres se interessam menos por política que homens e conversam menos sobre o tema.[8] É esperado[9] que se usem princípios e valores empregados

---

7   A organização da família de classe popular, segundo Sarti (2009, p. 20), está configurada como uma rede de obrigações morais em que o coletivo precede os indivíduos, o que confere um "padrão tradicional de autoridade e hierarquia" que segue a clivagem de gênero, assignando a mulher a uma posição subordinada e o homem ao polo dominante. O fato de que diversa/os entrevistada/os tenham atribuído ao homem um papel mais ativo e de maior responsabilidade que o da mulher, em especial no que se refere a sair para trabalhar e prover o sustento, sinaliza um reconhecimento de que o enfrentamento do mundo externo ainda cabe primordialmente ao homem.

8   Os dados coletados nas entrevistas apontam para uma desigualdade de exposição à conversa sobre política. Há uma tendência, que independe de gênero, em não falar sobre política de forma geral e, especialmente, em não entrar em disputas políticas, o que decorre, em parte, do fato de que a democracia representativa não demanda, nem delas nem deles, um engajamento político mais abrangente que o voto. No entanto, segundo Noelle-Neumann (1995, p. 44), as clivagens sociais importam no sentido de definir graus de silenciamento. Dentre as pessoas para quem se perguntou quem tem mais interesse por política e com quem se costuma falar mais sobre política – homens ou mulheres – a maioria respondeu que homens se interessam e conversam mais. Havendo esse viés, isto é, supondo que essa intuição de que homens gostam mais de conversar sobre política seja usada como guia quando se trata de escolher um interlocutor – ainda quando as pessoas em geral não pensem sobre os motivos por que isso acontece –, decorre que mulheres sejam menos procuradas para tratar desse assunto, o que tenderia a reforçar sua menor exposição à política e, consequentemente, seu maior alheamento.

9   Sarti (2009, p. 140), em estudo sobre segmentos de classes populares urbanas, argumenta que "a família, com seus códigos de obrigações, é uma linguagem através da qual traduzem o mundo" e que "é esta especificidade que define o horizonte de sua ação política".

em outras esferas também na política visto que a exigência de que a vida faça sentido abrange também a esfera política – ainda que, para muitas pessoas, a política permaneça como um campo propositadamente distante e obscuro – e é preciso responder a esta exigência aplicando algum princípio explicativo conhecido.

Para citar algumas falas que expressam o entendimento da inserção dos homens na política com base no seu papel doméstico, tem-se, por exemplo, a resposta de Camila,[10] jovem de classe média, ao porquê da prevalência dos homens na política: "Eu acho que, por causa até da sociedade, que o homem comanda: é o homem que lidera até a casa. De uns tempos para cá é que a mulher começou a aparecer mais. Mas eu acho que é por causa disso mesmo: passa de geração em geração, homem é que está ali no controle". D. Miriam, de classe popular, sublinha a busca de poder na política como extensão do poder detido pelos homens em outras esferas: "Eu acho que, os homens, é para ter mais poder; ele já tem aquele poder por ser homem, né? Aí, na política, dobra mais aquele poder". Tratar-se-ia de um mecanismo que se inicia fora da política – neste caso, associado à essência mesma da masculinidade – e que se difunde para ela porque esta é a esfera por excelência de aquisição de poder.

Se há admissão de que os papéis familiares ainda privilegiam os homens politicamente – o que indica uma permanência – há, por outro lado, a percepção de uma mudança. A maioria das pessoas entrevistadas nota que as relações de gênero estão mudando e as mulheres, começando a entrar na política.[11] A feminilidade, tal como entendida predominantemente, impõe

---

10 Os nomes utilizados são fictícios. O uso dos pronomes Dona e Seu é feito para distinguir as faixas etárias.

11 Todos a/os entrevistada/os que foram questionados se haveria maior presença das mulheres na política hoje do que antes responderam que sim. Nesse sentido, a política é um campo mais marcadamente masculino do que o religioso dado que inexistem dúvidas sobre a preponderância de homens na política ao passo que o mesmo nem sempre se dá em relação às igrejas. A questão do aparecimento recente de mulheres na política não passa despercebida, mas não chega a constituir objeto de reflexão ou surpresa. Assim, há respostas que acusam a simples e completa desconsideração de questões como essa: "Não sei, não tenho nem ideia"; "Para mim, tanto faz". Outros posicionamentos sobre esse ponto serão analisados em articulação com os discursos relativos à compatibilidade entre feminilidade e política.

obstáculos ao ingresso da mulher no campo, mas também lhes proporciona recursos que podem ser usados politicamente, a começar pela maternidade, base da identidade feminina, que pode e tem sido mobilizada politicamente. Mães são agentes políticas e portadoras de reivindicações ao Estado. Nos termos de Costa (1983, p. 73 *apud* SANTOS, 2001, p. 58), a valorização da maternidade imputa à mulher a condição de "mediadora entre os filhos e o Estado". Mulheres, em especial as mais pobres, interagem mais com agências públicas e, argumenta-se, tendem a ter posições mais favoráveis à provisão de políticas sociais que homens. O trabalho de cuidado lhes oferece uma perspectiva única sobre o papel do Estado. D. Cleide faz referência explicitamente à sua condição de mãe para reclamar a atuação do Estado: "Nós, mães, primeiramente, temos que ser de casa. Porque o governo só manda a conta, né? O governo não sabe o que eu estou passando com ela *(sua filha)*, mas eu sei, então eu tenho que fazer a minha parte e eles têm que fazer a deles. [...] Porque o governo está deixando a desejar nessa parte. Ele teria que melhorar muito o lado da infância, ajudar os filhos que pedem socorro".

A política, por constituir um campo alheio à realidade cotidiana, requer a analogia com outras práticas sociais para que se possa atribuir-lhe sentido. Como argumenta Sarti (2009, p. 39), a família constitui uma "referência simbólica" para pensar a política, o que é evidenciado por diversos traços presentes nos discursos analisados na pesquisa. Como exemplo de analogia com a vida familiar, usada para pensar a política, entrevistada/os propõem que ela seja reformada com os princípios morais da boa educação, cultivada em família: honestidade, caráter, disciplina e hierarquia.

A justificativa dada tanto por homens quanto por mulheres para afastar-se de um campo político considerado imoral é pontuada por referências a valores aprendidos com pai/mãe, como no caso de Fernando: "É algo que a minha mãe me ensinou, eu não imagino a possibilidade de alguém me pegar cometendo um tipo de irregularidade. Então, é questão até de formação mesmo". E de Ana: "Eu não iria me corromper porque meu pai me ensinou a ser justa e honesta e eu sou. Então, eu seria jogada de escanteio muito rápido porque eu não aceitaria as coisas e não daria certo". O mesmo raciocínio é usado por outros entrevistados para pronunciar-se sobre como a política poderia ser modificada, o que também é uma forma de os entrevistados, tanto de classe popular quanto média, afirmarem a sua superioridade – ao menos a sua, difamando, em alguns casos, os maus modos ou a falta de "conscientização" do brasileiro médio – em relação aos políticos. Eles se dizem portadores de algo que os políticos não têm: valores morais. Wiliam: "Para mudar, eles *(os políticos)* teriam que ter essa conscientização. Ensinar as crianças porque elas vão ser os futuros políticos. [...] Eu acho que a única forma de mudar é dessa forma: ensinando as crianças, as escolas, os pais passando para os filhos. Eu acredito que, se eu entrasse na política, eu faria alguma coisa, como você também". Elisabete: "A maioria dos políticos tem curso superior, mas falta um pouquinho mais de educação mesmo, caráter, honestidade mesmo. Isso aí, com estudo, não se adquire, não *(risos)*".

Se cabe à família prover os princípios morais que serão utilizados na política, alguns concluem que é a decadência da primeira a responsável pela derrocada da segunda. A ordem social mais ampla e a ordem doméstica são vistas como proximamente conectadas. O vínculo que se estabelece entre a casa e a política é resumido na seguinte fala, de seu Ricardo: "Assim como todo mundo fala que a base de toda sociedade é a família, se você tem uma família desestruturada, o país vai ser desestruturado". Homens mais velhos assinalam mudanças negativas, como a maior intervenção do Estado no âmbito familiar, abalando a autoridade paterna: "Se, hoje, você der um tapa num filho seu, você está arriscado a ir preso. E tem menino: 'Se o senhor me bater, eu vou dar parte *(risos)*"; "O Estado está assumindo essas responsabilidades e não está podendo, não está dando conta. O pai, hoje, não pode reprimir o filho". De forma geral, há um lamento pela perda de uma ordem social que se supõe ter havido em tempos passados – que entrevistados mais velhos contam ter vivido – em que a criação dos filhos era mais rígida e as leis eram mais cumpridas ou havia menos violência. Seu Mário, por exemplo, transita, em sua fala, entre o mundo da casa e o mundo público como se não houvesse distinção: "Quando você perde o respeito dentro de casa, ninguém te obedece mais. Seu filho não te obedece. [...] Eu vejo o exemplo de quando eu tinha 18 anos. Era difícil você ver um jovem dirigindo sem carteira, antes dos 18, porque tinham medo da polícia, porque o pai não deixava, porque o irmão não incentivava. Hoje não, hoje com 12, 13 anos, o moleque está dirigindo e é um orgulho para o pai. [...] Está faltando o punho, uma ordem. Aqui, no Brasil, não tem isso. Você pode pegar uma multa ali, mas você liga para o parente, que liga para o senador e tira sua multa, o juiz te libera, tira sua multa do sistema. Sempre tem isso. Agora, o pobre não, o pobre paga, que ele não tem esse contato. [...] Falta a lei e falta quem execute a lei". Esse tipo de denúncia da falta de ordem está invariavelmente associada, nas entrevistas, a reclamações relativas a questões que vêm sendo bastante discutidas em tempos recentes – maioridade penal, casamento homossexual e pena de morte –, que não serão aprofundadas aqui.

3.2 Feminilidade, masculinidade e política

Noções de feminilidade e masculinidade se imbricam com representações sobre política, em especial na medida em que papéis familiares femininos e masculinos são usados como referência para pensar a inserção de mulheres e homens na política. A esse respeito, há evidências empíricas[12] e argumentos teóricos que apontam no sentido de que a organização familiar tenha implicações políticas. Além do fato de que as famílias constituem locais de discussão política – o que pode ser positivo em termos de engajamento político das mulheres. Há outros fatores referentes à organização familiar que beneficiam mais os homens que as mulheres.

Se se entende que o papel familiar do homem o impulsiona em direção à política, o da mulher é visto como limitador de seu engajamento político. No depoimento de Seu José, de classe popular, que preside uma associação, fica explícita a ideia de que as candidatas a cargos políticos enfrentam oposição cerrada em casa: "Ela (*qualquer mulher*) vai sair candidata e o marido não mexe com política: é o que termina causando separação. Isso a gente já viu muito por aí. Na época de política, é igual a carnaval, né? Eu vi muitos

---

12 Burns *et al* (2001) argumentam que a família tem efeitos indiretos sobre a participação política de homens e mulheres, empurrando homens para o mercado de trabalho e para instituições religiosas, o que lhes confere vantagens em termos de recursos e oportunidades de participação, e mantendo as mulheres em casa quando as crianças são pequenas. Além disso, os autores concluem que a hierarquia doméstica – fator apontado pela teoria feminista – tem também impacto negativo sobre a participação de forma que mulheres são mais ativas quando se expressam livremente em discussões políticas em casa e homens também se tornam mais ativos quando controlam em maior medida as decisões financeiras em âmbito familiar.

casamentos acabarem em época de campanha política, aqui. Mulher trabalhar na política, marido não gostava: aquele negócio, né?". Por outro lado, Fernando, jovem de classe média, recorre ao papel maternal feminino para explicar por que seria desejável que houvesse mais mulheres na política: "Eu acho que a mulher tem o dom de administrar muito bacana, muito suave. Tiro o exemplo da minha mãe: administra uma casa, um trabalho, filhos, estudo e tal. Só por conta disso, a mulher já é mais capacitada que o homem. Na essência, sem média, sem demagogia, acho mesmo". A justificativa que ele prevê para sua opinião a respeito da capacidade de gestão das mulheres – o desempenho de sua mãe na gestão de sua vida profissional e familiar – reforça o uso do padrão de pensar em relações familiares como bússola para a política.

A existência de uma "chefia familiar" também diz respeito claramente a uma hierarquia doméstica ainda bastante presente, a qual permite que se pense no que pode haver de comum entre ambos os tipos de poder: o patriarcal familiar e o político. Da mesma maneira com que centram suas ideias sobre as origens dos males políticos em fatores relacionados ao âmbito privado/doméstico, fazem-se analogias entre o papel dos governantes na esfera pública e o papel do chefe de família. Falas como a de seu Mário, que estabelecem uma clara linha de continuidade entre as linhas de comando privadas e públicas, enfatizam que o pai de família deve se fazer obedecer assim como o governante deve saber impor a ordem. Ao ser perguntado sobre como avalia, em linhas gerais, o período referente à ditadura militar, após falar sobre suas muitas vantagens e poucas desvantagens, ele responde com uma frase que marca o que considera que deva ser o princípio de atuação daquele que bem governa sua casa ou seu país: "Quando você perde o respeito dentro de casa, ninguém te obedece mais..." O papel dos governantes é concebido por analogia com o papel do pai de família. Essa mesma linha de argumentação pode ser usada para justificar que cada grupo – pais de família, de um lado, governantes, de outro – fique em seu lugar.

O cidadão comum faz questão de afirmar a dignidade de seu modo de vida, que gira, em grande parte, em torno de papéis privados/domésticos, em oposição à indignidade dos políticos. A face política da masculinidade[13] fica

---

13 Gutmann (2003, p. 35) afirma que, para Fuller (1997), a masculinidade entre homens de classe média no Peru está configurada ao redor de três eixos: hombridade (*manliness*),

frequentemente em segundo plano. Seu Ricardo, por exemplo, enxerga um dilema entre papéis familiares e outros e dá precedência ao papel paterno: "Como cidadão, que participa das coisas, eu até que gostaria muito. Mas, se eu desviar essa energia que eu tenho para minha vida, para minha família, se eu desviar para outra coisa, em uma das coisas eu vou comprometer, né? Você vê que um bom político não é um bom pai, um bom profissional, ele não é um bom marido porque ele vai se dedicar muito à empresa e vai deixar a desejar junto à esposa, à família".[14] Está implícita também a ideia, congruente com a de que as raízes dos problemas políticos encontram-se na vida cotidiana, de que a provisão de uma boa educação doméstica – responsabilidade do pai de família – já é uma contribuição suficiente à vida política.

As explicações relativas à predominância dos homens na política e à baixa presença de mulheres nesta esfera, frequentemente, recorrem a analogias com noções mais amplas de masculinidade e feminilidade. Como argumenta Gutmann (2003), os modelos hegemônicos de masculinidade estão apoiados sobre relações de dominação masculina no âmbito doméstico e nos demais âmbitos sociais, reforçadas, como sublinham análises de casos latino-americanos, pelos impactos deixados por anos de regime militar, inclusive sobre o imaginário da sociedade brasileira a respeito da ordem como valor, como discutido.

Outro recurso ambivalente (no sentido de portador de potencialidades e riscos) de que dispõem as mulheres, também relativo às concepções prevalentes sobre feminilidade, diz respeito à existência de um "estereótipo benevolente" (SAPIRO, 2003, p. 616) – que, embora redutor e restritivo, dado que constitui um estereótipo, pode ser usado politicamente em favor das mulheres. Sapiro argumenta que a literatura sobre estereótipos de gênero sugere que eles podem ser tanto "benevolentes" – de acordo com os quais

---

domesticidade e exterioridade (referente ao trabalho e à política) e que cada homem se depara com as diferentes demandas colocadas por estes eixos ao longo da vida, às vezes privilegiando um ou outro a depender do seu posicionamento no ciclo de vida.

14 A fala de Seu Ricardo, um homem que se diz religioso e devoto pai de cinco filhos, ilustra o modelo de masculinidade discutido por Santos *et al* (2001), definido em torno da convivência familiar e da felicidade no lar. Trata-se de uma espécie de privatismo católico que reforça a importância da paternidade, mas não questiona estruturalmente a divisão sexual do trabalho nem a submissão feminina ao homem.

as mulheres são mais compassivas e, neste caso, o estereótipo atua por meio de "paternalismo protetivo e cavalheirismo" – quanto "hostis", operando por meio de exclusão e classificando as mulheres como emotivas em excesso. Pensar sobre as mulheres e sua relação com a política, tal como a entrevista convida os respondentes a fazer, implica realizar operações mentais de oposição aos homens. Para Krais (1993, p. 170), a construção da identidade de gênero requer um trabalho de "distinção, um trabalho que consiste de exclusões, simplificações, opressão de ambiguidades a respeito do conceito antagonístico de masculino e feminino". Isso quer dizer que as representações de gênero tendem a opor homens e mulheres, assumindo que elas são "maternais" – emotivas, honestas, dispostas a agradar o outro, mais presas à "moral relacional" (MACHADO E BARROS, 2009, p. 371) e ao "valor-família" e homens são o oposto disso. Essa distinção segue a linha da "ética do cuidado" e da "política ética", já referenciada anteriormente e baseada em autoras como Chodorow e Elshtain.

3.3. Discursos sobre feminilidade e política

Há três tipos de discursos sobre a compatibilidade entre feminilidade e política. Tanto o primeiro quanto o segundo tipo partem da visão do estereótipo benevolente, que chamo de "feminilidade virtuosa", mas fazem conclusões distintas sobre a desejabilidade da entrada das mulheres na política. O primeiro supõe que as mulheres podem aportar características da feminilidade para o mundo da política, transformando-o. Celebra-se a entrada de mais mulheres na política por este motivo e tende-se a assumir que não haveria obstáculos estruturais ao incremento deste fenômeno. Assim como outros campos sociais, a política foi apenas recentemente aberta às mulheres e é uma questão de tempo até que elas atinjam o mesmo grau de presença dos homens. No entanto, há também a crença em que, por terem características distintas do que predomina na política, as mulheres a evitam. Nesse caso, haveria uma oposição entre feminilidade e política derivada da percepção de que mulheres, percebendo a política tal como ela é, corrupta e masculina, se intimidam e não a buscam.

O segundo tipo de discurso considera que a política muda as mulheres, e não o contrário. Em lugar de transformar a política, melhorando-a, as mulheres é que são corrompidas quando nela penetram. Por causa disso, elas também evitam a política e a política as evita, isto é, a política dispõe de um arcabouço institucional ou está inserida num contexto social mais amplo que restringe a participação feminina.

Esses discursos aparecem nas falas entremeados de referências a duas candidatas de características em vários sentidos opostas: a presidenta Dilma Rousseff e a candidata a governadora nas últimas eleições no Distrito Federal Weslian Roriz, esposa do ex-governador Joaquim Roriz, que se tornou candidata após o impedimento do marido.[15]

Feminilidade e política são compatíveis e é desejável que o sejam. Essa é a visão expressa por mulheres e homens que são convidada/os a pensar sobre por que a presença de mulheres na política não é tão grande quanto a de homens e o que pensaram a respeito da candidatura de mulheres para a Presidência da República nas eleições passadas. O raciocínio expresso por muitos consiste em aplicar à política as representações dominantes sobre mulheres – o estereótipo benevolente a respeito da feminilidade virtuosa –, isto é, supor que as mulheres se comportariam na esfera política assim como fazem em casa, isto é, como mães honestas, emotivas e sensíveis. Assim, dado que a presença das mulheres na política ganhou proporções maiores nas últimas eleições, a novidade deste fato é recebida por muitos (a maioria da/os entrevistada/os) com bons olhos. Para este grupo, o gênero pode ser considerado um atributo que permite prever honestidade num grau que muitos não atribuem ao curso superior, por exemplo, embora não haja esta comparação nos discursos. No entanto, vários dos que julgaram que a educação doméstica – em geral, provida pelas mulheres – é mais

---

15 Joaquim Roriz renunciou à candidatura após ter sido impedido pela Lei da Ficha Limpa no Tribunal Superior Eleitoral. No mesmo dia, 02 de outubro de 2010, a candidatura de sua esposa pelo Partido Social Cristão foi lançada. Weslian Roriz notabilizou-se por sua feminilidade convencional, que em nada a favoreceu. Weslian incorporou, na perspectiva da/os respondentes, a imagem de mulher tradicional: dona de casa que estava ali apenas para ser leal ao marido e fazer sua vontade, sem nada entender de assuntos públicos. Esta "mulherzinha", inspiradora de pena, em nada se assemelha à imagem "pulso firme" de Dilma, vista como uma afilhada de Lula, mas também como uma pessoa de personalidade própria ou, no mínimo, como alguém cujo comportamento não é constrangedoramente impróprio do campo político.

efetiva em garantir um bom comportamento do que a escolaridade também consideram que a maior "sensibilidade" feminina teria serventia na política.

As representações das mulheres entrevistadas – independentemente de classe social – não distam muito das representações masculinas sobre as mulheres. Além disso, tanto elas quanto eles explicitam suas representações sempre de forma comparativa, confirmando que a identidade de gênero se constroi pelo antagonismo entre feminino e masculino. D. Renata, por exemplo, afirma que "mulher é muito voltada para o sentimento. Eu sempre acreditei nisso. Então eu sempre achei que elas olhariam para o lado da pobreza, da carência. Eu acho que a mulher pensa mais com o coração. Então, eu acho que a maioria dos homens é muito endurecida, muito prática com as coisas. Eu acho que as mulheres, mesmo sendo no quesito política, eu acho que seria melhor". Camila reforça o ponto de que os escândalos políticos em geral não envolvem mulheres: "Não sei por que, mas eu acho que as mulheres são mais honestas. Na política, você vê pouco escândalo envolvendo mulher. [...] Então, eu acho que mulher tem mais esse lado de honestidade".

No caso dos homens, argumentos semelhantes são utilizados: menor corrupção associada às mulheres ("Você já viu – deve ter, não vou dizer que não tem – mulher corrupta? Você já viu envolvida em alguma coisa? É muito difícil, não é?"; "Mulher não tem muito instinto de roubar, não. É muito difícil você ver uma mulher metida em coisa errada") e características da feminilidade que fariam a mulher agir com mais cuidado (mulher é mais centrada, homem é mais afoito) ou de forma mais sentimental ("A mulher tem mais misericórdia do ser humano, o homem é mais durão. A mulher é mais amorosa, mais compreensiva") e/ou com maior preocupação pelo bem-estar social: ("O olhar da mulher, a palavra da mulher, em questões sociais, isso é muito importante"; "Se ela é motivada mais pela emoção do que pela razão, então, ela vai olhar para aquela pessoa que está passando dificuldade e vai se colocar no lugar dela e: 'Eu vou tentar fazer alguma coisa. [...]' O homem é muito razão: 'Ah, ele está lá? Não estou nem aí. Eu estou aqui, eu estou bem'. E, geralmente, esses que são mais... recebem o preconceito da sociedade. Então, é melhor botar mulher que ela não vai receber o mesmo preconceito, da mesma forma. Porque ela é um outro gênero, mas é o gênero dela, entendeu? Não é um homem com gênero de mulher. É o gênero dela").

Como visto, os principais pontos positivos, elencados por mulheres e homens, potencialmente agregados pela mulher à política são a honestidade e o olhar para questões sociais. Logo, o lugar que se imagina poderia ser ocupado pelas mulheres na política é o do social – um local de menor prestígio e poder dentro do campo político. Como bem assinala o último entrevistado citado – Ivo, jovem de classe média –, a emotividade e o sentimentalismo são características estranhas ao campo político e discriminadas por ele. No entanto, ele faz a suposição – errônea, segundo Okin (1989) – de que esses traços poderiam ser bem-vindos em mulheres ainda que não o sejam em homens.

O otimismo da/os portadora/es deste discurso – embora não sejam a/os única/os a manifestar tal crença – a/os leva a, em muitos casos, acreditar que as mulheres poderão eleger-se e ocupar uma proporção cada vez maior de postos políticos com base neste capital advindo do estereótipo da feminilidade. Neste sentido, a eleição de uma mulher para presidente é entendida, por alguns, como prova de que não há mais obstáculos às mulheres na política – quer seja no que se refere à sua circulação no campo político ou ao seu desejo de entrada nele (e de que, caso mais mulheres queiram, elas poderão entrar, sem maiores problemas). A progressiva entrada de mulheres em campos dos quais estavam ausentes – o mercado de trabalho, a educação e, agora, a política –, é entendida como um mesmo fenômeno, que tenderia a se intensificar também neste último como tem acontecido nos demais.

Os recursos da feminilidade que se supõe poder reformar a política são, no entanto, os mesmos que podem afastar as mulheres deste campo. D. Márcia, de classe média, considera que a presença maior de homens na política se deve a que "nem todas as mulheres têm coragem de enfrentar uma política" e que os homens têm esta coragem "porque eles já vão no pensamento de roubar". Se, para D. Márcia, a "coragem" masculina não é louvada, mas desqualificada, dado que a política é o que é,[16] para Gabriela, a falta de coragem

---

16 Trata-se de um raciocínio um tanto paradoxal de que, ao mesmo tempo, se comemora a recusa das mulheres em participar da "política corrupta" e se destacam as virtudes que elas poderiam aportar. À maneira do que fazem Bourque e Grossholtz (1998) em artigo em que

e vontade feminina também não é censurada, é apenas vista como um traço distintivo de gênero: "Às vezes, os homens gostam mais de política do que as mulheres. As mulheres gostam de comentar mais sobre política, mas o homem gosta de se amostrar mais, ele gosta mais de dizer assim: 'Não, eu vou entrar, vou tentar'. A mulher já não pensa em entrar para a política, ela gosta mais de falar sobre política. Só não tem coragem de entrar para assumir um cargo". A política é vista como uma atividade que requer agressividade e racionalidade instrumental estrita, mais do que princípios. Dado que são menos propensas à corrupção que homens, as mulheres fogem dela.

3.3.1. Gênero como critério para representação política

Como regra geral, não há um clamor para que mais mulheres entrem na política – ainda que se reconheçam as qualidades agregadas pelas mulheres ao campo e que a feminilidade possa não ser vista como um empecilho à entrada nele. Se não é visto como empecilho, porém, tampouco constitui um trunfo. O discurso de que mulheres moralizam a política – ainda que usado por candidatas a seu favor, como afirma Barreira (1998, p. 26) – parece construído para dar conta da singularidade deste "novo" ator político, mas não para orientar a avaliação de eleitora/es sobre as candidaturas femininas. Se o estereótipo de gênero é acionado para responder à questão da possível existência de diferenças entre mulheres e homens na política, isso não se conjuga com um potencial desejo de ver mais mulheres ocupando cargos políticos. Isso porque a dimensão de gênero simplesmente não é percebida como uma questão para a/o eleitora/o comum ("para mim, tanto faz", "nunca parei para pensar nessa questão, não") ou, ainda, porque não se considera que o gênero seja um critério legítimo para pautar a ocupação de cargos públicos.

Poder-se-ia supor que, no caso das mulheres, os discursos sublinhados indicariam uma tendência a crer na representação feminina como uma forma de "política de presença" (PHILLIPS, 2001), isto é, uma forma de representação que levaria ao campo político características da feminilidade que

---

lamentam que as mulheres tenham "entrado no jogo" da política masculina, participando dele, e concomitantemente, tecem loas à visão feminina mais preocupada com a dimensão moral da política, um traço visto como devendo ser incorporado pela política dominante.

permitiriam às mulheres identificar-se com suas representantes, enxergando nelas traços positivos de gênero. No entanto, há poucas razões para crer que mulheres fariam sua escolha eleitoral com base no gênero das candidatas. Além disso, os elogios à mulher na política apenas surgem quando se levanta este tema específico, mas não quando se questiona a respeito dos políticos e da política em geral. Gênero não aparece nos discursos como uma identidade significativa, em termos políticos, para as mulheres entrevistadas. Há uma condenação moral padrão à escolha eleitoral baseada no gênero da candidata, o que se verifica pela ênfase em afirmar que não se votou em Dilma/Marina/Weslian ou em qualquer outra candidata por se tratar de mulheres, mas por outros critérios que se julgam mais relevantes/aceitáveis: I) competência e projeto político; II) no caso de Dilma, e, em maior medida, Weslian, confiança na indicação de Lula e Roriz; III) filiação religiosa da/o candidata/o, no caso de Marina.

No caso da primeira narrativa – a que enfatiza a competência técnica e/ou a trajetória política em detrimento do gênero –, há uma preocupação em afirmar que se conhecem e se seguem os códigos de conduta próprios ao campo político – sendo que o de gênero não é um deles (ao menos não no caso das candidatas). Assim, Jeremias responde que votaria, sim, em uma mulher, "dependendo das propostas dela". E quando perguntado se votara em Marina por ser evangélica, ele responde, com uma certa indignação: "Não, o meu voto independe de a pessoa ser evangélica ou não. O que vale, para mim, é o caráter da pessoa, as propostas das pessoas". A segunda narrativa é a que justifica o voto especificamente em Dilma e Weslian em razão daqueles que são considerados seus "padrinhos políticos", que já gozavam de ampla popularidade e identificação com o eleitorado. No caso de Dilma, observa-se, em alguns casos, uma tendência a afirmar suas características próprias – masculinas – como um fator adicional de reforço ao voto e, no caso de Weslian, suas características de gênero são citadas como um fator desabonador do voto nela, às vezes superado em virtude de seu padrinho/marido.

O discurso relativo à candidatura de Marina Silva compõe a terceira narrativa contendo critérios de escolha eleitoral considerados mais legítimos do que o gênero da mulher em questão. A alusão à religião de Marina como justificativa para o voto nela é citada por cinco mulheres. Neste sentido, percebe-se que há uma tendência a admitir que o critério religioso é politicamente válido ainda que nem todos os entrevistados que votaram em Marina sejam capazes de defendê-lo abertamente.[17] Camila não se intimida, porém, e declara em resposta à questão de por que escolheu Marina: "Porque ela é cristã e eu sou cristã também. Eu acho que é mais difícil de ela se corromper. E eu a acho muito pulso firme, ela é muito inteligente, ela sabe do que ela está falando, do que ela está fazendo, do que ela pretende fazer. Eu achava até que ela era bem mais convicta do que a Dilma. Mas a Dilma pegou a onda do Lula e se beneficiou, mas eu preferiria ela. Acho que ela teria mais garra para governar". Em seu discurso, à dimensão religiosa, acrescentam-se outras, o que sinaliza uma compreensão de que apenas a cristandade de Marina poderia ser considerada uma razão insuficiente/ilegítima para guiar o voto.

A despeito de que haja uma tendência a considerar a religião e a política como campos opostos – sinalizada pelo rechaço de alguns à ideia de que utilizaram o critério religioso para guiar a escolha política –, observa-se também, e de forma preponderante, a imbricação entre os dois campos e uma disposição a usar o princípio religioso mais do que o de gênero. O caso de Marina Silva presta-se de forma particularmente interessante a esta análise por tratar-se de uma mulher evangélica, que conjuga, portanto, duas identidades acionáveis politicamente. Ela se beneficiaria, assim, de eventuais apostas na sua dupla blindagem contra a corrupção: sua condição de mulher e evangélica.

Há ainda outro elemento relevante mais encontrado entre os portadores do primeiro discurso: a crença em que mulheres na política, mais especificamente a presidente Dilma, simbolizam a ascensão social de uma minoria – as mulheres – ao poder. Essa percepção nem sempre é suficiente para levar sua portadora a votar numa mulher – até porque, como já sugerido, a feminilidade não é comumente vista como critério político válido. No entanto, não deixa de haver o reconhecimento de que uma mulher poderá ter interesse maior em agendas femininas/feministas. A eleição de Dilma

---

17 Para Miranda (1999, p. 79), que estudou integrantes do movimento católico carismático, "a religião se constitui uma forte e, em certos casos quase exclusiva, referência para pensar a política".

consiste numa poderosa forma de representação simbólica feminina porque aponta a capacidade feminina de ocupar espaços de poder. A simples presença de uma mulher num cargo tão simbólico já evoca algum sentido de identificação por parte de mulheres.

Outra dimensão da representação feminina de Dilma estaria em sua capacidade de atuar em favor de "interesses femininos". Nesse sentido, a excepcionalidade e a singularidade da presença feminina na política levam a supor que ela procurará atuar em defesa da minoria que integra, o que não acontece com os homens em relação aos políticos. A "perspectiva social" de Dilma a tornaria capaz de entender as mulheres e governar em seu favor numa espécie de solidariedade de gênero, para Michele: "Mulher sabe o que as outras mulheres passam. [...] Porque homem, minha filha [risos], homem só quer as coisas para ele, o que eles pensam é só para eles. Então, tendo mulher, fica até mais fácil". Como já sugerido, porém, esse sentido de representatividade, além de não ser alimentado por todas as mulheres, não é considerado uma razão para o voto. Mesmo mulheres que louvam a eleição de uma mulher para a presidência, como D. Luzia ("Agora tem a presidenta lá: eu acho o máximo! Tudo que o homem faz, quando uma mulher começa a fazer, eu acho legal demais.") afirma não ter votado em Dilma por causa de seu partido, razão também apresentada por D. Eunice, que vê a ascensão de Dilma como "sinal de que as mulheres estão com um crescimento bom na política".

A descrença de Ivo em que Dilma poderia promover interesses femininos, como quer que sejam entendidos, é respaldada por outro/as entrevistado/as, como Ana: "Não necessariamente o fato de ser uma mulher no poder quer dizer que ela vá defender mais ou menos os interesses das mulheres". Dado que não há uma forte identidade política de gênero, também não se manifesta a crença em que uma presidenta poderia advogar "interesses das mulheres". A própria definição desse termo é improvável. Ao contrário do que acontece em relação à raça, como argumentam Burns e Kinder (2011), a organização social de gênero (o fato de que as mulheres estão distribuídas entre os homens – como já argumentado por Beauvoir –,[18]

---

18 Beauvoir (2009, p. 20): "O laço que a une a seus opressores não é comparável a nenhum outro" dado que as mulheres "vivem dispersas entre os homens, ligadas [a eles] mais

ao contrários dos negros, que tendem a estar mais segregados), impede que as mulheres desenvolvam um senso de identificação com seu próprio grupo tão alto quanto os negros. Em decorrência disso também, como acrescento, as mulheres passam pelos mesmos processos de socialização cultural a que são submetidos os homens, o que faz delas portadoras de representações de gênero que lhes reservam um lugar subordinado na sociedade. Daí a maior dificuldade de levar as mulheres a se verem como membros de um "grupo marginalizado imputado" portador de interesses comuns.

3.3.2 Segundo e terceiro discursos: feminilidade em oposição à política

A suspeição a respeito da atuação política das mulheres é marcante do segundo discurso, aquele que considera a política uma cilada para as mulheres e, portanto, desconfia de que elas poderiam acrescentar algo de positivo a este campo, tanto porque elas próprias falhariam em manter sua virtude quanto porque o campo as desvirtuaria. Observa-se uma tentativa de apegar-se à crença de que a presença das mulheres poderia resultar em algo positivo para a política, porém considera-se essa aposta muito arriscada, que não se está disposto a fazer. Encontram-se argumentos como os de que a mulher tem em si a virtude, mas não consegue ou está impossibilitada de fazê-la germinar na política. A política é estruturalmente corrupta e não pode ser reformada pela infusão de virtude feita por mulheres dado que estas são cooptadas e reproduzem o comportamento próprio do campo.

O ethos político é masculino, isto é, seus valores predominantes são masculinos, daí porque se valoriza e se estigmatiza a mudança que a feminilidade poderia trazer. No entanto, não se crê que uma minoria de mulheres seja capaz de modificar todo o funcionamento de um campo, em que práticas corruptas são percebidas como correntes. Ana é otimista, porém duvida: "A mulher tem uma outra visão das coisas, de um modo geral. Vejo como uma coisa positiva, mas é como eu lhe falei também: isso não quer dizer que vai diminuir corrupção, roubalheira, que vai diminuir essa coisa horrorosa que, realmente, já está instalada aí. É um bom começo, a mulher é mais sensitiva, observadora, algumas são mais éticas – algumas. [...] Eu

---

estreitamente do que a outras mulheres".

acho que já existe um vício muito grande na estrutura. Mas, há possibilidades". E sobre Dilma, ela ressalva: "Eu acho que a Dilma está procurando, de alguma forma, fazer as coisas caminharem. Ela me parece ser bem pulso firme. Mas ela tem assessores, né? Ela não trabalha sozinha. [...] Mesmo que ela dê a última palavra, eu não acredito que a última palavra seja decidida sozinha". Jeremias ecoa a mesma linha de raciocínio. Em princípio, pondera: "As mulheres são mais racionais, a maioria pensa em, realmente, fazer alguma coisa. Talvez não consiga, mas pelo menos tem a intenção". Mas depois o pessimismo prevalece: "Mas quando entram lá dentro, o sistema é outro, né? Acho que até pensam em mudar, em fazer coisas que vão beneficiar a população. Só que o político não muda sozinho, ele depende dos outros. [...] Então, acaba que fica meio que de rabo preso com os outros políticos. Independe de ser mulher ou homem".

A avaliação que fazem da presença da mulher na política é que elas se comportam tal como os homens, ou seja, perdem as virtudes da feminilidade. Para os portadores deste discurso, o aumento do número de mulheres não é uma solução adequada para o problema da corrupção na política nem para o problema do comportamento oportunista e indigno de confiança dos políticos. Mulheres, em suma, podem ser mães dedicadas e até moralmente superiores, mas também são seres humanos, ou seja, "a mulher também pode ser balançada pelo interesse. A mulher, também, não é aquela perfeição", nos termos de Seu Ricardo. A esperança de redenção feminina seria, dessa forma, vã. Para preservar sua feminilidade/integridade, seria desejável até que as mulheres se afastassem da política, para Fabiana: "Política é um trem tão sujo, né? E mulher fica se envolvendo com isso, é tão feio..."

Há, portanto, uma suposição de que a feminilidade virtuosa pode ser corrompida por um campo político masculinizado. E há também um entendimento de que a política é um campo que suprime as diferenças de gênero, igualando mulheres a homens, ainda que não seja permeável aos dois gêneros na mesma medida. Se elas não agem diferentemente dos homens, a hipótese da representatividade maior das mulheres cai por terra ao menos no que diz respeito à sua capacidade de atuar em benefício das mulheres.

O terceiro discurso – minoritário – é o único a romper com o estereótipo da feminilidade virtuosa. Nem a política as corrompe nem elas a melhoram.

A política é um campo em que preocupações de gênero não devem existir porque não se pode saber, a priori, se uma mulher ou um homem fará um melhor trabalho na política. Não porque a política seja um campo em que as diferenças de gênero se anulam – característica do segundo discurso –, mas porque as mulheres não estão mais predispostas a atuar de forma maternal e honesta na política. A fala de Paulo sintetiza a ideia: "Eu penso o seguinte: humano é humano e política é política. [...] Eu acho que gênero não, sexo não define caráter de ninguém".

E seu Arnaldo também se incomoda com a pergunta se votaria em uma mulher: "Eu votaria no político que me agradasse, independentemente do sexo. Eu acho um tremendo de um preconceito: 'Você votaria numa mulher? Você faria isso com uma mulher?' Eu olho o profissional. Eu não me consultaria com uma mulher, eu me consultaria com um profissional de saúde. [...] Se eu olhar primeiro o sexo, eu já estou errando". Ainda que eles não estejam imunes a representações de gênero que marcam distinções entre homens e mulheres, procuram negar radicalmente que gênero seja usado como critério para pautar decisões políticas e acreditam fazê-lo em nome da igualdade de gênero.

Em suma, todo o discurso sobre a presença das mulheres na política – tanto o que o celebra quanto o que desconfia de seus efeitos e o que lhe é indiferente – não faz desta uma questão politicamente relevante. Ainda quando se recebe com bons olhos o crescimento do número de mulheres, é de uma perspectiva estereotipada – dada a perpetuação das mulheres como pessoas maternais – e instrumental, ou seja, como algo que poderá trazer efeitos benéficos para as práticas políticas ou para as políticas públicas, e não como uma questão de justiça de gênero, isto é, de inclusão das mulheres em condições de igualdade no campo político. Exceto pelas poucas falas que mencionam a representatividade descritiva de mulheres que chegam ao poder, de forma geral, a identidade de gênero passa ao largo das preocupações femininas.

Conclusão

O conceito de política do cotidiano – da política praticada nas interações do dia a dia, em espaços não convencionalmente chamados de políticos – é o que mais se aproxima da visão de política que muitos da/os entrevistada/os nutrem: a política baseada em representações e critérios morais. Não porque a política seja vista como praticada fora dos gabinetes, mas porque os valores associados à política estão presentes nas demais esferas de vida das pessoas e porque a cidadania é entendida como referente à vida cotidiana.

O entendimento e a avaliação da política institucional com base em valores familiares são feitos extensivamente, com relação aos seguintes aspectos: papel dos governantes, avaliação de candidata/os, prevalência dos homens na política e organização da ordem social. Como a família está ordenada sobre bases não democráticas, o uso desta analogia para pensar a ordem política tende a não resultar em posturas políticas democráticas. As experiências vividas na família constituem a fonte a partir da qual o comportamento político começa a ser moldado, sendo a organização política pensada a partir da doméstica e papéis políticos concebidos a partir de papéis domésticos. Nesse sentido, a interrelação entre valores familiares e políticos, que tenta aproximar a política do âmbito do cotidiano, não produz a sua democratização.[19]

Exemplificando como este fenômeno se fez notar no caso desta pesquisa, observou-se a avaliação do regime militar com base em analogias com a ordem privada que servem para ressaltar a ordem reinante naquela época, em comparação com a desorganização típica da multiplicidade de atores políticos de um regime democrático. Para alguns segmentos, notadamente homens mais velhos, a relevância da família se manifesta especificamente na perda da autoridade paterna que possuíam e, em grande medida, ainda possuem os homens numa ordem familiar que lhes atribui o papel de autoridades mantenedoras da ordem moral. A avaliação que eles fazem das transformações no âmbito da família influencia também sua visão de como a ordem social/

---

19 Autoras que estudaram esta interrelação percebem a continuidade entre o autoritarismo nas duas esferas. Para Young (2005), num "regime de segurança", a relação dos cidadãos com o mundo político pode tomar contornos semelhantes à relação estabelecida entre patriarca e subalternos num contexto familiar. A postura de "masculinidade protetora" e paternalista que o governante assume num regime deste tipo é entendida por associação com o "cuidado familiar", o que a torna sedutora para os cidadãos a serem protegidos, estabelecendo-se assim uma relação não democrática de obediência baseada no medo. Ao agir desta forma, o governante emula o papel de pai que infantiliza os cidadãos.

pública está sendo alterada. A maior intervenção do Estado na vida familiar com o intuito de assegurar proteção a indivíduos, como crianças e mulheres, que ocupam uma posição de vulnerabilidade, lhes retira parte do poder patriarcal. Isso os leva a acreditar que a autoridade pública está usurpando funções que não lhe cabem e que a política como um todo não funciona tão bem quanto antes, em tempos mais ordeiros e pacíficos. Homens e mulheres mais jovens e escolarizados não têm essa memória positiva dos tempos do regime militar e fazem críticas mais incisivas sobre o cerceamento de liberdades imperante no período. Por outro lado, também estes jovens foram socializados em famílias organizadas de forma ainda tradicional, isto é, marcada pela divisão sexual do trabalho e pelas hierarquias associadas a ela. Sua visão dos papéis masculino e feminino tanto na família quanto na política não demonstra uma renovação geracional relevante.

As representações da relação entre mulheres e política simplesmente tendem a enquadrá-las nos estereótipos já consolidados de feminilidade. Os efeitos disso para a entrada das mulheres na política são mistos: de um lado, é considerado bom que as mulheres, com sua "força moral", entrem na política; de outro, considera-se que elas devem manter-se afastadas para não se corromper. O uso de estereótipos advindos da domesticidade para julgar as mulheres acaba reforçando, segundo Biroli (2011, p. 86), a "naturalização de características e competências" associadas a elas, o que segmenta e restringe sua circulação no campo político. É, como diagnosticara Sapiro (1984), a continuada marginalização feminina como condenação ao seu pertencimento a dois mundos – o privado e o público.

A participação da mulher na política é vista na forma de estereótipos, relacionados a uma suposta superioridade moral decorrente da maternidade. Interpretar o discurso maternalista como uma via legítima de entrada das mulheres na política implica eternizá-las nessa feminilidade estereotipada que advém de sua circunscrição ao trabalho não ou mal remunerado de cuidado. O primeiro dos discursos analisados sobre compatibilidade entre feminilidade e política – o da feminilidade virtuosa que transforma a política – reproduz o essencialismo de gênero ao pressupor que mulheres são mais maternais e estão predestinadas a se manter assim. Apesar disso, ele pode ser o mais útil para a promoção dos interesses estratégicos de gênero, isto é, para servir a estratégias eleitorais que justifiquem a demanda por maior presença das mulheres na política em termos que se coadunem com a imagem que o senso comum atribui às mulheres.

O segundo discurso supõe que mulheres tendem a adquirir valores próprios do ethos masculino ao entrar na política e que, são também, portanto, sujeitas à corrupção. Tende-se, nesse caso, a considerar que os incentivos institucionais que constituem o campo político são mais determinantes do comportamento do/as parlamentares do que as identidades de gênero e reconhece-se, assim, que ele é autônomo e sujeito a regras de funcionamento próprias, as quais moldam seus agentes. Diante disso, o essencialismo de gênero pode não se manter, o que representa uma visão menos determinística sobre gênero.

Já entre os portadores do terceiro discurso, encontrado entre homens de maior escolaridade, há ao menos a proposta de que o masculino e o feminino não tenham desigualdade valorativa, isto é, que sejam intercambiáveis porque são dotados de igual valor – algo que está no cerne da proposta feminista. No entanto, ele não serve aos interesses feministas porque não faz da paridade de gênero nos espaços de poder uma questão relevante; ao contrário, deslegitima esta preocupação por não acreditar que gênero deveria ser vista como uma variável relevante tanto em termos de discriminação quanto de luta por igualdade. Esse discurso, portanto, fecha os olhos para a desigualdade de gênero e, por causa disso, desconsidera a importância da presença de perspectivas sociais distintas no campo político, advindas de estruturas sociais geradoras de desigualdade social de gênero, raça e tantas outras.

Há que se ressaltar ainda que as considerações sobre gênero da/os candidata/os não aparecem espontaneamente nos discursos e que, quando estimulado/as a pensar sobre a importância da categoria gênero para o comportamento dos políticos, a maioria das pessoas rejeita sua legitimidade como critério para balizar a escolha eleitoral. Considera-se, por isso, que gênero é uma variável considerada inválida em termos eleitorais, ainda que constitutiva do campo político, por não ser vista como um fator de promoção da representação política.

Referências bibliográficas

BARREIRA, Irlys. *Chuva de papéis: ritos e símbolos de campanhas eleitorais no Brasil.* Rio de Janeiro: Relume Dumará, 1998.

BAUER, Martin & AARTS, Bar. "A construção do corpus: um princípio para a coleta de dados qualitativos". In: BAUER, Martin; GASKELL, George (eds.). *Pesquisa qualitativa com texto, imagem e som: um manual prático.* Petrópolis: Vozes, 2007, p. 39-63.

BIROLI, Flávia. "Mídia, tipificação e exercícios de poder: a reprodução dos estereótipos no discurso jornalístico". *Revista Brasileira de Ciência Política*, Brasília, n. 6, jul.-dez. 2011, p. 71-98.

BOCOCK, Robert. "The cultural formations of modern society". In: HALL, Stuart *et al* (eds.). *Modernity: an introduction to modern societies.* Malden: Blackwell Publishing, 2007, p. 148-183.

BOURQUE, Susan; GROSSHOLTZ, Jean. "Politics an unnatural practice: political science looks at female participation". In: PHILLIPS, Anne (ed.). *Feminism and politics.* Oxford: Oxford University Press, 1998, p. 23-43.

BRITO, Maria Noemi. "Gênero e cidadania: referenciais analíticos". *Revista de Estudos Feministas*, Florianópolis, vol. 9, n. 1, 2001.

BURNS, Nancy. "Gender inequality". In: KING, Gary; SCHLOZMAN, Kay; NIE, Norman (eds.). *The future of political science: 100 perspectives.* Taylor & Francis e-library, 2009, p. 151-153.

____; SCHLOZMAN, Kay; VERBA, Sidney. *The private roots of public action: gender, equality, and political participation.* Cambridge: Harvard University Press, 2001.

____; KINDER, Donald. "Categorical politics: gender, race, and public opinion". In: BERINSKY, Adam (ed). *New directions in public opinion.* Nova York: Routledge, 2011, p. 139-167.

CHANT, Sylvia. "Gender in a changing continent". In: CHANT, Sylvia & CRASKE, Nikki. *Gender in Latin America.* Nova Jérsei: Rutgers University Press, 2003, p. 1-18.

CRASKE, Nikki. *Women & politics in Latin America.* Nova Jérsei: Rutgers University Press, 1999.

ELSHTAIN, Jean. "Antigone's daughters". In: PHILLIPS, Anne. *Feminism & politics.* Oxford, Nova York: Oxford University Press, 1998, p. 363-377.

GASKELL, George. "Entrevistas individuais e grupais". In: BAUER, Martin; GASKELL, George (orgs.). *Pesquisa qualitativa com texto, imagem e som: um manual prático.* Petrópolis: Vozes, 2007, p. 64-89.

GOFFMAN, Erving. "The arrangement between the sexes". *Theory and Society,* vol. 4, n. 3, outono 1977, p. 301-331.

GUTMANN, Matthew. "Introduction: discarding manly dichotomies in Latin America". In: GUTMANN, Matthew (ed.). *Changing men and masculinities in Latin America.* Durham; Londres: Duke University Press, 2003, p. 1-26.

HIRATA, Helena & KÉRGOAT, Daniele. "Novas configurações da divisão sexual de trabalho". *Cadernos de Pesquisa,* vol. 37, n. 132, set./dez. 2007, p. 595-609.

KRAIS, Beate. "Gender and symbolic violence: female oppression in the light of Pierre Bourdieu's theory of social practice". In: CALHOUN, Craig; LIPUMA, Edward; POSTONE, Moshe (eds.). *Bourdieu: critical perspectives.* Chicago: University of Chicago Press, 1993, p. 156-177.

MACHADO, Maria das Dores; BARROS, Myriam. "Gênero, geração e classe: uma discussão sobre as camadas médias e populares do Rio de Janeiro". *Revista de Estudos Feministas,* Florianópolis, vol. 17, n. 344, 2009, p. 369-393.

MIGUEL, Luis Felipe; BIROLI, Flávia. "Mídia e representação política feminina: hipóteses de pesquisa". *Opinião Pública,* vol. 15, n. 1, jun. 2009, p. 55-81.

MIRANDA, Júlia. *Carisma, sociedade e política: novas linguagens do religioso e do político.* Rio de Janeiro: Relume Dumará, 1999.

MOLINEUX, Maxine. "Mobilization without emancipation? Women's interests, the state, and revolution in Nicaragua". *Feminist Studies,* vol. 11, n. 2, 1985, p. 227-251.

NOELLE-NEUMANN, Elisabeth. *La espiral del silencio: opinión pública – nuestra piel social.* Barcelona-Buenos Aires-México: Paidós, 1995.

OKIN, Susan. *Justice, gender, and the family.* Basic Books, 1989.

PATEMAN, Carole *The disorder of women: democracy, feminism, and political theory.* Stanford: Stanford University Press, 1989.

PHILLIPS, Anne. "Does feminism need a conception of civil society?". In: CHAMBERS, Simone; KYMLICKA, Will. *Alternative conceptions of civil society.* Princeton: Princeton University Press, 2002, p. 71-89.

____. "De uma política de ideias a uma política de presença?". *Revista de Estudos Feministas*, ano 9, 2001, p. 268-290.

RANDALL, Vicky. *Women and politics.* Nova York: St. Martin's Press, 1982.

SANTOS, Michele Candiani *et al.* "O papel masculino dos anos quarenta aos noventa: transformações no ideário". *Paidéia*, vol. 11, n. 20, 2001, p. 57-68.

SAPIRO, Virginia. *The political integration of women: roles, socialization, and politics.* Urbana: University of Illinois Press, 1984.

____."Theorizing gender in political psychology research". In: SEARS, David *et al* (eds.). *Oxford handbook of political psychology.* Nova York: Oxford University Press, 2003, p. 601-634.

SARTI, Cynthia. *A família como espelho: um estudo sobre a moral dos pobres.* São Paulo: Cortez, p. 2009.

WILLIAMS, Melissa. *Voice, trust, and memory: marginalized groups and the failings of liberal representation.* Princeton: Princeton University Press, 1998.

YOUNG, Iris Marion. *Inclusion and democracy.* Oxford: Oxford University, 2000.

____. "The logic of masculinist protection: reflections on the current security state". In: FRIEDMAN, Marilyn. *Women and citizenship.* Oxford: Oxford University Press, 2005, p. 15-34.

QUANDO RAÇA NÃO É IGUAL A GÊNERO: TEORIAS FEMINISTAS E A SUB-REPRESENTAÇÃO DOS NEGROS NA POLÍTICA BRASILEIRA

Luiz Augusto Campos

Cotas eleitorais para minorias políticas se difundiram de tal modo que foram adotadas pela maior parte das democracias liberais contemporâneas.[1] Isso atesta o quanto a sub-representação política de determinados grupos tem sido interpretada como uma injustiça social intrinsecamente antidemocrática. Mas a despeito dessa confluência entre democracia representativa e representação de grupos, as premissas liberais, subjacentes a essas democracias, não são suficientes para justificar tais medidas (PHILLIPS, 1995, p. 27-56). Mecanismos institucionais para incluir membros de determinados grupos nos legislativos, por exemplo, costumam violar as escolhas eleitorais manifestas nos votos do cidadão, tencionando um princípio liberal básico.

Dilemas como esses têm contribuído para que a representação política de grupos se torne um objeto privilegiado de discussão, tanto no âmbito da teoria política quanto no debate público. Merecem destaque as discussões sobre a exclusão das mulheres das instâncias de poder, talvez o mais flagrante caso de sub-representação política ao redor do mundo. São poucas as democracias atuais que contam com uma participação paritária das mulheres na política. Menor ainda é o número de governos representativos que contariam com alguma proporcionalidade nesse quesito se dispensassem

---

[1] Para se ter uma ideia do alcance atual dessas políticas, cf. http://www.quotaproject.org/ e http://www.queensu.ca/mcp/index.html

mecanismos institucionais para conferir alguma equidade na partilha dos recursos eleitorais ou na agregação de votos. Mesmo em nações onde há uma admirável igualdade de gênero em muitos campos sociais, como é caso dos países nórdicos, políticas que garantem a inclusão das mulheres na representação ainda são encaradas como indispensáveis.

Contudo, não obstante a representação de grupos seja um objeto privilegiado de debate filosófico e político, as teóricas e teóricos dedicados ao tema raramente conferem a devida atenção aos dilemas que cada tipo de minoria interpõe às suas teorias. A maior parte dessa bibliografia reivindica medidas de inclusão de grupos em geral, mas, quase sempre, toma como foco a sub-representação feminina. É verdade que, em muitos aspectos, as mulheres partilham uma situação de subalternidade similar àquela vivida por outros grupos. Mas isso não é suficiente para estender a grupos raciais, étnicos, religiosos etc. os argumentos que porventura sirvam para fundamentar a inclusão delas.

A relativa ausência de debates sobre a inclusão de negros na política brasileira talvez seja um sintoma desse descompasso. Ainda que medidas para incluir mulheres na política tenham entrado na pauta parlamentar brasileira há algumas décadas, só recentemente um projeto para a inclusão de negros no legislativo chamou a atenção da imprensa (BRAGA, 2013; CARDOSO, 2013; FALCÃO, 2013). A Proposta de Emenda Constitucional 116 de 2011,[2] de autoria dos deputados Luiz Alberto (PT-BA) e Luiz Paulo Cunha (PT-SP), propõe um sistema de voto múltiplo, em que cada eleitor escolheria um candidato autodeclarado negro simultaneamente a sua escolha no sistema universal. Ao fim do pleito, os candidatos negros mais votados preencheriam vagas reservadas no legislativo, sempre na proporção de dois terços da população negra total do país, segundo o IBGE. Não deixa de ser intrigante que um projeto nesse sentido tenha aparecido muitos anos depois de um análogo para mulheres. Provavelmente, esse descompasso evidencia a distância entre os esforços teóricos e políticos envidados para justificar políticas de presença para mulheres e aqueles promovidos para justificar a inclusão de negros no parlamento.

---

2 O inteiro teor da proposta pode ser consultado em: http://www.camara.gov.br/proposicoesWeb/fichadetramitacao?idProposicao=529275

Na intenção de contribuir para o preenchimento dessas lacunas, este texto discute em que medida justificações filosóficas para a inclusão de grupos na representação enfrentam problemas quando aplicadas à situação dos negros, mormente dos negros brasileiros. O argumento é que muito embora tais teorias pretendam justificar a inclusão de minorias raciais[3] nas mesmas bases que justificam a inclusão de mulheres, tal empréstimo teórico apresenta problemas quando levamos em conta as especificidades das clivagens raciais existentes aqui.

O que se segue está dividido em quatro partes. A primeira delas destaca os dilemas comumente enfrentados pelas teorias que pretendem justificar a representação de grupos. A segunda e a terceira seções discutem em que medida as duas justificações mais importantes para inclusão de grupos na representação – baseadas nos conceitos de interesse grupal e perspectiva social – se aplicam ao caso dos negros no Brasil. A última seção aponta os principais dilemas a serem enfrentados por políticas para o incremento de negros na representação.

Representação de grupos e os negros na política brasileira

A ideia de que a representação política deve espelhar as características dos eleitores não é nova. Contudo, desde o trabalho seminal de Hanna Pitkin (1967), essa concepção "descritiva" ou "especular" de representação é considerada insuficiente para justificar medidas especiais para levar membros de grupos discriminados a instâncias decisórias. Para a autora, a concepção descritiva de representação dá tanta importância às semelhanças entre representados e representantes que o modo como esses últimos agem fica em segundo plano (PITKIN, 1967, p. 226). A persecução da vontade popular deixa de ser vista como um problema de ação política para ser reduzida a uma questão de similitude identitária. Dessa ótica, o melhor método para compor a representação política não seria o voto, mas o sorteio, o que tornaria

---

[3] Não custa explicitar que o significado de minoria aqui é político e não quantitativo. Assim, as mulheres formam uma minoria política no Brasil por estarem ainda marginalizadas da política, muito embora sejam maioria quantitativa na sociedade como um todo.

a relação entre representantes e representados passiva e esvaziada do seu sentido político (PITKIN, 1967, p. 226).

Todavia, mais do que sepultar demandas por representação de grupos, a crítica de Pitkin teve o efeito oposto. Ela incentivou todo um conjunto de autoras e autores a explorar justificativas alternativas à inclusão de minorias na política formal. Nessa bibliografia, é possível identificar diferentes argumentos que pretendem legitimar as políticas de presença sem, contudo, recorrer a uma noção ingênua de representação descritiva ou especular.

Anne Phillips, por exemplo, apresenta quatro razões fundamentais para se adotar políticas de presença. Para ela, a representação de grupos seria importante (I) para desconstruir estereótipos identitários; (II) para permitir modalidade de agregação de agenda para além dos partidos políticos; (III) para proteger grupos politicamente excluídos e, por isso, socialmente mais vulneráveis; e (IV) para a pluralizar a agenda política (PHILLIPS, 1995, p. 39). Porém, seu argumento básico é que políticas de presença são necessárias para que mulheres não tenham seus interesses marginalizados politicamente (PHILLIPS, 1991; 1995).

Jane Mansbridge, por seu turno, considera que uma representação especial para grupos se torna mais justificável em contextos sociais em que (I) há uma crise de confiança entre eleitos e eleitores de um grupo sub-representado; (II) clivagens políticas tradicionais entram em crise e interesses se tornam imprecisos; (III) há um contexto histórico que atribui a um dado grupo uma inabilidade intrínseca para o governo; ou (IV) quando a deliberação sobre políticas para grupos perdem legitimidade por não incorporarem tais grupos no debate (MANSBRIDGE, 1999).

Já Iris Marion Young insiste que nenhuma deliberação pública pode se dizer democrática se ela exclui perspectivas sociais oprimidas e se essa exclusão contribui para reforçar tal silenciamento (YOUNG, 2000). Tal argumento se aproxima daquele esposado por Melissa Williams, para quem a representação especial é uma forma de dar voz a grupos marginalizados, aumentar a confiança entre representantes e representados e, finalmente, recuperar a memória das discriminações que eles sofreram (WILLIAMS, 2000).

Essa lista está longe de esgotar as justificações possíveis para representação de grupos. Ainda assim, ela dá uma ideia da pluralidade de razões que podem ser arroladas para tal. Tal pluralidade pode ser reduzida analiticamente se distinguirmos, de um lado, as justificações mais consequencialistas, as quais argumentam em prol de políticas de presença a partir dos efeitos potenciais que elas podem gerar e, de outro, as justificações mais principiológicas, os quais defendem a sub-representação como uma injustiça imposta a determinados grupos. Mais do que uma medida expediente, a representação de grupos é entendida no segundo caso como um direito passível de ser reivindicado por grupos marginalizados da política a despeito das consequências esperadas.

Tal distinção não se baseia numa oposição entre argumentos práticos versus teóricos, ou entre argumentos substantivos versus formais. Como reconhece Phillips (1995, p. 46-7), toda demanda por políticas de presença depende do diagnóstico de uma exclusão estrutural e, logo, elas jamais são puramente teóricas ou baseadas em valores transcendentais. O que chamo de argumento principiológico se refere às justificativas que possibilitam a um grupo demandar, a princípio, políticas de presença sem que para tal tenham de fazer referência a possíveis consequências. Justificações consequencialistas se baseiam em prognósticos esperançosos quanto aos efeitos das medidas específicas para a representação de grupos, enquanto justificações principiológicas remetem a diagnósticos críticos de uma dada exclusão.

Embora reconheça a importância das razões consequencialistas, considerarei neste texto apenas as razões principiológicas, em específico, duas delas: a ideia de que a sub-representação de grupos implica a marginalização de interesses grupais potenciais, tal qual discutida por Anne Phillips (1995), e a noção de que nenhum Estado pode ser democrático se suas deliberações desconsideram algumas perspectivas sociais estruturalmente geradas, ideia articulada basicamente por Iris Marion Young (2000). Essas duas justificativas fundamentais não apenas servem para defender a potencial expediência de políticas de presença, mas também para legitimar, de acordo com princípios democráticos fundamentais, as demandas por representação de grupos para além da eficiência dessas medidas.

Evidentemente, existem muitas outras justificações teóricas para a representação de grupos além daquelas mencionadas, mas que não serão consideradas simplesmente por estarem deslocadas em relação à situação dos negros brasileiros. Esse é o caso das teorias que defendem a inclusão de mulheres na política por conta da suposta ética diferenciada da mulher (ELSCHTAIN, 1981; RUDDICK, 1989) ou teorias que defendem a representação de grupos como mecanismo de autogoverno (KYMLICKA, 1995). Como o foco desta discussão é a situação dos negros na política brasileira, seria bizarro tentar aplicar a esse contexto uma justificação restrita às mulheres ou uma estrangeira ao contexto nacional, em que demandas por autogoverno são estranhas à maioria da população negra.

Para além dessas questões mais filosóficas, não é fácil estimar exatamente até que ponto os negros estão alijados da representação política brasileira. O principal obstáculo metodológico a essa intenção está justamente na dificuldade em se estabelecer quem é negro no país. A instituição do mito da democracia racial como discurso de Estado e a sua consequente difusão social desencorajaram a formação de identidades étnicas marcadas e politicamente atuantes.[4] Ademais, o fato de a negritude ser uma identidade construída na interface com outras desigualdades (de classe, de gênero, de sexualidade, de região etc.) faz com que a identificação racial no país seja, além de fluida, variável regionalmente, economicamente etc.

A despeito da inconstância, fluidez e multidimensionalidade que caracterizam as identidades raciais no Brasil, pesquisas distintas têm apontado, no mínimo desde a década 1940, a forte presença de preconceito racial nas relações sociais brasileiras. Mais recentemente, pesquisadores têm demonstrado, a partir de dados estatísticos, como os autodeclarados brancos no país chegam a ter duas vezes mais chances de ascender socialmente do que os que se declaram pardos ou pretos (HASENBALG; SILVA, 1988; HENRIQUES, 2001; RIBEIRO, 2006). Mesmo quando comparamos indivíduos com a mesma origem de classe, gênero e região, ainda assim os não brancos experimentam desvantagens sociais substantivas, o que sugere que a discriminação

---

[4] Não ignoro a importância histórica de movimentos negros mais antigos como a Frente Negra, o Teatro Experimental do Negro, o Movimento Negro Unificado etc. Porém, mesmo os militantes desses movimentos sempre reconheceram a dificuldade histórica em colocar na ordem do dia a questão racial e, sobretudo, em obter um apoio social mais amplo (NASCIMENTO; NASCIMENTO, 2000).

racial opera para além dos outros tipos de discriminação, mormente de classe (RIBEIRO, 2006).

Mas apesar desse paradoxo e das dificuldades em identificar quem é negro no Brasil, não parece suscitar polêmica a afirmação de que nossa política é majoritariamente branca. Isto é, ainda que seja difícil determinar quem é preto, pardo ou branco, a preponderância de políticos brancos atinge tal magnitude que quase dispensa pesquisas mais elaboradas sobre a magnitude da sub-representação dos não brancos.

Ainda assim, algumas investigações localizadas buscam mensurar a dimensão dessa ausência. Embora abdique de uma discussão mais pormenorizada sobre as categorias de classificação racial no Brasil, Olie Johnson III considera que o percentual de negros na Câmara dos Deputados foi de 0,84% entre 1983 e 1987, pulou para 2,05% entre 1987-1991, atingindo 2,92% entre 1995 e 1999 (JOHNSON III, 1998, p. 103). O Laboratório de Análises Econômicas, Históricas, Sociais e Estatística das Relações Raciais (Laeser) atualizou esses dados em 2008, tomando como referência a composição do parlamento em 2007-2008 (PAIXÃO; CARVANO, 2008). A partir das fotos dos parlamentares, a equipe do Laeser heteroclassificou os parlamentares utilizando três das cinco categorias do IBGE (branco, preto e pardo). Segundo o relatório referente ao biênio 2007-2008, dos 513 deputados federais eleitos em 2006, 11 foram classificados como pretos e 35 como pardos, perfazendo um conjunto de 8,9% de não brancos no total (PAIXÃO; CARVANO, 2008, p. 148).

Em um levantamento mais recente, que considerou a autodeclaração dos políticos brasileiros, a ONG Uninegro considerou que em 2010, "o Congresso Nacional elegeu 43 deputados e deputadas negros, chegando ao índice de 8,5% de negros no Parlamento brasileiro" (UNINEGRO, 2011). Levando em consideração que mais da metade dos brasileiros se declarou preta ou parda no último censo de 2010,[5] e que tal percentual não variou drasticamente nas duas últimas décadas, fica evidente a sub-representação dos negros no parlamento. Ainda que seja possível colocar em dúvida os métodos utilizados nos estudos supracitados,[6] em todos os casos o percentual de não

---

5 Cf. http://censo2010.ibge.gov.br/apps/atlas/
6 A indeterminação metodológica desse tipo de estudo é, até certo ponto, inescapável. Se entendemos que raça é um conceito sociológico e não biológico, percebemos que

brancos na representação é irrisório quando comparado ao percentual de não brancos na sociedade como um todo. Mesmo que essa proporção seja bem maior, ou que a presença de não brancos na sociedade captada pelo censo seja superestimada, as discrepâncias são substantivas ainda assim.

Se a sub-representação de negros na política é um fato tão evidente quanto a sub-representação de mulheres,[7] por que motivo a discussão teórica e política acerca da sub-representação feminina vem atraindo mais atenção teórica do que ausência de negros da política? Tal fenômeno é influenciado por uma miríade de fatores, dentre os quais a própria fluidez das classificações raciais vis-à-vis à naturalização das classificações de gênero, e a maior organização acadêmica e política do feminismo em comparação aos movimentos negros, tanto no Brasil quanto no mundo em geral. Mas para além dessas razões, há que se questionar em que medida as justificações para a representação de grupos, articuladas no âmbito da teoria política, são aplicáveis aos negros brasileiros.

Tais justificações costumam ser apresentadas por diferentes teóricas e teóricos como aplicáveis, ao menos em tese, a praticamente todos os grupos sociais sistematicamente discriminados. Logo, tais teóricas e teóricos não se restringem apenas à tarefa de justificar a inclusão de mulheres, muito embora o foco costume recair sobre elas. Diante disso, há que se questionar até que ponto as justificações, comumente arroladas para a inclusão de grupos na política, se aplicam ao caso dos negros brasileiros.

Anne Phillips: representação de grupo para incluir interesses grupais potenciais

Como já foi dito, a adoção de mecanismos eleitorais para garantir a representação de grupos contraria em várias dimensões alguns dos cânones da democracia liberal. Um dos pressupostos implícitos à defesa do sufrágio

---

"negro" não é quem possui marcas objetivas de negritude, mas quem tende a ser classificado como tal pelos outros por conta dessas marcas. Logo, tanto dados baseados na autodeclaração quanto na heteroclassificação podem ser criticados metodologicamente.

7   Na estimativa mais recente, o parlamento brasileiro tem menos de 9% de suas cadeiras ocupadas por mulheres (cf. http://www.cfemea.org.br/images/stories/pdf/eleicoes2010_Eleitos_CD_PartidoSexo.pdf).

universal é o princípio utilitarista de que cada cidadão é o melhor juiz do seu próprio interesse (MIGUEL, 2000, p. 95). Desse ponto de vista, qualquer regra de distribuição de votos que vise realocar escolhas eleitorais de modo e beneficiar determinados grupos contraria, em tese, a liberdade de cada um decidir quem melhor representa seu interesse.

Ao considerar que o objetivo da democracia é possibilitar a expressão dos interesses individuais, os utilitaristas encaravam a política como espaço de representação de interesses e ideias, deixando para um segundo plano as características pessoais dos indivíduos. Porém, mesmo no trabalho de utilitaristas clássicos como Jeremy Bentham, James Mill e John Stuart-Mill, essas premissas são ocasionalmente flexibilizadas, o que não raro reduz o potencial democrático e antipaternalista de suas teorias.

Sob a alegação de que pobres e mulheres tinham seus interesses incluídos nos interesses do patrão e do marido, respectivamente, James Mill, por exemplo, defendia o voto censitário e masculino (MILL, 2013, p. 282). Crítico da visão paternalista esposada por seu pai, John Stuart-Mill defendia que todos devem ter condições de desenvolverem suas capacidades políticas (STUART MILL, 1981). Todavia, como no presente essas capacidades se distribuem desigualmente, ele propôs que votos fossem distribuídos desigualmente conforme o mérito e instrução dos eleitores. Indivíduos com melhor formação educacional seriam mais capazes de identificar seus interesses e, logo, deveriam ter mais votos do que os eleitores mais ignorantes (STUART MILL, 1981, p. 93). Em ambos os casos, características pessoais (condição social, formação etc.) modulam o princípio utilitarista de que cada um é o melhor juiz de seus interesses.

Como nota Anne Phillips, embora haja um entendimento de que as lealdades políticas se constroem mais em torno de ideias do que de pessoas, "não é uma restrição particularmente séria observar que essas lealdades são modeladas pelas comunidades nas quais as pessoas nasceram ou vivem" (PHILLIPS, 1995, p. 1-2). Mas se é relativamente simples demonstrar isso, não é tão fácil assim justificar a representação de grupos como forma de representar interesses. Isso porque seria essencialista supor que grupos como um todo possuem interesses básicos, sejam eles objetivos ou subjetivos (PHILLIPS, 1995, p. 53).

Há dentro de todo grupo social alguma pluralidade de opiniões e mesmo quando uma unanimidade parece existir, há que se questionar se ela não advém das hierarquias internas a esses grupos. Ademais, supor que interesses objetivos existem para além das discordâncias internas a um grupo costuma legitimar discursos sobre a "falsa-consciência" dos membros que eventualmente discordarem de uma opinião majoritária, o que pode *per se* funcionar como mecanismo de dominação e pasteurização de grupos (PHILLIPS, 1995, p. 68).

Contudo, Phillips argumenta que uma defesa da representação de grupos a partir da noção de interesse grupal não depende de um conceito objetivista de interesse, nem de uma visão monolítica dos grupos sociais. Se reconhecemos que "as estruturas políticas e econômicas das sociedades contemporâneas exibem alto grau de discriminação sexual e racial e [que] onde há grupos definíveis, há inevitavelmente interesses de grupo" (PHILLIPS, 2011, p. 344), seríamos obrigados a concordar que uma representação política de interesses jamais será completa sem levar em conta tais pertencimentos grupais. Tal conclusão dispensa uma noção forte de interesse basicamente porque:

> a variedade de interesses das mulheres não refuta a ideia de que interesses têm uma orientação baseada no gênero [*that interests are gendered*]. Que algumas mulheres não tenham filhos não faz da gravidez um evento neutro em termos de gênero; que mulheres discordem profundamente sobre aborto não faz sua validade legal um problema de igual preocupação entre homens e mulheres; que mulheres ocupem posições ocupacionais tão distintas na hierarquia não significa que elas têm o mesmo interesse que homens de sua classe. A argumentação a partir do interesse não depende que se estabeleça um interesse unificado para todas as mulheres: ela depende mais em se estabelecer uma diferença entre interesses entre mulheres e homens (PHILLIPS, 1995, p. 68).

Desde já, é curioso notar como a interpretação de Phillips se aplica de modo mais fácil às distinções de gênero do que de raça. No primeiro caso, as discriminações sexuais tendem a levar a "grupos definíveis", o que não ocorre necessariamente quando lidamos com distinções raciais, mormente no caso do Brasil. Isso tem a ver não apenas com as idiossincrasiais atribuídas às relações raciais nacionais, mas também com o fato de que as sociedades existentes tendem a oficializar as distinções de gênero em praticamente todos seus registros burocráticos, o que não costuma ocorrer com as distinções raciais.

Mas para além disso, importa menos para Phillips se mulheres têm interesses que as especificam como grupo e mais se a condição delas na hierarquia social faz com que seus interesses sejam tendencialmente distintos em relação àqueles dos homens. Segundo Phillips, isso por si só deveria contar como uma justificação para representação de grupos: "o caso das cotas depende da ideia de que interesses são generificados [*gendered*], mas não presume um conjunto unificado de interesses das mulheres" (PHILLIPS, 1995).

Aliás, a crença de que importa quem representa para além de qual interesse é efetivamente representado é "particularmente convincente onde interesses não são precisamente delineados, onde a agenda política foi construída sem referência a certas áreas, e onde mais se necessita novas ideias para se trabalhar sobre o que é melhor fazer" (PHILLIPS, 1995, p. 69). Logo, a ausência de um interesse grupal evidente não é um anteparo à representação de grupo, mas justamente o que a justifica. De acordo com Phillips, quando um grupo possui um entendimento consensual e claro sobre qual é seu interesse, a representação de grupos se torna dispensável, pois o grupo em questão tem todas as condições para se organizar politicamente e eleger representantes que se comprometam a perseguir tal interesse.

Argumentação semelhante pode ser encontrada no trabalho de Jane Mansbridge (1999). Para ela, representação especial se justifica em contextos em que grupos em desvantagem não possuem interesses cristalizados. Em contextos políticos incertos, em que clivagens políticas tradicionais caem em descrédito e não surgem novas clivagens capazes de alcançar apoio, "a melhor forma de representar o interesse substantivo de alguém talvez seja escolher o representante cujas características combinem com as da pessoa sobre os temas que ela espera que emerjam" (MANSBRIDGE, 1999, p. 644).

A representação política visa não apenas comunicar os interesses dos representados aos poderes constituídos, mas também agregá-los a partir do debate e da barganha política. Em cenários onde não está claro quais as melhores opções políticas sobre uma dada questão, introduzir representantes com experiências específicas sobre ela pode ajudar a melhor cristalizar interesses. Note-se que as políticas de presença se justificam aqui como forma de melhorar a relação entre representantes entre si e não propriamente entre representantes e eleitores (MANSBRIDGE, 1999, p. 644). Complementarmente, Phillips defende que "quanto mais fixos são os interesses, mais definidos e facilmente definíveis, menor o significado atrelado àquele que faz o trabalho de representante" (PHILLIPS, 1995, p. 68).

Isso não quer dizer, porém, que medidas de representação específica para mulheres exijam que as eleitas sejam encaradas como representantes de grupo. Como foi dito, a existência de interesses grupais não implica que grupos tenham interesses unificados. Uma coisa é supor que grupos politicamente sub-representados tenham interesses marginalizados graças a tal exclusão política; outra coisa bem distinta é acreditar na existência de um interesse grupal objetivo ou, pior, defender que cabe ao membro eleito de um dado grupo representar o interesse objetivo deste. De acordo com Phillips:

> Graças as suas posições diferentes na sociedade, mulheres têm interesses objetivamente diferentes dos homens, mas a entrada de mulheres como atores individuais na cena política não significa que esses interesses são ativamente perseguidos. [...] Nós não podemos desafiar a noção de Burke de (não)-representação que define os eleitos acima dos eleitores e permite-lhes continuar com o que eles sabem melhor; e ao mesmo tempo tratar as mulheres como se eles tivessem uma missão especial além das linhas partidárias (PHILLIPS, 1991, p. 72-4).

A defesa por Phillips de uma *representação de grupos* não implica uma defesa de *representantes de grupos*. Embora a representação de grupos seja importante para inibir a imposição de um interesse grupal sobre outro, ela não pode redundar numa defesa de que representantes se coloquem como porta-vozes do grupo ao qual pertencem. Ninguém pode arrogar para si a consciência plena dos interesses grupais. Políticas de presença são medidas para equalizar oportunidades políticas e incluir na legislatura membros de grupos marginais, e não conferir a alguns de seus membros o posto de porta-voz desses grupos.

Embora costume falar de grupos em geral, a defesa de políticas de presença construída por Phillips tende a ser mais assertiva quando a autora trata do caso das mulheres do que quando ela foca minorias étnico-raciais. Há duas ordens de fatores que, para Phillips, tornam as políticas de presença para grupos raciais mais complexas do que aquelas baseadas no gênero. De um lado, a inclusão de grupos raciais costuma suscitar mais problemas práticos, quase todos relacionados à fluidez e sobreposição das distinções étnico-raciais. Como a própria Phillips afirma:

> Cotas raciais carregam em si associações históricas bem diferentes das cotas por gênero, e nós não podemos simplesmente colocar de lado sentidos históricos em nome da lógica abstrata. Gênero é também uma categoria mais simples, construída sobre diferenças imediatamente visíveis entre mulheres e homens. Raça e etnia são bem mais contestadas, e enquanto é relativamente fácil demarcar uma distinção entre comunidades majoritárias e minoritárias, as últimas sempre se subdividem em um número de minorias que não deveriam ser vistas como bem representadas por membros de outros grupos minoritários (PHILLIPS, 1995, p. 98-9).

Além desses problemas práticos, cotas raciais poderiam levar de forma muito mais dramática à essencialização das identidades e à balcanização da política do que cotas para mulheres. Conferir representação de grupo a negros poderia levar ao congelamento de identidades raciais e, no limite, deslocar para um segundo plano as relações de *accountability* entre representantes e representados graças à preexistência de uma falsa unidade grupal (PHILLIPS, 1995, p. 101-7).

Note-se que, para Phillips, as cotas raciais podem essencializar grupos raciais basicamente porque ignoram que eles se subdividem, o que leva ao problema das "minorias dentro da minoria". Porém, ela tende a ignorar que esse mesmo problema se apresenta quando lidamos com cotas de gênero. Como muitas autoras feministas percebem, é difícil crer que mulheres ricas sejam capazes de representar mulheres pobres, ou que mulheres brancas sejam capazes de representar mulheres negras. Ainda que Phillips seja sensível ao problema das minorias dentro das minorias, ela insiste que tais dificuldades "práticas" não devem ser suficientes para condenar, de antemão, propostas de inclusão de minorias raciais ou étnicas. Nesses casos, "as sociedades têm de trabalhar duro para identificar mecanismos apropriados que não gerem efeitos perversos" (PHILLIPS, 2007, p. 167). Os mecanismos procedimentais de redesenho distrital nos EUA (*gerrymandering*), por exemplo, seriam um bom exemplo de como é possível pensar instituição para incluir negros na política sem, contudo, congelar identidades ou anular por completo a política de ideias (PHILLIPS, 1995, p. 122).

Porém, essa defesa da redistritagem como alternativa às cotas raciais não parece estar plenamente justificada. Por razões evidentes, a redistritagem não pode ser encarada como uma alternativa no caso das mulheres, já que elas não se encontram geograficamente segregadas como parte dos negros estadunidenses. No entanto, existem mecanismos de inclusão política das mulheres mais leves e menos essencializadores capazes de funcionar como alternativas às cotas de gênero. Phillips, no entanto, acredita que tais mecanismos não são suficientes para a inclusão de gênero. Sobre o tema, ela afirma:

> há apenas duas aproximações sérias à sub-representação das mulheres. A primeira [...] identifica obstáculos adicionais ao envolvimento político que muitas pessoas têm ignorado até aqui, inclusive, por exemplo, as horas de trabalho e condições de conselhos e assembleias, os preconceitos e convenções através dos quais os partidos selecionam seus candidatos e, no caso dos EUA, a absurda quantidade de dinheiro que se espera que os candidatos gastem. Onde qualquer dessas condições

> pode ser apontada como algo que discrimina, especi-
> ficamente contra as mulheres candidatas, as barreiras
> deverão ser reduzidas ou removidas. A segunda alter-
> nativa se recusa a assumir esse risco e, como nas estra-
> tégias recentemente adotadas por vários partidos polí-
> ticos, inscreve procedimentos que assegurem um resul-
> tado mais equilibrado. A primeira abordagem continua
> a olhar-nos em nosso caráter de indivíduos abstratos e
> se concentra em reduzir a relevância de nosso sexo. A
> segunda reconhece que a sociedade é composta de gru-
> pos diferentes e que esses grupos podem desenvolver
> interesses diferentes. [...] A despeito de minhas reser-
> vas sobre o que pode significar "representação das mu-
> lheres", a segunda alternativa é a defendida neste texto.
> O cânone liberal insiste em que as diferenças entre nós
> não devem importar, mas em sociedades dirigidas por
> grupos de interesses, é desonesto pretender que somos
> o mesmo (PHILLIPS, 1991).

Em resumo, ela parece não considerar o problema das minorias dentro de minorias como algo sério suficiente para interditar cotas de gênero. O mesmo, contudo, não acontece quando as cotas raciais surgem como opção.

Há que se questionar, portanto, até que ponto os temores maiores de Phillips em relação à inclusão de negros vis-à-vis à inclusão de mulheres na representação não são, amiúde, um efeito do próprio modo como ela constrói sua teoria, a qual tenta justificar a inclusão de grupos e, simultaneamente, afastar os riscos da essencialização. Ao termo, a inclusão política de mulheres aparece como relativamente mais simples do que a de negros justamente porque as identidades de gênero se encontram mais fortemente naturalizadas e oficializadas que as distinções raciais. Ao que parece, quanto mais previamente essencializado é um grupo – isto é, quanto mais suas diferenças identitárias são oficializadas ou encaradas como naturais e evidentes – mais fácil é incluí-lo na política. Quando lidamos, todavia, com diferenças identitárias fluidas, incertas ou sobrepostas, a representação de grupos se torna não apenas mais problemática de ser operacionalizada, mas potencialmente mais perigosa, pois encorajaria que os membros de grupos fossem encarados como porta-vozes de grupos internamente muito heterogêneos.

Logo, a essencialização das identidades parece ter um papel dúbio na teoria de Phillips. Ela ora funciona como uma facilitadora prática das políticas de presença, ora como uma consequência adversa de tais políticas. Ao que parece, a autora esposa uma noção unidimensional de representação política, para a qual mecanismos de inclusão funcionam como forma de equiparar oportunidades políticas entre grupos sem, contudo, gerar efeitos na constituição política do próprio grupo em questão. Porém, antes de discutir tal problema mais a fundo, é preciso entender como as justificações para as políicas de presença articuladas por Iris Marion Young tentam contornar algumas dessas antinomias.

Iris Marion Young: representação de grupo para dar voz a perspectivas

Assim como Phillips, Iris Marion Young busca justificar medidas específicas para incrementar a presença de grupos oprimidos na política sem, contudo, apelar para noções reificadas e pasteurizadas de identidade. Segundo ela, "os membros de um grupo de gênero, racial etc. têm histórias de vida que os tornam muito diferentes entre si, com diferentes interesses e diferentes posicionamentos ideológicos" (YOUNG, 2006, p. 142). Por isso, "o processo unificador requerido pela representação de grupos buscaria congelar relações fluidas numa identidade unificada, o que pode recriar exclusões opressivas" (YOUNG, 2006, p. 143). Mas ao invés de investir em uma argumentação baseada no caráter generifcado ou racializado dos interesses, Young prefere adotar outra estratégia argumentativa. Embora reconheça que grupos podem de fato desenvolver opiniões, e interesses similares e que a exclusão política pode marginalizar tais opiniões e interesses, ela crê que a inclusão deve ser justificada com base em algo mais elementar.

Para tal, Young critica o pressuposto implícito das noções correntes de representação política que, segundo ela, pressupõem que o representante eleito tem a função de presentificar algo ausente. Contra essa "metafísica da presença" (YOUNG, 2006, p. 146), evocada pelos usos correntes da noção de representação, Young propõe entendê-la como um *relacionamento diferenciado* (YOUNG, 2006, p. 142). Mais do que uma identidade entre representante e representado, entender a representação política como relacionamento aberto no tempo e no espaço enfatizaria os vestígios (*traces*) que representantes e representados deixam uns nos outros (YOUNG, 2006, p. 148).

Nesse preâmbulo, já é possível identificar a tentativa de Young em aproximar sua defesa da representação de grupos da ideia de representação como relação aberta, central no trabalho de Hanna Pitkin (1967). Como já foi dito, Pitkin rechaça a noção especular de representação em prol de um conceito de representação como relação aberta de responsividade entre representado e representante (PITKIN, 1967, p. 226). Com um verniz pós-estruturalista, Young retomará a noção de relacionamento diferenciado para enfatizar que alguém pode se sentir representado politicamente não somente se um político partilhar dos seus interesses e opiniões, mas também se ele compartilhar de experiências gerais e modos quase inconscientes de enxergar a vida, isto é, de *perspectivas*:

> O que dou a entender quando digo que me sinto representado no processo político? Há muitas respostas possíveis para essa pergunta, mas três delas me parecem se destacar como as mais importantes. Primeiramente, sinto-me representado quando alguém está cuidando de interesses que reconheço como meus e que compartilho com algumas outras pessoas. Em segundo lugar, é importante para mim que os princípios, valores e prioridades que penso deveriam nortear as decisões políticas sejam verbalizados nas discussões que as deliberam. Por fim, sinto-me representado quando pelo menos algumas dessas discussões e deliberações sobre políticas captam e expressam o tipo de experiência social que me diz respeito, em razão da minha posição num grupo social e da história das relações desse grupo social (YOUNG, 2006, p. 158).

Para entender o que vem a ser uma *perspectiva social* no pensamento de Young é preciso resumir brevemente sua teoria da justiça que, de certo modo, antecede e inspira sua teoria democrática. Para ela, as relações de poder nas sociedades modernas não se resumem à concepção liberal de dominação, em que toda relação de poder é reduzida a uma interação entre indivíduos. Se entendemos que alguém é oprimido quando é impedido de se autodesenvolver enquanto pessoa e dominado quando vive algum constrangimento sistemático que o impede de se autodeterminar, percebemos que são instituições e estruturas sociais que oprimem e dominam grupos:

> a tirania de um grupo dirigente sobre outro, como na África do Sul [do apartheid], deve certamente ser chamada de opressiva. Mas opressão também se refere a constrangimentos sistemáticos que não são necessariamente o resultado das intenções de um tirano. Opressão nesse sentido é estrutural mais do que o resultado das escolhas de um punhado de pessoas ou políticas. Suas causas estão intrinsecamente relacionadas a normas inquestionadas, hábitos e símbolos, nos pressupostos subjacentes a regras institucionais e nas consequências coletivas que seguem essas regras (YOUNG, 1990a, p. 41).

Uma teoria que se pretende realmente democrática deve ser sensível ao fato de que as opressões vividas pelas pessoas envolvem menos as ações de uma classe dirigente e mais a universalização de valores morais arbitrários, os quais impõem estereótipos que encarceram determinados indivíduos numa dada identidade congelada. Nesse ponto, a democracia liberal falharia por se basear numa definição universal de ser humano, definição esta que exclui e silencia aqueles que a ela não se adequam. Ao presumir que todos os indivíduos são seres racionais e portadores de interesses conscientes, a democracia liberal terminaria por excluir da política o que não é racional de acordo com essa perspectiva estrita (racionalidades alternativas, paixões, emoções etc.), mas também marginalizaria aqueles indivíduos que, graças a opressões sociais variadas, não são capazes de formar e expressar seus interesses "racionalmente" (YOUNG, 1990a, p. 41).

Por isso, construir uma sociedade mais justa depende menos de políticas redistributivas imparciais e universalistas e mais de medidas que promovam a expressão das diferenças e recusem qualquer ideal universalista.

O ideal liberal de um Estado imparcial, que age com base em valores transcendentais seria pernicioso, pois ignora que cada lugar social impõe aos indivíduos uma perspectiva sobre o mundo. Para Young, todo ponto de vista moral "não surge de uma razão solitária [...], mas do encontro concreto com outros, que exigem que suas necessidades, seus desejos e suas perspectivas sejam reconhecidos" (YOUNG, 1990a, p. 106). Logo, uma democracia radical deve dar voz na deliberação política às perspectivas sociais oprimidas e excluídas dela.

Em sentido semelhante, Melissa Williams argumenta que o formalismo liberal é insuficiente para justificar políticas de presença justamente porque ele é incapaz de abdicar de premissas teóricas abstratas (WILLIAMS, 2000, p. 63). Posto que a democracia liberal enxerga a representação como efeito de associações construídas em torno de interesses, grupos sociais que possuem identidades impostas (mulheres, negros etc.) não se encaixam nesse ideal justamente porque sua existência enquanto grupo não é voluntária. Ao contrário da associação em torno de um interesse constituído, a pertença a um gênero ou raça não é um ato voluntário: negros e mulheres pertencem a grupos independentemente de suas vontades (WILLIAMS, 2000, p. 63). Baseado nisso, ela defende:

> O argumento da voz para a igualdade política entende e compreende a natureza distintiva do pertencimento de grupo para grupos historicamente marginalizados. No processo ele fortalece um argumento para uma justa representação que se coloca em franco contraste com a representação liberal. Sua defesa da representação feminina contém certa similaridade com a demanda de Mill de que a exclusão permanente de qualquer classe de cidadãos inibe sua habilidade em confiar no governo; também é evidente um elemento da visão compartilhada por Mill e Burke que os cidadãos são os juízes últimos de seu próprio sofrimento. Mas o argumento da voz acrescenta uma reivindicação de igualdade para cada um desses argumentos, e que ressoa poderosamente com pressões recentes para um aumento da presença de grupos adscritos marginalizados nos órgãos

legislativos: a igualdade política para as mulheres não depende apenas da expressão dos interesses das mulheres nos órgãos legislativos, mas da sua autorrepresentação (WILLIAMS, 2000, p. 74).

Ao mesmo tempo em que estende um princípio antipaternalista, próprio da noção liberal de representação, o argumento da voz vai além da noção liberal de representação na medida em que parte de uma visão mais deliberativa da política e, portanto, menos atrelada à noção tradicional do legislativo como lugar de barganha de interesses. Como Young, Williams não apenas critica a ausência das mulheres na política, mas também a concepção liberal de política como um todo (WILLIAMS, 2000, p. 78).

Em muitos aspectos, a defesa da representação de grupos como forma de dar voz a perspectivas marginais na deliberação se aproxima do argumento baseado numa concepção genérica de que interesses tendem a acompanhar distinções estruturais. No entanto, há uma divergência fundamental entre as duas linhas argumentativas. Young e Williams não defendem a concessão de voz às perspectivas marginais para que elas possam constituir interesses, mas para que suas experiências, mesmo que toscamente formuladas, possam ser levadas em conta na deliberação. Por conta disso, o conceito de perspectiva social permite contornar algumas antinomias suscitadas pela noção de interesse grupal discutida na seção anterior. Basicamente, uma perspectiva social "não possui um determinado conteúdo específico" (YOUNG, 2000, p. 137), tendo mais a ver com "um conjunto de questões, tipos de experiência e princípios com os quais um raciocínio começa mais do que com as conclusões a que ele chega" (YOUNG, 2000, p. 137).

Nesse aspecto, a teoria de Young parece se encaixar melhor à situação identitárias dos negros no Brasil. Como algumas pesquisas indicam, é relativamente comum que pessoas socialmente vistas como negras não se reconheçam como tais (MUNIZ, 2012). Embora a negritude não seja absorvida por essas pessoas como elemento identitário central, é plausível supor que ela desempenha um papel central no lugar social que elas ocupam. Justificar medidas específicas para a inclusão política de negros a partir da ideia de perspectiva social pode ser uma forma de contornar a baixa etnicidade da negritude no país (SANSONE, 2003).

Talvez por conta disso, Young não enxergue a inclusão de negros na política como intrinsicamente distinta da inclusão de mulheres. Nos seus dois livros mais importantes (YOUNG, 1990a; 2000), praticamente não há uma única passagem recomendando cuidados específicos para a inclusão de minorias étnicas ou raciais que poderiam ser dispensados no caso de mulheres. Por outro lado, a ideia de perspectiva social também enfrenta obstáculos se mobilizada para justificar representação especial para negros no Brasil. No limite, cada indivíduo possui uma dada perspectiva e, por isso, mereceria ser incluído na deliberação. Contudo, o conceito de perspectiva social em Young faz referência a um ponto de vista que é socialmente gerado por uma diferenciação estrutural. Logo, o conceito de perspectiva remete a um conjunto de experiências com a opressão que são efetivamente vividas, mas que não se articulam discursivamente porque não são consideradas dignas de serem publicizadas (YOUNG, 1990b).

É justamente neste ponto que a teoria de Young esbarra no mais incômodo paradoxo das relações raciais brasileiras, traduzido por Silva e Leão da seguinte maneira:

> Por um lado, as enormes e persistentes discrepâncias socioeconômicas entre os diferentes grupos raciais indicam que raça é um atributo central para se compreender a produção de desigualdades sociais do país. Por outro, as relações de sociabilidade fluidas, com grande quantidade de casamentos inter-raciais e pouca segregação residencial entre brancos e negros, sinalizam que no Brasil a mistura racial permite perpassar as questões de cor (SILVA; LEÃO, 2012, p. 117).

O processo de estruturação das desigualdades raciais no Brasil convive com um modelo hibridizante das diferenças raciais. Utilizando os termos de Young, pode-se dizer que aqui a estrutura não leva necessariamente à diferença. Desde os trabalhos pioneiros de Carlos Hasenbalg (1979) e Nelson do Valle Silva (1978), uma série de estudos tem mostrado que os autodeclarados pretos e pardos nos recenseamentos tendem a ter taxas de mobilidade social muito semelhantes e, sobretudo, bastante inferiores aos autodeclarados brancos. Mesmo quando são isolados os efeitos da classe de origem ou da educação nas chances de ascensão, a cor permanece como um resíduo explicativo forte de tal discrepância, o que fundamenta a suposição de que ao menos parte das desigualdades raciais no Brasil se justificam por práticas discriminatórias (HENRIQUES, 2001; RIBEIRO, 2006; SOARES, 2000; OSÓRIO, 2003). Deduz-se disso que pretos e pardos ocupam lugares sociais muito similares, o que justificaria tratá-los em bloco. Desse prisma, o pardo seria uma espécie de "negro em si", já que sofreria os efeitos da discriminação racial, mas não um "negro para si". Usando a terminologia de Young, pode-se dizer que pretos e pardos ocupam lugares estruturais muito semelhantes e, ao mesmo tempo, distante do lugar social ocupado pelos brancos.

Porém, autores mais preocupados com a fluidez simbólica de nossas classificações identitárias destacam a enorme complexidade subjacente à categoria "pardo" (FRY, 1996; HARRIS et al, 1993; MAGGIE, 1996). Estrangeira ao modo como as pessoas definem sua cor na linguagem cotidiana, essa categoria esconderia uma enorme pluralidade de perspectivas sociais e, no limite, expressaria uma identidade racial que se entende "freyreanamente" como híbrida e flexível. Tais autores também argumentam que os dados estatísticos expressam apenas probabilidades médias e, por isso, não são suficientes para traduzir uma realidade complexa. Dizer que autodeclarados pardos ou pretos "tendem" a ter menos chances de ascensão que autodeclarados brancos não implica que a cor opere como causa das desigualdades na maior parte dos casos.

Essas duas perspectivas sobre as relações raciais brasileiras são postas em debate por Silva e Leão (2012) em um trabalho sobre as razões que levam os autodeclarados pardos a se identificarem como tais. Baseadas em entrevistas em profundidade com pardos autodeclarados, as autoras identificam uma pluralidade de discursos atrelados à categoria, agrupados em três tendências gerais: os que se veem como pardos "de fato", mas adotam politicamente a identidade negra; os que se entendem como pardos, mas que acreditam ser discriminados como negros; e finalmente aqueles que defendem que ser pardo é estar acima das distinções de cor (SILVA; LEÃO,

2012). Desse ângulo, ser pardo pode significar, tanto uma condição que permite ao indivíduo transitar entre lugares sociais diversos, como também uma dentre outras expressões do ser negro (SILVA; LEÃO, 2012).

Embora os autodeclarados pretos e pardos pareçam sofrer discriminações semelhantes e, portanto, ocupar lugares estruturais próximos, é difícil asseverar que eles compartilham uma dada perspectiva social, no sentido de ponto de vista socialmente estruturado. É verdade que Young é consciente desse tipo de cacofonia que caracteriza as minorias políticas. Ao mesmo tempo em que mulheres são oprimidas por definições supostamente universais da política, mulheres negras, imigrantes, deficientes ou pobres têm suas perspectivas específicas e, por isso, podem ser suplementarmente oprimidas por concepções feministas que partem de uma dada definição do que é ser mulher (YOUNG, 1994). Para resolver dilemas como esse, Young propõe entender o gênero não como uma distinção entre grupos, mas como uma "série" no sentido dado ao termo por Sartre:

> Ao contrário de um grupo, formado em torno de objetivos compartilhados, uma série é um coletivo social cujos membros são unificados passivamente pelos objetos em torno dos quais suas ações são orientadas ou pelos resultados objetificados dos efeitos materiais das ações de outros. [...] Sartre descreve pessoas esperando por um ônibus como uma série. Eles são um coletivo ainda que minimamente relacionado um ao outro e seguem as regras da espera de um ônibus. Como um coletivo, eles estão juntos por suas relações a um objeto material, o ônibus, e a práticas sociais do transporte público. [...] Logo, como uma série, *mulher* é o nome de uma relação estrutural ligada a objetos materiais tal qual eles foram produzidos e organizados pela história. Mas a série *mulher* não é simples e unidimensional como passageiros de ônibus ou espectadores de rádio. Gênero, como classe, a um vasto, multifacetado, cheio de camadas, complexo e sobreposto conjunto de estruturas e objetos. Mulheres são indivíduos que são posicionados como femininos pelas atividades que circundam essas estruturas e objetos (YOUNG, 1994, p. 726-28).

Conquanto este não seja o lugar apropriado para discutir a utilidade heurística dessa apropriação do conceito sartreano de série,[8] é preciso destacar que ele está longe de resolver o problema da dualidade existente nas classificações raciais existentes no Brasil. O problema que os "não brancos" colocam à teoria de Young não tem a ver propriamente com a sobreposição de distinções estruturais – ainda que este seja um problema igualmente presente – mas sim com o fato de que a construção do cidadão universal no Brasil articula, de forma complexa, uma valorização da branquitude combinada a uma apologia da miscigenação. Nesse cenário, ser negro (preto) e ser moreno (pardo) podem significar condições sociais contíguas ou antagônicas.[9]

Evidentemente, esses mistérios que rondam a condição do mestiço brasileiro não são suficientes para condenar propostas de inclusão política das perspectivas sociais dos não brancos. A questão que permanece sem resposta é quem deve ser incluído, haja vista que os vários setores abrigados sob o rótulo "não branco" parecem ocupar lugares sociais distintos na estrutura social brasileira. Nesse contexto, defender medidas de representação específica para negros pode significar, de um lado, construir uma política para uma minoria, haja vista que poucos são os que se reconhecem a partir desse rótulo. Tal minoria estaria longe de representar a totalidade de pessoas que, ao que os dados sugerem, possui um lugar social marginal. Por outro lado, se entendemos que a branquitude da nossa política marginaliza um contingente social maior e que, por isso, as cotas devem incluir mais parcelas dos não brancos (pardos, por exemplo), seremos levados ao incômodo fato de que esse rótulo negativo é pouco útil quando lidamos com políticas inclusivas.

---

8 Não cabe aqui apontar as insuficiências da noção de serialidade para os fins de Young. Basta, porém, destacar que nesse ponto concordo com Miguel quando ele afirma que "a concepção sartreana de 'serialidade' exclui a percepção de uma identidade (ainda que imperfeitamente) compartilhada – importante no caso de gênero, segundo Young mesma afirma em outros momentos [e que] parte do problema advém da compreensão subjacente de que a identidade de grupo simplesmente brotaria da experiência comum, que é o reverso da negação do caráter constitutivo da representação" (MIGUEL, 2010, p. 34).

9 Para uma discussão sobre as complexidades que envolvem branquitude, negritude e morenidade no Brasil, cf. Hofbauer (2006).

Considerações finais

Longe de condenar a aplicação das teorias de Anne Phillips e Iris Marion Young à sub-representação política dos negros no Brasil, este ensaio objetivou mostrar as contribuições das teorias das autoras para uma melhor compreensão das políticas de presença. Os dilemas que tais teorias enfrentam quando contrapostas ao contexto nacional indicam lacunas que devem ser exploradas caso queiramos aprimorá-las e, sobretudo, melhor justificar políticas de presença para negros.

Parece haver um dilema entre a condição simbólica e social de determinados grupos e as demandas por representação específica para eles. De um lado, quanto mais um dado grupo é simbolicamente discriminado e diferenciado socialmente, mais fácil se torna incluí-lo politicamente a partir de mecanismos institucionais específicos. Do outro lado, quanto mais são relativizadas as fronteiras identitárias de um grupo e sua estabilidade sociológica, torna-se mais difícil incluí-lo na representação. No entanto, quanto mais fluido e inarticulado é uma identidade marginalizada, mais provável é que suas perspectivas sociais sejam silenciadas e seus interesses grupais obliterados no debate público. De um dado ponto de vista, são essas categorias que mais necessitam de políticas de presença.

Young e Phillips são igualmente críticas do modo como o individualismo liberal, próprio das atuais democracias representativas, funciona como um mecanismo de exclusão grupal. Contra tal individualismo, que enxerga o povo e a sociedade como uma multitude indistinta de indivíduos, seria necessário entender que os grupos e pertencimentos identitários importam politicamente. É a partir disso que mecanismos eleitorais são pensados para aumentar a presença de membros de determinados grupos na representação. Contudo, ambas as autoras temem que tal concepção de representação institucionalize uma dada clivagem identitária, essencializando-a. Embutido na crítica ao individualismo próprio da democracia liberal está o risco de que identidades grupais sejam essencializadas a ponto de se sobreporem à liberdade individual. Nos termos de Phillips, tais políticas deixam de ser culturalmente libertadoras para se tornarem "camisas-de-força culturais" (PHILLIPS, 2007, p. 14).

Mas como nota Kymlicka (prelo), nem sempre a crítica antiessencialista, articulada por essas autoras, esclarece quais são concretamente os riscos envolvidos em criar políticas específicas para grupos. Anne Phillips, por exemplo, parece temer mais a disseminação de um discurso essencializante pela sociedade do que propriamente o efeito essencializador das políticas da diferença. Seu maior temor é que uma ênfase nos direitos específicos de determinados grupos "exagere a unidade interna das culturas, solidifique diferenças que são frequentemente mais fluidas e faça pessoas de outra cultura parecerem mais exóticas e distintas do que elas realmente são" (PHILLIPS, 2007, p. 14). Mas nem por isso, ela defende que sejamos críticos das políticas para grupos, mas sim do fortalecimento de um "etos público multicultural" (PHILLIPS, 2007, p. 76). Já Young está mais preocupada com o risco de que políticas da diferença deem voz a um dado grupo, mas assim silenciem os subgrupos que o compõem. Isso aconteceria quando mulheres reivindicam o direito de falar por todo o gênero feminino e, assim procedendo, normalizam uma dada concepção de mulher insensível à condição particular da mulher negra, da mulher pobre, da mulher lésbica etc. (YOUNG, 1994).

Embora justificados, acredito que os receios manifestados por Phillips e Young acomodam sob o rótulo de "essencialismo" fenômenos bastante distintos. Para compreender como é possível controlar esses riscos, e determinar em que medida eles são de fato importantes, é preciso desempacotar essa categoria e entender que políticas de presença para negros podem promover tipos distintos de essencialismo.

Políticas de presença para um grupo demandam forçosamente procedimentos de adscrição capazes de identificar o grupo a ser beneficiado. Em maior ou menor grau, tais procedimentos essencializam o coletivo de beneficiários em questão, pois rotulam indivíduos, abstraindo suas múltiplas identidades e, ao mesmo tempo, ignorando as diferenças internas ao grupo ao qual ele é conectado. Cotas para negros no parlamento ou nas universidades em geral ignoram que uma miríade de pessoas não está segura em relação à sua identidade racial, não apenas porque tais identidades são fluidas, mas porque elas dependem de experiências com a discriminação que nunca são vividas – se o são – da mesma forma pelos membros potenciais do grupo. Como diria Weber (2002, p. 45-48), a negritude enquanto um conceito sociológico é uma probabilidade, isto é, uma identidade social ligada a experiências sociais que podem acontecer com determinadas pessoas em intensidade e frequências distintas.

Os riscos desse *essencialismo por adscrição* se fazem presentes em qualquer ação afirmativa. Ele pode prejudicar os membros do grupo beneficiário quando ocorre aquilo que Brian Barry chama de "sub-inclusão", isto é, quando pessoas discriminadas são excluídas da política por não se definirem como negras; e de sobre-inclusão, quando não brancos que nunca são discriminados se beneficiam delas (BARRY, 2001, p. 114). Toda ação afirmativa está suscetível aos riscos desse *essencialismo por adscrição*. Porém, existem formas de minimizá-lo e, mormente, avaliar em que medida ele está prejudicando um dado grupo. Mas ainda que os riscos desse tipo de essencialismo não possam ser contornados, ele deve ser considerado como mais um custo perante os benefícios esperados de uma política de discriminação positiva. Políticas públicas para grupos ou para indivíduos não são duas alternativas polares, mas sim duas faces intrinsecamente conectadas das políticas que visam lidar com os efeitos econômicos, políticos e sociais da discriminação sofrida por determinados grupos. Logo, o risco da essencialização via procedimentos tem de ser mensurado e avaliado pragmaticamente, mas não deve ser considerado um impeditivo definitivo. Como defende Joan Scott:

> Se identidades de grupo são um fato da existência social e se as possibilidades de identidades individuais repousam sobre elas tanto em sentido positivo quanto negativo, então não faz sentido tentar acabar com os grupos ou propositadamente ignorar sua existência em nome dos direitos dos indivíduos. Faz mais sentido perguntar como os processos de diferenciação social operam e desenvolver análises de igualdade e discriminação que tratem as identidades não como entidades eternas, mas como efeitos de processos políticos e sociais. [...] Essas questões presumem que a identidade é um processo complexo e contingente suscetível a transformações. Elas também subentendem que política é a negociação de identidades e dos termos de diferença entre elas (SCOTT, 2005).

Contudo, políticas de presença colocam, no horizonte de possibilidades, um risco de essencialização mais específico. Isso porque elas tendem a fomentar que os representantes eleitos sejam encarados como porta-vozes naturais do grupo em questão. Como vimos, tanto Phillips quanto Young são bastante sensíveis a esse risco. No entanto, é preciso destacar que ele pode manifestar algo típico da política entendida como espaço de representação, como a noção hobbesiana de representação constitutiva indica. Como já notava Hanna Pitkin na sua leitura de Hobbes, a representação não apenas adiciona à política algo que está fora dela (interesses, perspectivas etc.), mas também constitui e produz em alguma medida aqueles que são representados (PITKIN, 1967, p. 14-37). Mais do que um meio de vocalizar perspectivas ou impedir a hegemonia de interesses grupais, a representação política tem uma função constitutiva e tal característica da noção de representação se torna particularmente antinômica quando falamos de representação de grupos. Num comentário sobre Young, Luis Felipe Miguel reconhece que:

> A percepção de que as experiências vividas estruturam perspectivas que, então, devem-se fazer ouvidas nos espaços de poder, leva Young – e aqueles que partem de sua reflexão – a desconsiderar ou, no máximo, deixar em segundo plano o caráter constitutivo da representação política. Algo que já é colocado para reflexão por Hobbes, que, numa passagem crucial do *Leviatã*, afirma ser a presença do representante que gera a comunidade política, não o contrário. Onde não há um porta-voz autorizado, no qual o grupo reconheça-se, permanece apenas um conjunto de indivíduos atomizados. Um dos sentidos de "representar" é reduzir uma realidade a algo que lhe é exterior, preservando suas características essenciais e descartando outras, secundárias (MIGUEL, 2010, p. 33-4).

Ora, se o representante constitui o representado em alguma medida, toda representação política pressupõe um trabalho de essencialização. Evidentemente, os temores de Phillips e Young quanto a esse segundo risco de essencialização não estão ligados ao fato de que identidades étnicas, de gênero, religiosas etc. sejam mobilizadas politicamente. A rigor, se a política é uma arena de conflitos, ela depende da produção e mobilização de identidades. Nos termos de Spivak (1999), a política moderna sempre depende de um "essencialismo estratégico".

Os receios de Phillips e Young parecem estar mais relacionados à oficialização desses vínculos a ponto de condenar a autonomia intrínseca às relações de *accountability*. Quando Phillips enfatiza que políticas de presença visam incluir *membros* de um dado grupo e não *representantes* do grupo, ela está tentando garantir que a vinculação política entre os representantes e representados permaneça em aberto. Quando Young insiste que nenhum representante grupal pode falar em nome de todo seu grupo, ela está tentando preservar as relações de *accountabilty*. A ideia de perspectiva social serve para indicar que o representante grupal leva para a política os vestígios de uma perspectiva social silenciada, e não a identidade intrínseca que ela mantém com aqueles que partilham sua posição social.

Políticas de presença para negros adicionam aos riscos próprios do *essencialismo por adscrição* os perigos particulares de um *essencialismo por vinculação política*. Tais riscos têm menos a ver com o fato de se tomar um grupo como homogêneo e mais com a possibilidade de que as relações de *accountability* sejam minadas pelas políticas de presença. O que importa perceber é que, assim como ocorre com o primeiro tipo de essencialismo, procedimentos institucionais podem ser utilizados para matizá-lo. Aliás, dentre as políticas mais usuais para a inclusão de minorias parece existir um balanceamento entre esses dois riscos de essencialização.

Em alguns sistemas eleitorais de lista fechada pré-ordenada, por exemplo, a inclusão de grupos ocorre a partir da intercalação dos seus membros na lista partidária.[10] Nesses casos, os membros de grupos minoritários a serem beneficiados têm de ser criteriosamente identificados para depois serem reposicionados nas listas. Por outro lado, tais listas são submetidas ao veredito de todo o eleitorado. Logo, o processo de legitimação eleitoral deixa implícito que as mulheres incluídas na lista serão representantes não apenas do grupo a que pertencem, mas dos eleitores de modo geral. Como a

---

10 Este é o modelo adotado pelo Partido Socialdemocrata sueco, por exemplo.

definição dos que devem ser incluídos na lista depende de mecanismos de atribuição de identidades, esse modelo compensa os riscos do *essencialismo por adscrição* ao reduzir o risco de *essencialização do vínculo político*. Não é gratuito que esses riscos de essencialização por adscrição sejam baixos em se tratando das clivagens de gênero, posto que elas já são fortemente oficializadas pelo Estado e naturalizadas pela sociedade.

Já no modelo baseado na redistritagem (*gerrymandering*), adotado nos EUA para incluir mais negros no parlamento, a relação entre os dois riscos é inversa. Como o sistema eleitoral estadunidense se baseia em distritos pequenos, em que vence quem obtiver a maioria simples dos votos, uma forma tradicional de incluir mais negros no parlamento é o redesenho dos distritos. Nesse caso, não é preciso determinar a composição das candidaturas (quantos negros ou brancos serão candidatos ou suas posições nas listas partidárias) como no modelo de lista fechada. Basta apenas determinar, ainda que de forma tosca, quais localidades habitadas por negros para incluí-los em um mesmo distrito. Porém, o fato de o parlamentar ser eleito por um distrito de negros – isto é, um distrito desenhado deliberadamente para possuir mais negros em seu interior – torna-o institucionalmente um representante daquele grupo. Logo, esse modelo compensa os riscos da *essencialização do vínculo político* reduzindo a *essencialização por adscrição*, o que vem sendo percebido por alguns estudiosos (cf. GUINIER, 1991). A opção pelo *gerrymandering* não se justifica apenas pelo fato de as clivagens raciais acompanharem segregações espaciais nos EUA, mas pelo risco maior de *essencialização por adscrição* das medidas para a inclusão de negros na política em relação à inclusão de mulheres.

Levando em conta essa dicotomia, é ambígua a proposta de cotas para negros no legislativo em tramitação no parlamento brasileiro. Por um lado, ela mitiga o risco de *essencialização do vínculo político* ao propor que todos os eleitores sejam obrigados a chancelar ao menos um candidato negro. Por outro lado, ela potencializa o risco de *essencialização por adscrição* ao estabelecer que candidatos se declarem negros e sejam votados como negros para poderem concorrer numa eleição separada e paralela. Em suma, os candidatos negros seriam votados por todos, mas concorreriam numa eleição paralela por serem negros.

Acredito que é possível pensar em combinações procedimentais melhores. Não existem muitas pesquisas que tentem identificar se os negros são filtrados da política porque se candidatam pouco, porque têm acesso menor aos recursos eleitorais ou ainda porque existe um viés na própria escolha eleitoral.[11] A depender da localização dos obstáculos nessa estrutura, incentivos partidários (cotas nas listas ou critérios que obriguem uma repartição mais equânime dos recursos eleitorais) podem ser mais eficientes do que uma reserva de vagas ou um sistema de votação paralelo.

De todo modo, se o objetivo é reduzir o risco da essencialização, esses elementos devem ser meticulosamente contrabalanceados. Contudo, se as discussões de Phillips e Young nos chamam a atenção para os riscos envolvidos nessas políticas, elas também nos ajudam a perceber que a ênfase em mecanismos institucionais não deve nunca nos fazer esquecer que a sub-representação política dos negros é uma característica profundamente antidemocrática e injusta do nosso país. Logo, o receio em relação aos riscos de essencialização nunca deve sobrepor a urgência de medidas para a inclusão política dos negros.

Referências bibliográficas

BARRY, Brian. *Culture and equality: an egalitarian critique of multiculturalism*. Cambridge, Mass.: Harvard University Press, 2001.

BRAGA, Izabel. "Congresso estuda implementar cota para parlamentares negros". *O Globo*, Rio de Janeiro, 30 out. 2013.

BUENO, Natália; DUNNING, Thad. *Race, resources, and representation: evidence from brazilian politicians*. São Paulo, 2013.

CAMPOS, Luiz Augusto. "Socialismo moreno, conservadorismo pálido? Cor e recrutamento de candidaturas nas duas maiores cidades brasileiras". *IX Encontro da Associação Brasileira de Ciência Política*, Brasília, 2014.

---

[11] E as poucas pesquisas existentes não são conclusivas. Ainda que Bueno e Dunning (2013) tenham sugerido que não há uma desigualdade racial tão grande na oferta de candidaturas, mostrei em outra oportunidade (CAMPOS, 2014) que a distribuição dos não brancos nas listas de cada partido oscila substantivamente.

CARDOSO, Daiene. "CCJ da Câmara aprova proposta de cota para parlamentar de origem negra". *O Estado de S. Paulo*, 30 out. 2013.

ELSCHTAIN, Jean Bethke. *Public man, private woman*. Princeton: Princeton University Press, 1981.

FALCÃO, Márcio. "Comissão da Câmara aprova cota para parlamentares negros nos legislativos". *Folha de S. Paulo*, 30 out. 2013.

FRY, Peter. "O que a Cinderela Negra tem a dizer sobre política racial no Brasil". *Revista da USP*, n. 28, 1996, p. 13-34.

GUINIER, Lani. "No two seats: the elusive quest for political equality". *Virginia Law Review*, vol. 77, n. 8, 1991, p. 1447-1514.

HARRIS, Marvin *et al*. "Who are the whites?: Imposed census categories and the racial demography of Brazil". *Social Forces*, vol. 72, n. 2, 1993, p. 451-62.

HASENBALG, Carlos Alfredo. *Discriminação e desigualdades raciais no Brasil*. Rio de Janeiro: Graal, 1979.

HASENBALG, Carlos Alfredo; SILVA, Nelson Do Valle. *Estrutura social, mobilidade e raça*. Rio de Janeiro; São Paulo: Instituto Universitário de Pesquisas do Rio de Janeiro; Vértice, 1988.

HENRIQUES, Ricardo. "Desigualdade racial no Brasil: evolução das condições de vida na década de 90". *Texto para Discussão IPEA*, n. 807, 2001, p. 49.

HOFBAUER, Andreas. *Uma história de branqueamento ou o negro em questão*. São Paulo: Editora Unesp, 2006.

JOHNSON III, Ollie A. "Racial representation and brazilian politics: black members of the National Congress, 1983–1999". *Journal of Interamerican Studies and World Affairs*, vol. 40, n. 4, 1998, p. 97-118.

KYMLICKA, Will. *Multicultural citizenship: a liberal theory of minority rights*. Oxford; Nova York: Clarendon Press; Oxford University Press, 1995.

____. "The essentialist critique of multiculturalism: theory, policies and ethos". In: MODOOD, Tariq; UBEROI, Varun *et al* (ed.). *The political theory of multiculturalism: essays in honour of Bhikhu Parekh* (no prelo).

MAGGIE, Yvonne. "Aqueles a quem foi negada a luz do dia: as categorias cor e raça na cultura brasileira". In: MAIO, Marcos Chor; SANTOS, Ricardo Ventura (ed.). *Raça, ciência e sociedade*. Rio de Janeiro: Editora Fiocruz, 1996.

MANSBRIDGE, Jane. "Should blacks represent blacks and women represent women? A contingent 'yes'". *The Journal of Politics*, vol. 61, n. 3, 1999, p. 628-57.

MIGUEL, Luis Felipe. "Teoria política feminista e liberalismo: o caso das cotas de representação". *Revista Brasileira de Ciências Sociais*, vol. 15, n. 44, 2000, p. 91-102.

_____. "Perspectivas sociais e dominação simbólica: a presença política das mulheres entre Iris Marion Young e Pierre Bourdieu". *Revista de Sociologia e Política*, vol. 18, n. 36, 2010, p. 25-49.

MILL, James. *The political writings of James Mill: essays and reviews on politics and society, 1815-1836*. Indianapolis: Liberty Fund, 2013.

MUNIZ, Jerônimo. "Preto no branco? Mensuração, relevância e concordância classificatória no país da incerteza racial". *Dados*, vol. 55, n. 1, 2012, p. 251-82.

NASCIMENTO, Abdias; NASCIMENTO, Elisa Larkin. "Reflexões sobre o Movimento Negro no Brasil (1938-1997)". In: GUIMARÃES, Antônio Sérgio Alfredo; HUNTLEY, Lynn (ed.). *Tirando a máscara: ensaios sobre o racismo no Brasil*. São Paulo: Paz e Terra, 2000.

OSÓRIO, Rafael Guerreiro. "O sistema classificatório de 'cor ou raça' do IBGE". *Texto para Discussão IPEA*, 2003.

PAIXÃO, Marcelo; CARVANO, Luiz (ed.). *Relatório Desigualdades Raciais (2007-2008)*. Rio de Janeiro: Garamond, 2008.

PHILLIPS, Anne. *Engendering democracy*. Pennsylvania: Pennsylvania State University Press, 1991.

_____. *The politics of presence*. Nova York: Oxford University Press, 1995.

_____. *Multiculturalism without culture*. Princeton: Princeton University Press, 2007.

____. "O que há de errado com a democracia liberal?". *Revista Brasileira de Ciência Política*, n. 6, 2011, p. 339-63.

PITKIN, Hanna Fenichel. *The concept of representation*. Berkeley: University of California Press, 1967.

RIBEIRO, Carlos Antônio Costa. "Classe, raça e mobilidade social no Brasil". *Dados*, vol. 49, n. 4, 2006, p. 833-73.

RUDDICK, Sara. *Maternal thinking: towards a politics of peace*. Boston: Beacon Press, 1989.

SANSONE, Livio. *Blackness without ethnicity: constructing race in Brazil*. Nova York: Palgrave Macmillan, 2003.

SCOTT, Joan. "O enigma da igualdade". *Revista de Estudos Feministas*, vol. 13, n. 1, 2005, p. 11-30.

SILVA, Graziella; LEÃO, Luciana. "O paradoxo da mistura: identidades, desigualdades e percepção de discriminação entre brasileiros pardos". *Revista Brasileira de Ciências Sociais*, vol. 27, n. 80, 2012, p. 117-33.

SILVA, Nelson Do Valle. *Black-white income differentials in Brazil, 1960*. Tese (doutorado em Sociologia) – Universidade de Michigan, Michigan, 1978.

SOARES, Sergei Suarez Dillon. "O perfil da discriminação no mercado de trabalho – homens negros, mulheres brancas e mulheres negras". *Texto para Discussão IPEA*, n. 769, 2000.

SPIVAK, Gayatri Chakravorty. *A critique of postcolonial reason: toward a history of the vanishing present*. Cambridge: Harvard University Press, 1999.

STUART MILL, John. *Considerações sobre o governo representativo*. Brasília: Editora da UnB, 1981.

UNINEGRO. *Balanço eleitoral do voto étnico negro e presença dos negros no parlamento*. União de Negros Pela Igualdade, Belo Horizonte, 2011.

WEBER, Max. *Conceitos básicos de sociologia*. São Paulo: Centauro, 2002.

WILLIAMS, Melissa. *Voice, trust, and memory: marginalized groups and the failings of liberal representation*. Princeton: Princenton University Press, 2000.

YOUNG, Iris Marion. *Justice and the politics of difference*. Princeton: Princeton University Press, 1990a.

____. *Throwing like a girl and other essays in feminist philosophy and social theory*. Bloomington: Indiana University Press, 1990b.

____. "Gender as seriality: thinking about women as a social collective". *Signs*, vol. 19, n. 3, 1994, p. 713-38.

____. *Inclusion and democracy*. Oxford: Oxford University Press, 2000.

____. "Representação política, identidade e minorias". *Lua Nova*, vol. 67, 2006.

SEGREGAÇÃO RESIDENCIAL E RELAÇÕES RACIAIS NO BRASIL: EM BUSCA DE UMA PROBLEMÁTICA SOCIOLÓGICA[1]

Danilo Sales do Nascimento França

Segregação residencial por raça no Brasil: contexto e papel específicos

É com estranheza (ou talvez com certa curiosidade desconfiada) que costuma ser recebida uma proposta de discussão sobre segregação residencial por raça no Brasil. Em geral, se pensa que, embora existam fortes desigualdades entre negros e brancos, a especificidade do sistema de relações raciais no Brasil não comporta segregação. A proposta aqui defendida é que a segregação deve ser pensada não como inexistente ou irrelevante, mas como representando um papel específico em nosso contexto racial. Cabe à sociologia tentar revelar qual seria este papel e por quais mecanismos raça e segregação se articulariam. Este texto representa uma tentativa de apontar possíveis caminhos para a construção de uma problematização sociológica da segregação residencial no contexto das relações raciais no Brasil.

Uma vez colocados tais propósitos, é necessário que seja previamente explicitada uma definição de segregação residencial. Concebe-se segregação residencial como sendo o grau em que os grupos sociais se encontram distantes

---

[1] Texto apresentado no II Simpósio Nacional sobre Democracia e Desigualdades, realizado na Universidade de Brasília, entre os dias 7 e 9 de maio de 2014. Agradeço pela recepção e pelos comentários dos participantes do simpósio.

uns dos outros, considerando a localização de suas moradias no espaço urbano (MARQUES, 2005; MASSEY; DENTON, 1988). Consiste no grau de concentração, no espaço, de uma categoria social com relação à outra, sendo que ambas as categorias se delimitam analiticamente. De modo que "a segregação é – sobretudo – um fenômeno relacional: só existe segregação de um grupo quando outro grupo se segrega ou é segregado" (TORRES, 2004, p. 42).

Partindo dessa definição operacional, mais adiante apresentaremos evidências empíricas dos contornos raciais da segregação residencial, com enfoque em dados recentes da Região Metropolitana de São Paulo. Por fim, tendo em vista as evidências levantadas e alguns problemas concernentes ao próprio conceito de segregação, discutiremos possíveis formas de construção de uma questão sociológica sobre segregação residencial no contexto racial brasileiro.[2]

Questionamentos em torno das razões das disparidades entre negros e brancos no Brasil – se seriam mais determinadas pela raça, pela classe social ou por uma articulação entre as duas variáveis – sempre permearam os debates da sociologia das relações raciais. Estudos seminais como o de Pierson (1971), apontaram que a segregação por raça não seria uma característica importante, estando fortemente condicionada pela classe social. Tal perspectiva era compartilhada até mesmo por outros autores posteriores, como Costa Pinto (1998) e Cardoso e Ianni (1960), que deram maior ênfase à discriminação e às desigualdades raciais na nossa sociedade. Desde então, a segregação tem sido uma questão muito pouco abordada neste campo de pesquisas.

Todavia, ao excluírem a segregação da caracterização das relações raciais no Brasil, tais autores tinham sempre como referência uma comparação com os Estados Unidos, tal como atesta o seguinte excerto de Pierson (1971): "Consideração importante é a de que não existia, na Bahia, esforço

---

2   Não pretendemos reduzir as características da segregação residencial por raça no Brasil às evidências provenientes da Região Metropolitana de São Paulo. Adotamos este contexto metropolitano como um ponto de partida para reflexões sobre o tema no Brasil que, evidentemente, somente se tornarão mais robustas na medida em que forem aplicadas a outras metrópoles brasileiras.

proposital de segregar as raças a fim de manter distinções de casta, como naquela época em várias partes dos Estados Unidos" (p. 106).

Entretanto, tal comparação é problemática, pois "reunindo sob uma mesma denominação formas variadas de diferenciação social do espaço residencial, o emprego ordinário da palavra 'segregação' deixa entender que elas procedem todas de um mesmo sistema causal" (BRUN, 1994, p. 23).[3] Esta ressalva implica que sempre que tratarmos de segregação, sejam descritos processos e condições nos quais se insere o fenômeno e que fazem com que ele possa ter distintas propriedades e funções em diferentes contextos ou países.

Nos Estados Unidos, a segregação tem um papel historicamente muito específico, sendo considerada como um dos princípios organizadores das relações raciais. A segregação residencial foi um dos principais elementos de um regime mais geral de segregação que, resguardada por dispositivos legais, objetivava a separação física entre negros e brancos de modo a evitar todo tipo de contatos, relacionamentos, amizades, casamentos e misturas interraciais. Neste país, não apenas a maior parte dos negros foi mantida nas posições mais baixas da hierarquia social, mas, de certa forma, a segregação também criou algo como uma estratificação social paralela, uma vez que os negros que ascendiam socialmente também eram obrigados a permanecer nos guetos. Mesmo após a década de 1960 – com as reformas dos direitos civis e as leis contra a discriminação na moradia –, os índices de segregação diminuem muito lentamente, os negros pobres continuam confinados nos guetos, que foram abandonados pelos negros de classe média, porém estes, em geral, vivem em subúrbios distintos daqueles onde moram os brancos de classe média, de maneira que a segregação entre negros e brancos perdura independentemente da classe social. Importantes autores, como Massey e Denton (1993), consideram a segregação residencial como a principal causa da atual desvantagem negra nos Estados Unidos.

Considerando que os autores clássicos da sociologia das relações raciais no Brasil pensavam sobre segregação tendo como referência o contexto norte-americano, faz sentido que eles a tenham rechaçado como aspecto relevante no Brasil, dando maior proeminência à classe social. No entanto,

---

3 São minhas as traduções de todos os excertos em língua estrangeira.

se desejamos refletir sobre o papel da segregação residencial no contexto brasileiro, dar ênfase ao contexto significa considerar as distintas especificidades históricas, políticas, urbanas e socioeconômicas de cada país (MALOUTAS, 2012).[4]

Tradicionalmente, o estudo da segregação residencial nas cidades brasileiras tem sido pautado pelo debate acerca da polarização entre um centro rico e uma periferia pobre. Mais recentemente, a maior disponibilidade de dados e a utilização de novas técnicas de mensuração e análise ensejou uma rediscussão do modelo centro-periferia, dando relevo à heterogeneidade social do espaço urbano (ver CALDEIRA, 2000; MARQUES; TORRES, 2005). Não obstante, têm se observado homologias entre a estratificação social e a segregação entre as classes sociais, resultando em uma divisão social do espaço urbano (MARQUES; SCALON; OLIVEIRA, 2008). Por outro lado, a sociologia tem demonstrado que a raça é um fator que exerce importante influência na estratificação social (HASENBALG, 2005; RIBEIRO, 2006). Resta explorar em que medida a raça também exerceria alterações específicas na segregação residencial que não seriam redutíveis a questões classe.

Após ter sido deixada de lado por muito tempo, na década de 1990, a discussão sobre segregação residencial foi reintroduzida no quadro das relações raciais brasileiras pelo sociólogo norte-americano Edward Telles. Em seus escritos (TELLES, 1993, 1995, 1996, 2012), este tema ganha um tratamento mais sistemático, através da utilização de dados censitários de 1980 para a constituição de indicadores sintéticos visando à mensuração do fenômeno em 35 regiões metropolitanas brasileiras. A população de cada

---

4   Algumas diferenças são evidenciadas por Telles 2012 [2004]: "Nos Estados Unidos, a segregação racial residencial foi originada principalmente com as leis Jim Crow de segregação no sul do país, que teve seu paralelo no norte através da discriminação imobiliária e do enrijecimento da *color line*. A segregação aumentou no início do século XX nas cidades do norte, especialmente através da violência contra negros, convenções restritivas e da discriminação imobiliária [*blockbusting*]. Esses tipos de segregação residencial estão ausentes no Brasil. Mais importante, os agentes institucionais que produziram grande parte da segregação nos Estados Unidos tais como os agentes imobiliários, gerentes, bancos, financiadoras, e seguradoras, não participam da maior parte do mercado imobiliário do Brasil urbano, dada a improvisação deste e, frequentemente, seu caráter informal" (p. 170). Ver, também Wacquant (2005) para uma crítica à maneira pela qual as *banlieues* francesas foram abordadas com termos semelhantes àqueles que se tratam os guetos norte-americanos.

região metropolitana foi separada em faixas de renda domiciliar, de modo que fosse possível medir a segregação entre os indivíduos brancos e negros que ocupam o mesmo estrato social. Esta estratégia, além de ser um bom modo de identificar o componente propriamente racial da segregação, distinguindo-o da classe social, permitiu também incrementar a comparação entre negros e brancos, através da abordagem estratificada destes grupos. Telles aplicou índices de segregação (os índices de dissimilaridade, exposição e isolamento) muito utilizados nas pesquisas norte-americanas, mas que nunca haviam sido empregados no Brasil. Através deles, descobriu moderados graus de segregação, se comparados aos estadunidenses, que se tornavam mais agudos nas faixas de renda mais altas.

Posteriormente, tais índices foram utilizados para mensurar a segregação residencial em Salvador por Carvalho e Barreto (2004), em São Paulo por Torres (2005), e em Belo Horizonte por Rios-Neto (2005), a partir dos dados do Censo de 2000. Porém, apesar de apresentarem os dados, nenhum destes autores realizou uma análise mais aprofundada da segregação residencial por raça.

Com este intuito, realizamos pesquisa anterior sobre raça, classe e segregação residencial no município de São Paulo (FRANÇA, 2010). Nela, seguimos a mesma estratégia proposta por Telles de separar os grupos raciais em diferentes estratos de renda. A partir dos dados da amostra do Censo de 2000, aplicamos variadas técnicas de mensuração (índices sintéticos, análise tipológica, quocientes locacionais, medidas de autocorrelação espacial, e modelos de realização locacional).[5] Diversificando as técnicas, pudemos verificar em que medida as tendências apontadas por cada uma poderiam ser reforçadas ou contrastadas pelas outras, e testar os alcances e limites de cada uma, tendo em vista os resultados das outras. Além do mais, isso acrescentou maior riqueza de detalhes na descrição da segregação em São Paulo.

Dentre os principais resultados da pesquisa descritos na dissertação, destacamos que o grau de segregação racial, a princípio muito baixo na camada de menor renda, tende a aumentar conforme consideramos

---

5   Para descrições mais detalhadas destas técnicas, ver França (2010; 2013).

os padrões residenciais de negros e brancos nos estratos mais altos – delimitados operacionalmente por faixas de renda domiciliar mensal a partir de 10 salários mínimos. Acrescenta-se que, considerando as faixas de renda domiciliar mais altas, a concentração dos negros em áreas periféricas é bem maior que a dos brancos, ao passo que a proporção de brancos destes estratos em áreas de elite é bem maior que a dos negros. Por fim, também demonstramos que os brancos, mesmo que de classes mais baixas, estão, comparativamente, mais representados em áreas mais ricas da cidade do que os negros. Assim, as distâncias se expressam não apenas nos maiores índices de segregação racial que verificamos nos altos estratos, mas também no fato dos brancos pobres estarem mais próximos das classes mais altas do que os negros pobres. Ou seja, as camadas mais altas são compostas majoritariamente por brancos, e os pobres que os cercam também são brancos.

Contornos da segregação residencial por raça: evidências da Região Metropolitana de São Paulo

Em França (2013), comparamos indicadores de segregação residencial dos anos de 2000 e 2010 para a Região Metropolitana de São Paulo (RMSP). Exporemos, a seguir, os resultados mais recentes de dois importantes indicadores deste fenômeno: o índice de dissimilaridade e o índice de Moran Local. Ambos foram calculados a partir dos dados da amostra do Censo de 2010.

O índice de dissimilaridade (ID) é uma tradicional medida de segregação residencial que capta o grau em que dois grupos sociais *não* estão uniformemente [*evenly*] distribuídos no espaço de uma cidade. Neste sentido, a uniformidade se define a partir da proporção de cada grupo na composição da população total da cidade, e do quanto que a distribuição destes grupos pelas diversas áreas da cidade replica esta composição. Ou seja, este indicador evidencia a relação entre a composição da população de cada unidade espacial e a composição da população de toda a cidade.[6] O índice de

---

6 A unidade espacial de referência para a mensuração da segregação serão as áreas de ponderação delimitadas pelo Censo de 2010.

dissimilaridade varia de 0 a 1, onde 1 significa segregação total e 0 significa uniformidade total na distribuição dos grupos.

O resultado costuma ser interpretado como indicando a proporção da população de um determinado grupo da cidade que teria que trocar de área com outro para que se obtenha um padrão residencial uniforme do ponto de vista da proporção de cada grupo na composição da população da cidade. Por exemplo, no caso do índice de dissimilaridade resultar em 0,40, considerar-se-ia que 40% da população de um grupo deveria trocar de área para que se obtenha uma distribuição uniforme dos grupos considerados no cálculo do índice.

Na RMSP, a dissimilaridade residencial entre negros e brancos é de 0,29. Ou seja, 29% da população teria que trocar de área de ponderação para que a distribuição dos grupos raciais fosse homogênea. A título de comparação, nas metrópoles norte-americanas, o índice de dissimilaridade médio entre negros e brancos em 2000 era de 0,643 (ICELAND; WILKES, 2006). De modo que, para os padrões norte-americanos, o índice paulistano seria considerado moderado. Porém, assim como alertado anteriormente, devemos estar precavidos de possíveis deslizes que este tipo de comparação pode implicar: "as interpretações dos índices de segregação devem ser entendidas como um reflexo da história" (TELLES, 2012, p. 163).

É muito comum que tal resultado seja interpretado como um efeito da segregação residencial por classe social, uma vez que a maior parte da população negra é pobre, e que as camadas superiores são predominantemente brancas. No entanto, empreenderemos aqui uma tentativa de colocar em evidência o componente racial da segregação. Assim, na sequência de nossa análise, a população da RMSP será classificada, segundo a sugestão de Marques, Barbosa e Prates (2013), em estratos sociais baseados em agrupamentos das categorias ocupacionais EGP (ERIKSON; GOLDTHORPE; PORTO-CARRERO, 1979; BARBOSA; MARSCHNER, 2013).[7] No estrato superior estão as categorias de proprietários e empregadores e de profissionais de alto nível; o estrato médio é composto por profissionais de nível baixo, técnicos e supervisores do trabalho manual, e trabalhadores não manuais de rotina de

---

7   As expressões de classe, estrato ou camada social aqui empregadas dizem respeito a uma definição operacional de estratificação que têm como base as categorias ocupacionais EGP.

alto nível; o estrato baixo reúne trabalhadores não manuais de rotina de baixo nível, trabalhadores manuais qualificados, e trabalhadores manuais semi ou não qualificados. Da intersecção destes três estratos com os grupos raciais negros e brancos[8] resultaram seis agrupamentos, dos quais verificaremos os índices de segregação na tabela a seguir.

Na primeira linha da tabela, observamos que os grupos mais segregados do resto da população da metrópole são os brancos de estrato superior, com índices bem acima dos seguintes, os negros de estrato baixo e os brancos de estrato médio. Os outros grupos – brancos de estrato baixo, e negros de estrato médio e superior – estão mais bem distribuídos pelos espaços da região metropolitana.

Tabela 1: Índice de Dissimilaridade entre Grupos Raciais e Estratos Sócio-Ocupacionais na Região Metropolitana de São Paulo, 2010.

Grupos	Brancos Superior	Negros Superior	Brancos Médio	Negros Médio	Brancos Baixo	Negros Baixo
Resto da População	0,47	0,15	0,25	0,15	0,12	0,30
Brancos Superior	-	0,40	0,26	0,53	0,48	0,61
Negros Superior	0,40	-	0,20	0,19	0,19	0,29
Brancos Médio	0,26	0,20	-	0,31	0,26	0,41
Negros Médio	0,53	0,19	0,31	-	0,13	0,15
Brancos Baixo	0,48	0,19	0,26	0,13	-	0,18
Negros Baixo	0,61	0,29	0,41	0,15	0,18	-

Fonte: Censo de 2010, IBGE. Elaboração Própria.

Considerando a segregação socioeconômica interna aos grupos raciais, verificamos que os negros das diferentes classes estão mais próximos entre si do que os brancos.

De fato, os brancos mais ricos apresentam o maior isolamento da metrópole, distanciando-se de todos os outros grupos. O grupo mais próximo

---

[8] Assim como as categorias EGP foram reunidas para formar três estratos sociais, as categorias de "raça/cor" de "pretos" e "pardos" foram unificadas na categoria "negros" visando obter resultados estatisticamente mais significativos na mensuração da segregação.

deles é o dos brancos de classe média (0,26). Em seguida, o segundo grupo mais próximo, mas já com um índice de dissimilaridade relativamente grande (0,39) é o dos negros de classe alta. Por outro lado, se avaliarmos os índices de segregação dos negros de classe alta (segunda coluna), o grupo que menos compartilha as mesmas áreas que eles são os próprios brancos de classe alta. Estes dados evidenciam o tamanho isolamento da elite branca na metrópole paulistana.

No outro extremo da estratificação, o grupo mais segregado é o dos negros mais pobres. A comparação com os brancos mais pobres revela que estes últimos encontram-se mais uniformemente distribuídos pelas áreas da cidade e mais próximos das camadas médias e superiores, ao passo que os negros de classe baixa tendem a concentrar-se mais em áreas específicas. O índice de dissimilaridade entre brancos de classe alta a negros de classe baixa chega a 0,61, valor comum em metrópoles hiper-segregadas estadunidenses.

Tais resultados do índice de dissimilaridade demonstram que, para além da bem documentada segregação entre as classes sociais no espaço urbano, é possível obervar também um componente racial na segregação. Isto se torna mais evidente quando comparamos os indicadores de negros e brancos pertencentes a um mesmo estrato social, em especial nas camadas médias e altas.

Os resultados apresentados acima evidenciam a segregação entre negros e brancos pertencentes a um mesmo estrato social. Mas se tratam de indicadores sintéticos que não nos revelam onde cada um dos grupos se concentra. Apresentaremos, então, uma análise da segregação a partir do índice de Moran Local (ANSELIN, 1995), outra técnica de mensuração de segregação residencial amplamente empregada. O índice de Moran é uma medida de autocorrelação espacial, ou seja, para além da distribuição de grupos por áreas, tal medida leva em conta a contiguidade das áreas onde se concentram os diferentes grupos.[9] Trata-se, em outras palavras, de em que

---

9 O índice de Moran foi calculado a partir do quociente locacional de cada um dos seis grupos nas 633 áreas de ponderação da RMSP. O quociente locacional (QL) é uma medida de concentração que consiste na razão entre a proporção da população de um grupo em uma determinada área e a proporção da população deste mesmo grupo na cidade

medida os grupos considerados têm grande concentração em conjuntos de áreas vizinhas umas das outras.

Os resultados do Índice de Moran Local são convertidos nos chamados LISA Maps (*Local Indicator of Spatial Autocorrelation*). Tratam-se de mapas que representam a autocorrelação espacial dos grupos que analisamos. As áreas mais escuras denotam alta concentração da variável em questão em áreas vizinhas entre si. As áreas em cinza claro expressam a contiguidade de áreas de baixa concentração desta variável. Áreas em brancos não tiveram resultado estatisticamente significativo (Fig. 1).

Há um grande aglomerado de áreas de concentração de brancos de classe superior em áreas do centro expandido de São Paulo (no quadrante sudoeste e nas partes das zonas norte e leste mais próximas do centro); e outra menor no ABC paulista. Há diversos conjuntos de espaços com maior concentração de negros de classe superior. Ao contrário do LISA Map dos brancos de classe alta, há um agrupamento de negros mais ricos no centro velho da cidade de São Paulo que se estende ao sul, em direção à Vila Mariana, e a leste, até o Belém. Na Zona Norte, há um novo aglomerado na região do distrito de Pirituba (noroeste de São Paulo). Nota-se um conjunto na Zona Leste, em torno de Itaquera. Na Zona Sul, há uma faixa que se estende desde a região do Jabaquara até Socorro. Na porção oeste da região metropolitana há um grande aglomerado mais concentrado na região de Osasco (sul deste município, Barueri e Jandira).

---

inteira. Ou seja, tal como o índice de dissimilaridade, o QL também pondera em que medida a proporção de um dado grupo em uma área replica a proporção deste grupo em toda a região metropolitana. Porém enquanto ID resulta num único valor para representar a segregação entre dois grupos num dado espaço urbano, o QL resulta em valores específicos da concentração de cada um dos grupos para cada um das áreas que compõem este espaço urbano. Assim, foram calculados os quocientes locacionais dos seis grupos para cada uma das áreas de ponderação da cidade.

Figura 1: LISA Maps dos Grupos de Raça e Classe (RMSP 2010)

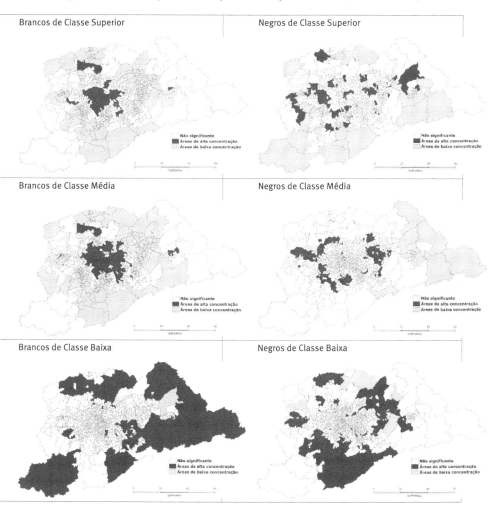

Fonte: Censo de 2010, IBGE. Elaboração Própria.

Negros e brancos de classe média são os grupos cujos aglomerados de áreas de alta concentração são, comparativamente, mais díspares entre si. Os brancos de classe média concentram-se num grande agrupamento central que se sobrepõe de forma praticamente integral ao aglomerado dos brancos de classe superior, tendo, porém, um raio maior, ou seja, é mais extenso em todas as direções. Este conjunto central representa, para os negros de classe média, uma área de baixa concentração (em cinza claro). Os aglomerados de alta concentração dos negros de classe média apresentam uma distribuição peculiar: grande conjunto no extremo leste de São Paulo e municípios limítrofes; agrupamentos na Zona Norte formando uma faixa na direção Oeste, avançando até Itapevi; outra faixa no sudoeste, de Taboão da Serra até o Grajaú; além de aglomerações em Guarulhos e entre Diadema e o distrito de Pedreira.

De um modo geral, os grupos de classe baixa, tanto negros quanto brancos, continuam tendo maior concentração nos anéis periféricos mais externos da Região Metropolitana de São Paulo. O diferencial que mais se destaca são as áreas de alta concentração de brancos pobres nas cidades da região metropolitana mais distantes do município de São Paulo (como Juquitiba São Lourenço da Serra, Salesópolis, Biritiba-Mirim, Guararema e Santa Isabel). Contudo, as áreas de baixa concentração de ambos os grupos de classe baixa tendem a se sobrepor e se concentrar no núcleo da metrópole.

Tal qual constatado por pesquisas anteriores baseadas nos dados do Censo de 2000 (PRÉTECEILLE; CARDOSO, 2008; FRANÇA, 2010), a segregação entre negros e brancos segue branda nas classes baixas, e torna-se mais significativa nas classes médias e altas. A segregação por classe internamente aos grupos raciais é bem mais forte entre os brancos; ou seja, negros de diferentes classes sociais encontram-se mais próximos entre si do que os brancos. Há um permanente isolamento dos brancos de classe alta de todos os outros grupos, sendo que o grupo que mais se aproxima deles são os brancos de classe média. Na classe média, aliás, observamos um substancial afastamento entre negros e brancos.

Revelamos aqui a segregação entre negros e brancos de categorias ocupacionais semelhantes e próximas entre si. Porém, há de ser feita a ressalva de que não sabemos ainda em que medida as distâncias residenciais verificadas se associam a outros fatores não mensurados como redes sociais, laços familiares, salários, riqueza em termos de bens e propriedades etc. Outro fator que deve ser considerado é o fato de ser recente a ascensão social de muitos negros.

Os dados mais salientes dizem respeito a grande separação dos brancos de classes média e superior de todos os outros grupos, que se encontram mais próximos entre si. São estes os principais elementos do desenho peculiar da segregação por raça e classe que observamos na metrópole paulistana. Se não houvesse as especificidades raciais aqui expostas, e a segregação fosse puramente por classe social, haveria grande proximidade de negros e brancos de cada uma das classes, não apenas entre os mais pobres. No entanto, o que observamos aqui também não se assemelha ao modelo – que foi marcante em muitas cidades norte-americanas – em que a raça se destacaria como sendo a principal clivagem residencial.

A caracterização da segregação residencial por raça e classe na RMSP têm forte relação com a estruturação da estratificação social no Brasil. Nesta direção, adotamos a interpretação proposta por Edward Telles (2012), que sugere que a sociedade brasileira poderia ser pensada segundo uma clivagem entre uma classe média e alta branca e a classe pobre multirracial. Tal clivagem leva em conta não apenas as desigualdades socioeconômicas, mas também a "distância social", no sentido da possibilidade de convivência entre os diferentes grupos, da qual a segregação residencial seria um indicador. Para o autor, existiriam "barreiras invisíveis" que dificultariam a entrada dos negros nas classes médias e uma cultura racista propagaria representações de que os negros deveriam ocupar posições subalternas.[10] Tais limites para a inserção e consolidação da posição dos negros nestes estratos estariam refletidos na maior distância residencial deles para com os brancos de classe social semelhante. Assim, as "barreiras invisíveis" e a cultura racista, postuladas por Telles (2012), podem ser identificadas na distância entre os grupos raciais cultivada nas relações horizontais (de proximidade e integração, incluindo-se aí relações de sociabilidade, vizinhança, intercasamentos etc.) dos estratos médios e altos, que mantêm os negros afastados.

Assim, as localizações residenciais no espaço urbano constituiriam uma dimensão na qual figuram as diferenciações da estratificação social. Desta forma, podemos enxergar os graus de segregação entre negros e brancos nos estratos médios e altos de São Paulo como reveladores dos limites da inserção dos negros nestas camadas.

---

10 Uma consequência marcante destes mecanismos é o fato dos negros de renda mais alta não serem reconhecidos como "da classe média" e, com isso, serem alvo de constantes desconfianças e discriminações (FIGUEIREDO, 2003, 2004).

Problematizando o papel da segregação nas relações raciais do Brasil

Poderíamos dizer dos resultados exibidos que eles revelam um "fato demográfico" das diferenças de distribuição espacial de cada grupo, mas também que tal fato não seria suficiente para a constituição de uma questão sociológica.

> É importante enfatizar, portanto, que a segregação pode ser mais ou menos severa – tal como muitos índices de segregação podem indicar – mas esta severidade não é um indicador inequívoco de seu papel social (MALOUTAS, 2012, p. 10).

Para começarmos a acessar o que boa parte dos pesquisadores tem entendido como o "papel social" da segregação residencial, convém expor as principais formas pelas quais este conceito costuma ser mobilizado. Grafmeyer (1994) ressalta que, de todos os usos do conceito, prevalece um sentido geral de um "por à distância" [*mise à distance*]. Isto é, a segregação faz parte de processos pelos quais determinados grupos sociais se distanciam fisicamente uns dos outros.[11] O autor distingue três usos distintos e interconectados expostos a seguir.

A primeira perspectiva, que baliza o exercício empírico apresentado acima, se refere aos "diferenciais de localização" de grupos, tais como medidos pelo índice de dissimilaridade. Parte-se da suposição, oriunda dos escritos de Robert Park e da Escola de Chicago, de que as distâncias físicas refletiriam as distâncias sociais entre os grupos.[12] Há, nesta concepção, um horizonte

---

[11] Abordagens sociológicas que enfatizam as distâncias físicas entre os grupos como dimensão social relevante provêm dos estudos da Escola de Chicago. Contudo, Pierre Bourdieu também ressalta a importância desta perspectiva: "A capacidade de dominar o espaço [...] depende do capital que se possui. O capital permite manter à distância as pessoas e as coisas indesejáveis ao mesmo tempo que aproximar-se de pessoas e coisas desejáveis [...]: a proximidade no espaço físico permite que a proximidade no espaço social produza todos os seus efeitos facilitando ou favorecendo a acumulação de capital social" (BOURDIEU, 1997, p. 164).

[12] Nas palavras de Robert Park: "É porque geografia, ocupação, e todos os outros fatores que determinam a distribuição da população, determinam tão irresistivelmente e fatalmente o

normativo, de que a mistura residencial propiciaria a constituição de laços sociais entre os diferentes grupos, favorecendo a integração e a cidadania. A segunda perspectiva trata das distâncias espaciais tendo em vistas a maneira pela qual estas engendram desigualdades "de acesso aos bens materiais e simbólicos oferecidos pela cidade". A terceira abordagem é aquela do confinamento de populações desfavorecidas em guetos ou enclaves, "a atenção se centra sobre a exclusão social engendrada por seu acúmulo e redobrada pela reclusão espacial" (GRAFMEYER, 1994, p. 90).

De modo coerente com as perspectivas acima, Maloutas diz que a "segregação residencial é um resultado e, ao mesmo tempo, parte do processo que reproduz desigualdades e discriminação nas sociedades capitalistas." (MALOUTAS, 2012, p. 10). Neste sentido, muitos analistas justificam a pertinência dos estudos de segregação ao enfatizar seus mecanismos formadores e seus impactos efetivos, em suma, suas causas e efeitos.

Este autor desenha um esquema no qual a segregação aparece em meio a processos causais relacionados à reprodução de desigualdades e discriminações. Os processos de alocação habitacional seriam os principais organizadores (ou "filtros" nas palavras dele) da segregação residencial. Tais processos são estruturados pelas desigualdades e discriminações que caracterizam cada sociedade. Eles se materializam principalmente através das desigualdades econômicas das famílias diante do mercado imobiliário (isto é, das possibilidades de pagar por determinado imóvel em uma dada localização) e por discriminações operadas por agentes deste mercado (e instituições financiadoras), mas também são influenciados pelas "características de estruturas urbanas duráveis", pelas características do "estoque de moradias", e por "relações legais ou sociais que ligam pessoas e moradias ou bairros" (como redes sociais, preferências residenciais, direitos de

---

lugar, o grupo, e as associações com quem cada um de nós é compelido a viver que as relações espaciais vêm a ter, para o estudo da sociedade e da natureza humana, a importância que elas têm. Isso porque as relações sociais são tão frequentemente e tão inevitavelmente correlacionadas com relações espaciais; porque distâncias físicas tão frequentemente são, ou parecem ser, os indicadores de distâncias sociais, que a estatística tem algum significado qualquer para a sociologia. E isso é verdade, finalmente, porque é apenas como fatos sociais e físicos podem ser reduzidos a, ou correlacionados com, fatos espaciais que eles podem ser medidos em geral (PARK, 1916 [1957], p. 177)" (*apud* MALOUTAS, 2012, p. 15).

propriedade etc.). Tais processos se desenrolam historicamente e podem ter grande influência do Estado na forma de políticas de habitação, planejamento urbano, dentre outras.[13] Sobre as formas de concretização destes processos em segregação residencial por classe e/ou raça, o autor diz que:

> A segregação por classe é fundamentalmente um processo dirigido pelo mercado que teoricamente começa como desigualdade econômica produzida no mercado de trabalho e transformada em segregação através de mercado habitacional. A segregação etnorracial é mediada pelas desigualdades econômicas – com diferença etnorracial sendo traduzida em hierarquia etnorracial tanto no mercado de trabalho como no mercado habitacional – e também deriva diretamente de regras e práticas discriminatórias na alocação de moradias (MALOUTAS, 2012, p. 11).

Nos Estados Unidos, existem linhas de pesquisa dedicadas a identificar diferentes processos e causalidades que resultariam nos graus de segregação racial observados (Cf. CHARLES, 2003). Destacam-se duas vertentes: uma que enfatiza processos discriminatórios institucionalizados que criam barreiras às possibilidades dos negros residirem em determinados bairros, na qual sobressaem os estudos sobre discriminação no mercado imobiliário, que operacionalizam suas questões através de estudos experimentais, os chamados *audit studies*. Uma outra vertente enfatiza as escolhas residenciais individuais e disposições para integração ou para a autossegregação voluntária, na qual destacamos pesquisas de survey sobre preferências residenciais ["*neighborhood preferences*"].

Telles 2012 [2004] discorreu sobre a possibilidade de algumas das hipóteses testadas por estas pesquisas dos Estados Unidos serem também

---

13 O autor finaliza a descrição de seu esquema enunciando uma grande hipótese de características mecanicistas: "A pressuposição é que quanto mais desiguais e discriminadoras as cidades, dentro de *welfare states* menos desenvolvidos, com uma provisão de moradia mais mercantilizada, com alta mobilidade residencial e menos redes de solidariedade espera-se que elas sejam altamente e crescentemente segregadas. E uma vez que a globalização capitalista se dirige para mais desigualdade, menos *welfare state* e mais mercantilização da moradia, pode-se razoavelmente esperar que a segregação possa ser encontrada em uma tendência de aumento" (MALOUTAS, 2012, p. 14).

verificadas no Brasil. Elencaremos, aqui, algumas delas: brancos podem evitar vizinhanças de maioria negra (muitas vezes sem exibir sua motivação racial); pode haver discriminação por parte de agentes do mercado imobiliário ou de instituições financiadoras; presume-se também que a disparidade racial em termos de riqueza acumulada ou herdada afete o acesso à moradia; também pode haver alguma forma de autossegregação dos negros, seja para evitar uma potencial discriminação racial, ou por vínculos culturais com determinadas pessoas, locais ou instituições (etnicidade).

Uma vez que faltam pesquisas acerca desta variedade de hipóteses, as motivações especificamente raciais para a segregação no Brasil constatada restam incertas. Além do mais, tal como foi discutido por Wilson (1987), muitas vezes certas desigualdades raciais não necessariamente podem ser atribuídas diretamente ao racismo, mas a causas estruturais e econômicas cujas desvantagens recaem mais fortemente sobre negros. Não obstante, os dados apresentados evidenciam claras disparidades entre determinados grupos de negros e brancos. E certamente deve haver alguns efeitos sobrepostos a estas diferenças de distribuição residencial no espaço urbano. Tais efeitos podem levar a outros tipos de desigualdade racial.

Retomemos, então, o esquema de Maloutas para tratar, agora, das consequências da segregação para a reprodução das desigualdades e discriminações. Este autor dá grande ênfase aos chamados efeitos de vizinhança [neighbourhood effects].

> A reprodução da segregação residencial estabelecida e os efeitos de vizinhança ou área que ela gera – i.e. os efeitos não atribuíveis às características pessoais ou de domicílio, mas os efeitos espaciais adicionais relacionados com a composição social das áreas residenciais, às suas características intrínsecas (nível de poluição, qualidade de serviços) e seus status comparativos – fazem dela parte das estruturas e mecanismos que reproduzem desigualdades sociais urbanas. (MALOUTAS, 2012, p. 10).

Existe uma série de pesquisas brasileiras e latino-americanas, muito inspiradas nos estudos norte-americanos sobre "neighbourhood effects", que descrevem um conjunto de consequências de se viver em espaços segregados. Dentre elas podemos citar: possibilidades de acesso ao mercado de trabalho, realização educacional e socioeconômica; condições de acesso à cidade e a políticas públicas de qualidade; acesso a centralidades de consumo; exposição à violência e à criminalidade; cristalização de estigmas e estereótipos; contato com determinados "modelos de comportamento" [role models];[14] constituição de redes sociais, identidades e de solidariedades intragrupais;[15] além de representações sociais sobre as desigualdades e sobre o próprio espaço urbano. (Cf., por exemplo: TELLES, 1995, 1996; CARVALHO; BARRETO, 2007; TORRES, 2004; SABATINI, 2004; FLORES, 2006; BICHIR, 2006).

Todavia, no que tange à nossa problemática de pesquisa, nossa primeira ressalva a esta bibliografia sobre os "efeitos de vizinhança" é que ela tem discorrido principalmente sobre as consequências da concentração da pobreza em determinadas áreas urbanas para a reprodução da própria pobreza, tendo pouco a dizer acerca dos efeitos da segregação em grupos de classe média e alta.

Ademais, acrescenta-se que, se por um lado defende-se a existência de tais consequências isolando o efeito do espaço daqueles de outras variáveis individuais e grupais, por outro, os mecanismos pelos quais a segregação residencial reproduziria as desigualdades são controversos, ou pelo menos bem

---

14 "Psicologicamente, a segregação restringe o contato com pessoas de classe média que sirvam de modelo [middle-class role models], inibindo ainda mais a mobilidade social, na medida em que as oportunidades de interações interraciais e interclasses são reduzidas. O caso dos Estados Unidos indica melhor resultado de mobilidade social para crianças pobres, independente da raça, que cresceram em bairros onde havia relativamente pouca concentração de pobreza e onde havia um maior acesso à classe média" (TELLES, 2012, p. 174).

15 Telles (2012) constrói hipótese acerca da relação entre segregação e identidade racial. Segundo ele, nos EUA "a segregação residencial restringiu as redes de negros a outros negros, o que permitiu o fortalecimento da identidade de grupo e a consciência racial" (p. 175). Isto implicou na criação de uma série de instituições paralelas negras, como bancos, igrejas, universidades etc. No Brasil, os níveis moderados de segregação facilitariam as interações inter-raciais e dificultariam a constituição de identidades raciais e, consequentemente, a mobilização do movimento negro. As exceções seriam os bairros de maioria negra "etnicamente dinâmicos" como, por exemplo, a Liberdade em Salvador, onde há grande produção e valorização de uma cultura afro-brasileira.

complexos,[16] como atestam debates recentes na sociologia norte-americana (SMALL; FELDMAN, 2012; VIGDOR, 2013). Este debate é de suma importância, uma vez que a elucidação dos "efeitos de vizinhança" é considerada como forma de justificativa para a própria relevância sociológica da segregação residencial. Ao não se revelar por quais mecanismos as distâncias físicas entre diferentes grupos sociais e destes para com os bens materiais e simbólicos da cidade – ou seja, os principais sentidos da segregação residencial – reproduzem as desigualdades, corre-se o risco de um esvaziamento da eficácia social da distância física.

Críticas à vinculação entre distância espacial e distância social não faltam e não são nada novas (haja vista, por exemplo, CHAMBOREDON; LEMAIRE, 1970; ou GUEST, 1985). Diversos problemas do "pôr à distância" que caracteriza a segregação foram discutidos por Brun (1994). Destacamos que: nem toda separação é necessariamente espacial, podendo envolver outras formas de afastamento, ou até mesmo pode haver barreiras sociais com proximidade física;[17] as clivagens espaciais muitas vezes não são claramente delimitadas ou visíveis;[18] desenvolvimentos contemporâneos nos transportes e

---

16 "As análises empíricas reportadas claramente mostram que a desigualdade socioeconômica é perpetuada por mecanismos operando no nível da vizinhança, contudo as trajetórias [*pathways*] específicas são talvez mais complexas. Não só os efeitos de vizinhança variam em sua natureza e intensidade em diferentes idades do ciclo de vida, eles são frequentemente condicionados por gênero, mediados por processos familiares, e possivelmente há variações em como eles se combinam com fatores individuais para determinar resultados sociais" (MASSEY, 1998, p. 572). Uma boa revisão crítica sobre os *neighborhood effects* e seus mecanismos pode ser encontrada em Small e Newman (2001).

17 "o 'pôr à parte' [*la mise à l'écart*] que submete um grupo da população não é necessariamente de natureza espacial, e em todo caso não concerne sempre conjuntamente todos os usos do espaço. A exclusão de fato ou de direito de certos lugares públicos, estabelecimentos culturais, meios de transporte, os interditos profissionais, sexuais, matrimoniais, etc. sempre foram (e às vezes ainda são) instrumentos de segregação mais importantes que a separação de áreas de habitação. Uma coabitação à fraca distância, ou uma vizinhança funcional, podem ir de par com a existência de barreiras sociais mais rígidas" (BRUN, 1994, p. 26).

18 "A existência de cortes espaciais materializando clivagens sociais e acentuando as incidências é somente um caso limite, frequente sem dúvida, mas ao qual não se pode assimilar todo o resto. Formalmente, temos tratado sobretudo de disposições complicadas ou embaralhadas: gradações sutis, reentrâncias [*indentations*], sobreposições [*emboîtements*], enclaves, etc. Sem dúvida, como acabamos de ver existe 'fronteiras' pouco visíveis, mas simbolicamente fortes: ainda deve-se poder identificá-las. As barreiras sociais não estão todas concretizadas por descontinuidades na construção [*le bati*], na estrutura do parque

comunicações põem em questão a distância física enquanto métrica válida para tratar de distâncias sociais; e o bairro enquanto "realidade vivida" caracterizada por interações e por uma cultura comum seria uma entidade difícil de identificar.[19] Por fim, o autor conclui formulando um deslocamento com relação às perspectivas tradicionais sobre a segregação sem, no entanto, abrir mão do estudo deste fenômeno.

> [...] parece que há uma contradição latente entre as práticas do espaço que se inscrevem no quadro deste movimento de desestruturação de formas clássicas de territorialidade e as concepções tradicionais da 'segregação', que subentendem a ideia de que os laços entre um indivíduo (senão um grupo social) e seu espaço de vida se organizam com um mínimo de estabilidade em torno de seu lugar de residência.
>
> [...] É sem dúvida uma das razões da resistência, ou uma retomada do vigor da noção de 'segregação', malgrado suas ambiguidades: em uma sociedade onde a velocidade dos deslocamentos e as outras formas de 'conexão' por 'redes' se torna a norma, a marginalização, espacial e social, aparece ainda mais escandalosa. Encontramos aí uma ideia, um conjunto de imagens, que estão no coração do 'conceito de segregação': o sentimento de uma incapacidade da cidade moderna produzir a integração (BRUN, 1994, p. 47).

Assim, compreendemos que, dadas as críticas postas e nas atuais condições, a construção da segregação residencial como objeto de estudo sociológico, passa pela análise das formas pelas quais fronteiras sociais se

---

de habitação [*parc de logements*], no aspecto da paisagem. Mas inversamente tais descontinuidades não constituem necessariamente fronteiras sociais..." (BRUN, 1994, p. 31).

19 "Sabe-se também que o '*quartier*' se entendido como realidade 'vivida', um 'território' (no sentido de espaço que um indivíduo ou um grupo se apropria simbolicamente através de um certo número de práticas e de imagens, a ponto que o pertencimento a esta entidade contribui ao sentimento que se prova de sua identidade social) é uma entidade difícil de identificar" (BRUN, 1994, p. 46). Este argumento é discutido de modo mais aprofundado por Guest (1985).

inscrevem no espaço; de quando é que (ou quais tipos de) descontinuidades espaciais constituem barreiras sociais; ou em termos mais tradicionais, sobre como é que as distâncias físicas suscitam distâncias sociais. Por mais que as pesquisas apresentem indicadores e cartografias destas distâncias físicas e discorram sobre a existência dos efeitos de vizinhança, tais mecanismos ainda não estão totalmente claros.

Autores como Brun (1994) e Grafmeyer (1994) sugerem que a forma de revelá-los seria através de estudos que enfoquem práticas espaciais e representações sobre o espaço (em sua relação com sociedade) que visem revelar as fronteiras sociais inscritas nele. Este intento abrange questionamentos não apenas sobre representações acerca dos "lugares" de cidade em sua relação com determinados grupos sociais, mas também sobre os próprios contatos e relações que se estabelecem nela, os usos e possibilidades de acesso a ela, ordenando (aproximando ou distanciando) distintas trajetórias. Tais propósitos requerem um outro tipo de noção de territorialidade, tal como formulada por Vera Telles (2006):

> Ao seguir os percursos de indivíduos e famílias, são traçadas as conexões que articulam campos de práticas e fazem a conjugação com outros pontos de referência que conformam o social nas suas fronteiras e limiares, bloqueios e possibilidades. Os percursos e os sentidos fazem, portanto, o traçado dos *territórios*, e são estes que interessa reconstituir. É preciso dizer que estamos aqui trabalhando com uma noção de território que se distancia das noções mais correntes associadas às comunidades de referência. [...] Nos eventos biográficos de indivíduos e suas famílias, há sempre o registro de práticas e redes sociais mobilizadas (ou construídas) nos agenciamentos cotidianos da vida, que passam pelas relações de proximidade, mas não se reduzem ao seu perímetro. *Feitos de práticas e conexões que articulam espaços diversos e dimensões variadas da cidade, os territórios não têm fronteiras fixas e desenham diagramas muito diferenciados de relações conforme as regiões da cidade, as situações de vida e os tempos sociais*

cifrados em seus espaços. São esses circuitos e conexões que as trajetórias urbanas permitem apreender e que interessa compreender: a natureza de suas vinculações, mediações e mediadores, agenciamentos da vida cotidiana que operam como condensação de práticas diversas (TELLES, 2006, p. 71-2, grifos nossos).

Tal noção de território construído a partir de práticas e conexões pode servir como importante contraponto àquela noção "areal" (BRUN, 1994) baseada em espaços delimitados pelos traçados censitários, nas quais se baseiam os indicadores de segregação. Uma vez que estes territórios se sobrepõem e atravessam as áreas definidas pelas cartografias, a articulação entre estas distintas dimensões pode permitir uma análise da segregação em suas mais variadas escalas.[20]

Contudo, é importante lembrar que, sem pretender qualquer resposta definitiva sobre a questão dos mecanismos, para nós importa, principalmente, construir uma discussão sobre as maneiras pelas quais opera a segregação residencial no contexto das relações raciais no Brasil.

Os resultados empíricos demonstraram padrões mais agudos de segregação residencial entre negros e brancos nas camadas médias e altas. Se há uma especificidade da segregação no contexto brasileiro, estes grupos devem ser os focos privilegiados de nossa observação. Assim, nosso questionamento se direcionará para as formas pelas quais a segregação operaria e geraria efeitos nas relações raciais nestes estratos, constituindo barreiras aos negros de classe média e alta. Explorar os territórios constituídos através representações, práticas e conexões destes indivíduos pode nos permitir discernir as formas de articulação entre o espaço e as diferentes experiências e destinos sociais de negros e brancos, e portanto, articular segregação e relações raciais.

---

20 "Apenas uma análise das representações e das práticas permite fazer uma ideia satisfatória das relações entre as pessoas e os grupos assim postos em presença. É portanto claro que a questão da escala de observação, que poderia parecer de ordem puramente técnica, engaja de fato aquela do sentido mesmo que se acorda à ideia de segregação" (GRAFMEYER, 1994, p. 101).

Referências bibliográficas

ANSELIN, L. "Local Indicator of Spatial Association – Lisa". *Geografical Analysis*, 27, 1995, p. 91-115.

BARBOSA, R.; MARSCHNER, M. "Uma proposta de padronização de classificações em pesquisas do IBGE (Censos 1960-2010) e PNADS (1981-2011): educação, setores de atividade econômica e ocupação (ISCO-88, EGP11 e ISEI)". Working Paper, 2013, (mimeo).

BICHIR, R. *Segregação e acesso a políticas públicas no município de São Paulo*. Dissertação (mestrado em Ciência Política) – FFLCH-USP, São Paulo, 2006.

BOURDIEU, Pierre. "Efeitos de Lugar". In: *A Miséria do Mundo*. Petrópolis: Vozes. 1997.

BRUN, Jacques. "Essai critique sur la notion de ségrégation et sur son usage en géographie urbaine". In: BRUN, J.; RHEIN, C. *La ségrégation dans la Ville*. Paris: L'Harmattan, 1994.

CALDEIRA, Teresa. *Cidade de muros: crime, segregação e cidadania em São Paulo*. São Paulo: Edusp/Ed. 34, 2000.

CARDOSO, F. H.; IANNI, O. *Cor e mobilidade social em Florianópolis: aspectos das relações entre negros e brancos numa comunidade do Brasil meridional*. São Paulo: Companhia Editora Nacional, 1960 (Coleção Brasiliana, vol. 307).

CARVALHO, I.; BARRETO, V. "Segregação residencial, condição social e raça em Salvador". *Cadernos Metrópole*, vol. 18, n. 2, 2007.

CHAMBOREDON, Jean-Claude; LEMAIRE, Madeleine. "Proximité spatiale et distance sociale. Les grands ensembles et leur peuplement". *Revue Française de Sociologie*, XI, 1970.

CHARLES, Camille Zubrinsky. "The dynamics of racial residential segregation". *Annual Review of Sociology*, vol. 29, 2003.

ERIKSON, R.; GOLDTHORPE, J.; PORTOCARRERO, L. "Intergenerational class mobility in three western european societies". *British Journal of Sociology*, vol. 30, 1979.

FIGUEIREDO, A. *A classe média negra não vai ao paraíso: trajetórias, perfis e negritude entre os empresários negros*. Tese (doutorado em Sociologia) – Iuperj, Rio de Janeiro, 2003.

_____. "Fora do jogo: a experiência dos negros na classe média brasileira". *Cadernos Pagu*, n. 23, 2004.

FLORES, Carolina. "Consequências da segregação residencial: teoria e métodos". In: CUNHA, José Marcos Pinto da (org.). *Novas metrópoles paulistas: população, vulnerabilidade e segregação*. Campinas: Unicamp/Nepo, 2006.

FRANÇA, Danilo Sales do Nascimento. *Raça, classe e segregação residencial no município de São Paulo*. Dissertação (mestrado em Sociologia) – FFLCH-USP, São Paulo, 2010.

_____. "Segregação residencial por raça e classe social na região metropolitana de São Paulo (2000-2010)". *37º Encontro da Associação Nacional de Pós-Graduação e Pesquisa em Ciências Sociais* (Anpocs), 2013.

GRAFMEYER, Yves. "Regards sociologiques sur la ségrégation". In: BRUN, J.; RHEIN, C. *La Ségrégation dans la Ville*. Paris: L'Harmattan, 1994.

GUEST, A. M. "Robert Park and the natural area: a sentimental review". *Sociology and Social Research*, n. 68, 1984, p. 1-21.

HASENBALG, Carlos. *Discriminação e desigualdades raciais no Brasil*. Belo Horizonte: Editora UFMG; Rio de Janeiro: Iuperj, 2005 [1979].

ICELAND, John; WILKES, Rima. "Does socioeconomic status matter? Race, class, and residential segregation". *Social Problems*, vol. 53, n. 2, maio 2006.

MALOUTAS, T. "Introduction: residential segregation in context". In: MALOUTAS, T. & FUJITA, K. (orgs.). *Residential segregation in comparative perspective: making sense of contextual diversity*. Londres: Ashgate Pub, 2012.

MARQUES, E. "Elementos conceituais da segregação, da pobreza urbana e da ação do Estado". In: MARQUES, E. C. & TORRES, H. G. (orgs.) *São Paulo: segregação, pobreza e desigualdades*. São Paulo: Editora Senac, 2005.

MARQUES, E.; TORRES, H. (orgs.). *São Paulo: segregação, pobreza e desigualdades*. São Paulo: Editora Senac, 2005.

MARQUES, E.; BARBOSA, R.; PRATES, I. "Transformações sócios-econômicas e grupos sociais". In: MARQUES, E. (org.). *A metrópole de São Paulo no século XXI: desigualdades e heterogeneidade*. São Paulo: CEM, 2013 (mimeo).

MARQUES, Eduardo; SCALON, Celi; OLIVEIRA, Maria Aparecida. Comparando estruturas sociais no Rio de Janeiro e em São Paulo. *Dados*, 51(1), 215-238. 2008.

MASSEY, Douglas. "Back to the future: rediscovering neighborhood context". Review Essay on Neighborhood Poverty, vols. I & II, edited by Jeanne Brooks-Gunn, Greg J. Duncan and Lawrence Aber. *Contemporary Sociology*, n. 27, 1998, p. 570-73.

MASSEY, D.; DENTON, Nancy. "The dimensions of residential segregation". *Social Forces*, n. 67, 1988, p. 281-315.

____. *American Apartheid: segregation and the making of the underclass*. Cambridge, MA: Harvard University Press, 1993.

PIERSON, D. *Brancos e pretos na Bahia*. São Paulo: Editora Nacional, 1971 [1942] (Coleção Brasiliana, vol. 241).

PINTO, L. *O negro no Rio de Janeiro: relações de raça numa sociedade em mudança*. Rio de Janeiro: Editora da UFRJ, 1998 [1953].

PRÉTECEILLE, E.; CARDOSO, A. "Rio de Janeiro y São Paulo: ciudades duales? Comparación con Paris". *Ciudad y Territorio – Estudios Territoriales*, vol. XL, 2008, p. 617-640.

RIBEIRO, Carlos Antonio Costa. "Classe, raça e mobilidade social no Brasil". *Dados*, vol. 49, n. 4, 2006, p. 833-873.

RIOS NETO, E. "Desigualdade raciais nas condições habitacionais da população urbana". Cedeplar/UFMG, 2005 (mimeo).

SABATINI, Francisco; CÁCERES, Gonzalo; CERDA, Jorge. "Segregação residencial nas principais cidades chilenas: tendências das três últimas décadas e possíveis cursos de ação". *Espaço e Debates*, São Paulo, vol. 24, n. 45, jan.-jun. 2004, p. 64-74.

SMALL, Mario Luis; NEWMAN, K. "Urban poverty after 'The truly disadvantaged': the rediscovery of the family, the neighborhood, and culture". *Annual Review Sociology*, Palo Alto, vol. 27, ago. 2001, p. 23-45.

SMALL, Mario Luis; FELDMAN, Jessica. "Ethnographic evidence, heterogeneity, and neighbourhood effects after moving to opportunity". In: VAN HAM, M. *et al* (eds.). *Neighbourhood effects research: new perspectives*. Springer: Dordrecht, 2012. Disponível em: <http://home.uchicago.edu/~mariosmall/>.

TELLES, Edward. "Cor da pele e segregação residencial no Brasil". *Estudos Afro-Asiáticos*, n. 24, 1993, p. 5-22.

_____. "Race, class and space in brazilian cities". *International Journal of Urban and Regional Research*, n. 19, 1995, p. 295-406.

_____. "Identidade racial, contexto urbano e mobilização política". *Afro-Ásia*, n. 17, 1996.

_____. *O significado da raça na sociedade brasileira*. Ago. 2012. Disponível em: <http://www.princeton.edu/sociology/faculty/telles/>.

TELLES, Vera. "Trajetórias urbanas: fios de uma descrição da cidade". In: CABANES, R.; TELLES, V. (orgs.). *Nas tramas da cidade: trajetórias urbanas e seus territórios*. São Paulo: Humanitas. 2006.

TORRES, H. "Debate: A pesquisa sobre segregação: conceitos, métodos e medições". *Espaço e Debates*, São Paulo, vol. 24, n. 45, jan.-jun. 2004.

_____. "Medindo a segregação". In: MARQUES, E. C.; TORRES, H. G. (orgs.). *São Paulo: segregação, pobreza e desigualdades*. São Paulo: Editora Senac, 2005.

VIGDOR, Jacob L. "Weighing and measuring the decline in residential segregation". *City & Community*, vol. 12, n. 2, 2013.

WACQUANT, Loic. "*Banlieues* francesas e guetos norte-americano: do amálgama à comparação". In: *Os condenados da cidade: estudos sobre marginalidade avançada*. Rio de Janeiro: Revan, 2005.

WILSON, William Julius. *The truly disadvantaged: the inner city, the underclass and public policy*. Chicago: University of Chicago Press, 1987.

PARA ALÉM DO REDISTRIBUTIVISMO: UMA ANÁLISE DAS IDEIAS DE CELSO FURTADO E MANGABEIRA UNGER PARA ENFRENTAR A DESIGUALDADE SOCIAL NO NORDESTE[1]

Carlos Sávio Gomes Teixeira

A relação do Nordeste com o Brasil é um dos temas mais importantes das Ciências Sociais brasileira. Euclides da Cunha definiu os sertões como uma realidade socioespacial decisiva para a constituição de nosso país e Gilberto Freyre considerou a região nordestina como a responsável por ser a semente cultural brasileira. Mas durante a acelerada modernização brasileira, levada a cabo nas últimas oito décadas, o Nordeste brasileiro experimentou um processo de apartamento dos centros mais dinâmicos economicamente do país. Durante anos a região foi vista pelo restante da nação como aquela que representava, de maneira concentrada, os nossos principais problemas. A partir da última década, entretanto, o Nordeste experimentou um crescimento econômico maior que o restante do país e uma melhora em seus péssimos indicadores sociais, muito embora continue ostentando níveis de desigualdade socioeconômicos elevadíssimos. A questão é saber se essas mudanças são capazes de transformar, mesmo que progressivamente, a estrutura social da região mais desigual do Brasil ou se apenas integram um movimento de redistribuição marginal de recursos que amenizam os efeitos extremos da miserabilidade, sendo incapaz de impulsionar alterações institucionais que mexam com o fundo causal dos grandes desafios da sociedade nordestina. Este artigo faz uma

---

1 Versão deste texto, com pequenas mudanças, foi publicada na revista *Caderno CRH*, vol. 27, n. 70, jan./jun. 2014.

análise de dois projetos de transformação do Nordeste propostos sob a liderança intelectual de Celso Furtado e Mangabeira Unger que nos permite responder criticamente ao apelo do redistributivismo a que a região tem sido submetida recentemente.

Foi em meados do século passado que o Estado brasileiro começou a enxergar o Nordeste de maneira diferente e crítica. A causa dessa alteração muito se deveu ao fato de pela primeira vez ter sido formulada uma iniciativa abrangente para diagnosticar e enfrentar os desafios estruturais da região brasileira mais pobre e desigual. Durante o governo de Juscelino Kubitschek foi criado o Grupo de Trabalho para o Desenvolvimento do Nordeste (GTDN) e mais tarde, como seu produto, a Superintendência de Desenvolvimento do Nordeste (Sudene). Celso Furtado, um paraibano possuído por enorme sentimento de tarefa, foi o principal responsável por essa mudança, que resultou em grande medida dos esforços de seu pensamento e de sua ação. Passados exatos cinquenta anos, outra empreitada intelectual e política voltada para tentar transformar o Nordeste foi novamente experimentada, dessa vez sob a liderança de Mangabeira Unger, durante o segundo governo Lula.[2]

Este texto tem por objetivo discutir os aspectos centrais desses dois esforços semelhantes em seus propósitos e distintos em seus conteúdos, dedicando maior ênfase à iniciativa mais recente coordenada por Unger, tendo em vista a sua relação direta com as questões e os processos presentes no debate sobre as mudanças ocorridas no Brasil nas últimas duas décadas. Portanto, o objetivo deste texto não é avaliar os resultados dessas iniciativas, mas as suas ideias norteadoras. Para atingir a sua meta, o texto se divide em duas partes: a primeira faz uma breve recapitulação do contexto de surgimento de cada iniciativa e de seu respectivo sentido político. Em seguida, ainda na primeira parte, apresenta e discute o conteúdo das

---

2   Celso Furtado foi o Coordenador do GTDN e o primeiro Superintendente da Sudene, criada em dezembro de 1959. Dessas experiências resultaram vários documentos. Dois em particular tem grande importância programática: o livro *A Operação Nordeste* e o texto *Uma Política de Desenvolvimento Econômico para o Nordeste,* ambos escritos por Furtado. No caso do segundo momento analisado, sob a liderança de Mangabeira Unger à frente da Secretaria de Assuntos Estratégicos da Presidência da República, o documento fundamental foi "O Desenvolvimento do Nordeste como Projeto Nacional", elaborado em 2009.

propostas de Furtado e de Unger, procurando realçar suas diferenças. Na segunda parte se analisa dois grandes eixos temáticos que orientaram as proposições de Unger para o Nordeste e principalmente como elas se encaixam no nosso atual debate programático: a questão da reorganização do Estado e as implicações das políticas sociais para as mudanças na estrutura da sociedade brasileira.

Política à base de ideias: da luta pela industrialização à proposta de institucionalização de uma economia de pequenos e médios empreendedores

Num momento histórico como o atual, marcado por profundo desencanto com a política e pelo descrédito das ideias transformadoras, o exame de duas iniciativas cuja característica principal é a esperança em mudanças de longo alcance deixará o leitor, dependendo de sua natureza ideológica, com nostalgia ou com alívio. O fato é que tanto o projeto de Furtado quanto o de Unger têm um conjunto de aspectos que os aproximam, apesar do hiato de meio século separando-os. Em primeiro lugar são esforços que partem da premissa de que as ideias, no sentido de uma interpretação teórica da realidade, contam na política. E de que a tarefa de um pensador não é só diagnosticar os males de uma dada realidade, mas também propor soluções e tentar organizar o futuro. Em segundo lugar, os dois esforços compartilham a premissa de que a forma paradigmática da mudança na história não é nem a revolução nem o reformismo, mas a reconstrução institucional, entendida como um conjunto de passos cumulativos rumo a uma determinada direção. E que, portanto, não há substituto ao Estado na tarefa de conduzir a transformação institucional de uma determinada estrutura, em especial se ela for marcada por fortes desigualdades. Em terceiro lugar, a conclusão de que não há solução para os problemas da sociedade brasileira sem o enfrentamento da questão Nordeste.

Mas, por outro lado, embora os dois projetos se assemelhem em muito de seus objetivos e de suas premissas, há também diferenças de ênfases e de substância entre eles, tanto nos diagnósticos como nas propostas. Furtado apostava na reprodução no Nordeste do tipo de industrialização característica do Sudeste e era descrente na possibilidade de uma agricultura modernizada na região do semiárido – algo compreensível para as condições tecnológicas de meio século atrás. Unger, ao contrário, foi um crítico do que designou de "são paulismo", o desenvolvimento baseado em grandes indústrias de produção em massa, e defendeu o apoio decidido do Estado, com seus recursos e seu poder de estruturação, à construção de uma economia de pequenos e médios empreendedores, assim como vislumbrou a possibilidade de construção no Nordeste de uma agricultura vanguardista beneficiária de avanços tecnológicos e arranjos institucionais inovadores.

O Nordeste foi "inventado" oficialmente como realidade espacial durante a ditadura do Estado Novo, quando o Instituto Brasileiro de Geografia e Estatística (IBGE) definiu em cinco a composição geográfica das regiões brasileiras, no âmbito do esforço do governo Vargas para construir e consolidar a identidade da nação. Até então, o Nordeste figurava na agenda política em função basicamente dos períodos de secas que o assolavam e dos diversos planos governamentais para combatê-las dentro da agenda da chamada "política hidráulica". O seu apelo ainda era ligado a uma questão da natureza (clima e solo) e, também, circunscrito ao plano regional. A partir do acelerado processo de transformação da economia e da sociedade brasileira decorrente da industrialização por substituição de importações, as consequências dessa modernização começaram a mudar também a forma de entender o problema regional. Será neste contexto que surgirá o mais notável, em alcance simbólico e influência política, projeto de ação governamental pensado e estruturado a partir da compreensão de que a questão regional é fundamentalmente uma questão nacional.

Celso Furtado reorienta decisivamente o debate sobre o Nordeste ao interpretar teoricamente de maneira clara e contundente a relação de complexa interdependência na esfera econômica entre os planos regional e nacional. O relatório final do GTDN se inicia com a seguinte afirmação: "A disparidade de níveis de renda existente entre o Nordeste e o Centro-Sul do país constitui, sem lugar a dúvida, o mais grave problema a enfrentar na etapa presente do desenvolvimento econômico nacional". A tese de Furtado é a de que a consolidação da industrialização do Sudeste, sediada principalmente em São Paulo, foi um processo que não levou em consideração a desigualdade regional e nem muito menos o seu possível aumento. E mais:

o não enfrentamento desse grave dualismo poderá acarretar problemas como o acirramento de rivalidades regionais que, no limite, podem colocar em xeque o próprio desenvolvimento nacional.[3]

Furtado entendia que no fundo a questão era, em grande parte, de racionalização dos recursos já disponibilizados para o Nordeste pelo Estado brasileiro. Assim, a tarefa era tornar o montante dos investimentos canalizados, capazes de transformar progressivamente a economia regional que mais sofria com a industrialização em curso, de maneira tal que a questão da seca, então central no debate sobre o Nordeste, não mais se colocasse como um problema estrategicamente relevante. A sua proposta era a de que o Estado brasileiro deveria se empenhar na tarefa de ajudar a constituir uma burguesia nordestina capaz de levar a cabo a industrialização da região, voltada para uma produção destinada ao mercado da própria região que, como decorrência disso, teria condições de derrotar politicamente as oligarquias rurais e abrir caminho para o processo de democratização social do Nordeste.[4]

---

[3] Muitos críticos de "esquerda" das teses de Furtado sobre a "questão regional" nordestina assinalaram o quanto elas eram decisivamente marcadas por uma perspectiva nacionalista. Por nacionalista se entende, nesses casos, a não percepção de que as determinações objetivas de natureza econômica externa restringem as possibilidades e a eficácia de planejamento do Estado ou o quanto a questão regional é usada como um veículo discursivo para possibilitar a institucionalização do capitalismo. São exemplos dessa visão um livro famoso de Francisco de Oliveira da década de 1970 (OLIVEIRA, 1977) e vários textos reunidos em livro organizado por Silvio Maranhão nos anos 1980 (MARANHÃO, 1984). Aqui, como em outros casos similares, é interessante notar como que depois dos anos 1990, e em particular do governo do sociólogo da USP Fernando Henrique Cardoso, muitos dos críticos de "esquerda" de Furtado passaram a reabilitá-lo, senão integralmente, pelo menos parcialmente.

[4] Furtado também foi, anos mais tarde, um dos responsáveis, na condição de ministro do Planejamento do governo João Goulart, pela síntese programática de um dos grandes e mais original esforços de manejo do aparato estatal na construção de "um 'desenvolvimentismo nacional, popular e igualitário', que nasceu no campo do debate das ideias e das mobilizações sociais, muito mais do que no gerenciamento dos governos, nos anos 50 se tangenciou o 'desenvolvimentismo conservador', no campo das ideias e das alianças, e no início da década de 60 propôs uma reforma do projeto que incluía, ao lado da industrialização e do crescimento econômico acelerado, o objetivo da democratização do acesso à terra rural e urbana, à renda, ao sistema educacional e também ao sistema político. Uma alternativa que foi sintetizada, em parte, pelo Plano Trienal de Celso Furtado de 1963, e que foi bloqueada pelo golpe militar de 1964" (FIORI, 2004). Para uma

Além de confrontar-se contra as principais teses da época, tanto as que enxergavam na política de substituição de importações o único caminho para a nossa modernização (embora reconhecessem que essa política gerou acelerada industrialização, crescimento econômico e a "internalização dos centros de decisão", ao custo do aumento das disparidades regionais), quanto as que criticavam os rumos da política econômica de Kubitschek por considerá-la o meio de aprofundamento do capitalismo e de suas vicissitudes características no Brasil, os diagnósticos e as propostas de Furtado também batiam de frente com o discurso dominante no interior das elites do Nordeste, que diziam ser a seca o problema central da região a exigir combate. Como bem observou Tânia Bacelar, "afirmar que a seca não é a causa do problema nordestino fazia Furtado se chocar com o núcleo da política regional, na época, mais importante para o Nordeste – que era a política hidráulica" (2000, p. 77).[5]

O mais importante na compreensão da disfuncionalidade da compensação hidrológica era que as frentes de trabalho serviam para a manutenção de um exército de reserva disponível para a grande propriedade. A produção do algodão era a atividade dominante, em regime de "meia" por pequenos produtores, que também produziam para subsistência. A seca tornaria mais cara a manutenção dessa força de trabalho barata, não fosse a socialização propiciada pelas frentes de trabalho, que, pelo lado político, anestesiavam o potencial político desestabilizador de elites da seca.

Nesse sentido, outro elemento importante do projeto de Furtado para o Nordeste, portanto, tem relação direta com a sua visão sobre o problema

---

interpretação acerca da teoria sociopolítica de Furtado e sua compreensão da relação entre democracia e desenvolvimento, ver Cepeda (2001).

5   A economista pernambucana destaca a relação entre as dimensões econômica e política da questão: "O relatório do GTDN mostra que a política hidráulica, em vez de atenuar as consequências econômicas e sobretudo as consequências sociais da seca, as exacerbava. Na medida em que salvava o gado e protegia a pecuária, que era a atividade hegemônica dos grandes proprietários da região, e não tocava na produção familiar e nem era destinada à maioria da população da região, constituída de pequenos produtores rurais sem terra que viviam nos grandes latifúndios agropecuários, e cuja tendência demográfica era de crescimento, ampliava o impacto social de cada seca. Portanto, a cada seca se tinha mais gente nas frentes de trabalho destinadas aos 'flagelados'" (BACELAR, 2000, p. 77-78).

do semiárido. Ela se concentra basicamente sobre duas principais questões: uma relativa às condições climáticas e de solo e outra, mais importante e decisiva, relativa à sua organização produtiva baseada em agricultura e pecuária de subsistência desvinculada de relações mercantis, como se percebe na seguinte passagem: "O sistema econômico que existe na região semiárida do Nordeste constitui um dos casos mais flagrantes de divórcio entre o homem e o meio, entre o sistema de vida da população e as características mesológicas e ecológicas da região" (FURTADO, 1959, p. 30). A sua principal proposta para o encaminhamento da questão do semiárido era a – difícil em sua avaliação – reestruturação produtiva de sua agropecuária e a expansão de sua fronteira agrícola através da incorporação do Sul do Maranhão ao Nordeste para servir à colonização da população oriunda do semiárido.

A ideia de colonização do Maranhão por migrantes do semiárido nordestino se transformou em realidade através de um Decreto Presidencial que estabeleceu este Estado como área sob a jurisdição da Sudene. Mas a ideia teve de vencer muitas resistências. No bojo dessa luta, Furtado foi acusado de confusão teórica e até de desumanidade por não levar em consideração o sofrimento da população do semiárido a ser transferida. Mas os seus textos desmentem ambas as acusações:

> É necessário frisar que, nas regiões para onde eles se deslocam, prevalecem condições de vida extremamente precárias. São regiões semi-isoladas, com grau mínimo de integração numa economia de mercado, com técnicas de trabalho e formas de organização da produção extremamente rudimentares – de maneira geral inferiores às que prevalecem na região semi-árida. Deslocar populações nordestinas para essas regiões, *sem antes modificar o sistema econômico que aí existe, é condenar essas populações a condições de vida de extremo primitivismo. Se bem não estejam sujeitas ao flagelo das secas, as regiões da periferia úmida maranhense, em razão de seu isolamento, constituem um sistema econômico ainda mais dependente de atividades de subsistência que o da região semi-árida* (FURTADO, 1967, p. 77, grifos nossos).

Um dos grandes temas de debate no interior da esquerda nesta época era a reforma agrária. No Nordeste, a questão teve grande impulso a partir do relativo impacto das Ligas Camponesas, que se desenvolveram principalmente sob a liderança do advogado e deputado socialista Francisco Julião. Mas Furtado não se deixou seduzir pelo movimento político e condicionou a proposta de divisão de terras à finalidade precípua de sua agenda programática: ajudar a aumentar substancialmente a oferta de alimentos para a própria região, o que num primeiro momento significava mexer somente com as terras do setor canavieiro da faixa úmida, e no semiárido com aquelas já beneficiadas pelo sistema de açudes. Enquanto que para a região do agreste, espaço de transição entre o litoral e o semiárido, a sua ideia caminhava em sentido contrário, de certa reconcentração fundiária, já que nesta zona imperava significativa dispersão fundiária[6] (FURTADO, 1959, p. 57-65).

Uma das características distintivas do projeto encabeçado por Furtado foi a clareza com que distinguiu, de um lado, a definição do conteúdo do programa e, de outro, o agente institucional apto a desenvolvê-lo. A Sudene, por exemplo, foi criada em 1959 como o desdobramento de um plano claramente delineado cujas tarefas a executar necessitavam de uma agência como ela.[7] Portanto, a sua instituição original em nada se deveu ao conhecido método brasileiro de criar órgãos ou instrumentos de ação quando não

---

[6] Em uma entrevista de 2004, Furtado afirmou que "quaisquer que hajam sido as intenções dos autores do golpe militar de 1964, o seu efeito principal foi, sem lugar a dúvida, a interrupção do processo de mudanças políticas e sociais, entre elas, em primeiro lugar, a construção que se iniciava de uma nova estrutura agrária em nosso país. Cabe acrescentar que o dano maior do golpe foi feito ao Nordeste, onde era mais vigoroso o movimento renovador em curso de realização e onde eram, e ainda são, mais nefastos os efeitos do latifundismo" (*apud* BACELAR, 2009, p. 41-42).

[7] Alguns autores chamaram a atenção para o fato de a Sudene ter sido pensada com o objetivo de realizar, entre outras atribuições, o enfrentamento do grave problema federativo experimentado pelo Brasil que, ao copiar sem rebuços o modelo norte-americano com o seu arcabouço legal definindo de maneira rígida as competências entre os entes federados, acabou por agravar ainda mais a nossa realidade marcada por profundas desigualdades regionais. Nesse sentido, a Sudene foi uma instância que, na ausência de um "federalismo cooperativo" como propunha Furtado, fez as vezes de uma instituição capaz de superar os entraves da camisa de força de nosso federalismo e "articular os interesses estaduais, produzindo assim, simultaneamente, cooperação regional e força política para atuar nas negociações no plano nacional" (ISMAEL, 2009, p. 243). Na segunda

se sabe ou não se quer enfrentar determinada questão, em especial quando esta apresenta, aos olhos dos políticos e burocratas envolvidos, riscos políticos: esse foi o caso da recriação da Sudene em 2007, durante o governo Lula, num ato de homenagem simbólica a Celso Furtado e "atenção" a uma região para a qual o governo petista não tinha um projeto claro.[8]

O projeto de Nordeste defendido por Mangabeira Unger meio século depois da empreitada de Celso Furtado também representou um esforço intelectual e político de colocar a questão "regional" no centro da agenda política nacional e no coração do processo decisório do Estado brasileiro. Formulado como um programa capaz de ser a expressão regional de um novo modelo de desenvolvimento que "ancore o social na maneira de organizar o econômico", o que significa romper com o que Unger chamou de o "pobrismo" característico das políticas socioeconômicas destinadas a apenas mitigar os efeitos da pobreza que atinge a maioria dos nordestinos. Nesse sentido, a sua concepção foi deliberadamente pensada como uma alternativa às ideias reinantes a respeito do modo de realizar a inclusão social: ao invés de política social compensatória, que cumpre uma função importante em contexto de desigualdades tão fortes como o do Nordeste, mas uma política social que enfrente o dualismo ao invés de aceitá-lo e reproduzi-lo.[9]

---

parte deste artigo se fará uma análise de como a perspectiva do projeto encabeçado por Unger atualizou essa questão.

8   A Sudene foi criada como órgão diretamente ligado ao Gabinete da Presidência da República e teve sua atuação relativamente empoderada segundo seus termos originais até o golpe militar de 1964, quando foi incorporada ao Ministério do Interior, tendo suas funções modificadas. Em 2001, no governo de Fernando Henrique Cardoso, foi extinta. Para uma análise quase biográfica acerca da Sudene, ver Furtado (1997, segundo livro, caps. 3, 4 e 5). Para uma avaliação crítica a respeito da concepção teórica norteadora da Sudene e de seus principais resultados, a partir de uma visão marxista fundada na ideia de que a questão regional não precede o problema de classe, ver Oliveira (1977), e, a partir de uma visão liberal fundada na ideia de que a questão da disparidade de renda regional não precede a disparidade de renda individual, ver Pessoa (1999).

9   A minha hipótese é a de que esta iniciativa em relação ao Nordeste liderada por Mangabeira Unger foi inspirada na experiência de Celso Furtado na época da Sudene. Unger sempre se mostrou um grande admirador de Furtado. Dias após a sua morte, em 2004, escreveu um artigo (UNGER, 2004b) de homenagem ao pensador paraibano, um "sertanejo curtido pelo mundo" como o definiu Gildo Marçal Brandão, no qual descrevia a tarefa que os sobreviventes tinham pela frente se quisessem levar adiante o legado de

A crítica ao "pobrismo" pode ser encontrada, sem rodeios, no texto publicado pela Secretaria de Assuntos Estratégicos (SAE), que serviu de base para o projeto de Unger para o Nordeste: "A primeira ilusão é a do 'pobrismo': confiar, sobretudo no semiárido, em ações e em empreendimentos de escalas e de cunho artesanais – como os microempreendimentos e as pequenas cooperativas. Estas ações ocupam as pessoas mais pobres. Geram um pouco de renda. Ajudam a evitar o pior, ainda que – todos o reconhecem – não resolvam os reais entraves ao desenvolvimento sustentável e includente da região" (UNGER, 2009, p. 8). A ideia subjacente é que política social compensatória, circunscrita às divisões rígidas entre as vanguardas e as retaguardas produtivas, não é capaz de reduzir as desigualdades extremas como as que se tem no Nordeste e no Brasil.

Tal como Furtado, as propostas socioeconômicas de Unger para o Nordeste partiram de uma crítica à ideia de redistributivismo desacompanhada da reorganização das relações de produção, embora nenhum dos dois concebesse a reorganização das relações de produção da mesma maneira que os marxistas. Para Unger, por exemplo, o processo de reorganização de uma dada estrutura econômica é quase sempre resultado de reconstrução institucional.[10] Assim, a economia de mercado não encerra um conteúdo jurídico e institucional predeterminado, por isso pode ser institucionalmente

---

pensamento e ação do autor de *A Dialética do Desenvolvimento*. Quando a oportunidade apareceu, em 2008, durante a sua participação no ministério de Lula, ele organizou uma iniciativa abrangente para a região como o seu "Projeto Nordeste". Em várias discussões com lideranças políticas e com movimentos sociais sobre suas propostas para o Nordeste noticiadas pela imprensa, Unger citou o exemplo de Furtado – e não como meio de legitimação de sua iniciativa, já que também teceu críticas a aspectos do ideário do economista cepalino.

10   Uma das principais críticas de Unger ao pensamento social, tanto o de ambição crítica e transformadora como o de matiz conservador, diz respeito ao compartilhamento de uma forma equivocada de compreensão do que são as instituições e a estrutura da sociedade e, ainda, de suas relações: "O fetichismo institucional é a crença em que conceitos institucionais abstratos, como as ideias de democracia representativa, economia de mercado ou sociedade civil livre, têm uma expressão natural e necessária em um conjunto particular de estruturas legalmente definidas. O fetichismo estrutural é a contraparte de ordem superior do fetichismo institucional: a ideia de que, apesar de podermos ser capazes de revisar uma ordem institucional particular, e até mesmo de substituir, vez por outra, um sistema institucional por outro diferente, não podemos alterar o caráter

reinventada: a ideia geral é que o tipo de regime de propriedade e contrato que passou a caracterizá-la no Ocidente não reflete uma lógica profunda de necessidades econômicas e sociais, mas ao contrário, resulta de lutas e construções políticas. Somente um pensamento formado dentro de uma cultura intelectual marcada pela "necessidade falsa" acredita que os dispositivos institucionais da modernidade resultam de uma lógica social ou econômica predeterminada.

Para Unger as estruturas de uma sociedade "são o resultado de muitas sequências frouxamente interligadas de conflito social e ideológico, e não imperativos funcionais insuperáveis e determinados, que dirigem uma sucessão de sistemas institucionais indivisíveis" (1999, p. 26). Portanto, para ele, esse movimento promove a quebra do clássico antagonismo entre reforma e revolução, pois o *experimentalismo institucional* proposto pode ser radical, a ponto de transformar as estruturas básicas da sociedade. Daí o seu caráter revolucionário. E fazê-lo, lidando com uma parte dessa estrutura por vez, passo a passo, cumulativamente. Daí o seu caráter reformista. Nesse contexto, campos intelectuais como o Direito e a Economia Política podem virar grandes aliados do método do *experimentalismo institucional*, pois são eles que lidam mais de perto com a realidade dos arranjos institucionais estabelecidos e podem reconhecer que esses arranjos integram um conjunto de possibilidades institucionais muito mais amplo, que inclui não só soluções do passado reprimidas ou descartadas como tendências divergentes dentro da ordem atual (UNGER, 2004a, p. 36-40).

Por isso, ele pensa na possibilidade de instituir no Nordeste uma economia de pequenos e médios produtores operando por meio de uma mistura de organização cooperativa e atividade independente, cujo horizonte é a estruturação de uma sociedade baseada na descentralização da propriedade.[11]

---

da relação entre as estruturas institucionais e a liberdade dos agentes que as ocupam de contestar e transcender essas estruturas" (UNGER, 1999, p. 91).

11 A teoria de Unger "propõe o desmembramento do direito de propriedade tradicional para atribuir seus componentes a diferentes tipos de titulares. Entre esses sucessores do proprietário tradicional estarão as empresas, trabalhadores, governos locais e nacional, organizações intermediárias e fundos sociais. Ele se opõe à reversão simples da propriedade privada convencional para a propriedade do Estado ou de cooperativas de trabalhadores, porque essa reversão apenas redefine a identidade do proprietário sem

O conjunto de propostas de Unger para o Nordeste se baseia também numa compreensão dos limites e das possibilidades da região. É o que no texto *O desenvolvimento do Nordeste como projeto nacional* se chama de as "premissas": I) a constatação de que a ausência de um plano abrangente e sistemático para a região desde o início dos anos 1960, abriu espaço para três processos degenerativos: a) a busca de incentivos e subsídios fiscais, b) a fixação em grandes obras físicas como a transposição do Rio São Francisco e c) a crença em "ilusões" como o "pobrismo" e o "são paulismo"; II) a tentação de não enfrentar de forma "direta e para valer o problema do semi-árido" refugiando-se no "pobrismo". Situação ainda mais grave porque além da dimensão moral e econômica do desastre fruto desse abandono do semiárido, ela representaria grande desperdício das condições favoráveis à "construção de regime social que privilegia a autonomia e a cooperação entre gente livre"; III) a realidade de um "novo" Nordeste marcada por um impressionante empreendedorismo dos "batalhadores" e por uma não menos impressionante "inventividade tecnológica popular".[12]

Se o núcleo duro da proposta de Unger para o Nordeste é a criação de uma sociedade e uma economia de pequenos e médios empreendedores e trabalhadores por meio de um conjunto de inovações institucionais capazes

---

alterar a natureza da propriedade 'unitária'. Propõe uma estrutura de propriedade em três níveis: um fundo central de capital, criado pelo governo nacional democrático para tomar as decisões finais relativas ao controle social da acumulação econômica; os vários fundos de investimentos criados pelo governo e pelo fundo central de capital para aplicação de capital em bases competitivas; e tomadores primários de capital que serão as equipes de trabalhadores, técnicos e empreendedores" (CUI, 2001, p. 19).

12 O livro *Os Batalhadores Brasileiros*, do sociólogo Jessé Souza, resultado de uma pesquisa teórica e empírica abrangente realizada em todas as regiões do Brasil sobre o perfil sociológico dos principais tipos de empreendedores e trabalhadores que integram um grupo social que se tornou suporte das transformações do capitalismo brasileiro nas últimas décadas, mostra, em seu capítulo 7, a realidade da segunda premissa sugerida por Unger, assim como de maneira geral a situação do empreendedorismo típico da região. Esses "batalhadores" empreendedores e trabalhadores seriam o agente que Unger deposita suas maiores esperanças e que deveria ser – e ainda não é – o principal destinatário das políticas públicas do Estado brasileiro. Na região Nordeste a presença acentuada desses "batalhadores" é percebida como uma vantagem e mais um indicativo do tipo de políticas industrial, agrícola e social que devem ser destinadas à região. Não por acaso, o livro conta com um prefácio de Unger.

de rearranjar a estrutura de sua vida social, o seu veículo são as políticas públicas do Estado brasileiro, em especial a industrial e a agrícola na esfera econômica, e na esfera social aquelas destinadas à capacitação educacional centrada no ensino e difusão de ciência e de tecnologia capazes de instrumentalizar o empreendedorismo emergente dos "batalhadores". Toda essa discussão levantada por Unger acerca das novas formas de economia de mercado é caracterizada pela ligação que sua perspectiva teórica postula entre os problemas institucionais e as práticas mais características da atual produção de vanguarda, chamada por especialistas de "pós-fordismo".

A relação da política industrial – e da política agrícola, analisada a seguir – com a reconstrução da economia de mercado numa direção como a preconizada pelo projeto Nordeste proposto por Unger, cujo foco está nas pequenas e médias empresas,[13] tem o seu ideário fundado na superação do "são paulismo". A passagem seguinte é ilustrativa:

> A primeira tarefa é acelerar a passagem, que já começou no centro industrial do país, para além do Fordismo. A segunda tarefa, mais exigente e menos compreendida, é organizar travessia direta do pré-Fordismo para o pós--Fordismo, sem que o país todo tenha de passar pelo purgatório do Fordismo industrial. O Brasil todo – o Nordeste inclusive – não deve ter de primeiro virar a São Paulo de meados do século vinte para poder, depois, transformar-se em algo diferente. O Nordeste não é para ser versão tardia da São Paulo de meados do século passado. O Nordeste deve por sua própria originalidade a serviço da originalidade do Brasil, abrir novo caminho de desenvolvimento nacional (UNGER, 2009, p. 9).

Para realizar essa obra a política industrial preconizada por Unger tem duas dimensões: uma institucional e outra operacional. Na primeira,

---

[13] Afirma Unger (2009, p. 12): "O foco da política industrial não deve ser nem as grandes empresas, de um lado, nem os microempreendimentos, de outro lado. São as pequenas e médias empresas as que devem merecer a atenção prioritária. É nelas que está a grande maioria dos empregos industriais. E é delas que resulta a maior parte do produto. Nisso, o Nordeste apenas acentua uma característica generalizada da economia brasileira".

a questão se refere às formas de relacionamento entre os produtores entre si e entre os produtores e o Estado. Na relação entre os produtores o ponto central é a organização do regime de "concorrência cooperativa" como meio de resolver o problema clássico de acesso à escala das pequenas e médias empresas. Assim, elas apesar de continuarem competindo no mercado, podem compartilhar recursos financeiros e tecnológicos que isoladamente não conseguiriam alcançar. Já na relação entre os produtores e o Estado o ponto central é a fuga da escolha entre o modelo norte-americano, desenhado para regular as empresas, à distância, por meio de agências, e o modelo do Nordeste asiático onde o Estado impõe de cima para baixo por meio de uma burocracia forte o seu projeto. A proposta para o Brasil em geral e para o Nordeste em particular, centra-se no avanço em direção a um modelo experimentalista e descentralizado como o "sugerido pelo conceito, tipicamente brasileiro, de arranjos produtivos locais"[14] (UNGER, 2009, p. 14). Na segunda dimensão, a operacional, dois aspectos são fundamentais: I) a atenção decisiva à oferta real e massificada de crédito e de tecnologia às pequenas e médias empresas, de forma a completar o trabalho de aconselhamento gerencial realizado pelo Serviço Brasileiro de Apoio às Micro e Pequenas Empresas (Sebrae) junto a este universo empresarial;[15] II) a organização das empresas em rede, de maneira a sempre existir uma instituição "âncora" (empresa maior ou agência

---

[14] Esse conceito tem sido desenvolvido no Brasil sob a liderança intelectual dos economistas Helena Lastres e José Cassiolato, que têm se dedicado ao estudo teórico e empírico do universo das pequenas e médias empresas e da realidade dos arranjos produtivos locais (APLS). Ver, entre outros, os dois volumes da obra de Cassiolato, Matos e Lastres (2008).

[15] A literatura que trata dos desafios à institucionalização das pequenas e médias empresas é consensual em seu diagnóstico: "Barreiras ao crédito geram ineficiências alocativas e subtraem recursos de projetos de investimento, que podem oferecer as maiores taxas de retorno [...] Se empresas de longa existência ou maior porte tiverem maior facilidade de acesso ao crédito, enquanto novas firmas ou pequenas e médias empresas não têm, algumas dentre elas terão uma sobrevida além da expectativa, e a concorrência será reduzida. No mundo em desenvolvimento, este é um problema que se difunde e constitui um sério impedimento à criação de economias locais dinâmicas em torno de um setor de pequenas e médias empresas em expansão" (MYTELKA; FARINELLI, 2005, p. 367).

do governo local) em torno da qual as empresas menores ou as cooperativas de empresas menores passem a gravitar.[16]

A democratização da economia de mercado no Nordeste brasileiro, sugerida acima pela política industrial voltada para o empreendedorismo emergente, se completa através de uma política agrícola. Na proposta da SAE há um conjunto de elementos que apenas reproduzem o consenso dominante acerca do conteúdo de uma política agrícola para o país, do qual, talvez, não participe apenas os setores da esquerda que centra o seu discurso na questão da reforma agrária.[17] Assim como na política industrial, a dimensão institucional, geralmente negligenciada nas discussões sobre agricultura, ganha ênfase na proposta de política agrícola da SAE, tanto aquela destinada à agricultura irrigada como à voltada para a agricultura de sequeiro. O núcleo é a organização pelo Estado de quatro conjuntos de ações: comercialização, ajuda técnica através do extensionismo agrícola onde o método da colaboração entre os entes federados seja decisivo, disseminação para os pequenos e médios produtores agrícolas dos instrumentos financeiros como os *hedges* que protegem contra os riscos climáticos e econômicos que caracteristicamente recaem sobre a agricultura (e que hoje

---

16 No texto do projeto da SAE há uma passagem em que se pode perceber como a realidade do Nordeste ajudou a reforçar muitas das proposições teóricas de Mangabeira Unger: "A primeira dessas forças construtivas é um empreendedorismo emergente [...] Por exemplo, em Caruaru e Toritama, no interior de Pernambuco, vêem-se todas as etapas do capitalismo europeu, do século dezessete ao século vinte, coexistir no mesmo lugar. Estão presentes num complexo de confecções que sobrevive longe dos grandes mercados consumidores e da matéria-prima. E que toma a forma não só de empresas médias, mas também de mais de dez mil empreendimentos caseiros – os chamados fabricos – que trabalham em regime de terceirização para aquelas empresas médias" (UNGER, 2009, p. 11). Para uma análise de caso desse processo no Nordeste ver Lourenço (2007).

17 Fazem parte da proposta o reconhecimento da agricultura como dimensão fundamental de qualquer economia moderna e da necessidade de agregar à agricultura familiar características empresariais sem que isso implique a perda de seu vínculo com a policultura e com a propriedade descentralizada. Como decorrência, o esforço para agregar valor aos produtos do campo e a atenção aos problemas mais característicos da agricultura como a estrutura física (centrada basicamente no equacionamento do problema da irrigação) e o financiamento. Mas a tudo isso a proposta de Mangabeira Unger acresce o objetivo de se "construir classe média rural forte, como vanguarda de uma massa de lavradores pobres que virá atrás dela". (Qual a referência?)

somente o agronegócio deles se beneficiam) e, por fim, reorganização dos mercados agrícolas para acabar com a fragmentação dos produtores frente aos fornecedores e compradores cartelizados. Tudo isso sob o seguinte princípio: "quando o mercado não faz, o Estado (inclusive a Conab) tem de fazer como vanguarda do mercado" (UNGER, 2009, p. 16).[18]

Embora inovador e profundamente provocativo, o projeto de Unger parece equivocado em algumas partes. Talvez, o seu principal problema seja confundir a correta compreensão dos limites das alternativas fordistas com a obrigação de instantaneamente superá-lo. O fordismo já é forte no Nordeste e não parece ser razoável que alternativas produtivas fordistas não possam ser uma parte da solução regional. No Nordeste parece existir espaço até para o "pobrismo" durante certo tempo. Ou seja: embora o empreendedorismo flexível das pequenas e médias empresas que colaboram e concorrem ao mesmo tempo deva ser o nexo dinâmico de um projeto de desenvolvimento para o Nordeste, pode haver espaço e importância relativa para o fordismo – e o fordismo flexível, que não é a mesma coisa que dominou São Paulo. Em outras palavras, no Nordeste talvez exista condições até para "maquiladoras". E isso sem comprometer o núcleo central da nova política, que é voltar os instrumentos do Estado para os *clusters* dos pequenos e médios empreendimentos dinâmicos.

Portanto, o núcleo do projeto de Mangabeira Unger para o Nordeste objetiva construir uma economia organizada de uma forma que reúna capital, tecnologia e trabalho sem distribuir direitos permanentes e irrestritos a seu uso. Essa solução implica imaginar e experimentar instituições que expressem o antigo ideal centrado no pequeno produtor independente como uma alternativa prática ao capitalismo conforme a tradição de pensamento "socialista utópica", fundada na realização do progresso econômico e

---

18 A proposta de Mangabeira Unger destaca também a importância da agricultura de sequeiro, apostando alto nas possibilidades do desenvolvimento tecnológico: "A agricultura de sequeiro não só exige tecnologia própria, de aproveitamento do solo, de experimentação com sementes e de adaptação à sazonalidade das chuvas, como também só se viabiliza, economicamente, com o avanço da industrialização rural. O conjunto de formas de agregação de valor no campo precisa ser maior, não menor, para a agricultura de sequeiro do que para a agricultura irrigada" (UNGER, 2009, p. 15-16).

tecnológico e na democratização da estrutura social.[19] Embora com conteúdo diferente, o projeto formulado por Unger se inspirou na experiência anterior liderada por Celso Furtado e reviveu o seu sonho de transformar a região problema em exemplo de um caminho para toda a sociedade brasileira:

> ao mesmo tempo em que apresenta muitos dos problemas nacionais em sua forma mais concentrada, o Nordeste reúne muitos dos elementos indispensáveis às soluções nacionais, inclusive a *força da identidade coletiva e o acúmulo dos vínculos associativos* (o capital social). No Nordeste, mais do que em qualquer outra parte do país, o Brasil afirma sua originalidade (UNGER, 2009, p. 7, grifos nossos).

Da economia à sociedade: a reorganização do Estado e a reorientação da política social

Os projetos de transformação do Nordeste elaborados por Celso Furtado e Mangabeira Unger compartilham duas preocupações fundamentais. Uma de caráter social e outra de natureza política. A primeira dedica-se ao enfrentamento, em seu fundo causal, da chocante desigualdade social do Nordeste. A segunda preocupa-se com a construção do agente institucional capaz de traduzir e desdobrar o projeto em iniciativas concretas e práticas, através de seus múltiplos e complexos níveis políticos e administrativos, no âmbito de nosso aparato estatal e governamental. Essa parte do texto discutirá quais as respostas dadas pelo projeto mais recente encabeçado por Mangabeira Unger a estas temáticas, realçando o contexto teórico de onde elas são extraídas.

Uma das grandes vertentes do projeto de Unger para o Nordeste apresenta, como justificativa da iniciativa, a possibilidade de ela exemplificar um novo tipo de federalismo para o Estado brasileiro, marcado por uma lógica de cooperação estreita entre os três níveis da federação.[20] A ideia básica

---

19 Para uma visão geral sobre os fundamentos clássicos do pensamento da tradição socialista utópica e seus principais temas e questões ver Teixeira (2002).

20 Observe-se que Furtado também identificou o nosso federalismo como mais um obstáculo ao desenvolvimento do Nordeste e de maneira original refletiu sobre o que designou de "federalismo cooperativo", que em sua perspectiva havia sido ensaiado durante a experiência

que suscita esta questão resulta da observação de um problema característico de países territorialmente extensos e com desigualdades regionais significativas como o Brasil: a necessidade de compatibilização de padrões nacionais de investimento e de qualidade com a gestão local das políticas públicas. Nestas circunstâncias, é importante que o Estado tenha um bom sistema de monitoramento e de financiamento dessas políticas e flexível o suficiente para ser capaz inclusive de reorientar temporariamente, de acordo com necessidades extraordinárias, recursos e quadros de um local para outro. Mas o problema maior é que, mesmo depois desses ajustes, uma determinada área da política pública pode ostentar índices abaixo dos padrões mínimos aceitáveis estabelecidos. Nesse caso, qual seria a solução? Na resposta de Unger, o Estado tem que constituir uma instância transfederal que reúna os três níveis da federação e que tenha poder de intervenção nessa área da política pública que enfrenta dificuldades, para saneá-la e devolvê-la consertada ao ente federado constitucionalmente responsável. O espírito é fortalecer o experimentalismo através da cooperação.

Uma das premissas norteadoras desse federalismo cooperativo parte de uma constatação teórica acerca da necessidade de transformação do Estado, face às mudanças nos paradigmas de organização da produção, numa direção "pós-fordista", que cada vez mais invade os espaços da vida social, tornando ainda mais inadequados muitos dos meios com que o Estado, fundado numa lógica "fordista" de excessiva padronização e rigidez, ainda opera na realização de suas ações. Um exemplo dessa circunstância pode ser observado na necessidade de reforma da relação da sociedade civil com o Estado no que diz respeito à provisão das políticas públicas. Vários especialistas definem os serviços públicos ofertados pelo Estado, em quase todos os países, como uma espécie de "fordismo administrativo", pela sua

---

democrática da República de 1945 a 1964. Segundo um comentarista, "o federalismo cooperativo, nos termos propostos por Furtado, apontava para uma descentralização parcial na aplicação dos recursos públicos federais nos estados-membros, o que seria feito pelas instituições regionais federais, por estar apoiado nas influências teóricas de um planejamento não autoritário. Entretanto, o desenvolvimento econômico equilibrado, para Furtado, dependia muito mais das iniciativas da União que das unidades subnacionais, ou mesmo da participação social. Era decisivo o papel do governo federal na construção da ordem ideal, o que significava um afastamento do modelo americano clássico" (ISMAEL, 2009, p. 236).

característica padronização, ao que se associa a falta de qualidade – embora, para os mais objetivos, isso pouca relação guarda com a questão do estilo de organização, como apregoam os liberais em seu jargão sobre gestão. Na esteira desta argumentação, Unger rejeita, inclusive, como falta de imaginação institucional, a ideia de que a alternativa a este "fordismo administrativo" seja a provisão privada desses serviços.[21]

Mas a proposta institucional de reconstrução do federalismo, além de trazer a ideia de substituição da repartição rígida de competências entre os três níveis da federação por um "federalismo cooperativo" que associe os entes federados em experimentos compartilhados, traz uma outra questão, ligada à ampliação do potencial de uma determinada localidade ou setor: divergir do modelo jurídico e institucional constituído e construir uma espécie de contra modelo que pode vir a ser o modelo do futuro.[22] O que inibe essa possibilidade no federalismo clássico é que, ao dar liberdade para uma região ou um setor, imagina-se a necessidade de oferecer liberdade igual para todos. Mas esta circunstância não é necessária. É possível imaginar que determinadas localidades ou setores tenham poderes extraordinários de divergências da orientação geral. Isso implicaria a realização da

---

21 A SAE sob o comando de Mangabeira Unger tentou levar a cabo também um projeto de ampla reformulação da administração pública como elemento importante da construção de um modelo de desenvolvimento. A ideia básica é que a reforma do Estado não deve restringir-se à mera transposição das práticas mais características da gestão privada para o aparato estatal e nem desvincular o debate sobre o conteúdo dessa reforma do Estado da discussão sobre o modelo de desenvolvimento que o Estado, uma vez reformado, tornar-se-á instrumento. A SAE produziu um texto com toda essa problematização no qual sustentava que o verdadeiro choque de gestão no país significava realizar simultaneamente três agendas inacabadas em matéria de administração: a da profissionalização, a da eficiência e a do experimentalismo. (SECRETARIA DE ASSUNTOS ESTRATÉGICOS, 2009). O princípio teórico sugerido é que o contraste hidráulico da política do século XX, na qual, mais Estado implica menos mercado e vice-versa, deva ser superado numa perspectiva progressista (UNGER, 1999).

22 Este é o caso, por exemplo, da política industrial e agrícola voltadas para os pequenos e médios empreendedores, em que um dos aspectos da relação entre o Estado e os produtores expressa o princípio da cooperação federativa. O mesmo raciocínio, ainda que com muito mais intensidade, vale para áreas como educação e saúde – sob este aspecto o SUS é uma empreitada institucional que contempla o espírito da ideia em tela. Para uma apreciação do espírito da ideia de federalismo cooperativo aplicada ao caso das políticas públicas do Estado brasileiro, ver Chaves (2010).

ideologia experimentalista que inspira o federalismo clássico, mas que, no entanto, não tem sido praticada. Trata-se da percepção dos estados federados como laboratórios de inovações.[23]

No bojo dessa proposta de reconstrução do federalismo brasileiro, o projeto Nordeste formulado por Unger desdobra-se rumo à questão da capacitação da enorme população desprovida de capital cultural, tendo em vista, sobretudo, duas prioridades: a primeira é assegurar, dentro de um país muito grande, muito desigual e de regime federativo, a reconciliação da gestão local dos sistemas escolares pelos estados e municípios, com padrões nacionais de investimento e de qualidade. Sem a participação decisiva da União, o Nordeste não construirá a escola capaz de realizar o choque de ciência e tecnologia exigido como contrapartida das transformações econômicas sugeridas anteriormente. E a segunda é aproveitar o impulso dado pelo governo Lula ao ensino técnico para enfrentar, simultaneamente, dois desafios: a) usar a rede federal de escolas técnicas para soerguer o elo fraco do sistema escolar brasileiro que é o ensino médio, cuja responsabilidade de gestão recai sobre os estados e municípios; b) usar as escolas técnicas para construir uma fronteira aberta entre o ensino geral e o ensino técnico. Mas ele adverte: "Convém fazer tudo isso com largueza de visão, livre das restrições impostas pelo imediatismo. Os enigmas do Nordeste podem inspirar avanços científicos e inovações tecnológicas cuja utilidade prática só aparecerá adiante" (UNGER, 2009, p. 20-21).[24]

---

23 A ideologia do federalismo clássico norte-americano apregoa a ideia de que os Estados federados atuem em alguma medida como laboratórios de experimentação de projetos e caminhos distintos daquele do governo central, embora a sua prática institucional fundada na repartição rígida de atribuições entre os entes federados contradiga frontalmente o princípio manifesto da ideologia. Para uma apreciação dessa discussão face ao tema do federalismo cooperativo, ver Dorf e Sabel (1998, p. 292-313, especialmente).

24 O texto do projeto Nordeste diz: "A política industrial voltada para redes de pequenas e médias empresas industriais, e tanto para a agricultura irrigada como para a de sequeiro, são provocações naturais para mobilizar ciência e tecnologia. Falta o agente institucional. Já existe, porém, base de apoio financeiro no Sibratec – o novo Sistema Brasileiro de Tecnologia. Para qualificar-se ao apoio que, por meio dele, virá da Finep e de outras entidades federais e estaduais, deve cada um dos estados nordestinos organizar uma entidade – ou aproveitar entidade existente – para coordenar o trabalho de identificação, desenvolvimento, adaptação e transferência das tecnologias mais relevantes – relevantes, sobretudo, para as iniciativas industriais e agrícolas enumeradas anteriormente" (UNGER, 2009, p. 20).

Essa junção, por sua vez, enseja a insistência em transformar o modo de ensinar: substituir o modelo pedagógico baseado na informação por um tipo de ensino que seja mais analítico. Na verdade, essa sua proposta significa antecipar para as primeiras etapas da aprendizagem o trabalho cooperativo que caracteriza os estágios mais avançados da ciência. A crença no poder social da educação, evidenciada por grandes pensadores liberais como John Dewey e Bertrand Russell, é fortemente compartilhada por Unger. Um dos temas caros ao seu pensamento programático é aquele referente às ideias sobre uma forma de ensino que resgate a criança das limitações de seu meio – de sua família, de sua classe social, de seu tempo histórico, de sua cultura nacional – e lhe dê os instrumentos da resistência moral e da antevisão intelectual (UNGER, 1999, p. 180-185).[25]

O segundo eixo analítico do desdobramento programático do projeto Nordeste apresentado por Mangabeira Unger emerge no contexto da discussão que se tornou conhecida no Brasil como a "porta de saída" dos programas de transferência de renda, comumente proposta pelos representantes intelectuais e políticos da direita. A ideia básica é a que os programas de transferência como o Bolsa Família são resgates de cidadania, já que na miséria as pessoas são imobilizadas – inclusive pelo medo. Dessa forma, os programas de transferência devem ser entendidos como instrumentos que criam as condições para uma mobilização mínima (VANDERBOUTH; PARIJS, 2006). O que Unger diz em resposta é que as transferências representam uma condição necessária, mas não uma condição suficiente. E que, portanto, deveria haver uma versão progressista – que não há – dessa discussão sobre as "portas de saída", descritas por outra linguagem que enfatizasse a necessidade de agregar elementos de ampliação da oportunidade e de capacitação a esses programas.

A ideia se baseia num dado empírico sobre a estrutura de classes no Brasil e sobre o perfil dos beneficiários dos programas de transferência

---

25 No panorama da educação brasileira, a identificação de Unger é com a perspectiva pedagógica de Anísio Teixeira que, além de discípulo do experimentalismo de Dewey como o próprio Unger, foi secretário de educação do Estado da Bahia na época em que Otávio Mangabeira, seu avô, foi governador. Anísio Teixeira exerceu também grande influência sobre Darcy Ribeiro e um de seus principais projetos, o Ciep, este implementado no estado do Rio de Janeiro durante os governos de Leonel Brizola nas décadas de 1980 e 1990.

como o Bolsa Família. Quando se observa os dados recentes a respeito da evolução da renda e de seus componentes no Brasil, verifica-se o seguinte: embaixo, entre aqueles descritos por Jessé Souza como a "ralé" brasileira, houve um crescimento da renda, sem que tenha havido um crescimento da renda do trabalho. Entende-se que a maior parte desse crescimento se deve aos programas de transferência de renda. Mais adiante, no gráfico de evolução da renda, houve um crescimento da renda menor, mas uma proporção muito maior desse crescimento devido à renda do trabalho. E, a partir daí, a curva continua a descender (PAES DE BARROS, 2008).

Essa constatação empírica inspirou a seguinte conjectura causal: entre o núcleo duro da pobreza, de um lado, e a pequena burguesia empreendedora, de outro, haveria um grupo intermediário, que Unger chamou de "batalhadores". Esse grupo social seria composto basicamente por pessoas que surgem mais ou menos no mesmo meio pobre da "ralé", do núcleo da pobreza, mas que por razões sociológicas e psicológicas especiais responderam às duríssimas circunstâncias coletivas e conseguiram iniciar seu autoresgate. De acordo com essa ideia, essas pessoas existem aos milhões no Brasil e no Nordeste principalmente. Esta hipótese a respeito da estrutura de classes inspirou uma sugestão programática: o desdobramento capacitador dos programas de transferência teria de ter em vista essa diferença entre a "ralé" e esse grupo chamado de "batalhadores". O núcleo duro da pobreza é composto por pessoas que estão cercadas por um conjunto de inibições familiares e culturais que dificulta a eficácia dos programas de capacitação. A experiência mundial de programas de capacitação dirigidos a esse núcleo duro da miséria é desalentadora conforme estudos como o de Galasso (2006) e Rodrigues (2010).

Portanto, o malogro se explicaria por causa desse conjunto de inibições sociais e culturais. Para a "ralé" não funcionaria uma iniciativa direta de capacitação. A primeira coisa a fazer é assegurar que o Estado consiga assumir algumas das funções das famílias desestruturadas e adensar o sistema de assistência social. Isso não objetiva substituir a família, mas complementá-la. Já os "batalhadores" seriam os alvos naturais dos programas de capacitação, na medida em que já demonstraram que são resgatáveis, por uma razão simples: já iniciaram o seu próprio resgate. De acordo com essa perspectiva, o equívoco comum que se comete no mundo é dirigir os programas de capacitação aos mais pobres. Embora seja compreensível pensar que a capacitação deva começar pelos mais carentes, a lógica da política não deve ser a mesma da caridade. Então, paradoxalmente, os programas de capacitação deveriam começar não pelos mais carentes, mas pelos relativamente menos carentes, que funcionariam como uma espécie de "vanguarda" do contingente mais pobre de pessoas que viria em seguida.

Considerações finais

A maioria dos brasileiros reconhece hoje, ainda que intuitivamente, que a organização institucional da política e da economia em nossa sociedade não garante os seus próprios pressupostos: cidadãos livres e capacitados, dispondo de condições culturais e econômicas para atuar em ambiente social onde a desigualdade não impeça a iniciativa individual e coletiva. Por isso, vem manifestando cada vez mais insatisfação com os arranjos institucionais existentes e desejando outros, que sejam capazes de cumprir a promessa democrática: na dimensão econômica, instituições que ampliem substantivamente as oportunidades para trabalhar e produzir de modo a reconfigurar o que entendemos por mercado e, na dimensão política, instituições que propiciem uma participação política que seja capaz de gerar mudanças efetivas.

Mas um dos problemas é que o pensamento contemporâneo, caracterizado pelo conservadorismo institucional, sequer debate, sistematicamente, esta questão. Na Ciência Política, por exemplo, há duas visões que se ocupam das instituições: de um lado, um institucionalismo míope, que dogmaticamente afirma representar a racionalidade do mundo existente e de suas instituições; de outro, uma filosofia política racionalista, desprovida de imaginação institucional, que ao se ocupar de questões como a justiça diz que o máximo que se pode esperar da política é a redistribuição marginal, dentro da ordem institucional estabelecida, de direitos e recursos. Os adeptos da ciência racionalizadora e os herdeiros de Kant se julgam antagonistas, mas na verdade são primos-irmãos que não conseguem pensar as instituições alternativas capazes de, pelo menos, aproximar a realidade dos ideais em nome dos quais o mundo se organiza. Por isso, não é de admirar que ambos os grupos intelectuais, quando instados a propor mudanças no mundo real, acenam com políticas públicas compensatórias incapazes sequer de diminuir a desumanidade de uma ordem social cuja estrutura é entendida como natural e necessária.

As perspectivas de Celso Furtado e Mangabeira Unger examinadas neste texto podem ser tomadas como uma rebelião contra este quadro sumariamente descrito acima. A premissa de ambos é a de que investir no social sem mudar as instituições não constrói cidadania. Assim, a ideia de reorganização estrutural da sociedade através de mudanças institucionais na política e na economia foi o eixo de suas propostas. Independentemente de se concordar ou não com as ideias norteadoras dos projetos encabeçados por eles, há de se reconhecer que ambos se caracterizaram pelo compartilhamento da visão de que a melhor maneira de compreender as possibilidades do futuro é influir na sua construção. Para isso o pensamento e a ação não podem prescindir da combinação de três atributos fundamentais: realismo, generosidade e ousadia. Na política contemporânea realismo passou a ser identificado com a aceitação dos preconceitos e interesses da ordem estabelecida.

Para os dois pensadores brasileiros analisados neste capítulo, realista é o agente que tanto se dispõe a compreender e enfrentar a realidade, sem desconsiderar nem super dimensionar os seus elementos refratários e constrangedores, como aquele que, por atuar sobre esta realidade, acaba virando um visionário capaz de enxergar também as possibilidades de transformação dessa realidade sempre ambivalente e contraditória. Entendido desta maneira, e aplicado ao Nordeste, o realismo casa-se com a generosidade e a ousadia. Estas foram as grandes marcas dos projetos de Nordeste liderados pelos dois estrategistas: "O Nordeste é o maior órfão do modelo de desenvolvimento construído no país no último meio século. Convém ao país que o Nordeste se rebele contra esse modelo de desenvolvimento. Ao se rebelar contra ele, falará pelo Brasil" (UNGER, 2009, p. 22).

Referências bibliográficas

BACELAR, Tânia. "A questão regional e a questão nordestina". In: TAVARES, M. C. (org.). *Celso Furtado e o Brasil*. São Paulo: Perseu Abramo, 2000.

_____. "Desenvolvimento regional no Brasil". In: FURTADO, Celso *et al. O pensamento de Celso Furtado e o Nordeste hoje*. Rio de Janeiro: Contraponto, 2009.

CASSIOLATO, José; MATOS, Marcelo; LASTRES, Helena (orgs.). *Arranjos produtivos locais: uma alternativa para o desenvolvimento*. Rio de Janeiro: E--Papers, 2008.

CEPEDA, Vera. "O pensamento político de Celso Furtado: desenvolvimento e democracia". In: PEREIRA-BRESSER, L. C. & REGO, J. M. (orgs.). *A grande esperança em Celso Furtado*. São Paulo: Editora 34, 2001.

CHAVES, Vitor. "Políticas públicas e reconstrução do federalismo brasileiro". *Interesse Nacional*, São Paulo, vol. 9, 2010.

CUI, Zhyuan. "Prefácio". In: UNGER, R. M. *Política*. São Paulo: Boitempo, 2001.

DORF, Michael; SABEL, Charles. "The constitution of democratic experimentalism". *Columbia Law Review*, n. 267, 1998.

FIORI, José Luís. "O projeto de 'desenvolvimentismo nacional, popular e igualitário', sintetizado pelo Plano Trienal de Celso Furtado de 1963, foi bloqueado pelo golpe militar de 1964". *Revista Reportagem* – UNB, Brasília, fev. 2004.

FURTADO, Celso. *A Operação Nordeste.* Rio de Janeiro: Iseb, 1959.

_____. *Uma política de desenvolvimento econômico para o Nordeste*. Recife: Sudene, 1967.

_____. *Obra autobiográfica*. São Paulo: Paz e Terra, 1997.

GALASSO, Manuela. "With their effort and one opportunity: alleviating extreme poverty in Chile". *Developmente Research Group – World Bank*, Washington, 2006.

ISMAEL, Ricardo. "Celso Furtado e a redefinição do federalismo brasileiro". In: FURTADO, Celso *et al. O pensamento de Celso Furtado e o Nordeste hoje*. Rio de Janeiro: Contraponto, 2009.

LOURENÇO, Alberto. "Estado e competitividade territorial espontânea – A Esfinge em Jardim de Piranhas". *Boletim Regional – Informativo da Política Nacional de Desenvolvimento Regional*, Brasília, n. 4, mai./ago. 2007.

OLIVEIRA, Francisco. *Elegia para uma re(li)gião: Sudene, Nordeste, planejamento e conflito de classes*. Rio de Janeiro: Paz e Terra, 1977.

MARANHÃO, Silvio (org.). *A Questão Nordeste*. Rio de Janeiro: Paz e Terra, 1982.

MYTELKA, Lynn; FARINELLI, Fulvia. "De aglomerados locais a sistemas de inovação". In: LASTRES, Helena M. M.; CASSIOLATO, José E.; ARROIO, Ana (orgs.). *Conhecimento, sistemas de inovação e desenvolvimento*. Rio de Janeiro: Contraponto, 2005.

PAES DE BARROS, Ricardo *et al*. *A dinâmica da desigualdade no Brasil e seus principais determinantes.* Brasília: Ipea, 2008.

PESSÔA, Samuel. *Existe um problema de desigualdade regional no Brasil?*. Salvador: Anpec, 2001.

RODRIGUES, Eduardo. *Escassos caminhos: os processos de imobilização social dos beneficiários do rendimento social de inserção*. Porto: Afrontamento, 2010.

SOUZA, Jessé. *Os batalhadores brasileiros: nova classe média ou nova classe trabalhadora?*. Belo Horizonte: Editora UFMG, 2010.

TEIXEIRA, Aloisio. *Utópicos, heréticos e malditos: os precursores do pensamento social de nossa época.* Rio de Janeiro: Record, 2002.

UNGER, Roberto Mangabeira. *O desenvolvimento do Nordeste como projeto nacional*. Brasília: Secretaria de Assuntos Estratégicos, 2009.

____. (2004a). *O direito e o futuro da democracia*. São Paulo: Boitempo, 2004.

____. (2004b). "Furtado e Futuro". *Folha de São Paulo*, São Paulo, 23 nov. 2004.

____. *Democracia realizada: a alternativa progressista*. São Paulo: Boitempo, 1999.

VANDERBOUGHT, Y.; PARIJS, P. *Renda de cidadania: argumentos éticos e econômicos*. Rio de Janeiro: Civilização Brasileira, 2006.

A FOCALIZAÇÃO E AS CONDICIONALIDADES DO PROGRAMA BOLSA FAMÍLIA AFIRMAM A NOÇÃO DE DIREITO SOCIAL E CONTRIBUEM PARA A FORMAÇÃO DE SUJEITOS DE DIREITOS?

Silvana Aparecida Mariano

Introdução

O campo das políticas públicas, e particularmente das políticas sociais, apresenta-se como área estratégica para a compreensão da estratificação e das desigualdades sociais. Conforme destaca Virginia Guzmán (2000, p. 85), "o estudo das políticas públicas é um terreno privilegiado para analisar as relações do Estado com os diversos atores sociais, entre eles as mulheres e, consequentemente, um bom indicador do grau de democratização da sociedade". Esta temática de investigação opera, portanto, com as intersecções entre a politização das relações de gênero, democratização social e redução das desigualdades sociais. Por esse motivo, adotamos os estudos feministas como ponto de partida para a reflexão sobre direito social e transferência condicionada de renda.

O tema da proteção social tem claro conteúdo político, o que envolve conflitos e contradições. Assim, o relativo consenso sobre a associação entre direitos sociais e cidadania não elimina as divergências em relação às formas de acesso e às responsabilidades que cabem ao Estado, à sociedade e à família, tendo em vista a garantia de proteção aos indivíduos. Em consequência, o conjunto das políticas representa diferentes níveis de consolidação dos direitos sociais. Essa problemática é especialmente percebida nas ações de combate à pobreza, para a qual o Programa Bolsa Família desempenha papel especial, no caso brasileiro.

A estratificação social, como demonstrou Esping-Andersen (1991), é um dos princípios ordenadores do Estado de Bem-Estar Social e, desse modo, entendemos que as políticas sociais participam da produção e reprodução de identidades sociais, como também dos sujeitos sociais. De acordo com o autor, "o *Welfare State* não é apenas um mecanismo que intervém – e talvez corrija – a estrutura de desigualdade; é, em si mesmo, um sistema de estratificação. É uma força ativa no ordenamento das relações sociais" (ESPING--ANDERSEN, 1991, p. 104).[1]

Além de sua função no sistema de estratificação social, as políticas sociais apresentam, ainda, paradoxos e contradições para a cidadania das mulheres, o que engloba, segundo Pateman (2000), as formas sexualmente diferenciadas de constituição do Estado de Bem-Estar Social e as formas sexualmente diferenciadas de incorporação de homens e mulheres como cidadãos. Por essa razão, Ulrich Beck (2010) considera os papéis de gênero como um dos principais eixos da nova modernidade e reconhece nas atribuições de caracteres de gênero um dos aspectos basilares da família nuclear e da sociedade industrial, logo, também do Estado de Bem-Estar Social e da política.

Estamos de acordo com Sonia Alvarez (1988, p. 318) ao identificar que "a desigualdade com base em gênero está embutida na própria estrutura do poder estatal no Brasil", o que constitui um dos desafios para a democracia no país. "O Estado moderno não é neutro com relação a questões de gênero", o que se verifica, por exemplo, na representação que faz sobre a divisão entre as esferas "pública" ou política e a "privada" (ALVAREZ, 1988, p. 318). "Ele também institucionaliza as relações de poder genérico ao restringir o gênero feminino à última esfera, reforçando politicamente os limites que têm confinado a mulher social e historicamente" (ALVAREZ, 1988, p. 319). Por outro lado, ainda em concordância com a autora, o Estado não é uma instância monolítica quanto ao gênero, o que torna relevante as

---

[1] Falar de Estado de Bem-Estar Social no Brasil contém riscos de imprecisão conceitual. Essa expressão tende a designar uma experiência localizada histórica e espacialmente que se distingue muito claramente da proteção social existente no Brasil. Aqui seria mais correto falarmos de proteção social e de política social, com todas as características de insegurança, descontinuidade e fragmentação, o que se diferencia da conceitual clássica de Estado de Bem-Estar Social, como podemos encontrar, por exemplo, em Gosta Esping-Andersen (1991). Por esse motivo, ao tratar do caso brasileiro, fazemos uso desse conceito com ressalvas.

pesquisas sobre as correlações de força, bem como as brechas no interior das instituições estatais.

Um ponto de destaque sobre a relação entre mulheres e Estado é o modo como os grupos de mulheres estão sujeitos a obrigações impostas pelo Estado, o que gera efeitos para o tempo e o trabalho femininos (MOORE, 1996). Este fator deve ser levado em consideração quando nos dedicamos a investigar o modo de inclusão das mulheres nas ações estatais, a exemplo dos programas de transferência condicionada de renda no Brasil.

Em outros lugares já argumentamos a respeito das limitações do PBF para a promoção da autonomia das mulheres titulares do benefício e os efeitos que o programa produz em termos de reforços dos papéis tradicionais de gênero, incluindo a associação entre mulher e mãe e entre mulher e trabalho de cuidado (MARIANO, 2009; MARIANO & CARLOTO, 2009; CARLOTO & MARIANO, 2010).

Considerando os marcadores de gênero no modelo de transferência condicionada de renda adotado pelo PBF, o objetivo deste trabalho é examinar outras implicações políticas do programa: quais são os efeitos da focalização e das condicionalidades para a consolidação da percepção do direito social no campo da assistência social e da transferência de renda? As análises são realizadas com base em dados de pesquisa documental quanto às orientações institucionais do PBF, e em estudo de caso empreendido no município de Londrina, estado do Paraná, junto a gestoras/es, profissionais e beneficiárias/os da política de assistência social.

Tratar da cidadania das mulheres é também tratar de um processo paradoxal que envolve a participação feminina na esfera pública, marcada por inclusões e exclusões que remontam ao século XVIII. A cidadania, construída com base em diferenciações de classe social e de gênero, representou para as mulheres, ao mesmo tempo, uma oportunidade e um desafio (BONACCI; GROPPI, 1995 e MACEDO; AMARAL, 2005). O caráter classista, sexista e racista marca a história da cidadania no Ocidente. Esse caráter paradoxal diz respeito, igualmente, à relação entre as mulheres e o Estado, uma vez que este é a unidade clássica de referência para a cidadania, entendida em termos de conquistas e efetivação de direitos em um território nacional. Pensar na relação entre as mulheres e o Estado remete-nos à adoção da perspectiva de gênero, originária do pensamento feminista, para a análise das políticas públicas (MARIANO, 2011).

Conforme Marta Ferreira Santos Farah (2004, p. 47), "política pública pode ser entendida como um curso de ação do Estado, orientado por determinados objetivos, refletindo ou traduzindo um jogo de interesses". No que tange à relação das feministas com o Estado, os esforços dessas são no sentido de adotar o conceito de gênero como referência para a análise das políticas públicas. Com isto, "procurou-se chamar a atenção para a construção social e histórica do feminino e do masculino e para as relações sociais entre os sexos, marcados em nossa sociedade por uma forte assimetria" (FARAH, 2004, p. 48).

Busca-se, desse modo, o reconhecimento de que a população beneficiária de uma política pública não é homogênea, assim como os seus efeitos também não o são, havendo, portanto, a necessidade de uma diferenciação de gênero em suas ações, ou, em outros casos, a eliminação dessas diferenciações quando elas produzem desvantagens. Diferentemente das expectativas iniciais dos movimentos feministas, logo se percebeu que incorporar a dimensão do gênero não significa, necessariamente, que essas políticas estatais estejam orientadas para a redução das desigualdades entre homens e mulheres. Isto é, as diferenças entre os gêneros podem ser, às vezes, apropriadas funcionalmente, de modo que reforçam as desigualdades entre mulheres e homens, reproduzindo os padrões tradicionais das relações de gênero. A isto Sonia Alvarez (2000) chama de "tradução político-cultural da parte do Estado", Marta Farah (2004) chama de "funcionalização da mulher" e Nancy Fraser (2002) de "reconhecimento equivocado".

Os estudos feministas produziram importantes teorizações sobre o Estado, vinculando-as às reivindicações por aprofundamento da democracia e redução das desigualdades. O sentido de democratização do Estado, para o movimento de mulheres, está na busca de rupturas com seu padrão pretensamente neutro, com a burocratização e com sua privatização por elites políticas.

Uma das posições teóricas assumidas é a de que cabe ao Estado instituir mecanismos que favoreçam a participação da mulher em esferas públicas, como forma de compensar a exclusão social que a desfavorece e alterar sua forma de inserção no conjunto da sociedade. Por outro lado, certa vertente do feminismo, a exemplo dos estudos de Céli Pinto, entende que os movimentos de mulheres devem mobilizar esforços para "romper a lógica dos interesses particularizados e transformá-los em interesses gerais" (PINTO, 1994, p. 262). Transpondo esse entendimento para o campo das reivindicações políticas e, articulando-o ao modelo teórico de Nancy Fraser (2001 e 2002), isso envolve combinações de reivindicações por reconhecimento (luta contra injustiças culturais) com reivindicações por redistribuição (luta contra injustiças econômicas). No caso da transferência condicionada de renda, como estratégia de alívio da pobreza, estamos diante de uma política tão somente no campo da redistribuição, com alguns efeitos positivos para a redução das desigualdades, conforme se verifica em estudos do Ipea (2006).

A formulação de novas concepções sobre o Estado entre teóricas feministas acompanha o desenvolvimento de novas estratégias adotadas pelo movimento de mulheres na luta contra a opressão feminina e pela superação das desigualdades de gênero, em que o Estado passa a ser compreendido como importante instrumento para ampliação de suas ações (MARIANO, 2008). Essa teorização converge com o entendimento de que as ações do Estado e suas determinações "alcançam os mais ocultos espaços da vida privada" (SAFFIOTI, 1994, p. 273), como também a vida pública, e podem, por meio de projetos sociais e políticas públicas, produzir, reproduzir ou transformar as relações de gênero (GUZMÁN, 2000).

A tese de Marshal (1967), anterior às teorizações feministas aqui indicadas, atribuiu ao Estado, especialmente aos direitos sociais, papel fundamental para a tendência moderna em prol da igualdade social. Embora seja incapaz de eliminar a desigualdade social, a cidadania tende a reduzi-la a níveis considerados aceitáveis, o que significa a prevenção da indigência. Para Marshal (1967), cidadania significa participação integral do indivíduo na sociedade e, no século XX, os direitos sociais desempenham papel preponderante para a cidadania.

De acordo com essas perspectivas, as políticas públicas, consideradas em sua variedade de políticas de emprego, políticas econômicas e políticas sociais, são importantes instrumentos para a redução das desigualdades. Dado que a estrutura das desigualdades em nossa sociedade é multidimensional, a intervenção estatal atinge diferentemente seu público, de acordo com seus posicionamentos sociais por classe, gênero, raça/etnia, religião, orientação sexual e faixa etária, entre outros. Esses fatores modificam as relações entre as mulheres e o Estado e, de acordo com Moore (1996), não são simplesmente "aditivos", mas resultam em interseções complexas e exclusivas de um período histórico. Por isto devem ser analisadas de um ponto de vista empírico.

A transferência condicionada de renda e os efeitos políticos da focalização

A Constituição Federal Brasileira, de 1998, e a Lei Orgânica da Assistência Social (Loas), de 1993, representam avanços no modo de conceber a assistência social brasileira como constitutiva do sistema de seguridade social. No entanto, apesar dos avanços, este processo não é contínuo nem linear. Há uma "inflexão", para tomarmos de empréstimo a denominação de Ana Maria Medeiros da Fonseca (2001), que se expressa pela adoção de propostas que tentam articular o direito, com a focalização e a exigência de condicionalidades. Segundo a autora, coloca-se para debate a seguinte questão: "como elaborar uma política social que, no curto prazo, amenize a pobreza e, no longo prazo, reduza a geração da pobreza?". No Brasil e na América Latina a resposta para a primeira parte da questão tem sido a implantação de "programas focalizados em famílias pobres com crianças e adolescentes". A resposta para a segunda parte da questão é formulada nas propostas de "condicionamento do repasse dos recursos à matrícula e à freqüência escolar" (FONSECA, 2001, p. 26). Formou-se assim um modelo de combate à pobreza, com programas focalizados e com benefícios condicionados. Estas são as políticas de transferência condicionada de renda. A focalização responde aos anseios de gestão na relação entre custo e benefício (eficiência, eficácia e efetividade ocupam destaque nas orientações), e as condicionalidades, um neologismo para obrigações, que veio substituir a denominação das contrapartidas, têm como objetivo romper o círculo de transmissão da pobreza entre gerações.

De acordo com Marshal (1967), a focalização de políticas vinculadas aos direitos sociais é uma saída adotada com o objetivo de combinar justiça social e preço de mercado em um mesmo sistema. Desde logo, colocam-se em cena dilemas políticos e econômicos quanto às políticas universalistas e políticas focalizadas. A pergunta central que se faz diz respeito às possibilidades de uma e outra reduzir as desigualdades entre indivíduos e/ou grupos sociais. A preocupação refletida na tese de Marshal supõe que a focalização pode criar desigualdade entre os competidores. Esta é uma preocupação tipicamente liberal. Quando analisada de outra perspectiva política, a focalização apresenta riscos de estigmatização do público atendido e de reprodução das desigualdades.

Da perspectiva exterior ao liberalismo, uma das problemáticas associadas à focalização é a redução do grau de complexidade dos objetivos de diminuição das desigualdades. No caso do Programa Bolsa Família (PBF), temos a seguinte definição:

> O PBF integra o Fome Zero que visa assegurar o direito humano à alimentação adequada, promovendo a segurança alimentar e nutricional e contribuindo para a erradicação da extrema pobreza e para a conquista da cidadania pela parcela da população mais vulnerável à fome.[2]

Ao formular os objetivos do Fome Zero e do PBF nestes termos, o Ministério de Desenvolvimento Social e Combate à Fome (MDS) adota a concepção segundo a qual pobreza e fome se equivalem. Esta é uma equação que domina a formulação da chamada questão social no debate atual internacional, seguindo na esteira das agências de cooperação. Ao tecer suas críticas às orientações desses programas, Lena Lavinas (2004, p. 67) considera que seu "objetivo não é vencer a pobreza, mas assegurar um patamar mínimo de reprodução social que atenue os efeitos devastadores das políticas de ajuste". Propor a interpretação de que pobreza e fome são equivalentes é uma eficiente estratégia política que, segundo Zygmunt Bauman (1999, 81), "mata dois coelhos com uma cajadada". Reduz-se a escala do problema, visto que

---

2   Disponível em http://www.mds.gov.br/bolsafamilia/o_programa_bolsa_familia/o-que-e. Acessado em: 07/01/2008.

a pobreza é muito maior que a fome, e simplifica-se a tarefa, limitando-a a "arranjar comida para os famintos" (BAUMAN, 1999, p. 81).

O modo como a noção de pobreza é empregada no PBF expressa objetivamente uma ambivalência. No desenvolvimento dos documentos e nos discursos das gestoras e profissionais da assistência social desponta uma noção que trata a pobreza numa perspectiva multidimensional. No entanto, ao se estabelecer o objetivo do PBF aflora uma abordagem reducionista sobre a pobreza e apresenta-se a equação pobreza=fome.

Nos estudos sobre o tema tem sido cada vez mais comum o uso de abordagens que tratam da pobreza como uma condição que gera incapacidades aos indivíduos nas esferas econômica, política e social. Desse modo, além da tradicional carência de bens materiais e de recursos à sobrevivência, existem outras formas de carência. Nos últimos anos, especialistas da área de políticas sociais têm apontado a importância de que os programas governamentais adotem esta perspectiva multidimensional da pobreza. Isto implica em maiores esforços para redefinição dos critérios de mensuração da pobreza, ampliação dos objetivos visados pelos programas governamentais e revisão, ou muitas vezes, construção, de indicadores de avaliação. A CEPAL – Comissão Econômica para América Latina e Caribe – tem defendido esta abordagem sobre a pobreza. Conforme Hildete Pereira de Melo (2005, p. 7), a instituição compreende que a fome "associa subconsumo, desnutrição, condições precárias de vida, baixa escolaridade, inserção instável no mercado de trabalho e pouca participação política e social".

Tratar a questão da pobreza de modo a reduzi-la ao problema da fome responde a uma necessidade econômica e política de nossos dias. É um meio segundo o qual o Estado nacional, fragilizado, pode dar satisfação aos indivíduos com a mensagem de que faz alguma coisa. As políticas focalizadas, de qualquer modo, são alguma coisa. A racionalidade que alimenta a globalização é a mesma que alimenta a focalização. Com a adoção desse modelo de política social, a racionalidade toma o lugar da política. Assim, a eficácia da gestão, por exemplo, centraliza grande parte das preocupações no lugar de questões com a dignidade, o direito e a consolidação da cidadania. De acordo com Anete Brito Leal Ivo (2004, p. 61), "a focalização como princípio ordenador das políticas sociais é um conceito que se situa numa instância principalmente instrumental e operativa, relacionada à seletividade do gasto social".

As políticas focalizadas nos mais pobres deparam-se, ainda, com os problemas de legitimação pública e o resultado é que os programas assim formulados tendem a apresentar baixo investimento financeiro e, ainda assim, recebem críticas das classes sociais constituídas por não pobres (ESPING-ANDERSEN 1991 e 1995; KERSTENETZKY, 2009).

Do ponto de vista teórico e político, onde se localizam as políticas de transferência de renda, entendidas em termos de renda mínima? Partindo da síntese de Sonia Draibe (1993, p. 94):

> Sem dúvida, tanto a ancoragem teórica quanto a lógica subjacente à proposição de uma *renda mínima garantida* têm origem *liberal*. Para os liberais, mas claramente para nossos contemporâneos neoliberais e conversadores, a renda mínima (em geral e na sua versão em dinheiro) expressa uma dada concepção do papel do Estado, que deveria oferecer tão somente aos desfavorecidos um certo grau de segurança social, a política social sendo então pensada de modo *residual*, apenas complementar àquilo que os indivíduos não puderem solucionar *via* mercado ou através de recursos familiares e da comunidade. Mas expressa também, na argumentação conservadora contemporânea, uma dada estratégia de reorganização dos sistemas de proteção social, o Estado concentrando na renda mínima seu papel, e reservando ao setor privado os outros serviços, inclusive aqueles dos seguros sociais.

O PBF é herdeiro dessas concepções teóricas e políticas. Como resultado, a inclusão de um grupo doméstico como beneficiário do PBF processa-se por meio de alguns filtros do Programa, tais como os critérios de elegibilidade, as metas estabelecidas pelo MDS para cada município do país e a disponibilidade orçamentária (MEDEIROS; BRITTO; SOARES, 2007; BICHIR, 2010). A focalização se configura no estabelecimento de critérios de elegibilidade, neste caso, o limite de renda familiar *per capita*. Com a seletividade, ocorre que nem todas as pessoas que se enquadram nos critérios de elegibilidade são de fato beneficiadas pelo PBF, havendo, assim, a seleção daquelas consideradas mais vulneráveis, o que nos remete também à noção de "quase-direito social" de Medeiros, Britto e Soares (2007).

A focalização e a seletividade são frequentemente analisadas na literatura em termos de preocupações em torno das exclusões ou iniquidades que produzem e do reducionismo que geram ao promover um deslocamento da questão da proteção social para a da assistência social. Isto foi tratado em diferentes termos, como, por exemplo, a "metamorfose na questão social" (CASTEL, 1998), a "privatização da questão social" (BAUMAN, 2000), a "revalorização da família na proteção social" (FONSECA, 2001) e a "reconversão do social" (IVO, 2004). Existem ainda as análises a respeito da eficiência da focalização e de seus possíveis efeitos, seja para oferecer cobertura aos mais pobres ou para produzir estigmas em torno da população beneficiária (BICHIR, 2010).

Considerando a existência de erros de inclusão e de exclusão,[3] tornam-se oportunas as investigações sobre as dinâmicas das relações cotidianas no nível da operacionalização local do PBF. Para tal, lançamos mão de nossos dados de campo nos Centros de Referência de Assistência Social (CRAS), em Londrina, quando tivemos a oportunidade de acompanhar e vivenciar esse cotidiano durante aproximadamente dez meses.

Nossa conversa com Dora, Ana e Elisabete,[4] usuárias da assistência social no aguardo do atendimento, revela uma percepção comum dessas mulheres em relação aos mecanismos de funcionamento da política, que passa, necessariamente, pela representação que fazem sobre o julgamento da

---

3   Análises de Fábio Veras Soares, Rafael Perez Ribas e Rafael Guerreiro Osório (2007), baseadas em dados da PNAD de 2004, estimaram o erro de inclusão do PBF em aproximadamente 49%. Erros de inclusão referem-se ao atendimento a pessoas que estão fora dos critérios de elegibilidade. Quanto aos erros de exclusão, isto é, pessoas que atendem aos critérios de elegibilidade, porém não são contempladas com recursos do PBF, os mesmos autores calcularam a estimativa de 59%. Para Celia Lessa Kerstenetzky (2009, p. 65), "levando-se em consideração seu duplo objetivo – reduzir a pobreza e quebrar seu ciclo –, o programa é claramente insuficiente em virtude de seu expressivo erro de exclusão. A própria natureza de programa focalizado pode ter algo a ver com esse resultado decepcionante".

4   Os nomes são fictícios.

assistente social, profissional com autoridade para gerir o funcionamento local do PBF. Permitimo-nos repetir o diálogo delas:

> — O cupom (de alimentos),[5] tem gente que não precisa e recebe e tem gente que está precisando e não consegue receber. Com o Bolsa Família também acontece isto. Elas (as assistentes sociais e estagiárias/os) vão fazer as visitas e se você tem piso em casa elas dizem que você não precisa (do benefício).
>
> — Falaram para a minha avó que como a casa tinha piso e estava limpinha, ela não precisava de benefício. Vê se pode? Quem é que come piso?! Eu não como piso!
>
> — Quando elas chegam na casa e encontram piso batido (piso de terra sem cimento ou qualquer forma de revestimento), roupa suja pela casa, sujeira pra todo lado, as crianças sujas com "ranhos" (secreção nasal), aí elas dão (o benefício). Se você cuida da casa e deixa as crianças limpinhas, aí você não consegue.
>
> — Tem gente que não coloca piso na casa, não dá banho nas crianças e não limpa as coisas para continuar com o benefício (Fragmentos do diário de campo).

Essas três mulheres disseram estar habituadas com o funcionamento do serviço assistencial e vão, de certo modo, "pegando o jeito de como as coisas funcionam", segundo definição delas. Algumas usuárias mais antigas da assistência social chegam a definir-se como "crônicas". Esta é uma expressão que foi utilizada por muito tempo pelas assistentes sociais e, mais recentemente, está sendo abolida do vocabulário técnico, em virtude da maior circulação da ideia de que a assistência social é um direito. Ser "crônica" significa ser uma pessoa com dependência aos benefícios assistenciais, durante longo período, sem perspectiva de adquirir independência em relação ao benefício.

---

5   Cupom de Alimentos: trata-se de um benefício municipal que à época da pesquisa, em 2006, era distribuído nos valores de R$35,00 (trinta e cinco reais) e R$50,00 (cinquenta reais).

A percepção desenvolvida pelas usuárias contém uma leitura sobre como se apresentar diante da assistente social – por exemplo, demonstrar sua condição de miséria com base na higiene e nos cuidados com a casa. Devemos frisar que essa percepção não corresponde fielmente aos parâmetros de julgamento adotados pelas assistentes sociais em Londrina. No entanto, a manutenção desse comportamento por parte de usuárias mais antigas da assistência social ocorre porque ele é eficiente no acesso aos benefícios. Desse modo, essa não chega a ser uma falsa percepção, mas sim uma percepção parcial que as usuárias desenvolvem. Considerada a situação desse ponto de vista, vemo-nos diante de exemplos da reprodução da pobreza no plano da subjetividade.

Ilustrativo da mesma situação é o comportamento que muitas das usuárias apresentam nas atividades com as assistentes sociais. Geralmente as reuniões, como as de acolhida,[6] as do grupo de apoio socioeducativo[7] e as de entrega do cupom de alimentos,[8] com mais destaque para as primeiras, são situações nas quais visualizamos extremo desânimo. Segundo as assistentes sociais, a demonstração de desânimo faz parte do "ritual" das pessoas quando procuram a assistência social e tem como objetivo exibir-se como "coitadas". De acordo com elas, as mesmas pessoas, em situações diferentes, por exemplo, ao encontrá-las em um ônibus urbano, exibem um comportamento diferente, quando então exprimem ânimo e disposição.

As estratégias de acesso aos benefícios, adotadas pelas usuárias, além da linguagem e da postura, também envolvem a busca de mecanismos que

---

6 As reuniões de acolhida, em Londrina, eram realizadas com as novas usuárias da política e antecede o preenchimento do Cadastro Único.

7 O grupo de apoio socioeducativo tinha como objetivo atingir todas as famílias beneficiárias. Na prática, entende-se por família as mulheres titulares do benefício. Apesar da meta de responsabilizar todas as mulheres titulares do PBF para as reuniões mensais realizadas sob esta designação de "grupo de apoio socioeducativo", durante a nossa pesquisa de campo a adesão era de aproximadamente 50% das mulheres convocadas. A respeito da crítica sobre esta operação que toma as mulheres como sinônimo de família, ver: Mariano (2009) e Carloto & Mariano (2010).

8 O cupom de alimentos é um benefício municipal, cuja distribuição é com frequência destinada às mesmas famílias atendidas pelo PBF, o que demonstra as limitações do PBF para atender ao objetivo de "assegurar o direito humano à alimentação adequada".

possibilitem um melhor enquadramento nos critérios estabelecidos pelos programas de transferência de renda ou agilizem sua inclusão. A prática no interior dos serviços de assistência social, em Londrina, nestes contextos, gera um ambiente de desconfiança mútua e é muito comum encontrarmos usuárias que se queixam do fato de que as assistentes sociais "sempre duvidam do que elas falam".

Diante da dúvida, as assistentes sociais lançam mão de instrumentos que lhes permitem averiguar a veracidade das informações prestadas a respeito da "necessidade da família". Um desses instrumentos é a visita domiciliar, e a seu respeito existe uma ambiguidade no julgamento das usuárias. Algumas a consideram como forma de fiscalização e como prova da dúvida sempre alimentada pela assistente social. Outras usuárias consideram a visita domiciliar necessária para o melhor controle da distribuição dos benefícios, a fim de reduzir os casos de destinação indevida dos recursos e, portanto, de injustiça. Ambas as posições, no entanto, estão de acordo quanto ao fato de que a visita domiciliar é um ato de fiscalização. A divergência é quanto à interpretação de seus efeitos para o direito. A fiscalização garante ou constrange o direito à assistência social? A divergência que se manifesta a esse respeito relaciona-se diretamente com a fluidez da noção de direito entre as usuárias da assistência social.

As usuárias desconfiam dos critérios que efetivamente orientam as decisões das assistentes sociais e acreditam que elas, muitas vezes, comentem injustiças em suas avaliações sobre as famílias. As assistentes sociais, por outro lado, muitas vezes desconfiam que as usuárias estejam aumentando a dimensão de suas carências e/ou reduzindo o valor declarado como renda familiar. Nem sempre, porém, as assistentes sociais admitem sua desconfiança. Além disso, segundo as declarações das assistentes sociais, as demonstrações de miséria apresentadas pelas usuárias não mais influenciam suas avaliações. Muitas assistentes sociais destacam o uso de critérios técnicos e veem na técnica um meio de obtenção da neutralidade. Neutralidade, neste caso, seria a defesa contra as estratégias de dramatização das mulheres.

De acordo com as assistentes sociais, o modo como as mulheres se preparam para se dirigir a uma unidade básica de saúde e o modo como o fazem quando vão ao CRAS são visivelmente diferentes. Em nosso entendimento, esta conduta diferenciada se constrói sobre as percepções e as vivências do direito que as usuárias têm acerca dos serviços de saúde e dos programas assistenciais. Na assistência social, elas vão à procura de caridade e se apresentam como um sujeito que merece piedade. Nos serviços de saúde, elas consideram que procuram por seu direito e, consequentemente, não precisam demonstrar a legitimidade a partir de suas condições econômicas. Fundamentalmente, o que explica a diferença de conduta nos dois casos é a forma como se configura o direito, uma vez que este é universalizado na saúde e focalizado e seletivo na assistência social. O que podemos deduzir dessas comparações é que à universalização corresponde a demonstração de dignidade. À focalização corresponde a demonstração do merecimento de piedade, isto é, a comprovação da legitimidade.

Enquanto lidamos com políticas focalizadas e seletivas, a piedade e a compaixão se apresentam para nós como desafiadoras das possibilidades de construção de relações igualitárias, conforme argumenta Richard Sennett (2004). Segundo o autor, "a caridade em si tem o poder de ferir; a piedade pode gerar desprezo; a compaixão pode ser intimamente relacionada com a desigualdade" (SENNET, 2004, p. 35). Em razão desta percepção, Sennett (2004, p. 165) identifica o que seria o "princípio básico para qualquer *welfare state* secular: a prestação de auxílio sem compaixão". Esta é a posição adotada por especialistas favoráveis à política de renda básica como política universal.

Algumas assistentes sociais destacam o ponto-chave da questão: a focalização e os critérios de seletividade cumprem o papel de controlar o tamanho da demanda. Afinal, quanto mais abertos ou mais flexíveis forem os critérios, maior será a demanda. Contudo, o aumento da demanda não seria seu único efeito. Do nosso ponto de vista, critérios abertos e flexíveis deixariam um grande vácuo a ser preenchido na execução do Programa, o que resultaria em dificuldades muito mais severas para sua administração gerencial e justificação política.

Parte dos obstáculos envolvendo o PBF diz respeito ao seu arranjo legal. Esse é um benefício condicionado à disponibilidade de recursos e à alocação orçamentária. Isso faz do PBF um tipo de *subdireito social* ou um "*quase--direito social*", na linguagem de Marcelo Medeiros, Tatiana Britto e Fábio Soares (2007, p. 9), considerando-se que o benefício não é assegurado, em bases legais, mesmo às famílias pobres que cumpram os critérios de focalização. Disso resulta um caráter transitório e de alta fragilidade do programa, uma vez que fica muito vinculado à imagem e aos compromissos de um dado governo. Pode-se dizer que "a proteção atual do PBF não tem origem predominantemente legal, e sim política. Uma flutuação no ambiente político pode, portanto, afetar sua estabilidade ou futuras expansões" (MEDEIROS; BRITTO; SOARES, 2007, p. 10).

Outra parte desse obstáculo toma forma na diretriz de "centralidade na família", ou "matricialidade familiar", adotada pela Política Nacional de Assistência Social (PNAS) e presente também no PBF. Segundo o *Novo Dicionário Aurélio,* "matri" é um elemento de composição que significa "mãe". O fato de o documento oficial da PNAS adotar "centralidade na família" e "matricialidade familiar" como sinônimos já demonstra como a noção de família desliza-se para a função socialmente atribuída às mulheres-mães de cuidado para com o grupo familiar. Essa diretriz, diferentemente do entendimento corrente, não representa tão simplesmente uma opção metodológica de trabalho, mas, antes de tudo, porta uma escolha política, uma concepção de indivíduo e, consequentemente, uma concepção de direito e de cidadania (MARIANO, 2010).

Como bem apontou Zygmunt Bauman (2000), a racionalidade é empregada para legitimar a escolha por políticas que protegem "as forças de mercado". Desse modo, tentam fazer-nos crer que esta "não é uma opção política dentre outras mas um ditame da razão e uma necessidade" (BAUMAN, 2000, p. 35). Colocar em evidência que a racionalização, mediante implantação de políticas focalizadas – que têm como contraface a preservação das "forças de mercado" –, desempenha a função de negação da política, o que não significa negar-lhe um espaço na execução das políticas sociais estatais. Espera-se que o Estado adote mecanismos racionais de atuação e isso nem sempre ocorreu com a assistência social, de modo que a racionalização existente hoje representa um avanço, se comparada às tradições brasileiras da benevolência e da filantropia. A questão que deve ser observada constantemente é quanto ao risco da racionalidade suplantar a política.

As políticas de focalização desempenham o papel de dar resposta ao dilema atual que, segundo Jürgen Habermas (1987, 109), se expressa nos seguintes termos: "o capitalismo desenvolvido nem pode viver sem o Estado social nem coexistir com sua expansão contínua". Com isto, segundo a sentença do autor, "o desenvolvimento do Estado social acabou num beco sem saída. Com ele esgotaram-se as energias da utopia de uma sociedade do trabalho" (HABERMAS, 1987, 112).

Mas essa utopia não se esvaiu por completo e sobrevive, por exemplo, nas falas das mulheres titulares do benefício do PBF. Elas têm no trabalho suas principais aspirações. Também sobrevive entre aqueles setores que, por mais empecilhos que existam, defendem o resgate de poder do Estado nacional combalido pelo poder global. É nesta direção que seguem aqueles que defendem políticas universais.

Como se pode ver nos estudos do Ipea,

> Em termos gerais, para o enfrentamento dos desafios sociais brasileiros reconhece-se que a universalização das políticas sociais é a estratégia mais indicada, uma vez que, num contexto de desigualdades extremas, a universalização possui a virtude de combinar os maiores impactos redistributivos do gasto com os menores efeitos estigmatizadores que advêm de práticas focalizadas de ação social. Além disso, é a universalização a estratégia condizente com os chamados direitos amplos e irrestritos de cidadania social, uma idéia que está muito além do discurso reducionista e conservador sobre a pobreza (IPEA, 2007, p. 23-4).

Os efeitos estigmatizadores da focalização são o primeiro ponto de preocupação entre aqueles que almejam políticas estatais capazes de contribuir para a cidadania. As possibilidades de implantação de propostas com visão universalista deparam-se, ao menos, com duas grandes dificuldades políticas. Primeiro, as disputas acirradas pelo fundo público, do qual sobra uma parte pouco expressiva para a assistência social.[9] A segunda dificuldade que se apresenta de modo patente é o fato de que a transferência de renda não é encarada, de fato, como direito pelos agentes públicos e pela população beneficiária. O que

---

9 De acordo com o Ipea, no ano de 2005 o Brasil destinou 12,7% do PIB para a seguridade social e 0,09% do PIB para a assistência social geral, incluindo-se o PBF (IPEA, 2007).

as beneficiárias sempre repetem é que a transferência de renda deve ser destinada "a quem precisa". O registro desta concepção localiza-se na necessidade. O registro das políticas universais localiza-se no direito.

A ambivalência entre "direito" e "necessidade" é, portanto, uma das problemáticas para a reflexão sobre direitos sociais e ela não está presente apenas entre o público assistido pela transferência condicionada de renda, mas é encontrada inclusive no próprio desenho da política de assistência social. Essa ambivalência é derivada dos impasses para a implantação de políticas universalistas.

Segundo definição da Loas, a assistência social é um direito do cidadão e dever do Estado e, enquanto tal, é parte constitutiva da Política de Seguridade Social. De acordo com a redação de seu artigo primeiro, a assistência social "provê os mínimos sociais, realizada através de um conjunto integrado de ações de iniciativa pública e da sociedade, para garantir o atendimento às necessidades básicas". O problema de início presente nesta concepção é a grande dificuldade, senão impossibilidade, de definir quais são as "necessidades básicas". E sem essa definição o exercício do direito ficará comprometido.

Poderíamos considerar, do modo mais restritivo possível, que "necessidades básicas" referem-se à alimentação. No relatório do MDS de setembro de 2006 diz-se que "em média as famílias beneficiárias do programa (Bolsa Família) gastam R$ 144,60 (cento e quarenta e quatro reais e sessenta centavos) com alimentos e produtos para a casa" (MDS, 2006c, p. 28). Considerando-se que, em junho de 2006, o PBF transferia em média aproximadamente 62,00 (sessenta e dois reais) por família, constata-se então que esse benefício representa aproximadamente 43% da média familiar de gastos com alimentação e produtos para a casa. Portanto, esta necessidade básica, por exemplo, não era garantida naquele ano com os valores transferidos pelo PBF.

De acordo com o MDS (2006a, p. 5), com a ancoragem legal estabelecida pela Constituição Federal de 1998 e com a Loas, "a assistência social foi ordenada política pública garantidora de direitos da cidadania". Nesta perspectiva, "o SUAS (Sistema Único de Assistência Social), implantado a partir de 2005 em todo o território nacional, efetiva, na prática, a assistência social como política pública de Estado, fazendo a necessária ruptura com o clientelismo e as políticas de favor e de ocasião" (MDS, 2006a, p. 5). Como tal ruptura não pode ser efetivada tão somente pela vontade do governo federal com a formulação de procedimentos burocráticos, sua efetivação deve ser tomada como objeto de investigação a partir da prática na execução dos serviços e programas.

Para além das contradições no uso de expressões que configuram o universo discursivo da assistência social, por exemplo, quando as assistentes sociais conciliam a noção de "pedir" com a noção de "direito", é perceptível que a defesa da assistência social como direito vem-se sedimentando no modo como se expressam as profissionais da área, assistentes sociais e outras/os trabalhadoras/es.

O deslizamento do direito para a necessidade encontra ressonância entre alguns estudos da área. Sara Gordon R. (2003), em trabalho publicado pela Cepal, promove uma instigante discussão sobre a importância que a noção de direitos sociais tem adquirido na implantação das políticas sociais no âmbito das instituições governamentais e dos organismos internacionais. A autora propõe-se a problematizar conceitualmente o uso dessa noção como critério distributivo. Ao remontar à tradição do conceito de cidadania formulado por T. H. Marshal (1967), a autora questiona a pertinência de conciliar os direitos civis, políticos e sociais em uma mesma categoria – cidadania. Para ela, os princípios da democracia liberal remetem aos direitos civis e políticos, enquanto as preocupações com bem-estar material remetem aos direitos sociais. Seus questionamentos a essa tentativa de conciliação fundam-se na premissa de que esses três tipos de direitos têm estruturas distintas. A diferença de fundo dessas estruturas é que os direitos civis e políticos têm como princípio a universalização, enquanto os direitos sociais não seriam passíveis de universalização, mas seriam "particulares e seletivos". Ainda na perspectiva da autora, o aparato público não dispõe de meios efetivos para garantir recursos necessários para custear os gastos sociais, "a menos que intervenha nas regras do mercado", de onde provém tais recursos (GORDON R., 2003, p. 10).

Diferentemente de Sara Gordon R., autores brasileiros como Lena Lavinas (2004), por exemplo, têm desenvolvido estudos no campo da economia política com o objetivo de demonstrar possibilidades de universalização de direitos sociais, tais como a transferência direta de renda. Inúmeros outros trabalhos, a exemplo de Ana Maria Goldani (2005), defendem a necessidade e a possibilidade de que as políticas públicas de proteção social sejam articuladas a políticas de emprego.

O questionamento que Sara Gordon R. faz em relação à inclusão dos direitos sociais no arcabouço teórico da cidadania e sua premissa de que os direitos sociais não encontram condições econômicas e políticas para se supor uma universalização, resulta em uma proposta que coloca em risco o princípio de direito como critério distributivo. Para ela, "a alta proporção de população com graves carências indica a conveniência de orientar os critérios distributivos por necessidades, atendendo à magnitude das carências, mais do que aos direitos sociais" (GORDON R., 2003, p. 21). A expressão "conveniência" já expressa a escolha envolvida. Em contraposição à autora, pensamos que os direitos sociais não se combinam com conveniências. Esta é antes a precarização dos direitos sociais.

Este debate coloca em evidência a existência na agenda pública de uma concepção política que pretende remover as políticas sociais do campo do direito social, o que culmina em inevitáveis obstáculos para a efetivação de qualquer projeto de justiça social, com especial efeito sobre a cidadania das mulheres em situação de pobreza. A experiência de execução do PBF está permeada com essas tensões e contradições.

Vulnerabilidade e autonomia na situação de pobreza: um olhar sobre as condicionalidades

Existem certas expectativas por parte das assistentes sociais em relação aos desdobramentos desencadeados pela assistência social nesse modelo de prioridade à transferência condicionada de renda para o combate à pobreza. Enquanto a cesta básica produziria uma relação de pendência permanente que se transferiria de uma geração para outra, o PBF tem como objetivo a autonomia das pessoas beneficiárias, entendida como aquisição de independência em relação ao benefício. O modo como a noção de autonomia é operacionalizada no interior do PBF liga-a diretamente ao tema das condicionalidades.

As condicionalidades são adotadas sob a justificativa de que contribuiriam para a autonomia das famílias beneficiárias e para a ruptura com a reprodução intergeracional da pobreza. Por condicionalidades entendem-se as exigências que condicionam a permanência da família no programa. De acordo com o MDS,[10]

> As condicionalidades são os compromissos assumidos tanto pelas famílias beneficiárias do Bolsa Família quanto pelo poder público para ampliar o acesso dessas famílias a seus direitos sociais básicos. Por um lado, as famílias devem assumir e cumprir esses compromissos para continuar recebendo o benefício. Por outro, as condicionalidades responsabilizam o poder público pela oferta dos serviços públicos de saúde, educação e assistência social.

As condicionalidades são estabelecidas nas áreas dos serviços de saúde, de educação e de assistência social.[11]

> Na área de saúde, as famílias beneficiárias assumem o compromisso de acompanhar o cartão de vacinação e o crescimento e desenvolvimento das crianças menores de 7 anos. As mulheres na faixa de 14 a 44 anos também devem fazer o acompanhamento e, se gestantes ou nutrizes (lactantes), devem realizar o pré-natal e o acompanhamento da sua saúde e do bebê.
>
> Na educação, todas as crianças e adolescentes entre 6 e 15 anos devem estar devidamente matriculados e com frequência escolar mensal mínima de 85% da carga horária. Já os estudantes entre 16 e 17 anos devem ter frequência de, no mínimo, 75%.

---

10 Disponível em: http://www.mds.gov.br/bolsafamilia/condicionalidades. Acesso em: 30/09/2012.

11 Disponível em: http://www.mds.gov.br/bolsafamilia/condicionalidades. Acesso em: 30/09/2012.

> Na área de assistência social, crianças e adolescentes com até 15 anos em risco ou retiradas do trabalho infantil pelo Programa de Erradicação do Trabalho Infantil (PETI), devem participar dos Serviços de Convivência e Fortalecimento de Vínculos (SCFV) do PETI e obter frequência mínima de 85% da carga horária mensal.[12]

Os possíveis efeitos das condicionalidades podem ser tratados nas análises e nos debates a partir de indicadores socioeconômicos, o que envolve as chamadas "portas de saída", o ponto frágil dessas experiências, conforme atesta estudo do Centro Internacional da Pobreza (SOARES; RIBAS; OSÓRIO, 2007).

Tão desafiante quanto a promoção da autonomia econômica, são as problemáticas relacionadas à autonomia política dos sujeitos atendidos pelo PBF, o que podemos refletir a partir das interpelações a respeito do sentido da cidadania no campo da assistência social e do PBF. Para as profissionais da assistência social, cidadania significa ter direitos e deveres. Esse é um princípio que embasa a Política Nacional de Assistência Social (PNAS) e está presente também no PBF. Esse princípio abre o espaço necessário para que se cobre das famílias participantes do PBF, especialmente das mulheres, alguns "compromissos" e "responsabilidades" (MDS, 2004).

Direitos e deveres são ideias que se intercambiam na execução dos programas federais e municipais de assistência social, como na fala de uma assistente social ao dizer que "você tem o direito de entrar, de ser acolhido, de ser atendido, de ser recebido... mas você tem o direito também de aguardar, porque existem [muitas pessoas]... você tem que aguardar um tempo pra você poder exercer esse direito". Então, por vezes faz-se uso da expressão direito para encobrir a ideia de dever e de restrições de acesso ao direito. Essa é a mesma lógica que impera com a condicionalidade, e com ela vislumbra-se uma concepção de indivíduo que lhe atribui responsabilidades. A incorporação do conceito de vulnerabilidade ajuda-nos a melhor compreender as questões subjacentes nesta discussão.

---

12 Quando da realização de nossa pesquisa de campo, em Londrina havia o entendimento, por parte do órgão gestor, de que os grupos socioeducativos, reunidos mensalmente, integravam as condicionalidades na área de assistência social.

Vulnerabilidade tem-se apresentado como um conceito de largo uso na política de assistência social, conforme se constata em leituras dos diferentes documentos elaborados pelo MDS. Por exemplo, de acordo com as *Orientações técnicas para o Centro de Referência de Assistência Social* (MDS, 2006a) e as *Orientações para o acompanhamento das famílias beneficiárias do Programa Bolsa Família no âmbito do Sistema Único de Assistência Social* (MDS, 2006c), a proteção social básica, modalidade prioritária de atendimento da assistência social, define-se com o objetivo de oferecer serviços e benefícios às populações em situação de vulnerabilidade social decorrente da pobreza, com vistas à superação dessa situação.

Os documentos exemplificam como a noção de vulnerabilidade permeia as orientações da política de assistência social, porém sua definição fica apenas implícita. Este é um conceito que vem sendo empregado com o objetivo de substituir o conceito de exclusão e dar maior complexidade ao conceito de pobreza, entendendo-o como estático e limitado à medição da renda. De acordo com Mary Garcia Castro e Miriam Abramovay (2002, p. 145), "parte-se do conceito corrente de debilidades, ou fragilidades, para elaborações que fogem do sentido passivo que sugere tal uso". Está implícita neste conceito a preocupação em refutar teorias sociais que defendem a determinação das estruturas e das condições objetivas de vida sobre o futuro dos indivíduos. Com o conceito de vulnerabilidade retoma-se a clássica questão posta pela Sociologia sobre a relação entre estrutura e ação para explicar as condições de vida vigentes e as possibilidades de mudanças sociais.

De certo modo, o conceito de vulnerabilidade, ao lançar mão de fatores relacionados à subjetividade e ao indivíduo, por exemplo, coloca maior acento sobre a ação, isto é, orienta-se pela compreensão do indivíduo como agente social. De acordo com a discussão tecida por Mary Garcia Castro e Mirian Abramovay (2002), podemos inferir que o conceito de vulnerabilidade ancora-se em teorias sociais que defendem não uma oposição, mas uma articulação entre estrutura e ação, de modo a remover a passividade dos indivíduos presente nas teorias estruturalistas e igualmente o voluntarismo por vezes presente nas teorias da ação.

Ainda em conformidade com essas autoras (CASTRO & ABRAMOVAY, 2002, p. 146), o conceito de vulnerabilidade é empregado por vários autores para colocar ênfase na possibilidade de que os atores e atrizes possam acionar recursos e potencialidades para "enfrentar situações socialmente negativas". Esta seria uma "vulnerabilidade positiva" que abre a possibilidade de criar formas de resistências às "vulnerabilidades negativas", aquelas que apresentam riscos e obstáculos. As autoras tentam uma articulação do conceito de vulnerabilidade positiva com conceitos de Pierre Bourdieu, especialmente o de *habitus* (BOURDIEU, 2007). Contudo, em nossa avaliação, a interrelação entre indivíduo e sociedade, ou entre estrutura e ação, é difícil de ser operacionalizada nos serviços e programas assistenciais, bem como na transferência de renda. O pensamento dicotômico encontra uma adaptação mais facilitada nesse terreno, de acordo com as nossas observações.

As profissionais da assistência social incorporaram as noções de "vulnerabilidade negativa" e "vulnerabilidade positiva", por isso a ênfase aparece algumas vezes sobre a "conscientização" da população atendida. No entanto, ao enfocar a "vulnerabilidade positiva", ou seja, a possibilidade de superar as condições que geram debilidades, apesar dos limites e dos constrangimentos impostos pelas condições sociais, desemboca-se na atribuição de responsabilidades ao indivíduo. Nesse momento, a sutileza teórica que articula estrutura e ação perde-se e é substituída tão somente pela noção de ação individual. Para evitar a acusação de adotar uma perspectiva centrada no indivíduo, responsabilizando-o e culpando-o, amplia-se a dimensão do indivíduo para a família e a comunidade. Família e comunidade desempenham, no discurso da assistência social, a função de ocultar a privatização da questão social.

Com o intuito de promover a superação de condições desfavoráveis, as assistentes sociais, em suas palestras dirigidas às mulheres titulares do benefício, falam sobre a importância de a família buscar meios de adquirir autonomia econômica e desligar-se dos benefícios assistenciais, pois estes são, por definição, provisórios. As mulheres participantes dos programas põem-se de acordo com o princípio segundo o qual a "família tem que fazer a sua parte", o que inclui o cumprimento das condicionalidades e a busca por trabalho.

A ênfase dada às vulnerabilidades positivas conduz à defesa de uma determinada concepção de cidadania. Coerentes com essa perspectiva, as profissionais da assistência social, notadamente as assistentes sociais, sempre tratam da cidadania como a combinação de direitos e deveres, pois "todo direito implica num dever", segundo elas. Esse modo de pensar a cidadania e o modo de conceber o direito, sempre com a contrapartida do dever, sacrifica ainda mais a população beneficiária da assistência social levando-nos a considerar que seus deveres lhes são sempre cobrados, enquanto o direito é, na melhor das hipóteses, uma virtualidade, ou seja, algo que existe tão somente enquanto potencialidade. Entretanto, a política de assistência social vale-se dessa abordagem para cobrar o compromisso dessas pessoas que devem "fazer a sua parte", quase que alimentando uma teoria voluntarista da ação. É essa mesma abordagem, portanto, que subsidia o estabelecimento das condicionalidades e a cobrança de seu cumprimento.

O termo "obrigação" vem sendo aos poucos varrido da linguagem da assistência social no decorrer dos últimos anos, em Londrina, especialmente nos trabalhos realizados em grupos. Assim, nessas ocasiões, as assistentes sociais dizem para as usuárias que "é importante", "é um compromisso" a participação delas nas reuniões para as quais são convocadas. Na sequência advertem que, não havendo este compromisso, elas estarão sujeitas ao bloqueio do benefício. Efetivamente, a advertência da assistente social soa como ameaça para a maioria das mulheres titulares do benefício e expressa uma alienação do direito aos benefícios assistenciais, sob o manto das condicionalidades.

Considerações finais

O efeito político mais imediato das interações que aqui desvelamos é que a pessoa beneficiária da política de transferência condicionada de renda não é interpelada pelo Estado sob o registro da cidadania, mas tão somente sob a classificação de "pobre". Essas pessoas, antes de serem consideradas como portadoras de direitos, são vistas como "necessitadas", ou "carentes". O recente lançamento do programa federal intitulado *Brasil Carinhoso*, na linha do combate à pobreza, é mais uma demonstração deste tipo de abordagem política que despolitiza a questão social. Este tipo de interação política no funcionamento das ações de combate à pobreza não apresenta boas possibilidades de contribuir para que se forjem sujeitos de direitos, logo atores/atrizes políticos/as. Antes, do ponto de vista político, parece ser a submissão o que se reproduz de forma predominante, pelo menos na experiência londrinense.

A focalização, a seletividade e as condicionalidades são normas que dificultam o avanço do PBF em termos de efetivação dos direitos sociais. A focalização e a seletividade produzem ambivalências entre a inclusão e a exclusão e entre o direito e a necessidade. As condicionalidades, por sua vez, nos colocam diante dos paradoxos entre direito e obrigação, frutos de uma fórmula conservadora mantida no formato de políticas como o PBF. Como revelam algumas falas das próprias profissionais da política, a assistência social é um direito, porém não é um direito para todas as pessoas e sim apenas para algumas delas.

O que queremos colocar em destaque é que políticas de "*quase-direitos sociais*", como é o caso do PBF, produzem práticas que comprometem a própria qualidade da relação entre o cidadão – neste caso muito mais a cidadã, pois as mulheres são aproximadamente 93% das titulares do benefício –, e o Estado. Os dados microssociológicos podem contribuir para a construção do entendimento em torno desta problemática.

Procuramos aqui problematizar o modo como os atores sociais (beneficiárias e assistentes sociais) envolvidos no Programa Bolsa Família se posicionam em relação às regras existentes para concessão dos benefícios, sua operacionalização e as intermitências que existem neste processo. O que pudemos identificar são processos dinâmicos no interior dos quais os/as atores/atrizes sociais manejam as regras que regulam esse campo determinado. Da parte das beneficiárias do PBF, essas mulheres lançam mão de sua agência para ampliar suas possibilidades de acesso e de ampliação dos benefícios. Suas práticas estão orientadas pelo conhecimento cotidiano sobre a seletividade na política de assistência social.

Identificamos ainda que a seletividade produz o sentimento de injustiça, e não de justiça social, entre o público beneficiário. Isso ocorre em razão das ambiguidades presentes no modo de aplicação das regras, ambiguidades tais que tornam os procedimentos muitas vezes incompreensíveis para a população beneficiária.

De acordo com nossa interpretação, a percepção sobre a presença de injustiças no programa corrói possíveis bases de legitimação da política, mesmo entre o próprio público beneficiário. Entendemos que esse fator só pode ser revertido mediante remodelagem profunda dos programas de transferência de renda, a começar pela seletividade. A melhor resposta para esse problema, sem dúvidas, é a ampliação da cobertura do PBF. Ainda que se mantenha como uma política focalizada, apesar das críticas a respeito, caso o PBF venha a atender todas as pessoas que cumprem os critérios de elegibilidade, tal como ocorre com o Benefício de Prestação Continuada, os problemas aqui apontados seriam em grande parte solucionados. Para introduzir essa questão na agenda pública como demanda, contudo, é preciso que tenhamos um enquadramento político para tanto, o que joga luz sobre a representação e a qualidade da esfera pública, como também, sobre o que Célia Kerstenetzky (2009) chama de "economia política do Programa Bolsa Família".

De nossa perspectiva, os desafios para maior equidade na sociedade brasileira passam, no caso da transferência de renda, pelo aperfeiçoamento do PBF, tanto no que diz respeito à ampliação de sua cobertura, com vistas à eliminação da seletividade, quanto à revisão das condicionalidades e à incorporação do recorte de gênero.

Consideramos que a focalização e as condicionalidades são fatores que influenciam direta e negativamente o grau de efetivação dos direitos sociais. Esses fatores se somam em programas de baixa institucionalização – e, portanto, de baixa garantia de direito – como os de transferência de renda nos moldes do PBF.

Referências bibliográficas

ALVAREZ, Sonia E. "Politizando as relações de gênero e engendrando a democracia". In: STEPAN, A. (org.). *Democratizando o Brasil*. Rio de Janeiro: Paz e Terra, 1988, p. 315-380.

_____. "A 'globalização' dos feminismos latino-americanos: tendências dos anos 90 e desafios para o novo milênio". In: ALVAREZ, Sonia E; DAGNINO, Evelina; ESCOBAR, Arturo (orgs.). *Cultura e política nos movimentos sociais latino-americanos: novas leituras*. Belo Horizonte: Editora UFMG, 2000, p. 383-426.

BAUMAN, Zygmunt. *Globalização: as consequências humanas.* Rio de Janeiro: Zahar, 2000.

_____. *Em busca da política*. Rio de Janeiro: Zahar, 2000.

BECK, Ulrich. *Liberdade ou capitalismo: Ulrich Beck conversa com Johannes Willms*. São Paulo: Editora Unesp, 2003.

_____. *Sociedade de risco: rumo a uma outra modernidade*. São Paulo: Ed. 34, 2010.

BICHIR, Renata Mirandola. "O Bolsa Família na berlinda? Os desafios atuais dos programas de transferência de renda". *Novos Estudos Cebrap*, São Paulo, vol. 87, 2010, p. 114-129.

BONACCI, Gabriella; GROPPI, Angela (orgs). *O dilema da cidadania: direitos e deveres das mulheres*. São Paulo: Editora Unesp, 1995.

BOURDIEU, Pierre. *A distinção: crítica social do julgamento*. São Paulo: Edusp; Porto Alegre: Zouk, 2007.

CARLOTO, Cássia Maria; MARIANO, Silvana Aparecida. "No meio do caminho entre o privado e o público: um debate sobre o papel das mulheres na política de assistência social". *Revista Estudos Feministas*, Florianópolis, vol. 18, 2010, p. 451-471.

CASTEL, Robert. *As metamorfoses da questão social: uma crônica do salário*. Petrópolis: Vozes, 1998.

CASTRO, Mary Garcia; ABRAMOVAY, Miriam. "Jovens em situação de pobreza, vulnerabilidades sociais e violências". *Cadernos de Pesquisa*, São Paulo, n. 116, 2002, p. 143-176.

COHN, Amélia. "Para além da justiça distributiva". *Observatório da Cidadania*, Rio de Janeiro, 2005, p. 49-55. Disponível em: <www.socialwatch.org/es/informeImpreso/pdfs/panorbrasileiroc2005_bra.pdf>. Acesso em: 1º fev. 2006.

DRAIBE, Sônia M. "As políticas sociais e o neoliberalismo". *Revista da USP*, São Paulo, n. 17, 1993, p. 86-101.

ESPING-ANDERSEN, Gosta. "As três economias do *Welfare State*". *Lua Nova*, São Paulo, n. 24, 1991, p. 85-115.

_____. "O futuro do *Welfare State* na nova ordem mundial". *Lua Nova*, São Paulo, n. 35, 1995, p. 73-112.

FARAH, Marta Ferreira Santos. "Gênero e políticas públicas". *Estudos Feministas,* Florianópolis, vol. 12, n. 1, 2004, p. 47-71.

FONSECA, Ana Maria Medeiros da. *Família e política de renda mínima.* São Paulo: Cortez, 2001.

FRASER, Nancy. "Da redistribuição ao reconhecimento? Dilemas na justiça na era pós-socialista". In: SOUZA, Jessé (org.). *Democracia hoje: novos desafios para a teoria democrática contemporânea.* Brasília: Editora UNB, 2001, p. 245-282.

_____. "Políticas feministas na era do reconhecimento: uma abordagem bidimensional da justiça de gênero". In: BRUSCHINI, Cristina; UNBEHAUM, Sandra G. (orgs.). *Gênero, democracia e sociedade brasileira.* São Paulo: FCC; Ed. 34, 2002, p. 59-78.

_____. "Mapeando a imaginação feminista: da redistribuição ao reconhecimento e à representação". *Estudos Feministas*, Florianópolis, vol. 15, n. 2, 2007, p. 291-308.

GOLDANI, Ana Maria. "Reinventar políticas para familias reinventadas: entre la 'realidad' brasileña y la utopia". In: ARRIAGADA, Irma (ed.). *Políticas hacia las familias, protección e inclusión sociales.* Naciones Unidas/Cepal/Serie Seminarios y Conferencias, n. 46, 2005, p. 319-345.

GORDON R., Sara. "Ciudadanía y derechos ¿Criterios distributivos?". *Série Políticas Sociais*, Santiago, Chile, n. 70, 2003.

GUZMÁN, Virginia. "A equidade de gênero como tema de debate e de políticas públicas". In: FARIA, Nalu; SILVEIRA, Maria Lúcia; NOBRE, Miriam (orgs.). *Gênero nas políticas públicas: impasses, desafios e perspectivas para a ação feminista.* São Paulo: SOF, 2000, p. 63-86 (Coleção Cadernos Sempreviva).

HABERMAS, Jurgen. "A nova intransparência: a crise do Estado do Bem-Estar e o esgotamento das energias utópicas". *Novos Estudos Cebrap*, São Paulo, n. 18, 1987, p. 103-14.

IPEA. *A queda recente da desigualdade no Brasil.* Nota Técnica. Brasília, 2006.

_____. *Políticas sociais: acompanhamento e análise*. Edição especial, n. 13, Brasília, 2007.

IVO, Anete Brito Leal. "A reconversão do social: dilemas da redistribuição no tratamento focalizado". *São Paulo em Perspectiva*, São Paulo, vol. 18, n. 2, 2004, p. 57-67.

KERSTENETZKY, Celia Lessa. "Redistribuição e desenvolvimento? A economia política do Programa Bolsa Família". *Dados*, Rio de Janeiro, vol. 52, n. 1, 2009, p. 53-83.

LAVINAS, Lena. "Gênero, cidadania e políticas urbanas". In: RIBEIRO, L. C. Q.; SANTOS, O. A. Jr. (orgs.). *Globalização, fragmentação e reforma urbana*. Rio de Janeiro: Civilização Brasileira, 1997, p. 169-187.

_____. "Universalizando direitos". *Observatório da Cidadania*, Rio de Janeiro, 2004, p. 67-74.

MACEDO, Ana Gabriela; AMARAL, Ana Luísa. *Dicionário da Crítica Feminista*. Lisboa: Afrontamento, 2005.

MARIANO, Silvana Aparecida. "Política feminista e mudanças institucionais no Estado brasileiro: canais participativos para implantação de políticas públicas na década de 1990". *Caderno Espaço Feminino*, Uberlândia, vol. 20, n. 2, 2008, p. 339-372.

_____. "Cidadania na perspectiva das mulheres pobres e papéis de gênero no acesso a políticas assistenciais". *Revista Brasileira de Ciência Política*, Brasília, n. 2, 2009, p. 119-157.

_____. "Cidadania sexuada feminina: a inclusão das mulheres na Política de Assistência Social". In: SOUZA, Márcio Ferreira de (org.). *Desigualdades de gênero no Brasil: novas ideias e práticas antigas*. Belo Horizonte: Argvmentvm, 2010, p. 41-70.

_____. "Desigualdades de gênero e políticas públicas". In: LIMA, Ângela M. S.; SILVA, Ileizi L. F.; REZENDE, Maria J. *As persistentes desigualdades brasileiras como temas para o ensino médio*. vol. 1. Londrina: Eduel, 2011, p. 171-211.

MARIANO, Silvana Aparecida; CARLOTO, Cássia Maria. "Gênero e combate à pobreza no Programa Bolsa Família". In: BONNETI, Aline; ABREU, Maria Aparecida (orgs.). *Faces da desigualdade de gênero e raça no Brasil*. Brasília: Ipea, 2011, p. 61-78.

MARSHAL, T. H. *Cidadania, classe social e status*. Rio de Janeiro: Zahar, 1967.

MEDEIROS, Marcelo; BRITTO, Tatiana; SOARES, Fábio. "Programas focalizados de transferência de renda no Brasil: contribuições para o debate". *Ipea – Texto para Discussão*, Brasília, n. 1283, 2007.

MELO, Hildete Pereira de. *Gênero e pobreza no Brasil*. Brasília: Cepal/SPM, 2005.

MINISTÉRIO DO DESENVOLVIMENTO SOCIAL E COMBATE À FOME. *Política Nacional de Assistência Social*. Brasília, 2004.

_____. *Bolsa Família: agenda de compromissos da família*. Brasília, 2006a.

_____. *Avaliação das políticas de combate à fome e à pobreza*. Brasília, 2006b.

_____. *Orientações para o acompanhamento das famílias beneficiárias do Programa Bolsa Família no âmbito do Sistema Único de Assistência Social* (SUAS). Versão preliminar. Brasília, 2006c.

_____. *Perfil das famílias beneficiárias do Programa Bolsa Família*. Brasília, 2007.

MOORE, Henrietta L. *Antropología y feminismo*. 2ª ed. Madri: Ediciones Cátedra/Universitat de Valencia/Instituto de la Mujer, 1996.

PATEMAN, Carole. "El Estado de bienestar patriarcal". *Contextos*, Lima, ano 2, n. 5, 2000.

PINTO, Céli Regina Jardim. "Mulher e política no Brasil: os impasses do feminismo, enquanto movimento social, face às regras do jogo da democracia representativa". *Estudos Feministas*, Rio de Janeiro, número especial, 1994, p. 257-70.

SAFFIOTI, Heleieth I. B. "Posfácio: Conceituando o gênero". In: SAFFIOTI, Heleieth I. B.; MUÑOZ-VARGAS, Monica (orgs.). *Mulher brasileira é assim*. Rio de Janeiro: Rosa dos Tempos, 1994, p. 271-283.

SCHWARTZMAN, Simon. "Redução da desigualdade, da pobreza, e os programas de transferência de renda". *IETS – Instituto de Estudos do Trabalho e Sociedade*, versão 3, 2006. Disponível em: <http://www.schwartzman.org.br/simon/2006_desig.pdf> Acesso em: 1º nov. 2006.

SEN, Amartya. *Desigualdade reexaminada*. Rio de Janeiro: Record, 2008.

SENNET, Richard. *Respeito: a formação do caráter em um mundo desigual*. Rio de Janeiro: Record, 2004.

SOARES, Fábio Veras; RIBAS, Rafael Perez; OSÓRIO, Rafael Guerreiro. "Avaliando o impacto do Programa Bolsa Família: uma comparação com programas de transferência condicionada de renda de outros países". *Centro Internacional da Pobreza,* Brasília, Programa das Nações Unidas para o Desenvolvimento (PNUD), 2007.

Agradecemos ao CNPq (Conselho Nacional de Desenvolvimento Científico e Tecnológico) pelo financiamento disponibilizado para esta pesquisa.

SOBRE OS AUTORES

ALVARO BIANCHI é professor livre-docente do Departamento de Ciência Política da Universidade Estadual de Campinas (Unicamp) e diretor acadêmico do Arquivo Edgard Leuenroth – Centro de Pesquisa e Documentação Social. Coordena o Grupo de Pesquisa Marxismo e Pensamento Político e é autor de *O laboratório de Gramsci: filosofia, história e política* (São Paulo: Alameda, 2008) e *Arqueomarxismo: comentários sobre o pensamento socialista* (São Paulo: Alameda, 2012).

CARLOS SÁVIO GOMES TEIXEIRA é professor adjunto no Departamento de Ciência Política da Universidade Federal Fluminense. É organizador do livro *Roberto Mangabeira Unger: um perfil* (Rio de Janeiro:Azougue, 2012).

DANIEL DE MENDONÇA é professor adjunto no Instituto de Filosofia, Sociologia e Política e coordenador do Programa de Pós-Graduação em Ciência Política da Universidade Federal de Pelotas (UFPEL). Suas pesquisas e publicações estão concentradas na área de Teoria Política Contemporânea, com ênfase na perspectiva teórica pós-estruturalista e sua relação com a política.

DANIELA PEIXOTO RAMOS é doutora em Ciência Política pela Universidade de Brasília (UnB). Trabalha na Secretaria de Políticas para Mulheres da Presidência da República. Realiza pesquisas na área de Gênero e Política.

DENISE MARIA MANTOVANI é doutora em Ciência Política pela Universidade de Brasília (UnB) e jornalista.

DANILO SALES DO NASCIMENTO FRANÇA é mestre e doutorando em Sociologia pela Universidade de São Paulo (USP), além de pesquisador-júnior do Centro de Estudos da Metrópole / Centro Brasileiro de Análise e Planejamento (CEM/Cebrap).

FRANCISCO MATA MACHADO TAVARES é professor adjunto da Universidade Federal de Goiás (UFG), onde leciona no curso de mestrado em Ciência Política e coordena o Projeto de Pesquisa sobre Ativismo e Lutas Sociais Antirregime – Proluta. É doutor em Ciência Política pela Universidade Federal de Minas Gerais (UFMG).

LUIZ AUGUSTO CAMPOS é professor de Sociologia no Instituto de Estudos Sociais e Políticos da Universidade do Estado do Rio de Janeiro (IESP-UERJ), onde também obteve seu doutorado. Realiza pesquisas sobre raça e política no Brasil, mídia e esfera pública, e análise do conteúdo textual. É coordenador adjunto do Grupo de Estudos Multidisciplinares da Ação Afirmativa (GEMAA) e pesquisador associado do Demodê-UnB.

MAURO VICTORIA SOARES é professor adjunto do Departamento de Ciência Política e do Programa de Pós-Graduação em Ciência Política da Universidade Federal de Pernambuco (UFPE) e doutor em Ciência Política pela Universidade de São Paulo (USP), com estágio doutoral na Columbia University. Atualmente é coordenador da Graduação em Ciência Política e Relações Internacionais da UFPE.

SILVANA APARECIDA MARIANO é professora do Departamento e do Programa de Pós-Graduação em Ciências Sociais da Universidade Estadual de Londrina (UEL) e doutora em Sociologia pela Universidade Estadual de Campinas (Unicamp). Atua com pesquisas na área de Sociologia Política, com ênfase nos estudos sobre feminismo, gênero e políticas públicas.

Esta obra foi impressa em Porto Alegre pela Impressul no outono de 2016. No texto foi utilizada a fonte Cambria em corpo 10,7 e entrelinha de 15,5 pontos.

a **DEMOCRACIA** face
às **DESIGUALDADES**
problemas e horizontes

Luis Felipe Miguel
Flávia Biroli
Danusa Marques
Carlos Machado
[orgs.]

a **DEMOCRACIA** face
às **DESIGUALDADES**
problemas e horizontes

Copyright © 2015 Luis Felipe Miguel/Flávia Biroli/
Danusa Marques/Carlos Machado

Grafia atualizada segundo o Acordo Ortográfico da Língua Portuguesa de 1990, que entrou em vigor no Brasil em 2009.

Edição: Joana Monteleone/Haroldo Ceravolo Sereza
Editor assistente: João Paulo Putini
Assistente acadêmica: Danuza Vallim
Projeto gráfico e diagramação: João Paulo Putini
Assistente de produção: Maiara Heleodoro dos Passos
Revisão: Patrícia Jatobá
Imagem de capa: Imagem tirada do site sxc.hu.

Este livro foi publicado com o apoio do Demodê – Grupo de Pesquisa sobre Democracia e Desigualdades

CIP-BRASIL. CATALOGAÇÃO NA PUBLICAÇÃO
SINDICATO NACIONAL DOS EDITORES DE LIVROS, RJ

D45

A DEMOCRACIA FACE ÀS DESIGUALDADES : PROBLEMAS
E HORIZONTES
organização Luis Felipe Miguel ... [et al.]. - 1. ed.
São Paulo : Alameda, 2015
310 P. : IL. ; 23 CM.

Inclui bibliografia
ISBN 978-85-7939-339-6

1. Democracia - Brasil. 2. Brasil - Política e governo. 3. Brasil - Aspectos sociais. I. Miguel, Luis Felipe. II. Biroli, Flávia. III. Marques, Danusa. IV. Machado, Carlos.

15-25254   CDD: 320.981
           CDU: 32(81)

ALAMEDA CASA EDITORIAL
Rua Treze de Maio, 353 – Bela Vista
CEP: 01327-000 – São Paulo, SP
Tel.: (11) 3012-2403
www.alamedaeditorial.com.br

SUMÁRIO

Apresentação   7
DANUSA MARQUES E CARLOS MACHADO

Igualdade em contexto: discurso e teoria política   21
ALVARO BIANCHI

Democracia por razões de justiça: fronteiras   41
entre a argumentação moral e a deliberação política
MAURO VICTORIA SOARES

As Jornadas de Junho e a vontade dos iguais   59
DANIEL DE MENDONÇA

A democracia realizada do materialismo histórico: 81
sobre a ditadura do proletariado e sua injustificada omissão
nos estudos de teoria democrática contemporânea
FRANCISCO MATA MACHADO TAVARES

Os limites da controvérsia do aborto na agenda eleitoral de 2010:   119
um estudo sobre o agendamento da mídia
DENISE MARIA MANTOVANI

A família e a maternidade como referências para pensar a política   155
DANIELA PEIXOTO RAMOS

Quando raça não é igual a gênero: teorias feministas   187
e a sub-representação dos negros na política brasileira
LUIZ AUGUSTO CAMPOS

Segregação residencial e relações raciais no Brasil: 223
em busca de uma problemática sociológica
DANILO SALES DO NASCIMENTO FRANÇA

Para além do redistributivismo: uma análise das ideias de 249
Celso Furtado e Mangabeira Unger para enfrentar
a desigualdade social no Nordeste
CARLOS SÁVIO GOMES TEIXEIRA

A focalização e as condicionalidades do Programa Bolsa Família 275
afirmam a noção de direito social e contribuem para a formação de
sujeitos de direitos?
SILVANA APARECIDA MARIANO

Sobre os autores 307

APRESENTAÇÃO

Danusa Marques
Carlos Machado

O Grupo de Pesquisa sobre Democracia e Desigualdades (Demodê) há mais de uma década vem organizando esforços para a produção de reflexões que trabalhem, tanto teórica como empiricamente, com os fenômenos relacionados ao aprofundamento das práticas democráticas considerando o grande conjunto de desigualdades que marca a nossa sociedade. É fundamental para o trabalho do grupo o entendimento de que, quando se pesquisa sobre democracia, não é possível realizar uma investigação que ignore a construção do conceito de democracia como intrinsicamente ligado à igualdade – em muitos casos, mesmo como sinônimos.

Desde 2012, os esforços de pesquisa do Demodê se ampliaram com o objetivo de colaborar para o debate acadêmico brasileiro sobre desenvolvimento democrático e enquadramento das desigualdades. A partir dessas reflexões foi mobilizado um esforço no interior do grupo em construir mais espaços para diálogo entre pesquisadores sobre o tema. Foi assim que surgiu o Simpósio Nacional sobre Democracia e Desigualdades, organizado na Universidade de Brasília, que teve sua segunda edição em maio de 2014. O presente livro apresenta dez textos representativos das discussões presentes em grupos de trabalho e mesas redondas durante o Simpósio Demodê 2014 e promovem tanto importantes avanços teóricos como trazem novos dados e interpretações empíricas para se pensar a relação entre desigualdades e democracia no Brasil.

Que o debate mais procedimental, formal e descritivo sobre democracia busca ultrapassar, pela ausência, o tema das desigualdades, principalmente porque elas apontam as limitações das suas abordagens, é facilmente perceptível. A própria construção das abordagens democráticas hegemônicas, que implicam em uma redução do alcance social da democracia para uma visão formalista sobre um modelo político com critérios democráticos, tem como fundação uma postura refratária à igualdade substantiva entre os cidadãos e cidadãs. Pode-se dizer que o distanciamento da teoria democrática procedimental ao tratamento crítico do tema das desigualdades remonta à construção da democracia em sua visão moderna mais típica, como na teoria tocquevilliana (1998 [1835]) que, mesmo admitindo uma marcha inevitável da democracia sobre o mundo, aponta um cenário de mediocridade relacionado à igualdade. Esta, segundo a teoria, equipara com a própria democracia, e de alto risco de tirania da maioria, ligada à onipotência da maioria, legitima todos os poderes políticos, ainda que a minoria seja diferenciada (mais ativa em relação à política) e a maioria seja largamente mediana (desinteressada nos assuntos públicos, voltada à vida privada e, portanto, mais vulnerável às tentações despóticas). Deste modo, Tocqueville "aceita" o movimento democrático, mas sua análise do sistema político dos Estados Unidos pontua a importância das diversas instituições que diferenciam politicamente elite e povo (como eleições indiretas para o Senado, implementadas até 1913), para localidades onde hábitos e costumes não estavam, segundo ele, relacionados aos talentos democráticos e à liberdade. Ainda que seu foco sempre se volte aos hábitos e costumes, a análise de Tocqueville tem uma preocupação institucional em relação à concentração de poder: as associações voluntárias se apresentam como saída para os dois grandes riscos da democracia (o despotismo da maioria e a criação de um Estado superpoderoso) porque equilibram o jogo de poder, garantindo espaço para engajamento político de contestação da maioria.

O desenvolvimento institucional à luz da verificação das diferenças entre elite e povo se relaciona à fundação da organização política norte-americana, defendida claramente enquanto necessidade de filtrar homens superiores mais alinhados ao interesse público pelos autores federalistas (MADISON, HAMILTON e JAY, 1993). Embora não estivessem construindo seu modelo institucional baseando-se em uma visão democrática – aliás, o objetivo de Madison era justamente apresentar aquele sistema representativo como "República", desqualificando a visão democrática como ligada à tirania da maioria e à instabilidade –, apresentam uma proposta de estrutura de governo baseada na aprovação popular. É este modelo que, em Tocqueville, posteriormente será analisado enquanto "democracia". No entanto, a república madisoniana é marcada pela grave redução da participação popular, entendendo as eleições como filtros que separam aqueles mais patriotas, justos e hábeis do "povo": a ideia principal é de aumento do eleitorado, mas acompanhada de concentração da tomada de decisão nas mãos dos representantes.

A ênfase na inclinação da maioria pela tirania, ou seja, pela redução das liberdades liberais, é um ponto recorrentemente refletido na tradição posterior, como na obra de Joseph Schumpeter (2008), que em sua hegemônica abordagem contemporânea afirma a tendência autoritária que uma concepção de democracia focada em um interesse coletivo supõe. A transição de uma concepção democrática pessimista mas alinhada ao interesse público, como na abordagem de Tocqueville, para uma visão totalmente procedimental da democracia, como na abordagem de Schumpeter, passa por um período de forte produção de um tipo de pensamento que nega a possibilidade teórica e prática da construção democrática: a teoria elitista.

Entre o final do século XIX e a primeira metade do século XX, acompanhando um processo de democratização social no contexto europeu, no sentido de construção de igualdade social, vem o desenvolvimento de teorias refratárias ao poder popular, à igualdade e à possibilidade de construção de um sistema democrático. Inicialmente essas visões partem de abordagens menos sofisticadamente científicas, como a de Ortega y Gasset (1962), que aponta a existência de uma diferença de sensibilidade estética entre elites e massas, mas a "rebelião" dessas últimas gera um contexto de deslocamento dos superiores e apropriação do Estado por elas. Essa rebelião é exatamente a democratização, que aponta uma contestação das desigualdades, assumidas como naturais, apresentando uma crise do mundo contemporâneo.

A visão de insuperabilidade das desigualdades nas relações sociais é um ponto fundamental das teorias elitistas. Apesar de todas as grandes diferenças entre as abordagens, se indicarmos a tríade clássica do elitismo, Vilfredo Pareto, Gaetano Mosca e Robert Michels, suas diferentes análises apresentarão desde a clara naturalização das desigualdades (como em Pareto), até a tendência de padrões sociais históricos de dominação (como em Mosca) e de hierarquização (como em Michels).

Se Pareto (1984) contava com a elite governante como o grupo que tem melhor desempenho no exercício do poder político por causa de seus "resíduos", características naturais que determinam os talentos humanos e são distribuídos desigualmente na sociedade, sua visão de organização social prevê que não há e não deve haver espaço para atuação das massas, que não teriam talentos políticos. Já a visão de Mosca (1986) não explica a organização social por características inatas dos indivíduos, mas pela lógica de tomada de decisão da minoria sobre a maioria: embora menor, a minoria sempre é mais organizada do que a massa, o que a torna "mais numerosa" do que um conjunto de indivíduos atomizados. Apesar dessa conclusão, Mosca indica que a minoria busca convencer a sociedade de que detém as qualidades para governar porque o apoio das massas é central para legitimar o exercício do poder político. A abordagem de Michels (1982) não naturaliza as desigualdades, mas sua visão, marcada pelo pessimismo em relação à democracia e à esquerda em geral, generaliza a impossibilidade de um exercício de poder horizontalizado porque prevê que toda organização social gera burocratização, que, por sua vez, gera hierarquização – portanto, provoca distanciamento entre elite e massa e dominação dos dirigentes sobre a massa. Esta característica das organizações, que poderiam ter um fim democrático em sua fundação, as transforma em um fim em si, mantendo no poder uma minoria dirigente que tem interesses divergentes em relação à sua base.

A tematização das desigualdades em meio às discussões sobre um possível funcionamento da democracia ganha fôlego do final da primeira metade do século XX. Preocupações sobre os rumos da política em contextos de ampla participação política combinado a receios sobre os efeitos de uma suposta orientação política dos indivíduos, decorrente de comportamentos influenciados pela multidão, darão vazão a leituras abertamente elogiosas às desigualdades sociais como componente positivo na operacionalização de governos definidos, formalmente, como democráticos. Partidário desta visão, Joseph Schumpeter (2008) apresentará uma leitura negativa sobre o papel do povo na teoria democrática, ressignificando democracia enquanto governo do povo para democracia em termos de competição pela liderança política sob autorização do povo, sob base elitista (MIGUEL, 2000). A transição entre abordagem sobre democracia em um sentido de governo popular para um esquema competitivo entre elites passa pela aproximação da democracia como despotismo da maioria, o que faz essa literatura indicar os regimes totalitários do século XX como um mergulho profundo na tirania da maioria já anunciada.

A análise schumpeteriana questiona os pressupostos sobre a racionalidade dos indivíduos na tomada de decisões políticas: a vontade coletiva ou o bem comum seriam inalcançáveis, em decorrência da baixa racionalidade de indivíduos ao tratarem de temas políticos. A especialização inerente às sociedades capitalistas não geraria incentivos à formação política das pessoas e a dedicação de tempo às atividades privadas reduz o envolvimento com a política ao mínimo necessário. Em uma interpretação econômica da política, para Schumpeter o aprendizado de qualquer atividade humana está relacionado ao tempo investido naquela prática. Deste modo, apenas pessoas cuja dedicação estaria focada na vivência política estariam corretamente informadas sobre a tomada de decisão pública e seriam capazes de atuar racionalmente. A desigualdade política seria, então, fruto da própria dinâmica social, e o governo democrático não derivaria da produção de um contexto de igualdade de ação ou de efeito político entre os indivíduos, mas da simples disputa entre elites pelo voto popular para a definição de um corpo de representantes. A instituição eleitoral competitiva resumiria as desigualdades sociais de dedicação e inserção na esfera pública e a irracionalidade política decorrente da ausência de prática política se reforçaria através do poder manipulativo da propaganda política sobre a mentalidade das pessoas. Portanto, mesmo quando os indivíduos se informassem sobre política, a propaganda moldaria a percepção dos indivíduos sobre a mesma. Indefeso contra as ameaças da propaganda, o povo estaria condenado a reproduzir discursos políticos disseminados pelos controladores dos meios de produção de conteúdo midiático para as massas. Deve-se notar o caráter excludente desta caracterização do efeito das desigualdades sobre o processo políticos, porque não há uma larga problematização do efeito das desigualdades para a democracia nem uma dedicação para o desenvolvimento de meios para enfrentá-las, mas a operação de um pressuposto para justificar instituições políticas deliberadamente excludentes (SCHUMPETER, 2008).

O entendimento da democracia como um arranjo competitivo pela liderança política e, portanto, de concorrência entre elites, necessariamente limita o exercício do poder para garantir que a democracia possa "dar certo". Isso gera uma separação entre a sociedade e a política – de um lado, reina uma profusão de desigualdades; do outro, as regras democráticas protetoras de uma igualdade exclusivamente formal e de liberdades individuais –, em nome da estabilidade de um sistema desigual. Desconsidera-se que as desigualdades substantivas afetam a capacidade das pessoas de participarem politicamente; as disposições das agremiações políticas, da mídia e das "altas rodas" para agir a favor de quem detêm o capital; de que a estrutura da sociedade apresenta um viés de manutenção de desequilíbrio de poder pela sua própria estabilidade.

Bottomore (1974), analisando a partir de um viés crítico de fundamento marxista, indica que essa abordagem se desenvolve porque nossa sociedade é fundada sobre uma divisão de classes que direciona nosso entendimento da democracia para uma visão limitada. Segundo ele, as teorias democráticas elitistas, cujo expoente é a obra de Schumpeter (2008), tentam compatibilizar a manutenção de privilégios através do entendimento de que as elites seriam politicamente mais capazes do que o povo. Tentam tornar mais aceitável as desigualdades sociais trocando o conceito de igualdade pelo de "igualdade de oportunidades", distorcendo-o: igualdade de oportunidades pressupõe que a desigualdade é aceitável: é a oportunidade de ascender socialmente (e está comumente associada à diferenciação meritocrática).

Nesse sentido, entende-se porque a teoria dahlsiana mais difundida é aquela mais procedimental (1956; 1971), a despeito de toda a análise que Robert Dahl desenvolve nos seus escritos, ainda pluralistas, porém mais críticos (1985). Nas obras de apresentação do conceito de poliarquia (1989, s/d), Dahl indica à teoria política uma opção ao schumpeterianismo estrito, combinando o sistema competitivo eleitoral com a visão de pluralização e fragmentação do poder político. Partindo de uma crítica ao que ele chama de "modelo madisoniano" e "modelo populista", Dahl busca se afastar, respectivamente, do dilema da defesa dos direitos das minorias em um sistema baseado na soberania popular, assim como da defesa da regra da maioria como origem de todo o poder político. Assume, então, que a democracia é um ideal inatingível (e aí aparece, mais uma vez, a inevitabilidade da derrocada do modelo democrático, tão caro aos autores elitistas), mas que é possível construir poliarquias, modelo caracterizado pela dispersão do poder político, estabelecido competitivamente. Repaginando a visão schumpeteriana, Dahl oferece uma nova visão da "mão invisível" da política para compor a ideia de governo de várias minorias, frente à impossibilidade do governo do povo.

As premissas da poliarquia combinam ideias liberais, como a liberdade, enquanto um valor a ser defendido, ação de indivíduos racionais e autônomos e a limitação de abusos de poder por parte do Estado, com uma inovação: este indivíduo não mais é visto como um ator político isolado, mas está agregado e ganha força em uma ação em grupo. Apesar desse entendimento estendido, a poliarquia continua sendo um arranjo procedimental: deve ser um consenso sobre as normas (oito regras que giram em torno das eleições); e envolve o maior grau possível de duas dimensões democráticas teóricas, liberalização e inclusividade. A liberalização é também entendida como o grau de abertura para contestação pública; a inclusividade, como participação ou o direito de participar nas eleições, ou seja, indica o grau de sufrágio (Dahl, s/d).

A abordagem dahlsiana que critica a possibilidade de desenvolvimento democrático dentro de um sistema de apropriação capitalista da riqueza (DAHL, 1990) é apresentada trinta anos após sua concepção clássica, e depois de muitas críticas dirigidas ao modelo liberal-pluralista, que é até hoje a ideologia dominante quando se trata sobre democracia. Dahl, nessa obra, indica que a ideia de risco da tirania da maioria tem uma ligação direta com o receio de perda dos direitos das minorias, ressaltando a necessidade de proteção desses direitos no arranjo democrático liberal, mas que, ao contrário, ali não se vê despotismo da maioria: o que coloca a democracia em risco é a permanência das desigualdades, comprometendo o exercício da democracia, enquanto participação de todos/as na tomada de decisões políticas.

Esse fato se deve à concentração da propriedade privada nas mãos de poucos, o que condiciona trajetórias sociais, interfere na gestão do Estado e dá maior acesso aos espaços decisórios aos proprietários. Dahl, então, contesta a relação entre desigualdades e democracia, partindo de sete suposições sobre a democracia e cinco regras de procedimento democráticas, que indicam valores de liberdade, justiça e, mais fortemente, igualdade, enquanto critérios democráticos. Considerando que o espaço de experiência democrática é muito pontual na vida das pessoas, e que ele deve ser expandido, inclusive para a esfera do trabalho, Dahl indica que qualquer organização social para a qual se aplicam esses pressupostos devem se organizar democraticamente, inclusive as empresas, que sistematicamente ferem esses princípios com sua estrutura de tomada de decisões hierárquica (visão que se aproxima bastante das abordagens participacionistas sobre democracia (Pateman, 1992). Assim, Dahl indica a incompatibilidade entre os princípios democráticos e a propriedade privada das empresas e propõe um modelo baseado na autogestão, estendendo a democracia para a esfera do trabalho e redistribuindo a riqueza.

Muitas abordagens questionadoras da democracia liberal-pluralista são desenvolvidas no âmbito crítico da teoria política, apesar da hegemonia do conceito procedimental na ciência política como um todo. As próprias reconsiderações tardias de Dahl (1990) são fruto dos fecundos debates travados contra o excessivo formalismo da concepção liberal. Diversos aspectos dessas abordagens são recuperados e (re)trabalhados nos capítulos deste livro, que têm como convergência a problematização de questões ligadas à discussão democrática, tendo como foco principal desigualdades que marcam nossa sociedade.

O texto de Alvaro Bianchi aborda a história política do conceito de igualdade, em particular na sua forma enquanto equidade no pensamento político de John Rawls. Segundo Bianchi, a valorização da ideia de "igualdade de oportunidades" e de justiça distributiva ao corpo da reflexão rawlsiana sobre justiça decorre da necessidade de lidar com questões políticas enfrentadas pelos movimentos por direitos civis e posteriormente na militância contrária à guerra do Vietnam. O contexto norte-americano e o engajamento político de Rawls contribuem para se pensar a importância do pensamento, preocupado não apenas com a precisão teórico-conceitual mas também com a conexão destas reflexões com a realidade política.

O capítulo escrito por Mauro Victoria Soares apresenta uma crítica ao modelo deliberativo de Joshua Cohen, que recupera na teoria de John Rawls a base para se pensar arranjos deliberativos e busca incorporar princípios de justiça do liberalismo igualitário em sua teoria. A argumentação de Cohen gira em torno do princípio deliberativo de justificação política, para a qual Soares indica que a incorporação da visão rawlsiana não colabora para que se trabalhem questões fundamentais, como o dissenso e a discordância políticas dentro do arranjo deliberativo, nem consegue avançar na legitimidade da operação da regra majoritária para o processo de justificação política em um arranjo deliberativo.

Daniel de Mendonça se incumbe do desafio de avaliar as Jornadas de Junho de 2013 através da inquietação sobre os significados atribuídos a estes eventos, a partir de considerações que partem das abordagens pós-estruturalistas. Para compreender o espaço de participação política do evento em foco, Mendonça problematiza a ideia de igualdade na dinâmica democrática, entendendo-a como sua sustentação, e que, apesar de seu caráter formal, devido à impossibilidade de ser alcançada, quando comparada à real desigualdade pode servir como propulsão para mobilizações sociais. A existência em meio ao povo de um sentimento de desigualdade coletivamente percebido pode gerar mobilização social devido à disparidade em relação ao ideal igualitário, que jamais será alcançado, presente na justificativa do sistema. O autor busca compreender, a partir dessas referências, o comparecimento em um mesmo espaço de manifestantes cuja dificuldade de caracterização é retratada pela variedade de demandas vocalizadas. Será a autodenominação enquanto povo autoproclamado – a despeito das tentativas de caracterização da imprensa ou de governantes – a marca da ação política substanciada no evento produzido pela propulsão da "vontade dos iguais".

O texto de Francisco Mata Machado Tavares revisita a ideia de ditadura do proletariado, justificando a plausibilidade de recorrer a tão surrada construção teórica para a avaliação das lutas políticas, ao se entender a contribuição deste conceito para tratar sobre a teoria democrática contemporânea. Resgatando a ideia marxiana de proletariado, além das contribuições de Hal Draper sobre o tema, Tavares indica que esse conceito se relaciona à percepção do ser humano livre, universal e concretamente localizado. Posto isso, a ditadura do proletariado se referiria a um projeto radical de democracia, a despeito de interpretações negativas sobre a possibilidade de um governo livre.

O capítulo de Denise Maria Mantovani apresenta uma análise empírica dedicada ao estudo dos agendamentos e enquadramentos de mídia sobre o tema do aborto nas eleições. A autora mapeia este debate em três jornais, *O Globo, Folha de São Paulo e Estado de São Paulo*, e indica que houve uma incorporação da temática do aborto na cobertura, primeiramente com alguma resistência, mas posteriormente cedeu-se à pressão de outros campos, especialmente o religioso. O estudo de Mantovani volta a um ponto relevante das pesquisas sobre mídia e política: o imperativo profissional de neutralidade do jornalismo é um mito e, na verdade, o campo midiático também compete tanto na definição da agenda quanto nos enquadramentos na construção da notícia. Sua pesquisa mostra, ainda, que houve desequilíbrio no enquadramento das diferentes abordagens e que a ideia de pluralidade da mídia não se verifica em relação à questão do aborto nas eleições de 2010. Assim, o estudo de Mantovani ilumina a discussão sobre a necessidade de pluralização da mídia para o desenvolvimento democrático, a partir de um caso mobilizado na cobertura eleitoral de 2010, que limitou ainda mais o entendimento do aborto como um direito das mulheres.

O estudo de Daniela Peixoto Ramos busca compreender, através de entrevistas, as visões e sentimentos dos/as entrevistados/as sobre a articulação das relações de gênero com a política, considerando um corte de classe (média ou popular), de gênero e geracional. A partir da problematização da divisão entre esfera pública e privada, da responsabilização feminina pelo cuidado familiar e da limitação do acesso à política, a autora identifica as principais visões dos/as entrevistados/as como uma abordagem que trabalha paralelamente a política no âmbito familiar e a política institucional, ressaltando valores que não são democráticos e ressaltam padrões de desigualdade. Em relação às construções de gênero, a organização patriarcal das famílias acaba refletindo na visão que se tem sobre a política – as representações de gênero na política não são diferentes daqueles patriarcais. As representações sobre gênero e política centrais são o foco no papel maternal das mulheres, a possibilidade de sua corrupção com a entrada na política, mas também a desvalorização de qualquer traço diferenciador das mulheres enquanto agentes políticos, não questionando as estruturas de desigualdade de gênero para a ação política das mulheres, o que claramente é um problema para o aprofundamento democrático.

O texto de Luiz Augusto Campos busca avaliar como teorias feministas que tratam sobre inclusão de grupos marginalizados na esfera da representação política propiciam interpretações voltadas para a população negra, refletindo sobre as nuances da teorização e, principalmente, sobre os riscos de essencialização desta clivagem social. Sua abordagem é focada na política de presença nos termos de Anne Phillips e da política da diferença de Iris Young. Apesar das tentativas das autoras em se distanciarem da ideia de essencialização de grupo e sua teoria ser importante para iluminar a questão da desigualdade racial e não apenas a de gênero, a aplicação de seus conceitos para o caso da inclusão de não-brancos no contexto brasileiro apresenta sérias limitações, especialmente se considerados os estudos que apontam relações de sociabilidade fluidas entre brancos e negros, alta taxa de casamentos inter-raciais e baixa segregação residencial no Brasil.

Em seu estudo, Danilo França explora a distribuição espacial em que estão alocadas as populações negra e branca na Região Metropolitana de São Paulo (RMSP), considerando o recorte de classe econômica. Entre os estudos seminais sobre estratificação social no Brasil, o elemento racial é tido como pouco significativo, devido à leitura de que o principal componente de diferenciação social seria a vinculação a uma classe. Isso influenciará os estudos sobre segregação residencial, cuja divisão centro-periferia enquadra a dicotomia entre ricos e pobres. Contudo, ao se considerar os estudos de Carlos Hasenbalg e de Carlos Costa Ribeiro, nos quais se identifica a relação entre raça e estratificação social, França propõe incorporar o elemento racial à análise da distribuição residencial da população da RMSP. Com isso, evidencia a ocorrência de segregação residencial na região a partir de bases raciais, cujo acirramento opera com maior ênfase na comparação entre negros/as e brancos/as das classes média e alta.

O texto de Carlos Sávio Gomes Teixeira aproxima os planos de mudança institucional do Estado brasileiro para o Nordeste desenhados por Celso

Furtado, na década de 1960, e Mangabeira Unger, na década de 2000, identificando pontos de convergência em relação ao esforço de reorganização institucional para a região. Segundo o autor, ambos buscavam redesenhar a ação estatal com objetivos de enfrentamento à desigualdade social, apostando na engenharia institucional e na responsabilidade do Estado para o desenvolvimento social coordenando autonomia regional com objetivos nacionais em um país grande e diverso.

Finalmente, o texto de Silvana Mariano parte da ideia de que a redução da desigualdade social está relacionada ao tratamento dado pelo Estado, através de políticas públicas, para enfrentar entraves ao fortalecimento democrático. Assumindo uma posição calcada no reconhecimento da importância da pauta feminista, Mariano faz uma leitura sobre a política de proteção social mobilizada no Programa Bolsa Família, baseada na análise de documentos e entrevistas com pessoas cadastradas no programa. A principal contribuição em seu texto para o tema das desigualdades está na avaliação crítica sobre a política de assistência social mobilizada pelo Programa Bolsa Família, devido à sua natureza forjada em instrumentos de focalização da política, além da existência de condicionalidades. A combinação desses dois elementos propicia o entendimento de que os direitos sociais, assumidos formalmente pelos idealizadores do programa, não se efetiva. Tratando-se de um programa cujos direitos são assumidos como condicionais, a restrição na oferta de serviços entendidos como condição mínima para um indivíduo fere a própria ideia que sustenta a iniciativa. Não há neste caso, portanto, incentivo à autonomia das beneficiárias, em particular as mulheres, principais responsáveis por recebimento dos recursos. A sua pretensa autonomia, na realidade, opera a manutenção de uma estrutura de estratificação, limitando o potencial de ultrapassar as desigualdades que originalmente justificam a formulação da política de transferência de renda promovida pelo Programa Bolsa Família.

Bibliografia

BOTTOMORE, Thomas B. (1974 [1964]), *As elites e a sociedade*. Rio de Janeiro: Zahar Editores.

DAHL, Robert A. (1989 [1956]), *Um prefácio à teoria democrática*. Rio de Janeiro: Jorge Zahar Editor.

_____. (s/d [1971]), *Polyarchy – Participation and opposition*. New Haven, London: Yale University Press.

_____. (1990 [1985]), *Um prefácio á democracia econômica*. Rio de Janeiro: Jorge Zahar Editor.

MADISON, James, Alexander Hamilton e John Jay. (1993 [1787-88]), *Os artigos federalistas – 1787-1888*. Rio de Janeiro: Nova Fronteira.

MICHELS, Robert. (1982 [1911]), *Sociologia dos partidos políticos*. Brasília: Editora UnB.

MIGUEL, Luis Felipe. (2000), "A Democracia Domesticada: Bases Antidemocráticas do Pensamento Democrático Contemporâneo". *DADOS – Revista de Ciências Sociais*, Rio de Janeiro, Vol. 45, nº 3.

MOSCA, Gaetano. (1966 [1986]), "A classe dirigente", em Amaury de Souza (org.). *Sociologia política*. Rio de Janeiro: Zahar, pp. 51-69.

ORTEGA Y GASSET, José. (1962 [1926]), *A rebelião das massas*. Rio de Janeiro: Livro Ibero-Americano.

PATEMAN, Carole. (1992 [1970]), *Participação e teoria democrática*. São Paulo: Paz e Terra.

PARETO, Vilfredo. (1984 [1916]), *Vilfredo Pareto: sociologia*. São Paulo: Ática.

SCHUMPETER, Joseph A. (2008 [1942]), *Capitalism, socialism and democracy*. New York: Harper Perennial Modern Thought.

TOCQUEVILLE, Alexis de. (1998 [1835-1840]), A democracia na América. Belo Horizonte: Editora Itatiaia Limitada.

IGUALDADE EM CONTEXTO: DISCURSO E TEORIA POLÍTICA

Alvaro Bianchi

Há mais de duas décadas as teorias da justiça têm sido objetos de estudos e discussões no Brasil.[1] O que a teoria política, principalmente aquela praticada neste país, tem procurado fazer é, na maioria das vezes, expor a teoria de um autor ou um conceito no interior dessa teoria. Nas variantes mais sofisticadas dessa prática interroga-se sobre a consistência lógica da versão apresentada ou confronta-se um autor com outros autores. Essa modalidade de teoria política, que pode ser chamada de estrutural, caracteriza-se, na maior parte das vezes, por não dar atenção à gênese dos conceitos no pensamento de um autor e à maneira como essa gênese se articula com o debate político público.

Este ensaio adota outro caminho, procurando, por meio de uma história política do pensamento político, entender melhor a evolução do conceito de igualdade nos últimos 50 anos. O objetivo deste ensaio é investigar o desenvolvimento do conceito de igualdade como equidade no interior da teoria da justiça de John Rawls, acompanhando o percurso de produção conceitual entre sua primeira versão, de 1957, e sua reelaboração na redação de *A Theory of Justice*, em 1971. As hipóteses centrais sobre as quais se pretende trabalhar são: 1) ao longo desse período Rawls introduziu o conceito de "igualdade de oportunidades" como uma condição para a própria realização

---

[1] Salvo engano, o primeiro artigo publicado no Brasil a respeito foi de Álvaro de Vita (1992) na revista *Lua Nova*.

da justiça; 2) a emergência desse conceito no quadro de uma justiça como equidade não foi condicionada unicamente por razões de ordem teórico-
-conceitual; 3) um dos fatores marcantes do longo processo de trabalho teórico de Rawls, neste tema, foi a necessidade, percebida, de responder à emergência de novos problemas políticos práticos que se manifestavam em um contexto de forte conflito social nos Estados Unidos.

I

Em seu Prefácio à primeira edição de *A Theory of Justice*, publicada em 1971, John Rawls expôs o percurso da composição de sua *magnum opus*, enumerando as três versões de sua redação: uma primeira de 1964-1965; a segunda, de 1967-1968; e a terceira de 1969-1970 (RAWLS, 1999 [1971], p. 19-21). Uma quarta e definitiva versão nasceria das revisões que o autor fez à edição alemã de 1975, a qual serviu de base para as traduções posteriores e para a definitiva edição revisada em língua inglesa (RAWLS, 1999 [1971], p. 11).

O desenvolvimento dos conceitos que encontraram seu lugar nesse livro começou, entretanto, pelo menos seis anos antes da primeira redação. Naquele mesmo Prefácio de 1971, Rawls apresentou *A Theory of Justice* como uma exposição coerente de ideias expressas em *papers* escritos entre 1958, ano no qual expôs pela primeira vez o conceito de *justiça como equidade*, e 1967-1968, quando incorporou a ideia de justiça distributiva a sua teoria. Os artigos enumerados por Rawls cobriam um período de dez anos e formavam a base dos capítulos de seu livro. A enumeração dessas diferentes versões demonstra um minucioso processo de elaboração e reelaboração conceitual à qual foi submetida a ideia de justiça como equidade (ver Quadro 1).

Quadro 1. Composição de *Uma Teoria da Justiça*

Artigo	Ano	Onde está em *A Theory of Justice*	Versões de *A Theory of Justice*
Justice as Fairness	1957/1958	Part One	Primeira versão (1964-1965)
Constitutional Liberty	1963	Part Two, ch. IV	
The Sense of Justice	1963	Part Three, ch. VIII	
Civil Desobedience	1966	Part Two, ch. VI	Segunda versão (1967-1968)
Distributive Justice	1967	Part Two, ch. V	
Distributive Justice: Some Addenda	1968	Part One	

O percurso da elaboração conceitual de Rawls tem um de seus primeiros registros em um artigo apresentado na *American Philosophical Association – Eastern Division*, em dezembro de 1957 e publicado originalmente no *Journal of Philosophy* (RAWLS, 1957). Uma versão expandida desse texto foi reproduzida, em 1958, na *Philosophical Review* e é esta última versão a que integra as *Collected Works* de John Rawls (2001d). Foi nos artigos de 1957 e 1958 que a concepção de justiça como equidade foi inicialmente apresentada. Neles, o filósofo se interrogou a respeito do significado da justiça, uma das muitas virtudes das instituições e um aspecto da boa sociedade. Nessa concepção o conceito de igualdade era central. Colocando toda a ênfase nas instituições e práticas sociais, o autor do ensaio julgou pertinente distinguir a igualdade referente a elas da igualdade que comporia uma concepção abrangente de sociedade ideal.

A questão fundamental que orientava, nesse momento, a investigação filosófica de Rawls era a seguinte: de acordo com que princípios seria possível construir instituições que tratassem a todos os indivíduos de maneira igualitária? Ou, de modo mais simples, que princípios deveriam ser seguidos por instituições justas? Nesta primeira formulação, a concepção de justiça como equidade era apresentada na forma de dois princípios aplicáveis às instituições:

> primeiro, cada pessoa que participa de uma prática, ou é afetada por ela, tem um direito igual à mais extensa liberdade compatível com a liberdade para todos; e,

> segundo, as desigualdades são arbitrárias a menos que seja razoável esperar que elas funcionem para vantagem de todos, e desde que sejam abertos a todos os postos e cargos às quais estão vinculadas, ou a partir dos quais podem ser adquiridas (RAWLS, 2001d, p. 48).

Assumindo a igual liberdade de todos como ponto de partida, o primeiro princípio recusava distinções e classificações legais, ou outras práticas que infringissem uma distribuição de direitos individuais pressupostos. O segundo princípio, por sua vez, definia que tipos de desigualdades poderiam ser admitidas. As desigualdades às quais se refere este princípio não seriam aquelas que decorreriam das diferenças existentes entre postos e posições, mas sim aquelas provenientes das diferenças entre os benefícios vinculados a postos ou posições ocupadas. O que esse princípio estabelece é que as desigualdades decorrentes dessas diferenças poderiam ser permitidas apenas se as práticas associadas produzissem vantagens para todas as partes envolvidas: "todas as partes devem ganhar com a desigualdade" (RAWLS, 2001d, p. 50).

De acordo com Rawls, estes princípios seriam aqueles escolhidos por pessoas cuja atividade fosse normalmente orientada em busca do interesse próprio, racional e cujos interesses e necessidades fossem ao menos vagamente similares aos das demais pessoas, de modo que a cooperação entre elas fosse possível. Tais pessoas seriam concebidas em uma situação na qual periodicamente discutiriam as reivindicações referentes às instituições das quais participariam. Os princípios de justiça seriam aquelas normas gerais que permitiriam julgar que reivindicações poderiam ser aceitas e quais não seriam. Nesta situação hipotética, uma vez que os princípios de justiça seriam estabelecidos antes de que qualquer reivindicação fosse apresentada, as pessoas envolvidas escolheriam aqueles que não as colocassem em desvantagem em uma situação futura desconhecida. A melhor escolha, é o que tenta demonstrar Rawls, seria adotar a igualdade como um princípio inicial e, a seguir, garantir que as desigualdades que porventura surgissem não prejudicassem ninguém, ou seja, beneficiassem a todos, embora de maneira diferente (RAWLS, 2001d, p. 52-55).

Em 1963, Rawls voltou a esse tema em um novo artigo. Os princípios de justiça que apresentou nessa versão não diferiam daqueles expostos anteriormente, embora fossem exibidos, dessa vez, como parte de uma teoria constitucional.[2] De acordo com o filósofo, os dois princípios de justiça estariam relacionados a duas partes diferentes da estrutura social. O primeiro princípio trataria das liberdades constitucionais, as quais representariam, no âmbito das instituições, aquela posição de igual liberdade que existiria na posição original. O segundo princípio, por sua vez estaria relacionado com aquela parte da estrutura social que conteria as hierarquias políticas, econômicas e sociais, as quais, segundo o filósofo, seriam necessárias para que as atividades promovidas conjuntamente por diferentes indivíduos funcionassem de modo eficiente e benéfico para todos (RAWLS, 2001a, p. 88).

Foi neste ponto de sua exposição que Rawls apresentou pela primeira vez a ideia de igualdade de oportunidades e de mínimo social. Tanto a igualdade de oportunidades, como a existência de um mínimo social seriam as condições para que, garantida a igual liberdade e o benefício de todos, fossem consideradas justas uma ampla gama de distribuições desiguais de bens e recursos. A justiça da estrutura básica do sistema social, tal como concebida nesta teoria, não diria respeito à distribuição de renda ou bens a indivíduos particulares em situações dadas. Em vez isso, tratar-se-ia de distribuir e atribuir direitos mediante o conjunto de regras que definiriam e regulariam as atividades econômicas. A ideia de uma justiça distributiva era incorporada, dessa maneira, à concepção de justiça como equidade.

II

A segunda etapa da elaboração rawlsiana de uma teoria da justiça ganha um novo sentido se interpretada como um movimento no debate político de

---

[2] De acordo com Rawls: "primeiro, cada pessoa participando em uma instituição ou afetada por ela tem um direito igual à maior liberdade compatível com uma liberdade para todos; e, segundo, desigualdades, tal como definidas pela estrutura institucional ou promovidas por elas são arbitrárias, a menos que seja razoável esperar que elas funcionem para vantagem de todos, e desde que sejam abertos a todos os postos e cargos às quais estão vinculadas, ou a partir dos quais podem ser adquiridas. Esses princípios expressam o conceito de justiça relacionado a três ideias: liberdade, igualdade e recompensa por serviços que contribuam para o bem comum." (RAWLS, 2001a, p. 75)

sua conjuntura. A teoria da justiça como equidade e seu conceito de igualdade procuravam dar uma resposta teórica aos problemas revelados pela política prática. Como visto, a ideia de igualdade de oportunidades estava completamente ausente da primeira versão da teoria da justiça como equidade, de 1958, e só apareceu, embora de forma muito ligeira, no artigo que Rawls publicou em 1963. É bastante comum entre os comentadores a afirmação de que o filósofo de Harvard renovou de maneira decisiva o pensamento político liberal, ao mesmo tempo que influenciou o discurso político da nova esquerda. Mas a análise do movimento de produção dos conceitos no interior da obra de Rawls permite avançar a hipótese contrária: a de que o filósofo procurou responder, por meio de sua obra, aos problemas políticos colocados por um renovado liberalismo e uma nova esquerda nascida no interior do movimento pelos direitos civis.[3]

O ano no qual Rawls incorporou a ideia de igualdade de oportunidades a seu léxico foi o mesmo no qual Martin Luther King Jr. pronunciou um famoso discurso anunciando que o "verão sufocante do legítimo descontentamento dos Negros não passará até termos um renovador outono de liberdade e igualdade." No pensamento político do *Civil Rights Movement*, liberdade e igualdade guardavam entre si uma relação de mútua dependência. Sem uma, a outra não poderia se desenvolver plenamente. Essa relação é constitutiva do discurso político nos Estados Unidos e pode ser encontrada de modo recorrente nas mensagens sobre o estado da União que o presidente da República envia anualmente ao Congresso. Franklin D. Roosevelt (1933-1945), por exemplo, afirmava em sua mensagem de 1945: "Nós, americanos, sempre acreditamos na liberdade de oportunidades e a igualdade de oportunidades continua a ser um dos principais objetivos da nossa vida nacional" (ROOSEVELT, 1945). E seu sucessor, Harry S. Truman (1945-1953) destacou no mesmo sentido "os ideais de liberdade e igualdade" (TRUMAN, 1948).[4]

---

3   A emergência de um poderoso movimento contra a guerra também faz parte desse contexto, mas uma vez que nesta exposição a ênfase está colocada no conceito de igualdade, ele não será objeto de análise.

4   Para a realização desta pesquisa foram analisadas as 29 mensagens presidenciais ao Congresso sobre o estado da União (Annual Message to the Congress on the State of the

Tomando como um indicador do debate político público essas mensagens é possível perceber uma importante alteração a partir do início dos anos 1960. De maneira marcante, o discurso político referente aos direitos civis e à igualdade de oportunidades combinou-se, na virada década, com uma forte percepção a respeito da pobreza nos Estados Unidos (ver o Quadro 3 no Apêndice). É possível identificar importantes antecedentes nos discursos do presidente Truman. A igualdade de oportunidades era uma obsessão de Truman e os direitos civis uma preocupação constante depois da Segunda Guerra Mundial e dos problemas decorrentes da reinserção dos contingentes de soldados afrodescendentes no mercado de trabalho e na vida pública dos Estados Unidos. A novidade do discurso de Truman está na articulação destas temáticas com a questão da pobreza.

O discurso de Truman era, entretanto, otimista. Nela a pobreza estava em vias de ser definitivamente superada por meio do esforço comum da sociedade americana:

> O povo americano decidiu que a pobreza é tão inútil e tão desnecessária quanto uma doença que pode ser prevenida. Nós comprometemos nossos recursos comuns para ajudar um ao outro nos perigos e lutas da vida individual. Acreditamos que nenhum preconceito injusto ou distinção artificial deve barrar o acesso de qualquer cidadão dos Estados Unidos da América a uma educação, uma boa saúde, ou um emprego que ele seja capaz de exercer (TRUMAN, 1948).

Entre 1950 e 1962, a pobreza nos Estados Unidos não foi mencionada nos discursos presidenciais, os quais enfatizavam a nova era de prosperidade e abundância na qual a sociedade americana teria entrado. No início dos anos 1960, entretanto, a consciência sobre as desigualdades da sociedade americana tornava-se cada vez maior na opinião pública. Dois livros

---

Union) pronunciadas entre 1945, quando terminou a Segunda Guerra Mundial, e 1971, ano da publicação, por Rawls, de *A Theory of Justice*. As mensagens foram coletadas por John Wolley Gerhard Peters no *The American Presidential Project* (http://www.presidency.ucsb.edu) cuja base de dados utilizamos.

escancararam o problema, *The Affluent Society*, de John Kenneth Galbraith, cuja primeira edição é de 1958 (GALBRAITH, 1998 [1958]), e *The Other America: poverty in United States*, de Michael Harrington, lançado em 1962 (HARRINGTON, 2012 [1962]). O diagnóstico de ambos os livros era similar: os Estados Unidos eram uma nação dividida, na qual bolsões de pobreza conviviam com uma riqueza nunca vista. Entre 40 e 50 milhões de cidadãos americanos viviam em outra América, na qual a abundância cedia lugar à pobreza (HARRINGTON, 2012 [1962], p. 1).

Foi nesse contexto de crescente tensão social e de uma percepção cada vez maior do problema da desigualdade que o discurso presidencial passou novamente a articular as temáticas da igualdade de oportunidades, dos direitos civis e da pobreza.[5] Repercutindo a força do *Civil Rights Movement*, a ideia de igualdade de oportunidades foi incorporada às políticas públicas pelo presidente John F. Kennedy, o qual fez referência à "igualdade de oportunidade nos empregos" na mensagem sobre o *State of the Union*, de 1962. Reproduzindo argumentos presentes no livro de Harrington, Kennedy associou, em 1963, a ideia de igualdade de oportunidades ao combate contra a pobreza: "para fortalecer a nossa sociedade, para oferecer oportunidades para os 4 milhões de americanos que nascem a cada ano, para melhorar a vida de 32 milhões de americanos que vivem nas imediações da pobreza." (KENNEDY, 1963) A igualdade de oportunidades era chave também no texto legal do *Civil Rights Act* enviado por Kennedy ao Congresso, ainda esse ano, e aprovado no ano seguinte, o qual, em seu Título VII, afirmava a igualdade de oportunidade para os empregos (KENNEDY, 1962).

Foi, entretanto, no discurso político do presidente Lyndon Johnson que a ideia de igualdade de oportunidades passou a ser vista como um instrumento para combater a pobreza, adquiriu maior consistência, foi utilizada de modo mais frequente e tornou-se mais abrangente. Em 1964, o presidente dos Estados Unidos, Lyndon Johnson não só anunciou no Congresso seu compromisso com a expansão dos direitos civis, como também declarou uma "ampla guerra contra a pobreza humana e do desemprego nestes

---

5   Isso não quer dizer, evidentemente, que apenas a presidência e o Congresso tivessem a iniciativa política. No início dos anos 1960, seria mais prudente afirmar que as iniciativas legislativas destes foram reativas a condições externas.

Estados Unidos" (JOHNSON, 1964). A sociedade americana escancarava seu paradoxo mais notável: "A nação mais rica do mundo", como gostavam de enfatizar seus presidentes, convivia com a pobreza e o desemprego, os quais poderiam ser encontradas "em favelas e pequenas cidades, em barracas de meeiros ou em acampamentos de trabalhadores migrantes, nas reservas indígenas, entre os brancos, assim como os negros, entre os jovens, bem como nos idosos, nas cidades que crescem e nas regiões deprimidas." A solução para esse paradoxo, segundo Johnson, seria "ajudar a substituir o desespero pela oportunidade" (JOHNSON, 1964).

De acordo com o presidente, as causas da pobreza não seriam apenas a falta de empregos ou de dinheiro. As razões mais profundas desta estariam "em nossa incapacidade de dar aos nossos concidadãos uma boa chance para desenvolver suas próprias capacidades, em uma falta de educação e formação, em uma falta de assistência médica e habitação, em uma falta de comunidades decentes para se viver e criar seus filhos". As condições desfavoráveis às quais estariam submetidas principalmente as comunidades negras e indígenas, os jovens e os velhos, os imigrantes e os trabalhadores sem qualificação seriam uma barreira para a erradicação da pobreza. Para combatê-la seria necessário "melhor educação, melhor saúde e melhores casas, e uma melhor formação e melhores oportunidades de trabalho para ajudar mais americanos, especialmente os jovens, a escapar da imundície, da miséria e dos cadastros de desempregados" (JOHNSON, 1964).

A guerra interna contra a pobreza convivia no discurso de Johnson com uma guerra implacável no Sudeste asiático, levada a cabo em nome da paz, e com o combate sem tréguas ao comunismo: "Na Ásia o comunismo veste uma máscara mais agressiva. Vemos isso no Vietnam. Por que estamos lá?" perguntava o presidente. "Nós estamos lá, em primeiro lugar, porque uma nação amiga nos pediu ajuda contra a agressão comunista. Dez anos atrás, nosso presidente se comprometeu com a nossa ajuda. Três presidentes têm apoiado essa promessa. Nós não vamos quebrá-la agora" (JOHNSON, 1965). Esse combate contra o comunismo também tinha lugar na América Latina. No State of the Union de 1965, a guerra contra a pobreza passou a ser explicitamente inserida no contexto da política externa norte-americana e passou a fazer parte, juntamente com a Aliança para o Progresso, daquelas iniciativas políticas voltadas àqueles países da América latina aos quais os Estados Unidos estariam ligados por laços de "interesse e afeição".

A ideia, já presente em Galbraith e Harrington de que a miséria nos Estados Unidos concentrava-se em "ilhas" permitia que esse discurso a respeito da pobreza e da guerra coexistisse com o anúncio ufanista do advento de *The Great Society*: "Estamos no meio do maior crescimento do bem-estar econômico na história de qualquer nação. [...] Trabalhamos durante dois séculos para escalar este pico de prosperidade. Mas estamos apenas no início do caminho para a Grande Sociedade. À nossa frente está um píncaro no qual a liberdade dos desejos do corpo pode ajudar a satisfazer as necessidades do espírito". Erradicados os bolsões de miséria e a ameaça à paz posta pelo comunismo, seria possível aos Estados Unidos e ao mundo chegarem ao píncaro da liberdade e da igualdade (JOHNSON, 1965).

No discurso presidencial, a pobreza nos Estados Unidos era concebida como uma "pobreza de aprendizado", presente em cidades arruinadas e subúrbios desolados. A difusão do conhecimento e universalização da educação seriam as chaves para superar a pobreza. As iniciativas de "enriquecimento da vida para todos" anunciadas resumiam-se às políticas de saúde, educação e melhorias urbanas, as quais permitiriam a todos a realização de um sonho, "um sonho de um lugar onde um homem livre poderia construir para si mesmo, e criar seus filhos para uma vida melhor – um sonho de um continente a ser conquistado, um mundo a ser vencido, uma nação a ser feita." Com este discurso, Johnson não apenas deslocou o foco geográfico de sua "guerra contra a pobreza", como também atribuiu um novo conteúdo à ideia de "igualdade de oportunidades", de acordo com o qual não bastaria abrir as oportunidades de emprego para todos, seria necessário, também, criar condições para que todos pudessem concorrer a esses empregos de maneira equânime.

Embora propusesse "a extensão do salário mínimo para mais de 2 milhões de trabalhadores sem proteção" e "a melhoria e a modernização do sistema de compensação aos desempregados" a ideia de distribuição não estava presente no discurso presidencial. Johnson deixava claro que pretendia levar a cabo seu combate à pobreza sem estabelecer formas de regulação sobre as grandes corporações. Pelo contrário, seu discurso continha o pressuposto largamente aceito no pensamento econômico liberal, implícito de que haveria uma relação entre os ganhos dessas corporações – a prosperidade da América – e o bem estar dos cidadãos e, sempre que essa relação não se manifestasse de maneira adequada, caberia ao Estado intervir compensando o desequilíbrio.

Os discursos de Johnson em seus primeiros anos de governo e a "guerra contra a pobreza" foram claramente uma reação às pressões provenientes dos movimentos dos direitos civis e sindical e a uma crescente consciência na opinião pública a respeito das desigualdades sociais existentes. Eram uma resposta liberal à profunda crise social vivida por esse país em um contexto de inusitado crescimento econômico. Esse renovado discurso político reagiu fortemente, por sua vez, sobre os movimentos sociais e sobre a teoria política, a qual passou a refletir a respeito dos novos problemas postos.[6]

III

A segunda fase da elaboração conceitual de Rawls (1967-1868) coincide com seu engajamento político contra a guerra do Vietnam e está marcada pela emergência, sob a forma filosófica de uma refinada teoria da justiça, de temas próprios da política prática, particularmente a ideia de justiça distributiva. De acordo com um dos poucos textos biográficos existentes, Rawls participou, juntamente com seu amigo Roderick Firth, de uma conferência contra a guerra em 1967 e, no verão de 1969, ministrou um curso sobre os "problemas da guerra", no qual discutiu as diferentes justificativas para a intervenção dos Estados Unidos no Vietnam (*ius ad bellum*) e a condução da guerra (*ius in bello*) (POGGE, 2007, p. 19).[7]

Quando esse processo de refinamento dos conceitos é cotejado com as mudanças na opinião pública, das quais os discursos presidenciais podem ser um indicador, percebem-se suas motivações políticas. Em 1967, o

---

6   Foi assim que, no discurso de 1964, por ocasião do recebimento do Prêmio Nobel da Paz, Martin Luther King Jr. citou favoravelmente a mensagem de Johnson e fez referência a essa ideia, a qual estava completamente ausente do discurso de 1963.

7   Esse ativismo político não foi informado por outros autores que se preocuparam em esboçar uma biografia de Rawls, como Samuel Freeman, o qual se restringiu exclusivamente aos aspectos familiares e acadêmicos da vida do filósofo (FREEMAN, 2007, p. 1-8).

filósofo escreveu que a justiça distributiva dependeria de uma correta escolha da estrutura básica da sociedade, das principais instituições do sistema social, sua constituição política e suas instituições políticas e sociais mais importantes. Tendo os indivíduos nascido em diferentes posições ou classes sociais, estes possuiriam diferentes perspectivas de vida, determinadas parcialmente pelo sistema de liberdades políticas e direitos individuais, por um lado; e, por outro, pelas oportunidades econômicas e sociais existentes (RAWLS, 2001b, p. 133).

Considerando as desigualdades sociais inevitáveis, Rawls afirmava que caberia ao segundo princípio de justiça, já anunciado em seus artigos anteriores, impedir que essas desigualdades fossem injustas. Aplicado à estrutura básica da sociedade esse princípio determinaria que "todas as desigualdades que afetam as perspectivas de vida, ou seja as desigualdades de renda e riqueza que existem entre as classes sociais, devem ser para a vantagem de todos" (RAWLS, 2001b, p. 134). Esta não era uma solução completa para a questão, uma vez que faltaria definir o que seria essa vantagem de cada um. As soluções disponíveis até então não eram apropriadas para o filósofo. David Hume considerava que seria possível verificar as vantagens de todos por meio de uma comparação da situação atual com um hipotético estado de natureza. Vilfredo Pareto, por sua vez, definia o bem-estar de um grupo como ótimo sempre que fosse impossível melhorar a situação de uns sem piorar a de outro. Ambas soluções não seriam adequadas para Rawls, pois não permitiriam escolher entre dois sistemas considerados melhores ou ótimos (RAWLS, 2001b, p. 134-137).

A solução apresentada por Rawls implicava escolher como referência uma posição social a partir da qual as expectativas das demais poderiam ser comparadas e a seguir procurar maximizar as expectativas dessa posição social de modo consistente com a igual liberdade, afirmada no primeiro princípio de justiça, e a igualdade de oportunidades, desejada pelo segundo princípio. Essa posição social era aquela na qual se encontravam os "menos favorecidos pelo sistema de desigualdades institucionais" (RAWLS, 2001b, p. 137-138). Sua conclusão era que "essas diferenças são justas se e somente se as maiores expectativas dos mais favorecidos, ao jogar um papel no funcionamento de todo o sistema social, melhoram as expectativas dos menos favorecidos" (RAWLS, 2001b, p. 138).[8]

A solução de Rawls o leva a discutir questões de política prática, como por exemplo, que conjunto de instituições poderiam ser adequadas para promover uma justiça distributiva que melhorasse as expectativas de vida dos menos favorecidos. De acordo com o filósofo esse resultado poderia ser obtido "se a lei e o governo agem efetivamente para manter os mercados competitivos, os recursos plenamente empregados, a propriedade e a riqueza amplamente distribuída ao longo do tempo, e se a igualdade de oportunidades é sustentada pela educação para todos" (RAWLS, 2001b, p. 140)

O filósofo imaginava para isso uma divisão dos sistema de instituições governamentais em quatro ramos: o da alocação, responsável por manter o funcionamento adequado de uma economia de mercado competitiva; o da estabilização, encarregado do assegurar o pleno emprego e evitar o desperdício de recursos; o ramo de transferências, o qual deveria manter o mínimo social por meio da repartição da renda total (salários mais transferências); e, por último, o ramo da distribuição, que preservaria uma distribuição ao longo do tempo de renda e riqueza aproximadamente justa, recorrendo para tal a uma administração do sistema de herança e impostos sobre transferências de patrimônio e rendimentos (RAWLS, 2001b, p. 142-143).

A justiça distributiva exigia uma determinação mais precisa do segundo princípio da justiça e um desenvolvimento mais apurado da ideia de igualdade de oportunidades, o que Rawls procurou fazer no último artigo desta etapa de elaboração conceitual. Como visto, de acordo com esse princípio, "desigualdades sociais e econômicas devem ser ordenadas de tal maneira que (a) seja razoavelmente esperado que beneficiem a cada um e (b) estejam vinculadas a posições e empregos igualmente abertos a todos" (RAWLS, 2001c, p. 154) Mas era necessário esclarecer quais os critérios que permitiriam definir o significado de *beneficiar a cada um* e *estarem abertas a todos*. Para definir o que seria a *beneficiar a cada um*, o filósofo recorreu a dois critérios: o princípio da eficiência, ou do Ótimo de Pareto, e o princípio da

---

8 De acordo com uma precisão feita mais tarde por Rawls, "este grupo é, presumivelmente, mais ou menos idêntico à classe de trabalhadores não qualificados, aqueles com menos educação e habilidades" (RAWLS, 2001c, p. 158).

diferença, ou da mútua vantagem. Por sua vez, *estarem abertas a todos* poderia significar igualdade de carreiras abertas aos talentos ou igualdade de oportunidades sob condições similares. Do cruzamento dessas duas dimensões nasceriam quatro interpretações diferentes: o sistema natural de liberdade, a igualdade liberal, a aristocracia natural e a igualdade democrática (ver Quadro 2).

A melhor forma era, para Rawls, a igualdade democrática. Ela seria capaz de satisfazer o princípio de eficiência, pois quando aplicado não seria possível melhorar a situação de ninguém sem prejudicar outro, e não é contraditório com as carreiras abertas ao talento. A intepretação democrática permitiria, desse modo, atingir os melhores resultados obtidos pelas demais situações e ir além deles. Segundo Rawls: "O argumento para a interpretação democrática repousa no fato de que, quando ela tem lugar, ações distributivas não são indevidamente influenciadas por contingências sociais ou pela loteria dos recursos naturais" (RAWLS, 2001c, p. 165). Interpretada dessa maneira a justiça distributiva permitiria compensar as desigualdades indesejadas, aquelas decorrentes do nascimento ou atributos naturais. Ela possibilitaria, assim, contrarrestar as contingências sociais ou naturais por meio daquela transferência e distribuição de recursos previamente definida.

Quadro 2. Interpretações do segundo princípio de justiça

"igualmente abertas" \ "vantagem de todos"	Princípio da eficiência (Ótimo de Pareto)	Princípio da diferença (Princípio da mútua vantagem)
Igualdade como carreiras abertas aos talentos	**Sistema de liberdade natural**	**Aristocracia natural**
Igualdade como iguais oportunidades sob condições similares	**Igualdade liberal**	**Igualdade democrática**

Rawls inscreverá versão mais radical dessa concepção de igualdade democrática no corpo de *A Theory of Justice*, de 1971. Sua reflexão precedente a respeito da justiça distributiva o levará a revisar o princípio da diferença e a propor uma versão mais precisa e ao mesmo tempo mais firmemente comprometida com os "menos favorecidos". De acordo com esta nova versão:

> As desigualdades econômicas e sociais devem ser ordenadas de modo a serem ao mesmo tempo (a) para o maior benefício esperado dos menos favorecidos e (b) vinculadas a cargos e posições abertas a todos em condições de igualdade equitativa de oportunidades (RAWLS, 1999 [1971], p. 72).

Culminava desse modo um longo processo de elaboração e refinamento conceitual do conceito de igualdade. Neste ponto de seu desenvolvimento, a teoria rawlsiana revelava um forte compromisso com o ideal democrático e permitia apresentar uma alternativa à concepção liberal de igualdade presente nos discursos presidenciais. O filósofo demonstrou que interpretações diferentes da igualdade de oportunidades poderiam levar a resultados muito diferentes. Uma igualdade formal de oportunidades teria como resultados um cruel sistema de liberdade natural ou, na melhor das hipóteses, uma aristocracia baseada na distribuição desigual dos talentos. Para ser justa, a estrutura básica deveria garantir que a igualdade de oportunidades ocorresse em condições similares. Adotando como princípio a eficiência, o presidente Lyndon Johnson apostava suas fichas em uma interpretação liberal da igualdade. Rawls, por sua vez, aproximou-se das ideias que o movimento pelos direitos civis vinha defendendo há vários anos e afirmou a necessidade de superar a interpretação liberal e adotar uma concepção democrática da igualdade.

V

Assim como no começo dos anos 1960, a opinião pública dos Estados Unidos parece ter readquirido consciência da desigualdade e da pobreza como um problema doméstico. O estrondoso e meteórico sucesso do livro de Thomas Piketty (2014) sobre a desigualdade no século XXI, reproduz a repercussão que os livros de Galbraith e Harrington tiveram.[9] Essa consciência parece ser um dos efeitos do movimento *Occupy Wall Street*, em 2011. *We are the 99%* é um diagnóstico social e um programa político. Embora não fosse plenamente elaborado, esse discurso tem identificado uma oposição entre o povo e as corporações econômicas e avançado uma demanda de regulação e controle social sobre os lucros e os elevados salários dos CEOs.

A reivindicação de uma igualdade equitativa de oportunidades, que havia estimulado o movimento pelos direitos civis e encontrado sua forma teórica em *A Theory of Justice*, encontra-se aquém das novas exigências. O desmantelamento do Estado de bem estar social, em suas diferentes versões, nas décadas que se seguiram à publicação por John Rawls de sua *mangum opus* inviabilizou a realização das esperanças depositadas em uma concepção ao mesmo tempo democrática e liberal de justiça. Não se estranha, assim, que Rawls não seja uma fonte de inspiração para esses movimentos.

Mas novas teorias da igualdade vem sendo desenvolvidas. Em suas versões mais radicais essas teorias tem recuperado a ideia de comunismo. Produzidas muitas vezes à margens das respeitáveis instituições acadêmicas, elas combinam uma forte denúncia das diferentes formas de pobreza e desigualdade social com ideias radicais e surpreendentemente inovadores, como o "comunismo básico" ou "comunismo cotidiano" (GRAEBER, 2010, p. 98 e 100), o comunismo como "um giro linguístico ao nível da práxis social" (GROÏS, 2009, p. xv) ou o "horizonte que condiciona nossa experiência" (DEAN, 2012). Os filósofos e cientistas políticos precisam estar atentos a esses movimentos intelectuais e políticos. Tão atentos quanto esteve Rawls a sua época.

---

9   Assim como Kennedy e Johnson, Barak Obama reintroduziu neste ano em seu *State of the Union Address* duas palavras que há tempos não se ouviam tão fortes: desigualdade e pobreza: "Agora, as mulheres ocupam a maioria dos empregos de salários mais baixos, mas elas não são as únicas sufocadas por salários estagnados. Os americanos entendem que algumas pessoas vão ganhar mais dinheiro do que os outros, e não nos ofendemos se alguns, em virtude de seus esforços, alcançam um sucesso incrível. Isso é a América. Mas a grande maioria dos americanos concordam que ninguém que trabalha em tempo integral deveria ter de criar uma família na pobreza" (OBAMA, 2014).

Apêndice

Quadro 3. Temas mencionados pelos presidentes dos Estados Unidos nas Annual Message to the Congress on the State of the Union

	Ano	Presidente	Igualdade de oportunidades	Pobreza na América	Direitos civis
1	1971	Nixon	Sim	Não	Não
2	1970	Nixon	Sim	Não	Não
3	1969	Johnson	Não	Sim	Sim
4	1968	Johnson	Não	Sim	Sim
5	1967	Johnson	Sim	Sim	Sim
6	1966	Johnson	Sim	Sim	Sim
7	1965	Johnson	Sim	Sim	Sim
8	1964	Johnson	Não	Sim	Sim
9	1963	Kennedy	Não	Sim	Não
10	1962	Kennedy	Sim	Não	Sim
11	1961	Kennedy	Não	Não	Não
12	1961	Eisenhower	Não	Não	Não
13	1960	Eisenhower	Sim	Não	Sim
14	1959	Eisenhower	Sim	Não	Sim
15	1958	Eisenhower	Não	Não	Não
16	1957	Eisenhower	Não	Não	Sim
17	1956	Eisenhower	Sim	Não	Sim
18	1955	Eisenhower	Não	Não	Não
19	1954	Eisenhower	Não	Não	Não
20	1953	Eisenhower	Sim	Não	Sim
21	1953	Truman	Sim	Não	Sim
22	1952	Truman	Sim	Não	Sim
23	1951	Truman	Sim	Não	Não
24	1950	Truman	Sim	Sim	Sim
25	1949	Truman	Sim	Sim	Sim
26	1948	Truman	Sim	Sim	Sim
27	1947	Truman	Não	Não	Sim
28	1946	Truman	Sim	Não	Não
29	1945	Roosevelt	Sim	Não	Não

Referências bibliográficas

DEAN, Jodi. *The communist horizon*. Londres; Nova York: Verso, 2012.

FREEMAN, Samuel Richard. *Rawls*. Londres; Nova York: Routledge, 2007.

GALBRAITH, John Kenneth. *The affluent society*. 40th Anniversary. Boston: Houghton Mifflin, 1998 [1958].

GRAEBER, David. *Debt: the first 5.000 years*. Brooklyn, N.Y.: Melville House, 2010.

GROÏS, Boris. *The communist postscript*. Londres: Verso, 2009.

HARRINGTON, Michael. *The other America; poverty in the United States.* 50th Anniversary Edition. Nova York: Scribner, 2012 [1962].

JOHNSON, Lyndon. Annual Message to the Congress on the State of the Union (January 8). *The American Presidency Project*, 1964. Disponível em: <http://www.presidency.ucsb.edu/ws/index.php?pid=26787>. Acesso em: 3 maio 2014.

_____. Annual Message to the Congress on the State of the Union (January 4). *The American Presidency Project*, 1965. Disponível em: <http://www.presidency.ucsb.edu/ws/index.php?pid=26787>. Acesso em: 3 maio 2014.

KENNEDY, John F.. Annual Message to the Congress on the State of the Union (January 11, 1962). *The American Presidency Project*, 1962. Disponível em: <http://www.presidency.ucsb.edu/ws/index.php?pid=26787>. Acesso em: 3 maio 2014.

_____. Annual Message to the Congress on the State of the Union (January 14, 1963). *The American Presidency Project,* 1963. Disponível em: <http://www.presidency.ucsb.edu/ws/index.php?pid=26787>. Acesso em: 3 maio 2014.

OBAMA, Barak. Address Before a Joint Session of the Congress on the State of the Union (January 28, 2014). *The American Presidency Project,* 2014. Disponível em: <http://www.presidency.ucsb.edu/ws/index.php?pid=104596>. Acesso em: 3 maio 2014.

PIKETTY, Thomas. *Capital in the twenty-first century*. Cambridge, Mass.: The Belknap Press of Harvard University Press, 2014.

POGGE, Thomas. *John Rawls: his life and theory of justice.* Oxford; Nova York: Oxford University Press, 2007.

RAWLS, John. "Justice as Fairness". *Journal of Philosophy,* vol. 54, n. 22, 1957, p. 653-662.

____. *A Theory of Justice.* Cambridge: Belknap, 1999 [1971].

____. "Constitutional liberty and the concept of justice". In: FREEMAN, Samuel (ed.). *Collected Papers.* Cambridge: Harvard, 2001a, p. 73-95.

____. "Distributive Justice". In: FREEMAN, Samuel (ed.). *Collected Papers.* Cambridge: Harvard, 2001b, p. 130-153.

____. "Distributive Justice: Some Addenda". In: FREEMAN, Samuel (ed.). *Collected Papers.* Cambridge: Harvard, 2001c, p. 154-175.

____. "Justice as Fairness". In: FREEMAN, Samuel (ed.). *Collected Papers.* Cambridge: Harvard, 2001d, p. 47-72.

ROOSEVELT, Franklin D. State of the Union Address (January 6). *The American Presidency Project,* 1945. Disponível em: <http://www.presidency.ucsb.edu/ws/index.php?pid=16595>. Acesso em: 3 maio 2014.

TRUMAN, Harry S. Annual Message to the Congress on the State of the Union (January 7). *The American Presidency Project,* 1948. Disponível em: <http://www.presidency.ucsb.edu/ws/index.php?pid=13005>. Acesso em: 3 maio 2014.

VITA, Álvaro de. "A tarefa prática da filosofia política em John Rawls". *Lua Nova,* n. 25, 1992, p. 5-24.

DEMOCRACIA POR RAZÕES DE JUSTIÇA: FRONTEIRAS ENTRE A ARGUMENTAÇÃO MORAL E A DELIBERAÇÃO POLÍTICA

Mauro Victoria Soares

Ao formular sua agenda de pesquisa para o final dos anos 1990, Ian Shapiro (1994, p. 124) propunha a seguinte questão teórica: "Qual é o lugar apropriado para compromissos democráticos em nossas convicções sobre justiça social?"[1] Diagnosticando dois problemas a serem enfrentados pela teoria política, o autor aludia, primeiramente, às profundas transformações então em curso na Europa Oriental, notadamente nos países que haviam sofrido influência soviética durante a Guerra Fria.

Tratava-se da derrocada de regimes socialistas autoritários – um evidente ganho político em termos da disseminação da democracia – acompanhado, contudo, de sua possível substituição por economias de mercado desreguladas e insensíveis aos custos humanos e ecológicos da desigualdade social. O desafio então colocado – e normalmente ignorado por vertentes que tendiam a identificar acriticamente a democracia com o socialismo ou com o capitalismo – era a tarefa de se pensar instituições especificamente democráticas e as condições sob as quais elas podem adquirir estabilidade e legitimidade.

Essa primeira tarefa de reflexão institucional não surgiria como consequência espontânea da própria luta política pela abertura travada nos países sob agitação:

---

1 Esta e todas as demais passagens extraídas de obras originariamente em inglês foram por mim traduzidas.

> Por sua própria natureza, a mudança revolucionária é reativa; por mais que estejam claros para seus proponentes os mínimos detalhes daquilo contra o que se opõem, eles normalmente não têm essa mesma clareza com relação à composição daquilo que desejam criar (SHAPIRO, 1994, p. 124).

Tem-se, portanto, um encargo valoroso para o qual o teórico pode dar sua contribuição.

O segundo problema que movia Shapiro – e de ainda maior importância para a empreitada teórica – era o hiato identificável entre, de um lado, os trabalhos voltados para a elaboração de teorias da justiça (e assim toda uma extensa literatura dedicada à identificação de princípios orientadores para a construção de uma ordem social justa)[2] e de outro teorias de democracia cada vez mais empenhadas em um esforço analítico para compreender mecanismos decisórios e padrões de comportamento político típicos dos regimes democráticos sem, contudo, problematizar questões normativas subjacentes aos modelos de análise adotados.[3]

O primeiro grupo, das reflexões sobre justiça social, encontrava-se imerso em questões abstratas de fundamentação filosófica e vinha desenvolvendo trabalhos geralmente marcados por um caráter demasiadamente especulativo e sem preocupação com problemas de implementação de suas diretrizes no jogo político efetivo das democracias reais. O segundo grupo, por seu turno, tendia, em sentido reverso, a produzir diagnósticos acríticos da realidade política das democracias, naturalizando lógicas operativas da disputa política existente sem deixar espaço para qualquer reflexão sobre justiça ou legitimidade que pudesse tornar os sistemas democráticos moralmente atraentes.

---

2   O autor cita como exemplos John Rawls, Ronald Dworkin, Robert Nozick, Amartya Sen. Rawls (1971) é certamente a obra seminal dessa corrente e influenciou diretamente todos os demais, pautando os esforços intelectuais de seus seguidores e adversários, dentre os quais se pode mencionar também Sandel (1982) e Walzer (1983). Veja-se, a respeito, Vita (2000).

3   Pense-se aqui na linhagem inaugurada por Schumpeter (1942), da qual Downs (1957) e Riker (1982) são representativos.

A partir da apresentação desse hiato, Shapiro (1994, p. 126) propõe-se a iniciar uma exploração das possíveis inter-relações entre as exigências de justiça e as práticas das comunidades democráticas.[4] E o faz com uma defesa contundente dos princípios e do método democrático, negando qualquer presumida expertise das construções teóricas que buscam estipular um receituário supostamente capaz de superar a profunda divergência de valores que caracteriza as sociedades organizadas democraticamente.

Levando em conta seu diagnóstico e mesmo acatando em larga medida os posicionamentos do autor, sugiro aqui uma ligeira reformulação de sua questão inicial (ainda que o problema e a motivação se mantenham os mesmos): *Qual o papel das demandas por justiça na compreensão da democracia?* A preocupação de Shapiro parecia ser com os limites das recomendações de justiça em sua função de determinação de métricas e princípios para a aferição dos resultados políticos dos procedimentos democráticos. Proponho, de um modo um pouco diverso, embora complementar, refletir sobre quais intuições morais derivadas de certas reivindicações de justiça têm apelo específico para a discussão da noção de democracia.

Na literatura nacional, trabalhos que buscaram uma aproximação entre as controvérsias sobre concepções de justiça e as discussões de teorias dedicadas ao estudo da democracia datam do início dos anos 2000.[5] Eles foram em larga medida influenciados pela movimentação em torno da noção de *democracia deliberativa*, conceito que ganhou força no debate acadêmico na segunda metade da década de 1990, propulsionado – entre outras publicações – por duas importantes coletâneas, uma organizada por Bohman e Rehg (1998) e outra por Jon Elster (1999), as quais aproximavam em torno desse tema expoentes da filosofia política, como John Rawls e Jürgen Habermas, teóricos do direito como Frank Michelman e

---

4   O tema é explorado posteriormente também em Shapiro (1996) e de forma mais sistemática em Shapiro (1999).

5   Vita (2000b) aparentemente deu início a essa discussão de modo explícito, desenvolvendo-a também em (2003) e (2007). Preocupações similares aparecem ainda em Araújo (2002) e (2004). Werle (2004) também aborda a temática, desenvolvida em mais extensão em (2008). Recentemente, conferir também Silva (2011), Miguel (2012) e Filgueiras (2012).

Cass Sunstein e nomes da ciência política como Adam Przeworski, Jack Knight e o próprio Elster.[6]

Àquela altura, a temática de deliberação já vinha agregando trabalhos inspirados pelo reconhecimento de que a *argumentação pública*[7] poderia ter um papel fundamental, e diversificado, nos âmbitos da reflexão moral,[8] da teoria do direito[9] e também na operação dos sistemas democráticos.[10] A utilização multidisciplinar da noção de "deliberação pública" tornou-se conveniente para a tentativa de aproximação desses diferentes campos disciplinares. Apesar de ter despertado bastante controvérsia desde então, a "virada deliberativa" no campo das teorias da democracia angariou muita atenção e vem se consolidando como uma via de crítica importante às perspectivas teóricas mencionadas na nota 3.[11]

O termo "democracia deliberativa", contudo, congrega propostas teóricas de diferentes matrizes da teoria política, compondo uma gama de trabalhos que apresenta bastante divergência entre si.[12] Embora tenham contribuído para o enfrentamento da questão enunciada logo acima, muitas das construções dos democratas deliberativos aparentam carecer de um exame mais cuidadoso de algumas mediações necessárias para se transitar entre as teorias da justiça e as teorias da democracia.

Tomando essa carência por base, procurarei examinar algumas dessas transições problemáticas a partir dos trabalhos de Rawls (1971; 1993) e de Joshua Cohen (1989; 2003). Não me proponho a analisar minúcias importantes da argumentação de cada um dos autores em particular. Diversamente,

---

6   Um artigo que discute os diferentes ramos das ciências humanas reunidos em torno da proposta de democracia deliberativa é Chambers (2003). Há uma versão traduzida desse texto na coletânea organizada por Marques (2009).

7   *Public reasoning*, expressão utilizada na maior parte das formulações em inglês.

8   Veja-se Habermas (1983).

9   A exemplo de Nino (1996).

10 O esforço de Habermas (1992) para a articulação desses três diferentes âmbitos é exemplar, embora dependa da aceitação de todos os termos de sua teoria do discurso.

11 Há dois balanços dessa tendência em momentos diferentes nos trabalhos de Bohman (1998) e de Thompson (2008).

12 A respeito das divergências entre perspectivas deliberativas, ver o primeiro capítulo de Dryzek (2000).

recorro a pontos de tensão na forma como eles dialogam entre si, a fim de identificar dificuldades específicas na apropriação que fazem das injunções de justiça propostas para divisar vias de aprimoramento democrático.

Uma concepção de justiça para as democracias

Ao procurar responder a inúmeras críticas que haviam sido dirigidas ao seu *A Theory of Justice* (1971), Rawls reformula em *Political Liberalism* (1993) sua defesa de uma concepção política de justiça, procurando demonstrar que ela é aplicável a uma democracia constitucional marcada pelo pluralismo de visões de mundo controversas, mas que esteja apta a adotar modos de tratamento dessas controvérsias com base na argumentação pública entre seus cidadãos considerados livres e iguais. Apesar de reafirmar diretrizes de justiça elaboradas na primeira obra, o segundo trabalho procura sustentar de que modo ideias morais fundamentais daquela concepção filosófica anterior podem ser apresentadas em uma formulação pública de ideais políticos compartilhados por uma sociedade democrática.

Trata-se de uma perspectiva liberal-igualitária devotada a oferecer recomendações para uma sociedade democrática baseadas em uma ideia específica de igualdade moral.[13] A concepção de justiça de Rawls (1993, p. 11) compõe assim um ideal normativo específico que se propõe a fornecer determinadas diretrizes para as instituições políticas, sociais e econômicas daquela sociedade, àquilo a que o autor chama de sua "estrutura básica". Ou seja, é uma concepção substantiva dentre outras que, com a defesa de seus próprios princípios, sugere determinados padrões epistêmicos para a avaliação daquelas instituições.[14]

Mas, como argumenta Cohen (2003, p. 87), desde seus trabalhos iniciais o próprio Rawls vinha esboçando a conexão entre sua concepção de justiça e a ideia – ou um conjunto de ideias – de democracia:

---

13 Veja-se, a respeito, Vita (2008).

14 Mesmo criticando Rawls, Waldron (1999, p. 159) reconhece que, em seu propósito, uma teoria da justiça como a daquele autor tem necessariamente que afirmar um ponto de vista próprio (em acordo com sua concepção específica de uma sociedade bem ordenada) e defender *seus* princípios de justiça.

> Entendo os propósitos e as ideias centrais desta concepção como as de uma concepção filosófica para uma democracia constitucional. Espero que a justiça como equidade venha a se mostrar razoável e útil, ainda que não plenamente convincente, a uma ampla gama de opiniões políticas ponderadas e, assim, expresse uma parte essencial do cerne comum da tradição democrática (RAWLS, 1971, p. 11).

É certo, todavia, que inexiste nas reflexões de Rawls um tratamento específico dos mecanismos propriamente políticos de um sistema democrático, como a competição eleitoral, a mobilização política, processos legislativos, os movimentos sociais ou mesmo do debate público. Mas isso não significa que sua reflexão sobre justiça pretenda subordinar os processos democráticos à possível implementação de suas ideias centrais por juízes ou agentes especializados, à revelia do próprio jogo democrático. A sustentação dessa mesma concepção filosófica, ao contrário, depende de um regime democrático como base fundamental para seu desenvolvimento e ao mesmo tempo, conforme comenta Cohen (2003, p. 104), oferece uma defesa desse regime fundada em razões de justiça – e não somente por quaisquer motivos instrumentais.[15]

Essa é a primeira correlação – e entendo ser a menos controversa – da concepção de justiça rawlsiana com a ideia de democracia: seus princípios de justiça (em especial o primeiro princípio, que pretende assegurar um esquema de liberdades básicas iguais, no qual as liberdades políticas devem ter seu valor equitativo[16] garantido) exigem um regime político democrático, ou seja, estipulam como condição elementar de justiça que o arranjo político de uma comunidade garanta o direito de participação política (de eleger e ser eleito), assim como as liberdades de expressão e de associação necessárias para que a atividade política seja informada e efetiva.[17]

---

15 Para uma discussão, diferentemente, de razões instrumentais para a defesa da democracia ver Christiano (1990).

16 Mais sobre esse conceito abaixo.

17 Acompanho aqui Cohen (2003, p. 92).

Ao discutir as implicações do primeiro princípio de justiça de sua teoria sobre o desenho constitucional de uma sociedade democrática, Rawls (1971, p. 195) faz alusão ao *princípio de participação igual*. Tal princípio destinar-se-ia à apreciação do mérito dos processos políticos segundo um ideal de regulação igualitária da disputa política. O princípio "requer que todos os cidadãos tenham o igual direito de tomar parte em e determinar os resultados do processo constitucional, que estabelece as leis que eles devem obedecer".

Uma segunda correlação da noção de justiça igualitária com a democracia diz respeito ao ideal de uma sociedade democrática caracterizada pelo respeito entre iguais. Embora se trate de um modo de organização social que representa uma meta normativa a partir de uma perspectiva liberal-igualitária, as próprias práticas associadas ao regime democrático já esboçam sua realização, pois elas visam conferir direitos e capacidades a todos os cidadãos independentemente de sua classe, gênero, etnia ou posição na distribuição dos recursos sociais (COHEN, 2003, p. 97). O reconhecimento público dessa noção de cidadania igual é indicativo do respeito mútuo almejado pela demanda de reciprocidade que aquela noção envolve.

Tratam-se, como afirma Cohen (1989, p. 69) das implicações igualitárias do arranjo democrático defendido pela teoria da justiça de Rawls. Uma ordem política democrática em seus termos tem de exprimir uma noção de igualdade política que esteja manifesta em suas instituições, e isso implica a promoção do *valor equitativo* das liberdades públicas. Ele corresponde à garantia de que as oportunidades políticas e os postos de exercício do poder político não sejam, no limite, afetados pela posição econômica ou social do agente político a quem essas liberdades devem proteger (ou, ao menos, que os direitos políticos que devem garantir essas oportunidades possam ser efetivamente exercidos, buscando-se mitigar a influência sofrida pela desigualdade de fatores socioeconômicos). De acordo com Rawls (1971, p. 198) o valor das liberdades políticas é comprometido, por exemplo, se a desigualdade de recursos permitir que aqueles que dispõem dos meios para tanto possam se valer de sua influência econômica para controlar o curso do debate público.

A garantia de direitos iguais de participação política a todos os cidadãos envolve, segundo o autor (1971, p. 197), a busca de medidas para se assegurar uma oportunidade justa de se tomar parte e influenciar as escolhas públicas, com vistas a um ideal formulado do seguinte modo: "aqueles dotados de igual talento e motivação devem ter aproximadamente as mesmas chances de vir a ocupar posições de autoridade política, independente de sua classe social ou situação econômica". Nesse mesmo intento, Cohen (1989, p. 69) menciona medidas como o financiamento público das campanhas políticas e/ou a restrição ao financiamento privado como forma de promoção desse valor equitativo das liberdades políticas. Do mesmo modo um sistema de tributação que tenha efeitos redistributivos sobre a concentração de renda e riqueza.

Tais providências podem vir a reduzir a discrepância entre as diferentes capacidades de influência política. Essa é uma forma, segundo Rawls (1993, p. 330), de possibilitar que um arranjo democrático equitativo (com um grau de inclusão que possa contrabalançar as dificuldades do exercício dos direitos políticos decorrentes da desigualdade de recursos) venha a produzir legislação mais justa, em decorrência de um tratamento igualitário dos cidadãos.

Um terceiro modo – e provavelmente o mais controverso –, pelo qual a concepção de justiça de Rawls pode ser correlacionada ao debate sobre democracia, envolve a forma como os princípios daquela concepção possam orientar a argumentação política como requisito para a autorização do poder político. Nessa terceira perspectiva, segundo Cohen (2003, p. 90 e 100), espera-se que os princípios de justiça ofereçam normas de argumentação política que guiem o julgamento de cidadãos em condições de igualdade (ao menos no que toca às divergências quanto a elementos constitucionais essenciais e a questões de justiça básica). Pode-se aqui indagar: de que modo se pode esperar que princípios de justiça reconhecíveis em uma teoria específica (como a de Rawls) sejam refletidos na deliberação dos cidadãos em uma democracia? Para Cohen, uma concepção deliberativa de democracia poderia assegurar tal intento.

Uma concepção de democracia inspirada na justiça

Cohen (1989, p. 67) defende uma concepção de democracia que atribui ao processo pelo qual uma associação política resolve suas questões públicas (por meio da deliberação de seus membros) o valor de um ideal político fundamental. Nessa argumentação, a deliberação pública é o componente central da democracia e tem valor em si mesma. Ou seja, a forma deliberativa de tratamento das questões públicas não aparece – diferentemente do que ocorre na argumentação de Rawls (1993) – somente como um ideal derivado, que se justificaria em termos da oportunidade ou do respeito iguais que possa proporcionar aos cidadãos. Segundo a interpretação de Cohen (1989, p. 72) a deliberação política deve ser compreendida como um ideal independente, que se fundamente na "ideia intuitiva de uma associação democrática na qual a justificação dos termos e condições de associação se dê através da discussão e argumentação públicas entre iguais".

O processo de deliberação pública tem, portanto, centralidade na argumentação do autor: é condição *sine qua non* de legitimação das decisões democráticas. A deliberação democrática, quando concebida em termos apropriados – ou seja, obedecendo a determinados requisitos de igualdade – é o requisito fundamental na determinação de quando o poder político se exerce de forma legítima ou não. De acordo com Cohen (1989, p. 71) é no "modo apropriado de se chegar a decisões coletivas", estipulado por um procedimento ideal de deliberação, que se encontra o cerne normativo dessa concepção.

Cohen pretende demonstrar que um ideal de democracia deliberativa está pressuposto na defesa feita por Rawls de um sistema equitativo de cooperação social, ainda que o próprio autor não a tenha explorado devidamente. Para que se assegure o "valor equitativo" das liberdades políticas ambicionado por Rawls (1971, p. 199) – afirma Cohen (1989, p. 68) – é preciso organizar o debate público em torno de concepções alternativas do que seja o bem público. Interessa a Cohen a intuição de Rawls (1971, p. 195) de que, em uma democracia constitucional que satisfaça o ideal de igualdade em questão, os partidos políticos não podem equivaler a meros grupos de interesse em busca de benefício próprio, mas têm de ser compreendidos também em seu papel de veiculação das distintas visões do bem comum, presentes em uma sociedade plural.

A ideia de que as leis e políticas públicas devam ser debatidas com referência a concepções do que seja o bem público contrasta-se com as formulações teóricas em que a competição política é entendida puramente como oposição entre interesses irreconciliáveis, que devam ser acomodados de forma eficiente – mais ou menos em acordo com a "teoria da política como mercado" criticada por Elster (1986, p. 11). Tanto Elster como Rawls (1971, p. 316) sustentam a necessidade de uma distinção entre, de um lado, o sistema de agregação de preferências do mercado e, de outro, o processo político de legislação e tomada de decisões púbicas.

Para Cohen (1989, p. 71), portanto, as características igualitárias propostas por Rawls como adequadas a uma sociedade democrática seriam "elementos de uma ideal político específico e independente, que é voltado em primeiro lugar para a condução adequada dos assuntos públicos – ou seja, para o modo apropriado de se chegar a decisões coletivas". Essa noção política independente poderia, de acordo com Cohen, ser identificada por um sistema de deliberação ideal, no qual as instituições sociais e políticas devam se espelhar. Cohen sugere que o ideal rawlsiano de um sistema equitativo de cooperação social (representado pela ideia de uma sociedade democrática bem-ordenada) depende, para que seus desdobramentos em relação à prática política democrática possam ser estabelecidos, desse modelo de deliberação ideal proposto.

Desse modo, em vez de pensar a deliberação pública como uma forma (um fator, dentre outros) de se contribuir para a consecução de processos legítimos de escolha política ou para a estruturação de arranjos políticos equitativos – ou seja, como meio para se assegurar os valores da igualdade política ou do autorrespeito (que fazem parte do ideal fundamental de justiça em Rawls, por exemplo) – Cohen propõe o caminho inverso. Ele atribui à deliberação pública a condição de um ideal político fundamental: a argumentação pública entre iguais (sob requisitos específicos, portanto) seria, de acordo com o autor,[18] um valor essencial, como aqueles da igualdade política e do autorrespeito. No limite, é através desse ideal fundamental (o qual pressupõe uma caracterização abstrata da deliberação modelar) que a noção de igualdade equitativa poderia, segundo Cohen, ser derivada – e não o contrário.

---

18 Sigo aqui Freeman (2000, p. 389).

Trata-se, para a concepção deliberativa de Cohen, de especificar as condições institucionais para que a tomada de decisão obedeça a um formato adequado de deliberação equitativa. De acordo com o autor, o procedimento deliberativo ideal que propõe deve se prestar a realizar uma caracterização abstrata das propriedades fundamentais que as instituições "deliberativas" devem apresentar. Obedecendo à sua meta anunciada, de estipular uma base adequada para que os desdobramentos político-democráticos da sociedade bem-ordenada de Rawls sejam possíveis, Cohen (1989, p. 79) sugere que o procedimento deliberativo ideal não consiste em um "experimento mental" que se preste a fundamentar a defesa de princípios específicos.[19] Ele deve servir, diferentemente, de "modelo para as instituições, modelo que elas deveriam espelhar o tanto quanto possível".

Assim, em vez de recorrer a um procedimento hipotético para a justificação de princípios de justiça específicos (de modo que estes possam fornecer diretrizes para a regulação da prática democrática), o procedimento deliberativo ideal corresponderia, para Cohen, à formalização de um processo que as instituições de decisão pública deveriam emular, para que possam elas mesmas viabilizar decisões justas. De acordo com o raciocínio do autor, a reflexão desse procedimento na regulação institucional proporcionaria uma ordenação adequada dos mecanismos de decisão, de forma a que os atributos da deliberação ideal se tornem em alguma medida realizáveis na prática.

Argumentação moral e deliberação política

Há, evidentemente, um forte componente de idealização no princípio deliberativo de justificação política. Ele necessita de mediações para servir de critério de avaliação das deliberações políticas efetivas – sobretudo para se prestar a figurar como um referencial para a crítica destas últimas.[20] Uma forma possível de estabelecer essa mediação é reservar esse exigente critério para situações específicas – em vez de esperar que ele possa ser empregado em qualquer contexto de decisão política. Pode-se argumentar[21]

---

19   Como ocorre com o argumento da "posição original" elaborado por Rawls (1971).
20   Cf. Christiano (1997, p. 262) e Estlund (1997, p. 180).
21   Veja-se Vita (2003, p. 127).

que o rigor dos requisitos necessários à deliberação pública arrazoada, previsto pelo procedimento deliberativo ideal, é próprio às exigências de fundamentação moral, quando se trata de decisões acerca de questões que envolvam divergência de princípios – ou seja, nas quais o tema enfrentado diga respeito ao choque entre concepções de bem divergentes que pautam posições controversas quanto a determinados objetivos políticos de maior implicação para dilemas morais. Não se poderia esperar o mesmo no tocante a disputas que envolvam apenas a concorrência entre dois planos de ação que *não* impliquem uma divergência moral de fundo.

E o que dizer das questões políticas cotidianas, que normalmente não envolvem essa espécie de conflito moral mais evidente? Nesse caso, a proposta do procedimento deliberativo ideal de Cohen padece de pouca atenção às necessidades práticas da composição dos conflitos políticos. Ela oferece um critério exigente que se espera pudesse pautar decisões acordadas em cenários favoráveis (nos quais houvesse igualdade de condições para a expressão e defesa dos pontos de vista e uma tendência à convergência quanto a uma solução de comum acordo), mas não consegue estabelecer uma correlação entre esse processo qualificado de deliberação e a necessidade prática de se recorrer a métodos decisórios que lidem com a divergência remanescente desses processos deliberativos.

Nas práticas decisórias do processo democrático, há sempre a necessidade de se recorrer a um método (em geral o princípio majoritário, que determina que a opinião que tiver suporte da maioria prevaleça) para se dirimir os conflitos de forma legítima. A dificuldade do modelo de tratamento deliberativo das controvérsias políticas proposto por Cohen é que ao processo deliberativo segue-se um mecanismo de decisão que tem sua razão não na aproximação esperada entre as posições, que poderia eventualmente advir de discussões arrazoadas, mas da discordância remanescente. O método majoritário, por exemplo, é um expediente alternativo necessário, diante de eventual inviabilidade do consenso. Na falta do "acordo normativo" esperado pelo procedimento deliberativo ideal, entra em cena um método de resolução que não pode ele mesmo ficar sem uma justificação adequada.

A reflexão sobre considerações de justiça que devem ser levadas em conta no desenho das instituições democráticas pode se favorecer de uma distinção importante – também não levada em conta por Cohen. Elaborar os termos razoáveis que possam servir de critérios independentes para a avaliação dos resultados das deliberações políticas efetivas não pode ser equivalente a se supor que o espelhamento, na prática democrática, dos modelos de argumentação moral idealizada (como o ideal deliberativo de justificação política) possa vir a produzir, de fato, decisões consensuais.[22] Uma visão plausível dos requisitos para a legitimidade do emprego do poder político tem de levar em conta os fenômenos cruciais da divergência e do dissenso que são a própria marca do campo da política.

Do contrário, na medida em que o ideal de deliberação política não reconheça a tensão existente entre as idealizações do procedimento deliberativo livre e igual – voltado para decisões hipoteticamente consensuais) – e o dado factual de que as decisões políticas prestam-se a por termo aos conflitos (mesmo diante da discordância), não se tem uma compreensão adequada dos processos de decisão democrática.[23] Não se oferece, sobretudo, uma justificativa plausível para o recurso à regra da maioria como método autorizado de solução de controvérsias. Diferentemente do que parece supor a proposta deliberativa de Cohen, a utilização de um método majoritário apoia sua legitimidade *não* sobre a deliberação prévia, mas sobre a consideração igual de todas as opções disponíveis em disputa.

Assim sendo, mesmo se assumirmos a possibilidade de a deliberação pública se assemelhar ao máximo ao ideal deliberativo de justificação (nos moldes do que sugere Cohen) – e supusermos, ainda, que os participantes procurem justificar publicamente suas opções, em acordo com visões sobre o bem comum – será necessário, diante de um impasse ao final do processo, o recurso ao voto da maioria, por exemplo, para a solução do conflito.

Mas, nesse caso, não há nada, no modelo de justificação deliberativa tal qual formulado, que recomende às minorias remanescentes a aquiescência à decisão majoritária, uma vez que, suposta a discordância final, a

---

22 Veja-se, a respeito, Vita (2003, p. 116).

23 Cf. Gosepath (2001, p. 386).

escolha da maioria não passa de um expediente pragmático para por fim ao conflito – podendo o mérito da decisão, ao fim, não comunicar nada às minorias vencidas quanto às concepções destas últimas acerca do que é para elas aceitável.

Daí a inviabilidade de se referir à deliberação pública como forma apropriada de se legitimar a autoridade política. Não se pode esperar que, ao anuir às decisões tomadas sob procedimentos adequados, aqueles concernidos irão também referendar os termos do que foi decidido. Há a necessidade de se distinguir, como aponta Estlund (1997, p. 184), a submissão à autoridade democrática da submissão do julgamento político. Essa separação é vital se formos considerar limites apropriados à epistemologia quando se tratam de questões de divergência política – ainda que contenham um componente moral.

Referências bibliográficas

ARAÚJO, Cícero. "Legitimidade, justiça e democracia: o novo contratualismo de John Rawls". *Lua Nova*, São Paulo, n. 57, 2002.

____. "Razão pública, bem comum e decisão democrática". In: COELHO, Vera S. P.; NOBRE, Marcos (orgs.). *Participação e deliberação: teoria democrática e experiências institucionais no Brasil contemporâneo*. São Paulo: Ed. 34, 2004.

BOHMAN, James. "Survey article: the coming of age of deliberative democracy". *The Journal of Political Philosophy*, Oxford, vol. 6, n. 4, 1998.

BOHMAN, James; REHG, William (eds.). *Deliberative democracy: essays on reason and politics*. Cambridge: The MIT Press, 1999 [1997].

CHAMBERS, Simone. "Deliberative democratic theory". *Annual Review of Political Science*, vol. 6, fev. 2003.

CHRISTIANO, Thomas. "Freedom, consensus and equality in collective decision making". *Ethics*, Chicago, vol. 10, n. 1, out. 1990.

_____ (1997). "The signficance of public deliberation". In: BOHMAN, James; REHG, William (eds.). *Deliberative democracy: essays on reason and politics.* Cambridge: The MIT Press, 1999.

COHEN, Joshua (1989). "Deliberation and democratic legitimacy". In: BOHMAN, James; REHG, William (eds.). *Deliberative democracy: essays on reason and politics.* Cambridge: The MIT Press, 1999.

_____ (1997). "Procedure and substance in deliberative democracy". In: BOHMAN, James; REHG, William (eds.). *Deliberative democracy: essays on reason and politics.* Cambridge: The MIT Press, 1999.

_____. "For a democratic society". In: FREEMAN, Samuel (org.). *The Cambridge Companion to Rawls.* Cambridge: Cambridge University Press, 2003.

DOWNS, Anthony. *Uma teoria econômica da democracia.* Trad. Sandra Vasconcelos. São Paulo: Edusp, 1999 [1957].

DRYZEK, John S. *Deliberative democracy and beyond: liberals, critics, contestations.* Oxford: Oxford University Press, 2000.

ELSTER, Jon (1986). "The market and the forum: three varieties of political theory". In: BOHMAN, James; REHG, William (eds.). *Deliberative democracy: essays on reason and politics.* Cambridge: The MIT Press, 1999.

_____ (ed.). *Deliberative democracy.* Cambridge: Cambridge University Press, 1999 [1998].

ESTLUND, David (1997). "Beyond fairness and deliberation: the epistemic dimension of democratic authority". In: BOHMAN, James; REHG, William (eds.). *Deliberative democracy: essays on reason and politics.* Cambridge: The MIT Press, 1999.

FILGUEIRAS, Fernando. "Justiça constitucional, legitimidade e interesse público". *Revista Brasileira de Ciência Política*, Brasília, n. 7, jan.-abr. 2012.

FREEMAN, Samuel. "Deliberative democracy: a sympathetic comment". *Philosophy and Public Affairs*, Princeton, vol. 29, n. 4, outono de 2000.

GOSEPATH, Stefan. "Democracy out of reason?: comment on Rainer Forst's "Rule of Reasons". *Ratio Juris*, Oxford, vol. 14, n. 4, dez. 2001.

GUTMANN, Amy; THOMPSON, Dennis. *Democray and disagreement*. Cambridge: Harvard University Press, 1997 [1996].

_____. "Deliberative democracy beyond process". *The Journal of Political Philosophy*, Oxford, vol. 10, n. 2, 2002.

HABERMAS, Jürgen. "Notas programáticas para a fundamentação de uma ética do discurso". Trad. Guido de Almeida. In: HABERMAS, Jürgen. *Consciência moral e agir comunicativo*. Rio de Janeiro: Tempo Brasileiro, 1989 [1983].

_____. *Between facts and norms*. Trad. William Rehg. Cambridge: The MIT Press, 1999 [1992].

MARQUES, Ângela C. (org. e trad.). *A deliberação pública e suas dimensões sociais, políticas e comunicativas: textos fundamentais*. Belo Horizonte: Autêntica, 2009.

MIGUEL, L. Felipe; "Justiça e representação política em Rawls e Dworkin". *36º Encontro Anual da Anpocs*, Águas de Lindóia, 21-25 out. 2012.

NINO, Carlos S. *The constitution of deliberative democracy*. New Haven: Yale University Press, 1996.

RAWLS, John. *A Theory of Justice*. Revised edition. Cambridge: Harvard University Press, 1999 [1971].

_____. *Political Liberalism*. Nova York: Columbia University Press, 1996 [1993].

RIKER, William H. *Liberalism against Populism: a confrontation between the theory of democracy and theory of social choice*. San Francisco: W. H. Freeman, 1982.

SANDEL, Michael J. *Liberalism and the limits of justice*. Cambridge: Cambridge University Press, 1987 [1982].

SCHUMPETER, Joseph A. *Capitalism, socialism and democracy*. Nova York: Harper Perennial, 1976 [1942].

SHAPIRO, Ian. "Three ways to be a democrat". *Political Theory*, vol. 22, n. 1, fev. 1994.

_____. *Democracy's Place*. Ithaca: Cornell University Press, 1996.

_____. *Democratic Justice*. New Haven: Yale University Press, 1999.

SILVA, Thiago N. "Justiça e democracia na perspectiva da teoria política normativa contemporânea". *Crítica Contemporánea – Revista de Teoria Política*, Montevidéu, n. 1, nov. 2011.

THOMPSON, Dennis F. "Deliberative democratic theory and empirical political science". *Annual Review of Political Science*, n. 11, mar. 2008.

VITA, Álvaro de. *A justiça igualitária e seus críticos*. São Paulo: Editora Unesp, 2000.

_____. "Democracia e Justiça". *Lua Nova*, São Paulo, n. 50, 2000b.

_____. "Democracia deliberativa ou igualdade equitativa de oportunidades?". *Novos Estudos*, São Paulo, vol. 66, 2003.

_____. "Sociedade democrática e democracia política". *Política e Sociedade*, Florianópolis, vol. 6, n. 11, out. 2007.

WALDRON, Jeremy. *Law and disagreement*. Oxford: Oxford University Press, 2004 [1999].

WALZER, Michael. *Esferas da Justiça: uma defesa do pluralismo e da igualdade*. Trad. Jussara Simões. São Paulo: Martins Fontes, 2003 [1983].

WERLE, Denílson L. "Democracia deliberativa e os limites da razão pública". In: COELHO, Vera S. P. Coelho; NOBRE, Marcos Nobre (orgs.). *Participação e deliberação: teoria democrática e experiências institucionais no Brasil contemporâneo*. São Paulo: Ed. 34, 2004.

_____. *Justiça e democracia: ensaios sobre John Rawls e Jürgen Habermas*. São Paulo: Esfera Pública, 2008.

AS JORNADAS DE JUNHO E A VONTADE DOS IGUAIS

Daniel de Mendonça

1. Introdução

As impactantes manifestações de junho de 2013 entraram para a história do país não somente pela participação de milhões de brasileiros, mas também, e sobretudo, pela heterogeneidade de demandas que abrigaram. Foram atos protagonizados – ainda mais se considerarmos o segundo momento dos protestos, como veremos ao longo deste capítulo –, por pessoas que, em geral, não tinham qualquer militância em partidos políticos ou em movimentos sociais. Outro elemento impactante e, sobretudo, assustador para a chamada "classe política", foi a manifesta rejeição aos partidos políticos e aos governantes em geral, vistos, sem exceção, como corruptos e alheios à vontade do povo. Conforme os manifestantes, esta vontade poderia ser conhecida somente a partir do clamor das ruas.

O objetivo deste capítulo é refletir acerca dos acontecimentos que ficaram conhecidos como as "Jornadas de Junho". Para tanto, analisaremos esses eventos à luz de uma categoria teórica que introduziremos neste texto denominada de a "vontade dos iguais". Nossa hipótese é que, durante esses protestos, constituiu-se um "povo", para nós uma categoria eminentemente política, que evocou a vontade dos iguais, tendo como principal ponto de antagonismo as instituições políticas do país.

Para cumprir o objetivo anunciado, o capítulo está dividido da seguinte forma. Na primeira seção, discutiremos a perplexidade causada pelas

Jornadas, uma vez que as mesmas representam um fenômeno novo no cenário político brasileiro. Na segunda parte, discutiremos em detalhes as noções de "vontade dos iguais" e de "povo", ambas necessariamente elusivas, sendo esta característica fundamental para que possamos mais bem compreender como foi possível reunirem-se em praça pública manifestantes com demandas até mesmo antagônicas entre si. As noções de vontade dos iguais e de povo serão, na parte final deste capítulo, centrais para que possamos compreender a força e a heterogeneidade das pautas presentes nas manifestações, as quais se constituíram em um verdadeiro evento político que pôs em suspenso, por algumas semanas, a credibilidade e a governabilidade do país.

2. Breves notas sobre o início dos acontecimentos

"Perplexidade" foi uma das expressões mais repetidas por aqueles que vivenciaram e tentaram compreender o que aconteceu no Brasil por ocasião das chamadas Jornadas de Junho. Naquele catártico mês de junho de 2013, iniciou-se um ciclo de protestos que reuniu milhões de pessoas em centenas de cidades brasileiras motivadas por um sem número de reivindicações. Nesta seção – escrita sem a menor pretensão de fazer uma retomada histórica dos fatos, os quais foram abundantemente registrados pela imprensa por ocasião dos acontecimentos –, busca-se tão somente chegar ao ponto exato da inflexão, ou seja, o momento em que entendemos que os manifestantes deixaram de ser vistos como baderneiros ou vândalos e passaram a ser significados como o "povo", que estava sendo vítima de uma injustificada repressão policial.

Podemos dizer que o início das manifestações é bem conhecido. Em algumas capitais brasileiras – Porto Alegre, Rio de Janeiro, São Paulo –, grupos mais ou menos organizados já vinham, desde o início do ano, exigindo a redução das tarifas do transporte público, criticando os excessivos gastos públicos com a Copa do Mundo que aconteceria no país no ano seguinte. Insurgiam-se também contra a alegada negligência do Estado brasileiro em torno de questões prioritárias, tais como saúde, educação, mobilidade urbana, transporte público, entre outras.

Enquanto os protestos ocorriam dentro da "normalidade", ou seja, restritos às ações de movimentos sociais, com suas demandas específicas, e a jovens ligados a partidos políticos de esquerda e de extrema esquerda, os mesmos rendiam, para a grande imprensa, no máximo, uma pequena nota na página política ou, ainda, na página policial, quando os manifestantes "excediam" os limites da "civilidade democrática". Neste sentido, todo protesto que avançava além do "limite", ou seja, que redundava na depredação de bens dos patrimônios público ou privado era noticiado como obra de vândalos, de badernerios. Aliás, protestar "ordeiramente" é um pressuposto das democracias representativas liberais e, como tal, une todos aqueles que visam à manutenção do *status quo*, notadamente o Estado e a imprensa. Algo no estilo: "podem protestar à vontade, estamos numa verdadeira democracia! Suas demandas serão anotadas e tomaremos as medidas cabíveis tão logo seja possível. No entanto, não esqueçam: protestem, mas não quebrem nada!".

Não estamos aqui fazendo uma apologia de manifestações violentas, não é esta a questão. No entanto, é digno de nota que, desde o início de junho, a polícia vinha empregando ostensiva e excessivamente o uso da força para conter manifestações que ainda eram, ou deveriam ser, consideradas "normais". Normais aqui indica que não passavam de protestos relativamente localizados e com pautas bem definidas, como eram as do Movimento Passe Livre, em São Paulo (algo absolutamente normal em uma democracia). Ainda que "excessos" depredatórios por parte dos manifestantes pudessem ter sido verificados, nada justificava uma escalada da violência policial no nível que o país testemunhou em junho de 2013. Paradoxalmente, em nome da "civilidade democrática", o Estado – da forma mais truculenta possível, usando todas as suas prerrogativas relativas ao monopólio do uso legítimo da violência física no sentido da *ultima ratio* weberiana – reprimiu duramente os manifestantes. Esta ação desmedida, repetida em diversas capitais, mas cujo palco principal foi o da manifestação de 13 de junho em São Paulo "virou o jogo" e, literalmente, da noite para o dia, transformou os manifestantes, antes noticiados pela grande mídia como vândalos ou baderneiros, em vítimas da ação autoritária de um Estado despreparado para controlar eventos como este. Podemos, neste sentido, dizer que a estupidez policial para lidar com um preceito constitucional tão básico como o direito de manifestação pública representou um importante impulso para o que viria após aquela fatídica noite de quinta-feira, 13 de junho de 2013. E o que veio, a partir dali, era até então desconhecido por todos. Ficamos todos, sem exceção, perplexos.

Desta forma, identificamos dois momentos-chave que caracterizam os protestos. O primeiro deles – que remonta às manifestações contra os aumentos da tarifa do transporte público e contra a realização da Copa do Mundo – já vinha ocorrendo desde o início do ano em diversas capitais brasileiras. Este vai até a manifestação de 13 de junho, em São Paulo. Assim, até então, os manifestantes eram significados pelo Estado e pela grande imprensa simplesmente como baderneiros. Além disso, estes protestos tinham bandeiras específicas que podiam ser perfeitamente identificáveis, assim como os grupos envolvidos, ligados a movimentos sociais e partidos políticos de esquerda.

O segundo momento-chave surge com a inflexão de sentidos acerca dos manifestantes – principalmente produzidos pela grande imprensa – tendo em vista as desmedidas ações policiais repressivas já aqui apontadas. Nesta fase, de forma surpreendente, as manifestações seguintes a de 13 de junho concentraram não mais milhares ou dezenas de milhares, mas centenas de milhares até milhões de pessoas. Além disso, não ficaram mais adstritas às grandes cidades brasileiras, uma vez que se espalharam por municípios em todo o país. É neste momento que ocorreram os eventos que nos causam perplexidade, visto que se trataram de protestos muito distintos daqueles já bem conhecidos – dentro e fora da academia – levados a efeito pelos movimentos sociais. É sobre este segundo momento que as demais seções desta análise se debruçarão, numa tentativa de produzir uma teoria explicativa para os eventos de junho.

Antes de passarmos à discussão pretendida, é preciso, primeiro, apresentar os elementos constituidores da teoria com a qual pretendemos sustentar a discussão a ser realizada na última parte deste capítulo. Neste sentido, apresentaremos a categoria teórica que chamamos de "vontade dos iguais".

3. A vontade dos iguais e o povo

A vontade dos iguais é uma categoria teórica que tem o objetivo de explicar um tipo muito específico de manifestação popular. Específico, pois nem toda manifestação popular é capaz de expressar a vontade dos iguais. Por exemplo, manifestações tradicionais de sindicatos, movimentos sociais, com suas demandas particulares, não são exemplos do fenômeno sobre o qual buscamos aqui teoricamente caracterizar. As manifestações que evocam a vontade dos iguais visam sempre a constituição de uma identidade coletiva mais ampla. Referimo-nos aqui à constituição do povo, categoria que, a seguir, daremos a sua especificidade política. É relevante também referir que a vontade dos iguais não é uma categoria que tem o fito normativo de prever um cenário futuro de levante de massas ou até mesmo pré-revolucionário. Neste sentido, seu caráter normativo busca ser mais explicativo com referência a um tipo específico de manifestação do que o de prever ou de prescrever um cenário politicamente mais ou menos desejável.

De uma forma geral, a vontade dos iguais é a expressão da vontade daqueles que se auto intitulam "o povo" e que são assim reconhecidos pela comunidade política como tal. A vontade dos iguais, é digno de nota, ocorre necessariamente aparte das estruturas políticas institucionalizadas e esse não lugar assume justamente o papel de contraposição a tais estruturas, questionando suas legitimidades como locais que de fato respeitam ou mesmo representam a vontade do povo. A vontade dos iguais é, em larga medida, antissistêmica, de ocorrência rara e marcada pela radicalidade performática de sua expressão. Para uma compreensão mais apropriada da vontade dos iguais, é preciso desmembrar os seus dois componentes constitutivos que são essencialmente polissêmicos. Neste sentido, apresentaremos, primeiramente, a noção de "vontade" e, após, a de "igualdade" no contexto desta discussão.

3.1. "Vontade": vacuidade, imprecisão, simplificação

Por vontade não entendemos a construção objetiva e racional de metas, objetivos ou plataformas políticas, mas justamente o contrário, ou seja, não há nada de objetivo na construção de uma vontade popular. A vontade expressa pelos iguais é imprecisa, afetiva e, considerando as regras do ambiente político em que os manifestantes estão demandando, não raras vezes esta é irrealista ou demasiadamente apressada na busca por solução de suas demandas. A razão para esta imprecisão reside no fato de que o povo unido em praça pública expressa os mais diversos anseios, pessoais e/ou coletivos, que, da forma como inicialmente se apresentam, evidentemente não estão organizados. Aliás, como veremos a seguir, é justamente esta imprecisão de sentidos articulados que torna possível a construção política da identidade de um povo, visto que estamos lidando com a produção de sentidos que tem pretensão hegemônica e não com demandas particulares que têm origens definidas em um sindicato ou em um movimento social. Não que as demandas de um sindicato de trabalhadores ou de um movimento social não possam estar presentes em manifestações populares que expressam a vontade dos iguais – aliás, normalmente elas também estão –, mas as manifestações populares do tipo que estamos aqui introduzindo produzem uma constelação de sentidos que vão muito além das demandas definidas pelos movimentos sociais tradicionalmente conhecidos e estudados pelas ciências sociais (sindicatos, movimentos sociais). Tais demandas específicas se perdem em meio a uma frenética circulação de sentidos que não são precisos em si.

Desta forma, a imprecisão das demandas é a chave para a emergência da vontade dos iguais e, consequentemente, para a construção política de identidades coletivas. No entanto, é preciso ir além da simples coleção de demandas dispersas para que seja possível avançar na direção de um discurso capaz de efetivamente contrapor-se ao *status quo*. É necessário que os sentidos antissistêmicos sejam articulados a partir de um ponto nodal que os represente politicamente em face de um ou mais inimigos em comum. O exemplo a seguir visa esclarecer o ponto.

Na Tunísia, entre 18 de dezembro de 2010 e 14 de janeiro de 2011, grandes manifestações populares tiveram lugar a partir do estopim que se deu com auto imolação de Mohamed Bouazizi, um humilde vendedor de frutas de Ben Arous, cidade localizada no norte do país. Bouazizi cometeu este ato desesperado após as autoridades terem confiscado seu carrinho de frutas e verduras por ser considerado ilegal o comércio de ambulantes. A notícia de sua auto imolação detonou imediatamente uma série de protestos contra o governo, primeiramente em face de sua morte, mas, logo em seguida, houve uma ampliação de conteúdos políticos antissistêmicos a partir da articulação de outras demandas sociais da população tunisiana, tais como a luta contra o desemprego, contra a corrupção governamental, contra a brutalidade policial, entre outras. A ampliação de demandas a ponto de as mesmas representarem os mais diversos setores da sociedade daquele país – organizadas em torno de Bouazizi, nome e símbolo da revolta popular –, teve como ponto de antagonismo o governo central daquele país. Se assim, por um lado, houve a simplificação das demandas articuladas em torno do ponto nodal "Bouazizi", por outro lado, ocorreu também a simplificação do inimigo comum, identificado com o governo Ben Ali. Neste sentido, unificaram-se as demandas em torno da exigência popular da saída do então presidente, o que ocorreu, de fato, em 14 de janeiro de 2011. Esta unificação de demandas populares em torno de um ponto nodal capaz de representá-las é o que chamamos de a "vontade" do discurso dos iguais, que se constitui a partir de três momentos-chave: I) a articulação política de demandas dispersas, mais ou menos históricas, mais ou menos coletivas; II) a identificação de um inimigo comum ao discurso popular unificado e, por fim; III) a unificação destas demandas em torno de um ponto nodal capaz de representá-las o qual estamos chamando de "vontade".

Reconhecer a existência da "vontade" produzida politicamente pelos iguais não se trata de um exercício para conhecer a "origem" desta vontade. A vontade produzida é sempre contingente e precária, ou seja, depende do contexto em que a mesma é produzida. A vontade não é o resultado da soma de todas as vontades reunidas, mas algo qualitativamente diferente. Estamos aqui claramente diante de uma operação hegemônica no sentido de Laclau (2013), ou seja, quando um determinado sentido passa a representar aquilo que o excede, quer dizer, o conjunto de demandas articuladas pela cadeia discursiva. No caso do ciclo da vontade dos iguais produzido nas manifestações tunisianas, o nome de Mohamed Bouazizi e a demanda pela derrubada do presidente Ben Ali estão claramente representando uma série de demandas até então isoladas e que, a princípio, não tinham relação entre si. Demandas por emprego, democracia, direitos civis viram nessas manifestações a possibilidade de virem à luz, de articularem-se contra aquele que passou a ser percebido como o inimigo comum: o governo daquele país.

3.2. A dualidade da igualdade como fundamento e horizonte

A vontade dos iguais pressupõe uma dualidade de sentidos em relação à igualdade: *igualdade como fundamento*, mas também *igualdade como horizonte*. Partimos da afirmação de que a igualdade como fundamento é, tomada em sentido amplo, sempre ambígua, refletindo-se justamente uma inexatidão que tem reflexos diretos na política (sua ambiguidade, antes de ser um empecilho, é a própria condição para a existência da política como tal). A igualdade como fundamento, de forma simplificada, pressupõe, *lato sensu* e *a priori*, que *todos os indivíduos são iguais*. Já a igualdade como horizonte reflete-se na *inobservância fática*, em um regime democrático específico, do fundamento universal da igualdade e a sua necessária busca por atualização (as manifestações que expressam a vontade dos iguais são tentativas de atualização da igualdade como fundamento). Nesta seção, pretendemos explorar as consequências dessas duas faces de uma mesma igualdade. Iniciamos pela igualdade como fundamento.

Afirmamos primeiramente algo que não deve, ou não deveria, causar qualquer estranhamento: do ponto de vista político, *a igualdade é uma invenção democrática*. Isto significa que ausente esta forma de organização política e social, os indivíduos são distintamente hierarquizados desde o início. Dito de outra maneira: fora da democracia, ou seja, em todas as demais formas de governo, o fundamento é a desigualdade e a hierarquização dos membros da comunidade. Platão, por exemplo, inconformado com a democracia ateniense, afirmava que a igualdade era verificada tanto aos iguais como também aos desiguais. Para ele, *naturalmente* havia uma hierarquização entre os indivíduos a qual era quebrada pelo governo democrático. No diálogo entre Sócrates e Adimanto, no Livro VII de *A República*, o primeiro relata os males que a democracia acarreta – os quais, todos sabemos, redundam necessariamente, segundo o ciclo platônico, na anarquia e na consequente tirania – quando esta iguala os naturalmente desiguais:

> Sócrates – Mas, meu caro, o limite extremo do excesso de liberdade que um tal Estado oferece é atingido quando as pessoas dos dois sexos que se compram como escravos não são menos livres do que aqueles que as compraram. E quase nos esquecíamos de dizer até onde vão a igualdade e a liberdade nas relações entre os homens e as mulheres (PLATÃO, 2000, p. 281).

Já tendo em vista a tipologia clássica das formas de governo apresentada por Aristóteles, estamos acostumados a verificar que as três boas formas de governo – que servirão posteriormente de base para os governos mistos republicanos – baseiam-se numa espécie de distinção/diferenciação entre classes de indivíduos. Desta forma, o governo monárquico justifica-se pela primazia do princípio da honra própria da realeza. O aristocrático remonta o princípio do governo dos melhores entre os membros da comunidade política e, por fim, o democrático resulta na própria indiferenciação dos cidadãos, pois igualam-se todos a partir do nível mais baixo da sociedade, como demonstra a leitura de Rancière:

> O povo nada mais é que a massa indiferenciada daqueles que não têm nenhum título positivo – nem riqueza, nem virtude – mas que, no entanto, têm reconhecida a mesma liberdade que aqueles que os possuem. A gente do povo é de fato simplesmente livre *como* os outros. Ora, é dessa simples identidade com aqueles que, por outro lado, lhes são em tudo superiores que eles tiram um título específico. O *demos* atribui-se, como sua parcela própria, a igualdade que pertence a todos os cidadãos. E, com isso, essa parte que não é parte identifica sua propriedade imprópria com o princípio exclusivo da comunidade, e identifica seu nome – o nome da massa indistinta dos homens sem qualidade – com o nome da própria comunidade (RANCIÈRE, 1996, p. 23-24).

O que o comentário de Rancière nos sugere é que a democracia, para existir como forma de governo, precisa igualar os "naturalmente desiguais". Neste sentido, existe uma massa que não é nem honrada nem digna como os reis, tampouco capaz como os aristocratas, estes os melhores entre os membros de toda a comunidade. Para haver democracia, é preciso antes que se realize a operação de tornar *artificialmente* iguais aos honrados, aos dignos e aos capazes aqueles que nada mais são do que um número, uma massa *indiferenciada* sem qualquer qualidade. Essa massa, o *demos*, para Aristóteles, dá o nome a pior das formas não degeneradas de governo e não sem razão: apesar do filósofo não ser um completo crítico da democracia (*Politia* seria o termo mais exato), como o foi Platão, para Aristóteles, tanto a monarquia como a aristocracia eram formas superiores, pois a cidade estaria sob o controle de pessoas "naturalmente" mais capazes.

Uma observação que reputamos importante deve ser feita, neste momento, pensando nos estudiosos das filosofias de Platão e Aristóteles. Não estamos ignorando que, para ambos, é a assunção da liberdade, antes que a da igualdade, o que caracteriza efetivamente a democracia. No entanto, entendemos – a partir do que está pressuposto em suas filosofias – que a liberdade só pode existir quando baseada em algo que a antecede, neste caso, a igualdade. Assim, só podem ser livres aqueles que não estão sob o domínio dos outros; somente são livres os iguais. Tanto liberdade quanto igualdade, portanto, são indispensáveis à democracia e necessariamente extensivas a todos os indivíduos independente de suas condições. O *demos*, ou seja, os pobres, os que não são *aristoi*, tornam-se iguais e livres, mesmo sendo "inferiores": a democracia, assim, suspende a diferença, criando politicamente a igualdade. Uma criação radical, que cancela unilateralmente a distinção "natural" entre os indivíduos.

Além da democracia, explorando a lógica aristotélica, toda igualdade é seletiva; são iguais os que são ricos (*oligoi*), são iguais os que são melhores (*aristoi*). É somente no governo do demos que a igualdade é universal, que a igualdade é de fato igualitária. Desta forma, ela não é um atributo transcendental ou propriamente humano, mas uma condição política radicalmente instituída *na* e *pela* democracia.

Para os antigos, como vimos, a democracia punha juntos, e de forma artificial, os naturalmente desiguais, os ricos, os melhores e os sem qualquer qualidade. "Embora aquele que a natureza fez escravo e o que ela fez senhor", ideia comum no mundo grego e admitida por Aristóteles (1955, p. 106), ainda assim, o governo democrático os unia. Notemos, então que, privadamente ou antes da pólis, os homens têm atributos que os diferenciavam num sentido mais ou menos pejorativo, uma espécie de classificação natural que fundamenta a desigualdade, muito mais do que a simples diferença. A desigualdade e o seu sinal negativo eram invencíveis, uma vez que se nascia para se ser servos ou senhores. A forma democrática de governo representava a suspensão temporária deste "estado natural", pondo em um mesmo patamar político os que "mereciam" e também os que "não mereciam" o título de iguais.

Até aqui a intenção ao fazer esta brevíssima incursão ao princípio de diferenciação "natural" entre os indivíduos, segundo Platão e Aristóteles, teve unicamente o fito de justificar a afirmação que *fora da democracia existe uma seletividade fundante entre os indivíduos*; além dela, portanto, é plenamente admissível hierarquizar, classificar, apontar quem é inferior e quem é superior, quem deve ser escravo e quem "naturalmente" deve ser senhor. No entanto, nosso argumento é: se a desigualdade não é um dado da natureza, a igualdade também não o é. Isso quer dizer que fazer alguém senhor ou escravo, assim como tornar ambos os indivíduos livres, depende simplesmente de decisões políticas sempre contingentes. É exatamente neste sentido de contingência que afirmamos que a igualdade é uma invenção da democracia e, portanto, o seu fundamento, uma construção radical, *ex nihilo*. É uma decisão política que, inclusive, foi tomada ao longo dos tempos mais de uma vez.

Assim, a igualdade alicerça todos os regimes democráticos que já existiram e ainda os que existem, o que não quer dizer, obviamente, que a igualdade seja verificada num nível substantivo, ou seja, ela não está devidamente distribuída entre todos os cidadãos em um regime autonomeadamente democrático. Dizer que a igualdade é um fundamento, no contexto desta discussão, é tão somente afirmar que ela o é num sentido estritamente formal. Isso quer dizer que nunca houve, efetiva e obviamente, uma verdadeira igualdade entre todos os cidadãos, ainda que se enfatize constantemente esta irrealidade em nossas democracias contemporâneas. É neste momento que faz sentido discutirmos o que chamamos ser o aspecto dual da igualdade democrática: se, por um lado, como vimos, a igualdade é o fundamento da democracia, por outro lado, ela é também o seu horizonte, a sua constante e irrealizável promessa.

Partamos, assim, do pressuposto razoável que, ainda que a igualdade entre os cidadãos seja cantada em prosa e verso em todos os regimes democráticos, ela não se verifica na prática. Verificar a "desigualdade" na prática é perceber o fato absolutamente óbvio de que as pessoas são classificadas ou hierarquizadas dependendo de posições econômicas, sociais, políticas, culturais que elas ocupam num espaço específico. A desigualdade fática, portanto, é um dado objetivo: uns são mais ricos, outros mais cultos, outros mais poderosos e assim por diante.

No entanto, o que é importante chamar a atenção não é somente para esse tipo de desigualdade, ainda que a desigualdade material seja fundamental para compreendermos o que realmente queremos aqui chamar a atenção. A desigualdade, nesta discussão, é um sentimento muito mais elusivo. Não se trata simplesmente da soma das igualdades individuais, mas da formação de um sentido de desigualdade percebido coletivamente e que mobiliza os envolvidos em busca da verificação material da igualdade tendo em vista o pressuposto político-democrático de que todos os indivíduos são iguais. Neste sentido, pensemos no exemplo hipotético de trabalhadores de uma fábrica que decidem entrar em greve pelo aumento de seus salários. Neste caso, não está em questão a situação individual de cada trabalhador (ainda que a situação individual seja a motivação primeira, tendo em vista as condições de vida de cada família), mas uma demanda política pelo aumento de suas remunerações a um patamar entendido por eles como justo. Neste sentido, só podemos perceber a desigualdade atual considerando a constante presença da igualdade como fundamento e como horizonte. Em outras palavras: uma greve tem lugar sempre quando os trabalhadores questionam-se do fato de que se eles já são iguais aos seus patrões, por que ganham tão pouco se, no limite, poderiam até ser seus próprios patrões?

Assim, existe permanentemente a promessa de que a igualdade, como fundamento da democracia, um dia finalmente se realizará; que os cidadãos serão de fato iguais e tal promessa é o *leitmotif* de movimentos sociais, revoluções e movimentos populares. É neste sentido que a igualdade é também um horizonte. Porém, chamamos a atenção para o sentido mais específico de igualdade como horizonte ou como promessa. Neste particular, dizemos que a igualdade como horizonte é sempre uma promessa não cumprida, e que nunca se cumprirá, para que permaneça a ideia da promessa, a fim de que a política continue existindo. Isto quer dizer que os cidadãos nunca serão efetivamente iguais, nunca todos serão contados como tais. É justamente pelo fato de que a igualdade como horizonte é irrealizável que podemos continuar buscando-a como tal. Em termos gerais, o momento da expressão da vontade dos iguais é o da tentativa da atualização da igualdade, essa promessa não cumprida ao *demos* que, de tempo em tempo vem cobrar a sua existência. O povo é o demandante da vontade dos iguais e sua constituição, central para os nossos objetivos teóricos, será discutida a seguir.

3.3. Povo

Da mesma forma que a vontade dos iguais, *povo* é uma categoria elusiva. Os diversos sentidos que são atribuídos ao povo tornam fundamental precisarmos o sentido específico que queremos dar a esta categoria. Nesta direção, primeiramente, para nós, povo não tem conotação jurídica, quer dizer, não entendemos ser o povo o conjunto de naturais ou de cidadãos de um país. Também não vemos o povo de um ponto de vista sociológico, ou seja, como sendo os mais "pobres", os "trabalhadores". O problema de estabelecer aprioristicamente um sentido de povo, seja jurídico, seja sociológico, é o de incorrer em categorias abstratas que perdem a possibilidade de se verificarem heuristicamente úteis.

Nesta discussão, povo é uma categoria eminentemente *política* que não tem qualquer conteúdo específico dado *a priori*. *Povo é a identidade coletiva, que se autonomeia como tal, reunida contra um inimigo comum e que tem este status igualmente reconhecido de forma hegemônica pela comunidade política a qual pertence.* O reconhecimento do povo tem de ser duplo, portanto: um autorreconhecimento e um reconhecimento externo. O reconhecimento externo é o resultado da impossibilidade de o governo, por exemplo, poder atribuir aos manifestantes a imagem de "baderneiros", "arruaceiros", entre outros adjetivos pejorativos que visam justamente a descaracterizar o movimento como popular. Isto por que, como sabemos, por mais cínicos que possam ser os governantes, esses, numa democracia, não podem simplesmente ignorar a presença do povo nas ruas, pois é supostamente a este que eles devem prestar contas.

O povo, como dissemos, é quem produz a vontade dos iguais. Notemos que, tanto o povo como a sua vontade produzida, não são nem de perto sentidos traduzíveis logicamente ou, em outras palavras, produtores de significados precisos. Tanto o povo como a vontade por ele produzida são constituídos de formas distintas e dependentes de seus contextos de emergência, ainda que digamos que, num sentido ontológico, ambos são constituídos independentemente da experiência ôntica que lhes dá forma. Povo e vontade dos iguais são, assim, nomes à espera de sentidos e de experiências políticas contingentes. São significantes vazios que, como tais, não estão ligados a nenhum significado preciso, mas que, ainda assim, tornam-se capazes de fazer sentido a demandas tão heterogêneas que em seu nome são articuladas. É neste sentido que vacuidade e imprecisão não são pontos negativos, como poderiam ser apressadamente aludidos, mas a própria condição de possibilidade de emergência de um povo democrático produtor da vontade dos iguais. Em uma conferência proferida por Ernesto Laclau no Brasil, o autor toca exatamente no ponto aqui em questão:

> Quer dizer, a demanda vai ter que se esvaziar de sua relação com significados específicos e vai se transformando em um significante puro, que é o que chamamos de significante vazio, um significante que perde sua referência direta a um determinado significado. É por isso que o que tantas vezes se critica como a vagueza e a imprecisão dos símbolos populistas é não entender o problema, porque estes símbolos têm necessariamente que ser vagos e imprecisos, pois têm que representar uma totalidade que não pode ser representada de forma direta, ou seja, têm que representar uma totalidade de elementos que são essencialmente heterogêneos entre si (LACLAU, 2006, p. 24-25).

Temos, portanto, todos os elementos referentes à nossa concepção política de povo. Quando dizemos que povo é, inicialmente, uma identidade coletiva, estamos simplesmente fazendo referência – a despeito da heterogeneidade de demandas e de desejos que circulam em manifestações populares – à reunião promovida pelos manifestantes em "praça pública". Se estão reunidos